RECUEIL
DE
DISSERTATIONS
PHILOSOPHIQUES

200 SUJETS ET DÉVELOPPEMENTS DISPOSÉS MÉTHODIQUEMENT

A L'USAGE

des candidats au baccalauréat ès lettres

PAR

TRIDON-PÉRONNEAU

Agrégé des classes supérieures.

NOUVELLE ÉDITION REVUE ET AUGMENTÉE

PARIS
LIBRAIRIE HACHETTE ET Cie
79, BOULEVARD SAINT-GERMAIN, 79

Librairie HACHETTE et Cie, 79, boulevard Saint-Germain, Paris.

OUVRAGES
CONFORMES AUX PROGRAMMES DE 1885
A L'USAGE DES CANDIDATS AU BACCALAURÉAT

J. MERLET
Professeur de rhétorique au lycée Louis-le-Grand, membre du Conseil supérieur
de l'Instruction publique.

ÉTUDES LITTÉRAIRES
SUR LES

CLASSIQUES FRANÇAIS
DES CLASSES SUPÉRIEURES ET DU BACCALAURÉAT ÈS LETTRES
Nouvelle édition, revue et complétée, conformément aux programmes de 1885
et augmentée d'une bibliographie.
2 volumes in-16, brochés, 8 fr.; chaque volume se vend séparément 4 fr.

I. CORNEILLE — RACINE — MOLIÈRE.
II. CHANSON DE ROLAND — JOINVILLE — MONTAIGNE — PASCAL
LA FONTAINE — BOILEAU — MONTESQUIEU
LA BRUYÈRE — BOSSUET — FÉNELON — VOLTAIRE — BUFFON

MÉMENTO DU BACCALAURÉAT ÈS LETTRES
NOUVELLE ÉDITION
ENTIÈREMENT REFONDUE CONFORMÉMENT AUX PROGRAMMES DE 1885
4 volumes petit in-16, cartonnés :

PREMIER EXAMEN, *partie littéraire*, comprenant : Conseils sur les épreuves écrites. — Notice sur les auteurs et les ouvrages grecs, latins, français, allemands et anglais indiqués pour l'explication orale. — Notions de rhétorique et de littérature classique; par M. Albert Le Roy. 1 volume. . . . . 5 fr.

PREMIER EXAMEN, *partie historique*, comprenant : Histoire; — Géographie, par MM. Ducoudray et Cortambert. 1 volume. . . . . 5 fr.

DEUXIÈME EXAMEN, *partie littéraire*, comprenant : Conseils sur la composition de philosophie; — Philosophie; — Histoire de France et Histoire contemporaine, par MM. Thamin et Ducoudray. 1 volume. . . . . . 5 fr.

DEUXIÈME EXAMEN, *partie scientifique*, comprenant : Arithmétique; — Algèbre; — Géométrie; — Physique; Chimie; — Anatomie et physiologie animales et végétales, par MM. Pichot, Bos, Schutzenberger, Perrier et Baillon. 1 volume. . . . . . 5 fr.

MÉMENTO DU BACCALAURÉAT ÈS SCIENCES
NOUVELLE ÉDITION CONFORME AUX PROGRAMMES DE 1885
2 volumes petit in-16, cartonnés :

TOME I, *partie littéraire*, comprenant : Conseils sur les différentes épreuves; — Notice sur les auteurs et les ouvrages latins, français, allemands, anglais, espagnols et italiens indiqués pour l'explication orale; — Philosophie; — Histoire; — Géographie, par MM. Albert Le Roy, Ducoudray, Cortambert. 1 volume. . . 6 fr. 50

TOME II, *partie scientifique*, comprenant : Arithmétique; — Géométrie; Algèbre; — Trigonométrie rectiligne; Géométrie rectiligne; — Géométrie descriptive; — Cosmographie; Mécanique; — Physique; — Chimie, par MM. Bos, Bezodis, Pichot, Mascart, Angot et Boutet de Monvel. 1 volume. . . . . 6 fr. 50

Coulommiers. — Imp. P. Brodard et Gallois.

RECUEIL
DE
DISSERTATIONS
PHILOSOPHIQUES

OUVRAGES DU MÊME AUTEUR

PUBLIÉS PAR LA LIBRAIRIE HACHETTE ET Cⁱᵉ

Nouveau recueil de compositions françaises, à l'usage des candidats au baccalauréat et à la licence ès lettres, au baccalauréat de l'enseignement secondaire spécial et au brevet supérieur.. 2 fr.

Recueil de compositions françaises, 300 sujets, plans, discours, dissertations, parallèles, dialogues, narrations, lettres, analyses, disposés méthodiquement, à l'usage des candidats au baccalauréat ès lettres, à la licence et au brevet supérieur. . 2 fr.

Questions de littérature et d'histoire, à l'usage des candidats au baccalauréat et à la licence ès lettres.................. »

Cours de versions latines, à l'usage des candidats au baccalauréat ès lettres. 125 textes précédés de notices sur les auteurs et accompagnés de notes, *Textes et traductions*. 2 vol. in-16, brochés.. 3 fr. 50

    On vend séparément :
    Textes latins, 1 vol. . . . . 2 fr.
    Traductions françaises, 1 vol. . . . . 1 fr.

COULOMMIERS. — Typ. P. BRODARD et GALLOIS.

RECUEIL

DE

DISSERTATIONS

PHILOSOPHIQUES

200 SUJETS ET DÉVELOPPEMENTS DISPOSÉS MÉTHODIQUEMENT

A L'USAGE

des candidats au baccalauréat ès lettres

PAR

TRIDON-PÉRONNEAU

Agrégé des classes supérieures.

NOUVELLE ÉDITION REVUE ET AUGMENTÉE

PARIS
LIBRAIRIE HACHETTE ET Cie
79, BOULEVARD SAINT-GERMAIN, 79

1889

Droits de traduction et de reproduction réservés.

AVERTISSEMENT

Ce livre contient, sous forme de dissertations, tout un cours de philosophie; nous engageons donc vivement les élèves à lire ces dissertations dans l'ordre même où elles se trouvent rangées; bien que chacune d'elles puisse à la rigueur se suffire à elle-même, elles ont pourtant été écrites et enchaînées de façon à se préparer, à s'éclairer, à se compléter les unes les autres; les lire au hasard serait donc s'exposer à ne pas bien comprendre et à ne pas tirer de son travail tout le fruit désirable; d'ailleurs n'en est-il pas un peu en philosophie comme dans les mathématiques, où une vérité démontrée sert de préparation, d'acheminement à une autre démonstration, laquelle à son tour sert de complément à la théorie précédente?

Ce cours de philosophie se distingue par certains caractères des ouvrages de ce genre. Nous avons d'abord voulu offrir aux jeunes gens, non pas certes des modèles, mais des essais de *développements littéraires* sur les idées les plus générales et les plus intéressantes de la philosophie contemporaine; c'est dire qu'à la précision qu'exige la science nous avons essayé d'unir cette clarté du langage qui doit être la première qualité d'une exposition littéraire et française. On ne trouvera donc ici ni ce langage abstrus et abstrait si cher aux initiés, ni ces théories transcendantes qui peuvent être le régal des doctes, mais que ne comprennent bien ni les profanes ni nos jeunes élèves.

Nous avons en général laissé de côté les *sujets de cours*, parce que nous n'avons pas voulu faire double emploi avec les livres qui ont pour objet d'en donner une exposition méthodique.

Enfin, nous avons groupé ensemble tous les sujets qui avaient entre eux une certaine analogie, afin de répondre par une seule dissertation à toutes les questions de même famille. Nous avons quelquefois modifié, non pas l'énoncé de ces questions, mais l'ordre dans lequel elles ont été posées; nous avons voulu éviter ainsi les répétitions inutiles et donner encore plus de netteté à notre exposition.

Ce livre est le résumé d'un enseignement de dix années; nous espérons que ces modestes leçons, aujourd'hui confiées à l'impression, pourront être de quelque utilité pour les jeunes gens qui ont du goût pour des études à la fois sérieuses et attrayantes.

T.-P.

DISSERTATIONS
PHILOSOPHIQUES

INTRODUCTION

I

1. — Objet de la philosophie, ce qu'elle est, ce qu'elle était.

Développer cette définition de la philosophie :

La philosophie a pour objet l'homme moral, considéré en lui-même et dans ses rapports physiques fondamentaux avec le monde, dans la recherche de la vérité, dans ses rapports moraux avec ses semblables, et dans ses rapports religieux avec Dieu.

PROGRAMME.

A. — 1° La philosophie a pour objet l'homme moral.
— Si divers que soient les objets que notre esprit veuille et puisse atteindre, ils peuvent se ramener à trois principaux : la matière, l'âme et Dieu. La matière (ou les corps), qui nous est révélée et connue par les cinq sens, a donné lieu à un grand nombre de sciences, par exemple, à la botanique qui a pour objet la connaissance des végétaux, à la géologie qui a pour objet l'histoire naturelle de la terre, etc. Par notre corps, nous appartenons à la matière; mais l'observation ne

tarde pas à nous révéler que dans l'homme il n'y a pas seulement un corps qui respire, digère, se meut; elle nous apprend qu'il y a en nous une autre existence; chaque homme en effet éprouve des plaisirs et des peines, qui peuvent bien avoir leur contre-coup dans le corps, mais qui ne viennent pas de lui et dont il n'est pas le théâtre; nous avons en outre des idées, des pensées, que nous ne pouvons rapporter à aucune partie de notre être matériel; enfin, nous saisissons en nous des résolutions, des déterminations, qui relèvent si peu du corps, que souvent elles nous en font combattre les tendances. Cette autre existence qui sent, pense et veut, s'appelle l'*âme*. Elle est étudiée par la philosophie, qui a l'âme humaine pour objet, comme la botanique a pour objet la connaissance des végétaux.

2° Elle considère l'homme en lui-même et dans ses rapports physiques fondamentaux avec le monde. — La philosophie analyse et décrit les phénomènes, dont l'âme est le théâtre ou la cause, les facultés que supposent ces phénomènes, les lois qui les régissent, et la substance à laquelle on les rapporte; elle prend alors le nom de *Psychologie;* mais tout en n'étudiant que l'âme en elle-même, la psychologie est obligée de tenir compte de ce fait que l'âme est unie au corps, si étroitement unie qu'elle ne peut connaître le monde que par l'intermédiaire des organes corporels; c'est par le corps que l'âme subit l'action du monde extérieur et c'est par lui qu'elle réagit à son tour sur la matière. Cette action et cette réaction provoquent dans l'âme des phénomènes, plaisirs ou peines, pensées, volitions, que la psychologie doit étudier; il est donc nécessaire qu'elle examine, aussi brièvement que possible, quels sont les rapports de l'âme avec le corps et avec les corps, et la philosophie semble un instant se confondre avec la physiologie et lui emprunter ses lumières.

3° Elle le considère et le dirige dans la recherche de la vérité. — La nature a mis dans l'homme un vif désir de connaître; mais son intelligence, faible et bornée, hésite et tâtonne dans la recherche de la vérité, il ne la découvre qu'au prix d'efforts lents et pénibles; souvent même il se trompe; de là une autre division de la philosophie, la *Logique*, qui nous indique les moyens de bien diriger notre intelligence et d'éviter l'erreur.

4° **Elle le considère dans ses rapports avec ses semblables.** — L'homme ne vit pas isolé; partout on le trouve vivant en société avec ses semblables; sa constitution physique, intellectuelle et morale lui en fait une nécessité. Quelles lois doivent présider à ces rapports de l'homme avec les autres hommes? Ne verra-t-il en eux que des ennemis avec lesquels il vivra en état de guerre, ou des instruments qui l'aideront à se procurer ce qui lui est utile et agréable? se proposera-t-il une fin plus noble pour ses actions, et, ayant beaucoup reçu des autres, leur donnera-t-il une partie de son cœur et de son activité? C'est la *Morale*, autre division de la philosophie, qui lui apprendra comment il doit gouverner sa vie et vers quel but il doit la diriger.

5° **Elle le considère dans ses rapports avec Dieu.** — L'âme, comme le monde, ne doit pas à elle-même son existence, elle ne trouve pas en elle-même sa raison d'être; comme le monde, elle doit cette existence à une cause première, qui se suffit à elle-même, à Dieu. Quels sont, quels doivent être les rapports qui unissent nécessairement la créature à son créateur? Si Dieu ne prend aucun intérêt à son œuvre, s'il est indifférent, nous ne lui devons rien en ce monde et nous n'avons rien à attendre de lui dans l'autre; mais s'il veille sur nous avec une bonté prévoyante, nous sommes tenus à des devoirs envers lui dans la vie actuelle et nous pouvons espérer en sa justice réparatrice dans une autre existence. C'est encore la philosophie qui, dans la *Théodicée*, aborde les questions relatives à Dieu et à ses rapports avec l'homme.

B. — **Ce qu'était primitivement la philosophie.** — La connaissance de l'âme humaine a donc été assignée à la philosophie comme son objet spécial; mais primitivement il n'en était pas ainsi. La philosophie embrassait l'ensemble des êtres, elle était *la science universelle*; s'expliquer l'univers, tel était le but que se proposèrent d'abord les philosophes. Aussi le mot, dans le sens étymologique, indique bien que primitivement la philosophie n'était pas ce qu'elle est aujourd'hui ; et les premiers philosophes n'étaient, au sens propre du mot, que des amis de la science et de la sagesse. Ce fut Socrate qui détourna la philosophie de ces recherches ambitieuses pour la ramener à l'observation de l'âme humaine. Notre intelligence n'ayant qu'une capacité limitée, l'homme, par cette ardeur ambitieuse, courait le risque d'ignorer les vérités qui sont à sa portée et qui lui sont nécessaires ; il y eut alors démembrement, et la philosophie ne fut plus qu'une simple division de la connaissance humaine. En ce sens elle est donc *une science particulière*. Les hommes s'étant distribué les objets à connaître pour rendre l'étude à la fois moins pénible et plus féconde, la philosophie se chargea d'étudier l'âme humaine. C'est donc à Socrate qu'elle doit d'avoir ainsi un objet bien déterminé ; à ce titre, il en est comme le créateur, le père ; à ce titre, plus encore que par ses doctrines philosophiques, il occupe la première place dans l'histoire de cette science. Après lui vient Descartes, qui a une gloire égale pour avoir indiqué à la philosophie quelle devait être sa méthode, et dans quel esprit elle devait faire ses recherches.

II

2. — Importance et utilité de la philosophie.

PROGRAMME

Avantages que présente la connaissance de soi-même.
— 1° Socrate, en recommandant à ses disciples de se connaître eux-mêmes, voyait dans cette connaissance surtout l'utilité pratique. Il disait que l'homme qui se connaît sait ce qu'il est capable de faire et ce qu'il est incapable d'exécuter. (*Mémoires sur Socrate*, livre IV, chap. II.)
De son côté, Horace a dit aux poètes :

> Versate diu quid ferre recusent,
> Quid valeant humeri.
> (*Art poétique*, vers 39.)

Et Boileau traduisait ainsi :

> Consultez longtemps votre esprit et vos forces.
> (*Art poétique*, chant I, 39.)

Heureux s'il n'avait pas un jour eu la faiblesse de se croire poète lyrique et d'écrire l'ode sur la prise de Namur! Heureux aussi Chapelain si, content d'être un grammairien distingué, il n'avait pas eu l'ambition de marcher sur les traces d'Homère et de composer une épopée! Socrate a surtout insisté sur la nécessité de se bien connaître pour proportionner ses entreprises à ses forces et pour réussir dans la vie, disant que ceux qui ne se connaissent pas sont exposés à tous les malheurs. Et cette connaissance de soi-même, disait-il, est aussi nécessaire aux peuples qu'aux individus ; peut-être songeait-il à la folle et désastreuse expédition de Sicile. Par deux entretiens instructifs il montre combien il est utile de ne pas être aveugle sur son propre compte. Xénophon nous le représente s'entretenant avec Glaucon, jeune homme qui avait la manie de parler en public, bien qu'il fût d'une rare ignorance ; par une suite de questions sur l'administration, sur les finances et la guerre, Socrate l'amène à reconnaître son incapacité. Charmide, au contraire, est un homme instruit, mais d'une excessive modestie ; il n'ose parler en public ; Socrate lui fait aussi faire son examen de conscience, comme à Glaucon, mais pour arriver à une conclusion opposée, pour lui montrer sa valeur et les devoirs qu'elle lui impose. C'est ainsi que Socrate nous prouve combien il est important de connaître ses forces. (*Mémoires sur Socrate*, t. III, chap. VI et VII.)

2° D'après Platon, Socrate croyait que nos âmes avaient existé autrefois dans un monde supérieur à celui que nous habitons ; là elles avaient contemplé les types, les exemplaires de tous les êtres qui se trouvent ici-bas. Tombées dans un corps comme dans une prison obscure, elles ne conservent plus, dit Socrate, que le souvenir vague de cette existence antérieure ; elles s'en souviennent pourtant, et l'homme qui a le désir de s'élever, de se purifier, peut, en faisant des efforts sur lui-même, arriver à ressaisir ces souvenirs, surtout s'il est aidé par un maître habile. C'est là ce qui explique la méthode qu'employait Socrate, qui, par des interrogations graduées, aidait ses disciples à trouver *eux-mêmes* et *en eux-mêmes* la science dont ils possédaient les germes. Socrate recommandait encore la connaissance de soi-même à ce point de vue particulier.

3° La connaissance de l'âme humaine conduit aussi à la connaissance de Dieu ; depuis Socrate jusqu'à Descartes, presque tous les philosophes ont accepté cette idée. L'homme, en effet, comprend qu'il ne s'est pas créé lui-même, que son existence en suppose une autre qui est Dieu. L'existence de Dieu est donc attestée par l'existence même de l'âme humaine. Mais la curiosité de notre esprit n'est pas complètement satisfaite quand nous savons qu'il existe un être qui nous a créés ; nous voulons aussi connaître la nature de cet être ; et il est évident que cet être se dérobant à nous, il ne nous est possible de nous en faire une idée qu'en étudiant notre nature qui émane de lui. Or, en nous observant, nous constatons en nous une certaine intelligence, de la bonté, de la liberté ; nous ne pouvons refuser ces mêmes qualités à l'être qui nous a créés ; des créatures intelligentes, bonnes et libres, ne peuvent devoir leur existence qu'à un créateur qui soit aussi doué de bonté, d'intelligence et de liberté. En outre, on constate dans l'intelligence humaine la présence d'un certain nombre d'idées qui sont *en nous*, mais qui ne peuvent pas être *à nous*, l'idée de cause par exemple. En effet, ces idées ont un caractère d'éternité et de nécessité ; l'intelligence humaine n'étant ni éternelle ni nécessaire, ces idées ne lui appartiennent pas, elles ne peuvent venir que d'un être qui soit éternel et nécessaire, c'est-à-dire de Dieu. Bossuet et Fénelon, entre autres, ont ainsi démontré l'existence de Dieu.

4° Avec la connaissance de sa nature, l'homme sait quels sont ses devoirs, et cette science sert à la fois à sa moralité et à son bonheur. En effet, la direction que nous donnons à notre vie dépend de l'idée que nous nous faisons de notre nature. Les Épicuriens ravalaient l'homme au rang de l'animal en le disant né uniquement pour le plaisir ; les stoïciens, par un excès contraire, prétendaient l'élever à la hauteur de la divinité. Il ne faut faire « ni l'ange ni la bête », a dit Pascal. Ces deux exagérations provenaient également d'une connaissance incomplète de la nature humaine. Les Épicuriens, ne voyant dans l'homme que la sensibilité, négligeaient les devoirs qu'imposent la famille et la société ; les stoïciens, ne voyant dans l'homme que la volonté, lui refusaient tout plaisir, et réclamaient de lui des vertus surhumaines, tout en lui enlevant ce qui le soutient dans l'accomplissement du devoir. Quand on se connaît soi-même, on évite ces deux exagérations, et, voyant dans l'homme un être doué à la fois de sensibilité et de volonté, on dit avec le stoïcien que l'homme est né pour la vertu et on ajoute que, le devoir accompli, il est permis de goûter les plaisirs honnêtes. « Se connaître soi-même, c'est la sagesse », a dit Platon.

5° Enfin, la connaissance de nous-même, en nous révélant nos faiblesses, même nos vices, nous préserve de cet orgueil qui vient de notre supériorité, réelle ou prétendue, et nous dispose à l'indulgence. Cette connaissance de nos infirmités nous permet aussi d'en essayer la guérison. Harpagon, qui prend son avarice pour de l'économie, César, qui prend son ambition dépravée pour de la grandeur d'âme, ne peuvent se corriger de ces vices puisqu'ils ne les regardent pas comme tels. — Mais, si l'on ne montrait à l'homme que ses faiblesses, on courrait le danger de lui inspirer le mépris de lui-même; il s'abaisserait inévitablement, persuadé à l'avance qu'il est impuissant à lutter contre ses mauvais instincts. La connaissance de ce qui est bon et généreux en nous peut nous préserver des défaillances, et par le respect de nous-même nous évitons tout ce qui peut nous rabaisser. C'est l'idée que Pascal a voulu exprimer dans ces mots : « Il est dangereux de trop faire voir à l'homme combien il est égal aux bêtes; il est encore dangereux de lui faire voir sa grandeur sans sa faiblesse; mais il est avantageux de lui représenter l'une et l'autre. »

Qualités que l'étude de la philosophie fait acquérir à l'esprit. — 1° La philosophie perfectionne l'*attention*. — En effet, si par la grandeur des questions elle provoque la curiosité, par la difficulté que ces questions présentent, elle rend nécessaire l'attention, la réflexion. Ce retour de la pensée sur elle-même est contraire à notre nature, car nous sommes toujours attirés vers le monde extérieur; mais des efforts répétés nous rendent peu à peu cette action moins pénible, et elle devient même facile par l'habitude. L'esprit devient alors capable de suivre sans distraction les raisonnements les plus rigoureux, de comprendre mieux et plus vite. Aucune étude n'est plus propre que la philosophie à développer et à affermir ces habitudes d'attention.

2° Elle fait aussi contracter à l'esprit des habitudes de

précision et de *rigueur*. La délicatesse des questions, par exemple, des analyses psychologiques, force l'esprit à une exactitude qui précise nettement les idées, en détermine rigoureusement la valeur et donne à chaque mot le sens convenable.

3° Elle donne à l'esprit de *l'étendue*. — La philosophie, ayant des rapports avec toutes les sciences, force l'intelligence à voir les choses de haut et d'ensemble. Aussi, un esprit nourri dans les études philosophiques peut s'appliquer avec succès à tous les ordres de sciences; il est l'opposé de l'esprit de spécialité, qui peut se montrer plein de vigueur dans une étude particulière, mais qui hésite et se trouble quand il se trouve placé sur un autre terrain.

4° L'esprit de *libre examen*, la foi en la raison, le dégagement des préjugés sont encore des qualités que la philosophie fait acquérir, puisque la méthode philosophique consiste à ne se rendre qu'à l'évidence, à ne donner son adhésion aux choses que quand on comprend.

Tout grand progrès de l'esprit humain a été marqué par une révolution philosophique. — 1° L'histoire nous montre que les sciences, jusqu'à Bacon et Descartes, n'ont fait que des progrès insignifiants, et cependant les grands esprits abondent, Thalès et Pythagore, Aristote et Hippocrate, Euclide et Archimède, Avicenne et Roger Bacon, etc. François Bacon et Descartes arrivent enfin, et, après avoir constaté la stérilité des efforts antérieurs, ils soupçonnent que la cause pourrait bien en être dans une mauvaise méthode; ils en proposent une autre, l'appliquent eux-mêmes, et, à partir de ce moment, on voit les sciences marcher avec une telle rapidité que, en deux cent cinquante ans, elles font plus de progrès qu'il n'en avait été fait en vingt-trois siècles. Ils ont ainsi renouvelé la face du monde en renouvelant la méthode des sciences. C'est donc à la philosophie que les sciences doivent les progrès merveilleux qu'elles ont faits et qu'elles font chaque jour.

2° Dans l'ordre moral, le rôle de la philosophie n'a pas été moins considérable. Par la bouche de Socrate elle déclare que la divinité ne peut être conçue que comme juste et bonne, et elle proteste ainsi contre l'immoralité des Dieux de l'Olympe, dont les vices autorisaient tous les désordres chez les mortels. — C'est la gloire de Sénèque d'avoir le premier, et d'une façon éloquente, protesté contre les abus monstrueux de l'esclavage. — C'est la philosophie qui, par la bouche de Montaigne et de Voltaire, s'éleva avec éloquence contre la torture et en prépara la suppression.

3° En politique, une des révolutions les plus considérables, la Révolution française, a été préparée par les philosophes, par Montesquieu, Voltaire, Rousseau, etc.; ce sont eux qui ont amené ainsi la suppression des castes et des privilèges, et l'égalité de tous devant la loi; ce sont eux qui ont montré que la souveraineté réside dans la nation.

III

3. — **Analyser les rapports de la philosophie avec les autres sciences.**

DISSERTATION

Exorde. — On a pu dire de la philosophie qu'elle était la science universelle, qu'elle embrassait l'ensemble des connaissances humaines. En effet, elle exerce une sorte de suprématie sur les autres sciences, et, sans se confondre avec celles-ci, elle les domine et les éclaire toutes, comme l'attestent ces expressions : *Philosophie de l'histoire*, *Philosophie du droit*, *Philosophie des beaux-arts*, *Philosophie des sciences*, etc. Cette suprématie est légitime, puisque c'est la philosophie qui vérifie les bases des autres sciences, c'est-à-dire les principes sur lesquels reposent les sciences, puisque c'est elle qui contrôle et perfectionne leurs méthodes. Outre ces *rapports généraux* qu'elle présente avec les autres sciences quand on l'envisage comme la science des principes, elle a aussi avec elles des *rapports particuliers*, quand on la considère comme une science particulière, qui a un objet propre et déterminé, l'âme humaine.

Première partie (*Rapports généraux*). — A. — A la base de toutes les sciences on trouve un certain nombre de notions premières; ainsi l'histoire a pour base l'idée du temps, la géométrie celle de l'espace, la morale celle du bien, les arts et les lettres celle du beau, etc. On trouve aussi dans chaque science un certain nombre de principes, de vérités premières qui en sont le fondement, comme : « le bien mérite une récompense », axiome de morale ; — « tout adjectif suppose un substantif », axiome de grammaire ; — « la partie est plus petite que le tout », axiome de géométrie. Or, le savant admet ces notions et vérités premières sans les analyser, sans en rechercher l'origine et les caractères ; c'est la philosophie qui en fixe les caractères de clarté, d'universalité, de nécessité ; c'est elle qui en détermine l'origine et montre qu'elles ne viennent ni des sens ni de la conscience, qu'elles ont pour origine la raison. C'est encore elle qui en indique l'importance. Elle montre, en effet, que ces notions et vérités premières sont, non seulement le fondement des sciences, mais encore la condition de tous nos jugements, même les plus communs, les plus vulgaires, dans lesquels elles sont impliquées. Quand je dis : « ce livre est sur la table », cela suppose à la fois que j'ai l'idée d'espace, et que je sais que chaque corps occupe un point dans l'espace ; quand je dis : « cet événement s'est accompli en telle année », cela suppose que, non seulement j'ai l'idée du temps, mais que je sais encore que chaque événement s'accomplit à un moment donné de la durée ; quand enfin je dis : « ce cheval est blanc », cela suppose que, non seulement j'ai l'idée de substance, mais encore que je sais rattacher chaque qualité à sa substance.

On voit quels services rend la philosophie quand elle analyse ces notions et vérités premières qui sont à la fois : 1° la base de toutes les sciences ; — 2° la condition de tous nos jugements, c'est-à-dire la condition de toute la vie intellectuelle.

B. — La philosophie contrôle, quelquefois indique les méthodes des autres sciences. Les faits le prouvent. Les premiers savants de l'antiquité se perdaient dans de vaines hypothèses ; ce fut Socrate qui les ramena à l'observation de la réalité. Ce fut Aristote qui formula avec une rigueur géométrique les lois du raisonnement, les règles du syllogisme. Ce fut Bacon qui, dans les temps modernes, voyant l'état déplorable des sciences, éleva la voix au nom de la philosophie, reprit l'édifice par la base et fit accepter une nouvelle et meilleure méthode. Sans doute ce n'est pas la philosophie qui toujours invente les méthodes ; mais quand elle les analyse et en présente la théorie, elle en fait mieux connaître la valeur et les règles. Il est facile de comprendre pourquoi elle joue ce rôle. Les méthodes à employer ne dépendent pas seulement de la nature des vérités que l'on étudie, elles dépendent aussi de la nature de l'intelligence ; les procédés d'exposition ne sont pas les mêmes quand on enseigne de jeunes enfants et quand on s'adresse à des esprits mûris par l'âge et l'étude. Or, c'est la philosophie qui a pour objet spécial l'étude de la pensée humaine ; aussi mieux elle en a connu la nature et les lois, mieux on a vu quels procédés il fallait employer pour découvrir la vérité.

Seconde partie (*Rapports spéciaux*). — Pour exposer avec ordre les rapports spéciaux qui unissent la philosophie aux autres sciences, rappelons-nous que toutes les sciences se divisent en trois groupes principaux, les sciences morales, les sciences physiques et naturelles, les sciences exactes, et voyons quels sont les rapports de la philosophie avec chacun de ces groupes.

A. — Les sciences morales ont pour l'objet l'homme intellectuel et moral, soit individuel (Psychologie, Logique, etc.) ; soit collectif (Morale, Droit, Politique, Histoire, etc.) ; or, toutes ces sciences supposent l'activité libre ; en législation, par exemple, à quoi servirait-il de formuler des prescriptions et des défenses, si l'être auquel s'adressent ces ordres n'était pas libre d'y conformer ses actes ? En politique, l'homme d'État qui veut faire prévaloir telle ou telle vue, ne compte pas seulement sur l'emploi brutal de la force, il essaye aussi d'agir sur les esprits et de les amener à partager ses idées ; cela suppose la liberté des hommes auxquels il s'adresse. On voit donc que la connaissance de l'activité libre est importante pour les sciences morales : or, c'est la philosophie qui démontre que l'homme est doué de liberté, c'est elle qui détermine dans quelle mesure cette liberté subit l'influence des passions, des habitudes, du tempérament et des circonstances extérieures, et dans quelle mesure il faut, par conséquent, tenir compte de cette influence.

Ainsi toutes les sciences morales ont besoin du concours de la philosophie. Il en est surtout quelques-unes qui ont avec cette science des rapports tout à fait intimes; c'est ce qu'il est facile d'établir pour l'histoire, l'éloquence, la grammaire, etc.

1° L'historien qui ne se contente pas de raconter les faits, mais qui, comme Thucydide et Polybe, veut les expliquer par les vertus et les vices des hommes, qui ne cherche pas la cause des révolutions humaines, comme Hérodote, dans une force étrangère et supérieure, doit connaître l'homme, ses passions, les motifs qui sollicitent sa volonté; c'est dire qu'il doit connaître la psychologie. — L'historien a également besoin des secours de la logique afin de ne pas s'égarer dans la recherche de la vérité, de ne pas prendre pour cause ce qui n'est pas cause. En outre, la critique historique est soumise à des règles qui relèvent de la logique, science des méthodes. — L'histoire a été appelée la conscience du genre humain; elle punit le mal par le blâme et récompense le bien par l'éloge; elle prend toujours le parti de la justice, celui de Socrate contre ses juges, celui des chrétiens contre Néron, des victimes de la Terreur contre leurs bourreaux. Or, il ne suffit pas à l'historien, pour juger avec sûreté, de s'en rapporter à sa conscience; celle-ci gagne à être éclairée et réglée par la science de la morale. — Enfin, on ne saurait comprendre les révolutions morales et politiques sans la connaissance des idées et des systèmes philosophiques qui les précèdent, les préparent et les expliquent. Ainsi, l'empire romain n'a subsisté pendant de longues années, malgré les crimes des empereurs, que grâce à l'influence des idées stoïciennes sur le droit romain; en effet, une école de jurisprudence s'était fondée à Rome qui faisait profession d'appliquer les idées du stoïcisme et introduisit dans la législation des principes de justice et d'égalité inconnus aux Romains de la république. De même, on ne peut comprendre la révolution de 1789 si l'on ne connaît pas l'histoire de la philosophie au XVIII° siècle.

2° Les mêmes rapports intimes unissent l'éloquence à la philosophie. Tous les orateurs qui ont donné des préceptes sur l'art oratoire, Cicéron, Quintilien, Fénelon, ont insisté sur la nécessité, pour l'orateur, de cultiver la philosophie. En effet, la logique est nécessaire pour produire la conviction, qui exige des raisonnements exacts ; et la psychologie, c'est-à-dire la connaissance du cœur humain et des passions qui l'émeuvent, est nécessaire pour la persuasion. En outre, l'orateur doit faire servir la conviction et la persuasion au triomphe de la justice, il doit donc être un homme de bien, suivant la vieille définition de Caton : « Orator est vir bonus dicendi peritus » ; mais il ne lui suffit pas d'avoir des mœurs honnêtes ; il faut que la méditation réfléchie des principes de la morale donne à son éloquence plus de force et de sûreté. « L'orateur véritable est un homme juste, versé dans la connaissance des choses justes », a dit Platon, et ce philosophe exige de l'orateur qu'il soit dialecticien, c'est-à-dire qu'il étudie la logique, qu'il connaisse l'âme, c'est-à-dire la psychologie, et qu'il soit savant dans la justice, ce qui est l'objet de la morale. Aussi tous les grands orateurs ont étudié la philosophie. Démosthène dut en partie le secret de son invincible éloquence aux leçons de Platon, ce maître dans l'art de la dialectique ; Périclès ne l'emporta sur tous les autres orateurs que parce qu'il avait suivi les leçons d'Anaxagore ; enfin, Cicéron et Bossuet ont ajouté à la gloire de l'éloquence le mérite philosophique, car la philosophie leur a inspiré de beaux ouvrages.

3° Cette science est également indispensable au grammairien. En effet, le langage servant à exprimer la pensée, on ne peut en bien connaître les éléments que si l'on connaît les lois de la pensée, et tout problème relatif au langage ne trouve sa solution que dans l'étude attentive de la pensée. Veut-on savoir, par exemple, pourquoi les langues sont d'abord synthétiques et deviennent ensuite analytiques ? c'est seulement dans l'étude des transformations de la pensée que l'on peut trouver l'explication de cette transformation du langage.

B. — Les sciences physiques et naturelles étudient les corps, et parmi eux le corps humain. Or, on sait quel lien étroit unit le corps à l'âme, qui semble suivre toutes les modifications de l'autre substance, faible quand le corps est débile, vigoureuse quand celui-ci est robuste. Cette dépendance est telle que les matérialistes l'ont invoquée comme un argument pour nier l'existence de l'âme ; s'ils ont eu tort d'exagérer ainsi, il n'en est pas moins vrai qu'un lien étroit unit les deux substances. Aussi la philosophie qui étudie l'âme ne saurait-elle se séparer complètement des sciences qui étudient le corps, et qui reçoivent à leur tour de la philosophie un secours précieux. De même que, entre le corps et l'âme, il y a une réciprocité d'action, de même la psychologie et la physiologie peuvent se rendre de mutuels service. Ainsi, le médecin ne peut ignorer que l'efficacité de certains remèdes dépend de l'état de l'âme ; au moyen âge, où l'on traitait le corps avec une sévérité excessive, l'esprit se ressentait de ces mauvais traitements, et les souffrances infligées au corps avaient quelquefois pour conséquence un trouble intellectuel ; la médecine aliéniste imposait à ses malades un traitement barbare qui rendait le mal incurable ; de nos jours elle a fait des progrès parce qu'elle voit des âmes malades dans les infortunés qu'elle soigne. — En outre, les sciences physiques et naturelles interviennent dans la théodicée, soit pour fournir des objections tirées du mal physique, soit pour y répondre ; l'antique preuve de l'existence de Dieu par les merveilles de la nature a puisé une force nouvelle dans les récents progrès des sciences, et la connaissance scientifique du monde n'a fait qu'augmenter l'admiration pour son auteur.

C. — Les sciences exactes ont aussi avec la philosophie d'étroits rapports. En effet, bien que la philosophie étudie une réalité et ne s'enferme pas, comme les mathématiques, dans un monde de constructions idéales, les mathématiques et la philosophie s'occupent également d'idées abstraites, elles se prêtent un mutuel secours par leur méthode également rigoureuse et leur habitude de ne pas se payer de mots. En outre, par la difficulté de leurs études, elles développent dans l'esprit l'habitude de la réflexion, l'accoutument à se dégager des objets sensibles et le rendent ainsi plus capable d'aborder avec succès l'étude des choses abstraites. Enfin, l'histoire nous montre que le génie philosophique est souvent uni au génie mathématique : Pythagore était astronome et mathématicien; Platon faisait de l'étude des mathématiques une introduction à la philosophie, et n'admettait, dit-on, dans son école que les jeunes gens qui avaient étudié la géométrie; dans les temps modernes, Descartes et Leibniz ont été aussi fameux comme mathématiciens que comme philosophes.

Conclusion. — La philosophie donne donc aux sciences leur raison d'être en étudiant les principes qui en sont la base et en faisant la théorie des méthodes qui leur permettent de s'élever sûrement à la connaissance de la vérité. Ainsi, par les principes et par les méthodes, la philosophie pénètre dans toutes les sciences et maintient dans le savoir humain cette unité que ferait disparaître la division du travail, qui nous est imposée à la fois par la faiblesse de notre esprit et par la multiplicité des objets à connaître. En outre, elle entretient des rapports spéciaux avec les autres sciences : avec les sciences morales, parce que celles-ci supposent toutes la liberté morale que constate seule la philosophie; avec les sciences physiques et naturelles à cause du lien étroit qui unit le corps à l'âme, avec les sciences exactes parce que celles-ci s'occupent également d'idées abstraites et portent la même rigueur dans leur esprit et dans leur méthode. Cette union intime entre les sciences et la philosophie ne profite pas seulement aux premières; elle est également utile pour le philosophe qui, par les lumières que le savant lui communique, ne s'isole pas dans de creuses et vaines abstractions.

PSYCHOLOGIE

4. — En quoi la psychologie est-elle nécessaire à la logique, à la morale et à la théodicée ?

DISSERTATION

Exorde. — L'ordre dans lequel on étudie les diverses parties de la philosophie n'est nullement arbitraire ; il est indiqué, même imposé à la fois par la nature de ces études et par cette logique secrète qui dirige l'esprit humain dans toutes ses pensées. Sans doute, on peut indifféremment étudier la morale avant ou après la théodicée, et l'esthétique n'a pas encore dans les sciences philosophiques une place bien déterminée ; mais il y aurait inconvénient grave à ne pas commencer par la psychologie l'étude des diverses parties de la philosophie ; en suivant un autre ordre, on s'exposerait à ne pas se faire des choses une idée nette, à ne comprendre que d'une manière imparfaite. Pour borner ici notre examen à la logique, à la morale et à la théodicée, il est facile de montrer qu'on ne peut les aborder avec succès qu'après l'étude préalable de la psychologie qui leur sert d'introduction, qui leur est absolument nécessaire.

Première partie. — La psychologie est nécessaire à la logique, parce que celle-ci, ayant pour but la direction des facultés intellectuelles, ne peut les diriger que quand ces facultés sont connues, quand on a déterminé les lois qui les régissent ; or, c'est la psychologie qui, étudiant l'esprit humain, nous en révèle la nature et nous fait connaître à quelles lois ses facultés sont soumises. La logique ne peut donc diriger l'intelligence sans le secours de la psychologie. Donnons quelques exemples. Le problème de la certitude, c'est-à-dire la question de savoir si l'esprit humain est capable d'arriver à la vérité, suppose la connaissance de l'âme et de ses facultés; la théorie du syllogisme ne peut être comprise sans l'étude préalable des idées, des éléments du jugement qui sont la matière du raisonnement; l'induction suppose, comme la déduction, des principes rationnels dont la psychologie recherche l'origine, étudie la nature et révèle la portée; nos erreurs, dont la logique essaye de dresser la liste pour en indiquer les remèdes, proviennent souvent de causes morales, des passions qui troublent l'intelligence et que la psychologie étudie; ces erreurs ont aussi des causes logiques qui proviennent du mauvais emploi que nous faisons de nos facultés, quand, par exemple, les anciens demandaient à l'hypothèse, c'est-à-dire à l'imagination, cette connaissance du monde matériel que seule l'observation peut nous donner, quand, au moyen âge, la scolastique regardait le syllogisme comme l'unique moyen d'arriver à la vérité; or, la psychologie seule peut nous faire éviter ces erreurs en nous montrant quelles sont les ressources et aussi quelles sont les limites de chaque faculté.

Deuxième partie. — La morale suppose aussi la connaissance préalable de la psychologie. Comme elle a pour objet la volonté, la liberté, et qu'elle a pour but de la diriger dans la pratique du bien, elle ne peut le faire que si elle connaît cette faculté et les influences diverses qui agissent sur elle, la diminuent et quelquefois la détruisent. Elle se propose en effet de chercher la loi qui doit régler nos actions; or, pour qu'une loi commande à l'homme, il faut qu'il ait, non seulement une intelligence qui comprenne cette loi, mais aussi la liberté qui lui permette de se conformer à ses prescriptions; car s'il était, comme la matière, soumis à une inéluctable fatalité, il n'y aurait pas lieu de rechercher à quelle loi morale il devrait une obéissance volontaire, il n'y aurait qu'à déterminer la loi physique qui le courberait d'une manière irrésistible sous le joug d'une obéissance passive. C'est donc seulement lorsque la psychologie nous a révélés à nous-mêmes comme des êtres doués de liberté et soumis à des devoirs, que la morale peut rechercher quels sont ces devoirs et déterminer les sanctions attachées à leur violation ou à leur accomplissement : en un mot, la morale suppose la démonstration préalable de la liberté que fait la psychologie. — En outre, la loi morale a pour fondement l'idée du bien; cette idée nous étant fournie par la raison, la morale a besoin de la psychologie qui nous fait connaître cette faculté, les vérités qu'elle révèle, la valeur et les caractères de ces vérités. — Enfin, la morale réclame encore les secours de la psychologie parce que nos devoirs et notre destinée dépendent évidemment de notre nature qui nous est révélée par cette science. Grâce à elle, la morale repousse à la fois la solution des Épicuriens qui, ne voyant dans l'homme qu'un être doué de sensibilité, assignent le plaisir pour but à la vie humaine, et celle des stoïciens qui, ne voyant dans l'homme qu'un être doué de volonté, prétendent que « la vertu suffit au bonheur » et méconnaissent le rôle de la sensibilité qui nous intéresse par le plaisir à la pratique du bien; avec les lumières fournies par la psychologie, la morale, tenant compte de toute notre nature, impose des devoirs à l'homme intelligent et libre, et lui fait en même temps espérer le bonheur dans cette vie ou dans l'autre comme la récompense légitime due à son obéissance.

Troisième partie. — La psychologie est également nécessaire à la théodicée. Sans doute c'est l'existence de Dieu qui précède et explique la nôtre; il semblerait donc conforme à la logique que l'étude du créateur précédât celle de la créature; mais Dieu se dérobe à nous, et si dans la réalité l'effet vient après la cause, il est évident qu'ici c'est en partant de l'effet qu'il faut remonter à la cause. C'est la connaissance de l'âme humaine qui nous sert de degré pour nous élever à la connaissance de Dieu. En effet, les preuves de son existence s'appuient sur des idées de la raison qui sont étudiées en psychologie; puis quand il s'agit de déterminer ses attributs, c'est en partant de l'intelligence, de la bonté, de la puissance et de la liberté qui sont dans les créatures humaines que nous concluons à la présence des mêmes attributs dans Dieu qui les possède à l'infini. Depuis Socrate jusqu'à Descartes, tous les philosophes ont admis ce principe que la connaissance de l'homme conduit à la connaissance de Dieu.

Résumé. — On voit que la psychologie ou science de l'âme est nécessaire aux autres parties de la philosophie et doit leur servir d'introduction; elle est nécessaire à la logique qui se propose de diriger l'intelligence dans la recherche du vrai, à la morale qui dirige l'activité dans la pratique du bien, à la théodicée qui veut démontrer l'existence de Dieu et déterminer sa nature. Ces trois sciences présupposent la psychologie et elle n'est elle-même présupposée par aucune autre; l'observation des faits psychologiques, la connaissance du moi est la condition de toute étude qui veut conduire au vrai, au bien et à Dieu.

5. — Établir la légitimité de la distinction entre la psychologie et la physiologie; — en quoi cependant ces deux sciences peuvent-elles se rendre de mutuels services?

DISSERTATION

Exorde. — La physiologie ou science de la vie a fait, à notre époque, de merveilleux progrès qui n'intéressent pas seulement la curiosité naturelle à l'esprit humain, mais qui ont eu déjà et peuvent encore avoir des résultats bienfaisants pour l'humanité. Aussi son ambition et ses prétentions ont-elles grandi avec ses découvertes, et elle absorberait volontiers la psychologie ou science de l'âme, sous le prétexte que l'âme, étroitement unie au corps, se confond presque avec lui; elle voudrait la revendiquer comme sienne et la faire rentrer dans son domaine. Mais on doit toujours regarder comme distinctes des sciences qui étudient des objets ou des faits différents et qui dans leurs investigations emploient des procédés différents; or, il est facile d'établir que tel est le cas pour la psychologie et la physiologie; car la légitimité de la distinction entre ces deux sciences repose à la fois sur la différence des faits qu'elles observent et sur la différence des facultés qui servent à leurs études respectives. Mais si l'âme et le corps sont distincts, s'ils ont des caractères opposés et doivent par conséquent donner lieu à deux sciences qui ne peuvent être confondues, ces substances n'en sont pas moins étroitement unies et par conséquent dépendent l'une de l'autre;

de là naissent des rapports entre les deux sciences qui s'en occupent et qui peuvent se rendre de mutuels services.

Première partie. — L'homme a une double nature. Par son corps, il appartient à la matière; mais l'observation nous apprend qu'il n'y a pas seulement en nous un corps qui digère, respire et se meut; elle nous révèle une autre existence. Chaque homme en effet éprouve des plaisirs et des peines, qui ne viennent pas du corps et dont celui-ci n'est pas le théâtre, bien qu'il puisse en ressentir le contre-coup; nous avons en outre des idées, des pensées, que nous ne pouvons rapporter à aucune partie de notre être matériel; enfin, nous saisissons dans notre for intérieur des résolutions, des déterminations qui relèvent si peu du corps que souvent elles nous en font combattre les tendances. « Il y a donc dans l'homme deux principes et deux vies [1] »; il y a des phénomènes qui se rapportent à la vie animale et qui sont étrangers à l'âme, et il y a des phénomènes qui, étrangers à la vie physique, appartiennent à l'âme et composent une autre vie. Sans doute cette vie physique est liée à la vie animale, mais elle en est distincte et a une autre fin. On sait quelle fantaisie charmante cette distinction a inspirée à Xavier de Maistre; pour lui « l'homme est composé d'une âme et d'une bête...; l'âme peut se faire obéir par la bête, par l'*autre*, mais, par un fâcheux retour, celle-ci oblige très souvent l'âme d'agir contre son gré; le grand art est de savoir bien élever sa bête, afin qu'elle puisse aller seule, tandis que l'âme, délivrée de cette pénible accointance, peut s'élever jusqu'au ciel [2]. » L'étude de l'homme doit donc se dédoubler et donner lieu à deux sciences qui sont parfaitement distinctes par cela seul que les faits ou les objets dont elles s'occupent ne sont pas de la même nature et sont soumis à des lois différentes.

« Mais, dit encore Jouffroy, la séparation de la psychologie et de la physiologie n'est pas seulement fondée sur l'existence distincte dans l'homme de deux principes et de deux

---

1. Jouffroy.
2. *Voyage autour de ma chambre*, chap. VI.

vies; elle l'est encore sur l'opposition des procédés par lesquels l'intelligence les atteint. » En effet, les fonctions de la vie animale sont observées par les sens aidés d'instruments matériels, tandis que les fonctions de la vie psychologique sont connues par la conscience; il en résulte de grandes différences entre la psychologie et la physiologie. D'abord, les faits psychologiques étant connus directement et sans intermédiaire, aucune erreur n'est possible dans leur étude; celle des faits physiologiques ne présente pas le même avantage. En outre, l'instrument de la perception intérieure et les phénomènes qu'elle observe sont toujours à notre portée; il n'en est pas de même pour les faits qu'étudie la physiologie et pour les instruments dont elle se sert. De plus, la conscience atteint le principe des faits psychologiques, le moi, tandis que nous ne connaissons pas la nature de la vie, qui est la cause des faits physiologiques. Enfin, les faits physiologiques s'accomplissent souvent à notre insu, sans que nous en ayons connaissance, puisque les physiologistes eux-mêmes ont longtemps ignoré la circulation du sang et les fonctions du système nerveux; au contraire, on ne peut pas être heureux sans le savoir, ni penser sans savoir qu'on pense, ni vouloir sans savoir qu'on veut. Ajoutons encore qu'on peut localiser les faits physiologiques et qu'on ne peut pas localiser les faits psychologiques.

Seconde partie. — Mais la psychologie et la physiologie, quoique distinctes, ont de nombreux rapports, parce que l'homme n'est pas un pur esprit, indépendant de la nature corporelle et qu'au contraire l'âme et le corps sont étroitement unis et agissent l'un sur l'autre; « ces deux êtres, dit Xavier de Maistre, sont absolument distincts, mais ils sont emboîtés l'un dans l'autre ou l'un sur l'autre » : aussi les sciences qui s'occupent de ces deux substances peuvent-elles s'éclairer mutuellement et se rendre de grands services. Le médecin ne saurait ignorer que l'efficacité de certains remèdes dépend de l'état de l'âme, que certaines maladies du corps ont leur origine dans les peines du cœur, dans les égarements de l'imagination, dans une activité fiévreuse de l'intelligence que la volonté surmène. Ainsi, Phèdre meurt de consomption parce que son âme est troublée par un amour aussi insensé que coupable ; Pascal épuise ce qui lui reste de vie à chercher une réponse à des problèmes insolubles, et chez lui, comme dit le proverbe, la lame use le fourreau ; Racine, disgracié pour avoir été ému par les misères du peuple, est atteint d'une de ces maladies de foie que la douleur engendre et développe, et il meurt bientôt tué par l'exquise sensibilité qui avait été le caractère principal et le charme de son génie ; de cruels chagrins domestiques enlèvent Molière à cinquante et un ans lorsqu'il était encore en plein succès et semblait grandir chaque jour. D'un autre côté, l'état de l'âme est en correspondance exacte avec l'état du corps et des organes. Bossuet, après avoir fait ressortir la supériorité de l'âme sur le corps, qui n'est que son instrument, remarque sagement qu'il n'en est pas de cet instrument comme des instruments ordinaires ; ainsi le sculpteur ne sent pas le coup qui frappe son ciseau, tandis que l'âme sent tous ceux qui blessent le corps. Au moyen âge, on traitait le corps comme un ennemi, comme une guenille gênante et méprisable ; on répondait à ses protestations par des jeûnes, des macérations qui l'exaspéraient, et sa révolte se traduisait par la fièvre qui troublait le cerveau et qui par les hallucinations mettait les gens sur le chemin de la folie c'était le résultat où les mystiques aboutissaient fatalement par ce mépris exagéré du corps et par les mauvais traitements qu'on lui infligeait. Pendant des siècles, la médecine aliéniste a traité les fous comme des réprouvés ; la réclusion et des châtiments odieux empiraient l'état de ces infortunés et rendaient impossible toute guérison ; elle n'est sortie de ce cercle fatal que quand Pinel eut vu en eux des âmes malades qu'il fallait essayer de calmer par la douceur, une liberté relative et les bons traitements. Il faut donc maintenir le corps en bon état si l'on veut que l'âme soit elle-même bien portante. En outre, nos facultés intellectuelles sont étroitement liées à certaines parties du corps. Si ce n'est pas le cerveau qui pense, comme le prétendent les matérialistes, il n'en est pas moins vrai qu'il est l'organe et la condition de la pensée, que celle-ci dépend de son volume et de son état, que toute lésion au cerveau entraîne un trouble dans la vie intellectuelle. C'est là qu'aboutissent et c'est de là que partent les nerfs qui sont les conducteurs des sensations et les instruments de la perception et de la volonté. On ne peut donc bien comprendre le mécanisme et le jeu de ces facultés qu'avec les lumières de la physiologie; et c'est à cette science que la psychologie doit emprunter certaines données qui lui sont nécessaires pour ses études.

Conclusion. — Ainsi, il est impossible de ramener l'une à l'autre et de confondre la psychologie et la physiologie, puisque ces deux sciences ont des objets différents et emploient pour leurs investigations des moyens différents; c'est sur cette différence des objets et des procédés que se fonde la légitimité de la distinction entre la psychologie et la physiologie. Mais comme l'âme est intimement unie au corps et que la vie intellectuelle dépend de la vie animale qui en est la condition, ces deux sciences peuvent et doivent se rendre de mutuels services. Sans doute l'âme est supérieure au corps; mais l'état des organes a une importance capitale pour tous les phénomènes psychologiques. Il faut donc veiller à la santé du corps qui est nécessaire à la santé de l'âme et se garder des erreurs dans lesquelles les mystiques sont tombés par leur mépris de la guenille. La connaissance des organes et de leurs fonctions intéresse le psychologue, comme la science psychologique doit attirer l'attention du physiologiste. Il en résulte que la psychologie et la physiologie ne sauraient être étrangères l'une à l'autre ni surtout se traiter en ennemies; elles doivent s'aider et se contrôler parce qu'elles tendent vers le même but, la découverte de la vérité, la connaissance de l'homme.

6. — Comparaison de l'observation interne et de l'observation externe ou sensible.

Comparer l'expérience en physique et en psychologie.

Comparer la méthode psychologique avec les méthodes employées dans les autres sciences.

Par quels traits les phénomènes psychologiques se distinguent-ils des phénomènes physiologiques?

Marquer par des traits précis et par des exemples la distinction des faits psychologiques, des faits physiologiques et des faits physiques.

Distinguer la psychologie de la physiologie.

Objet et instruments de la perception intérieure; objet et instruments de la perception extérieure; comparer ces deux espèces de perception.

Expliquez cette proposition de Descartes : « L'esprit est plus aisé à connaître que le corps. »

OBSERVATION. — *Ces sujets et d'autres semblables peuvent se ramener à la question suivante, qui les renferme implicitement :*

On expliquera d'abord comment la psychologie ou science de l'âme est, à certains égards, plus facile que les sciences physiques et naturelles; ensuite on démontrera que, par d'autres côtés, elle est plus difficile.

PROGRAMME

A. — 1° L'instrument de la perception intérieure et l'objet à étudier sont toujours à notre portée; il n'en est pas de même pour l'objet et les instruments de la perception extérieure. — La psychologie étudie l'âme, a l'âme pour objet, et son instrument d'étude est la conscience, c'est-à-dire l'âme. Il en résulte que la perception intérieure peut se faire partout, à tous les moments et dans toutes les circonstances. Qui ne se sent libre de faire, quand il lui plaît, son examen de conscience, c'est-à-dire qui ne peut toujours descendre en lui-même pour analyser ses sentiments, ses idées, ses volontés? Cet examen est toujours possible, que nous soyons malades ou bien portants, au milieu des embarras d'un voyage ou commodément assis à notre foyer. Il n'en est pas de même dans les autres sciences. En médecine, par exemple, les objets à étudier, c'est-à-dire le corps humain et les maladies qui l'affligent, ne sont pas toujours à notre portée; il n'est pas toujours facile ni même possible de se procurer les cadavres ou les instruments délicats et coûteux que réclame cette science. Les mêmes difficultés se présentent en astronomie; là aussi, les objets à étudier, c'est-à-dire les corps célestes et les phénomènes dont ils sont le théâtre, ne sont pas toujours et partout à la portée de l'observateur; une éclipse, par exemple, ne se présente qu'à certaines époques et n'est visible qu'en certains lieux déterminés; il faut quelquefois se transporter bien loin et à travers mille dangers, au prix de mille dépenses, pour étudier tel phénomène, comme le passage de Vénus devant le soleil. — La psychologie présente donc une incontestable facilité pour l'objet et l'instrument.

2° En psychologie, l'esprit connaît directement et sans intermédiaire; il n'en est pas ainsi pour l'étude du monde extérieur. — Quand il s'agit du monde extérieur, notre esprit, c'est-à-dire le sujet qui étudie, n'est jamais en communication immédiate avec les objets étudiés. Entre le sujet et l'objet, il y a les organes qui servent d'intermédiaires, et c'est sur leur témoignage que l'esprit juge; or ces organes peuvent être affaiblis par l'âge, par les maladies, par tel ou tel accident; ils peuvent donc, pour bien des raisons, ne fournir à l'esprit que des renseignements inexacts ou insuffisants, et alors l'esprit se trompe, non parce qu'il est faible, mais parce qu'il est mal renseigné. Maintes erreurs en médecine et en astronomie proviennent de la défectuosité des instruments de perception, que ces instruments soient seulement nos organes ou que l'homme,

Se donnant des sens qu'oublia la nature,

appelle à son aide des instruments artificiels, tels que lunettes, loupes, microscopes. Ainsi, dans les sciences qui ont le monde extérieur pour objet, il y a des erreurs presque inévitables par ce fait seul que l'esprit est obligé de recourir à un intermédiaire pour atteindre l'objet de son étude, et c'est ce qui a permis aux sceptiques de mettre en doute la réalité du monde extérieur. Il n'en est pas de même en psychologie, où le sujet qui étudie et l'objet étudié sont une seule et même chose; il n'y a donc là aucune erreur possible; aussi jamais le témoignage de la conscience n'a été mis en doute. C'est devant ce témoignage irrésistible et qui défie tout scepticisme que Descartes s'est arrêté dans son doute méthodique; il avait pu nier la réalité objective, nature et Dieu, mais il dut s'incliner devant le témoignage de la conscience et devant cette évidence intuitive qui en est le caractère. Aussi la certitude psychologique a-t-elle pu être donnée comme le modèle de toute certitude, le doute ne pouvant tenir devant l'évidence des affirmations de la conscience.

3° **En physiologie, beaucoup de faits échappent à une observation directe et par conséquent exacte; d'autres ne peuvent être observés qu'à la condition d'être altérés; il n'en est pas ainsi en psychologie, où presque tous les phénomènes peuvent être l'objet d'une observation immédiate et directe et où cette observation n'exige pas une altération des opérations.** — Beaucoup de phénomènes physiologiques [1] nous échappent, comme la sécrétion de la

---

1. Les faits physiologiques s'accomplissent dans les corps vivants, dans la matière organisée (circulation du sang, par exemple); les faits

bile, la formation des calculs dans les reins, la formation des globules du sang; et on ne peut dans un très grand nombre de cas se faire une idée approximative de ces phénomènes de la vie que quand la vie est suspendue. Nous n'atteignons donc pas le phénomène lui-même, nous ne faisons qu'en deviner la nature d'après les traces qu'il a laissées sur son passage. En psychologie, presque tous les phénomènes sont accessibles à une observation directe et peuvent être par conséquent étudiés avec plus d'exactitude et de fidélité. Parmi les phénomènes physiologiques, d'autres, avons-nous dit, ne peuvent être observés qu'à la condition de subir une altération quelconque, au moyen des vivisections, par exemple. Cuvier condamne les vivisections, parce que l'animal qui est mis en expérience se trouve dans un état d'exception qui vicie toute observation. Sans doute il vaut mieux connaître ce qui se passe dans cet organisme même troublé que de ne rien savoir du tout; il n'en est pas moins vrai que l'on ne voit pas le phénomène tel qu'il est et que par conséquent l'observation laisse à désirer pour l'exactitude. En psychologie, les faits peuvent être étudiés sans subir une altération; qui ne comprend que l'on peut, par exemple, faire avec exactitude son examen de conscience si l'on a une mémoire fidèle et la sincérité avec soi-même? que l'on peut faire repasser devant soi ses sentiments, ses pensées, ses résolutions, et les revoir tels qu'ils se sont accomplis autrefois? La psychologie l'emporte encore ici sur la physiologie.

4° Les causes ou forces qui produisent les faits physiologiques et les faits physiques ne nous sont connues que par leurs effets, tandis que le moi, cause des faits psychologiques, est connu en lui-même. — Les phénomènes qui se passent dans le monde physique supposent des causes, des forces qui les produisent, et qui ne se révèlent que par leurs effets; mais nous n'apercevons pas ces causes, nous ne les saisissons nulle part. Si nous ne doutons pas de l'*existence* des causes, des forces physiques, puisque tout

physiques se passent dans les corps inertes, dans la matière inorganique (chute d'un corps, par exemple).

phénomène a une cause, cela ne veut pas dire que nous les voyons, que nous les saisissons; elles nous échappent, et nous n'en pouvons pas connaître la nature. Nous savons *qu'elles sont*, mais nous ne savons pas *quelles elles sont*; nous ne doutons pas de leur existence, mais nous ignorons leur nature. Ce qui le prouve, ce sont les noms divers que l'on donne à ces forces qui agissent dans le monde physique et qu'on désigne par ces mots : magnétisme, attraction, calorique, électricité, etc. On a voulu ramener à l'unité ces forces naturelles et dire qu'elles n'étaient toutes que du mouvement; cette hypothèse a reçu de l'expérience de surprenantes confirmations, mais ce n'est encore qu'une hypothèse; de même, le principe des faits physiologiques, la vie, existe incontestablement, mais elle nous échappe également; aussi les définitions qu'on a essayé d'en donner ont dû être rejetées. En psychologie, la cause des faits, le moi, est connue en elle-même. Quand il s'agit des faits physiques, il nous faut attendre la production de ces faits pour connaître les propriétés, les effets seuls nous dénoncent les causes; mais, quand il s'agit de l'âme, nous saisissons la cause avant même d'être témoins d'un phénomène; avant d'avoir agi, je sais que je puis agir. — Ajoutons enfin que les faits physiologiques s'accomplissent souvent en nous à notre insu sans que nous en ayons conscience, tandis qu'un homme ne peut sentir, penser et vouloir sans savoir qu'il veut, qu'il sent et qu'il pense.

Ces considérations expliquent comment Descartes, ayant mis tout en doute, Dieu et la nature, puis s'étant malgré lui senti arrêté devant une révélation du moi (*cogito, ergo sum*), a pu dire, quand il ne se croyait encore assuré ni de l'existence de son corps ni de l'existence de Dieu : « L'esprit est plus aisé à connaître que le corps. »

B. — **1° D'un autre côté, la difficulté de la réflexion et la domination qu'exercent sur nous les faits extérieurs rendent bien difficile l'observation psychologique.** — S'observer, descendre en soi-même, c'est réfléchir, c'est-à-dire se replier sur soi-même en se dérobant pour ainsi dire à l'action des choses extérieures qui nous entourent. Cela seul indique combien pareille opération est pénible, et nous en avons pour preuve l'expérience de chacun de nous; il semble que la nature nous a créés distraits, tellement nous répugnons à la réflexion. Pour que celle-ci pût se faire dans de bonnes conditions, il semblerait que nous dussions fermer nos yeux, nos oreilles, clore, pour ainsi dire, toutes les avenues de nos sens, nous isoler complètement du monde matériel, de façon qu'aucune forme n'attirât nos regards, qu'aucun bruit ne frappât nos oreilles, qu'aucun objet extérieur ne se mît en communication avec notre corps, qu'aucune odeur ne vînt affecter notre odorat; l'énumération seule de ces conditions indique qu'il nous est impossible de nous soustraire complètement à cette action du monde matériel qui est un si grand empêchement à la réflexion. C'était pour se dérober à cette action que Démosthène, suivant la tradition, se renfermait dans un caveau pour que ses yeux et ses oreilles n'offrissent aucune distraction à son esprit. Et non seulement la réflexion nous est difficile, non seulement nous avons peine à nous détacher du monde extérieur, mais encore nous nous sentons attirés par lui; le spectacle des choses extérieures nous captive. Il n'est pas de travail si sérieux, de réflexion si profonde qui ne soit facilement troublée par un bruit quelconque du dehors, et l'on cite comme exceptionnel, presque inouï, ce fait d'Archimède, qui, occupé à tracer des figures sur la poussière, ne s'aperçut pas que Syracuse était prise. Pascal a exprimé cette idée d'une façon pittoresque : « L'esprit de l'homme, ce souverain juge du monde, n'est pas si indépendant qu'il ne soit sujet à être troublé par le premier tintamarre qui se fait autour de lui... Une mouche bourdonne à ses oreilles, c'en est assez pour le rendre incapable de bon conseil. Si vous voulez qu'il puisse trouver la vérité, chassez cet animal qui tient sa raison en échec. » Ces faits empruntés à l'observation de notre nature expliquent facilement pourquoi tant de gens se livrent avec ardeur et succès à l'étude de la physique ou de la physiologie et pourquoi si peu se sentent attirés vers les méditations du philosophe et du métaphysicien. Malebranche éprouva, dit-on, des palpitations de cœur à la lecture d'un traité de Descartes; le fait est tellement rare que tout le monde le cite.

2° Cette difficulté augmente encore par la tyrannie que l'amour-propre exerce sur nous. — Les analyses psychologiques ne se font bien que sur soi-même, le moi d'autrui ne se révélant que par des signes extérieurs qui peuvent être et qui souvent sont trompeurs, parce qu'autrui peut avoir intérêt à nous dissimuler l'état réel et la nature vraie de son moi; d'après certains actes, nous lui attribuons maintes fois des vertus ou des vices qu'il n'a pas. C'est donc sur soi-même que chacun doit étudier le moi; c'est ce qui a fait que Montaigne, voulant étudier l'âme humaine, s'est pris lui-même pour objet de ses études, et, observateur très fin, très scrupuleux, il nous a révélé le moi de l'humanité en nous révélant le sien, et il avait raison de procéder ainsi, bien que Pascal ne voie dans l'emploi de cette méthode que l'effet d'une misérable vanité. Il faut donc s'observer soi-même; malheureusement la vanité, l'amour-propre ne nous permet guère de nous voir tels que nous sommes; il faut pour cela posséder un esprit bien vigoureux, une volonté bien ferme. Chacun aime à couvrir ses yeux d'un épais bandeau : « notre intérêt est un merveilleux instrument pour nous crever les yeux agréablement, » a dit Pascal. Tous, plus ou moins, nous sommes portés à nous exagérer nos vertus et à nous dissimuler nos défauts, quitte à nous dédommager à l'égard d'autrui. Nous sommes presque tous pour nous-mêmes comme le hibou de la Fontaine, qui croit que :

> Ses petits sont mignons,
> Beaux, bien faits et jolis sur tous leurs compagnons,

quand en réalité ce sont :

> De petits monstres fort hideux.

Les observations psychologiques, quand nous les faisons sur nous-même, et il est difficile de les faire autrement, sont donc presque viciées dans leur source. Au contraire, quand nous jetons les yeux sur le monde matériel, quand nous faisons de la médecine ou de l'astronomie, rien ne trouble notre étude; l'amour-propre, la vanité ne nous empêche pas de voir les phénomènes tels qu'ils sont.

3° La multiplicité et la succession rapide des faits psychologiques font que, dans leur apparition, il y a pour ainsi dire simultanéité, ce qui en rend l'observation très difficile. — Rien n'est plus rapide que la succession des faits dont l'âme est le théâtre. Ainsi, une mouche se pose sur ma main quand je suis occupé à un travail, c'est une *impression*; j'éprouve un chatouillement désagréable, c'est une *sensation*, qui provoque mon attention; je regarde pour voir quelle en est la cause, c'est une *perception*. Ces trois faits sont d'une nature bien différente, puisque l'impression est un phénomène physiologique, que la sensation est un phénomène qui relève de la sensibilité et que la perception est un fait intellectuel; cependant ils se produisent avec une rapidité telle que la transmission télégraphique elle-même ne saurait lui être comparée. Or l'esprit humain est ainsi fait qu'il ne peut bien connaître et comprendre qu'à deux conditions : 1° il faut que les phénomènes restent quelque temps devant lui pour qu'il puisse les contempler à loisir; 2° il faut qu'il les regarde l'un après l'autre; cela revient à dire que la permanence des phénomènes et l'analyse sont les conditions indispensables pour une étude sérieuse. Il est rare qu'en psychologie ces conditions soient remplies. Les phénomènes étant à la fois multiples et rapides en leur succession, l'esprit ne peut ni les voir l'un après l'autre, ni les contempler à loisir; ils ne font souvent que passer, ils apparaissent à peine que aussitôt ils ont disparu. Les analyses psychologiques présentent donc pour cette raison des difficultés presque insurmontables. Autre est la situation du physicien et du physiologiste; car si l'observation ne leur suffit pas pour étudier à loisir les phénomènes, ils peuvent avoir recours à l'expérimentation, c'est-à-dire à la production artificielle des phénomènes, et alors ils s'arrangent de manière à ce que les faits restent un certain temps sous l'œil de l'observateur et ne se présentent que un à un, successivement.

On voit donc que, si pour certaines raisons « l'esprit est plus aisé à connaître que le corps », cette étude offre par d'autres côtés des difficultés qu'il est bien difficile de surmonter.

7. — De l'observation psychologique. Difficultés de cette observation. Comment peut-on remédier à ces difficultés ?

DISSERTATION

Exorde. — La réalité, pour être connue, doit être observée. Bien des siècles s'écoulèrent avant qu'on aperçût cette vérité si simple, si élémentaire, et il fallut que l'insignifiance des progrès dans les sciences physiques et naturelles appelât l'attention des penseurs sur la nécessité d'un changement dans la méthode. Ce fut alors que Bacon provoqua une révolution en faveur du procédé inductif, qui avait été trop sacrifié au procédé déductif ; on vit alors les sciences marcher en avant et faire de rapides progrès. En effet, pour la *réalité*, nous ne pouvons être que spectateurs et témoins. La méthode d'observation, qui s'impose dans les sciences de la nature, convient aussi pour la psychologie, qui, ayant aussi pour objet une réalité, l'âme humaine, réclame une méthode d'observation.

Proposition. — De quelle nature est cette observation psychologique ? Quelles en sont les difficultés ? de quels moyens la psychologie dispose-t-elle pour remédier à ces difficultés ?

Première partie. — Notre âme est le théâtre de faits qui ne sont pas moins réels que ceux du corps et que nous distinguons nettement. En effet, chaque homme se sent agité par des plaisirs et des peines; des idées naissent en lui qui donnent lieu à des jugements, et ces jugements s'enchaînent eux-mêmes en raisonnements; maintes fois il s'arrête à des résolutions que lui indiquent les circonstances et que sa volonté lui impose. Sans doute ces mouvements intérieurs sont souvent provoqués par des mouvements du corps; mais il ne confond nullement ce qui se passe dans son corps avec les phénomènes qui s'accomplissent dans ce qu'il appelle son âme. Or, de même que nous étudions les faits physiques par les cinq sens, de même nous étudions les faits psychologiques au moyen de l'âme elle-même, qui prend alors le nom de *conscience*. La conscience est aux faits internes ce que les sens sont aux faits externes; aussi l'a-t-on appelée *sens intime*. L'expression est sans doute impropre, puisque aucun organe particulier n'est affecté à son exercice; mais elle indique fort bien l'analogie réelle qui existe entre cette faculté au moyen de laquelle nous percevons le monde intérieur et cette autre faculté qui nous met en relation avec le monde extérieur par les organes des sens. La méthode psychologique n'est donc qu'une application de cette méthode expérimentale qui est la méthode des sciences physiques et qui leur a fait accomplir depuis deux cent cinquante ans de si merveilleux progrès. La science psychologique a fait aussi, grâce à cette méthode, des progrès qui, tout en attirant moins l'attention, n'en sont pas moins réels. C'est qu'en effet l'observation de l'âme par elle-même est non seulement possible, mais encore plus facile que l'observation des corps par les organes des sens, puisqu'ici c'est l'âme qui s'observe elle-même directement, puisque le sujet qui observe et l'objet observé sont un seul et même être, que l'instrument d'observation et les objets à étudier sont toujours à notre portée, puisqu'enfin la cause des phénomènes psychologiques est connue [1].

Deuxième partie. — Toutefois l'observation intérieure présente des difficultés particulières, résultant de la domination

---

[1]. Pour le développement de ces idées, voyez la première partie du programme exposé ci-dessus.

qu'exercent sur nous les faits extérieurs et de la difficulté que nous éprouvons pour réfléchir, de la multiplicité et de la succession rapide des faits intérieurs, de la vanité et de l'amour propre, qui ne nous permettent guère de nous voir tels que nous sommes [1]. Il est aussi certains états, certains faits, comme le premier âge, le somnambulisme, qui échappent à une observation directe; d'autres, comme la douleur, la colère, la frayeur, s'évanouissent quand on veut les étudier sur soi-même et les soumettre à une patiente et calme analyse.

Troisième partie. — Mais on peut remédier à ces difficultés, et la psychologie dispose de moyens auxiliaires pour compléter et confirmer les résultats de l'observation intérieure. On peut d'abord remédier à ces difficultés par l'attention. Il est bien vrai que le monde extérieur nous captive; mais si la réflexion, c'est-à-dire le retour sur nous-même, est difficile, cela ne veut pas dire que la chose soit impossible. En effet, l'expérience journalière ne nous apprend-elle pas que nous sommes attentifs quand nous voulons et aux choses que nous voulons ? L'attention étant essentiellement volontaire, nous pouvons dans une certaine mesure nous détacher du monde extérieur et nous replier sur nous-même pour nous observer. Qui ne fait, quand il lui plaît, son examen de conscience? qui n'a jamais essayé de descendre en lui-même pour scruter, analyser ses sentiments, ses pensées, ses intentions? Cette attention deviendrait plus facile encore si nous nous préoccupions plus souvent de ce qui se passe en nous. Mais les hommes songent rarement à explorer ce monde intérieur, où Socrate faisait chaque jour des découvertes si intéressantes qu'il n'éprouvait pas, disait-il, le besoin de sortir jamais des murs d'Athènes pour aller faire des explorations lointaines (préambule du *Phèdre* de Platon). Ils ont pour préoccupation presque unique, les uns le soin d'augmenter leurs richesses, les autres le désir de servir leur ambition; d'autres sont possédés du besoin d'accroître leurs connaissances; combien peu se demandent ce qui se passe en eux pour savoir s'ils sont meilleurs ou

---

[1]. Pour le développement complet des idées indiquées dans ce paragraphe, voyez la deuxième partie du programme exposé ci-dessus.

pires, pour surprendre les lois qui régissent les phénomènes intérieurs ! Nous pourrions donc nous connaître nous-même si nous voulions nous livrer plus souvent à cette étude. — Enfin, on peut aussi compléter les résultats de l'observation intérieure par un recours aux travaux des autres hommes. Sans doute, l'observation psychologique se fait mieux sur soi-même ; car, l'âme échappant aux yeux du corps, les autres hommes peuvent nous tromper et nous donner des renseignements inexacts sur leur état intérieur. Cependant tous les hommes ne sont pas faux et trompeurs, et leur intérêt ne s'oppose pas toujours à ce qu'ils nous renseignent d'une façon exacte sur leurs sentiments, leurs idées, leurs volontés. Dans ce cas, ils peuvent nous donner des renseignements précieux ; car si chaque homme a une nature qui lui est propre, si chacun a une certaine manière de sentir, de penser, de vouloir, qui constitue sa personnalité, tous pourtant sentent, pensent et veulent ; et ces trois facultés sont soumises à des lois générales qui ne varient pas d'homme à homme. On peut donc consulter ses semblables et leur demander de nous aider dans la connaissance de notre âme. L'histoire peut aussi nous être à cet égard d'un puissant secours. En effet, elle ne se contente pas de raconter les faits accomplis par les hommes, elle veut aussi les rapporter à leurs causes, et elle cherche ces causes dans les vertus et les vices des hommes, dans l'emploi qu'ils font de leur liberté ; l'historien nous fait donc connaître l'âme humaine, ses passions bonnes et mauvaises, les idées et les motifs qui dirigent et sollicitent sa volonté. C'est ainsi que Montesquieu explique la grandeur des Romains par leurs vertus et leur décadence par les vices qui minaient cette société corrompue ; de même, les victoires remportées par le petit peuple grec sur le puissant empire des Perses s'expliquent par l'énergique élan d'âmes éprises de tout ce qui était grand et beau. L'historien vient donc en aide au psychologue ; mais les philosophes surtout peuvent, au moyen de leurs écrits, nous aider à nous connaître nous-mêmes. Ils se sont consacrés par vocation à l'étude du monde interne, comme d'autres ont cédé à leur penchant quand ils se sont mis à étudier les phénomènes matériels ; ils ont pris plaisir à analyser les faits intérieurs, comme l'astronome aime à suivre les astres dans leur marche, comme le botaniste se plaît à étudier la constitution des végétaux ; et quelques-uns de ces philosophes ont porté dans cette étude une merveilleuse sagacité. Les moralistes peuvent également nous aider à connaître notre cœur ; car eux aussi, par vocation, veulent, comme les philosophes, étudier l'âme humaine, avec cette différence que le philosophe étudie l'âme de tous les temps, de tous les pays, tandis que le moraliste, comme La Bruyère, ne veut que peindre l'homme d'une certaine époque ; mais, si différentes que soient les mœurs et les coutumes des hommes aux diverses époques de l'histoire de l'humanité, au fond les passions humaines restent toujours à peu près les mêmes ; de là ce merveilleux intérêt que présentent les ouvrages de certains moralistes ; ainsi Montaigne, ne voulant dévoiler que son âme dans ses *Essais*, a fait de cette étude psychologique individuelle une confession générale où tous les hommes peuvent se reconnaître. Enfin, les œuvres des poètes eux-mêmes nous fournissent des renseignements intéressants, puisque la véritable poésie est l'expression fidèle, quoique embellie, des émotions de l'âme. Et cela est vrai surtout des poètes dramatiques, qui, par les conditions mêmes où ils se trouvent placés, sont obligés de représenter les passions qui agitent tous les hommes, les vices et les travers que l'on trouve le plus souvent parmi eux ; telle est la source du plaisir que nous goûtons à la représentation ou à la lecture des œuvres de Corneille, de Racine et de Molière. Révéler l'homme à lui-même par la création de caractères où il se reconnaît, par la peinture vivante de ses sentiments, de ses passions, de ses pensées, c'est ce que fait la poésie dramatique, et en le faisant elle lève un coin de voile qui nous dérobe à nos propres yeux.

Résumé et conclusion. — Ainsi la méthode psychologique consiste dans l'observation des faits internes au moyen de la conscience ; cette observation est possible, c'est ce que démontre l'expérience journalière et ce que démontre aussi le succès avec lequel de grands philosophes ont tenté l'analyse de la pensée. L'homme peut assister au spectacle de la vie intérieure aussi sûrement qu'à celui de la vie physique ; et, si l'observation des faits internes présente certaines difficultés, on peut y remédier par l'attention, par une préoccupation plus constante des choses de l'âme, par l'expérience et les travaux des autres hommes, c'est-à-dire par l'étude de l'histoire, des écrits des philosophes, des moralistes, des poètes, et surtout des poètes dramatiques.

L'observation psychologique n'a pas seulement pour résultat la satisfaction légitime de notre besoin de connaître; elle nous permet encore de mieux diriger notre vie; car l'homme qui se connaît sait ce qu'il peut faire et en même temps ce qui est au-dessus de sa portée; il connaît ses infirmités, ce qui lui permet de les corriger; il connaît aussi sa grandeur, dont le sentiment le préserve des défaillances; enfin avec sa nature il connaît ses devoirs, science qui importe autant à son bonheur qu'à sa moralité.

OBSERVATION. — *On trouvera dans la troisième partie de cette dissertation les idées nécessaires au développement du sujet qui suit :*

Quels sont les moyens auxiliaires dont dispose la psychologie pour compléter et confirmer les résultats de l'observation intérieure ?

8. — De l'observation psychologique ; — difficultés de cette observation ; — discussion des objections qui se sont élevées contre cette méthode ; — comment peut-on remédier aux difficultés de l'observation psychologique ?

ESQUISSE

A. — Observation psychologique. — L'âme étant une réalité et non une abstraction, il faut l'observer pour la connaître ; or, on l'observe par la conscience ou sens intime comme on observe la matière par les organes des sens. La méthode psychologique n'est donc qu'une application de cette méthode expérimentale ou d'observation, qui a fait accomplir aux sciences physiques de si merveilleux progrès depuis la révolution provoquée par Bacon ; et l'école écossaise a eu le mérite et la gloire d'appliquer la méthode baconienne à la science de l'âme humaine et de donner ainsi à la psychologie des fondements solides. L'observation des faits internes n'est pas seulement possible, elle est même à certains égards plus facile que l'observation des faits externes ; en effet, puisqu'en psychologie c'est l'âme qui s'observe elle-même, il en résulte que le sujet et l'objet de l'observation sont un seul et même être, ce qui exclut toute possibilité d'erreur ; en outre l'instrument et les objets à étudier sont toujours à notre portée ; les facultés et les opérations n'ont à subir aucune altération pour être observées ; enfin on atteint, non seulement les faits, mais aussi la cause qui les produit et qui n'est autre que l'âme elle-même.

B. — **Difficultés de l'observation psychologique.** — Toutefois les faits internes sont plus difficiles à étudier que les faits externes à cause de leur multiplicité et de leur succession rapide, à cause de l'amour-propre qui nous rend aveugles, et surtout à cause de la domination que le monde physique exerce sur nous.

C. — **Discussion des objections.** — Mais si les faits psychologiques sont difficiles à saisir, cette difficulté n'entraîne pas l'impossibilité de les observer. Il n'est personne qui ne puisse observer par la conscience ce qui se passe en lui et acquérir une idée plus ou moins précise de ses modifications intérieures. Il faut toutefois reconnaître que la nature de la conscience est incompréhensible : comment, dit-on, l'âme peut-elle se voir face à face, assister à ses propres opérations, être à la fois acteur et spectateur ? On a même ajouté plaisamment que le psychologue, qui a la prétention de contempler ce qui se passe en lui-même, ressemble à un homme qui se mettrait à sa fenêtre pour se voir passer dans la rue ou à un acteur qui descendrait dans le parterre pour se voir jouer sur la scène. Mais on ne peut nier un fait évident sous prétexte qu'on ne le comprend pas ; or, il est bien évident que l'âme se connaît elle-même, que nous pouvons assister au spectacle de notre vie intérieure aussi sûrement qu'à celui de la vie physique. — On a fait une autre objection. On a dit que cette observation par la conscience ne peut pas donner une connaissance générale de la nature humaine, que la conscience est personnelle et ne saurait fournir que des observations individuelles, par conséquent insuffisantes pour la science qui aspire au général et à l'immuable. Il est certain que la conscience varie d'homme à homme et d'un âge à un autre, que la conscience de Caton ne ressemblait guère à celle de César, que la conscience d'un Français n'est pas celle d'un Allemand. Mais ces changements n'atteignent pas l'essence de l'âme humaine, qui reste identique et immuable dans ses facultés premières et constitutives ; l'homme est tout entier dans chaque individu de l'espèce. Ainsi chacun se reconnaît ou reconnaît son semblable dans les analyses des philosophes, dans les observations du moraliste, dans les peintures du poète, ce qui prouve que le philosophe, le moraliste et le poète ont pu saisir dans l'homme des traits à la fois généraux et permanents, qu'ils ont analysé, observé, chanté l'homme éternel et universel, non l'homme d'une époque déterminée ou d'une race particulière. Chacun sait que Montaigne, qui ne voulait que se peindre lui-même, a montré l'homme tel qu'il est partout et tel qu'il sera toujours, et que cette confession individuelle est la peinture de l'humanité tout entière.

D. — **Comment peut-on remédier aux difficultés de l'observation psychologique ?** — On peut y remédier par la réflexion qui est libre, volontaire, qui se développe par l'exercice et nous permet de nous replier sur nous-mêmes et de prendre une connaissance précise des faits internes. On peut aussi recourir au témoignage et aux travaux des autres hommes; car il ne faut pas prendre la conscience individuelle pour unique source de connaissances; on peut consulter avec fruit les écrits des philosophes, des moralistes, des historiens, des poètes et surtout des poètes dramatiques.

9. — De l'expérimentation psychologique.

ESQUISSE

L'âme étant une réalité et par conséquent un fait observable, la psychologie débute par l'observation des faits dont l'âme est le théâtre ou la cause; cette méthode psychologique n'est donc qu'une application de la méthode expérimentale qui est la méthode des sciences physiques et naturelles. Nous étudions les faits intérieurs par la conscience, comme nous étudions les faits physiques par les sens. Or, la méthode expérimentale comprend trois procédés principaux : l'observation, l'expérimentation et l'induction. L'observation par la conscience n'est pas seulement possible, elle présente même des facilités particulières; l'induction permet aussi à la psychologie de conclure à des lois ; mais l'expérimentation, qui est d'un emploi fréquent et relativement facile dans les sciences physiques, est très difficile en psychologie.

En effet, dans cette science, le sujet qui observe et l'objet observé sont un seul et même être; cette identité du sujet et de l'objet rend presque impossible l'expérimentation psychologique, puisque l'expérimentation consiste à produire ou à modifier artificiellement les phénomènes à étudier. Comment l'âme pourrait-elle produire en elle-même, ou modifier *artificiellement*, une sensation, un sentiment, une pensée, une résolution? En admettant que le phénomène pût être produit, l'idée même de l'observer ne le ferait-il pas s'évanouir à l'instant?

Toutefois il est possible d'expérimenter d'une manière

indirecte. Ainsi, par la mémoire on peut évoquer un phénomène et se le remettre sous les yeux, de façon que le passé redevienne présent. En outre, comme il y a de grandes analogies entre les facultés qui se manifestent chez l'homme et celles qui se manifestent chez l'animal, on peut expérimenter sur les animaux en examinant ce qui arrive lorsque telle faculté est absente ou lorsque telle autre subit un trouble quelconque. On peut aussi expérimenter sur les autres hommes. Les essais tentés en politique et en éducation sont bien de l'expérimentation psychologique puisqu'on s'efforce de modifier l'âme dans un certain sens, et les faits prouvent que la chose est possible. Ainsi, l'éducation que l'on donnait à Sparte avait sur les âmes une telle puissance qu'elle faisait disparaître le sentiment le plus énergique du cœur humain, l'amour maternel, et que les femmes y étaient beaucoup plus citoyennes que mères; il en était de même à Rome où le patriotisme imposait silence aux affections domestiques, où l'on était citoyen avant d'être fils, époux et père. Toutes les méthodes d'enseignement que de nos jours nous avons vu préconiser et appliquer ne sont pas autre chose que de l'expérimentation psychologique, puisque l'on se propose de donner aux esprits une certaine direction et d'inspirer aux âmes certains sentiments.

10. — Que pensez-vous de cette proposition de la *Logique de Port-Royal*, que « les choses que l'on connaît par l'esprit sont plus certaines que ce que l'on connaît par les sens » ?

ESQUISSE

La philosophie cartésienne exerça sur les esprits une influence considérable au XVII° siècle ; elle subjugua toutes les grandes intelligences et marqua de son empreinte, non seulement la philosophie et la science, mais encore la littérature de cette époque qui a un caractère si nettement psychologique et spiritualiste. Il n'est donc pas étonnant que l'on retrouve des traces de cette influence cartésienne dans la *Logique de Port-Royal*; ses auteurs, Arnauld et Nicole, n'ont guère fait que reprendre, en se l'appropriant, une proposition de Descartes quand ils ont dit : « Les choses que l'on connaît par l'esprit sont plus certaines que ce qu'on connaît par les sens. » En effet, Descartes s'était exprimé ainsi : « L'âme est plus aisée à connaître que le corps. »

Il avait été amené par diverses considérations à affirmer cette incontestable vérité : les sens nous trompent, se disait-il, les songes nous abusent, un dieu trompeur, « un certain mauvais génie », peut se plaire à nous faire prendre le faux pour le vrai et réciproquement (*Discours sur la Méthode*, quatrième partie; *Première Méditation*); de tout cela il avait conclu que « les choses extérieures ne sont que des illusions et rêveries ». Au contraire, il lui avait semblé impossible de ne pas admettre comme évidente cette proposition qu'il devait à une révélation du sens intime : « Je pense, donc je suis ». Ainsi, quand il doutait encore de l'existence de la matière et de son corps, il était déjà assuré de l'existence de sa pensée, et, remarquant à quel point cette vérité était ferme et assurée, il disait avec raison que « les plus extravagantes suppositions des sceptiques ne sont pas capables de l'ébranler ».

Descartes et Port-Royal ne se trompent pas quand ils prétendent que les choses connues par l'esprit sont plus certaines que les choses connues par les sens. En effet, lorsque l'âme prend connaissance d'elle-même et de ses propres états, aucune erreur n'est possible, puisque le sujet et l'objet se confondent, puisqu'ils sont un seul et même être. Il n'en est pas ainsi lorsque nous étudions le monde extérieur : le sujet, c'est-à-dire l'esprit, n'est pas alors en communication immédiate avec les objets étudiés ; il ne les connaît que par l'intermédiaire des organes, qui peuvent être affaiblis, altérés, et ne donner que des renseignements inexacts ou insuffisants. Ce sont ces erreurs des sens qui ont permis aux sceptiques de mettre en doute la réalité du monde extérieur ; c'est aussi l'impossibilité d'expliquer le passage du subjectif à l'objectif, d'établir *un pont* entre le moi et le non-moi : « Comment, dit d'Alembert, notre âme s'élance-t-elle hors d'elle-même pour s'assurer d'une chose qui n'est pas elle ? » Il est clair que cette difficulté n'existe pas, lorsque l'âme s'étudie elle-même.

Ainsi on a pu nier la réalité objective, nature ou Dieu, contester à l'intelligence humaine la possibilité de sortir d'elle-même et d'atteindre ce qui n'est pas elle ; mais on n'a jamais pu mettre en doute le témoignage de la conscience, et c'est devant ce témoignage que Descartes a dû s'arrêter dans son doute méthodique. Port-Royal a donc eu raison de dire : « Les choses que l'on connaît par l'esprit sont plus certaines que ce qu'on connaît par les sens. »

11. — De la conscience et de l'inconscience ; — des degrés de la conscience.

DISSERTATION

Exorde. — Il n'est guère de mot qui soit plus souvent employé et dans des sens plus divers que le mot *conscience*. En morale, nous désignons par cette expression le témoignage de notre âme qui approuve ou qui blâme nos actions suivant que nous avons bien ou mal agi ; en religion, le sentiment des fautes commises donne lieu à un examen de conscience ; en politique, la liberté de conscience est la faculté de ne pas professer la religion qui domine dans un pays et de suivre celle que l'on croit meilleure ; dans la vie ordinaire, ce mot sert à désigner le soin minutieux avec lequel on s'acquitte d'un devoir, et l'on dit alors d'un travail qu'il est fait avec conscience ; en psychologie, la conscience est ce sentiment du moi qui est la condition de tous les phénomènes de la vie spirituelle, et c'est à cette dernière acception que nous voulons nous arrêter ici.

Proposition. — Nous allons examiner quelle est la nature de cette conscience psychologique, — quel est son rôle dans l'acquisition de nos connaissances, — quels degrés elle présente depuis la science du moi la plus profonde jusqu'à une complète inconscience.

Première partie. — C'est à la conscience, qui prend alors le nom de sens intime, que nous devons la révélation de tout ce qui se passe dans notre âme, de nos sensations et de nos sentiments, de nos pensées et de nos volitions ; elle est alors aux faits internes ce que sont les sens pour les faits externes, un instrument d'observation. Cette observation intérieure a même certains avantages sur celle qui a pour objet le monde matériel; car la conscience n'étant pas autre chose que l'âme qui s'observe elle-même, il en résulte que le sujet qui observe et l'objet observé sont un seul et même être et que par conséquent aucune erreur n'est possible dans cette étude de l'âme par elle-même. La perception intérieure peut être vague et confuse, elle peut se borner à de sourdes et obscures révélations, si nous sommes absorbés, dominés par la vie des sens; mais l'homme le plus illettré peut, s'il le veut, lire dans ce livre intérieur, « visiter ces galeries souterraines, car il y a une lumière intérieure qui luit dans les profondeurs de l'âme [1] ». Cette lumière est celle de la conscience qui éclaire plus ou moins tous les hommes; donc, si la connaissance des faits psychologiques peut être obscure ou claire, faible ou profonde, elle ne saurait être fausse. Il est vrai que cette étude exige une certaine maturité d'esprit, le goût des méditations solitaires et l'habitude de la réflexion; or, peu d'hommes sont capables de se replier ainsi sur eux-mêmes, de se soustraire à la domination du monde extérieur, de s'intéresser aux analyses minutieuses qui sont nécessaires pour se reconnaître au milieu de ces faits intérieurs qui sont d'une si étrange complexité et qui se succèdent avec une si étonnante rapidité.

Deuxième partie. — La conscience nous révèle donc tout ce qui se passe en nous. Mais elle n'est pas seulement une source de connaissances; elle est aussi la condition de toutes les connaissances, même de celles qui se rapportent au monde extérieur, nous ne pouvons connaître qu'à la condition d'avoir conscience que nous connaissons, et il en est de même pour tous les faits psychologiques. On ne peut jouir ou souffrir, penser ou vouloir sans le savoir; conçoit-on un homme qui pourrait être ému, éprouver du plaisir ou de la peine, qui pourrait avoir des idées, juger et raisonner, délibérer, prendre des résolutions, et qui n'en saurait rien?

---

1. Maine de Biran.

Ainsi les phénomènes psychologiques ne peuvent se produire que s'ils sont accompagnés d'un sentiment intime, immédiat, qui nous les fait percevoir et sans lequel ils ne peuvent exister pour nous. La conscience est donc le foyer commun de toutes les connaissances, comme le sanctuaire de la vie morale.

Troisième partie. — Mais il y a des degrés infinis dans la conscience; car nous avons de nos actions une idée tantôt fort nette, tantôt fort obscure. Cette faculté se développe lentement; son témoignage, d'abord vague et confus chez l'enfant, s'éclaircit et se précise peu à peu avec les années, par l'attention, par la réflexion, quand l'âme se replie sur elle-même; et comme la réflexion est libre, volontaire, il s'en suit que la science de soi est très diverse et varie d'homme à homme. Chez quelques-uns, elle est vague et obscure; elle se réduit alors presque au sentiment très confus que l'animal a peut-être de son existence; au contraire, elle est nette et précise chez le psychologue, chez l'homme voué par goût à la vie méditative, qui peut diriger une réflexion puissante dans les profondeurs de son être intime, saisir les moindres détails et les nuances les plus délicates de la vie morale. La conscience ne subit pas seulement l'action du corps, se développant et s'affaiblissant avec lui, passant par tous les degrés de son accroissement et de ses défaillances, elle ne varie pas seulement avec notre aptitude plus ou moins grande à être attentifs ou distraits, elle offre aussi les alternatives de la veille et du sommeil; elle disparaît dans certaines maladies, dans l'évanouissement, la léthargie, qui nous rendent inconscients; le délire de la fièvre, la folie, l'abus des liqueurs fortes, les accès violents de la passion nous enlèvent plus ou moins la conscience de nos actes; nous ne savons plus alors ce que nous faisons; aussi la responsabilité diminue pour nous à mesure que faiblissent les lumières de la conscience, et la responsabilité n'existe plus lorsque nous sommes arrivés à un état complet d'inconscience. Il en est également ainsi dans certains états particuliers, comme l'extase; l'âme alors perd le sentiment d'elle-même lorsqu'elle est absorbée par son objet, lorsqu'elle est tout entière livrée à une ardente contemplation, à l'enthousiasme qui la transporte. En général, les perceptions de la conscience sont d'autant plus obscures que le sentiment qui nous domine a plus de force et de vivacité. On ne peut rien dire des phénomènes inconscients, puisque un fait psychologique n'existe pour nous que quand il est révélé par la conscience. Nous sommes pourtant assurés que l'activité de l'âme n'est pas tout entière embrassée par elle; le somnambulisme seul et certains rêves, dont nous ne gardons pas le souvenir, suffiraient à prouver qu'elle ne nous révèle pas tous les faits dont notre âme est le théâtre; on peut croire qu'il se produit en elle des changements qui passent inaperçus, qui sont pour nous comme s'ils n'étaient pas.

Résumé. — La conscience est donc la faculté qui nous fait assister au spectacle de la vie spirituelle, qui nous révèle nos sentiments, nos pensées, nos volitions. Mais elle n'est pas seulement une source de connaissances, elle est aussi la condition de toutes les connaissances, qu'elles se rapportent au monde interne ou qu'elles viennent du monde extérieur; car, bien que la conscience connaisse seulement le moi et ses divers états, bien qu'elle ne connaisse pas les corps, un fait connu n'est tel que s'il est perçu par la conscience. Enfin, il y a des degrés infinis dans la conscience; nous avons des faits psychologiques une connaissance tantôt claire et nette, tantôt vague et confuse; il y a dans notre âme des perceptions claires et des perceptions obscures, « de petites perceptions », comme dit Leibniz; ces dernières peuvent devenir de plus en plus obscures, les lumières de la conscience faiblissent souvent, et quelquefois s'éteignent complètement; la responsabilité diminue et disparaît quand la conscience s'affaiblit ou n'existe plus; il y a irresponsabilité dès qu'il y a inconscience.

12. — La psychologie est-elle une science d'observation ou une science de raisonnement ?

ESQUISSE

La psychologie est à la fois une science d'observation et une science de raisonnement, puisqu'elle a des phénomènes à étudier et des problèmes à résoudre, puisqu'elle opère en même temps sur des faits et sur des idées ; mais elle est surtout une science d'observation.

1° La conscience, que chaque homme possède, permet de saisir en nous des faits bien réels, tels que plaisirs et peines, pensées, jugements et raisonnements, délibérations et résolutions ; l'expérience journalière prouve que l'homme peut assister au spectacle de la vie intérieure aussi sûrement qu'à celui de la vie physique. La méthode psychologique n'est même qu'une application de la méthode expérimentale ; aussi la psychologie débute-t-elle par l'observation des faits internes. Or, quand l'esprit se replie sur lui-même, il s'aperçoit que ces faits, bien que variés et multiples, présentent quelquefois entre eux certaines ressemblances ; alors pour les mieux étudier, on réunit ensemble ceux qui ont des caractères communs et on constitue ainsi trois groupes principaux, qui sont les faits sensibles, les faits intellectuels et les faits volontaires. Ces trois classes distinctes de phénomènes supposent naturellement l'existence d'un nombre égal de facultés, c'est-à-dire de causes qui les produisent. C'est surtout à l'étude de ces facultés que la psychologie se consacre, essayant de déterminer quels sont leurs caractères, quelles lois les régissent, comment, tout en étant distinctes, elles s'unissent et s'associent dans tous les phénomènes psychologiques. Or il est bien clair que l'observation est pour la psychologie le seul moyen de mener cette étude à bonne fin; et si cette science recourt parfois au raisonnement, ce n'est qu'en passant; l'observation est son procédé habituel.

2° Cependant on rencontre en psychologie certaines questions où l'observation a besoin d'être complétée et confirmée, où même elle n'est plus applicable; il en résulte que la psychologie, qui fait souvent appel au raisonnement inductif pour généraliser, emploie aussi le raisonnement déductif pour achever la démonstration de la liberté, pour déterminer la nature propre du moi, son unité, sa simplicité, son identité, pour démontrer la spiritualité de l'âme, c'est-à-dire son immatérialité.

Ainsi la psychologie est à la fois une science d'observation et une science de raisonnement; du reste, presque toutes les sciences emploient concurremment les deux méthodes, car dans tout ordre d'idées l'esprit a besoin de tous les procédés pour arriver à la vérité. La psychologie, qui a pour objet l'esprit, c'est-à-dire une réalité, doit d'abord avoir recours à l'expérience, comme les sciences physiques et naturelles; mais l'observation par la conscience ne pouvant toujours suffire, il faut y joindre le raisonnement pour induire et déduire. Néanmoins c'est la méthode expérimentale qui a la prédominance dans la psychologie.

Révolution, qui a dévoré tous ses enfants. Ainsi, ne vouloir chercher que dans l'histoire la connaissance de l'âme humaine, ce serait s'exposer à n'y voir souvent que des inclinations basses, des préjugés ridicules ; il n'y aurait d'exception à faire que pour quelques rares époques, quelques courts moments, pendant lesquels le gros de l'espèce humaine s'est élevé au-dessus de lui-même et a bien voulu, par un caprice ou un éclair de bon sens, subir l'influence de l'élite qui l'a entraîné à sa suite. L'histoire ne pourrait nous donner une étude complète de l humanité que si, comme Plutarque, elle racontait surtout la vie des grands hommes, savants, poètes, philosophes, artistes ; ce n'est pas dans l'histoire politique, c'est dans l'histoire des littératures, des sciences, des religions, des arts, de la philosophie, qu'il faut chercher des lumières pour la psychologie.

Conclusion. — Ainsi l'homme est dans l'histoire, mais il n'y est pas tout entier, il n'y est même que pour la partie la moins noble de son être ; cette science peut souvent servir à la psychologie de vérification et de contre-épreuve, et montrer comment se manifestent dans les faits les sentiments et les idées que la conscience saisit dans notre être intérieur. Mais l'étude des événements ne nous donne qu'une connaissance imparfaite de la nature humaine et ne saurait jamais remplacer l'observation directe et personnelle. On peut même affirmer que c'est surtout l'histoire qui a besoin de la psychologie pour pénétrer les motifs qui sollicitent l'homme et le provoquent à l'action, pour expliquer certaines coutumes, certaines institutions, culte des morts, propriété, mariage, dont l'histoire constate partout l'existence, et dont elle ne peut rendre compte qu'avec les lumières de la psychologie ; car c'est cette science qui nous montre que ces institutions ne sont que des développements de la nature humaine, et elle devient ainsi un flambeau pour l'histoire.

14. — Que peut-on tirer de l'étude du langage pour la psychologie?

DISSERTATION

Exorde. — Le langage, qui sert à exprimer la pensée, l'aide aussi à se former et à se développer; car si l'on peut, à la rigueur, penser sans le secours des mots, on ne peut le faire avec suite et avec succès qu'avec le secours de la parole écrite ou parlée, et Cicéron a eu raison de dire : « Hoc præcipue bestiis præstamus quod loquimur ». Toutefois il ne faut pas exagérer l'influence exercée par le langage sur la pensée. Celle-ci est antérieure au langage, qui n'est que l'instrument et comme le prolongement de la pensée; elle est la cause, il n'est que l'effet. Or, puisque c'est elle qui crée le langage, on peut s'en faire une idée d'après lui, comme on connaît un écrivain d'après son livre, comme on connaît Dieu d'après ses œuvres; si le style est l'homme même, le langage est la pensée même. La psychologie peut donc demander au langage des renseignements sur l'âme pensante.

Première partie. — L'étude des langues montre qu'elles sont d'abord synthétiques et qu'elles deviennent ensuite analytiques; le grec est plus synthétique que le latin et celui-ci l'est plus que le français, qui présente à un degré remarquable le caractère analytique. Et même une langue qui subsiste pendant une longue suite de siècles perd peu à peu le caractère synthétique et devient de plus en plus analytique; c'est ainsi que le grec, qui a un caractère si éminemment synthétique dans les temps anciens, est à l'heure actuelle nettement analytique. Voilà une des lois du langage. N'est-il pas naturel et logique d'en conclure que la pensée, qui produit la parole, commence par la synthèse et ne recourt que plus tard à l'analyse? En effet, l'esprit humain ne voit d'abord les choses que dans un tout complexe et concret, *in globo;* aussi n'en a-t-il qu'une idée vague et confuse; le désir, le besoin de les mieux connaître fait que peu à peu il prend l'habitude de les regarder une à une et que d'une manière insensible il passe ainsi d'une vue synthétique à une étude analytique. « L'esprit humain a besoin de morceler pour comprendre, » a dit Mme de Staël. La parole, qui n'est que l'expression de la pensée, suit celle-ci dans toutes ses transformations, et c'est ce qui fait comprendre pourquoi elle est synthétique lorsque l'esprit reste enfermé dans la synthèse et pourquoi elle devient analytique lorsque la pensée a recours à l'analyse.

Deuxième partie. — On sait que les langues anciennes sont essentiellement transpositives, qu'elles font un grand usage de l'inversion et ont une variété infinie dans les constructions; tantôt elles suivent un ordre logique, rigoureux, tantôt elles rangent les mots d'une manière plus ou moins irrégulière et capricieuse. Ces inversions contribuent beaucoup à la beauté du style, elles sont oratoires et poétiques, elles « se tournent en grande figure et tiennent l'esprit suspendu dans l'attente du merveilleux [1] ». Or, cette liberté des constructions est infiniment plus restreinte dans les langues modernes, et l'inversion y est renfermée dans des bornes assez étroites. Sans doute, il est facile de démontrer que cette modification tient à ce que les langues anciennes, qui étaient synthétiques et par là riches en flexions, pouvaient, sans altérer le sens de la phrase, ne pas se conformer à l'ordre logique, tandis que les langues modernes, qui sont en général analytiques et qui par suite ont des flexions peu nombreuses, sont obligées d'exprimer leurs idées dans un ordre qui est toujours le même et qui est l'ordre logique. Mais la psychologie peut encore trouver dans ce fait une

1. Fénelon, *Lettre à l'Académie.*

révélation sur une évolution intéressante de la pensée et sur la nature de l'esprit humain. Si les Anciens n'exprimaient pas leurs idées dans l'ordre logique, rationnel, et ils l'auraient pu s'ils l'avaient voulu, s'ils transposaient presque toujours les termes de la proposition, c'est que l'homme sent pour ainsi dire avant de penser, qu'il est sensible et passionné avant d'être raisonnable. Chacun peut, par une observation personnelle, vérifier la justesse de cette observation, que confirme du reste l'histoire littéraire. En effet, la poésie naît toujours avant la prose : l'*Iliade* a été composée à une époque bien antérieure à celle où l'on a écrit l'histoire et à celle où les savants et les philosophes ont essayé de découvrir quelle est l'origine du monde et quelle est la nature de l'homme ; la *Chanson de Roland* a précédé les Chroniques de Villehardouin et de Froissart ; Dante est venu avant Machiavel et Guichardin. Aux époques primitives, l'imagination est plus vive, plus prompte à s'émouvoir ; elle s'étonne et s'effraye de tout, d'une éclipse, d'un coup de tonnerre, de l'aboiement d'un chien, du cri d'un oiseau ; la passion a également une violence plus grande et emporte l'âme d'un mouvement irrésistible ; Achille fait subir au cadavre d'Hector les plus abominables outrages, et quelques heures après il pleure avec le vieux Priam sur les amertumes de la vie. Or, les constructions inversives sont plus propres que les constructions logiques à traduire ces mouvements impétueux de l'âme, parce qu'elles permettent de désigner les choses dans l'ordre où elles frappent nos sens ou dans le rang que leur attribue notre passion. La vieille mère d'Euryale, apercevant au bout d'une pique la tête de son pauvre enfant, s'écrie éperdue :

> Hunc ego te adspicio !

Quand Orphée eut perdu son Eurydice, « c'était toi, chère épouse, qu'il chantait, »

> Te, dulcis conjux, te solo in littore secum,
> Te, veniente die, te, decedente, canebat !

Comme ce *te*, non seulement par sa répétition, mais aussi par sa place, indique bien quelle pensée torture le cœur de l'infortuné poète ! Quand sa tête était entraînée par l'Hèbre, « Eurydice ! » répétait sa voix expirante :

> Ah ! miseram Eurydicen, anima fugiente, vocabat.
> Eurydicen toto referebant flumine ripæ !

L'emploi ordinaire des inversions prouve donc que l'imagination et la sensibilité se développent chez l'homme avant la raison.

Troisième partie. — En outre, on constate que les langues ont entre elles des ressemblances fondamentales, qu'elles présentent des caractères communs, invariables, dont l'ensemble constitue la grammaire générale. Or, si les langues offrent, au milieu de la plus grande diversité, des principes immuables et universels, pour ainsi dire antérieurs à toute langue particulière, cela tient évidemment à la nature de l'intelligence, les lois du langage devant être dans un rapport étroit avec les lois de la pensée; car « la pensée préexiste nécessairement aux mots qui ne sont que les signes physiques de la pensée [1] ». La possibilité de constituer une grammaire générale permet à la psychologie de conclure à l'identité, à l'impersonnalité de la raison humaine. En effet, il n'est pas difficile d'établir que les idées élémentaires ne varient pas d'un homme à un autre ni dans le même homme; pour tout le monde, en tout temps et en tout pays, il a été, il est et il sera éternellement vrai que la partie est plus petite que le tout, que le tout est égal à la somme de ses parties, que tout phénomène a une cause, etc. Et pour emprunter un exemple à la grammaire générale, si toutes les langues présentent des substantifs, des adjectifs et des verbes, c'est que la pensée a toujours des choses, des substances à nommer, des qualités à désigner, des jugements à formuler qui affirment l'existence des substances ou en indiquent la nature.

---

1. Joseph de Maistre, *Soirées de Saint-Pétersbourg*.

Péroraison. — Ainsi l'étude du langage peut fournir à la psychologie des renseignements intéressants. Cette étude montre que la pensée voit d'abord les choses d'une manière synthétique et n'arrive que par degrés à l'analyse ; elle prouve par l'emploi des inversions que l'homme est un être sensible et passionné avant de se montrer comme un être doué de raison ; enfin, la grammaire générale fait voir que la pensée humaine porte au fond sur les mêmes objets essentiels, et la science comparée des langues établit l'unité du genre humain, la parenté des races humaines. Que d'observations intéressantes on pourrait encore ajouter à celles qui précèdent ! Par exemple, si les langues du Midi, filles charmantes d'un climat heureux, abondent en terminaisons éclatantes, en tours harmonieux, cela ne prouve-t-il pas que les peuples qui les parlent et les ont créées, vivent surtout par l'imagination, aiment tout ce qui frappe les sens par l'éclat, la splendeur et la sonorité ? Au contraire, si les langues du Nord sont plus rudes, plus sévères, cela ne prouve-t-il pas que les septentrionaux écoutent plus volontiers la raison que l'imagination, apprécient les choses, non d'après l'extérieur, mais d'après la valeur réelle ? « Les langues du Midi sont filles de la joie, et les langues du Nord, du besoin. » On a donc pu dire avec raison : « La langue est un miroir où notre pensée apprend à se connaître. » Et Mme de Staël ne se trompait pas quand elle écrivait ces mots : « En étudiant l'esprit et le caractère d'une langue, on apprend l'histoire philosophique des opinions, des mœurs et des habitudes nationales ; et les modifications que subit le langage doivent jeter de grandes lumières sur la marche de la pensée. » (*De l'Allemagne*, chap. XII.) Il faut toutefois faire cette réserve que le meilleur moyen de connaître l'âme, la vraie méthode psychologique, est l'observation par la conscience ; sans ses lumières, les autres procédés, qui sont tous plus ou moins indirects et obliques, perdent la plus grande partie de leur utilité ; ils n'ont de valeur que pour compléter et confirmer les résultats de l'observation intérieure.

15. — Classer les faits psychologiques. Sur quoi se fonde cette classification ?

DISSERTATION

Exorde. — On appelle faits psychologiques tous les faits dont l'âme est le théâtre ou la cause ; nous connaissons ces faits par la conscience ou sens intime, comme nous connaissons les objets matériels par les sens. Or, quand l'esprit se replie ainsi sur lui-même, il prend aussitôt connaissance d'un grand nombre de faits qui s'y succèdent et qui sont remarquables par leur diversité autant que par leur multitude. Pour étudier ces phénomènes avec plus de sûreté, on essaye de les classer, c'est-à-dire de réunir ensemble ceux qui ont des caractères communs et qui se ressemblent entre eux autant qu'ils diffèrent des autres ; on constitue ainsi des groupes entre lesquels on les distribue d'après leurs ressemblances et leurs différences.

Proposition. — Quelles sont donc les classes principales auxquelles on a cru pouvoir ramener tous les faits psychologiques ? et sur quelles différences essentielles, irréductibles, est fondée cette classification ?

Première partie. — Quand je lis une tragédie de Corneille, une comédie de Molière ou une page d'histoire, je m'intéresse aux personnages que l'auteur fait agir devant moi sur la scène ; je prends fait et cause pour eux ou contre eux ; j'aime les uns, je hais les autres ; je suis heureux des succès de l'honnête homme, je souffre au spectacle de ses infortunes ; or aimer ou haïr, éprouver du plaisir ou de la peine, jouir ou souffrir, cela d'un seul mot s'appelle *sentir*; l'amour et la haine, la joie et la douleur, le plaisir et la peine sont des *faits sensibles;* et à quel homme faut-il expliquer ce qu'est le plaisir, surtout ce qu'est la douleur ? Mais je ne puis m'intéresser à ces personnages, pour lesquels ou contre lesquels mon cœur prend parti, qu'à la condition de comprendre quel est leur caractère, d'avoir une idée plus ou moins nette des mobiles qui les font agir et du but vers lequel ils tendent, qu'à la condition de juger s'ils ont tort ou raison, s'ils sont honnêtes ou malhonnêtes ; or comprendre, juger, avoir des idées, cela d'un mot s'appelle *penser*, et les opérations désignées par ce mot se nomment *faits intellectuels*. Enfin, j'ai commencé cette lecture sachant qu'il dépendait de moi d'en faire une autre ; je la poursuis sachant que je puis la suspendre ; il m'a fallu une résolution pour l'entreprendre, il me faut une résolution pour l'interrompre ou la continuer ; pour suivre la pensée de l'auteur et les péripéties de son œuvre, il me faut une certaine attention ; je la refuse si le sujet ne m'agrée pas, je la donne s'il me convient ; or prendre librement telle ou telle résolution, donner ou refuser son attention, la soutenir ou la suspendre, cela s'appelle *vouloir*, et les opérations que ce mot désigne sont des *faits volontaires*. Des plaisirs et des peines, des pensées, des volitions, telles sont les trois grandes classes qui comprennent tous les phénomènes de la vie intérieure ; peut-être mon âme est-elle le théâtre de phénomènes d'une autre espèce ; mais, comme je n'en ai pas conscience, ils sont pour moi comme s'ils n'étaient pas. J'ai beau m'observer, je ne trouve rien dans mon être intérieur qui ne puisse être ramené à un plaisir ou à une peine, à une certaine manière de penser, à une impulsion quelconque de la volonté.

Deuxième partie. — Quelles sont les différences essentielles qui distinguent ces trois catégories de phénomènes et ne nous permettent pas de les confondre ? Examinons d'abord par quels caractères les faits sensibles se séparent des faits intellectuels.

Quand le plaisir ou la peine ont une certaine vivacité, il en résulte un trouble dans la pensée qui faiblit, qui ne juge plus, ne raisonne plus ; l'âme, tout entière à son émotion, conserve à peine la connaissance d'elle-même, et l'on dit de l'un : « il est fou de joie, » et de l'autre : « il est fou de douleur ; » et ces expressions énergiques indiquent bien le résultat que le plaisir et la peine produisent sur la vie intellectuelle ; ce résultat est une éclipse qui peut n'être que momentanée, mais qui quelquefois est totale. Il en est de même de la colère ; et tous les moralistes, pour nous en préserver, ont insisté sur ce fait que la colère, qui est une peine, est accompagnée d'un trouble intellectuel. En outre, l'habitude émousse les plaisirs et les peines ; à mesure que nous revenons à un plaisir, nous constatons un affaiblissement graduel dans l'intensité de ce plaisir ; et si nous persistons, le plaisir disparaît et quelquefois fait place à la peine ; le mets le plus exquis et qui charme le plus notre gourmandise finira par nous inspirer un dégoût insurmontable, si on le place tous les jours devant nous. La peine diminue également si nous l'éprouvons souvent ; elle disparaît même quelquefois ; c'est par là que la nature a voulu nous rendre facile l'accomplissement du devoir qui est d'abord si pénible à notre faiblesse. Ainsi, plus nous revenons à un plaisir ou à une peine, plus ce plaisir et cette peine diminuent. Au contraire, plus souvent notre intelligence revient aux mêmes idées, mieux elle les saisit ; nous comprenons un livre de géométrie avec une netteté d'autant plus grande que nous en avons fait l'objet d'une application plus répétée. Puisque le même fait, c'est-à-dire l'habitude, produit un effet tout différent sur les phénomènes sensibles et sur les phénomènes intellectuels, cela prouve encore que ces deux catégories de faits ne peuvent rentrer l'une dans l'autre. Enfin une dernière et capitale différence les distingue. Il y a dualité dans la pensée, unité dans le plaisir ou la peine ; en effet, une idée est toujours l'idée de quelque chose, il ne se peut pas que la pensée n'ait un objet réel ou possible auquel elle corresponde ; le sentiment, plaisir ou peine, a bien ordinairement une cause, et ordinairement nous connaissons cette cause ; mais il est complet sans elle; c'est un phénomène simple et purement *subjectif*, tandis que la pensée est *objective* [1].

Toutefois les faits sensibles et les faits intellectuels ont un caractère commun de *fatalité*, et c'est par là qu'ils se distinguent nettement des faits volontaires. En effet, nous ne pensons ni ne sentons comme nous voulons. Qui est libre de croire que 2 et 2 fassent 5, que tous les rayons d'un même cercle ne soient pas égaux, que tous les phénomènes n'aient pas une cause? En mille cas semblables, la vérité nous subjugue malgré nous, tandis que d'autres fois cette vérité que nous cherchons se dérobe à nos efforts; il y a donc fatalité soit que la vérité s'impose à nous, soit qu'elle nous échappe. Il en est de même pour les plaisirs et les peines; nous ne pouvons pas plus à notre gré atteindre les uns que nous soustraire aux autres; dans certaines conditions, la douleur s'impose à nous comme la vérité, et le plaisir lui-même vient quelquefois nous chercher quand nous voudrions le repousser; et combien plus souvent il se dérobe à notre plus ardente poursuite! Il n'est donc pas en notre pouvoir d'éprouver de la joie, d'arriver au bonheur. Il en est tout autrement quand il s'agit de vouloir, c'est-à-dire de *prendre une résolution*; nous nous sentons libres de prendre toutes les résolutions possibles, de vouloir ce qui est honnête et malhonnête, ce qui est conforme à nos intérêts et ce qui leur est contraire. Tel jeune homme,

Utilium tardus provisor,

laisse s'écouler dans une molle oisiveté les années qui devraient servir à préparer son avenir, il agit contre ses intérêts;

---

1. Expliquons ces deux mots, qui se répètent si souvent en philosophie et dont les pédants de l'Allemagne font un si étrange abus. Toute idée implique deux termes, l'esprit d'un côté, de l'autre les vérités et les phénomènes qui lui apparaissent; le premier terme s'appelle *sujet*, le second est l'*objet*; quand je pense à un tableau, ce tableau est l'objet de ma pensée; de là viennent ces expressions *subjectif* et *objectif*, *subjectivité* et *objectivité*. Comme il y a trois ordres de réalités que notre esprit peut atteindre, l'objet de nos idées varie : c'est tantôt la nature physique et ses propriétés, tantôt Dieu et ses attributs, tantôt l'esprit lui-même quand, sous le nom de conscience, il se replie sur lui-même pour prendre connaissance de ses divers états; mais, si l'objet change, le sujet est toujours le même; c'est l'âme, l'esprit.

don Juan semble trouver un singulier plaisir dans les actions les plus viles qui le déshonorent; Macbeth, en tuant son hôte et son roi, viole, le sachant et le voulant, toutes les lois divines et humaines. On ne saurait donc confondre les faits volontaires avec les faits sensibles et avec les faits intellectuels, puisque les uns ont pour caractère essentiel la liberté et que les autres ont pour caractère la fatalité.

Résumé. — Ainsi, quand on observe les faits psychologiques, quand on note leurs ressemblances et leurs différences pour les ranger en groupes, on voit que tous les mouvements dont notre âme est le théâtre ou la cause peuvent se ramener à trois classes principales de phénomènes, qui sont les faits sensibles (plaisirs et peines), les faits intellectuels (idées, jugements, raisonnements), et les faits volontaires (résolutions, déterminations). Tous les faits psychologiques rentrent dans cette classification; et les caractères essentiels qui distinguent chacune de ces classes ne permettent pas qu'on puisse les faire rentrer les unes dans les autres. Sentir n'est pas penser, puisque souvent les plaisirs ou les peines troublent l'esprit, puisque l'habitude émousse les plaisirs et amortit les peines, tandis qu'une application répétée rend nos idées plus distinctes, puisque enfin il y a dualité dans la pensée, unité dans le sentiment. Vouloir ne se distingue pas moins nettement de penser et de sentir, puisque vouloir est en notre puissance, tandis que nul ne pense ni ne sent comme il veut.

16. — Comment détermine-t-on les Facultés de l'âme?

DISSERTATION

Exorde. — La curiosité naturelle à l'esprit humain n'est jamais plus complètement satisfaite au sujet d'un fait que quand nous pouvons le rapporter à sa cause; et beaucoup de sciences s'occupent surtout de déterminer la véritable nature des causes; c'est là un des objets principaux de l'histoire, par exemple. Aussitôt qu'un phénomène se produit, nous nous demandons quelle en est la cause, soit que nous lui attribuions une existence substantielle, comme Dieu, l'âme ou la matière, soit que nous la considérions comme une propriété des êtres, comme l'attraction, l'affinité, etc. Les faits divers dont l'âme est le théâtre ou la cause supposent donc en elle des pouvoirs auxquels on doit les rapporter, comme les faits que nous percevons dans les êtres physiques supposent des causes qui les produisent et qui se dénoncent par leurs effets. Dans l'âme, ces pouvoirs s'appellent des *Facultés*.

Proposition. — Il s'agit ici d'établir combien il faut admettre de facultés principales et d'expliquer ensuite pourquoi l'on désigne les forces de l'âme humaine par cette dénomination spéciale.

Première partie. — Si les phénomènes qui se succèdent dans l'âme avaient les mêmes caractères, nous conclurions à l'existence d'une seule faculté; mais, s'il en est qui présentent des caractères identiques, il en est qui se séparent des autres par des différences bien tranchées; et, de même que tout phénomène suppose une cause, de même des phénomènes différents supposent des forces différentes qui les produisent. Or, parmi les faits psychologiques, les uns émanent de notre propre énergie, sont produits par nous-mêmes, et on les appelle *faits actifs* ou *volontaires;* d'autres sont subis par nous, ils nous sont imposés par autrui ou par la nature des choses : ce sont les *faits passifs*. Si l'on examine de près cette dernière catégorie, on voit qu'il y a lieu d'établir une nouvelle subdivision et de considérer à part des pensées ou *faits intellectuels*, puis des plaisirs et des peines ou *faits sensibles*. Cette classification se fonde sur les différences essentielles que l'on constate entre ces phénomènes [1]. Penser n'est pas sentir; car, sous l'influence d'un plaisir vif ou d'une grande douleur, notre intelligence se trouble et n'a plus sa lucidité ordinaire; quand nous aimons ou haïssons quelqu'un, nous voyons la personne aimée ou haïe autrement que tout le monde; en un mot, quand le cœur sent vivement, l'esprit ne juge plus ou juge mal. En outre, l'habitude a pour résultat d'émousser les plaisirs et d'amortir les peines, qu'il s'agisse de l'ordre physique ou de l'ordre moral; l'ivrogne boit brutalement presque sans éprouver aucune jouissance, comme le criminel endurci commet sans remords les crimes les plus abominables. Enfin, la pensée est *objective*, c'est-à-dire implique toujours deux termes, le sujet et l'objet, tandis que le sentiment est *subjectif*, c'est-à-dire n'implique qu'un terme, le sujet. Des différences aussi radicales ne permettent donc pas de faire rentrer les faits intellectuels dans les faits sensibles, comme l'ont voulu les sensualistes. Toutefois ces deux groupes de phénomènes ont un caractère commun, la fatalité. En effet, de même que la douleur s'impose trop souvent à nous, en dépit de tous nos efforts pour nous y soustraire, et qu'au contraire le plaisir, le bonheur se dérobe à notre poursuite, de même la vérité vient en maintes circonstances s'imposer à notre esprit ou se dérober à nos plus

---

1. Pour tout ce développement, voyez la dissertation précédente.

actives recherches. *Vouloir* présente un caractère bien différent et se distingue ainsi nettement de sentir et de penser; quand il s'agit de vouloir, c'est-à-dire de prendre une résolution, la conscience nous dit que nous sommes libres; nous pouvons prendre toutes les résolutions, les plus contraires à nos intérêts, à notre honneur, à notre devoir; et nous nous arrêtons à ces résolutions avec une telle conscience de notre liberté que nous nous adressons des reproches si elles sont mauvaises, que nous nous félicitons si elles sont bonnes. — Il y a donc trois groupes distincts de phénomènes dans ceux que nous révèle l'observation intérieure : les *faits sensibles*, les *faits intellectuels*, les *faits volontaires*. Il y a donc trois grandes fonctions de la vie psychologique, trois facultés principales de l'âme humaine, la *sensibilité* ou faculté d'éprouver du plaisir et de la peine, l'*intelligence* ou faculté de penser, et la *volonté* ou faculté de prendre une résolution.

Deuxième partie. — L'homme seul a des facultés; les choses n'ont que des *propriétés*, des *vertus*, des *qualités*. L'aimant a la propriété d'attirer le fer, le quinquina a une propriété fébrifuge, la chaleur et la lumière sont les propriétés du feu, certaines plantes ont des vertus médicales, le vin a certaines qualités. Ces expressions veulent dire que l'être où le phénomène apparaît n'a qu'une aptitude passive, une prédisposition à le subir, une pure capacité d'en devenir le théâtre, mais n'a pas une énergie propre qui lui permette de commencer ou de continuer l'opération; il n'y a là qu'une activité aveugle et fatale. Au contraire, s'il s'agit d'un être qui ait la conscience de son action et qui en ait aussi l'initiative et la direction, les forces dont il est revêtu s'appellent des *facultés*, car l'idée de faculté (facio) emporte avec elle celle d'activité consciente, et l'âme humaine a seule des facultés. L'animal a bien, avec la sensibilité et avec l'instinct, un premier degré d'intelligence; mais il agit fatalement, et il est incapable de diriger les pouvoirs que la nature a mis en lui. Aussi les facultés humaines elles-mêmes ne méritent-elles pas toutes et toujours ce nom également; la sensibilité et l'intelligence, par leur caractère de fatalité, sont moins des facultés que des capacités. Cependant il est reçu de donner le nom de faculté à toutes nos puissances intérieures, actives ou passives, parce que notre activité peut intervenir dans leur développement ou leur exercice; ainsi, je puis en maintes circonstances arriver par ma volonté à me procurer les jouissances qui m'agréent et à fuir les souffrances qui m'effrayent; je puis aussi par le libre exercice de ma volonté, par l'attention, découvrir la vérité qui m'échappe et diriger mon intelligence dans la direction et vers les objets qui me conviennent.

Résumé et conclusion. — Ainsi, pour déterminer les facultés de l'âme, on classe les phénomènes d'après leurs difrences, et l'on admet autant de facultés principales qu'il y a de classes irréductibles de phénomènes; comme il y a trois classes de faits, il y a donc trois facultés, et il n'y en a que trois, la sensibilité, l'intelligence et la volonté. Certains philosophes les ont désignées par d'autres noms; quelques-uns ont voulu en étendre le nombre, d'autres le réduire. Pour citer seulement quelques-unes des théories les plus fameuses, Descartes et Bossuet n'admettant dans l'âme que deux sortes d'opérations, les opérations sensitives et les opérations intellectuelles, font rentrer la volonté dans ces dernières. Condillac fait dériver toutes les facultés de la sensibilité, ne voyant pas que la volonté qui résiste au plaisir, au désir et à la douleur ne saurait être confondue avec eux, ne voyant pas non plus que l'intelligence ne peut venir des sens, puisqu'elle s'élève au-dessus d'eux; Reid et, d'après lui, Jouffroy admettaient six facultés. Le remède à toutes les erreurs en pareille matière se trouve dans l'observation attentive des phénomènes psychologiques, et cette observation en nous révélant trois classes de faits nous force à conclure à l'existence de trois facultés.

17 — Qu'est-ce qu'une faculté ? — La psychologie est-elle possible sans l'étude des facultés de l'âme ?

ESQUISSE

A. — On appelle faculté, en psychologie, le pouvoir qu'a l'âme de subir certaines modifications ou de produire par elle-même certains phénomènes. Les choses n'ont que des propriétés, des vertus, des qualités ; l'âme seule a des facultés, car ce mot implique l'idée d'activité, et il n'y a que l'âme qui puisse, par l'activité qui lui est propre, modifier ou produire les phénomènes dont elle est le théâtre ou la cause. Comme les facultés se révèlent à nous par les faits qu'elles produisent, il en résulte que l'on reconnaît dans l'âme humaine autant de facultés qu'il y a de classes profondément distinctes de phénomènes ; or, tous les faits qui se produisent dans l'âme peuvent se ranger en trois groupes bien distincts, qui sont les faits sensibles, les faits intellectuels et les faits volontaires ; il faut donc admettre trois grandes fonctions de la vie psychologique, trois facultés principales qui sont : la sensibilité, l'intelligence et la volonté.

B. — On ne connaît les choses que par leurs propriétés ; de même on ne peut connaître l'âme que par ses facultés. Par conséquent la psychologie, qui est la science de l'âme, n'est pas possible sans l'étude des facultés. Sans doute la psychologie peut étudier et étudie d'abord, par la conscience et d'une manière empirique, les phénomènes que l'âme subit ou produit ; mais ces phénomènes ne persistent pas en nous, ce sont des modes fugitifs, ils ne durent qu'un temps plus ou moins court; or, la science aspire à l'immuable, à ce qui persiste : « Il n'y a pas de science de ce qui passe », a dit Bacon et avant lui Platon et Aristote : « Nulla est fluxorum scientia », disaient aussi les scolastiques; la psychologie ne serait donc pas une science, si elle se bornait à l'étude empirique des phénomènes éphémères. Au contraire, l'étude des facultés lui fournit cet élément indispensable de la science, l'immuable, ce qui persiste; car les facultés sont des propriétés permanentes, des aptitudes qui restent les mêmes, des dispositions ineffaçables. En outre, tout phénomène suppose une cause qui le produit, qui préexiste à ce phénomène et lui survit; aussi est-ce par un mouvement spontané de l'esprit que nous remontons du fait à la cause, à la propriété, à la faculté; par conséquent, ne pas étudier les facultés, c'est-à-dire les causes des phénomènes psychologiques, ce serait méconnaître une des lois essentielles de notre intelligence, qui n'est satisfaite que quand elle saisit les causes des faits; Bacon a eu raison de dire que la véritable science est celle qui découvre les causes et en détermine la nature : « Vere scire per causas scire »; connaître les faits, les effets, ne constitue qu'une science imparfaite, incomplète, ce n'est que l'empirisme.

La psychologie ne borne pas son ambition à étudier les phénomènes qui se passent dans l'âme et les facultés qui les expliquent et qui sont comme les organes de notre vie spirituelle; elle veut aller plus loin, elle veut atteindre l'âme en elle-même, dans sa nature intime, dans sa substance. Or, l'étude préalable des facultés est indispensable pour aborder cette partie ontologique de la psychologie. Sans doute la conscience peut à la rigueur suffire pour nous révéler l'unité, l'identité et la personnalité de l'âme; mais si l'on veut appeler le raisonnement à l'appui du sens intime, éclairer ses obscures intuitions par une démonstration régulière, on ne peut le faire que si l'on connaît la nature des facultés. Ainsi, l'unité de l'âme est attestée par le concert de nos facultés qui s'unissent et s'associent dans tous les phénomènes de notre vie psychologique; la sensibilité suppose un centre commun des sensations; les opérations de la pensée ne sont possibles que si le sujet pensant est un, et la volonté suppose aussi une force simple; l'identité est attestée par la mémoire et est à son tour une condition de cette faculté; quant à la personnalité, elle repose essentiellement sur l'activité libre, sur la volonté éclairée par l'intelligence et sollicitée par la sensibilité.

En résumé, les trois études qui composent la psychologie, celle des faits, celle des facultés et celle du moi, sont les parties inséparables d'un même tout, d'une science parfaitement homogène, bien que ces parties présentent entre elles des différences profondes; mais la plus importante de ces parties est l'étude des facultés : d'un côté, elle est le complément naturel, le couronnement nécessaire de l'observation empirique des phénomènes; d'un autre côté, elle doit précéder l'étude du moi, considéré en lui-même, dans sa substance; placée comme intermédiaire entre l'étude des faits et celle du moi, elle achève l'une et prépare l'autre. On a donc le droit de dire que la psychologie n'est pas possible sans l'étude des facultés de l'âme.

18. Après avoir distingué les trois facultés principales de l'âme, montrer comment elles s'unissent dans tous les phénomènes psychologiques.

OBSERVATION. — *L'énoncé de cette dissertation indique bien que l'on peut ne pas insister sur la première partie, c'est-à-dire sur la distinction des facultés; nous pouvons d'autant mieux ici glisser sur cette partie du sujet que tous les développements nécessaires se trouvent dans les dissertations précédentes.*

DISSERTATION

Exorde. — Les caractères différents des faits psychologiques nous font conclure à des forces, à des causes différentes que l'on nomme facultés. Comme des erreurs, aussi dangereuses que célèbres, ont été commises à ce sujet par de grands philosophes qui ont méconnu la nature propre de chacune de nos facultés, il est important d'établir nettement quelles différences essentielles, irréductibles les séparent. Mais d'un autre côté, quand on a solidement démontré que les forces de l'âme sont distinctes par leurs caractères, il faut se hâter d'ajouter qu'il n'y a pas entre elles séparation radicale; elles forment un tout indivisible quoique nous soyons obligés de les distinguer pour les mieux connaître; les facultés ne sont que des dénominations générales, des abstractions; une faculté n'est que l'âme elle-même, considérée comme subissant ou produisant certains phénomènes. S'il en était autrement, il faudrait revenir au langage de ces premiers philosophes qui nous attribuaient deux ou trois âmes pour présider aux différents phénomènes de notre vie interne. L'expérience psychologique, la conscience ne nous permet pas de supposer l'âme divisée.

Première partie. — La sensibilité est la faculté d'éprouver du plaisir et de la douleur, l'intelligence est la faculté de connaître, la volonté est la faculté de prendre une détermination. Or dans la sensibilité tout est subjectif, tandis que dans toute pensée il entre nécessairement un élément objectif; en outre, l'habitude affaiblit la sensibilité, tandis que l'exercice fortifie l'intelligence; la netteté de l'intelligence est troublée par la vivacité du plaisir et de la douleur; plus l'âme est émue, moins elle comprend; enfin l'intelligence est *impersonnelle*, c'est-à-dire que les idées élémentaires ne varient pas dans le même homme ni d'un homme à un autre, tandis que la sensibilité est essentiellement *variable*, c'est-à-dire qu'elle diffère selon les individus, varie dans le même individu avec ses différents états suivant la santé, le sexe, le climat, l'âge,

> Chaque âge a ses plaisirs, son esprit et ses mœurs;

néanmoins ces deux facultés ont un caractère commun de fatalité; « nous ne faisons ni nos sentiments ni nos pensées, nous les subissons, nous y assistons en quelque sorte; de ces phénomènes nous sommes comme le théâtre, nous n'en sommes pas la cause; ils se produisent en nous sans nous et bien souvent malgré nous. » L'homme pense comme il peut, non comme il veut; de même les peines et les plaisirs ne dépendent pas de notre choix, ils nous sont imposés par les lois de la nature. Au contraire, la volonté a pour caractère essentiel la liberté; c'est une force capable de se porter à toutes les résolutions et de vouloir, sinon de faire, toutes les actions. — On ne peut ni confondre l'intelligence et la sensibilité, comme l'ont fait les sensualistes, ni l'intelligence et la volonté, comme l'ont fait les stoïciens et les Cartésiens.

Deuxième partie. — Mais si légitime et si nécessaire que soit cette distinction entre nos facultés, il n'en est pas moins vrai qu'elles agissent toujours de concert et que le concours de chacune d'elles est indispensable à l'action des deux autres. C'est la même âme qui sent, qui pense et qui veut.

Et d'abord la sensibilité ne peut se passer de l'intelligence et de la volonté. Combien de faits le prouvent! L'homme ne peut éprouver un plaisir ou une peine sans le savoir, sans en avoir conscience; par la mémoire nous ressentons des plaisirs et des douleurs qui se rapportent au passé, comme par l'induction et l'imagination nous en ressentons qui se rapportent à l'avenir. De même, nous ne pouvons apercevoir la vérité sans éprouver une satisfaction plus ou moins vive; nous ne pouvons pas ne pas ressentir un certain malaise quand la vérité que nous cherchons nous échappe. On voit donc que si la sensibilité ne peut se séparer de l'intelligence, tout fait intellectuel a pour complément une satisfaction ou une peine, c'est-à-dire un fait sensible. — Quand on éprouve une jouissance, *on veut* la prolonger ou en provoquer le retour; quand on ressent une douleur, *on veut* la faire disparaître ou l'éviter à l'avenir. Réciproquement, la volonté ne va pas sans un développement quelconque de sensibilité. En effet, toutes nos résolutions sont conformes ou contraires à la loi morale, c'est-à-dire bonnes ou mauvaises; or, quand nous avons pris une résolution honnête, nous éprouvons une satisfaction; si cette résolution est mauvaise, nous ressentons un malaise qui se traduit souvent par cette agitation inquiète et fébrile qui précède les fautes et en est comme le châtiment anticipé. On voit donc que la volonté est accompagnée de sensibilité, comme la sensibilité provoque l'intervention de la volonté.

A leur tour l'intelligence et la volonté ne peuvent se passer l'une de l'autre. Dans certains cas, pour les actes primitifs et simples de l'entendement, la vérité nous apparaît d'elle-même, sans effort, par conséquent sans un déploiement d'attention, c'est-à-dire de volonté; mais, sauf ces actes peu nombreux, quoique importants, on ne peut en général apercevoir la vérité qu'à la condition d'être attentif, c'est-à-dire de vouloir, l'attention n'étant que la volonté appliquée à la direction des facultés intellectuelles. Pour comprendre, il faut être attentif à un degré quelconque. De même, la volonté ne saurait se passer de l'intelligence. En effet, pour vouloir il faut savoir que *l'on veut*, c'est-à-dire avoir conscience, savoir *ce que l'on veut*, c'est-à-dire discerner le but à atteindre, enfin savoir *pourquoi l'on veut*, c'est-à-dire distinguer les motifs qui nous poussent dans tel ou tel sens.

On peut de même démontrer que tout phénomène psychologique suppose l'intervention plus ou moins active des trois facultés, que l'on emprunte ses exemples à la vie d'un pâtre ou d'un héros, d'un Pascal ou d'un ignorant. Léonidas, aux Thermopyles, a pris la résolution (c'est la volonté) de se sacrifier pour son pays, parce qu'il a compris (c'est l'intelligence) que dans ce danger suprême la Grèce ne pouvait être sauvée que par d'héroïques sacrifices; cette résolution ne peut aller sans une certaine tristesse (c'est la sensibilité) à l'idée de quitter la vie et tout ce qui lui donne du prix. Un conscrit illettré essaie, à l'école régimentaire, d'apprendre à lire pour échapper à une prolongation de service; son *intelligence* est rebelle et comprend peu ou mal, par sa *volonté* il la contraint à soutenir, à redoubler ses efforts, et la *sensibilité* le récompense quelquefois, par une certaine jouissance, d'un succès relatif.

Résumé et conclusion. — Ainsi la sensibilité se distingue de l'intelligence impersonnelle et objective par son caractère de variabilité individuelle et de subjectivité; et toutes deux se distinguent de l'activité volontaire et libre par leur caractère de fatalité. Mais ces trois facultés, si différentes qu'elles soient, ne constituent pas des forces distinctes; les sentiments, les idées et les résolutions se combinent dans tous nos actes psychologiques, puisque c'est la même âme qui sent, pense et veut. Ainsi Malebranche a eu raison de dire : « Toutes nos facultés se tiennent, et souvent sont tellement subordonnées qu'il est impossible d'en bien expliquer quelqu'une sans dire quelque chose des autres. »

Le résultat de ce jeu de nos facultés, de leur influence réciproque, c'est l'accomplissement de la destinée humaine. Par la sensibilité nous sommes poussés vers nos fins, par l'intelligence nous les comprenons, par la volonté nous y marchons.

19. — **De l'ordre dans lequel se développent les facultés de l'âme dans le cours de la vie humaine.**

ESQUISSE

Quand on a déterminé les facultés de l'âme et qu'on les a distinguées, il reste à justifier l'ordre que l'on va suivre dans l'étude de ces diverses facultés. Cet ordre est celui-là même suivant lequel elles se développent dans le cours de la vie humaine. Sans doute elles sont *contemporaines* quant à leur existence, et l'homme en naissant est déjà un être doué de sensibilité, d'intelligence et de volonté. Ces facultés sont les organes indispensables de sa vie psychologique; et, s'il en est certaines qui ne se développent pas sur-le-champ, elles n'en existent pas moins à l'état virtuel, c'est-à-dire sans effet actuel. Ainsi, dans l'ordre des choses physiologiques, les animaux naissent souvent avec des organes qui resteront sans emploi pendant un certain temps. Mais si les facultés sont simultanées quant à l'existence, elles ne le sont pas quant au développement.

L'homme à peine né marque son début dans la vie par des cris qui trahissent une souffrance éprouvée, qui par conséquent sont déjà la manifestation de l'existence chez lui d'une certaine sensibilité physique; il souffre donc déjà, tandis que rien ne décèle encore la présence de l'intelligence et de la volonté. Mais bientôt l'intelligence s'éveille et se révèle par des signes non équivoques; l'enfant, au bout de quelques mois et surtout au bout de quelques années, comprend déjà très bien la nature des choses et des personnes, quand sa volonté est encore impuissante, quand il est encore incapable de diriger lui-même sa conduite et que lui laisser l'entière direction de lui-même serait une grave imprudence. L'intelligence vient donc avant la volonté, et le raisonnement vient ici à l'appui de l'observation. En effet, pour vouloir il faut savoir qu'*on veut*, *ce qu'on veut* et *pourquoi l'on veut;* cela suppose le développement antérieur de l'intelligence. C'est presque un lieu commun de dire qu'il n'y a pas de volonté sans raison et que notre responsabilité dépend de notre degré d'intelligence et de culture. L'intelligence vient donc après la sensibilité physique; et elle est suivie immédiatement, comme conséquence inévitable, d'un développement de sensibilité intellectuelle, puisque l'on désigne par cette expression les jouissances que nous vaut la découverte de la vérité et les peines que nous cause l'ignorance de la vérité cherchée. L'intelligence précède donc la volonté, qui vient ainsi la dernière, suivie à son tour de la sensibilité morale, puisque par cette expression on désigne la satisfaction que nous procure la pratique du bien et la peine que nous vaut la violation du devoir. — Tel est l'ordre dans lequel se développent les facultés de l'âme dans le cours de la vie, et tel est aussi l'ordre dans lequel on devrait les étudier, nous conformant ainsi aux indications de la nature :

Sensibilité physique,
Intelligence,
Sensibilité intellectuelle,
Volonté,
Sensibilité morale.

Pour suivre rigoureusement cet ordre, il faudrait ne parler de sensibilité intellectuelle qu'après l'étude de l'intelligence et de sensibilité morale qu'après l'analyse de la volonté. Mais il ne faut pas pousser trop loin l'amour des divisions et de la logique; aussi introduisons-nous une certaine modification dans cet ordre en ne séparant pas la sensibilité physique des deux autres formes de la sensibilité. Il n'y a aucun inconvénient à procéder ainsi, puisque le plaisir et la peine, qu'ils viennent du corps ou qu'ils se rapportent à l'âme, présentent les mêmes caractères, et il y a avantage à considérer ensemble les différents aspects de la même faculté.

SENSIBILITÉ

20. — Analyse des sensations.
21. — Insister sur la distinction des sensations externes et des sensations internes.
22. — Distinguer les sensations des sentiments.
23. — Définir, classer et caractériser les sentiments, les inclinations, les penchants, les passions, les appétits.

PROGRAMME

20. Analyse des sensations. — L'âme se met en relation avec le monde externe par les organes des sens; c'est par eux qu'elle subit l'action des choses extérieures et réagit à son tour. Cet organisme, appelé cérébro-spinal, comprend trois parties : 1° le crâne et la moelle épinière; 2° les nerfs qui partent à droite et à gauche, par paires, du crâne et de la moelle épinière; 3° les organes spéciaux qui ne sont autre chose que l'épanouissement des nerfs et dont la spécialité tient à ce qu'ils ne sont pas tous aptes à recevoir toute espèce d'impressions.

Quand le monde extérieur agit sur nous, il y a donc une *impression* qui est triple; l'organe reçoit d'abord cette action matérielle, c'est l'*impression organique*; il la communique aux nerfs, c'est l'*impression nerveuse*; et ceux-ci la transmettent au cerveau, c'est l'*impression cérébrale*. A ce moment le phénomène change brusquement de nature.

et, de physiologique qu'il était avec ces différentes phases de l'impression, il devient psychologique; et à l'impression, qui se passe dans le corps, succède la *sensation*, plaisir ou peine, éprouvée par l'âme à la suite de l'action matérielle des corps sur l'organisme. L'impression peut être arrêtée dans sa marche si rapide soit par interception en un point de son trajet avant d'arriver au centre cérébral (ligature des nerfs conducteurs, état anesthésique), soit par une paralysie. Si l'impression n'arrive pas au cerveau, elle est pour nous comme si elle n'était pas. Ainsi, la sensation est l'émotion, l'ébranlement qui naît en nous, le plaisir ou la peine que nous éprouvons quand nos organes sont modifiés, soit par l'action d'un corps étranger, soit par leur mouvement interne. Elle dépend tellement des organes, qu'elle paraît se confondre avec eux et tenir de la matière autant que de l'âme; néanmoins elle se sépare des phénomènes organiques puisque c'est par la conscience seule que nous en avons connaissance, tandis que les faits physiologiques s'accomplissent souvent à notre insu et sans que nous en ayons conscience. La sensation marque le point précis qui sépare l'animal de la plante : « Vegetalia vivunt, animalia vivunt et sentiunt. » Sourde et confuse dans les animaux des espèces inférieures, elle se développe à mesure que leur organisation devient plus parfaite, et n'arrive que chez l'homme adulte à ce degré de conscience qui nous permet de l'observer.

21. Sensations externes et sensations internes. — Les sensations sont dites *externes*, quand l'impression qui les provoque vient d'un objet extérieur agissant sur la surface du corps; ces sensations correspondent donc à chacun des organes des sens, et par conséquent il y a les sensations de saveur (langue et palais), d'odeur (nez), de son (oreilles), de couleur (yeux), celles de chaud et de froid, de contact doux ou rude (toucher). Les sensations *internes* naissent dans les profondeurs de l'organisme, du mouvement même des organes; les unes sont périodiques et normales, comme les sensations de faim et de soif; les autres sont accidentelles et morbides, comme le frisson de la fièvre, les douleurs de la colique.

22. Distinguer les sensations des sentiments. — La sensation est un plaisir ou une peine éprouvée par l'âme à la suite d'une impression des objets extérieurs sur nos organes ou d'un mouvement interne de ces organes; c'est donc un fait psychologique qui a pour cause et pour antécédent un fait physiologique. Le sentiment est aussi un fait psychologique, c'est aussi une peine ou un plaisir éprouvé par l'âme; mais il résulte d'une cause morale et ne peut pas, comme la sensation, être localisé dans une partie de l'organisme; aussi ne peut-on pas classer les sentiments comme les sensations, en les rapportant aux fonctions du corps; il faut chercher le principe de cette classification dans les divers états de l'âme. Les sensations se rapportent donc au corps, et les sentiments regardent l'âme, prennent naissance à la suite d'un changement de l'âme elle-même; c'est surtout par l'origine que le sentiment diffère de la sensation. Quand Archimède parcourt tout nu les rues de Syracuse en criant, εὕρηκα, c'est son âme seule qui éprouve la joie que lui cause la solution d'un problème; son corps ne ressent rien et n'y est pour rien; quand la raison d'Oreste se trouble après le meurtre de sa mère ou les malédictions d'Hermione, c'est son âme seule qui succombe sous les atteintes douloureuses du remords; quand Andromaque refuse de renaître aux joies de la vie, c'est son âme seule qui, en proie à une inconsolable douleur, veut vivre avec les regrets du passé.

Tout en étant opposés, le sentiment et la sensation peuvent s'engendrer; la fièvre, qui est une sensation, fait naître dans l'âme la tristesse, qui est un sentiment; la frayeur, qui trouble l'âme, provoque un serrement d'entrailles qui donne lieu à une sensation pénible. D'un autre côté, un sentiment agréable peut être accompagné d'une sensation pénible; l'homme qui se dévoue pour aller à travers les flammes sauver la vie de ses semblables est torturé dans son corps pendant que son âme éprouve la noble satisfaction du devoir héroïquement accompli.

Enfin l'habitude émousse, amortit la sensation, tandis qu'elle fortifie le sentiment. Des plaisirs ou des peines physiques qui nous avaient d'abord fortement secoués, nous deviennent par la répétition presque indifférents ; c'est ainsi que certains hommes se rendent peu à peu presque insensibles aux intempéries des saisons ; que l'artilleur, après avoir souffert de la violence des détonations, s'accoutume peu à peu aux bruits les plus violents ; que le buveur d'absinthe est contraint d'augmenter de temps en temps sa quantité de boisson pour atteindre à la même jouissance. L'habitude produit sur le sentiment des effets tout différents ; l'amour conjugal, la piété filiale, l'amour maternel et paternel, l'amitié, grandissent et prennent une force singulière, non pas seulement par l'effet des sympathies naturelles, par le souvenir des sacrifices acceptés et des services rendus, mais aussi par une longue cohabitation, par la fréquence et la durée des relations ; la meilleure récompense que Jupiter put accorder à la vertu de Philémon et de Baucis fut de les faire mourir à la même heure.

Les gens qui accordent trop à la sensation aboutissent au matérialisme ; ce sont alors les pourceaux du troupeau d'Epicure, que Cicéron a flétris avec éloquence et que Horace a raillés avec une si charmante finesse. Ceux qui accordent trop au sentiment ne voient dans le corps qu'une guenille, le traitent en ennemi et aboutissent aux folies du mysticisme.

23. Sentiments. — Le sentiment est un plaisir ou une peine résultant d'une cause morale ; il ne réagit donc qu'indirectement sur l'organisme, et seulement quand il est très vif ; c'est le signe auquel on reconnaît que nos tendances sont satisfaites ou contrariées. — On classe ainsi les sentiments :

A. Les *sentiments personnels*, ceux qui se rapportent à notre propre être, que La Rochefoucauld voyait au fond de toutes nos actions : « Nous ne pouvons rien aimer, disait-il, que par rapport à nous ; » — B. les *sentiments moraux*, non personnels, désintéressés, qui se rapportent à des fins intellectuelles (amour du vrai, de la science), esthétiques (amour du beau, de l'art), purement morales (amour du bien), religieuses (amour de Dieu, sentiment religieux) ; — C. les *sentiments sociaux*, bienveillants ou malveillants, qui se rapportent à nos semblables et naissent de nos relations avec eux (amour de l'humanité, c'est-à-dire de l'homme pour l'homme; affections patriotiques, domestiques, électives).

Inclinations. — L'inclination ou désir est un mouvement de l'âme qui nous porte vers quelqu'un ou vers quelque chose. On classe les inclinations comme les sentiments; on distingue donc : A. les *inclinations personnelles* (amour du pouvoir, de la gloire, de l'indépendance, des richesses, etc.), et les *appétits*, inclinations qui se rapportent au corps; — B. les *inclinations morales*, non personnelles, désintéressées (amour du beau et de l'art, amour du vrai et de la science, amour du bien, amour de Dieu); — C. les *inclinations sociales* (amour de nos semblables ou philanthropie, amour de la patrie ou patriotisme, affections domestiques, affections électives ou amitié).

Penchants. — Le penchant est une impulsion forte qui nous entraîne vers quelqu'un ou vers quelque chose; le penchant n'est donc qu'une inclination forte, ou bien l'inclination est un penchant faible. La différence est indiquée par l'étymologie, ce qui penche étant plus près de tomber que ce qui est incliné; l'inclination ne fait que tendre vers un objet, tandis que le penchant y entraîne. Toutefois on emploie souvent ce mot en mauvaise part pour désigner des tendances qui nous portent à faire le mal. — Puisque les penchants ne sont que des inclinations, on leur applique la même classification. On peut cependant, en considérant leur origine, dire que les uns sont *naturels*, inhérents à notre constitution, comme la curiosité ou désir de connaître, que les autres sont *acquis*, comme l'amour des richesses, du jeu, de la chasse, etc.

Passions. — Si le penchant est une inclination forte, la passion est une inclination plus forte encore : « Le penchant, dit Bonnet, est un premier degré de mouvement; la passion est un mouvement dans toute son intensité. » La passion est donc une inclination naturelle qui devient excessive; c'est un produit de la réflexion et de l'imagination, car nous ne venons pas au monde avec des passions. C'est de la classification des inclinations et des penchants que l'on déduit celle des passions, qui se divisent donc aussi suivant leurs fins personnelles, morales et sociales [1].

Appétits. — L'appétit est un mouvement involontaire qui nous porte vers certains objets ; c'est une inclination physique qui réclame satisfaction pour les besoins de notre nature animale. Comme les appétits sont des désirs relatifs au corps, ils nous sont communs avec les animaux. Ils ont pour caractères : 1° d'être périodiques, intermittents, non continus ; 2° d'être accompagnés d'une sensation désagréable, forte ou faible selon la force ou la faiblesse de l'appétit ; cette sensation ne cesse qu'avec la satisfaction de l'appétit ; si elle se prolongeait, elle pourrait provoquer un grave désordre dans l'organisme et même la mort. — Il y a deux sortes d'appétits : 1° les *appétits naturels*, comme la faim, la soif, le besoin alternatif de repos et de mouvement, réclament satisfaction pour les besoins réels et légitimes de notre être physique ; ils tiennent de l'instinct et nous n'en sommes pas responsables, ils s'imposent à nous avec une force irrésistible et nous déterminent fatalement ; la nature les a destinés à suppléer à la réflexion et à la volonté pendant l'enfance et même plus tard quand des préoccupations diverses nous rendent sourds à la voix de la nature ; 2° les *appétits factices*, comme le besoin de priser, de fumer, de boire des liqueurs fortes, de fumer de l'opium, sont le produit de l'imitation et de l'habitude ; pour n'être pas naturels, ils n'en sont pas moins impérieux, et l'on a vu des hommes renoncer à apaiser leur faim pour contenter leur désir de fumer ; nous sommes responsables de ces appétits factices, qui ne sont en nous que parce que nous l'avons voulu et puisqu'il a fallu l'acquiescement de la volonté pour que l'habitude assurât leur empire.

1. Voir plus loin au numéro 24 une dissertation qui sert de complément à ce court morceau sur les passions.

24. — Analyse de la passion.

DISSERTATION

Exorde et Proposition. — La sensibilité est l'élément mobile et déréglé de notre être; elle a pour caractère essentiel la variabilité; elle change d'homme à homme et varie dans le même individu suivant ses différents états. Or, la passion relève de la sensibilité; elle est pour ainsi dire cette faculté arrivée à son plus haut degré d'excitation; par conséquent, vouloir indiquer d'une façon précise et définitive l'origine, les développements et les caractères de la passion, ce serait tenter une œuvre impossible. C'est un domaine où l'on peut toujours espérer faire des découvertes nouvelles; aussi les poëtes et les romanciers, qui se proposent surtout la peinture des passions humaines, y trouvent-ils toujours quelque chose de nouveau qui attire notre attention et sollicite notre intérêt. Que d'analyses fines et exactes depuis Euripide jusqu'à Racine! et cependant que d'essais originaux et souvent heureux dans cet ordre d'idées! Ici nous voulons borner notre ambition à indiquer de quelle façon nos désirs, en s'exagérant, deviennent des passions; et en même temps nous essaierons de déterminer les caractères principaux de la passion.

Première partie. — La nature nous pousse vers la satisfaction de tous les besoins de notre être physique, intellectuel et moral; les mouvements qui nous portent vers les objets et les personnes que nous croyons propres à nous donner cette satisfaction reçoivent les noms divers d'*appétits*, de *désirs*, d'*inclinations*, de *penchants*, etc. Quand nous nous trouvons en présence de ces objets, nous ne pouvons pas ne pas sentir s'éveiller en nous le désir, qui, de sa nature, est par conséquent fatal et à ce titre échappe à la responsabilité. Au début de la vie, l'âme reste pour ainsi dire en suspens et se sent également sollicitée par tous les objets qui, en satisfaisant nos divers instincts, nous promettent un plaisir. Bientôt l'intelligence, avec le temps et l'expérience, distingue celle de nos inclinations qui nous procure le plus de jouissances, et alors l'âme lui donne la préférence sur les autres. On voit donc ici intervenir la réflexion, qui va changer le caractère du désir et sa nature. En effet, si nous ne pouvons pas empêcher l'éveil du désir, si, en présence d'objets agréables ou considérés comme tels, nous nous sentons fatalement entraînés vers eux, nous ne sommes pas pourtant complètement à la merci de nos désirs et de nos inclinations ; car nous pouvons par la volonté éviter les occasions qui provoquent l'éveil du désir et nous détourner des objets qui l'excitent. Verrès, par exemple, avait l'âme d'un artiste, il ne pouvait voir un beau vase sans être pris aussitôt d'un violent désir de le posséder ; ce mouvement, indépendant de sa volonté, ne le rendait pas coupable ; mais ce qui faisait sa faute, c'était que, au lieu de s'éloigner de cet objet de sa convoitise, il prenait immédiatement la résolution de s'en emparer par tous les moyens en son pouvoir au lieu d'éviter les occasions qui excitaient son désir ; c'est que, Romain, il avait, avec l'âme d'un artiste, l'âme d'un voleur. On peut donc fuir les occasions qui provoquent l'éveil du désir. Il peut toutefois nous pourchasser, même éloignés des objets dont la vue le fait naître en nous, car l'imagination nous remet sous les yeux les choses et les personnes qui nous ont plu ; c'est encore un phénomène indépendant de notre volonté, et nous y reconnaissons cette fatalité qui est un des caractères de tout ce qui relève de la sensibilité ; mais là encore nous ne sommes pas complètement désarmés ; car nous pouvons recourir aux distractions pour éloigner de nous le désir importun, quand nous comprenons que nous ne *pouvons* ni ne *devons* lui donner satisfaction. C'est ainsi que l'on voit des pères recourir aux voyages, pour éloigner leurs enfants d'objets agréables, mais nuisibles, et pour donner ainsi un autre cours à leurs pensées. Par ces deux moyens, c'est-à-dire par l'éloignement et les distractions, nous pouvons donc empêcher le désir de nous envahir ou du moins le repousser loin de nous. Mais il arrive souvent que nous faisons tout le contraire. Au lieu d'éviter les objets qui nous plaisent, nous les recherchons avec préméditation; au lieu d'en détourner notre esprit, nous les ramenons avec complaisance devant nous, nous en nourrissons tout notre être, et cette impression particulière devient l'aliment exclusif de notre âme. Mais ceci ne peut se faire qu'avec la complicité de la *réflexion* qui a pour caractère d'être volontaire; si nous nous arrêtons à une pensée, à une contemplation unique, c'est que nous voulons qu'il en soit ainsi, et nous encourons par conséquent une entière responsabilité. Puis quand notre esprit s'est arrêté, avec le concours de la réflexion, à une impression particulière, l'*imagination* intervient, qui nous fait croire que la possession de l'objet désiré nous donnerait des jouissances infinies, qui ajoute à la beauté de l'objet et en dissimule les défauts, qui, en un mot, donne des proportions immenses aux plaisirs fugitifs de ce monde. Alors, avec ce double concours de la réflexion et de l'imagination, le désir prend des forces nouvelles; il s'exalte, il s'enflamme et s'établit en maître impérieux dans notre âme; ce n'est plus le désir, c'est la passion.

Deuxième partie — Un des caractères de la passion, c'est d'être *excessive*; ne connaissant plus ou ne voulant plus connaître d'obstacles, elle va droit à son but sans souci des dangers, des labeurs, des sacrifices de toute sorte, trop souvent sans souci de la morale. C'est l'ambition malsaine d'un Octave, qui devient sourd à toutes les considérations de reconnaissance et d'amitié, laisse égorger Cicéron,

> Au sein de son tuteur enfonce le couteau,

livre sa sœur à un brutal soudard, et accepte tous les remords pourvu qu'il monte aux « grandeurs souveraines »; c'est l'avarice honteuse d'un Harpagon, qui n'a cure d'être désigné partout « sous les noms d'avare, de ladre, de vilain, de fesse-mathieu », pourvu que sa chère cassette ait toujours ses beaux yeux; c'est le libertinage effréné d'un don Juan, qui se rit de la colère éloquente d'un père et des touchantes supplications d'une amante abandonnée, comme de toutes les lois divines et humaines. Mais c'est aussi l'héroïque patriotisme d'un Léonidas, c'est la charité non moins héroïque d'un Vincent de Paul, c'est l'ardente passion pour la science d'un Pline l'ancien, d'un Bernard Palissy ou d'un Livingstone. L'âme, envahie par une passion, ne peut plus nourrir les autres inclinations qui sont sacrifiées, et l'inclination favorite règne seule impérieuse et jalouse; la passion est donc *exclusive*. Elle attire, pour ainsi dire, à elle toutes les énergies de notre être, qui semble ne plus connaître qu'elle, ne travailler et n'exister que pour elle; l'homme n'est plus alors, suivant l'expression énergique des anciens, qu'un esclave, l'esclave docile de la passion; heureux quand cette passion ne l'entraîne pas hors des voies de l'honnête.

Conclusion. — On voit par cette analyse que la passion est un produit de la réflexion et de l'imagination, et cela explique pourquoi nous ne venons pas au monde avec des passions, que nous n'en voyons pas chez les enfants. L'intervention de la réflexion dans la formation de la passion explique pourquoi l'homme est responsable des actes auxquels il s'emporte quand il est soumis à son empire; excessive et exclusive, elle peut étouffer en lui la voix de la raison, de l'intérêt, de l'honneur, et le livrer, victime volontaire, à tous les maux. Il semble donc que les stoïciens aient raison quand ils demandent à l'homme d'anéantir en lui la passion, « ce trouble de l'âme, perturbatio animi », comme dit Cicéron; c'est pourtant une erreur, et les faits prouvent que rien de grand ne se fait dans l'humanité sans les nobles passions de la gloire, de l'amour; il importe seulement de diriger vers le bien ce puissant mobile d'activité.

25. — Des passions : les définir, les classer, montrer comment elles se forment; dire si l'on est responsable de ce que l'on fait sous le coup de la passion.

PROGRAMME

A. — **Définir les passions.** — La passion est une forme de l'inclination; c'est une inclination déréglée, devenue si violente qu'elle domine à la fois la raison et la volonté, qu'elle entraîne à sa suite toutes les forces de l'âme ou même les anéantit à son profit; on peut ramener tous ses caractères à deux principaux : elle est *excessive,* c'est-à-dire qu'elle ne recule devant aucune violence pour atteindre son but, qu'elle trouble et aveugle la raison, devient délire, folie, *perturbatio animi*, comme disaient les stoïciens; et elle est *exclusive*, c'est-à-dire que, en maîtresse-jalouse, elle détruit toutes les autres inclinations, qui pourraient la contre-balancer, les anéantit pour régner seule en souveraine absolue. La passion malgré son nom, est donc profondément active et provoque à l'action la plus énergique.

B. — **Comment se forment les passions.** — Nos inclinations nous portent vers les objets que nous considérons comme agréables, qui éveillent nos désirs, et dont la possession nous vaut un plaisir; l'intelligence compare ces plaisirs et discerne bien vite celui qui a été le plus vif; alors, si nous n'y prenons pas garde, la réflexion s'arrête avec complaisance sur l'objet de ce désir qui devient alors le désir favori de notre âme; l'imagination intervient à son tour et prête à l'objet que nous souhaitons un attrait particulier, des charmes qu'il n'a jamais possédés ; le désir s'exalte ainsi et il ne tarde pas à prendre un caractère de violence et de persistance ; il est alors devenu une passion. Ajoutons que l'influence du milieu et les dispositions organiques contribuent aussi à opérer cette transformation ; car les passions se communiquent d'homme à homme et se transmettent par l'hérédité. Une fois formée, la passion devient tout notre être et ne nous quitte plus ; nous restons toute notre vie ou avares comme Harpagon, ou libertins comme don Juan, ou ambitieux comme Octave, etc.

C. — **Responsabilité**. — Quant à la responsabilité qui nous incombe pour les actes commis sous l'influence de la passion, il faut distinguer. Comme la passion a son principe dans l'inclination, amour ou désir, et que les inclinations sont *innées*, il en résulte que notre responsabilité n'est pas entière dans les actes inspirés par la passion ; nous avons droit au bénéfice des circonstances atténuantes, et la justice humaine, d'accord avec la conscience, ne nous le refuse jamais. Mais d'un autre côté, comme l'inclination ne se transforme en passion qu'avec le concours de l'imagination et de la réflexion qui est libre, volontaire, nous sommes responsables pour l'avoir laissée se développer en nous ; elle est sans doute une force presque invincible et il est à peu près impossible de la réprimer quand elle nous possède ; mais c'est avec la complicité de notre volonté qu'a pu grandir en nous cette puissance qui nous domine et que nous ne pouvons plus maîtriser ; elle n'était d'abord qu'un désir qu'il nous était possible de réprimer, de rappeler à l'ordre, et qui n'est devenu fougueux, irrésistible que par notre faute. On voit par là quelle est la part de la volonté dans la formation des passions et dans quelle mesure nous sommes responsables des actes qu'elles inspirent.

D. — **Classification des passions**. — Bossuet a donné des passions une classification célèbre. Adoptant une division des scolastiques, il a admis deux sortes de passions, les passions concupiscibles et les passions irascibles, les premières qui ont l'amour pour principe, et les secondes qui viennent de la haine; puis, partant de ce double principe d'amour et de haine, il rattache à chacun d'eux un certain nombre de passions qui se correspondent par contraste; en voici le tableau :

   Amour, Haine;
   Désir,   Aversion;
   Joie,   Tristesse;
   Audace, Crainte;
   Espérance, Désespoir;
     Colère.

La colère n'a point de contraire.

On ne saurait accepter cette classification. En effet, Bossuet range parmi les passions des sentiments, des faits, qui sans doute se mêlent aux passions, mais qui n'en ont pas les caractères, ce sont des éléments nécessaires et des conséquences inévitables des passions, mais non des passions distinctes; ainsi la joie et la tristesse, l'espérance et le désespoir, ainsi que la crainte, sont des moments de crise que l'âme traverse et n'ont pas cette persistance qui caractérise la passion; du reste, comme ces émotions accompagnent les passions les plus différentes, elles ne sont pas en elles-mêmes des passions. Quant à l'audace, c'est un trait de caractère, une disposition native qui parfois manque aux gens les plus passionnés et qui ne se développe pas en nous comme une passion. La colère s'ajoute à toutes les passions, elle y porte le désordre, le trouble qui les caractérise; mais par elle-même elle n'est pas une passion, puisqu'elle est provoquée par les circonstances les plus diverses et que parfois elle éclate chez les moins passionnés. Mais Bossuet ne s'est pas trompé quand il a vu dans l'amour et le désir qui ne s'en sépare pas la source commune de toutes les passions; rien n'est plus vrai que cette réduction des passions à leur seule et vraie origine : « Otez l'amour, a-t-il dit, il n'y a plus de passions; posez l'amour, vous les faites naître toutes. »

Pour classer les passions de la manière la plus simple et la plus rationnelle, il faut admettre autant de passions que d'inclinations primitives, chacune de celles-ci pouvant devenir excessive et exclusive; on les divise en trois classes : 1° passions *égoïstes* (gourmandise, ivrognerie, libertinage, avarice, ambition, amour de la gloire, jalousie, vengeance, etc.); — 2° passions *sociales* (amour proprement dit, affections de la famille, amitié, patriotisme, philanthropie, passions politiques, etc.) ; 3° passions *morales*, supérieures (amour de la science, dilettantisme, puritanisme, fanatisme, intolérance).

On peut donc classer les passions de deux manières:

1° En considérant leur *origine*, elles se ramènent toutes à l'amour et à la haine ;

2° En considérant leur *objet*, on les classe en passions égoïstes, passions sociales et passions morales.

26. — Rapports et différences entre l'inclination et la passion.

PROGRAMME

A. — Rapports. — L'inclination est un mouvement de l'âme qui nous porte vers quelque chose ; mais en nous poussant vers un but, l'inclination ne nous détermine pas fatalement, et par là elle se distingue de l'appétit, auquel on ne peut résister. La passion n'est que l'inclination modifiée, devenue peu à peu forte et violente ; aussi peut-on suivre pas à pas l'inclination dans sa marche quand elle passe de cet état à celui de passion.

La nature nous pousse à la satisfaction de toutes nos inclinations ; mais l'expérience ne tarde pas à nous faire distinguer celle dont la satisfaction nous cause le plus de plaisir, et la volonté lui donne la préférence sur les autres ; on voit donc intervenir ici la réflexion, qui arrête notre esprit sur une impression particulière. L'imagination vient se joindre à elle, augmentant la beauté de l'objet qui nous plaît et nous dissimulant ses imperfections ; le désir s'allume, s'enflamme et impose bientôt à l'âme le sacrifice des autres penchants ; alors l'inclination favorite règne seule, impérieuse et tyrannique, attirant à elle toutes les forces de notre être, qui met à son service toute son énergie et ne vit plus que par elle. La volonté pourrait dès le principe s'opposer à ce désordre, détourner l'esprit d'une contemplation unique et dangereuse et réduire aux proportions de la réalité l'objet que l'imagination grandit et embellit ; loin d'agir ainsi, elle se fait la complice de l'imagination, et, par la répétition fréquente du même acte, du même mouvement, elle engendre l'habitude, qui impose à l'âme d'une manière définitive la domination de l'inclination préférée; la transformation est alors achevée, et l'inclination prend le nom de passion. On voit donc que nous ne venons pas au monde avec des passions; elles ne s'allument et ne se développent que pendant le cours de la vie; au contraire, nos inclinations sont primitives et datent du jour de notre naissance. De là les différences qui distinguent l'inclination de la passion.

B. — **Différences**. — 1° Les inclinations sont *calmes*, vivant côte à côte et se développant ensemble, sans que l'une fasse tort à l'autre. — La passion est violente et par là même exclusive, ne connaissant plus qu'elle-même et anéantissant toutes les autres inclinations : ainsi Octave est tout entier à son ambition, et Harpagon ne connaît plus que les beaux yeux de sa cassette.

2° Les inclinations sont *semblables* à l'origine chez tous les hommes; tous les penchants humains sont en chacun de nous; quel homme n'a l'instinct de nutrition, l'amour de la vie, du bien, du vrai, etc.? Ce n'est que plus tard que les inclinations sont modifiées par l'éducation, l'influence du milieu et des circonstances extérieures, par la volonté, etc. — Les passions, qui sont notre œuvre, *diffèrent* avec les individus; nous avons tous les mêmes inclinations, mais non les mêmes passions; tel homme a soif de pouvoir; tel autre, comme Louis XIV, sacrifie tout à sa gloire; celui-ci est passionné pour l'argent, celui-là ne rêve que la guerre ou le jeu. Les passions ne varient pas seulement d'homme à homme; elles changent aussi avec les siècles et les pays; au moyen âge, l'enthousiasme religieux transportait presque tous les cœurs et enfantait les croisades; au XVII° siècle, le jeu était une passion fort répandue dans la haute société.

3° Les inclinations ont un *objet précis, déterminé, invariable*, qui peut les satisfaire et en même temps servir à l'accomplissement de notre destinée; ainsi, les appétits, qui dirigent notre vie animale, nous laissent en repos pour un certain temps quand ils ont reçu satisfaction, et ils sont nécessaires au maintien de la vie. — Les passions n'ont pas d'*objet réel*, qui puisse les satisfaire; elles n'admettent ni fin ni trêve et elles nous emportent jusqu'à ce qu'elles nous brisent; nous les recherchons pour elles-mêmes, pour l'agitation qu'elles provoquent en nous, pour l'émotion qu'elles nous procurent; ce n'est pas de l'argent que le joueur demande au jeu ni du gibier que le chasseur demande à la chasse : « On n'en voudrait pas s'il était offert », a dit Pascal avec raison; ce qu'on demande, c'est l'émotion, le mouvement, qui constitue l'essence et la vie des passions.

27. — Faire voir comment toutes les passions dérivent de l'amour et de la haine.

ESQUISSE

La passion est une inclination qui, grâce au concours de la réflexion et de l'imagination, devient excessive et exclusive. Bossuet la définit « un mouvement violent de l'âme, qui, touchée du plaisir ou de la douleur ressentis ou imaginés dans un objet, le poursuit ou s'en éloigne ». Il y a donc deux ordres de passions : en effet, nos inclinations sont tantôt satisfaites, tantôt contrariées dans la poursuite de leurs objets ; tantôt notre âme se précipite vers les choses ou les personnes qui l'attirent, tantôt elle s'éloigne de ce qui la froisse. Aussi est-il facile de montrer que toutes les passions dérivent de l'amour et de la haine, qui ne font que changer de nom et de caractère avec les objets qui les excitent ; elles ne sont que des manières différentes d'aimer ou de haïr.

1° Il y a d'abord l'amour proprement dit, celui qui attire l'une vers l'autre deux personnes d'un sexe différent ; c'est la poétique affection de Rodrigue pour Chimène. Il y a l'amour qui recherche les plaisirs des sens et nous rend esclaves de la sensualité : c'est le libertinage de don Juan, la gloutonnerie de Vitellius, l'ivrognerie d'Antoine ou de Wenceslas. Certains emploient toute leur énergie à conquérir la richesse, non comme un moyen, un instrument, mais comme un but, une fin ; c'est alors l'avarice d'Harpagon. D'autres sont poussés par un désir ardent, impétueux, vers les honneurs, vers le pouvoir ; dans ce cas, ils subissent, comme César, le joug de l'ambition. Il peut arriver aussi que nous mettions notre bonheur à nous faire admirer par nos semblables et que, pour atteindre ce bien imaginaire, nous sacrifiions tout, même notre vie et surtout la vie des autres ; c'est la passion qu'on appelle l'amour de la gloire, qui a poussé Louis XIV à des guerres inutiles ou funestes, mais qui a inspiré aussi à Cicéron de belles paroles et de nobles actions.

2° La haine se présente également sous des formes différentes et avec des noms différents, mais sa nature ne change pas. La haine proprement dite est « une colère retenue et suivie », qui poursuit la destruction de l'être détesté et survit quelquefois à cette destruction : ainsi la femme d'Antoine, Fulvie, pousse son digne époux à faire assassiner Cicéron et, le crime accompli, elle se fait apporter la tête du grand orateur pour en percer la langue avec une aiguille. Quand nous avons subi une offense, nous voulons infliger une peine à l'offenseur, croyant trouver une satisfaction dans ce châtiment ; nous obéissons alors au désir de la vengeance qui aspire à rendre le mal pour le mal et n'est qu'une forme de la haine, bien qu'elle veuille se donner pour la justice ; telle est la vendetta des Corses, la loi du talion, qui se résume dans ce mot : « Œil pour œil, dent pour dent ». L'envie est la haine que nous causent les succès, les avantages, le bonheur d'autrui ; c'est, dit La Rochefoucauld, « une fureur qui ne peut souffrir le bien des autres » ; suivant La Bruyère, « l'envie et la haine s'unissent toujours et se fortifient l'une l'autre dans un même sujet ». C'est la passion la plus honteuse, la plus misérable : la haine et la vengeance peuvent avoir en elles quelque chose d'énergique, de fier, qui leur permet de s'avouer ; elles trouvent même quelquefois un plaisir farouche à faire le mal ; aussi a-t-on dit que la vengeance était un plaisir des dieux ; mais l'envie rougit d'elle-même, car elle est un aveu d'impuissance ; c'est la plus triste des manières de haïr. L'orgueil ne vient pas de la haine, mais il y conduit : en effet, l'homme, qui a de lui-même et de ses talents une opinion trop avantageuse, ne tarde pas à s'apercevoir que les autres ne partagent pas ce sentiment, et l'orgueilleux est souvent rappelé avec rudesse à une appréciation plus exacte de la réalité ; il se prend alors à détester ceux qui ne veulent pas s'incliner devant son mérite prétendu. En politique et en religion, l'orgueil engendre l'intolérance, le fanatisme : partant de cette idée que ses croyances sont les seules vraies, les seules bonnes, le fanatique ne permet pas qu'on en ait d'autres, et, invoquant Dieu ou la liberté, il persécute, il met à mort ses adversaires qui ne peuvent être à ses yeux que des êtres criminels et malfaisants ; c'est le fanatisme religieux qui explique la Saint-Barthélemy, qui fait élever à Genève par Calvin le bûcher sur lequel Michel Servet fut brûlé vif ; c'est le fanatisme politique qui, en 93, commet les crimes de septembre.

On voit que les passions ne sont que des manières différentes d'aimer ou de haïr et dérivent toutes de l'amour et de la haine ; il est même permis de dire qu'elles sortent toutes de l'amour ; car la haine n'est qu'un amour contrarié, qui n'a pu atteindre son objet, son but. Telle était l'opinion de Bossuet : « Otez l'amour, dit-il, il n'y a plus de passions ; posez l'amour, vous les faites naître toutes. »

28. — **Tous les sentiments du cœur humain se ramènent-ils à l'amour-propre, comme l'a pensé La Rochefoucauld ?**

DISSERTATION

Exorde. — On peut étudier la nature humaine de deux manières : l'une cherche, par la conscience et l'observation, les lois invariables et générales de l'âme, c'est la manière du philosophe ; l'autre, s'appuyant sur la pratique du monde, voit les hommes tels qu'ils sont dans un temps déterminé et dans une société particulière ; c'est la manière du moraliste, qui nous fait connaître *les hommes*, tandis que le philosophe nous fait connaître *l'homme*. Parmi les moralistes français, La Rochefoucauld se trouve au premier rang.

Proposition. — Il prétend que toutes nos actions nous sont inspirées par l'intérêt et la vanité ; — l'observation de la nature humaine suffit pour réfuter ce sophisme, qui s'explique par le milieu dans lequel a vécu La Rochefoucauld et par des chagrins personnels.

Première partie. — La pensée générale de La Rochefoucauld est que l'homme ne fait rien qui ne se rapporte à lui-même, que l'égoïsme est le fond commun de toutes nos passions. La lutte que nous supposons entre la passion et le devoir est, suivant lui, une pure chimère ; il n'y a que des passions aux prises les unes avec les autres, et les passions ne sont qu'un résultat de notre tempérament, « des humeurs de notre corps. » On voit que La Rochefoucauld est le précurseur du sensualisme du xviiie siècle. Au matérialisme il a dû naturellement ajouter le fatalisme ; car, suivant lui, nous dépendons de notre organisation et des circonstances extérieures : « La fortune, dit-il, gouverne le monde ; » — « La nature fait le mérite, la fortune le met en œuvre ; » — « Notre sagesse n'est pas moins à la merci de la fortune que nos biens. » Après le hasard qui les met en jeu, la vanité et l'intérêt sont, d'après lui, les seuls mobiles de notre activité ; tous nos actes en découlent, et nos vertus ne sont que de vaines apparences ; ainsi la bonté est paresse ou impuissance, la probité est de l'habileté, la valeur des hommes et la chasteté des femmes sont affaires de vanité et de tempérament ; toutes nos vertus ne sont qu'un art de paraître honnête : « Les vertus se perdent dans l'intérêt comme les fleuves se perdent dans la mer. » La vanité et l'intérêt sont toute la substance de notre être moral et se résolvent dans l'amour de soi-même. Il y a donc un véritable système dans ces pensées détachées, et La Rochefoucauld est parmi les moralistes ce que Condillac est parmi les philosophes ; de même que le second fait sortir toutes nos facultés de la sensation, de même le premier fait sortir de l'égoïsme tous nos sentiments et toutes nos actions.

Seconde partie. — Sans doute l'intérêt est un principe d'action énergique ; il est souvent légitime, parfois même respectable, puisqu'il nous pousse à rechercher ce qui nous est nécessaire dans la vie pour nous-mêmes et pour les autres, pour les besoins matériels de l'existence et aussi pour la sauvegarde de notre indépendance et de notre dignité. Mais il y a un autre motif qui nous fait agir et qui exerce sur nos sentiments et notre conduite une action au moins aussi énergique que l'intérêt : c'est le devoir, qui ne se confond pas avec l'intérêt. Le devoir repose sur cette distinction du bien et du mal qui est un fait universel, primitif, antérieur à toute éducation et à toute législation, qui se montre dans nos jugements quand nous approuvons ou désapprouvons certains actes, et qui pénètre dans la sensibilité sous les formes du remords ou de la satisfaction. Cette loi, écrite à la fois dans l'intelligence et dans le cœur, s'impose à nous avec des caractères que n'a pas l'intérêt; elle est invariable, uniforme, impérative, facile à comprendre et toujours praticable, tandis que l'intérêt est variable, que nul ne se sent tenu d'obéir à ses intérêts, que le calcul en est difficile et qu'il n'est pas toujours en notre pouvoir de le servir. Le soldat qui expose sa vie pour sauver son drapeau, le magistrat qui s'expose à tout pour ne pas signer une sentence injuste, tant d'autres n'obéissent pas à l'intérêt, ils sont les serviteurs du devoir. Il y a encore un autre mobile supérieur à l'intérêt : c'est l'amour d'autrui, le dévouement; ce n'est pas l'intérêt qui portait Saint Vincent de Paul à recueillir les enfants abandonnés, qui poussait Byron à voler au secours de la Grèce opprimée, à lui sacrifier les splendeurs de sa vie et sa vie elle-même. Ce n'est pas l'intérêt qui a persuadé à tant d'hommes courageux d'aller braver dans des pays éloignés les atteintes de la fièvre, de la peste, les fureurs des sauvages, afin de rapporter dans leur pays quelques notions utiles. On rencontre bien des faits semblables dans les classes les plus humbles où la gloire ne pénètre guère, dans l'ombre, dans les asiles de la misère, au chevet de la douleur. On voit donc que l'intérêt n'est pas notre seul mobile d'action; l'histoire et l'expérience de chacun de nous permettent de citer bien des actes qui trahissent en nous des sentiments plus élevés que l'intérêt et la vanité.

Troisième partie. — La vie de La Rochefoucauld et les événements auxquels il assista et fut mêlé expliquent en grande partie ce système, qui ramène tout à l'égoïsme et à la vanité. Il avait connu les hommes à une des époques les plus misérables de notre histoire, il les avait vus occupés d'intrigues puériles ou coupables, ne connaissant que le plaisir et ne consultant que leurs intérêts; comment pouvait-il les juger favorablement? La Bruyère, observateur impartial et désintéressé, ne porte pas au fond un meilleur jugement sur la société du temps et sur ses contemporains; rien de plus sombre que la peinture qu'il en fait. Et du reste tous les moralistes du xviie siècle sont sévères pour la nature humaine; c'est que, à cette époque, le moraliste ne tonait guère compte que des classes supérieures ; or, le désœuvrement général de ces classes leur permettait un peu trop de cultiver leurs vices. Aussi les *Maximes* de La Rochefoucauld sont-elles d'une vérité non pas générale, mais historique ; elles sont vraies d'une époque et d'une société ; la pensée générale de ce livre ne se retrouve-t-elle pas dans cette Fronde où les acteurs ne cherchent que leur avantage ? En face de la Fronde c'est le portrait en regard de l'original. Ajoutons que ce livre porte aussi la trace d'une mélancolie naturelle à l'auteur et de ressentiments contre les personnes. Ce qui prouve bien que La Rochefoucauld a été dominé par les influences extérieures, c'est que son caractère n'est pas en rapport avec son système ; car cet homme, qui ne croit pas à l'amitié, a trouvé deux amies dévouées, Mme de Sévigné et Mme de La Fayette ; et il nous assure lui-même qu'il aimait ses amis au point de sacrifier ses intérêts aux leurs ; cet homme enfin, qui nie surtout le courage en présence de la mort, a supporté la sienne et les souffrances dont elle fut précédée avec une fermeté qui arrachait à Mme de Sévigné des larmes d'admiration.

Conclusion. — On ne saurait accepter le système de ce « triste livre » ; l'amour-propre n'est pas notre unique sentiment, notre seule passion ; la réfutation se trouve dans l'observation impartiale de l'âme humaine, elle se trouve aussi dans le caractère même de l'auteur, et les événements auxquels il assista expliquent en grande partie la nature de ses réflexions ; il ne vit qu'un côté de l'âme humaine, n'étudia qu'une classe de la société et ne tint guère compte que du temps où il vivait.

29. — L'amour de soi est-il l'unique principe de ous nos sentiments et de toutes nos affections?

ESQUISSE

Suivant La Rochefoucauld, toutes nos affections ne sont que des formes de l'amour de soi : « Les vertus, dit-il, se perdent dans l'intérêt comme les fleuves se perdent dans la mer. » Hobbes et presque tous les philosophes de l'école empirique ont soutenu la même doctrine, et cela se comprend chez des hommes qui font de l'âme une table rase et qui veulent tout ramener à la sensation; pourtant les positivistes contemporains reconnaissent dans l'homme la présence d'affections désintéressées, qu'ils appellent d'un nom étrange, *altruisme*.

On peut réfuter cette morale de l'égoïsme : 1° par l'observation impartiale de l'âme humaine; — 2° par les faits, par l'expérience du monde.

1° Il y a en nous des affections qui nous portent vers autrui par un mouvement spontané, irréfléchi, des inclinations que l'on ne peut pas ramener à l'amour de soi, à l'égoïsme grossier. Ainsi, nous trouvons dans l'amitié un plaisir indépendant de tout calcul; le sceptique Montaigne a écrit une page d'une éloquence émue sur la tendre amitié qui l'unissait à la Boétie, et l'on connaît le mot charmant d'Horace qui appelait Virgile *dimidium animæ meæ*; il est également impossible de ne voir dans la reconnaissance qu'un calcul mercenaire, car il nous arrive souvent de témoigner une vive gratitude à des personnes qui ne peuvent plus rien pour nous; nous éprouvons aussi un plaisir désintéressé à être bons, à faire du bien, et nous le faisons sans réflexion, sans espoir de retour, par un mouvement spontané; la pitié que nous causent les souffrances d'autrui ne saurait davantage se ramener à l'égoïsme; verra-t-on enfin un calcul dans l'amour maternel qui est toujours prêt à tous les sacrifices?

2° L'observation intérieure montre donc que la nature a mis en nous des affections désintéressées; consultons maintenant l'expérience pour voir si l'homme ne sacrifie pas ces affections à son intérêt, à ses inclinations personnelles. Ouvrons l'histoire, regardons autour de nous. Or, à chaque page de l'histoire, à chaque pas dans la vie, nous voyons des hommes se dévouer pour leurs semblables et pousser quelquefois ce dévouement jusqu'à la plus entière abnégation, jusqu'au sacrifice de la vie : c'est le dévouement du soldat à la patrie, du magistrat au devoir, du savant à la science, du prêtre à la religion, du philanthrope à la charité, de la mère à ses enfants, etc. (Léonidas, d'Assas, La Tour-d'Auvergne; — L'Hôpital, Mathieu Molé; — Pline l'Ancien, Bernard Palissy, John Franklin, Livingstone, Augustin Thierry, etc.; — Saint Vincent de Paul, etc.) Tous ces actes, qui constituent comme le livre d'or de l'humanité, prouvent que l'homme obéit souvent aux affections désintéressées que la nature a déposées en lui et qu'il ne les sacrifie pas toujours à son intérêt ou à sa vanité.

Ainsi l'observation intérieure et l'expérience donnent un démenti formel au système de La Rochefoucauld. L'auteur des *Maximes* avait pris part au soulèvement antinational de la Fronde; il savait mieux que personne à quelles misérables et égoïstes intrigues tous les courtisans consacraient leur existence; et, comme au XVII° siècle les classes supérieures semblaient être les seules qui fussent dignes d'attirer l'attention d'un moraliste, surtout d'un moraliste grand seigneur, il crut pouvoir attribuer à l'humanité tout entière des vices qui n'appartenaient qu'à une classe restreinte d'individus; c'était faire le sophisme qu'en logique on appelle le *dénombrement imparfait*, qui consiste à tirer de quelques faits peu nombreux, une induction générale, à étendre à tous ce qui ne convient qu'à quelques-uns. Du reste, La Rochefoucauld valait mieux que son système et que son « triste livre », comme disait Rousseau. Cet homme qui ne voyait dans le courage qu'une vaine ostentation supportait les plus cruelles souffrances avec une admirable sérénité ; cet homme, qui ne voyait dans l'amitié que « un ménagement réciproque d'intérêts », avait mérité par son caractère les amitiés les plus nobles, les plus enviables, qui défendent sa mémoire et plaident en sa faveur contre les *Maximes :* Mme de La Fayette et Mme de Sévigné avaient pour lui la plus vive affection et la plus complète estime, et la correspondance de cette dernière en renferme plus d'un témoignage ému ; enfin, lorsque La Rochefoucauld disait que l'amitié était un calcul, l'une de ses plus fidèles amies, Mme de Sablé, faisait cette réponse : « Cette pensée n'est vraie que si on l'applique aux égoïstes et aux méchants ; la véritable amitié existe ; La Rochefoucauld le sait mieux que personne, mais avec son amour du paradoxe il calomnie et l'humanité et lui-même. »

30. — **Exposer la doctrine de l'épreuve ; — montrer combien la vie morale de l'homme serait incomplète sans la douleur et le travail.**

DISSERTATION

Exorde et proposition. — L'épreuve est une opération à l'aide de laquelle on juge si un être ou une chose a la valeur que nous lui attribuons ; or, l'âme s'éprouve comme le corps, et l'épreuve à laquelle la nature le soumet, c'est la douleur. Pourtant l'homme est ainsi fait qu'il répugne à la souffrance et ne recherche que le plaisir ; la douleur lui est odieuse à ce point qu'il condamne avec indignation l'organisation d'un monde où elle a une si grande place et qu'il s'écrie : « Si deus est, unde malum ? » Ainsi certains philosophes, comme Schopenhauer, croyant remarquer que les douleurs l'emportent par le nombre et la vivacité sur les plaisirs, condamnent la vie comme une souffrance absurde dont il faut se débarrasser. La doctrine de l'épreuve consiste à montrer que la douleur, loin d'être un mal, révèle l'homme à lui-même et fortifie la trempe de son âme, qu'elle a créé l'industrie, la science et l'art, qu'enfin elle donne naissance à toutes les nobles vertus qui sont l'orgueil de l'humanité.

Première partie. — Comment juger un homme qui n'a connu que la prospérité, qui n'a souffert ni dans son corps ni dans son cœur, comment en connaître la valeur, la force de résistance ? Il s'ignore lui-même et ne sait pas dans quelle mesure il pourra supporter les infortunes qui nous frappent souvent au sein de l'opulence, au milieu de toutes les félicités. Mais qu'il ait résisté sans fléchir à la misère physique qui torture le corps et aux peines plus cruelles qui nous atteignent dans nos affections, dans notre honneur, on pourra lui appliquer les mots d'Horace :

> Si fractus illabatur orbis,
> Impavidum ferient ruinæ.

« Il n'y aurait rien de si infortuné qu'un homme qui n'aurait jamais éprouvé l'infortune ; car jamais un tel homme ne pourrait être sûr de lui-même ni savoir ce qu'il vaut. » (J. de Maistre.) Celui qui aura été éprouvé par la douleur pourra plier sous les coups du sort, il ne sera jamais terrassé ni brisé. La douleur, la souffrance, l'adversité fortifie donc l'homme dans son corps et dans son âme ; elle le rend à la fois plus robuste et plus vaillant ; elle développe toutes les énergies de son être physique et moral. Aussi, quand il est habitué au travail et à la peine, il a plus de ressort pour résister aux maladies et aux douleurs qui peuvent l'assaillir ; il n'y peut devenir insensible puisqu'il est homme et que la fermeté n'est ni l'indifférence ni l'impassibilité ; il n'aurait du reste aucun mérite à endurer des maux qu'il ne sentirait pas. Mais tout en éprouvant une tristesse bien naturelle devant le malheur qui va le frapper, il ne se laisse ni épouvanter ni décourager ; il engage aussitôt la lutte, déploie toute sa vigueur, tend tous les ressorts de son être et triomphe enfin, ou s'il succombe, la défaite au moins est glorieuse ; il tombe comme Bayard, en tournant le visage vers l'ennemi. Aussi, comme disait Épictète, le sage ne doit pas craindre les épreuves ; il doit au contraire les appeler parce qu'elles l'exercent et développent sa volonté. Les athlètes de l'antiquité se soumettaient aux plus durs exercices, aux plus cruelles privations en vue de triomphes sans portée morale ; pourquoi l'homme s'indignerait-il contre la nature et la fortune quand elles lui imposent de fécondes et salutaires douleurs ?

Deuxième partie. — Si l'homme souffre, peine et travaille de la naissance à la mort, il a su du moins de ces peines faire sortir de grandes et belles choses. Jeté sur la terre, le plus faible, le plus chétif des êtres (Lucrèce, V, 225 et suiv., 293 et suiv.), il devint industrieux par l'aiguillon de la misère; grossières d'abord, ses inventions se perfectionnèrent avec le temps et par les efforts répétés de générations successives; ainsi naquit l'*industrie* avec les merveilles que nous admirons aujourd'hui. Mais l'homme ne souffrait pas seulement dans son corps, il souffrait aussi dans son âme; ne connaissant pas le monde qui l'entourait, il s'effrayait de tout, d'une éclipse, des éclats de la foudre, etc., et en même temps il éprouvait un vif désir de connaître; de là naquit la *science*. Par elle, cet homme, si borné dans le temps et dans l'espace, peut plonger ses regards dans le passé et dans l'avenir; l'histoire, la géologie, les sciences naturelles lui révèlent ce qu'ont été ses ancêtres, leurs misères et leurs travaux; l'astronomie l'emporte loin de cette terre, le fait assister aux évolutions de ces mondes qui gravitent dans l'espace, lui prédit dans quel point du ciel se trouveront un jour ces mondes et de quels phénomènes ils seront le théâtre, quand depuis longtemps il n'existera plus lui-même. C'est ainsi que, grâce au travail, le plus faible des êtres créés a laissé loin derrière lui des animaux plus puissants, qui étaient sa terreur autrefois et qui tournent encore aujourd'hui dans le même cercle sans pouvoir en sortir. Enfin, pour échapper aux misères de la réalité, il a créé l'*art*, qui lui offre les pures et saines distractions de l'idéal.

Troisième partie. — L'homme ne souffre pas seulement de ses propres douleurs : uni à ses semblables par des liens étroits, par une communauté d'origine et de nature, il souffre aussi de leurs peines :

Homo sum; humani nihil a me alienum puto.

Cette pitié pour les autres a donné naissance aux plus nobles créations; on a vu s'élever des hôpitaux pour les malades, des hospices pour les infirmes et les vieillards, des asiles pour l'enfance. Si la souffrance rend quelquefois les hommes durs pour les autres, elle rend au contraire les âmes bien nées plus sensibles aux douleurs d'autrui ; la bienfaisance et le dévouement ont eu leurs héros, comme la science et l'amour de la patrie ont eu les leurs ; aussi tous, saint Vincent de Paul et Léonidas, Bernard Palissy et Rotrou, etc., n'ont laissé un nom vénéré, de beaux exemples à imiter, que parce qu'ils ont souffert pour autrui. A côté de ces dévouements illustres, combien d'humbles sacrifices accomplis tous les jours, que tout le monde ignore ou qui nous laissent presque indifférents! Que dire de cet ouvrier courbé sous un travail incessant qui fournit à peine le nécessaire pour sa famille et pour lui, de ce mineur qui s'enfouit dans les entrailles de la terre, de cette femme qui porte à l'atelier un corps épuisé par la maternité et l'allaitement! Ils souffrent parce qu'ils se dévouent ; tout ce qui est grand se fait au prix de la douleur.

Péroraison. — Ainsi l'épreuve est continuelle dans la vie humaine et tous y sont soumis ; mais elle est pour nous un moyen de perfectionnement moral et intellectuel, elle nous grandit et nous purifie, elle trempe le caractère et développe l'intelligence. On comprend donc que les stoïciens aient pris Hercule, le héros fort, comme le type idéal du sage, qui doit aussi passer à travers le monde, infatigable, invincible, non par sa force physique, mais par sa force morale, transformant le mal en un bien moral. Pour eux la vie était un combat et un effort. Malebranche avait raison de dire : « Il n'est pas toujours avantageux de jouir du plaisir, mais il est quelquefois avantageux de souffrir la douleur. » Ajoutons enfin que, par la souffrance, l'homme se crée des droits à une réparation, ce qui lui fait concevoir l'espérance d'une vie future.

31. — Comment la sensibilité intervient-elle dans tous les phénomènes de notre vie physique, intellectuelle et morale ?

DISSERTATION

Exorde. — La sensibilité, faculté d'éprouver du plaisir ou de la peine, a un rôle considérable dans la vie humaine ; mais, si grands que soient les services qu'elle nous rend, son rôle se ramène toujours à ces deux faits : par l'attrait du plaisir, elle nous excite à rechercher ce qui nous convient ; par l'aiguillon de la douleur, elle nous fait éviter ce qui est nuisible. C'est ainsi qu'elle intervient dans notre vie physique, intellectuelle et morale.

Première partie. — C'est à la sensibilité que nous devons la conservation de notre corps. En effet, de tous les êtres vivants, l'homme est certainement celui dont l'organisation semble la plus délicate et la plus exposée à toute sorte d'accidents. Pendant de longues années, au début de la vie, quand son intelligence n'est pas encore éveillée et ne peut lui montrer les dangers qui le menacent, quand sa volonté n'est pas encore présente pour les écarter de lui, c'est la sensibilité qui le protège. Car, si attentive, si dévouée que puisse être la surveillance dont le petit enfant est l'objet, il est exposé à bien des accidents qui peuvent compromettre sa santé, même sa vie ; heureusement la sensibilité veille pour lui ; par la souffrance, elle provoque les cris de l'enfant et l'attention est ainsi appelée sur son état. Et même plus tard, quand notre intelligence s'est éveillée, que notre volonté s'est développée, la sensibilité joue un rôle analogue et nous protège dans les moments de défaillance et d'oubli; le négociant absorbé par ses affaires, le savant emporté par le désir de connaître, l'artiste épris de ses travaux, compromettraient quelquefois leur vie ou leur santé si la douleur ne venait leur rappeler leurs besoins et les ramener à la réalité; ce fut pour avoir dédaigné les avertissements de la douleur que le poète Alfieri avança le terme de sa vie et que notre Augustin Thierry perdit la vue. De plus, pendant le sommeil réparateur, quand l'homme, n'ayant plus conscience, ne peut plus veiller sur lui-même, la sensibilité le protège encore contre les influences extérieures qui pourraient lui être funestes, surtout dans certains pays et sous certaines latitudes. En résumé, mille accidents sont prévenus par la douleur et ses utiles avertissements. Le plaisir, de son côté, nous pousse à la satisfaction de nos besoins, et c'est le signe auquel nous reconnaissons que la nature a reçu ce qui lui est nécessaire. Il est vrai que, à cet égard, la sensibilité peut quelquefois être détournée de ses voies naturelles et légitimes, que le plaisir peut devenir un signe trompeur, quand il ne correspond plus à la satisfaction de besoins réels; mais il n'y a là qu'un abus, qu'une déviation, qui ne prouve rien contre le rôle légitime et nécessaire du plaisir dans notre existence corporelle. Ajoutons que la sensibilité physique nous est fort utile par sa répugnance pour tout ce qui est excessif, et ceci est heureux pour nous; car l'excès, dans le plaisir comme dans la peine, ne peut qu'user vite notre organisme, l'affaiblir, le compromettre.

Seconde partie. — Mais le rôle de la sensibilité ne se borne pas à défendre notre vie physique, à maintenir en bon état cette santé qui nous est nécessaire pour l'accomplissement de notre destinée; elle nous rend encore de précieux services pour le développement de notre intelligence. L'homme a un désir inné de connaître; aussi, quand ce besoin est satisfait, il éprouve un plaisir qui le pousse à la recherche de la vérité. De même, l'ignorance nous étant pénible, le malaise et la confusion qui l'accompagnent nous poussent aussi dans cette voie. Et il est facile de se convaincre que, sans cet utile aiguillon de la sensibilité et sans ses encouragements, la science n'existerait pas. En effet, la vérité ne se découvre à nous en général, quand nous l'apercevons, qu'au prix d'efforts pénibles, de travaux lents et rebutants. L'histoire montre que la science n'a fait de progrès que par le dévouement absolu des savants, qui ont souvent sacrifié leur fortune, leur santé, leur vie même à son avancement; pareil dévouement, qui balance ainsi l'instinct si puissant de l'égoïsme, ne peut s'expliquer que par la passion, par l'amour énergique de la vérité.

Troisième partie. — Mais là encore ne se bornent pas les services que la sensibilité nous rend. En effet, la conscience dit avec autorité que le corps n'est qu'un instrument et que, s'il faut le maintenir en bon état, ce n'est pas pour lui-même; elle nous dit aussi que la science elle-même n'est pas le but de la vie, que tout dans l'homme doit se rapporter à son perfectionnement moral, et que peu importe qu'il soit bien portant et instruit, s'il ne devient meilleur chaque jour. Vivre uniquement pour conserver l'être physique ou même pour ne faire qu'accroître notre trésor de connaissances, ce n'est pas comprendre notre véritable destinée; la pratique de la loi morale doit être la principale préoccupation de l'homme. Or, privés de la sensibilité, nous ne pourrions que difficilement satisfaire aux exigences toujours pénibles du devoir. En effet, pour être vertueux, il faut des efforts incessants : « La vertu est un état de guerre, a dit J.-J. Rousseau, où il y a toujours quelques combats à livrer contre soi-même et contre les autres, » c'est-à-dire contre nos propres instincts et contre nos propres passions, ainsi que contre les instincts et les passions d'autrui. Nous serions bientôt vaincus dans cette lutte de tous les jours, si nous n'étions encouragés par l'attrait du plaisir et retenus par la crainte de la douleur. Car la première récompense de la vertu est le contentement qu'éprouve celui qui fait le bien; c'est cette satisfaction intime, cette jouissance délicieuse que Socrate, dans le *Gorgias*, oppose avec confiance aux erreurs de l'opinion publique, disant qu'il aime mieux être en paix avec lui-même, que d'obtenir par une lâche et coupable concession l'approbation de la multitude; il aimerait mieux, ajoutait-il, être prisonnier et chargé de chaînes qu'être le roi Archélaüs assis sur le trône de Macédoine avec une conscience chargée de crimes. C'est qu'en effet la bonne conscience est un soulagement dans l'infortune et un élément de bonheur dans la prospérité. A ce titre, les stoïciens avaient raison quand ils disaient que le sage seul est heureux, qu'il y a harmonie entre la vertu et le bonheur; car si l'on peut quelquefois être en même temps honnête et malheureux, on peut dire avec assurance que, sans la vertu et sans la paix de la conscience, on ne saurait être heureux. Et de même que la conscience nous soutient dans l'accomplissement du bien et nous récompense de nos efforts, de même les peines qu'elle nous inflige, quand nous avons mal agi, sont notre punition immédiate et infaillible. Les souffrances de la conscience sont, comme ses plaisirs, destinées à nous rendre plus facile la pratique du bien. Oreste et Macbeth sont l'expression poétique la plus terrible de ces tortures infligées par la conscience, et, comme l'a dit Juvénal : « C'est un châtiment bien cruel que de porter nuit et jour dans son cœur le témoin de son crime; »

> Pœna autem vehemens
> Nocte dieque suum gestare in pectore testem.

Résumé. — Ainsi, les sensations instruisent l'âme de ce qu'elle doit rechercher ou fuir pour la conservation du corps, l'avertissent de la présence de tout ce qui peut nous servir ou menacer notre organisation physique; c'est aussi la sensibilité qui nous intéresse à la recherche de la vérité par l'attrait du plaisir et par l'aiguillon de la douleur; c'est elle qui, dans la vie morale, nous soutient par les récompenses qu'elle nous donne et par les châtiments qu'elle nous inflige.

32. — En quoi consistent les principales différences entre la sensibilité et l'intelligence[1] ?

ESQUISSE

1° L'intelligence se distingue de la sensibilité par son caractère d'*objectivité*. En effet, dans la pensée, il y a deux termes distincts, bien qu'inséparables, ce qui pense et ce qui est pensé, le sujet et l'objet; il ne saurait y avoir d'idée sans l'idée de quelque chose. Au contraire la sensibilité a pour caractère la *subjectivité*, c'est-à-dire que, quand il s'agit de plaisir ou de peine, il peut n'y avoir que le sujet, qui est l'âme, modifié d'une manière agréable ou désagréable.

2° La vivacité du plaisir et de la peine nuit à la netteté de l'intelligence, et en général toutes les émotions qui relèvent de la sensibilité portent le trouble dans les opérations intellectuelles; quelquefois ce trouble est une éclipse momentanée qui se produit dans l'entendement.

3° L'habitude émousse le plaisir et amortit la peine, tandis que la répétition permet à l'intelligence de prendre des choses une connaissance plus nette et plus distincte.

4° Les plaisirs et les peines disparaissent après un temps plus ou moins court et ne laissent guère derrière eux qu'un souvenir, fait intellectuel, et trop souvent le souvenir est importun; au contraire les connaissances acquises par l'esprit y

---

1. Voir les mêmes idées développées dans les dissertations qui portent le numéro 15, le numéro 16, et le numéro 18.

persistent et nous sont quelquefois présentes pendant toute la vie.

5° Enfin, tandis que la sensibilité est individuelle et variable, l'intelligence dans ses principes essentiels et dans les idées élémentaires est impersonnelle et invariable. En effet, les plaisirs et les peines varient d'homme à homme, de peuple à peuple, de siècle en siècle; Néron aimait et excellait à conduire un char dans la carrière, Marc Aurèle se délassait des travaux de l'empire par des études philosophiques; les Athéniens trouvaient un charme inexprimable dans la représentation des œuvres d'Eschyle et de Sophocle, les Romains dans les égorgements de gladiateurs; l'Italien aime la loterie et craint le mauvais œil; pour l'Espagnol du XVI° siècle et du XVII°, il n'y avait pas de fête digne de ce nom sans un auto-da-fé, qui purifiait par le feu les âmes des juifs et des hérétiques; aujourd'hui il n'aime plus qu'à voir un cheval éventré par un taureau traîner ses entrailles dans le sable de l'arène. A quoi bon parler des changements incessants de la mode, où il n'y a vraiment d'invariable que la folie des sots qui lui obéissent? Cette mobilité incessante se constate dans le même individu, qui change de goûts et d'aversions avec l'âge, avec les circonstances, avec les lieux et le milieu;

> Le temps qui change tout change aussi nos humeurs [1].

Il n'en est pas de même pour l'intelligence; les idées élémentaires ne varient pas d'un homme à un autre ni dans le même homme; pour tout le monde, en tout pays, en tout temps, il a été, il est et il sera vrai que tous les rayons d'un même cercle sont égaux, que la partie est plus petite que le tout, que le bien mérite une récompense, que tout phénomène a une cause.

Les physiologistes distinguent encore l'intelligence de la sensibilité par ce fait que les deux facultés n'emploient pas les mêmes organes; en effet, tandis que la sensibilité est attachée à la moelle épinière, les lobes ou hémisphères du cerveau sont l'organe de la pensée.

1. Voir le beau tableau des âges dans Horace, *Art poétique*, vers 156 et suivants; dans Boileau, *Art poétique*, chant 3°, vers 373.

INTELLIGENCE

33. — Classer et caractériser les facultés intellectuelles auxquelles nous devons toute connaissance élémentaire, les éléments ou les principes de toutes nos idées.

34. — Quelles sont les principales opérations de l'intelligence? En exposer la théorie élémentaire.

PROGRAMME

33. — Par notre corps nous appartenons à la matière; mais l'observation personnelle ne tarde pas à nous apprendre que dans l'homme il n'y a pas seulement un corps qui mange, qui digère, qui se meut, qu'il y a encore une autre existence qui se révèle à nous par des peines ou des plaisirs particuliers, par des pensées, par des volitions; cette existence, c'est l'âme. Cette âme, comme tout ce qui est ici-bas, ne doit pas son être à elle-même, elle ne trouve pas en elle-même sa raison d'être, elle doit son existence à une cause première, à *Dieu.*

L'esprit ne pouvant rien connaître en dehors de ces trois ordres de réalités, la matière, l'âme et Dieu, nous avons trois facultés qui nous les révèlent, que l'on appelle *facultés intellectuelles* et qui ne sont que l'intelligence elle-même; ainsi, quand l'intelligence prend connaissance de l'âme, elle s'appelle la *conscience psychologique;* quand elle connaît le monde matériel, les corps et leurs propriétés, elle se nomme la *perception extérieure*; quand elle essaie de connaître Dieu et le monde suprasensible, elle prend le nom de *raison*. Ces trois facultés sont les sources de toutes nos connaissances.

La conscience n'est que le moi lui-même conçu comme doué de la propriété de savoir ce qui se passe en lui; à la conscience appartient le domaine de toute la perception intérieure et de toute l'observation psychologique; et on appelle fait de conscience tout ce que nous savons se passer en nous.

La perception extérieure est la faculté par laquelle l'âme perçoit les objets externes à l'aide des organes des cinq sens; on appelle aussi perception la connaissance même que nous prenons des choses extérieures. Cette connaissance est précédée d'une impression et d'une sensation.

La raison est cette faculté supérieure de l'intelligence qui conçoit l'universel, le nécessaire. Les sens perçoivent les corps et leurs propriétés, la conscience nous fait assister aux actes de notre vie intime; mais nous n'atteignons ainsi que les choses finies et contingentes; par la raison, l'esprit dépasse la sphère des réalités finies et visibles.

34. — Les connaissances acquises par les trois facultés intellectuelles sont mises en œuvre par les *opérations intellectuelles* ou facultés secondaires, qui les précisent, les conservent, les combinent, les modifient et en tirent de nouvelles. Les opérations travaillent donc (et de là vient leur nom) sur les données premières fournies par les facultés proprement dites, auxquelles nous devons les éléments ou les principes de toutes nos idées. L'*attention* distingue, éclaircit les idées et aide la mémoire à graver fortement les souvenirs dans l'esprit. La *comparaison* est l'opération par laquelle l'esprit rapproche deux ou plusieurs objets pour en apercevoir plus nettement les ressemblances et les différences. La *mémoire* conserve et rappelle les connaissances; sans elle la vie intellectuelle n'existerait pas; aussi est-ce l'opération intellectuelle qui apparaît la première chez les enfants, et l'on a pu dire que la science n'était qu'un souvenir, « scire

est recordari. » L'*association* des idées est une opération dérivée de la mémoire, par laquelle un certain nombre de nos idées peuvent mutuellement s'appeler et s'unir par des rapports essentiels ou des rapports accidentels. L'*abstraction* consiste à considérer isolément les qualités des êtres ou des objets; elle est très importante parce qu'elle est la condition de la *généralisation*, qui consiste à étendre une notion abstraite à toute une classe d'êtres ou de faits; cette dernière opération est elle-même la condition de la science, qui ne se borne pas aux faits et aux individus particuliers, mais qui s'élève à la conception des généralités. L'*imagination*, avec le concours de la mémoire et de l'association des idées, forme des idées nouvelles qui ne correspondent pas directement à des objets réels. Toutes ces opérations impliquent le *jugement*, qui est l'opération primitive de l'intelligence, et le *raisonnement*, qui lie les jugements entre eux.

On range quelquefois la mémoire et l'imagination, non parmi les opérations intellectuelles, mais parmi les facultés, l'une parce qu'elle est indispensable pour la conservation des idées, l'autre parce qu'elle forme des idées nouvelles et est ainsi elle-même une source d'idées, comme les facultés proprement dites.

35. — A. **Des cinq sens; des notions que nous devons à chacun d'eux en particulier.** — B. **Des notions que nous devons à deux ou à plusieurs sens.**

36. — **Classer les sens sous le double rapport de l'utilité pratique et de la dignité morale.**

PROGRAMME

35. — A. Le monde externe, en agissant sur nos organes corporels, donne lieu à des sensations, qui supposent dans l'être sentant un sens; à chaque sens correspond dans le corps un appareil particulier et extérieur qu'il ne faut pas confondre avec le sens proprement dit, qui appartient à l'âme, ou plutôt qui n'est que l'âme elle-même; ce n'est pas l'œil qui voit, ni les oreilles qui entendent, ni la main qui touche, c'est l'âme servie par ces organes.

La distinction des sens est motivée par les différences des sensations et aussi par celles des appareils organiques. La division commune admet cinq sens.

1° Le *tact* s'exerce par toutes les parties du corps, mais il a pour instrument spécial la main et alors il se nomme *toucher*. Les avantages de la main sont tels qu'on lui a attribué notre supériorité sur les animaux; Aristote, renversant cette proposition, a dit avec plus de raison : « L'homme n'est pas supérieur aux animaux parce qu'il a une main; il a une main parce qu'il est supérieur aux animaux. » La supériorité de cet instrument tient surtout à la faculté d'opposer le pouce aux autres doigts. Le toucher nous donne la solidité ou la résistance, ainsi que l'étendue ou la forme des corps. C'est celui de tous les sens qui nous donne les notions les plus sûres et les plus diverses ; c'est lui qui souvent complète les données des autres sens et en corrige les erreurs ; c'est le *sens scientifique* par excellence.

2° La *vue* nous fait connaître aussi l'étendue, mais d'une manière moins précise et moins complète que le toucher ; elle nous fait surtout connaître les lumières et les couleurs, et nous donne une notion distincte du monde extérieur.

3° L'*ouïe* perçoit les sons ; c'est le *sens social*, puisque c'est grâce à lui que la parole peut servir de lien aux intelligences.

4° Le *goût* perçoit les saveurs.

5° L'*odorat* perçoit les odeurs. Ces deux sens sont d'un ordre inférieur aux autres et sont surtout affectés aux fonctions animales. Aussi ces sens sont-ils aussi développés et même plus développés chez certains animaux que chez l'homme.

Les sens n'entrent pas isolément en exercice ; ils perçoivent à la fois toutes les qualités sensibles des corps, échangent leurs données et se complètent, se rectifient mutuellement. Quand nous considérons un objet, nous en percevons simultanément la forme, la résistance, la température par le toucher, la couleur par la vue, la sonorité par l'oreille, etc. Toutes les impressions reçues par les organes des sens sont transmises par les nerfs au cerveau ; alors seulement elles donnent lieu à un acte intellectuel ; la fonction cérébrale est la *condition*, mais n'est pas la *cause* productive de la pensée ; ce n'est pas, suivant une thèse fameuse, le cerveau qui sécrète la pensée.

B. La forme des corps ou étendue est connue à la fois par la vue et par le toucher. Grâce à l'éducation donnée aux sens on peut arriver à connaître la même propriété par plusieurs sens ; ainsi, la saveur d'un vin, d'un fruit peut être connue à la fois ou devinée par le goût, par l'odorat et même par la vue ; le mouvement, que nous révèle le toucher, peut aussi être connu par la vue, ainsi que la solidité des corps ; la distance ou l'éloignement des objets, qui est proprement du ressort de la vue, peut, à son défaut, être devinée par l'ouïe, même par l'odorat. Les qualités connues à la fois par des sens différents sont appelées par Bossuet *sensibles communs;* il appelle les autres *sensibles propres;* cette distinction est juste.

36. — Utilité pratique des sens. — Le *tact* répandu sur toute la surface du corps, interne et externe, nous fait connaître par la sensation de douleur nos besoins physiques, ce qui menace notre existence et ce qui sert à la conserver. Il peut être altéré, détruit partiellement (paralysie de telle ou telle partie du corps); mais on ne peut le concevoir entièrement détruit, car cet état serait la mort. — Le *goût*, qui se rapporte à la nutrition, est une condition essentielle des fonctions qui nous servent à conserver la vie par les aliments. L'*odorat*, quoique étroitement lié au goût et se rapportant aussi à la nutrition, n'est pourtant qu'un accessoire du goût et n'est pas indispensable. La *vue* et l'*ouïe* sont au dernier rang pour l'utilité pratique, car on peut vivre aveugle ou sourd.

Leur dignité morale. — Le *tact* est encore au premier rang pour la vie intellectuelle et morale; car il nous fait connaître les qualités essentielles des corps, la solidité et l'étendue, et corrige les données des autres sens. Ainsi, sans le tact, l'homme ne pourrait vivre ni de la vie physiologique ni de la vie psychologique. — La *vue* est aussi un sens intellectuel par excellence, nous fournissant les notions de forme, de lumière, de couleur. — L'*ouïe* est le sens de la sociabilité, puisque c'est à lui que s'adresse la parole, qui nous permet, non seulement de communiquer nos propres pensées à autrui, mais aussi de connaître les siennes. — Le *goût* et l'*odorat* sont ici au dernier rang, puisque, principalement consacrés aux fonctions animales, ils nous affectent sans nous instruire beaucoup et s'adressent au corps plus qu'à l'esprit. L'homme n'en porte pas moins sa supériorité habituelle même dans le développement de ces sens inférieurs; de là cette pensée humoristique : « Tous les animaux mangent, l'homme seul sait manger. »

87. — A. **En quoi consiste la différence des perceptions naturelles et des perceptions acquises ?** — B. **De l'éducation des sens par l'esprit. Comment se forment les perceptions de la vue ?**

ESQUISSE

A. L'action d'un corps sur nos organes s'appelle une *impression*, phénomène physiologique ; cette impression transmise par les nerfs au cerveau donne lieu à une *sensation*, plaisir ou peine, phénomène psychologique ; cette sensation provoque l'attention de l'esprit, et celui-ci prend connaissance de l'objet, de la cause qui a produit l'impression et la sensation ; cet acte de l'intelligence s'appelle *perception*. Ce mot désigne à la fois la faculté qui nous permet de connaître le monde matériel et toute notion qui se rapporte à ce monde.

Les perceptions sont naturelles ou acquises.

Les *perceptions naturelles* sont celles qui sont propres à chaque sens, perçues par un sens à l'exclusion de tous les autres et dont il est seul juge, comme la couleur pour l'œil, le son pour l'ouïe, la saveur pour le goût. — Elles sont communes à tous les hommes ; ignorants et savants voient tous le soleil comme un disque brillant. — Elles sont enfin antérieures à l'expérience ; il est naturel qu'un enfant ne croie pas que le soleil ait plus d'un demi-mètre de diamètre et qu'il veuille saisir la lune aussi bien que les autres objets rapprochés de lui.

Les *perceptions acquises* sont plutôt des jugements que des perceptions; elles résultent de l'éducation des sens et sont des inductions fondées sur la simultanéité de perceptions diverses et sur des comparaisons répétées; elles sont le résultat de l'expérience et ne sont pas les mêmes chez tous les hommes. Ainsi, un chef d'orchestre distingue, au milieu d'une masse, d'une pluie de notes, de quelle façon chaque exécutant fait sa partie et quelles fautes il commet; un navire qui paraît en vue de la terre ne représentera pour le citadin ignorant des choses de la mer qu'une masse flottante aux contours indécis; pour un marin ce sera un navire de guerre ou un vaisseau marchand, un bâtiment anglais ou un brick norvégien; — la vue du même objet peut éveiller des idées tout à fait différentes suivant les habitudes et la profession de chacun; le même champ apparaîtra à un agriculteur comme un terrain merveilleusement propre à telle culture, à un officier comme un lieu convenable pour des manœuvres d'escadron, pour un peintre ce sera le sujet d'un riant paysage. C'est à la suite de comparaisons répétées, c'est par la simultanéité de sensations et de perceptions qu'un dégustateur devine la qualité d'un vin par la couleur et le bouquet, qu'un gourmet devine la saveur d'un fruit, d'un melon par exemple, d'après l'odeur qu'il exhale. C'est ainsi que les sens, quand on a bien étudié les perceptions propres à chacun, peuvent se corriger, se contrôler, se substituer les uns aux autres.

B. Les perceptions acquises sont de beaucoup les plus nombreuses et les plus importantes; nous croirions volontiers, quand nos facultés sont développées, que nos yeux perçoivent immédiatement les distances et les positions des objets dans l'espace, en vertu d'aptitudes innées et sans le secours d'aucune éducation; cette opinion serait une erreur. Primitivement la vue nous montre tout sur le même plan; ainsi, l'aveugle-né, opéré par le chirurgien anglais Cheselden, croyait que tous les objets qu'il regardait touchaient ses yeux, et il étendait la main pour les écarter. C'est à force de nous déplacer dans l'espace que nous avons une idée nette des distances; c'est donc le résultat de l'expérience et de l'habitude. Nous avons souvent besoin de points de repère qui nous servent de mesure pour évaluer l'éloignement des objets; ainsi la lune à l'horizon étant séparée de nous par un grand nombre d'objets qui servent de points de repère, nous paraît plus éloignée que quand elle est au zénith, alors qu'il n'y a rien entre elle et nous; en pleine mer on peut se tromper grossièrement dans l'évaluation des distances. La perception de distance n'est pas immédiate, elle n'est qu'une conclusion de l'esprit à laquelle l'expérience nous conduit.

Cette éducation des sens est assez longue; mais quand elle est terminée, l'habitude nous fait répéter ces opérations avec promptitude et sûreté.

38. — Les perceptions externes ne sont-elles que des rêves bien liés, suivant l'expression de Leibniz?

ESQUISSE

Les idéalistes ne croient pas à la réalité du monde extérieur, parce que, suivant eux, il n'y a de réalité que dans ce qui existe par soi et ne change pas; ils ne voient dans les corps qu'un pur néant érigé en substance par une illusion de l'esprit humain; la matière n'est à leurs yeux qu'un mode de la pensée; il en résulte que nos perceptions seraient une hallucination continue et, suivant Leibniz, des rêves bien liés. Déjà les sceptiques avaient mis en doute les perceptions des sens parce que, disaient-ils, elles ressemblent aux visions des songes; Descartes avait cru leur répondre en prétendant que nous avons un critérium infaillible pour distinguer les visions du rêve des idées que nous avons pendant la veille, et il avait trouvé ce critérium dans l'incohérence des unes et l'ordre des autres. La réponse était insuffisante; car il n'y a pas là une différence essentielle, puisque dans le rêve nos conceptions sont parfois très suivies.

Pour réfuter cette doctrine, il faut d'abord reconnaître à la matière une réalité substantielle, en disant que l'on se met en contradiction avec le sens commun lorsque l'on met en doute l'existence des corps. Le monde extérieur est réel puisqu'il agit sur nous et que nous agissons sur lui, que nous le modifions, comme le prouvent les merveilleux progrès des sciences cosmologiques. On ajoute que l'on ne saurait ramener nos perceptions à des rêves, attendu qu'il y a des différences essentielles entre le rêve et la perception. En effet, le rêve est second, tandis que la perception est première : quand nous percevons, il y a contact direct de l'organe avec l'objet perçu ; au contraire, lorsque nous rêvons, nous ne faisons que rappeler, associer des images antérieurement acquises; le rêve n'est donc qu'une sensation renouvelée, un fait de mémoire : « Les objets habituels de nos occupations reparaissent dans nos songes; les avocats croient plaider, le général livrer des combats...; les gens, qui ont assisté aux jeux, voient, en dormant, les danseurs bondir, ils entendent les sons de la lyre. » (Lucrèce, l. IV, *passim*.) En outre, dans la veille nous avons une conscience très nette de notre moi et de nos idées, tandis que dans le rêve cette conscience est obscure; il n'y a rien de plus clair que la possession de nous-même dans l'état de veille. Enfin, pour se demander si toute perception n'est pas un rêve, il faut préalablement avoir distingué le songe de la perception; quand on veut ramener celle-ci à celui-là, on reconnaît implicitement que l'on est capable de distinguer le rêve de la perception, l'illusion de la réalité; autrement on ne pourrait pas même soupçonner ce qu'est une illusion ni en parler : or, nous en parlons, ce qui prouve que nous savons faire la distinction.

Les conceptions des rêves se distinguent donc nettement des perceptions. On ne peut mettre en doute ni l'existence du monde extérieur ni la certitude des perceptions qui s'y rapportent.

39. — Montrer que, parmi tous les corps de la nature, nous ne percevons directement que notre propre corps.

ESQUISSE

Quand un objet extérieur agit sur notre corps, il produit un certain effet qu'on appelle une *impression*, qui est transmise par les nerfs au cerveau ; ce phénomène physiologique donne naissance à un phénomène psychologique, c'est la *sensation* ; la conscience saisit aussitôt cet état de l'âme et le rapporte à une cause étrangère. Comment une impression organique devient-elle une sensation, comment un phénomène physique détermine-t-il un phénomène psychologique? c'est là une question à laquelle on ne peut pas répondre ; mais il n'en est pas moins constant que l'action des objets extérieurs n'arrive à l'âme que par les organes ; ces objets extérieurs n'agissent pas directement sur elle; entre eux et elle, il y a un intermédiaire qui est notre corps ; par conséquent, ce sont les états divers de nos organes que nous connaissons par une perception immédiate et directe. Ainsi voir c'est percevoir un état du nerf optique, entendre c'est percevoir un état du nerf auditif, sentir c'est percevoir un état du nerf olfactif, etc. Les sens ne nous font donc pas connaître ce que la matière est en elle-même, ils nous révèlent seulement les états, simultanés ou successifs, par lesquels passent nos organes quand ils sont mis en contact avec un corps étranger. Ils ne nous apprennent pas directement quelle est la constitution intime des corps, et chacune des impressions perçues par nos sens ne suppose pas nécessairement dans les corps une propriété spéciale et exactement correspondante ; de ce que je perçois telle couleur, cela ne veut pas dire que cette couleur existe réellement en dehors de moi ; cela veut dire seulement que l'organe visuel passe par un certain état. La chaleur et la lumière ne sont au fond qu'une seule et même force ; mais en affectant des organes différents, cette force produit en nous des états différents : pour les fibres nerveuses de l'œil, les rayons du soleil sont de la lumière ; pour les fibres nerveuses de la peau, ils sont de la chaleur. Si notre organisme changeait, nos perceptions subiraient peut-être un changement complet.

Ainsi nous ne percevons directement que notre propre corps, que nos états organiques ; les sens ne nous font connaître ni la matière ni ses propriétés. Mais si nous ne sommes pas assurés de connaître la *nature* réelle du monde extérieur, nous ne doutons pas de son *existence ;* nous ne savons peut-être pas *quel il est*, mais nous sommes certains *qu'il est ;* car les états par lesquels passent nos organes au contact des objets extérieurs supposent des causes qui produisent ces états, et, en vertu du principe de causalité, nous rapportons à des causes étrangères ces modifications dont nous sentons que nous ne sommes pas les auteurs. L'impossibilité d'expliquer le passage du subjectif à l'objectif ne nous permet pas de mettre en doute l'existence des corps, de nier la réalité des choses extérieures ; si nous subissons une impression, il est évident que quelque chose existe en dehors de nous, qui s'oppose à nous et s'en distingue. Nos perceptions extérieures ne sont donc pas des illusions. Quand nous avons perçu notre propre corps, et que, par le toucher, aidés de la force motrice, nous l'avons distingué des corps étrangers, nous essayons d'atteindre ceux-ci ; mais avant de passer aux autres, il faut que nous ayons d'abord perçu le nôtre.

40. — Quelles sont les théories principales que vous connaissez sur la perception extérieure? les classer et les apprécier.

ESQUISSE

Il y a sur la perception extérieure quatre théories principales : le matérialisme, l'idéalisme, le scepticisme et le spiritualisme.

1° Le matérialisme (atomisme de Démocrite, sensualisme de Locke) regarde les sens comme la seule source de connaissances puisqu'il ne croit qu'à l'existence des objets sensibles ; d'après lui, les corps sont les seuls objets que notre intelligence puisse atteindre ; la perception représenterait donc ainsi l'intelligence tout entière. — On réfute ce système, qui prend ici le nom de sensualisme, en disant que l'analyse de nos idées et la manière dont elles naissent dans l'esprit prouvent qu'elles ne viennent pas toutes des sens ; car la conscience nous révèle l'existence d'un monde intérieur et est ainsi elle-même une source de connaissances ; en outre, la raison nous révèle, hors de nous, un non-moi immatériel, qui nous apparaît comme la condition du monde physique et du moi, et qui est Dieu.

2° L'idéalisme (Platon, Leibniz, Berkeley) prétend que les objets matériels n'existent pas, que le monde est seulement une construction de la pensée, que la matière est un vain fantôme, une hypothèse, un préjugé ; il méconnaît donc le témoignage des sens et refuse toute valeur à la perception extérieure, rapportant tout à la raison ; il refuse à l'esprit humain le droit de sortir de lui-même, n'admettant aucune communication entre l'esprit et les objets extérieurs. — On répond que l'action exercée par le monde sur nos organes et la résistance qu'il oppose à notre propre action suffisent à prouver son existence, sa réalité objective. Du reste, une intuition directe et immédiate nous fait croire à cet univers visible « dont la réalité et la vie sont aussi claires, aussi incontestables, pour la science la plus sévère comme pour le sens commun le plus grossier, que notre propre vie et notre propre réalité ». (Em. Saisset.) Cet univers a une existence si réelle que notre esprit en atteint les lois immuables, que, par la science et l'industrie, nous le faisons servir à nos plaisirs et à nos besoins.

3° Le scepticisme absolu enveloppe le monde extérieur dans son doute universel et systématique, s'appuyant sur les erreurs des sens et sur l'impossibilité d'expliquer le passage du subjectif à l'objectif, du moi au non-moi. — On répond d'abord que nous ne sommes jamais trompés par les sens touchant les choses sensibles quand nous ne leur demandons que ce qu'ils sont naturellement chargés de nous donner ; c'est l'esprit qui se trompe soit par ignorance, soit par précipitation en interprétant mal les données que les sens nous fournissent. En outre, le scepticisme a contre lui, comme l'idéalisme, une invincible évidence et cette universelle crédulité qu'il ne saurait expliquer et à laquelle il ne peut lui-même se soustraire ; car le sceptique est obligé de s'arrêter devant les exigences de la vie, de croire dans la pratique aux révélations de la perception extérieure, et de se conduire d'après ses données ; la nature suffit ainsi à réfuter le système. Enfin, si l'on ne peut pas expliquer *comment* le moi sort de lui-même pour atteindre le non-moi, on n'en est pas moins convaincu que le fait a lieu ; nous avons confiance dans la perception extérieure comme dans toutes nos facultés de connaître.

4° Le spiritualisme, prenant pour guide le sens commun, croit comme le matérialisme à la réalité du monde physique et par conséquent il ajoute foi aux renseignements que fournit la perception extérieure ; mais d'un autre côté il soutient que la perception est impossible sans l'intervention des principes de la raison. « La raison, qui agit sous la loi de causalité et de la substance, nous force à rapporter le phénomène de la sensation à une cause existante, et cette cause évidemment n'étant pas le moi, il faut bien que la raison rapporte la sensation à une autre cause, à une cause étrangère au moi, placée hors de la domination du moi; ainsi le principe de causalité est le père du monde extérieur » (Cousin), et ce principe est au fond de tous nos jugements sur l'univers sensible. La connaissance des choses physiques n'est donc pas uniquement l'œuvre des sens, elle est aussi celle de la raison. Le spiritualisme ajoute que la perception est immédiate et primitive; dès que nous connaissons notre propre existence, nous avons aussitôt connaissance de l'extérieur; car on ne peut avoir conscience de soi qu'en se distinguant d'autre chose; nous saisissons le monde comme une réalité dès que nous avons conscience de notre propre réalité; la matière nous est révélée dans le même temps que le moi nous apparaît; le moi et le non-moi nous sont donnés par une même intuition. Cette affirmation est un fait primitif, non le résultat d'un raisonnement, d'un circuit de pensées.

41. — **Caractériser par une analyse psychologique la différence entre les sensations et les perceptions.**

DISSERTATION

Exorde. — Notre intelligence est mise en rapport avec le monde extérieur par les organes des cinq sens. Quand les corps agissent sur ces organes, cette action matérielle s'appelle *impression* ; cette impression, phénomène physiologique, transmise par les organes et les nerfs au cerveau, change brusquement de caractère, et, par une transformation aussi incompréhensible que soudaine, elle devient une *sensation*, qui est un plaisir ou une peine de l'âme et qui, à ce titre, est un phénomène psychologique. L'âme, avertie par cet ébranlement qu'un objet extérieur est en rapport avec nos organes, dirige son attention de ce côté et prend connaissance de l'objet qui a produit l'impression et la sensation ; c'est alors une *perception*. La perception, acte de l'intelligence, se produit donc à la suite de la sensation, mais elle en est distincte. Puisque la sensation est un plaisir ou une peine, elle relève de la sensibilité et doit en avoir tous les caractères ; au contraire, la perception, étant une connaissance, relève de l'intelligence et doit en avoir aussi tous les caractères [1].

---

1. Au fond, cette dissertation n'est qu'une forme particulière d'une autre dissertation plus générale que nous donnons plus haut, au nu-

Développement. — La sensation, plaisir ou peine physique, s'émousse par l'habitude ; si nous faisons servir souvent devant nous un mets qui nous plaît, le plaisir disparaîtra au bout d'un certain temps et sera même bientôt remplacé par un insurmontable dégoût. Au contraire, une perception répétée devient plus claire ; un objet que nous pouvons toucher, voir, sentir à notre aise, nous est d'autant mieux connu que nous l'avons palpé, examiné, senti un nombre de fois plus considérable. La répétition produit donc des effets différents quand il s'agit de la sensation et quand il s'agit de la perception.

En outre, quand le plaisir ou la peine physique a une certaine vivacité, il en résulte un trouble dans l'intelligence tout entière et dans la perception en particulier. Quand nous sommes en proie à une douleur violente ou quand nous goûtons un plaisir vif, nous devenons presque étrangers aux choses qui se passent autour de nous ; il semble que nos yeux ne voient plus, que nos oreilles n'entendent plus. La netteté des perceptions diminue donc en même temps qu'augmente la vivacité des sensations.

On peut dire encore que la perception est objective, comme l'intelligence, c'est-à-dire qu'elle implique toujours deux termes, à savoir le sujet, c'est-à-dire l'esprit qui perçoit, et l'objet, c'est-à-dire la chose qui est perçue ; si ce dernier terme disparaît, la perception disparaît en même temps. Au contraire, la sensation est subjective, comme la sensibilité, et peut se réduire à l'unité, c'est-à-dire au sujet, à l'âme modifiée. Sans doute, le plaisir et la peine ont ordinairement une cause, et ordinairement aussi nous connaissons cette cause ; cependant celle-ci peut disparaître, nous être inconnue, et néanmoins le plaisir et la peine pourront subsister ; ici le sujet peut se suffire à lui-même. Il y a donc unité dans la sensation et dualité dans la perception.

De plus, les sensations varient d'homme à homme et varient dans le même homme suivant ses différents états ;

méro 32, et qui est énoncée ainsi : *En quoi consistent les principales différences entre la sensibilité et l'intelligence?*

telle chose réjouit l'un, qui blesse l'autre; le brouet noir qui plaisait aux anciens Spartiates paraissait à Denys un mets rebutant; telle distraction nous charme à vingt ans, qui nous est une peine à quarante. Il n'en est pas de même des perceptions qui ne varient pas d'homme à homme, ni avec les circonstances et le milieu; la pleine lune, par exemple, apparaîtra de la même façon à l'astronome le plus distingué et au paysan le plus grossier.

Ce qui prouve bien encore que la sensation ne saurait être confondue avec la perception, c'est qu'une peine et surtout un plaisir physiques ne durent le plus souvent qu'un temps limité; et le mot du poète,

<blockquote>Le moment où je parle est déjà loin de moi,</blockquote>

se dirait encore mieux du plaisir qui est essentiellement fugitif. Au contraire, les perceptions peuvent subsister dans notre esprit pendant un long temps et quelquefois pendant toute notre vie. C'est par cette raison que, avec beaucoup d'autres, il est facile de démontrer la supériorité d'une vie consacrée à la science sur celle d'un homme qui s'est voué au plaisir. Des jouissances goûtées par nous il ne reste qu'un souvenir, c'est-à-dire un fait intellectuel, et quelquefois un souvenir importun et pénible; au contraire, les connaissances acquises subsistent en nous avec persistance.

Enfin on peut trouver encore une différence entre la sensation et la perception dans ce caractère même de fatalité qui est l'essence de la sensibilité et de l'intelligence et qu'on peut aussi constater à la fois dans la sensation et dans la perception. En effet, nous ne pouvons pas plus ne pas percevoir les objets et les phénomènes qui sont à la portée de nos organes que nous soustraire à la peine qui vient fondre sur nous. Pourtant cette fatalité est moindre quand il s'agit de la perception. La volonté, qui peut quelquefois nous soustraire aux douleurs physiques et nous procurer les plaisirs corporels, a une puissance bien plus grande sur nos perceptions; là, nous pouvons plus facilement aller au-devant des objets à connaître et plus facilement les observer, les analyser par une étude attentive.

Conclusion. — Ces différences si considérables font donc de la sensation et de la perception des phénomènes tout à fait distincts et irréductibles. On voit, par conséquent, combien est faux le système des sensualistes qui, comme Condillac, prétendent que les facultés intellectuelles ne sont que le résultat d'une sensation transformée. Cette erreur se comprend chez eux et n'est qu'une conséquence logique d'un système qui n'est qu'une branche du matérialisme. Mais cette erreur a été commise aussi par Bossuet qui, par tournure d'esprit et par éducation, était essentiellement spiritualiste; il ne faut pas demander l'explication de cette erreur à l'esprit de système, mais à ce fait que les phénomènes psychologiques se succèdent dans l'âme avec une telle rapidité qu'il semble quelquefois qu'il y ait simultanéité. C'est au xviiie siècle, avec les progrès considérables de la psychologie, qu'on a pu, grâce à des observations patientes, porter la lumière dans ce monde intime qui, à certains égards, peut être étudié avec facilité, mais qui, pour d'autres raisons, présente des difficultés si considérables.

42. — Par quelle faculté l'âme se connaît-elle elle-même, et quelles sont les idées qu'elle doit à cette faculté ?

ESQUISSE

A. — L'âme se connaît elle-même par la *conscience*, qui est la faculté de connaître ce qui se passe en nous, c'est-à-dire nos sentiments, nos idées, nos résolutions ; la conscience est un instrument d'observation pour les faits internes, comme les sens pour les faits externes. Aussi lui a-t-on donné le nom de *sens intime ;* il y a en effet une analogie réelle entre cette faculté qui nous révèle le monde intérieur et cette autre faculté, la perception extérieure, qui, par l'intermédiaire des sens, nous fait connaître le monde matériel ; il faut toutefois faire observer que cette locution de *sens intime* est impropre, puisque aucun organe particulier n'est affecté à l'exercice de la conscience, tandis que chacun de nos cinq sens a dans le corps un appareil particulier qui lui correspond. — La nature de la conscience est incompréhensible. En effet, on ne peut expliquer comment l'âme peut se voir face à face, assister à ses propres opérations, comme l'homme physique voit son visage dans un miroir ; mais si le fait est incompréhensible, il n'en est pas moins évident ; l'âme se connaît elle-même, elle connaît ses actes et en général toutes ses modifications, étant à la fois acteur et spectateur. Se connaître soi-même est un fait primitif et par conséquent inexplicable. La conscience n'est que l'âme elle-même conçue comme douée de la propriété de savoir ce qui se passe en elle ; c'est une force qui se connaît, « vis sui conscia ». — La conscience est d'abord *spontanée*, vague et confuse, comme le sentiment que l'animal a peut-être de lui-même ; elle se borne alors à de sourdes et obscures révélations ; mais peu à peu cette conscience confuse se détermine et se précise avec les progrès de la vie et de la volonté ; elle devient alors *réfléchie*. Cette conscience ainsi développée et formée n'est pas, comme la conscience spontanée, la même chez tous les hommes, elle est inégalement claire ; l'homme dominé par la vie des sens lit mal dans ce livre intérieur ; car cette étude de soi-même exige, non seulement une certaine maturité d'esprit, mais aussi l'habitude de la réflexion, qui est libre et varie d'homme à homme. Peu de personnes ont le goût de ces méditations solitaires ; la plupart des hommes sont incapables de se replier sur eux-mêmes, de se soustraire à la domination du monde extérieur, de s'intéresser aux analyses minutieuses qui sont nécessaires pour bien connaître les faits intérieurs. La conscience ou science de soi-même présente donc des degrés infinis. Et même quand la conscience est développée par la réflexion, elle subit des éclipses : elle disparaît dans le sommeil, dans certaines maladies, dans la léthargie, l'évanouissement, dans les accès violents de la passion.

B. — La conscience est donc la source de toutes nos idées relatives à l'âme et à ses diverses modifications ; c'est elle qui nous fournit les idées que nous avons des phénomènes intérieurs, c'est-à-dire de nos plaisirs et de nos douleurs, de nos jugements et de nos raisonnements, etc. Son témoignage présente même un caractère de certitude tout particulier. En effet, le sujet qui étudie et l'objet étudié sont une seule et même chose, l'âme ; il n'y a aucun intermédiaire entre le sujet et l'objet ; par conséquent on ne rencontre pas ici la difficulté qu'on appelle le passage du subjectif à l'objectif, qui a servi de prétexte au scepticisme pour nier la réalité objective, nature ou Dieu ; le doute ne peut tenir devant l'évidence des affirmations de la conscience. La connaissance de soi-même est, suivant les personnes, obscure ou claire, faible ou profonde ; mais elle ne saurait être fausse ; il n'y a là aucune erreur possible ; aussi le témoignage de la conscience n'a-t-il jamais été mis en doute.

La conscience nous révèle donc tout ce qui se passe dans notre être intérieur. Mais elle n'est pas seulement une source de connaissances, elle est aussi la condition de toutes les connaissances, même de celles qui se rapportent à Dieu et au monde matériel. On ne peut connaître, sentir ou vouloir, qu'à la condition de savoir qu'on connaît, qu'on sent ou qu'on veut ; il n'y a pas un seul acte de la vie intellectuelle et morale qui ne soit en même temps un acte de conscience. Conçoit-on un homme qui pourrait être ému, éprouver du plaisir ou de la peine, qui pourrait avoir des idées, juger, raisonner, délibérer, prendre des résolutions, et qui n'en saurait rien ? Les phénomènes psychologiques ne peuvent se produire que s'ils sont accompagnés d'un sentiment intime, immédiat, qui nous les fait percevoir et sans lequel ils n'existent pas pour nous. La conscience est donc le foyer commun de toutes les connaissances, comme le sanctuaire de la vie psychologique.

Résumé. — Ainsi la conscience est la faculté qui nous fait assister au spectacle de la vie intérieure, qui nous révèle nos plaisirs et nos peines, nos pensées et nos résolutions. Mais elle n'est pas seulement une source de connaissances, elle est aussi la condition de toutes les connaissances, que celles-ci se rapportent au monde interne ou qu'elles viennent du monde extérieur ; car bien que la conscience connaisse seulement le moi et ses divers états, bien qu'elle ne connaisse pas le corps, un fait connu n'est tel que s'il est perçu par la conscience.

43. — Y a-t-il dans l'esprit humain des perceptions sans conscience ?

ESQUISSE

La conscience ne connaît que le moi et ses divers états ; cependant toutes les connaissances se résolvent en faits de conscience, tout fait relève de cette faculté, qu'il se rapporte à l'interne ou à l'externe ; il n'y a pas dans notre âme un seul fait qui ne soit accompagné de conscience. Cette faculté est donc la condition de toutes les autres facultés. Il semblerait donc qu'il ne pût pas y avoir dans l'esprit humain une seule perception qui ne fût pas accompagnée de conscience. Cependant les faits prouvent qu'il y a parfois perception sans qu'il y ait conscience. Ainsi, puisque les somnambules font des réponses nettes et précises aux questions qu'on leur pose, cela prouve qu'ils perçoivent les sons et comprennent bien le sens des paroles qui leur sont adressées ; quelques-uns soutiennent des discussions avec une présence d'esprit merveilleuse et souvent avec une vivacité passionnée ; cependant une fois éveillés, ils ne gardent pas le moindre souvenir des choses qu'ils ont dites ; ils n'en avaient donc pas conscience. Sans doute on trouve parfois des somnambules qui conservent quelque souvenir des émotions qu'ils ont ressenties et des pensées qu'ils ont eues ; c'était, paraît-il, le cas du valet de Gassendi ; mais ces faits restent à l'état d'exception. Dans le délire de certaines maladies, dans certains cas de folie, le malade, après la guérison ou après la cessation de l'accès, ne garde, la plupart du temps, aucun souvenir des sentiments qu'il a éprouvés, des pensées qu'il a eues et que ses paroles ont révélées. En outre, dans l'état de veille le plus normal, le plus régulier, il y a une foule de perceptions dont nous ne conservons aucun souvenir et que l'habitude soustrait à la conscience; ce sont ces *petites perceptions* dont parle Leibniz, qui nous laissent insensibles et qui cependant nous provoquent à l'action. Le petit enfant, qui ne parle pas encore, voit déjà et entend, c'est dire qu'il perçoit; cependant la conscience n'est pas éveillée chez lui; aussi ne garde-t-il aucun souvenir des mouvements qui ont le plus frappé ceux qui l'ont élevé.

On voit donc qu'il y a dans l'esprit humain des perceptions sans conscience; mais les perceptions ne sont nettes et précises que quand la conscience que nous en avons est elle-même nette et précise; en général, la vie intellectuelle faiblit à mesure que faiblissent les lumières de la conscience, et elle disparaît quand la conscience s'éteint; aussi y a-t-il irresponsabilité dès qu'il y a inconscience.

44. — Objet et instrument de la perception intérieure; — objet et instruments de la perception extérieure; — comparer ces deux espèces de perception.
Comparaison de l'observation interne et de l'observation externe ou sensible.

PROGRAMME

La perception intérieure a l'âme pour objet et elle a pour instrument l'âme elle-même, qui prend alors le nom de conscience; la perception extérieure a pour objet d'étude la matière et elle a pour instruments les cinq sens, souvent aidés d'instruments artificiels.

A. — L'instrument de la perception intérieure, de l'observation interne, et l'objet à étudier sont toujours à notre portée; en effet, on peut toujours et partout s'observer soi-même, faire, par exemple, son examen de conscience, analyser ses sentiments, ses idées, ses résolutions. Il n'en est pas de même pour l'objet et les instruments de la perception extérieure, de l'observation sensible, qui souvent ne sont pas à notre portée. — En outre, quand il s'agit de perception intérieure, d'observation interne, l'esprit connaît directement et sans intermédiaire, puisque le sujet qui étudie et l'objet étudié sont une seule et même chose; aucune erreur n'est donc possible en pareille matière ; aussi jamais le témoignage de la conscience n'a pu être mis en doute; le sceptique peut nier la réalité du monde extérieur, mais il ne doute pas de son doute, c'est-à-dire de la conscience. Quand il s'agit de perception extérieure, d'observation sensible, l'esprit, c'est-à-dire le sujet qui étudie, n'est pas en communication immédiate avec les objets étudiés ; entre le sujet et l'objet, se trouvent les organes qui servent d'intermédiaires et qui peuvent être affaiblis par l'âge ou les maladies ; il y a aussi quelquefois des instruments qui peuvent être défectueux ; il y a donc des erreurs toujours possibles quand on étudie le monde extérieur. — De plus, les phénomènes qu'étudie la perception extérieure échappent souvent à une observation directe et par conséquent exacte (formation des calculs dans les reins, formation des globules du sang, etc.), l'observation n'atteint pas les phénomènes eux-mêmes ; d'autres ne peuvent être observés qu'à la condition d'être altérés. Il n'en est pas ainsi pour la perception intérieure : presque tous les phénomènes peuvent être l'objet d'une observation immédiate et directe, et il n'est pas besoin pour les observer de leur faire subir une altération quelconque. — Enfin, les causes ou forces qui produisent les faits physiques ou physiologiques ne nous sont connues que par leurs effets ; nous ne doutons pas de leur existence, mais nous ignorons leur nature. Il n'en est pas ainsi en psychologie : la conscience atteint à la fois le fait et la cause, le moi, qui est connu en lui-même

B. — D'un autre côté, la perception intérieure, l'observation interne présente des difficultés plus grandes que la perception extérieure, que l'observation sensible, parce que les faits extérieurs exercent sur nous une domination qui ne permet guère à l'âme de se replier sur elle-même pour prendre une connaissance réfléchie de ses différents états ; aussi peu d'hommes sont-ils capables de ce retour sur eux-mêmes. — Cette difficulté de l'observation intérieure paraîtra encore plus grande si l'on songe à la tyrannie que l'amour-propre exerce sur nous ; cet amour-propre nous « crève agréablement les yeux » et fait que la plupart du temps nous ne pouvons pas nous voir tels que nous sommes réellement. Nous ne subissons pas cette tyrannie quand nous étudions le monde extérieur. — Enfin l'observation interne est encore rendue fort difficile par la multiplicité et la succession rapide des faits intérieurs qui sont telles que, dans l'apparition de ces faits, il y a pour ainsi dire simultanéité.

En résumé, on voit que, à certains égards, la perception intérieure, l'observation interne est plus facile que la perception extérieure, que l'observation sensible ; et c'est pour cette raison que Descartes a pu dire : « L'esprit est plus aisé à connaître que le corps. » Mais par d'autres côtés l'observation intérieure présente des difficultés que ne connaît pas l'observation sensible.

45. — De la mémoire. Lois de la mémoire. Qualités d'une bonne mémoire. Des divers genres de mémoire. De la mnémotechnie.

46. — Des conditions psychologiques de la mémoire. Analyse du souvenir.

PROGRAMME

45. De la mémoire. — La mémoire est la faculté de conserver les connaissances et de se les rappeler. Sans elle les autres facultés seraient frappées de stérilité; et Pascal disait avec raison : « La mémoire est nécessaire pour toutes les opérations de l'esprit; » aussi est-ce l'opération intellectuelle qui apparaît la première chez les enfants; vive et facile au premier âge, elle diminue dans les âges suivants, s'affaiblit et disparaît quelquefois dans la vieillesse. Elle est la condition de l'expérience et du progrès; car c'est le souvenir du passé qui nous sert de leçon pour la prévision des évènements futurs. C'est le trésor où l'esprit puise sans cesse, et l'on a pu dire que la science n'était qu'un souvenir : « *Scire est recordari.* »

Lois de la mémoire [1]. — L'*attention* est une des lois, c'est-à-dire une des conditions essentielles de la mémoire; les idées qui n'ont pas été gravées dans l'esprit par une application sérieuse, ne tardent pas à s'en échapper ou ne

---

[1]. On appelle *loi* l'ensemble des conditions essentielles et constantes qui accompagnent un phénomène.

laissent d'elles qu'un souvenir vague; et l'attention, c'est-à-dire la volonté qui est nécessaire pour l'acquisition des connaissances, l'est aussi pour leur rappel [1]. — L'*association des idées* est aussi une des lois de la mémoire. En effet, nous ne pouvons pas retenir des idées isolées; nous ne pouvons les graver dans l'esprit que par séries, par groupes, en saisissant bien les rapports qui les unissent, et, quand nous voulons nous les rappeler, il faut réfléchir à ces relations établies entre les idées de la même série. Cette association est tellement nécessaire que, quand il n'y a pas de rapports naturels entre les idées, on est obligé d'en créer d'artificiels.

Qualités d'une bonne mémoire. — Il y a trois phases dans l'exercice de la mémoire : l'acquisition des connaissances, leur conservation et leur rappel ou souvenir. Les qualités d'une bonne mémoire seraient donc la promptitude ou *facilité* pour acquérir, pour apprendre; la *fidélité* ou ténacité pour conserver, pour retenir; l'*exactitude*, pour se rappeler.

Des divers genres de mémoire. — La mémoire varie avec les individus et ne s'applique pas également aux mêmes objets chez tous les hommes; notre attention se porte même plus volontiers vers les choses dont la mémoire nous est la plus facile; les faits qui sont du ressort de la vue sont plus faciles à retenir. Parmi les hommes, les uns ont la mémoire locale, d'autres celle des sons; ceux-ci ont la mémoire des faits, ceux-là celle des idées, etc.; mais en général on peut dire qu'il y a deux espèces de mémoire : la *mémoire des mots*, des lieux, des sons, des faits, mémoire physique, *sensible*, qui se trouve surtout chez les enfants, les hommes d'esprit, les poètes, les artistes; la *mémoire des choses*, mémoire *intellectuelle*, celle des idées, des pensées, qui est plus lente, moins brillante, que l'on trouve chez les philosophes et les mathématiciens.

De la mnémotechnie. — La mnémotechnie est l'art d'aider la mémoire; elle s'appuie sur l'association des idées

---

1. Voyez la dissertation suivante, numéro 47, pour le développement des idées indiquées ici.

et s'ingénie à trouver des rapports artificiels pour unir et lier entre eux des faits, des dates, des noms qui se présentent isolés ou des idées difficiles à retenir. Tels sont les vers techniques que les modernes ont faits pour faciliter l'acquisition et la conservation de connaissances difficiles à retenir; tels sont ceux qui résument les règles du syllogisme, tels aussi ceux de Lancelot dans son *Jardin des racines grecques*. Chez les anciens, la mnémotechnie constituait toute une science, qui était une partie importante de l'art oratoire; c'était la *mémoire topique*, dont Cicéron et surtout Quintilien ont donné minutieusement les règles et qui consistait à rattacher les divisions d'un discours aux parties de la maison de l'orateur ou de l'édifice dans lequel il parlait. Mais il ne faut pas abuser de cette méthode qui, habituant l'esprit à chercher entre les idées des rapports artificiels, peut fausser le jugement. Le développement exagéré de la mémoire peut être nuisible à la rectitude et à la justesse de l'esprit; on peut savoir beaucoup de choses et n'être qu'un sot, « vir beatæ memoriæ exspectans judicium. » On a dit avec raison : « Les mémoires excellentes se joignent volontiers aux jugements débiles; » et Montaigne, dans son style pittoresque, parle ainsi de certaines gens : « Ils ont la souvenance assez pleine, mais le jugement entièrement creux. » En bonne éducation, on ne doit jamais développer une faculté aux dépens d'une autre.

46. — **Conditions psychologiques de la mémoire.** — La mémoire a deux conditions psychologiques essentielles, l'*idée du temps* et l'*identité personnelle*.

La mémoire implique la conception d'une durée quelconque, d'un intervalle écoulé entre le fait et le souvenir. En effet, nous ne nous souvenons que de faits antérieurement perçus; quand le souvenir d'une chose nous revient, nous avons conscience qu'un certain temps s'est écoulé depuis le moment où nous avons acquis la connaissance de cette chose jusqu'à l'instant où cette chose se représente à l'esprit. J'ai visité autrefois les musées de Florence, et, entre autres chefs-d'œuvre, j'y ai admiré la *Vierge à la chaise*, de Raphaël, cette œuvre ravissante et si humaine; plus tard, je visite le musée du Louvre et je me trouve en présence d'une autre vierge du même artiste; aussitôt ma pensée se reporte vers l'œuvre que j'ai autrefois contemplée, et les souvenirs se pressent en foule dans mon esprit; or, j'ai bien nettement conscience que le moment où j'ai vu la vierge de Florence est antérieur au moment où je vois celle de Paris qui a éveillé en moi ces souvenirs; sans cette notion de durée, il n'y aurait pas de souvenir. « La mémoire ne s'applique pas au présent, c'est l'objet de la perception; la mémoire ne concerne que le passé, et l'on ne peut jamais dire qu'on se rappelle le présent quand il est présent : par exemple qu'on se rappelle tel objet blanc au moment où on le voit; mais lorsque, sans la présence des objets, on en possède la science, alors c'est la mémoire qui agit. Ainsi la mémoire est toujours accompagnée de la notion du temps. » (Aristote.)

La conviction de l'identité personnelle est une autre condition du souvenir, c'est la croyance que moi qui ai autrefois connu et moi qui me souviens actuellement suis la même personne; par la permanence, la continuité de mon existence, je relie le passé où j'ai vu certain objet avec le présent qui m'en rappelle le souvenir; quand je me rappelle avoir admiré à Florence un tableau de Raphaël, quand je puis compter les mois et les années qui se sont écoulés depuis cette époque, c'est que j'ai la conscience d'être le même homme qui a vu autrefois et qui se souvient aujourd'hui. « Si deux personnes se sont succédé dans l'âme, de la première à la seconde époque, étrangères l'une à l'autre, il sera impossible à celle-ci de retrouver, de se rappeler les idées de celle-là. » Royer-Collard a donc eu raison de dire : « On ne se souvient pas des choses, on ne se souvient que de soi-même. »

Analyse du souvenir. — Il y a plusieurs degrés dans la mémoire.

1° Le *souvenir* proprement dit est l'acte parfait de la mémoire; c'est une connaissance antérieurement acquise qui se représente à nous avec netteté et avec la conscience claire de toutes les conditions qui ont accompagné cette acquisition.

2° La *réminiscence* est un souvenir vague, incomplet : un air que nous chantons entre les dents sans savoir où nous l'avons entendu et quel en est l'auteur, l'idée que nous avons vu ailleurs une personne que nous rencontrons, une pensée qui nous revient à l'esprit sans que nous puissions dire dans quel ouvrage ni à quelle époque nous l'avons lue, tous ces faits sont des réminiscences. — Platon prenait ce mot dans un sens tout particulier; pour lui nos idées de la vie actuelle sont des souvenirs vagues d'une existence antérieure dans laquelle notre âme a contemplé le beau, le vrai, le bien, etc.

3° La *conception* est un souvenir inconscient, lorsque nous reproduisons une idée sans la conscience de l'avoir eue. L'objet que l'on conçoit n'est pas nouveau, mais on ne le reconnaît pas. Beaucoup d'auteurs qui s'approprient les pensées d'autrui ne commettent souvent que d'innocents plagiats. Quand La Fontaine écrivait ces mots charmants, « goûter l'ombre et le frais, » peut-être en ce moment-là n'avait-il pas conscience qu'il imitait le « frigus captabis opacum, » de Virgile; et ce qu'il prenait pour une idée originale n'était sans doute qu'un souvenir inconscient.

47. — Montrer par des analyses et par des exemples l'influence de la volonté sur la mémoire.

DISSERTATION

Exorde. — La mémoire est une des facultés les plus importantes de l'intelligence. En effet, elle est la condition de la science qui n'est qu'un ensemble de souvenirs; aussi peut-on dire avec Socrate, « scire est recordari, » sans donner toutefois à cette pensée la même signification que lui. De plus, la mémoire est aussi la condition de l'expérience et du progrès, puisque sans elle la prévision des événements futurs serait impossible, puisque ce sont les leçons du passé qui nous éclairent sur l'avenir et nous permettent de diriger notre conduite avec plus de sûreté. La mémoire est donc le trésor où notre esprit puise sans cesse pour tous ses besoins, qu'il s'agisse de connaissances purement spéculatives, qu'il s'agisse de la direction pratique de notre vie. Puisque telle est l'importance de la mémoire, il est intéressant de savoir quelle influence la volonté a sur cette faculté, dans quelle mesure nous pouvons la dominer et la diriger. Or, toutes nos facultés affectent deux modes distincts dans leur exercice : elles entrent d'abord spontanément en action sous l'influence de la nature; puis la volonté s'en empare pour les diriger. L'exercice primitif et spontané de l'esprit n'est pas libre; au contraire, l'exercice réfléchi est libre, car il dépend de nous de donner notre attention ou de la refuser. Ce qui est vrai de toutes les facultés intellectuelles doit l'être aussi de la mémoire.

Proposition. — On constate en effet que cette faculté est tantôt passive, tantôt volontaire. Pour bien établir ce fait, il faut considérer trois phases dans le travail de la mémoire : l'acquisition des connaissances, leur conservation et leur rappel.

Première partie. — Pour fixer certains souvenirs dans notre esprit, l'attention est quelquefois inutile, quand il s'agit de faits qui se sont passés sous nos yeux et qui nous ont causé une vive émotion. Mais, sauf ces cas peu nombreux, on peut dire qu'il n'y a pas acquisition de connaissances quand il n'y a pas attention ; aussi l'attention est-elle regardée comme une des lois, une des conditions de la mémoire, et l'intervention de l'attention, c'est-à-dire de la volonté, est nécessaire de deux façons. D'abord, il faut bien comprendre les idées à retenir et bien saisir le lien qui les unit, ce qui ne peut se faire qu'à la condition d'être attentif ; après ce travail préliminaire, nous pouvons essayer de faire entrer dans notre esprit les connaissances à acquérir, et cela n'est encore possible que si nous sommes attentifs ; en effet, pour graver des souvenirs dans la mémoire, il faut, pour ainsi dire, se soustraire aux bruits du dehors, à tout ce qui peut frapper nos yeux et distraire notre esprit ; or, pour produire cet isolement relatif, la volonté est indispensable. Il faut que l'esprit se concentre tout entier et uniquement sur les idées à retenir. Les faits prouvent que l'attention augmente l'énergie du souvenir, que la fidélité des souvenirs est d'ordinaire en raison directe de l'attention déployée, que la mémoire laisse échapper facilement les choses qui n'ont pas été gravées dans l'esprit par une application sérieuse. Aussi les gens qui apprennent avec une certaine difficulté ont-ils souvent une mémoire plus fidèle que les autres, parce qu'ils ont dû fixer leur esprit sur la même étude pendant un temps plus long et avec une énergie plus grande. Ainsi, dans une certaine mesure, nous sommes les maîtres de notre mémoire, puisque cette faculté dépend de la volonté, puisque nous sommes attentifs quand nous voulons et aux choses que nous voulons.

Deuxième partie. — Quant à la conservation des connaissances, on sait que c'est un fait inexplicable et mystérieux. Comment un objet, un événement qui ne sont plus et ne reparaîtront jamais, se conservent-ils dans l'esprit et peuvent-ils, à un moment donné, revivre avec une parfaite exactitude? Il est impossible de dire comment nous retrouvons des idées, des connaissances acquises depuis longtemps et auxquelles, pendant des mois entiers, nous n'avons jamais pensé. On ne peut donc ici que constater qu'il est impossible d'établir quelle est la part de la volonté dans la conservation des connaissances.

Troisième partie. — Pour le rappel des connaissances, c'est-à-dire pour le fait le plus important, on constate que la mémoire est encore, comme l'intelligence tout entière, tantôt fatale, tantôt volontaire. En effet, certains souvenirs se présentent souvent à nous d'eux-mêmes et quelquefois malgré nous; l'homme ne peut ni oublier ni se rappeler à son gré. S'il n'en était pas ainsi, le coupable se débarrasserait du poids de ces remords qui sont la première et infaillible sanction de la loi morale, quelquefois le seul châtiment qui puisse atteindre certains coupables; Tibère faisait retentir de ses cris les antres de Caprée au souvenir de ses forfaits; Néron, le meurtrier de son frère, de sa mère, de sa femme, de ses maîtres, croyait apercevoir les enfers entr'ouverts sous ses pas et cherchait moins des amusements que des distractions dans ses fêtes insensées; Oreste, l'esprit troublé par les remords, se croyait poursuivi par les Furies. Il y a donc des souvenirs qui s'imposent à nous, comme il y a des vérités qui subjuguent notre intelligence; il y a ici fatalité. Il en est de même pour certains souvenirs que nous cherchons à rappeler, à préciser, et qui semblent fuir devant nous, se dérober à nos efforts. Ainsi un vers nous revient à l'esprit sans que nous puissions retrouver le nom de l'auteur; nous rencontrons une personne que nous avons vue quelque part, et nous sommes impuissants à nous rappeler comment elle s'appelle. Et nous ne parlons pas ici de souvenirs qui aient disparu, qu'aucun effort puisse faire revivre; ces souvenirs qui nous fuient peuvent n'en pas moins subsister dans l'esprit; car ce souvenir vainement cherché se présente quelquefois à nous inopinément, le nom que nous essayions en vain de retrouver se représente quelquefois au moment même où nous renoncions à le ressaisir. La mémoire est donc soumise à la fatalité dans une certaine mesure, puisqu'un grand nombre de souvenirs ou se présentent d'eux-mêmes et quelquefois malgré nous, ou résistent aux efforts que nous faisons pour les ramener devant nous. — Cependant la volonté est, en général, la cause productrice du réveil et de l'apparition des souvenirs; on ne se rappelle qu'à la condition de vouloir, d'être attentif. Souvent, en effet, il arrive que, quand des souvenirs se présentent à nous avec exactitude et facilité, ce défilé s'arrête brusquement si une distraction a provoqué une suspension, même légère, de l'attention; et pour que nous puissions reprendre la série interrompue des souvenirs, il faut que notre esprit se détourne des objets qui l'ont distrait et se concentre tout entier sur les idées qu'il veut rappeler. Et même quand des souvenirs rebelles semblent s'obstiner à ne pas nous revenir, que, de guerre lasse, nous renonçons à les y contraindre, et qu'ensuite ils se présentent d'eux-mêmes, on peut bien croire que les efforts, faits pour les rappeler et restés sans résultat sur le moment, ont dû contribuer à provoquer ce rappel inattendu qui n'est peut-être dû qu'aux efforts antérieurs de la volonté. Celle-ci a donc une influence considérable pour éveiller nos souvenirs et leur donner plus de précision et de netteté.

Conclusion. — Ainsi, la mémoire, quoique fatale dans une certaine mesure, subit l'influence de la volonté soit pour l'acquisition, soit pour le rappel des connaissances. Il est donc important de la cultiver avec soin dans l'intérêt de notre perfectionnement intellectuel, et on sait que, si elle se cultive par l'exercice, elle s'affaiblit aussi par le défaut d'usage. Il dépend de nous de développer une faculté si précieuse, de la rendre plus prompte, plus fidèle et plus exacte.

48. — Des différents rapports par lesquels s'enchaînent nos idées.

ESQUISSE

L'association des idées est une opération par laquelle un certain nombre de nos idées peuvent s'unir et ensuite s'appeler; « elle est dans l'ordre intellectuel ce que l'attraction est dans l'ordre matériel; de même que les corps s'attirent, les idées s'éveillent. » Quand un voyageur visite à Rome la prison Mamertine et au-dessous d'elle le lugubre caveau qu'on appelle le Tullianum, sa pensée se reporte aussitôt vers Cicéron, qui, dans un jour de patriotique énergie, y fit infliger aux complices de Catilina un châtiment trop mérité, vers Jugurtha qui vint y subir l'expiation tardive de ses forfaits, vers le noble et infortuné Vercingétorix que le clément César y fit étrangler pour avoir osé défendre sa patrie.

Quand on observe de quelle manière une pensée en appelle une autre, on s'aperçoit que ce rappel n'est pas fortuit, mais qu'il tient aux rapports secrets de ces deux idées; il y a donc des lois suivant lesquelles nos idées s'unissent de manière à former des séries, un tout dont les parties sont juxtaposées; aussi, quand la mémoire reproduit une des parties de ce tout, elle ramène toutes les autres avec elle. Les rapports qui lient nos idées peuvent être rangés en *rapports essentiels, nécessaires* et en *rapports accidentels* ou *contingents*.

Parmi les rapports essentiels, les plus importants sont :
1° le rapport de cause à effet ; l'œuvre rappelle l'ouvrier : devant le *Moïse* de Saint-Pierre aux Liens, je songe à Michel Ange ; devant la *Belle jardinière* du Louvre je pense à Raphaël, et la colonnade du Louvre rappelle à mon souvenir son auteur, le médecin Claude Perrault, qui « de célèbre assassin devint bon architecte ; » — 2° le rapport de principe à conséquence : l'idée de liberté éveille celle de responsabilité ; Tacite s'acharne avec une généreuse colère contre la mémoire abhorrée de Tibère, parce que cet homme avait voulu le mal, connaissant le bien et le pouvant faire ; — 3° le rapport de fin à moyen et de moyen à fin : en voyant César combler le peuple de largesses et se faire donner une armée avec le gouvernement de la Gaule, Caton devinait le but vers lequel tendait son ambition et criait dans le sénat : « C'est la tyrannie que vous armez ; » du moyen employé il concluait à la fin, comme de la fin on conclut aux moyens quand en présence d'une grande découverte scientifique on la suppose précédée et préparée par de longs et pénibles travaux.

Les rapports accidentels ou contingents qui unissent nos idées sont extrêmement nombreux ; voici les principaux :
1° les rapports de simultanéité : deux ou plusieurs faits qui ont eu lieu à la même époque se lient dans notre esprit et le souvenir de l'un amène l'autre ; Atticus fait songer à Cicéron, Pradon à Boileau ; à l'idée de l'année 1769 s'associent les idées de Napoléon, de Wellington, de Méhémet Ali, de Cuvier, de Chateaubriand, qui sont nés cette même année ; — 2° les rapports de lieu : le voyageur qui visite les ruines de Pompéï repeuple cette ville par la pensée ; il revoit tout un peuple assemblé dans ces places, dans ces carrefours silencieux dont seul il trouble la solitude ; il voit prêtres et adorateurs se presser autour de ces autels qui sont encore dressés et prêts pour le sacrifice ; le Colisée fait penser aux Flaviens, les Thermes à Julien ; — 3° les rapports fondés sur le contraste : le féroce, lâche et bestial Commode fait songer à son père Marc-Aurèle, si bon, si résigné, qui fit asseoir avec lui sur le trône la philosophie stoïcienne ; —

4° les rapports fondés sur la ressemblance : le siècle de Louis XIV rappelle le siècle d'Auguste.

Il importe beaucoup de ne pas confondre les rapports essentiels, nécessaires, avec ceux qui ne sont que contingents ou accidentels. Sans doute il y a un rapport entre l'année 1789 et la convocation des États généraux ; mais comme cette convocation aurait pu avoir lieu plus tôt ou plus tard, ou n'avoir pas lieu du tout, le rapport est purement fortuit et accidentel ; il n'en est pas de même pour les relations de cause à effet, de principe à conséquence, qui ont un caractère d'absolue nécessité. Or, Hume et une école contemporaine (Stuart Mill, Bain), qu'on a pu appeler une *École associationaliste*, ont voulu confondre les relations contingentes avec les relations nécessaires et ne voir, par exemple, dans le rapport de causalité qu'un rapport de succession ; l'habitude que nous avons de voir toujours un phénomène précédé ou suivi d'un autre phénomène, et l'habitude que nous avons de lier toujours le phénomène conséquent au phénomène antécédent, tel serait, suivant eux, le principe de causalité.

OBSERVATION. — *La question traitée ci-dessus a été redonnée plusieurs fois sous une autre forme, et l'esquisse précédente suffirait pour les sujets suivants :*

Quels sont les rapports sur lesquels sont fondées les principales associations d'idées ?

Quelles sont les principales lois de l'association des idées ?

49. — De l'association des idées et de son influence sur nos habitudes intellectuelles et morales.

DISSERTATION

Exorde. — Qui n'a remarqué cette propriété qu'ont nos idées de s'attirer les unes les autres et la tendance qu'elles ont ensuite à s'appeler successivement? Cette double propriété de s'unir d'abord et de s'appeler ensuite prend le nom d'association des idées. Cette faculté qui dépend de la mémoire est pour nous une condition de l'acquisition des connaissances, nous aidant à les graver dans notre esprit et à les y maintenir d'une façon durable. En effet, pour se rappeler un fait, pour réveiller un souvenir, il suffit souvent de reprendre la série des faits antérieurs, des idées précédentes; si nous voulons, par exemple, retrouver un vers isolé d'une fable de La Fontaine, et que nous soyons impuissants à le ressaisir avec exactitude, nous pouvons y parvenir en reprenant la fable tout entière.

Proposition. — Or, ce phénomène si curieux exerce une influence considérable sur notre vie psychologique. Cette influence est tantôt heureuse pour notre intelligence quand nous savons prendre de bonnes habitudes, et tantôt fâcheuse quand l'association des idées donne lieu à de mauvaises habitudes; lorsqu'il s'agit du caractère, de la vie morale, cette influence est aussi considérable, et mêlée également de bien et de mal suivant la nature des habitudes prises

Première partie. — Nos idées ne s'unissent pas au hasard; elles se lient d'après certains rapports que l'on peut distinguer en *rapports essentiels*, nécessaires, comme ceux de cause à effet, de principe à conséquence, de fin à moyen, et en *rapports accidentels, contingents*, comme ceux de simultanéité, de lieu, de contraste, de ressemblance. Or, il n'est pas indifférent d'unir nos idées d'après tel ou tel de ces rapports. En effet, le lien qui unit la cause à l'effet, le principe à la conséquence, le moyen à la fin, étant un rapport nécessaire, logique, fatal, il en résulte que si nous prenons l'habitude d'aller toujours de la cause à l'effet, du principe à la conséquence, du moyen à la fin, nous nous habituons ainsi peu à peu à voir les choses et les personnes telles qu'elles sont; or, voir les choses et les personnes telles qu'elles sont c'est avoir l'esprit judicieux, et faire tous ses efforts pour prendre ces habitudes, c'est se ménager la rectitude de l'esprit, la solidité du jugement, c'est-à-dire la qualité intellectuelle la plus précieuse. En effet, les mêmes causes produisent en général les mêmes effets, certaines conséquences découlent par une force naturelle et logique de certains principes, et l'on voit presque toujours les mêmes moyens conduire aux mêmes fins. Par conséquent, si nous nous habituons à bien pénétrer les effets ordinaires des causes et les conséquences logiques des principes, nous sommes assurés de ne pas nous tromper dans nos jugements, ni par suite dans notre conduite. Sommes-nous en présence d'un jeune homme intelligent, laborieux et surtout honnête? nous sommes convaincus que, grâce aux moyens qu'il emploie, il arrivera au succès, à l'aisance, peut-être à la fortune et à la gloire. Nous sommes non moins assurés que pour un homme prodigue et paresseux la vie se terminera, si riche qu'il soit, par la misère probablement, à coup sûr par l'infamie. Qu'un peuple pauvre, mais animé d'un ardent amour pour la liberté et la patrie, soit attaqué par un peuple riche et puissant, mais n'ayant pas les mêmes vertus, nous sommes presque certains à l'avance que le premier triomphera du second. N'est-ce pas le spectacle que nous ont donné, dans l'antiquité, les Grecs attaqués par les Perses, les Romains en lutte contre Carthage, et dans des temps plus rapprochés de nous les Suisses assaillis par Charles le Téméraire et par les Autrichiens, les Pays-Bas opprimés par l'Espagne? Sans doute cette éducation de l'esprit ne peut se faire qu'avec lenteur, il y faut beaucoup de réflexion; mais les résultats nous récompensent amplement de nos efforts par les qualités précieuses que nous acquérons. On voit donc que les liaisons naturelles, que les associations d'idées fondées sur des rapports logiques et nécessaires nous donnent un esprit droit, sagace, judicieux. — Au contraire, les associations d'idées fondées sur des rapports accidentels peuvent souvent être dangereuses. En effet, prendre l'habitude d'unir les idées d'après ces rapports, c'est s'habituer à voir les choses et les personnes comme elles sont quelquefois, il est vrai, et comme elles peuvent être accidentellement; mais non telles qu'elles sont ordinairement; c'est donc s'exposer d'avance à des erreurs presque inévitables; ainsi, prendre pour modèle de conduite un homme qui n'a réussi que grâce à des circonstances exceptionnelles qui ne doivent pas se reproduire, c'est courir au-devant de cruels mécomptes; si devant un homme ayant mené une existence désordonnée et conservant par exception une santé robuste, vous en concluez que vous pourrez vous livrer impunément aux mêmes excès, vous courez grand risque de vous tromper. Raisonner ainsi, voir les choses, non pas comme elles sont en général, mais telles qu'elles sont quelquefois et par exception, c'est s'exposer à se tromper dans le plus grand nombre de cas, c'est ne pas avoir l'esprit sain, c'est manquer de jugement; de là des erreurs graves, souvent funestes. En effet, ces associations d'idées, qui ne sont pas fondées sur les véritables rapports des choses, engendrent la plupart des superstitions et des préjugés, comme la sotte et pernicieuse idée qui consiste à allier l'idée d'honneur à des actes souvent coupables et qui fait la force invincible de la misérable coutume du duel, comme le préjugé qui attache l'idée de comète ou d'aurore boréale à l'idée d'une révolution politique, l'idée de danger à celle de ténèbres, etc. On peut dire cependant que l'habitude d'unir les idées d'après des rapports accidentels et lointains peut donner à notre esprit de l'éclat et de la vivacité. C'est à ce pouvoir que se rattache le talent des saillies et des plaisanteries, qui, par l'imprévu des rapprochements, produisent souvent un effet agréable dans la conversation; mais cet avantage ne saurait compenser les graves inconvénients qui s'attachent aux fausses associations d'idées, qui ont pour résultat de fausser l'esprit, de le rendre superficiel et léger.

Seconde partie. — L'importance de cette question grandit encore quand on envisage l'influence de l'association des idées sur le caractère et les habitudes morales. Il y a, on le sait, un rapport étroit entre l'intelligence et la volonté, puisque l'on ne peut vouloir qu'à la condition de *savoir qu'on veut, ce que l'on veut, pourquoi l'on veut;* la volonté ne mérite ce nom qu'à la condition d'être éclairée par l'esprit. Il en résulte que nos habitudes intellectuelles ont une grande influence sur nos habitudes morales. En effet, si l'esprit nous montre les personnes telles qu'elles sont et les choses comme elles doivent être, il y a chance pour que nous agissions comme nous le devons. Au contraire, si nous voyons les choses et les personnes autrement qu'elles ne sont d'ordinaire, si par conséquent nous nous trompons dans nos jugements, la même erreur passera dans notre conduite, et nous agirons autrement qu'il ne faut. L'histoire est encore là pour nous montrer la vérité de cette assertion. Le peuple romain avait associé l'idée de déshonneur à l'idée de travail manuel; aussi, quand la petite propriété eut disparu, les Romains pauvres demandèrent des moyens d'existence à toute espèce de métiers malhonnêtes : ils se firent faux témoins, parasites, captateurs de testaments, partisans d'un Catilina, de Clodius, de César, et la liberté périt ainsi. Combien de fois la justice et la vengeance ont été confondues dans l'esprit des hommes! « OEil pour œil, dent pour dent, » tel est le mot qu'on répète dans les sociétés sauvages et qui donne encore lieu à des crimes dans les sociétés civilisées. Avec quelle ténacité les Corses tiennent à leur vendetta! Si l'idée de vie a été associée dans notre esprit à celle du plaisir, toute notre conduite se dirigera d'après ce faux jugement, et nous légitimerons ainsi à nos propres yeux les plus graves infractions à la loi morale.

Résumé. — Il faut donc surveiller les associations d'idées, non seulement pour avoir l'esprit droit, mais aussi pour être honnête; un des points les plus importants de l'éducation, c'est de régler leur formation, le caractère de l'habitude étant de dominer l'âme. Par conséquent si, dès les premières années de la vie, on a fréquemment lié les idées avec justesse, c'est-à-dire d'après des rapports nécessaires, on conservera toute sa vie l'esprit judicieux, et nous serons dans les meilleures conditions pour bien agir; mais si on nous a habitués à unir les idées d'après des rapports accidentels, nous aurons l'esprit faux et notre conduite s'en ressentira.

50. — Peut-on expliquer par l'association des idées toutes les opérations de l'intelligence ?

ESQUISSE

L'association des idées est un des phénomènes les plus curieux de l'esprit humain et un de ceux qui ont été le plus anciennement observés ; toutefois c'est seulement dans les temps modernes qu'elle a été l'objet d'études approfondies. Cette faculté joue un très grand rôle dans notre vie intellectuelle ; mais son importance incontestable ne doit pas être exagérée, comme l'a fait l'école associationiste, qui, avec Hume, Stuart Mill et Bain, prétend ramener toutes les opérations de l'entendement à de simples associations ; pour Stuart Mill le moi lui-même s'expliquerait par l'association et ne serait qu'une série de phénomènes.

Il faut d'abord se rappeler qu'il y a deux sortes d'associations d'idées : les unes reposent sur des rapports nécessaires, comme les rapports de cause à effet, de principe à conséquence, de moyen à fin ; les autres reposent sur des rapports accidentels, contingents, comme les rapports de simultanéité, de contraste, de ressemblance, etc. Si l'école associationiste n'avait eu en vue que les relations logiques et rationnelles quand elle prétendait ramener à des associations toute la vie intellectuelle, il faudrait reconnaître que sa théorie est d'accord avec la réalité des faits, avec la vérité. En effet, l'intelligence tout entière n'est qu'une liaison de pensées : le jugement, c'est-à-dire l'acte essentiel de l'intelligence, est la comparaison, la réunion des deux idées ; le raisonnement est la liaison de plusieurs jugements; l'induction, qui conclut du passé à l'avenir, est un lien entre l'expérience de ce qui a été et l'attente de ce qui sera; l'imagination est une combinaison d'idées; en un mot, toute pensée lie quelque chose à quelque chose par un lien nécessaire.

Mais quand ils ont ramené toute l'intelligence à l'association, Hume et les héritiers de sa doctrine ont entendu parler, non des relations nécessaires, mais des relations empiriques, puisqu'ils ont affecté de les confondre, ou plutôt puisqu'ils ont voulu ramener les relations nécessaires à des relations empiriques. Ainsi pour eux le rapport de causalité est seulement un rapport de succession; les axiomes mêmes ne sont que des associations expérimentales, qui, n'ayant jamais été démenties par les faits, sont devenues inséparables par l'habitude et se sont tournées en habitudes d'abord individuelles, puis héréditaires, ce qui les fait paraître innées. Nous n'avons pas à démontrer ici que l'association des idées et l'hérédité ne peuvent pas rendre compte des principes innés de la connaissance [1]; il nous suffit de dire qu'on ne peut pas ramener tous les actes de l'esprit à de simples associations, si les associations reposent sur des rapports accidentels; celles-ci en effet constituent des phénomènes en quelque sorte tout mécaniques, tout extérieurs, qui n'ont rien de commun avec cette liaison logique et rationnelle des idées qui est le caractère propre de la faculté de penser, qui est la pensée elle-même. Et même « pour lier vraiment les idées comme l'exige la raison, il faut lutter contre le joug de l'association extérieure de nos idées; dans les mauvais écrivains, cette association mécanique se substitue à la liaison logique; » elle n'est en réalité qu'une imagination reproductrice, c'est-à-dire une mémoire imaginative; aussi les animaux possèdent-ils cette faculté, qui appartient à la partie sensitive de notre être autant qu'à la partie rationnelle.

Quand les associationistes ne voient dans l'intelligence tout entière qu'une série de phénomènes qui s'enchaînent,

---

[1]. Pour la réfutation de cette théorie, voyez, plus loin, le numéro 74.

ils aboutissent à la négation de toute puissance innée de l'esprit. Or, on fait observer que l'association ne produit rien, que les idées pour être associées doivent être préalablement acquises, qu'on ne crée pas les idées en les unissant; l'école associationiste ne voit que l'opération qui consiste à mélanger, à combiner ou à séparer les idées; mais l'opération suppose un opérateur. Il y a donc dans l'intelligence autre chose que des phénomènes qui se suivent et s'enchaînent; il y a une force, l'esprit, qui non seulement associe, mais qui encore acquiert les idées; en supposant que nous soyons faits uniquement pour unir des idées et non pour les former, ce travail ne peut être que l'œuvre d'une force intellectuelle qui opère la liaison.

Ainsi, quand on dit que l'intelligence se ramène à l'association, on énonce une incontestable vérité, puisque penser n'est pas autre chose que lier; mais dans ce cas on n'entend parler que des associations fondées sur des rapports nécessaires, rationnels; or, les associationistes sont des philosophes empiriques, qui, n'admettant que des associations expérimentales, essayent vainement d'établir que les relations nécessaires se réduisent à des relations contingentes; le travail qui unit les idées d'après des rapports accidentels, extérieurs, n'est qu'une opération secondaire à laquelle on ne saurait ramener l'intelligence tout entière; enfin, on ne saurait admettre la conséquence à laquelle aboutit l'école associationiste et qui est la négation de toute puissance innée de l'esprit; l'activité permanente du moi ne peut être mise en doute.

51. — De l'imagination et de la mémoire; leurs rapports et leurs différences.

DISSERTATION

Exorde. — Les caractères différents des phénomènes psychologiques nous forcent à admettre trois facultés principales, que l'on ne peut faire rentrer les unes dans les autres, mais qui, quoique distinctes, s'unissent cependant dans tous les phénomènes dont l'âme est le théâtre ou la cause. La même unité règne dans la vie intellectuelle : les objets à connaître se montrant sous diverses formes, l'intelligence a divers modes, que l'on appelle facultés secondaires ou opérations intellectuelles, mémoire, imagination, association des idées, etc., mais qui ne sont que l'intelligence elle-même. Aussi ces facultés ou opérations sont-elles unies entre elles par des liens étroits, et le développement de l'une provoque toujours le développement d'une autre. Il est donc intéressant d'étudier ces rapports, et cette étude est surtout intéressante quand il s'agit de la mémoire et de l'imagination, vu le rôle important que ces deux facultés jouent dans la vie intellectuelle. En effet, l'intelligence serait réduite à rien, si elle ne pouvait pas conserver les connaissances et si elle laissait échapper les notions à mesure qu'elle les acquiert. Quant à l'imagination, on sait quel est son rôle dans la vie humaine : elle peut beaucoup pour le bonheur ou le malheur de l'homme, dans les sciences elle conduit par l'hypothèse aux plus heureuses découvertes, enfin nous lui devons toutes les jouissances de l'art et de la poésie.

Proposition. — Pour se faire une idée nette des rapports qui unissent l'imagination et la mémoire, aussi bien que de leurs différences, on doit se rappeler qu'il y a deux espèces d'imagination, l'imagination passive et l'imagination créatrice ; quels sont donc les rapports de la mémoire avec cette double imagination et quelles différences les séparent ?

Première partie. — 1° L'imagination passive ou représentative est la reproduction vive des objets et des personnes qui sont loin de nous ou qui ne sont plus. Dans cet ordre de phénomènes, l'imagination se borne à une répétition inconsciente et servile des données du souvenir, n'ajoutant rien, ne retranchant rien, et même quelquefois ses produits ne sont que des réminiscences, c'est-à-dire des souvenirs moins nets et moins exacts ; cette imagination passive n'est donc en réalité qu'une mémoire. C'est ce qui explique pourquoi elle est commune aux hommes et aux animaux ; c'est l'imagination du chien de chasse, qui en dormant croit poursuivre sa proie :

> Venantumque canes in molli sæpe quiete
> Jactant crura tamen subito, vocesque repente
> Mittunt,
> Ut vestigia si teneant inventa ferarum.

C'est aussi l'imagination du cheval de course qui dans ses rêves croit lutter contre ses rivaux,

> Et quasi de palma summas contendere vires.

Cette imagination n'est aussi pour Bossuet qu'une mémoire imaginative, quand il dit que « imaginer un triangle », c'est simplement se représenter une figure avec trois angles et trois côtés. On voit donc que cette imagination n'est en somme qu'une mémoire.

2° Mais cette reproduction des objets et des personnes qui sont loin de nous ou qui ne sont plus se fait avec une telle vivacité que ces objets et ces personnes nous apparaissent comme présents ; nous croyons voir, nous croyons entendre, et dans certains cas nous sommes en proie à une véritable hallucination. Une mère a-t-elle perdu un enfant qu'elle adorait? bien des années peuvent s'écouler après ce malheur, et cependant à certains moments elle croira entendre les dernières paroles de l'être aimé, sentir son dernier serrement de main, le revoir dans sa dernière attitude. C'est ainsi qu'Andromaque, pressée par l'amour importun de Pyrrhus, s'y refuse avec horreur parce qu'elle le revoit,

> Les yeux étincelants,
> Entrant à la lueur de nos palais brûlants,
> Sur tous mes frères morts se frayant un passage,
> Et de sang tout couvert échauffant le carnage;
> Voilà comme Pyrrhus vint s'offrir à ma vue.

N'en est-il pas ainsi pour chacun de nous, quand nous avons assisté à un spectacle qui nous a fortement remués et que nous croyons avoir encore sous les yeux, lorsque après bien des années nous nous rappelons le fait? Avec cette sorte d'imagination, les choses nous apparaissent donc *comme présentes*, tandis qu'avec le souvenir proprement dit elles ne nous apparaissent jamais que *comme absentes*.

Tels sont les rapports que l'on peut signaler entre l'imagination passive et la mémoire, et telle est aussi la différence qui les sépare.

Seconde partie. — 1° L'imagination créatrice *ne crée pas* au sens propre du mot, l'homme ne pouvant rien créer; si neuves et si originales que paraissent être certaines œuvres de l'imagination poétique, elles se composent toujours d'éléments empruntés à la réalité [1]. L'imagination combine seulement ces éléments que l'observation a fournis et que la mémoire a conservés. De même que l'abeille, avant de faire son miel, va de fleur en fleur faire sa provision de sucs, de même l'imagination fait aussi sa moisson d'observations empruntées au monde réel, et, comme l'abeille, elle a un dépôt, c'est la mémoire qui reçoit et conserve ces matériaux recueillis de toutes parts, en attendant que l'imagination vienne les mettre en œuvre et les féconder. On peut donc

---

[1] Voyez la dissertation suivante, numéro 52.

dire que, sans le concours de la mémoire, l'imagination dite créatrice serait frappée d'impuissance.

2° Quant à la différence qui sépare ces deux facultés, elle consiste en ce que le caractère, la fonction essentielle de la mémoire, est de ne rien retrancher, de ne rien ajouter aux connaissances qui lui sont confiées; cette faculté se borne et doit se borner à une reproduction passive et servile des souvenirs. Au contraire, l'imagination créatrice procède par suppressions et par additions, retranchant tout ce qui est irrégulier et défectueux, tout ce qui ne se rapporte pas uniquement à l'idée qu'elle veut exprimer, ajoutant d'un autre côté tout ce qui peut mettre cette idée en pleine lumière, tout ce qui peut contribuer à réaliser l'idéal rêvé. Elle combine donc les éléments fournis par la mémoire de façon à faire un ensemble qui ne correspond plus directement à aucun objet réel. Elle transforme, elle refait la nature et la surpasse en l'imitant. En un mot, la mémoire n'est que *passive*, l'imagination créatrice, poétique, est *active*.

Résumé. — Ainsi l'imagination passive se rapproche de la mémoire proprement dite en ce qu'elle n'ajoute et ne retranche rien; mais elle en diffère en ce qu'elle fait, pour ainsi dire, revivre les choses et les personnes, les remet sous nos yeux, tandis que la mémoire en rappelle simplement le souvenir. Quant à l'imagination créatrice, la mémoire lui est indispensable pour conserver les éléments qui seront les matériaux de ses créations; mais elle diffère de la mémoire en ce qu'elle ajoute et retranche, en ce qu'elle procède par éliminations et additions pour refaire et embellir la nature.

Observation. — *Le sujet suivant n'est que la même question sous une autre forme :*

Distinguer la mémoire imaginative de l'imagination créatrice.

52. — Peut-on dire que l'imagination crée quelque chose ? en quoi consiste le travail créateur de l'art ?

DISSERTATION

Exorde. — L'imagination poétique est le principe de toutes les jouissances que l'homme doit aux arts et à la poésie ; c'est donc à elle que nous devons les distractions les plus saines et les plus exquises à la fois que l'homme puisse goûter ; aussi cette faculté a-t-elle souvent attiré l'attention des penseurs et des écrivains, qui ont essayé de l'analyser et de surprendre le secret de ses créations.

Proposition. — Mais peut-on dire que l'imagination crée quelque chose ? et si, dans une certaine mesure, l'imagination est créatrice, en quoi consiste ce travail créateur ?

Première partie. — Cette faculté semble, au premier abord, mal nommée ; en effet, *créer* c'est faire quelque chose de rien, c'est produire le fond et la forme, « facere aliquid ex nihilo. » Or, il est bien clair qu'à Dieu seul appartient ce pouvoir ; et même, si la logique nous force à admettre chez Dieu le pouvoir créateur, cette création n'en est pas moins, pour l'intelligence humaine, une chose incompréhensible. Car l'homme ne crée rien, il ne fait qu'arranger et combiner différents matériaux qui lui sont fournis par l'observation de la réalité, et ses créations ne sont, comme l'a dit Aristote, que des *imitations*. Ainsi, la musique est une combinaison de sons empruntés par l'homme aux chants des oiseaux, à la voix humaine, au bruit du vent dans les forêts, etc. (Lucrèce) ; la peinture est une combinaison de couleurs, de lignes, de formes empruntées à tous les règnes de la nature ; la sculpture demande aussi à la nature ses lignes et ses formes, comme on le voit, par exemple, dans le Milon de Crotone par Puget ; l'architecture fait de même, ses colonnes ressemblent à des arbres, et ses ornements ne sont souvent que des représentations de rameaux et de feuilles. Il en est de même en littérature. La poésie lyrique est l'expression des sentiments personnels du poète ; et Villon, entre autres, a dû son originalité à ce qu'il a exprimé la nature dans toute sa vérité, qu'il a raconté sa vie, ses mœurs, ses émotions, et il nous a intéressés par ces confessions naïves. Dans la poésie épique, Homère a emprunté à la tradition orale les événements qu'il raconte et à l'observation du cœur humain les caractères qu'il a peints ; et sa supériorité sur Virgile s'explique en partie par cette raison qu'il disposait d'un plus grand nombre de faits pour la composition de ses poèmes que Virgile n'en avait pour l'*Enéide*. l'imagination de celui-ci a été paralysée par l'aridité de la matière. La poésie dramatique ne fait aussi que mettre sur la scène les sentiments et les passions qui nous agitent, ou bien les travers que nous reconnaissons chez les autres ; ainsi Agrippine et Athalie représentent l'ambition impérieuse chez la femme, Tartufe est l'hypocrisie, Harpagon est l'avarice, Don Juan le libertinage ; tous ces personnages sont pris dans la réalité. L'imagination ne crée donc pas au sens propre du mot, puisque l'on retrouve dans la réalité tous les éléments de ses compositions ; si originales que paraissent certaines œuvres, on voit toujours que les matériaux ont été pris dans la réalité ou conservés par le souvenir ; les Grecs ont donc eu raison de dire : « Les Muses sont les filles de la Mémoire. »

Seconde partie. — Toutefois, on peut dire que l'imagination crée, en ne prenant pas le mot *création* dans un sens absolu. En effet, certains tableaux, certaines statues, certains personnages dramatiques représentent des êtres qui n'ont jamais existé ; l'Agrippine de Racine ressemble sans doute à celle que

Tacite nous a peinte, et nous reconnaissons dans ce personnage la vérité historique; mais cette Agrippine est aussi pour nous le type idéal, éternel, de l'orgueil et de l'ambition dans une femme; Harpagon et Tartufe ne se rencontrent pas dans la société avec le caractère redoutable qu'on leur voit sur la scène. Il y a donc eu création, puisque le poète met sous nos yeux des personnages qui n'ont jamais existé tels qu'il nous les représente. Comment donc s'est opérée cette création?

Le créateur, poète, peintre, sculpteur, etc., s'est emparé d'éléments puisés dans la réalité et qu'il a recueillis un à un, faisant un choix suivant l'idéal qu'il voulait réaliser et confiant tous ces matériaux à la *mémoire* à mesure qu'il les recueillait. Le travail créateur a donc pour base l'observation secondée par la mémoire. Molière veut-il représenter un avare? il regarde autour de lui, observe, étudie tous les hommes chez lesquels l'avarice se présente assez accusée; mais il ne prend pas tous les traits du caractère de ces hommes, il laisse de côté les éléments étrangers, les circonstances inutiles; car dans la réalité un grand vice est souvent corrigé par une qualité, comme une vertu peut être déparée par une faiblesse, comme le plus beau visage a ses imperfections; il y a donc toujours dans un même objet, dans un même être, des traits qui se nuisent réciproquement; le poète, par l'*abstraction*, élague tous les éléments parasites pour ne garder que les traits qui peuvent servir à représenter un vice, une passion unique Apelle veut-il faire une Hélène, une Vénus? il emprunte à vingt modèles divers les éléments de sa création, en les séparant de toutes les imperfections. Puis, les éléments recueillis par l'observation, conservés par la mémoire, séparés par l'abstraction de tout ce qui est inutile ou défectueux, le poète, avec l'aide de l'*association des idées*, combine tous ces matériaux et les unit avec l'aide du goût. Ces éléments ayant été empruntés çà et là de différents côtés, il y a naturellement incohérence; mais avec l'association des idées et le goût on voit à la diversité succéder l'unité, l'harmonie la plus exquise remplacer l'incohérence. Le caractère d'Harpagon se compose de traits empruntés peut-être à vingt avares, et cependant rien ne choque ; pas une de ses paroles ne se contredit, et tous ses actes sont la manifestation du même vice ; on croirait qu'il a réellement vécu.

Le travail créateur de l'art consiste donc dans une combinaison de matériaux empruntés à la réalité et dans une transformation qui produit l'unité et l'harmonie ; et il aboutit à la modification et à l'embellissement de la réalité. C'est ainsi que l'imagination créatrice refait en quelque sorte la nature en la corrigeant et l'embellit en vue d'un certain idéal. On peut donc dire que les créations de l'imagination sont plus *vraies* que la réalité ; c'est la nature idéalisée, puisque le créateur a dégagé de tous les traits, de tous les éléments qui peuvent le voiler, le caractère qu'il veut mettre en pleine lumière.

Conclusion. — Telle est l'imagination créatrice. Au sens propre du mot, elle ne crée pas ; elle ne fait que combiner les matériaux empruntés à la réalité, et avec lesquels elle compose ses caractères et ses types. C'est ce qui fait qu'en présence des créations de l'art, nous reconnaissons la nature et que cependant ces créations nous semblent plus belles, plus parfaites, plus complètes que la réalité ; et il y a bien eu création, puisque l'artiste a donné naissance à des êtres qui n'existaient pas.

53. — Quelle différence y a-t-il, dans la poésie et les beaux-arts, entre la fiction et l'idéal ?

DISSERTATION

Exorde et Proposition. — L'imagination dite poétique ou créatrice ne crée pas au sens propre du mot et emprunte à la réalité les éléments de ses œuvres. En effet, le peintre, le sculpteur, l'architecte, le musicien, le poète tirent de la nature les couleurs, les lignes, les formes, les sons, les passions, les vices qu'ils représentent. L'imagination ne fait donc que combiner les éléments fournis par la réalité et recueillis par l'observation [1]. Or, cette combinaison peut se faire de deux manières, et suivant qu'elle a lieu de telle ou telle façon, nous nous trouvons en présence de l'idéal ou en présence de la fiction; et, bien que l'objet de l'idéal n'existe pas plus que celui de la fiction, la supériorité de l'un sur l'autre n'est pas contestable et se retrouve même dans la pratique ordinaire de la vie.

Première partie. — Quand l'imagination conserve exactement les rapports qui unissent entre eux les éléments fournis par la nature et qu'elle les dégage seulement de ce qu'ils ont d'individuel ou de défectueux pour les élever à la dignité d'un type général et parfait, alors elle conçoit l'*idéal* qui repose donc sur une combinaison d'idées associées d'après des rapports naturels et nécessaires. Ainsi, l'Andromaque

---

1. Voyez la dissertation précédente.

d'Homère et de Racine est une création idéale, comme la Pauline de Corneille, comme Harpagon et Tartufe. Mais l'imagination peut encore unir les éléments empruntés à la réalité sans tenir compte de leurs rapports naturels, elle peut les combiner de toutes les façons, d'après tous les caprices de la fantaisie et en former un tout auquel rien de réel ne saurait répondre; alors elle produit la *fiction*. Les Sirènes, les Parques, les Furies, les Centaures, les Fées, ne sont que les produits divers de cette sorte d'imagination. En somme, il y a entre l'idéal et la fiction presque la même différence que celle qui existe entre les associations d'idées fondées sur des rapports naturels et les associations d'idées fondées sur des rapports accidentels ou de fantaisie.

Deuxième partie. — L'objet de l'idéal n'existe pas plus que celui de la fiction; on ne trouve pas, en effet, une veuve aux regrets aussi éternels qu'Andromaque, une épouse aux sentiments aussi délicats que Pauline, un avare aussi complet que Harpagon, un hypocrite aussi redoutable et aussi impitoyable que Tartufe. Mais si l'idéal n'est pas la nature telle qu'elle est, il est ce que la nature pourrait être si elle arrivait à la perfection; et Corneille a beau ne nous représenter les hommes que « comme ils devraient être », on conçoit qu'à la rigueur ils pourraient être ainsi. Et même le plaisir que nous cause la représentation ou la lecture de ses tragédies vient de ce que nous trouvons dans ses personnages, non seulement des héros, mais aussi et surtout des hommes, et que nous reconnaissons en eux beaucoup de sentiments qui sont les nôtres. La fiction au contraire est un produit mensonger, une violation des lois de la nature, qui ne peut nous intéresser un instant que par l'imprévu et le plaisir bien éphémère de la curiosité. Les Centaures et les Sirènes, non seulement n'existent pas, mais ne peuvent pas exister; et si Homère n'avait pas inventé d'autres fables que celle de la magicienne Circé ou la lutte d'Achille contre le fleuve Xanthe, il ne nous causerait pas le plaisir toujours nouveau que nous devons au poète qui nous a laissé tant de figures intéressantes. L'idéal est donc la vérité, la fiction est le mensonge.

Et ce qui prouve bien que le pouvoir de produire des

fictions est la forme inférieure de l'imagination, c'est que ce pouvoir diminue à mesure que l'intelligence humaine se développe et que la science grandit ; au contraire, l'imagination qui crée l'idéal se développe à mesure que la science grandit ; les faits et l'histoire le prouvent. Les fables et les fictions sont contemporaines de l'enfance des sociétés et des hommes ; le peuple grec était bien jeune quand on l'amusait avec les fables d'Orphée, d'Amphion, avec les hippogriffes ; nos aïeux, au moyen âge, étaient bien ignorants quand on les faisait frémir ou que l'on captivait leur curiosité avec des récits sur les fées, les géants, les sorciers. Et ces créations, ces chimères remontent à une époque où la science n'existait pas encore ou avait disparu sous le flot des invasions barbares. C'est ainsi que l'on amuse notre enfance avec les contes de fées, les exploits du Petit-Poucet, les cruautés de Barbe-Bleue, à une époque où notre intelligence faible encore ne connaît pas la nature des choses. La fiction est donc contemporaine de la faiblesse intellectuelle et de l'ignorance. Au contraire, les créations idéales se produisent presque toutes aux époques éclairées et de développement scientifique ; Sophocle et Phidias sont les contemporains d'Hippocrate, d'Anaxagore et de Socrate, comme Corneille, Molière et Racine sont les contemporains de Torricelli, de Descartes et de Pascal. De nos jours, où la science a fait de merveilleux progrès, a changé presque la face du monde et modifié profondément la société, la poésie et les arts ne font que profiter de ce développement. Ainsi, plus l'esprit *comprend*, moins l'imagination *feint ;* au contraire, mieux l'esprit comprend et mieux l'imagination crée l'idéal. Il est facile de donner l'explication de ce double phénomène. En effet, puisque l'imagination qui produit la fiction ne consulte que sa fantaisie pour combiner les éléments empruntés à la réalité, il en résulte que moins elle connaît la nature, plus elle est à son aise pour n'obéir qu'à ses propres caprices ; au contraire, l'imagination qui conçoit l'idéal, n'unissant les éléments de la réalité que d'après des rapports nécessaires, la connaissance de la nature, c'est-à-dire la science, lui est utile et lui sert loin de lui nuire.

Troisième partie. — Bien que nous n'ayons à nous occuper ici de la fiction et de l'idéal que dans la poésie et les beaux-arts, nous pouvons ajouter cependant que la même différence existe entre eux dans la pratique ordinaire de la vie. Là aussi il y a des gens qui poursuivent l'idéal, c'est-à-dire un but élevé, éloigné, que peut-être il est difficile, même impossible d'atteindre, mais dont chaque effort peut nous rapprocher et nous rapproche en effet. Ainsi agissent les hommes, à la fois généreux et sensés, qui se proposent d'améliorer progressivement la société, de rendre la vie plus douce à ceux qui souffrent; et les faits prouvent que cette méthode est la bonne en même temps que cette ambition n'est pas vaine. Ainsi, que l'on compare la situaction actuelle de nos paysans avec celle de Jacques Bonhomme, avec celle de ces « animaux farouches, mâles et femelles », dont La Bruyère parle avec une si âpre éloquence, et l'on verra ce que nos classes laborieuses doivent à de nobles esprits, qui savent n'aspirer qu'au possible. D'autres esprits, au contraire, généreux aussi, mais rêveurs et utopistes, poursuivent des chimères, des fictions, l'égalité absolue des biens, la suppression immédiate et complète de la pauvreté, et se heurtent par conséquent à des obstacles invincibles; au lieu de faire avancer l'humanité, ils la font quelquefois reculer, et jamais leurs efforts ne les peuvent faire avancer d'un pas vers le but impossible à atteindre que se propose leur chimérique imagination.

Conclusion. — C'est donc uniquement à la combinaison des idées suivant les vrais rapports des objets que doit aspirer l'imagination. Dans la poésie et les beaux-arts, l'idéal intéresse toujours parce qu'il représente la vérité, tandis que la fiction avec ses chimériques et puériles inventions ne saurait amuser qu'un instant. Dans la vie et en politique, poursuivre l'idéal, c'est chercher les améliorations possibles, et les efforts dans cette direction peuvent être couronnés de succès; poursuivre la fiction, qui n'est qu'une violation des lois de la nature, c'est courir au devant des déceptions.

54. — Distinguer l'imagination de l'entendement

ESQUISSE

L'entendement, faculté générale de connaître, cherche le vrai, se développe chez les philosophes et les savants, s'exerce sur les idées pures et dans le monde réel. L'imagination, faculté particulière de former des idées nouvelles qui ne correspondent pas directement à des objets réels, cherche le beau, se développe chez les artistes, crée le monde idéal ou fictif; c'est une subdivision de l'entendement. Celui-ci, pris dans le sens de jugement, devient le régulateur de l'imagination, qui, abandonnée à elle-même, peut créer l'absurde, comme ce monstre dont parle Horace au commencement de son *Art poétique*. De là ce mot : « Il n'y a pas de grand poète qui ne soit doublé d'un philosophe. »

Plus l'esprit *comprend*, moins l'imagination *feint*; le pouvoir de produire des fictions est la forme inférieure de l'imagination et diminue à mesure que l'intelligence augmente; moins les hommes connaissent la nature, plus ils peuvent feindre; au contraire l'imagination qui crée l'idéal se développe à mesure que la science, c'est-à-dire l'entendement, augmente [1].

L'imagination est aussi la faculté de rendre sensibles les choses au moyen d'images; exemple : ce lion s'élan

---

1. Voyez la dissertation précédente.

çoit ; mais il y a beaucoup de choses qu'on ne peut imaginer en ce sens, Dieu et l'âme, par exemple, et alors certains esprits ne peuvent les atteindre. On ne peut *imaginer* que les choses corporelles, au lieu que l'on peut entendre et les choses corporelles et les choses spirituelles ; Dieu et l'âme ne peuvent être imaginés, mais peuvent être entendus. L'entendement va donc plus loin que l'imagination, il connaît la nature des choses ; imaginer un triangle, c'est simplement se représenter une figure avec trois angles et trois côtés ; l'entendre, c'est en connaître la nature. — Bossuet appelle *gens d'imagination* les personnes capables de retenir et de se représenter vivement les choses qui frappent les sens, tandis que les *gens d'esprit*, comme il les appelle, savent démêler le vrai du faux ; mais on peut avoir à la fois imagination et entendement, puisque nos facultés ne peuvent s'isoler.

55. — Du rôle de l'imagination dans la vie humaine

ESQUISSE

A. L'imagination a surtout pour fonction d'aider l'art à représenter l'idéal par le réel, et nous lui devons toutes les jouissances des arts et de la poésie. Elle a aussi un rôle important dans les sciences par l'invention des hypothèses et l'on sait que presque toutes les grandes découvertes scientifiques ont eu pour point de départ une hypothèse ; elle est également aussi nécessaire qu'utile pour l'invention des expériences. Elle intervient dans la vie publique afin de frapper les esprits par la représentation majestueuse de la loi et aussi afin de leur inspirer du respect pour qui n'en mérite pas : « Si les médecins avaient l'art de guérir, dit Pascal, ils n'auraient que faire de soutanes, de mules et de bonnets carrés ; la majesté de la science serait assez vénérable d'elle-même..... il faut qu'ils prennent ces vains instruments qui frappent l'imagination... L'imagination dispose de tout ; elle fait la beauté, la justice et le bonheur. » Elle intervient également dans la vie religieuse pour entretenir les sentiments et quelquefois les superstitions de la foule par la pompe des cérémonies sacrées.

B. Dans la pratique ordinaire de la vie, elle peut beaucoup pour le bonheur de l'homme et aussi pour son malheur.

1° C'est elle qui, à la suite de contes ridicules ou devant un objet inconnu, cause aux enfants des frayeurs dange-

reuses, qui laissent quelquefois dans leur esprit un souvenir si profond qu'il persiste jusque dans un âge avancé et triomphe de la raison la plus solide. C'est à elle que l'hypocondre doit ses maux imaginaires qui amènent bientôt des souffrances cruelles et trop réelles; il est vrai que nous lui devons parfois des plaisirs imaginaires; témoin ce fou d'Argos dont parle Horace : « Il se rendait au théâtre lorsqu'il n'y avait personne, y prenait place, et, croyant entendre les meilleurs tragédiens, applaudissait de tout son cœur; cette erreur faisait ses délices. » L'imagination détermine, chez certains individus, une tendance fâcheuse à exagérer le mal, c'est le *pessimisme;* à exagérer le bien, c'est l'*optimisme.* Cette double tendance est également fâcheuse. Voit-on les choses, la vie sous des couleurs trop favorables? on ne se prépare pas avec une énergie suffisante aux difficultés qui attendent tous les hommes, et, abordant ces difficultés sans être bien préparés, nous sommes condamnés d'avance à des échecs. Voit-on les personnes sous des couleurs trop favorables? convaincus que tous les hommes avec lesquels nous sommes en rapport sont honnêtes et loyaux, prenant au sérieux leurs protestations d'amitié, nous nous laissons aller à une confiance qui est souvent mal placée et nous expose à des trahisons, ou bien nous abandonnons au zèle d'autrui le soin de préparer notre avenir et de veiller à nos affaires.
— Voir les choses et les personnes sous des couleurs trop sombres n'est pas moins dangereux. La croyance que la vie présente des difficultés insurmontables nous décourage à l'avance, et nous paralyse. Si ayant des autres hommes une opinion trop défavorable, nous n'osons nous fier à eux, nous ne sommes pas moins malheureux; car la nature nous a organisés de telle façon que le concours de nos semblables nous est indispensable; en outre la défiance provoque la défiance, de là pour nous un isolement qui rend la vie presque impossible. — Enfin, si l'imagination se nourrissant de fantaisies et de romans nous transporte dans un monde chimérique, elle nous inspire pour les réalités de notre situation actuelle un dégoût qui aboutit à l'inertie et à l'abdication de tous les devoirs.

2° Toutefois l'imagination peut être dans la vie un ressort puissant d'activité. Si nous voyions, dès le début, la vie telle qu'elle est, avec ses amertumes et ses difficultés, nous serions découragés à l'avance ; mais, grâce aux bienfaisantes illusions de l'imagination, nous nous figurons la vie plus douce et plus facile, et croyant à la réussite, nous déployons une activité féconde en heureux résultats ; même quand le succès ne répond pas complètement à nos espérances, nos efforts ne restent pas stériles ni pour nous ni pour les autres.

56. — A. Comparer les phénomènes psychologiques du rêve, de la rêverie, de l'hallucination. — B. Qu'y a-t-il de commun ou de différent entre eux ?

ESQUISSE

A. Le rêve est une combinaison involontaire d'images ou d'idées, souvent confuses, parfois nettes et cohérentes, qui se présentent à l'esprit pendant le sommeil. L'esprit perd alors la direction de ses pensées ; aussi le rêve est-il généralement regardé comme une folie passagère, résultant des sentiments, des idées, des actes de l'état de veille : « Les objets habituels de nos occupations reparaissent dans nos songes : les avocats croient plaider des causes, le général livrer des combats, le marin lutter contre le vent. » (Lucrèce.) Il y a dans le rêve des sensations fausses ; les plus fréquentes sont relatives au toucher, à l'ouïe, à la vue ; nous croyons voir, entendre, toucher et être touchés. Il y a un rapport étroit entre ces phénomènes et l'état de l'organisme ; les rêves des malades sont encore plus extravagants et plus incohérents que ceux de l'homme qui est en bonne santé. — L'âme semble passive dans le rêve ; toutefois elle ne perd pas son activité native ; l'attention et la conscience ne sont pas tout à fait endormies ; la volonté elle-même n'est pas complètement absente.

Le rêve est d'un homme endormi ; — la rêverie est d'un homme éveillé, c'est l'état de l'esprit occupé d'idées vagues, c'est presque un rêve à l'état de veille; l'esprit se complaît alors dans ses illusions, ses chimères. L'hallucination est une perception de sensations sans un objet extérieur qui les fasse naître; un homme qui a une hallucination de l'ouïe entend des sons sans qu'aucun son vienne frapper ses oreilles; tel est le fou dont parle Horace, qui, se rendant au théâtre lorsqu'il n'y avait pas de spectateurs, écoutait avec attention et applaudissait comme s'il avait entendu les meilleurs tragédiens. C'est ainsi que Macbeth, troublé par le remords, croit voir l'ombre sanglante de Banquo venir prendre sa place au banquet. L'halluciné est sur le chemin de la folie, bien qu'il puisse avoir conscience de son état et faire effort pour en sortir, tandis que le fou n'a plus conscience et a perdu tout empire sur lui-même; plus l'halluciné cède à cette illusion, plus il approche du moment où sa raison s'éteindra. Les causes de l'hallucination sont ordinairement celles qui mènent à la folie; mais la principale est une imagination maladive qui conduit à une perception imaginaire de sensations. L'hallucination accompagne souvent la folie, l'ivresse, le délire de la fièvre, et particulièrement l'extase, état pendant lequel l'esprit, rompant tout rapport avec les choses sensibles, s'absorbe dans la contemplation des choses divines. Les hallucinations les plus fréquentes sont celles de l'ouïe; puis viennent celles de la vue.

B. Ces phénomènes ont pour caractère commun d'être une folie plus ou moins courte; la conscience disparaît presque, la volonté s'affaiblit, et l'imagination, n'étant plus contenue, se laisse aller aux idées les plus éloignées de la réalité.

Voici les différences : nous ne pouvons rien sur les rêves; notre volonté peut davantage sur certaines causes qui mènent à l'hallucination, bien que là encore son influence soit fort limitée; au contraire, il dépend d'elle de suspendre ou de diriger la rêverie, qui peut devenir dangereuse, si l'on s'y laisse aller avec trop de complaisance, parce qu'elle diminue notre énergie et nous fait vivre dans un monde chimérique.

57. — **Analyse de l'attention.**

58. — **Distinguer par des exemples l'attention de la réflexion; indiquer les modifications subies par les organes pendant ces deux opérations.**

ESQUISSE

57. — L'attention est la direction de l'intelligence vers un objet, l'application qu'elle met à le considérer. L'attention, qui n'est qu'une forme de la volonté, a été placée parmi les facultés intellectuelles parce qu'elle est indispensable pour qu'un fait intellectuel ait lieu; car on ne peut connaître à aucun degré, si l'on n'est pas attentif à un certain degré.

Elle produit trois effets principaux : 1° elle rend plus forte l'impression produite par l'objet considéré; — 2° elle rend les idées plus claires, plus distinctes, plus précises; — 3° elle fixe plus fortement les souvenirs dans la mémoire.

Elle a une influence considérable sur le développement des facultés; de là ce mot de Buffon : « Le génie n'est qu'une longue patience; » et celui de Newton qui, interrogé comment il avait découvert le système du monde, répondit : « En y songeant toujours. » Ce sont là des exagérations, car la volonté, si puissante qu'elle soit, ne saurait donner le génie, qui est un don de la nature; mais Gioberti dit avec raison, à propos de ce mot de Newton, qu'il ne serait pas arrivé à sa merveilleuse découverte si, à la grandeur du génie, il n'avait pas ajouté l'énergie de la volonté. La Romiguière a commis également une erreur en exagérant l'incontestable puissance de l'attention, faisant reposer sur elle tout le système des facultés de l'âme; c'est pour lui la première de nos facultés et celle qui, dans son développement, produit toutes les autres.

58. — La *réflexion* est la même faculté que l'*attention;* elle a le même caractère et produit les mêmes effets; mais l'attention désigne généralement une application de l'esprit à des choses présentes, actuellement soumises à la conscience ou aux sens, tandis que la réflexion se dit des choses absentes et des idées que ces choses ont laissées dans notre esprit; par la réflexion, l'esprit se replie sur lui-même pour mieux considérer les idées qui s'y trouvent déjà. Un orateur parle devant moi, un acteur joue devant mes yeux, je suis avec *attention* le discours de l'un, le jeu de l'autre; mais qu'un mouvement éloquent de l'orateur, qu'une interprétation originale de l'acteur vienne à me frapper, je laisse l'un continuer son discours, l'autre achever son rôle, je ne les écoute plus, je suis tout entier à l'idée qui m'a frappé : c'est la *réflexion*. L'attention peut s'exercer avec l'aide des organes; dans la réflexion, l'esprit est abandonné à lui-même et tourné vers un phénomène interne. C'est par l'observation attentive que le physicien pénètre dans les secrets de la nature; c'est par la réflexion que le géomètre et le philosophe cherchent la solution d'un problème mathématique ou moral.

L'attention s'appliquant surtout à la perception externe est soumise aux conditions des phénomènes sensibles, et se manifeste d'une façon pour ainsi dire physique; la finesse dont est douée l'oreille d'un chef d'orchestre, la justesse de coup d'œil du peintre, la sûreté de main du chirurgien, la délicatesse de goût du gourmet ou du dégustateur sont le résultat d'une attention longtemps exercée; l'attention se manifeste donc par une activité plus grande dans les organes. Au contraire, la réflexion, loin de perfectionner les organes des sens, les engourdit et semble quelquefois en suspendre l'exercice; c'est ainsi qu'Archimède, tout entier à ses figures de géométrie, ne s'aperçut pas que Syracuse était prise; c'est par la puissance et l'habitude de la réflexion que s'explique la distraction. Les sens sont si peu nécessaires pour la réflexion que l'on réfléchit mieux loin de tous les objets qui peuvent les frapper; Démosthène se retirait dans un souterrain pour que rien ne vînt le troubler dans ses études et ses réflexions.

Selon Locke, nos premières idées nous sont fournies par la sensation et les idées plus abstraites par la réflexion appliquée à ces premières opérations; mais si l'on peut dire que la réflexion a un merveilleux pouvoir pour donner aux idées la précision et la clarté, il faut reconnaître cependant qu'elle n'est pas une source d'idées, elle ne crée pas, et elle n'opère que sur les matériaux qui lui sont fournis.

59. — De l'attention, la distinguer de la sensation, en décrire les différentes formes et en montrer l'importance dans l'acquisition et la conservation des connaissances humaines.

Définir l'attention et la réflexion; signaler les principales différences entre la connaissance instinctive et la connaissance réfléchie.

PROGRAMME

A. — **1° Attention.** — L'attention (de *tendere, ad*) est la direction de l'intelligence vers un objet, l'application qu'elle met à le considérer; ce n'est pas une faculté spéciale, c'est l'effort que fait l'esprit quand il se porte vers un objet particulier pour en prendre une connaissance exacte; elle n'est que la volonté appliquée à la direction de l'intelligence : mais elle a été placée parmi les opérations intellectuelles, parce qu'on ne peut pas comprendre si l'on n'est pas attentif. Elle est essentiellement volontaire, car nous sommes attentifs quand nous voulons et aux choses que nous voulons; aussi avons-nous la responsabilité des erreurs nombreuses que nous commettons par défaut d'attention; car l'erreur ne provient pas seulement de notre faiblesse intellectuelle, elle est souvent aussi l'œuvre de la volonté qui n'a pas mis une attention suffisante au service de l'intelligence. Il faut reconnaître toutefois qu'il ne suffit pas toujours d'être attentif pour comprendre et que les efforts les plus soutenus peuvent n'être pas récompensés par le succès; notre esprit étant nécessairement imparfait, l'erreur ne peut être évitée. Ajoutons enfin que l'attention, quoique volontaire, est quelquefois commandée par des circonstances qui s'imposent à nous et dominent notre volonté; un fait inquiétant peut attirer et retenir notre attention en dépit de tous les efforts que nous faisons pour nous distraire, c'est-à-dire pour reporter sur d'autres objets notre esprit qui s'obstine à se fixer sur le même sujet.

2° **Attention et sensation.** — Selon Condillac, nos facultés intellectuelles sortiraient de l'attention, et celle-ci ne serait qu'une sensation qui, par sa vivacité, absorberait l'âme et l'emporterait sur les autres; la comparaison et le jugement ne seraient qu'une double attention, le raisonnement une suite de jugements, etc. On répond que la sensation est passive et ne dépend pas de nous, car personne ne sent ni ne perçoit comme il veut; au contraire, l'attention est essentiellement volontaire et dépend de nous, puisque, en général, nous sommes attentifs quand nous voulons et aux choses que nous voulons; par conséquent, entre la sensation et l'attention il y a une différence, non de degré, mais de nature; il y a la différence qui sépare la passivité de l'activité volontaire; la sensation a sa cause hors de nous, l'attention a sa cause en nous-mêmes.

3° **Différentes formes de l'attention.** — L'attention a deux formes principales, l'attention proprement dite et la réflexion. L'attention s'appelle *contention* quand elle est concentrée, elle implique alors l'effort et la fatigue; mais cet effort peut être momentané, bien qu'énergique et absorbant toute la force de l'esprit; quand l'attention est soutenue et persévérante, on lui donne le nom d'*application*. Quand l'attention se porte sur ce qui se passe au dedans de nous-mêmes, elle se nomme *réflexion;* la *méditation* est une réflexion profonde, et la *contemplation* est une méditation tournée vers le dehors qui implique l'admiration et une certaine passivité.

4° **Importance de l'attention.** — L'attention a une puissance incalculable pour le développement de l'esprit, et, entre des intelligences égales, elle introduit des différences considérables. Sans doute il ne faut pas prendre à la lettre le mot de Buffon : « Le génie n'est qu'une longue patience; » ni celui de Newton qui, interrogé sur la manière dont il avait découvert le système du monde, répondit : « En y songeant toujours; » mais il n'en est pas moins vrai que les facultés les plus brillantes ne produisent aucun fruit si le travail ne vient les développer. — L'attention produit trois effets principaux : 1° elle rend plus forte et souvent exclusive l'impression produite par l'objet considéré; au fort de la mêlée, le soldat ne s'aperçoit pas qu'il est blessé; — 2° elle rend nos idées plus claires et plus précises, elle est comme un microscope qui grossit les objets et en fait sentir les moindres détails; — 3° elle est une des conditions, une des lois de la mémoire, qui ne retient que les choses gravées dans l'esprit par une application sérieuse.

B. — **1° Attention et réflexion.** — La réflexion est l'acte par lequel l'esprit se replie sur lui-même pour considérer les faits qui se passent dans notre être intérieur; elle est donc la connaissance que l'âme prend de ses différentes opérations; elle n'est pas autre chose que l'attention; mais tandis que cette dernière regarde surtout le dehors et s'applique à la perception externe, la réflexion regarde les phénomènes internes. Étant de la même nature que l'attention, la réflexion produit les mêmes effets : par la concentration de nos facultés sur une étude, nous arrivons à rendre nos idées plus claires, plus précises, et à graver les souvenirs plus profondément dans l'esprit.

2° **Connaissance instinctive et connaissance réfléchie.** — Nos facultés affectent deux modes distincts dans leur exercice : elles entrent d'abord en action sous l'influence de la nature par un mouvement instinctif et spontané; c'est à cette activité spontanée que sont dus les premiers actes d'attention nécessaires pour l'acquisition des premières idées; la volonté s'empare ensuite de nos facultés pour les diriger; mais le mouvement de l'âme est instinctif avant d'être réfléchi. La différence entre l'exercice primitif de l'esprit et l'exercice réfléchi est marquée par les mots *voir* et *regarder*, *entendre* et *écouter*, *toucher* et *palper*, *sentir* et *flairer*, *goûter* et *déguster*; la même différence existe entre *pênser* et *réfléchir*. — La connaissance instinctive est intuitive, commune à tous, synthétique; au contraire, la connaissance réfléchie est médiate, analytique et n'est pas la même chez tous.

60. — Quels sont les effets de l'attention sur la sensibilité et l'intelligence ?

DISSERTATION

Exorde. — L'attention n'est qu'une forme de la volonté ; il n'est donc pas étonnant qu'elle ait une certaine influence sur les deux autres facultés principales de l'âme, la sensibilité et l'intelligence. Car si l'on peut, par un effort de l'esprit, par une abstraction, considérer isolément chacune de nos facultés pour les mieux étudier, elles n'en sont pas moins unies dans la réalité ; elles n'entrent pas isolément en exercice, le développement de l'une provoque toujours et suppose le développement immédiat et simultané des deux autres. L'âme n'est pas divisée, c'est la même âme qui à la fois sent, pense et veut. Nos facultés ne constituent donc pas des forces distinctes ; elles forment un tout indivisible ; il n'y a pas entre elles et il ne peut pas y avoir incompatibilité ni séparation radicale : « Toutes nos facultés se tiennent », a dit Malebranche avec raison. Il est donc naturel que l'attention, c'est-à-dire la volonté, agisse sur la sensibilité et l'intelligence, et l'observation permet facilement de déterminer quelle est la nature de cette action.

Première partie. — L'attention a sur la sensibilité une telle influence qu'elle peut en modifier, même en suspendre l'exercice. Ainsi le gourmet fin et friand qui savoure et qui déguste, l'amateur passionné de musique qui écoute une agréable symphonie, l'élégante qui aspire avec délice une senteur parfumée, l'artiste qui contemple de belles formes, l'aveugle qui palpe une étoffe moelleuse et douce au toucher, tous ces gens-là donnent une vivacité plus grande au plaisir qu'ils éprouvent par la concentration de leur esprit qui n'est plus attentif qu'à une seule impression. Celle-ci devient ainsi plus forte et souvent exclusive; car il peut arriver, et il arrive souvent, que l'âme devienne indifférente à toutes les autres impressions qui passent alors inaperçues. Une horloge peut sonner aux oreilles d'une personne fortement préoccupée et cette personne n'entendra rien; au fort de la mêlée, le soldat ne s'aperçoit pas qu'il est blessé; Archimède, tout entier à un problème de géométrie, n'entendit ni le tumulte qui accompagnait la prise de Syracuse ni la voix menaçante du brutal soldat qui l'interpellait; Reid parle d'une personne qui, passionnée pour le jeu d'échecs, demandait l'échiquier quand la goutte allait lui faire ressentir ses angoisses, et il lui semblait que la douleur diminuait à mesure que la partie avançait et fixait son attention. Mais si l'attention peut rendre le plaisir plus exquis et la douleur plus légère, elle peut faire aussi que cette dernière soit plus âpre, plus cuisante, elle peut l'exaspérer au point de la rendre intolérable et de mettre le malade sur le chemin de la mort ou de la folie; de là, dans les chagrins violents, la nécessité de recourir aux distractions; celles-ci donnent à l'esprit une autre direction, le détournent de la pensée désolante et unique qui l'absorbe et l'obsède. Aussi les gens pauvres, pour qui la perte d'un être aimé vient ajouter les peines du cœur aux souffrances du corps, ont-ils au moins sur les riches cet avantage que les nécessités de la vie les contraignent à ne pas revenir sans cesse à la même pensée, à ne pas toujours fixer leur esprit sur la douloureuse méditation de leur infortune.

Seconde partie. — Mais c'est surtout dans la vie intellectuelle que l'attention produit de merveilleux et bienfaisants effets; on peut dire que cette vie de l'intelligence ne commence véritablement qu'avec l'attention et grâce à son concours. Sans doute il peut arriver quelquefois que nous ne comprenions pas tout en étant fort attentifs, que nous appliquions notre esprit avec force à un problème de physique sans pouvoir en découvrir la solution, à un théorème de géométrie sans pouvoir en faire la démonstration; l'effort n'est pas toujours couronné par le succès. Mais il n'en est pas moins certain que l'on ne peut comprendre à aucun degré si l'on n'est pas attentif à un certain degré, qu'il n'y a pas de connaissance claire et distincte sans l'attention. Or, si l'on réfléchit que l'attention est essentiellement volontaire, que nous pouvons à notre gré la donner ou la suspendre, que nous sommes attentifs quand nous voulons et aux choses que nous voulons, on comprendra facilement ce que peut cette faculté pour le développement de l'esprit et pour l'acquisition des connaissances. C'est l'aptitude à être attentif, la volonté de l'être qui fait les esprits sérieux; c'est au contraire une propension fâcheuse à la distraction qui fait les esprits légers et les rend incapables de tout travail sérieux. Dans l'idiotisme et la folie, l'altération de l'intelligence se traduit chez le malade par l'impossibilité d'être attentif; l'idiot ne peut fixer son attention sur aucun objet; le fou en démence a l'esprit incessamment traversé et agité par une foule d'images incohérentes; le maniaque a l'imagination constamment frappée par une idée particulière et ne peut se fixer sur un autre objet. L'attention est donc indispensable pour qu'un fait intellectuel ait lieu, et entre des intelligences égales le travail et la paresse introduisent de grandes différences. Sans doute il ne faut pas prendre à la lettre le mot fameux de Buffon : « Le génie n'est qu'une longue patience; » ni celui de Newton, qui interrogé comment il avait découvert le système du monde, répondait : « en y songeant toujours; » ni celui de Gioberti qui disait que « le génie n'est en grande partie que la volonté elle-même ». L'attention, si énergique et soutenue qu'elle puisse être, ne donne pas le génie, et le génie est nécessaire pour conduire à ces merveilleuses découvertes qui rendent immortel le nom de certains hommes privilégiés. La Romiguière a commis aussi une erreur, lorsque non content de faire de l'attention la première des facultés intellectuelles, il a prétendu que c'est elle qui dans son développement engendre toutes les autres. Mais, comme Newton et Buffon, il ne faisait qu'exagérer l'incontestable puissance de l'attention.

Cette faculté n'est pas seulement nécessaire pour comprendre, elle rend encore d'autres services. Tandis que les gens étourdis et distraits n'ont des choses qu'une idée vague, confuse et imparfaite, les gens attentifs ont des idées nettes, claires et précises ; l'attention leur permet d'apercevoir dans les choses une foule de propriétés qui échappent aux autres, et, par une comparaison aussi juste qu'ingénieuse, on a dit qu'elle était comme un microscope qui grossit les objets et en fait sentir les moindres détails, les plus fines nuances. Enfin l'attention est une des lois, une des conditions de la mémoire, qui ne conserve les souvenirs que quand ils ont été fixés dans l'esprit par une application sérieuse. Un discours auquel nous ne prêtons qu'une oreille distraite, un paysage, un monument que nous regardons d'un œil également distrait, ne nous laissent que des souvenirs vagues et fugitifs. Au contraire, lorsque nous avons fixé notre esprit sur un objet avec force et pendant un certain temps, nous sommes récompensés de cet effort par la fidélité du souvenir, qui nous reste quelquefois présent pendant toute notre vie. Si l'on réfléchit que la mémoire est la condition de la science, on voit quels services nous rend ainsi l'attention.

Il ne faut donc rien épargner pour développer en nous cette précieuse faculté. Pénible et difficile au début de la vie, faible comme la volonté elle-même, elle devient peu à peu une habitude qui diminue l'effort et qui finit même par le faire disparaître ; on apprend à être attentif, comme on apprend à marcher, à parler, à écrire, et l'on devient capable de concentrer son esprit sur une étude pendant de longues heures sans qu'une fatigue trop grande se fasse sentir à nous.

Résumé. — Ainsi, l'attention rend les sensations plus vives, quelquefois même exclusives ; elle fait que les impressions auxquelles l'âme s'applique ont une énergie toujours grandissante, tandis que les autres subissent une diminution graduelle et finissent même par disparaître. Dans la vie intellectuelle, elle est la cause principale de l'inégalité des esprits ; elle nous permet de comprendre mieux et plus vite, elle augmente l'énergie du souvenir. Il dépend de nous que cette faculté nous rende tous les services que l'on peut en attendre, puisqu'elle n'est pas autre que la volonté, puisque, par l'habitude, cette concentration de l'esprit sur un objet devient facile et assurée; l'attention est forte et puissante si nous le voulons, elle est faible et vacillante si notre volonté ne connaît que des défaillances.

61. — A. De l'abstraction. — B. Ses avantages. — C. Ses dangers. — D. Exemples d'idées abstraites dans les différentes sciences.

PROGRAMME

A. La faiblesse de l'esprit humain est telle qu'il ne peut se faire des idées claires et distinctes qu'à la condition de considérer une à une, non seulement les choses, mais encore les propriétés des choses ; ainsi, je prends une orange entre mes mains, et, l'examinant avec *attention*, j'en perçois presque à la fois toutes les qualités, forme, résistance, couleur, odeur ; j'en ai alors une idée *complexe*, puisqu'elle embrasse plusieurs éléments, et *concrète*, puisque je considère encore les qualités comme adhérentes au sujet, à la substance ; mais si je concentre mon attention sur une seule de ces qualités en la détachant mentalement de toutes les autres, je fais une *abstraction*. L'abstraction est donc une opération qui consiste à considérer isolément les qualités des êtres ; c'est une conséquence de la faiblesse de notre esprit, qui ne peut contempler tout simultanément et qui est obligé de diviser ; mais quand nous séparons ainsi les parties des choses, nous n'accomplissons pas une division réelle, comme cela a lieu dans les analyses chimiques ; c'est une division purement intellectuelle. Toutefois abstraire n'est pas une opération difficile ; aucun procédé n'est plus naturel et ne nous est plus familier ; il y a une abstraction qui s'opère par le seul exercice des sens, puisque chacun perçoit isolément les qualités des corps, l'ouïe perçoit le son, l'œil perçoit la couleur, etc.; aussi La Romiguière appelait-il les sens des « machines à abstraction ». Les analyses psychologiques sont autant d'abstractions; considérer isolément la sensation ou la perception en la détachant de tous les phénomènes auxquels elle est liée, c'est faire une abstraction.

B. L'abstraction offre des avantages nombreux; elle est d'abord un moyen d'analyse qui seul nous permet d'arriver à des notions scientifiques, c'est-à-dire claires et distinctes; en outre elle est la condition de la généralisation, puisque toute idée générale est nécessairement abstraite [1]; or, la généralisation est elle-même la condition de la science, puisqu'il n'y a pas de science de l'individuel et que les généralités seules donnent lieu à la science; elle est aussi la condition du langage; en effet, quand une idée abstraite est *générale*, c'est-à-dire ne désigne plus une qualité particulière de tel ou tel être, il faut lui donner un nom qui nous permette de la retenir en lui donnant une espèce d'existence; en effet, les idées générales n'ont pas d'objet qui leur corresponde *directement* en dehors de notre esprit, et, ne s'appliquant à aucun être réel, elles s'évanouiraient aussitôt que l'esprit les perdrait de vue; le langage les fixe en les incarnant dans des mots, comme pesanteur, chaleur, beauté, etc.; aussi, à l'exception des noms propres, tous les mots d'une langue sont des mots abstraits. L'abstraction est aussi une condition des créations de l'imagination [2].

C. Cette opération si utile offre cependant des dangers. Le plus grave est d'attribuer une existence réelle à de pures conceptions de l'esprit, dont nous faisons des personnes douées, comme nous, d'intelligence et de volonté; ainsi, le polythéisme a divinisé les forces de la nature, Jupiter, Neptune, Vulcain; les vertus et les vices des hommes, Minerve, Vesta, Mars, Mercure; l'ancienne philosophie supposait une existence distincte et substantielle aux idées qui ne

1. Voir plus loin le numéro 62.
2. Voir plus haut le numéro 82.

sont que des conceptions de l'esprit; l'ancienne physique considérait comme des êtres le froid, le chaud, le sec, l'humide, c'est-à-dire les qualités de la matière; c'est ce qu'on appelle *réaliser des abstractions.*

D. Au point de départ de chaque science, on retrouve une ou plusieurs idées abstraites : l'idée abstraite d'étendue est le fondement de la géométrie, l'idée abstraite de son engendre l'acoustique ; en arithmétique, c'est l'idée de nombre, en mécanique celle de mouvement, dans l'optique celle de lumière, etc. On a donc pu critiquer la dénomination d'*abstraites* qui a été donnée à certaines sciences à l'exclusion des autres.

OBSERVATION. — *Les développements qui précèdent suffisent pour traiter le sujet suivant :*

De l'usage de l'abstraction : 1° dans nos opérations intellectuelles les plus simples, les plus élémentaires ; — 2° dans les sciences.

62. — A. Comment se forment les idées générales ? — B. Qu'appelle-t-on la compréhension et l'extension des idées générales ?

ESQUISSE

A. L'élément scientifique c'est l'élément général : « Il n'y a pas de science du particulier et de ce qui passe, » a dit Bacon, et, avant lui, Aristote. Mais si la science a pour but le général, elle a pour point de départ le particulier ; nous ne connaissons pas directement les propriétés générales des êtres ; nous ne connaissons immédiatement que les individus et les propriétés individuelles, je connais Pierre ou Jean avec ses qualités ou ses défauts. Mais si l'observation ne nous fait connaître que des individus et dans chaque individu ce qui lui est propre, elle nous fait connaître aussi que tel individu, tel homme par exemple, a des qualités communes avec les autres ; par l'attention et l'abstraction, nous nous arrêtons à ces qualités communes que nous avons remarquées dans plusieurs individus ; nous réunissons alors dans un même groupe tous les individus qui possèdent ces qualités communes et nous désignons ce groupe par un même nom qui s'applique à tous et à chacun ; nous sommes arrivés ainsi à une *idée générale.* La *généralisation* est donc une opération de l'esprit qui consiste à étendre une notion abstraite à toute une classe d'êtres. Ainsi, ayant remarqué que tous les hommes, depuis Socrate et Vincent de Paul jusqu'à Tibère et Marat, avaient, à des degrés divers, les mêmes facultés essentielles, sensibilité, intelligence et volonté, on a formé un groupe qui s'est appelé par un terme général, *homme, humanité;* c'est une *espèce.* Puis continuant dans cette voie, on a observé que l'homme avait des propriétés qui lui étaient communes avec d'autres individus, d'ailleurs différents de lui sous d'autres rapports, qui, comme lui, étaient des êtres vivants, doués de la faculté de sentir et de se mouvoir ; faisant alors abstraction des différences qui séparaient l'homme de ces autres êtres et ne regardant qu'aux qualités communes, on est arrivé à un autre groupe plus considérable encore, à un *genre*, que l'on a désigné par un nom, *animal*. Continuant ainsi avec l'aide de l'abstraction et de la comparaison, on s'est élevé jusqu'à la qualité et à l'idée d'*être*, que tous les individus possèdent, ayant l'existence d'une façon quelconque.

B. Les idées générales présentent une double propriété : 1° l'*extension* désigne le nombre des individus, qui sont compris dans l'idée générale ; par exemple, l'extension de cette idée générale *homme* serait représentée par 1400 millions, population approximative de notre planète ; — 2° la *compréhension* désigne le nombre des qualités communes aux individus compris dans l'idée générale ; par exemple, la compréhension de cette idée générale *animal* serait représentée par quatre principaux caractères : *être vivant*, doué de la faculté de *sentir* et de *se mouvoir ;* la compréhension de l'idée *homme* serait représentée d'abord par les caractères du règne animal dont l'homme fait partie et de plus par un caractère qui lui est particulier, celui d'être *raisonnable*. L'extension et la compréhension sont en rapport inverse, c'est-à-dire qu'une idée générale embrasse d'autant moins de qualités qu'elle désigne un plus grand nombre d'individus ; quand la compréhension augmente, l'extension diminue, et réciproquement : Être, Animal, Européen, Français, Fénelon sont des termes de plus en plus compréhensifs, c'est-à-dire renfermant un nombre de qualités de plus en plus grand ; au contraire, et en reprenant la série en sens inverse, Fénelon, Français, Européen, Animal, Être, sont de plus en plus étendus et de moins en moins compréhensifs, c'est-à-dire s'appliquent à plus d'êtres et impliquent moins de qualités particulières ; ainsi, dans *Fénelon* l'extension est 1 et la compréhension est indéfinie ; dans *Être* la compréhension est 1 (l'existence) et l'extension, c'est-à-dire le nombre des êtres, est indéfinie.

63. — « Tout le monde, dit un moraliste, se plaint de sa mémoire et personne de son jugement; » sur quoi se fonde cette préférence donnée au jugement?

ESQUISSE

Exorde. — Le mot *jugement* comporte deux sens différents : tantôt le jugement est une opération de l'esprit par laquelle nous affirmons qu'une chose est ou n'est pas ; tantôt le jugement est la faculté de distinguer le vrai du faux, le bien du mal ; c'est dans ce dernier sens que ce mot est employé par La Rochefoucauld dans la pensée qui nous occupe. Ce moraliste a constaté un fait exact : en effet, on entend beaucoup de gens reconnaître, même proclamer l'affaiblissement graduel de leur mémoire ou son infirmité naturelle; personne, au contraire, ne veut convenir qu'il manque de jugement, et des gens notoirement absurdes affichent la prétention de bien juger, de ne jamais se tromper sur la valeur exacte des choses et des personnes. Pourquoi en est-il ainsi?

1° C'est que la mémoire est seulement un dépôt auquel on confie les idées qu'on a acquises, par conséquent les idées des autres; de là cette indifférence qu'elle nous inspire ; cette faculté est pour ainsi dire passive, puisque sa fonction essentielle est de conserver fidèlement ce qu'on lui a confié, sans rien ajouter et sans rien retrancher. Au contraire c'est par le jugement que se manifeste l'activité propre de notre esprit, quand il s'agit, dans des cas tout particuliers, de nous prononcer sur la nature des choses et sur le caractère des personnes; cela veut dire que le jugement nous est essentiellement personnel; aussi, quand nous nous trompons, nous en ressentons une certaine humiliation, et quand nous jugeons bien, nous en éprouvons une vive satisfaction. La sûreté de notre mémoire ne nous inspire pas la même fierté, et ses défaillances ne nous causent pas la même honte. Sans doute celui qui ne développe pas sa mémoire se prive des secours que peuvent lui offrir les découvertes des âges précédents; mais celui qui ne cultive que sa mémoire ne pense pas par lui-même; car la mémoire dispense de réfléchir, donne de la paresse à l'esprit, arrête son activité.

2° En outre, le jugement a, pour la conduite de la vie, une importance plus considérable que la mémoire; car on ne peut mener à bien aucune entreprise si l'on ne juge pas sainement, si l'on se trompe sur les choses et sur les personnes. On peut à la rigueur se passer d'une bonne mémoire; des souvenirs abondants et variés ne sont pas indispensables pour réussir; au contraire, tout succès est impossible pour les gens dépourvus de jugement. L'expérience de la vie et l'instruction peuvent développer en nous cette heureuse faculté; mais c'est à la nature surtout que nous devons cette aptitude à bien juger. Aussi des hommes illettrés ont-ils souvent de la rectitude et de la sagacité dans l'esprit, tandis que des gens instruits jugent parfois au rebours du bon sens, tout en ayant une bonne mémoire; de là ce proverbe des Anciens : *Homo beatæ memoriæ exspectans judicium;* de là aussi cette autre maxime de La Rochefoucauld : « La mémoire tue le jugement. » Montaigne dit en parlant des gens qui ne cultivent que leur mémoire : « Ils ont la souvenance assez pleine, mais le jugement entièrement creux. » En effet, le développement exagéré de la mémoire nuit à la spontanéité de l'esprit et même au développement du caractère; un jeune homme habitué à tout apprendre par cœur, à ne faire appel qu'à la mémoire, ne peut avoir aucune originalité dans l'intelligence et ne saurait dans la vie prendre aucune initiative; aussi une bonne éducation consiste-t-elle à développer toutes les facultés dans un concert harmonieux.

64. — A. Du raisonnement. — B. De ses principales espèces. — C. De son utilité.

PROGRAMME

A. Le raisonnement consiste à tirer un jugement d'un autre jugement. Je raisonne si j'affirme d'un être ou d'un objet (de l'air, par exemple) un phénomène ou une qualité (la pesanteur) que je sais appartenir à l'espèce (corps) dont cet être ou cet objet fait partie ; exemple : tout *corps* est *pesant* ; or, l'*air* est un corps, donc l'air est pesant. Le raisonnement renferme trois jugements : celui duquel on déduit, celui que l'on déduit, et un jugement intermédiaire qui autorise à déduire l'un des deux autres de l'autre.

B. Il y a deux espèces de raisonnement :

1° L'*induction* va du particulier au général, conclut d'un ou de plusieurs faits particuliers un fait constant et général qu'on appelle *loi* ; le physicien raisonne par induction lorsque, ayant reconnu que les corps abandonnés à eux-mêmes tombent avec une vitesse proportionnée à leur masse, il fait de cette vérité générale une loi applicable à la chute de tous les corps dans le passé et dans l'avenir ; l'induction repose sur la croyance à la stabilité et à la généralité des lois de l'univers ; elle est d'un emploi fréquent dans les sciences physiques et naturelles ; 2° la *déduction* va du général au particulier, fait sortir d'une vérité universelle ou générale toutes les vérités particulières qui y sont contenues ; exemples : la ligne droite étant le plus court chemin d'un point à un autre, on en conclut par déduction qu'un côté quelconque d'un triangle est plus petit que la somme des deux autres ; — tous les corps en général tendant, lorsqu'ils tournent, à éprouver une dépression dans le sens de l'axe de rotation, nous sommes amenés, par voie de déduction, à penser que la terre n'est pas tout à fait ronde, mais qu'elle est aplatie vers le pôle. La déduction s'emploie dans les sciences exactes, et aussi dans les sciences morales ; car c'est de l'idée du bien que sont déduits tous nos devoirs.

C. Le raisonnement est l'opération intellectuelle la plus compliquée ; aussi beaucoup d'esprits y sont impropres et se perdent dans les circuits, dans les tours et les détours du raisonnement ; aussi on est souvent frappé de l'étrange façon de raisonner que l'on remarque chez certaines personnes ; et le premier signe d'un affaiblissement intellectuel, d'un désordre dans l'esprit, se manifeste par l'incohérence dans les idées, c'est-à-dire par l'impuissance de raisonner, d'enchaîner les idées et les jugements dans un ordre régulier. La nécessité où nous sommes d'avoir recours au raisonnement atteste notre faiblesse, puisque cela prouve que l'homme ne conçoit pas immédiatement toutes les vérités et que, pour y parvenir, il lui faut employer des moyens détournés. Mais, d'un autre côté, le nombre et l'importance des vérités que nous devons à l'emploi du raisonnement prouvent à la fois la vigueur de notre esprit et l'utilité de ce procédé.

1° Sans l'induction nous ne connaîtrions que des faits isolés, que des individus, et cette connaissance serait stérile puisqu'elle ne pourrait donner lieu à aucune application utile. Par elle, on sort du particulier, on étend une croyance à tous les êtres et à tous les faits d'une même espèce, dans le passé, dans le présent et dans l'avenir. Quand on a constaté que la chaleur a dilaté un certain nombre de corps qu'on y a soumis, on en conclut qu'en général la chaleur dilate les corps. Sans l'induction, nous ne pourrions pas des souvenirs du passé tirer des règles de conduite pour l'avenir, comme un enfant qui s'est une fois brûlé en touchant au feu sait qu'il se brûlera de nouveau s'il y touche.

2° Sans la déduction, les vérités universelles resteraient pour nous stériles, nous ne pourrions pas en dégager les conséquences, et les mathématiques, c'est-à-dire tout un ordre de sciences, n'existeraient pas. En outre, sans ce procédé, les découvertes des sciences physiques ne pourraient que donner satisfaction à la curiosité de l'esprit, nous serions impuissants à en faire les applications si utiles qui nous servent pour rendre la vie plus facile. Mariotte avait établi cette loi : « Tout corps à l'état gazeux est doué d'une force d'expansion qui est en raison inverse du volume; » Papin en a conclu qu'il était possible d'employer cette force élastique de l'eau vaporisée à soulever un piston dans un tube ; puis Watt a créé la machine à vapeur moderne, puis Fulton lança des bateaux à vapeur sur les fleuves de l'Amérique, etc. Et l'on voit quelles heureuses applications la déduction a permises.

65. — Distinguer les idées générales des idées universelles ou nécessaires.

DISSERTATION

Exorde. — Trois grands objets s'offrent aux recherches du philosophe, Dieu, la nature et l'homme ; l'esprit ne peut rien connaître en dehors de ces trois ordres de réalité. Il faut donc admettre trois sources de la connaissance : la perception extérieure qui nous fournit les idées sensibles, la conscience qui nous donne les idées psychologiques, et la raison qui nous fait concevoir les idées nécessaires. Mais une école célèbre, l'école sensualiste, n'a voulu admettre qu'une source de connaissances ; elle a dit que toutes nos idées viennent des sens, et que celles qui ne semblent pas venir directement du monde extérieur ne sont que des sensations transformées. Ce système peut être réfuté d'une manière victorieuse. Ici contentons-nous d'examiner un côté de la question. Entre autres prétentions, les sensualistes veulent réduire les idées universelles à n'être que des idées générales, et ils n'en font par conséquent que des produits de l'induction. Il est donc important d'indiquer bien nettement les caractères qui ne permettent pas de confondre des idées si distinctes.

Première partie. — Et d'abord tous les hommes possèdent les idées universelles ou nécessaires, tandis que quelques-uns seulement ont des idées générales. En effet, il n'est pas un homme, si ignorant, si grossier qu'il puisse être, qui n'ait pas l'idée de cause, par exemple. Sans doute les idées universelles ne sont accessibles, sous la forme abstraite, qu'aux esprits cultivés et échappent sous cette forme à un grand nombre d'intelligences; mais si ces idées ne sont accessibles à la plupart des hommes que quand elles se présentent avec une forme particulière et concrète, elles n'en sont pas moins dans leur esprit à leur insu, avec un caractère de nécessité et d'universalité; tous agissent en conséquence, n'hésitant jamais, dans la pratique de la vie, quand il s'agit de croire que tout phénomène a une cause, que le bien est louable, que la partie est plus petite que le tout, etc. Tous les hommes possèdent donc les idées universelles. Au contraire, combien sont étrangers à ces idées générales de lois et d'espèces, qui pourtant constituent une grande partie de la science humaine? combien ne savent pas ce que l'on entend par vertébrés, annelés, mollusques, zoophytes?

Deuxième partie. — En outre, les idées universelles sont les objets de l'évidence immédiate, elles nous apparaissent d'elles-mêmes et comme malgré nous; les autres sont les objets de l'évidence médiate et le résultat de recherches longues, volontaires et laborieuses. Quand on dit que « tous les corps sont dans l'espace, » notre esprit adhère sur-le-champ, et reconnaît la vérité d'une manière immédiate, par intuition, et il ne peut s'y dérober. Au contraire, si l'on énonce devant nous ce jugement, « tous les corps s'attirent, » nous n'apercevons la vérité de cette proposition qu'après une démonstration. Les idées universelles sont tellement inhérentes à notre nature et nous sont tellement nécessaires que, quand elles nous apparaissent pour la première fois, il nous semble que nous les connaissons depuis longtemps, nous croyons pour ainsi dire les reconnaître. C'est à ce point de vue que Platon les regardait comme des réminiscences, c'est-à-dire des souvenirs d'une vie antérieure. Aussi nous est-il impossible d'indiquer l'époque où ces idées nous ont apparu pour la première fois. Au contraire, il nous serait possible et même facile de préciser le jour où nous avons acquis telles ou telles idées générales. C'est que celles-ci n'ont pénétré dans notre esprit qu'après un effort, un travail volontaire, réfléchi, c'est-à-dire conscient. L'histoire des sciences est presque l'histoire des efforts qu'ont faits les savants pour former les idées générales, c'est-à-dire les sciences physiques et naturelles ainsi que les sciences morales. Un autre caractère, qui n'est que la conséquence du caractère précédent, c'est que les idées universelles sont immuables, tandis que les idées générales faites par nous peuvent aussi être défaites par nous. On constate, en effet, qu'aucune modification n'a été apportée aux premières dans la suite des temps; c'est à peine si l'on a introduit quelques changements dans les formules. Au contraire, les progrès des sciences se mesurent aux modifications introduites peu à peu et par des efforts successifs dans les idées générales, c'est-à-dire dans les classifications et dans les lois; tels êtres semblaient autrefois appartenir à telle classe qui aujourd'hui ont été transportés dans une classe voisine et différente; car la science humaine ne peut s'accroître que par le changement.

Troisième partie. — Enfin les idées universelles ne peuvent être définies, parce qu'elles s'appliquent à un nombre illimité d'êtres et de faits; il est impossible d'assigner une borne, une limite au principe de causalité, qui s'applique à tout ce qui est contingent. Les idées générales peuvent être définies, puisqu'elles ne s'appliquent qu'à un nombre limité d'êtres et qu'elles ont par conséquent une étendue bornée; exemple : l'homme est un animal raisonnable.

Résumé et conclusion. — On voit donc qu'il est impossible de ramener les idées générales aux idées universelles : tous les hommes possèdent ces dernières, et quelques-uns seulement ont les idées générales; les idées universelles, objets de l'évidence immédiate, naissent en nous d'elles-mêmes, tandis que les idées générales, objets de l'évidence médiate, sont le résultat d'efforts laborieux; les idées universelles sont immuables, les autres peuvent être modifiées; les premières échappent à la définition, les secondes peuvent être définies.

Les sensualistes, pour arriver à confondre des idées aussi distinctes, sont obligés de les dénaturer; ainsi, pour eux la cause n'est qu'une succession de phénomènes, la substance une collection de qualités. On peut néanmoins signaler un caractère commun entre ces deux groupes d'idées ; les unes et les autres peuvent servir de base, de point de départ à la déduction. Ainsi, quand on a posé ce jugement primitif, universel, que la ligne droite est le plus court chemin d'un point à un autre, on en conclut par déduction qu'un côté quelconque d'un triangle est plus petit que la somme des deux autres ; de même quand on a appris que tous les corps en général tendent, lorsqu'ils tournent, à éprouver une dépression dans le sens de l'axe de rotation, on peut, cette loi établie, être amené, par voie de déduction, à penser que la terre n'est pas tout à fait ronde, qu'elle est aplatie vers les pôles.

Cette observation n'en laisse pas moins subsister les différences si considérables qui séparent les idées universelles des idées générales.

66. — **A. Exposer et discuter la théorie de la** *table rase;* **quelle est l'exception proposée par Leibnitz? L'esprit est-il une table rase? Expliquer et discuter le système de la** *sensation transformée.* — **B. Expliquer et discuter la théorie des idées innées.**

ESQUISSE

La question de l'origine des idées a en philosophie une importance capitale à cause des conséquences qui découlent de l'adoption de tel ou tel système. Tous les systèmes proposés sur cette question se ramènent : 1° au *sensualisme* ou *empirisme*, qui prétend que toutes nos idées viennent des sens et de la conscience ; 2° au *rationalisme*, qui admet une faculté supérieure, la raison, pour expliquer l'origine des idées universelles et nécessaires. Ces deux systèmes se résument dans deux théories célèbres, la théorie de la *table rase* et celle des *idées innées*.

A. Le sensualisme a eu Démocrite pour défenseur dans l'antiquité; afin d'expliquer de quelle façon se forme la connaissance, il supposait que les corps sont dans une émission perpétuelle de leurs parties, qui, se détachant des corps, traversent l'espace, viennent frapper nos organes et impriment dans l'esprit les images des objets ; c'est la théorie des *idées-images ;* elle fut adoptée par Épicure, Lucrèce et les stoïciens, auxquels on attribue la fameuse formule : « Nihil est in intellectu quod non prius fuerit in sensu. » Dans les temps modernes le sensualisme est défendu par Bacon, Hobbes et Gassendi ; Locke le reprend avec la théorie de la *table rase*, et Condillac avec celle des *sensations transformées*. Locke admet qu'au début notre âme est une table rase, une tablette de cire unie, polie, une feuille de papier blanc ne portant encore aucun caractère ; les premières idées viennent s'y imprimer par la *sensation* et les idées plus abstraites par la *réflexion* appliquée aux premières opérations ; il admet donc l'activité de l'esprit et reconnaît l'intervention nécessaire de cette activité dans la formation de nos idées, et pour lui il y a deux sources de nos idées, la sensation, principe passif, et la réflexion, principe actif. Condillac nie cette activité, supprime la réflexion, et il fait sortir toutes les connaissances de la sensation seule. Ainsi, le point commun entre Locke et Condillac, c'est que l'âme, à l'origine, est une table rase, que toutes les idées viennent de l'expérience ; mais dans la formation des idées qui viennent s'imprimer sur cette table rase, l'un fait intervenir l'activité, l'autre la supprime ; telle est la différence. Toutes nos connaissances, selon Condillac, ne sont que des sensations transformées, même les idées qui sont en apparence les plus éloignées de nos perceptions sensibles ; nous n'aurions aucune idée de l'être, de la substance : « Ces sortes de phénomènes, dit-il, ne sont palpables qu'au tact des philosophes... nous n'avons ni l'idée d'éternité, ni celle d'immensité ; si nous nous croyons en possession de ces idées, c'est que nous prenons pour l'éternité et l'immensité une durée et un espace vagues, dont nous ne pouvons fixer les bornes. » Pour expliquer ce système, Condillac se sert d'une comparaison célèbre, il suppose un *homme-statue*, marbre inerte, qui peu à peu, sous l'excitation de la sensation, s'anime, devient attentif, compare, juge, discerne, imagine, etc., reçoit les idées ou représentations des qualités des corps.

Réponse : Pour que la sensation se transforme, il faut précisément admettre dans l'âme une activité qui la transforme ; il faut admettre pour ainsi dire, derrière le sens qui sert d'intermédiaire, une force capable, non seulement de recueillir les sensations ou perceptions, mais encore de les transformer en idées par un travail particulier; de là cette réfutation si simple de Leibnitz, cette exception fameuse proposée par lui à la formule du sensualisme : « Nihil est in intellectu quod non prius fuerit in sensu, *nisi ipse intellectus.* » En outre, lorsque Condillac prétend que toutes nos facultés intellectuelles sont des transformations de l'attention et que l'attention elle-même n'est qu'une transformation de la sensation, il est facile de répondre que la sensation, qui est passive, qui ne dépend pas de nous, ne peut pas engendrer l'attention, qui est volontaire; entre la sensation passive et l'attention active, il y a une différence de nature et non pas de degré; — ensuite, il y a dans l'esprit des idées à l'éveil desquelles l'expérience peut bien contribuer, mais qui ne viennent pas de l'expérience, comme le prouvent les caractères d'*universalité* et de *nécessité* de ces idées; car les sens ne nous donnent que l'individuel et ce *qui est*, non ce *qui doit être* [1]; les sens ne nous donnent qu'une succession contingente de phénomènes, non un rapport nécessaire de cause à effet; — les sensualistes réduisent les idées universelles ou nécessaires à n'être que des idées générales et en font des produits de l'induction; or, les idées nécessaires naissent dans l'esprit d'elles-mêmes et malgré nous, spontanément, elles sont l'objet de l'évidence immédiate, elles sont immuables, tandis que les idées générales sont le résultat de recherches longues, laborieuses et volontaires, sont l'objet de l'évidence médiate, et peuvent être modifiées; on ne saurait donc ramener les idées nécessaires aux idées générales, et, pour y parvenir, les sensualistes sont obligés de dénaturer les idées nécessaires, de réduire, par exemple, la cause à une succession de phénomènes, la substance à une collection de qualités [2].

B. Descartes, considérant les idées par rapport à leur origine, les partageait en trois classes : 1° les idées *adventices* qui nous viennent par les sens et la conscience (idée du soleil); 2° les idées *factices*, que l'esprit forme en travaillant

---

1. Voyez le numéro 71.
2. Voyez la dissertation précédente.

sur les données sensibles (idée d'un hippogriffe, d'une sirène); 3° les idées *innées*, notions et vérités premières, qui ont Dieu pour principe et pour centre, que l'on ne peut tirer des notions fournies par l'expérience, dont nous apportons le germe en venant au monde; ce sont des semences que nous apportons en naissant et que la rencontre des objets extérieurs fait paraître au dehors; c'est la raison qui conçoit ces idées nécessaires et qui s'éveille dès que les sens et la perception entrent en exercice, concevant l'infini devant le fini, l'universel devant le particulier. — Si l'expression *idées innées* était prise au pied de la lettre, c'est-à-dire si l'on disait que ces idées ont été mises en nous par Dieu au moment de la naissance ou au moment de la conception dans le sein de la mère, cette théorie ne serait qu'une hypothèse inexacte et inacceptable; mais Descartes a eu soin d'expliquer lui-même sa pensée d'une façon qui en atténue la portée, en disant que ce qui pour lui est inné c'est, non pas l'idée, mais la faculté de penser qui nous fait concevoir l'idée de Dieu et les vérités que l'observation sensible ne saurait nous donner. Aussi la philosophie française a-t-elle adopté cette solution, en remplaçant l'expression impropre d'*idées innées* par l'expression plus exacte de notions et vérités premières. En outre la doctrine de Descartes maintient des croyances utiles à la moralité humaine, la spiritualité de l'âme, la notion du devoir et l'idée de Dieu, tandis que le sensualisme, aboutissant au matérialisme et au scepticisme, ne peut qu'être funeste par les conséquences morales qu'il entraîne.

67. — Qu'entend-on par la théorie des idées innées et par celle de la table rase ?

DISSERTATION

Exorde. — L'idée est la connaissance sous sa forme la plus simple ; or, comme il n'y a que trois ordres de réalités, l'âme, la matière et Dieu, il faut admettre trois sources de la connaissance : 1° la conscience qui, nous faisant connaître l'âme et ses diverses modifications, nous fournit les idées psychologiques ; — 2° la perception extérieure qui, nous faisant connaître les corps et leurs propriétés, nous donne les idées sensibles, cosmologiques ; — 3° la raison qui nous fait concevoir les idées nécessaires ou notions premières. Telle est la solution, éclectique et simple, que l'on peut donner à ce problème de l'origine des idées, qui de tout temps a divisé les philosophes et donné lieu à d'interminables discussions. Tous les systèmes proposés à ce sujet peuvent se ramener à deux principaux, qui appartiennent à des écoles opposées : c'est la théorie des *idées innées* de Descartes, solution idéaliste, et la théorie de la *table rase* de Locke, solution empirique ou sensualiste.

Première partie. — Descartes admettait la présence dans notre esprit d'idées qui ne viennent pas de l'expérience et que le raisonnement est impuissant à former, que l'esprit tire de lui-même et de son propre fonds. Cette doctrine rappelle la théorie platonicienne de la réminiscence ; elle a, comme elle, le mérite de proclamer que toutes nos connaissances ne viennent pas du dehors, que certaines idées sont supérieures à l'expérience ; mais la théorie de Descartes diffère de celle de Platon en ce que l'innéité ne suppose pas la préexistence des âmes dans un autre monde, où, suivant Platon, elles auraient contemplé les types de toutes choses, de sorte que nos idées ne seraient plus que des réminiscences de cette existence antérieure ; Descartes ne se perd pas dans ces chimériques spéculations et dans de vaines hypothèses ; toutefois cette expression d'*idées innées* ne saurait être acceptée parce qu'elle prête à l'équivoque. On ne peut en effet admettre que des idées aient été mises en nous par Dieu soit au moment de la naissance, soit dans le sein de la mère au moment de la conception ; Descartes avait senti lui-même la nécessité d'expliquer sa pensée ou d'en atténuer la portée en disant que ce qui est inné en nous, ce ne sont pas les idées elles-mêmes, mais « la faculté de les produire ». Avec cette rectification et dans ces termes, la doctrine de Descartes est parfaitement acceptable ; il faut substituer l'expression de *notions premières* à l'expression inexacte et impropre d'*idées innées*, qui permettait une réfutation par l'absurde et faisait même attribuer au philosophe une pensée qui n'était pas la sienne. Cette théorie idéaliste a cela de vrai qu'elle établit l'existence de vérités nécessaires, qui sont conçues par la raison et qui ne viennent pas de l'expérience ; sans doute la raison ne nous révèle ces idées que sous l'excitation de l'expérience ; mais celle-ci n'est que la *cause occasionnelle* de leur éveil, elle n'en est pas la source, elle n'en est que la condition. Ces idées sortent de notre propre fonds et elles y restent comme endormies, à l'état virtuel, jusqu'à ce que l'excitation de l'expérience vienne en provoquer l'apparition ; mais elles sont tellement indépendantes des faits d'expérience, que tous les jugements issus de la perception interne ou externe ne s'expliquent que par les idées premières et les supposent.

Seconde partie. — L'école empirique ou sensualiste prétend que toutes nos idées viennent des sens et elle a pour formule cette maxime fameuse : « Nihil est in intellectu quod non prius fuerit in sensu. » Cette doctrine fut représentée chez les Anciens par la théorie des *idées-images* de Démocrite, suivant laquelle les idées ne seraient que des images détachées des objets et pénétrant dans l'esprit par les organes des sens. Cette théorie a été remplacée, dans les temps modernes, par la théorie de la *table rase* de Locke, suivant laquelle l'âme, avant toute expérience, serait comme une tablette unie, sur laquelle rien n'aurait encore été écrit, une feuille de papier blanc qui ne porterait encore aucun caractère; les premières idées viendraient s'y imprimer par la sensation et les idées plus abstraites par la réflexion appliquée aux premières opérations. Condillac simplifia encore cette théorie, et, supprimant la réflexion, il fit sortir toutes les connaissances de la seule sensation; ce fut le système de la *sensation transformée*. Il y a ce point commun entre Locke et Condillac que toutes nos idées viendraient de l'expérience; c'est le principe même du sensualisme, quelle que soit la forme sous laquelle il se présente. Il est bien facile de montrer ce que cette doctrine a de faux ou d'exclusif.

1° En ramenant toutes nos idées à la sensation, elle admet pourtant que, pour la plupart, elles n'en viennent que par voie d'abstraction et d'induction; ainsi, je n'ai pas vu l'homme en général; mais ayant vu beaucoup d'hommes et ayant observé que, malgré des différences individuelles, ils avaient des caractères communs, j'ai pu, de ces perceptions particulières, tirer cette idée générale d'homme, qui viendrait donc des sens. Telle est l'explication sensualiste. Mais cette transformation d'éléments fournis par la sensation suppose derrière le sens une force active, capable de les recueillir et de les transformer en idées générales par une élaboration particulière; de là une exception fameuse proposée par Leibniz à la formule des sensualistes; quand ils disaient : « Nihil est in intellectu quod non prius fuerit in sensu », il ajoutait : « excipe, nisi ipse intellectus ». Par cette exception, Leibniz maintenait à l'esprit l'activité qui lui est propre, même quand elle est provoquée par la sensation et l'action des objets extérieurs sur les sens.

2° Si l'on fait au sensualisme cette concession excessive que toutes les idées générales ne sont que des sensations transformées, il n'en saurait être ainsi pour les notions premières. Prenons l'idée d'espace : est-il une expérience au monde capable de me faire connaître que tous les corps sont dans l'espace, qu'il n'y en a pas en dehors de lui? Prenons l'idée de cause : les sens me montrent bien des faits qui se suivent, mais non des rapports de causalité entre ces faits; c'est la raison qui, devant deux phénomènes consécutifs, me fait concevoir que l'antécédent est la cause et que le conséquent est l'effet. En outre, par l'expérience interne et externe, nous ne sortons ni du lieu où nous sommes ni du moment actuel ; par conséquent, cette expérience, qui nous a révélé seulement un nombre très restreint de phénomènes, n'a pu nous apprendre que tous les phénomènes de l'univers ont une cause. De même, si la perception me fait connaître les propriétés de la matière, c'est la raison qui me fait concevoir la substance à laquelle ces propriétés appartiennent et qu'elles supposent. Le sensualisme est tellement impuissant à rendre compte par la sensation des idées nécessaires qu'il est obligé, pour y parvenir, de les dénaturer, de réduire, par exemple, la cause à une succession de phénomènes, la substance à une collection de qualités.

Conclusion. — La théorie de la *table rase* est donc l'explication sensualiste de l'origine des idées, comme la théorie des *idées innées* est une explication idéaliste. Ce sont deux hypothèses qui ne s'accordent pas avec la réalité des faits, bien que la théorie cartésienne soit beaucoup plus voisine de la vérité que la doctrine opposée; elles ont le défaut commun de méconnaître également l'activité de l'esprit, puisqu'elles font venir toutes les idées, l'une du monde extérieur, l'autre de Dieu. Toutefois chacune d'elles a une part de vérité qu'il faut dégager des exagérations qui la voilent. Il faut dire que nos idées ont deux origines, l'expérience et la raison : l'expérience, interne et externe, nous fournit les idées contingentes, celles qui se rapportent à l'âme et celles qui se rapportent au corps; la raison nous fait concevoir les idées nécessaires à l'*occasion* des phénomènes psychologiques et cosmologiques, et ces idées sont la condition de tous les jugements issus de l'expérience interne ou externe.

68. — Comment la théorie de l'innéité de Descartes diffère-t-elle de la théorie de la réminiscence de Platon? En quoi ces deux théories sont-elles d'accord?

ESQUISSE

A. — Platon avait compris que les phénomènes dont le monde est le théâtre ne sauraient être l'objet de la science, puisqu'ils sont particuliers et changeants et que la science aspire au général et à l'immuable; or, il n'y a d'immuable que les types qui survivent à l'évanouissement des individus. Ces types sont pour Platon les *idées*, qui forment un monde à part, le monde des intelligibles, dont le monde des sensibles n'est qu'une réalisation imparfaite; ainsi les idées ne sont pas, d'après lui, des modifications de notre âme, des faits subjectifs, comme l'enseigne la psychologie moderne; elles seraient des principes objectifs, exemplaires des choses; elles existent dans un monde supérieur en dehors de notre âme et en dehors des choses elles-mêmes. Platon croyait en outre que nos âmes ont vécu d'une existence antérieure dans ce monde des idées, où, à la suite des Dieux, elles ont contemplé les essences immuables des choses, les idées absolues, le vrai, le beau, le juste, surtout l'idée suprême du bien, qui est identique à Dieu lui-même; tombées ensuite dans la prison du corps, les âmes ont conservé un souvenir vague et confus de ce qu'elles ont vu dans cette existence antérieure; ce souvenir s'éveille en nous à mesure que quelques perceptions présentes en font naître l'occasion. Telle est la théorie de la réminiscence de Platon.

Descartes admet dans notre esprit la présence d'idées qui ne viennent pas de l'expérience et que le raisonnement est impuissant à former, que l'esprit tire de lui-même et de son propre fonds; il les appelle *idées innées*. Mais il ne prétend pas que ces idées aient été mises en nous par Dieu soit au moment de la naissance, soit dans le sein de la mère au moment de la conception; il entend par idées innées des idées qui existent en germe, à l'état virtuel, dans toutes les intelligences et qui s'y développent nécessairement en certaines circonstances; par conséquent, ce qui est inné en nous, ce ne sont pas les idées elle-mêmes, mais la faculté de les produire. Telle est la théorie de l'innéité de Descartes; il est facile de voir en quoi elle ressemble à la théorie platonicienne de la réminiscence et comment elle en diffère.

B. — 1° Ces deux théories ont le mérite de proclamer qu'il y a dans notre esprit des idées et des principes qui ne viennent pas du dehors, qui sont irréductibles à l'expérience et qui lui sont supérieures; or, ces idées et ces principes ont une telle valeur que Leibniz a pu dire : « Ils entrent dans toutes nos pensées et sont nécessaires pour penser, comme les muscles et les tendons le sont pour marcher, quoiqu'on n'y pense point. » Sans doute l'expérience interne ou externe est la condition de l'éveil dans notre esprit de ces idées et de ces principes que, sans elle, nous ne connaîtrions pas; mais elle n'en est pas la source, elle n'est que la *cause occasionnelle* de leur apparition; ils préexistent dans l'entendement et sortent de notre propre fonds sous l'excitation de l'expérience qui vient les éveiller. Ces idées nécessaires et ces principes premiers sont tellement indépendants des faits d'expérience que tous les jugements provoqués par la perception interne ou externe ne peuvent s'expliquer que par l'intervention de ces idées et de ces principes de la raison.

2° Ces deux théories diffèrent en ce que l'innéité de Descarte ne suppose pas la préexistence des âmes dans un autre monde, où, suivant Platon, elles auraient contemplé les types de toutes choses. La théorie platonicienne de la réminiscence repose sur une hypothèse tout à fait arbitraire et par conséquent inacceptable ; cette existence antérieure à la vie présente est un rêve de poète qui ne peut être acceptée comme une doctrine philosophique. Au contraire, la théorie cartésienne est parfaitement acceptable, si l'on substitue l'expression de *notions premières* à l'expression inexacte et impropre d'*idées innées*, qui traduisait mal la pensée de Descartes ; elle constate dans l'esprit l'existence d'idées qui ne viennent ni des sens ni de la conscience, que la raison conçoit sans doute à l'*occasion* des phénomènes cosmologiques et psychologiques, mais qui ne viennent pas d'eux, qui sont même la condition de tous les jugements issus de l'expérience interne ou externe.

69. — Avons-nous quelque faculté naturelle de connaître autre que les sens et la conscience ?

ESQUISSE

Les sens nous font connaître les corps et leurs propriétés ; c'est grâce à eux que nous sommes en relation avec le monde extérieur, qu'il agit sur nous et que, à notre tour, nous réagissons sur lui ; pour les sensualistes toutes les idées viennent des sens, et leur doctrine se résume dans la formule célèbre : « Nihil est in intellectu quod non prius fuerit in sensu. » — La conscience psychologique ou sens intime nous fait connaître, par une perception intérieure, l'âme et ses modifications ; c'est donc à elle que nous devons les idées psychologiques comme nous devons aux sens les idées cosmologiques, sensibles ; mais elle n'est pas seulement la source de toutes les connaissances relatives à la vie intérieure, elle est aussi la condition de toutes les connaissances, puisque nous ne pouvons connaître qu'à la condition d'avoir conscience que nous connaissons. La conscience ayant ce privilège de renfermer son objet en elle-même, son témoignage est tout subjectif et défie par là tout scepticisme ; en effet, quand l'âme étudie l'âme, le doute est impossible puisque le sujet et l'objet se confondent.

Mais par les sens et la conscience nous n'atteignons que les choses finies, le relatif et le contingent ; or, le relatif ne trouve pas en lui-même sa raison d'être, il suppose l'absolu, c'est-à-dire ce qui existe par soi-même ; de même, le contingent suppose le nécessaire ; le fini, le particulier, le relatif n'ont de sens que par l'infini, l'universel, l'absolu. Il faut donc admettre une autre faculté de connaître, la Raison, qui nous permet de dépasser la sphère des réalités finies et visibles. La raison est cette faculté supérieure de l'entendement qui conçoit avant toute démonstration les vérités universelles et nécessaires, et qui, à ce titre, est le fond même de l'intelligence. A propos du bien fini et relatif elle nous fait concevoir le bien infini et absolu ; à propos des beautés imparfaites qui flattent nos sens, elle nous fait concevoir la beauté absolue ; devant l'étendue finie que nous montrent les sens, elle nous découvre un espace infini ; notre durée finie et limitée lui suggère l'idée d'une durée infinie, illimitée. Les vérités qu'elle nous révèle ainsi sont conçues comme ne pouvant pas ne pas être, elles sont nécessaires ; nous comprenons, en outre, que nous ne sommes pas les auteurs de ces notions, elles sont impersonnelles ; elles existent dans toutes les intelligences et dans tous les temps, c'est dire qu'elles sont universelles et immuables.

Dans son exercice primitif et spontané, la raison ne produit pas ces idées sous une forme universelle et abstraite ; elles ne nous apparaissent d'abord que sous une forme particulière et concrète ; plus tard la réflexion dégage l'universel contenu dans le particulier et arrive à des formules abstraites. La raison a donc deux formes : il y a d'abord la raison élémentaire ou sens commun, qui affirme les vérités nécessaires sans les expliquer, sans savoir quelle en est la nature et la valeur ; aussi le sens commun est-il un attribut de l'espèce et est-il égal, le même chez tous les hommes ; c'est l'esprit même dans ses éléments invariables et nécessaires ; il y a en outre la raison réfléchie, qui explique les vérités premières, en recherche l'origine, en détermine les caractères et la portée, qui par conséquent n'est pas la même chez tous les hommes.

Il y a donc trois facultés intellectuelles : la conscience psychologique, qui nous fait connaître l'âme ; — la perception extérieure qui, par les sens, nous fait connaître le monde matériel ; — la raison, qui conçoit les idées nécessaires.

Telles sont les facultés intellectuelles que la nature nous a départies et auxquelles nous devons toute connaissance élémentaire, les éléments ou les principes de toutes nos idées; ce sont les pouvoirs généraux et naturels de l'intelligence; aussi leur exercice est-il spontané.

70. — A. De ce qu'on entend par le sens commun. — B. Quel est le rôle attribué à cette faculté par la philosophie contemporaine? — C. Montrer que, s'il est des choses parfaitement démontrées qui sont au-dessus du sens commun, rien ne saurait lui être contraire. — D. Qu'appelait-on, dans la philosophie du XVII⁰ siècle, le *sensorium commune?*

PROGRAMME

A. Le sens commun est la forme simple, spontanée et universelle de la pensée; il affirme les vérités nécessaires sans les expliquer; il donne spontanément la solution des questions fondamentales qui intéressent tous les hommes (exemples : le bien est obligatoire, l'homme est libre, les sens ne nous trompent pas); aussi est-ce un attribut de l'espèce, et est-il égal chez tous les hommes; il est toujours et partout le même; on a plus ou moins de bon sens, mais le sens commun n'admet pas de degrés. C'est la raison élémentaire, c'est l'esprit même dans ses éléments invariables et nécessaires. Aussi désigne-t-on quelquefois par ce mot, non seulement une faculté, mais les notions communes à tous les hommes, les principes évidents par eux-mêmes, les jugements primitifs et spontanés qui expliquent tous les autres.

Le sens commun est donc la raison, mais il n'est pas *toute la raison;* il y a en outre la raison réfléchie qui trouve surtout son expression dans la philosophie, et qui est la forme supérieure de la raison, qui explique les vérités et est susceptible de perfectionnement, qui va plus loin que le sens commun, avec plus de profondeur et aussi avec moins de sûreté. Mais la raison est perfectible, tandis que le sens commun n'avance ni ne recule, restant le même chez tous les hommes et à toutes les époques; c'est la raison à l'état inculte, sans la réflexion et sans la science; le pourquoi et le comment en tout lui échappent, il se laisse déconcerter ou tromper par le sophisme; la philosophie doit donc l'éclairer; l'homme par elle devient plus ferme parce qu'il se rend un compte raisonné des principes qui le font agir.

Il ne faut pas confondre le sens commun avec le *bon sens* comme l'a fait Descartes, qui prétend que « cette puissance de bien juger, » est égale chez tous les hommes ; ce n'est pas le bon sens qui est égal, mais le sens commun ; le bon sens est une qualité individuelle avec laquelle nous jugeons dans des cas individuels. Il ne faut pas non plus confondre le sens commun, qui est immuable, avec l'*opinion ;* celle-ci désigne des croyances variables, qui changent de siècle en siècle et de peuple à peuple, comme l'opinion d'Aristote sur la nécessité de l'esclavage, comme l'opinion que la nature a horreur du vide.

B. Puisque c'est au sens commun que nous devons les principes sans lesquels la vie est impossible, il est tout naturel qu'il exerce une sorte de contrôle sur les sciences et spécialement sur la philosophie, dont il signale les écarts, surtout quand il s'agit des vérités communes et pratiques. La philosophie découvre des points de vue que le sens commun ne connaît pas, mais elle ne lui est pas opposée et ne le contredit jamais sur les vérités morales qui sont la règle de conduite de tous les hommes.

L'école écossaise voulait borner la philosophie à éclaircir par la réflexion les intuitions obscures du sens commun ; d'un autre côté, Spinosa et l'école positiviste prétendent lui interdire tout droit de contrôle sur les systèmes.

C. Puisque le sens commun nous fournit seulement les notions indispensables à la vie, on comprend facilement que la science s'élève au-dessus de lui puisqu'elle recherche le *pourquoi* et le *comment* de toutes choses; les démonstrations des mathématiques, les lois de la physique, les classifications de l'histoire naturelle sont au-dessus du sens commun, puisque ces connaissances ne sont pas indispensables à la vie, puisque beaucoup de gens y vivent et y ont vécu complètement étrangers; mais les choses que la science démontre ne peuvent être contraires au sens commun puisque c'est lui qui nous donne les principes nécessaires, les jugements primitifs, condition de tous les autres jugements; ce qui serait opposé au sens commun, c'est-à-dire aux vérités nécessaires, ne pourrait être que l'absurde.

D. Au xviie siècle, le *sensorium commune* étoit, suivant Bossuet, un sixième sens, faculté destinée à opérer et à expliquer la réunion des sensations ou perceptions; c'est une hypothèse aujourd'hui abandonnée, car l'unité de l'âme suffit à expliquer cette réunion des perceptions.

71. — A. Notions premières. — B. Leurs caractères. — C. Leur origine. — D. Leur rôle dans l'entendement humain.

ESQUISSE

A. L'homme a deux moyens principaux d'apercevoir la vérité, le raisonnement et l'intuition ; de là deux sortes de vérités : les unes se manifestent d'elles-mêmes à l'intelligence, et leur évidence est immédiate ; les autres ne sont pas évidentes par elles-mêmes, et l'esprit, pour les apercevoir, a besoin de circuits, d'intermédiaires ; les unes sont les notions premières, les autres sont les vérités inductives et déductives. Les notions premières ont reçu différents noms : pour Platon, c'étaient des *réminiscences* d'une vie antérieure ; Descartes les appelait *idées innées* ; Reid, *principes du sens commun* ; Kant, *formes de la raison*.

B. Quand je dis : « deux quantités égales à une troisième sont égales entre elles, » mon esprit adhère immédiatement et se sent contraint de se rendre à l'évidence ; la *clarté* irrésistible et immédiate est le premier caractère de ces notions. Et quand je cède à leur évidence, je comprends que je ne puis pas faire autrement, parce que les choses elles-mêmes ne peuvent être autrement, que, par exemple, 2 et 2 ne peuvent faire 5. Ces notions qui nous servent de règle pour la direction ordinaire de la vie devaient en effet se présenter avec un caractère tout particulier de clarté ;

elles ne devaient pas être soumises aux risques de la discussion ni dépendre des hasards de l'éducation ou du degré de l'intelligence de chaque homme ; il fallait surtout que les idées élémentaires du bien et de l'obligation morale, ces vérités utiles, fussent accessibles à toute intelligence humaine.
— Avec la clarté, ces notions ont encore pour caractère la *nécessité*. Ce caractère de nécessité ne convient qu'aux vérités premières et ne convient pas à d'autres vérités très générales, qui ont une certitude pourtant égale ; par exemple le soleil se lève depuis bien des années, j'en conclus qu'il se lèvera demain ; cette induction est légitime, mais elle n'a pas la nécessité des notions premières ; il n'y aurait pas contradiction à ce que les lois qui régissent la nature fussent autres, tandis qu'il y aurait contradiction à ce que tous les corps ne fussent pas dans l'espace. — Les vérités premières sont encore *universelles* ; elles sont dans toutes les intelligences, dans celles de l'homme le plus inculte comme dans celle de Pascal ; est-il un homme à qui l'on puisse persuader que le bien ne mérite pas une récompense, que tout phénomène n'a pas une cause ? — De ce que ces notions sont universelles, il en résulte qu'elles sont encore *impersonnelles*, elles appartiennent à tous les hommes, mais n'appartiennent à aucun en particulier ; elles sont indépendantes de ceux qui les possèdent et existent par elles-mêmes. Ces notions ont donc pour caractères la clarté, la nécessité, l'universalité et l'impersonnalité.

C. Ces caractères indiquent quelle est leur origine ; elles viennent, non des sens ou de la conscience, mais de la raison. En effet, l'expérience (sens et conscience) nous révèle *ce qui est*, non *ce qui doit être*, parce qu'il n'y a pas d'expérience au monde capable de nous faire connaître que nul corps ne saurait exister en dehors de l'espace, vérité qui nous apparaît avec un caractère de nécessité. En outre, par l'expérience, interne ou externe, nous ne sortons ni du lieu où nous sommes, ni du moment actuel ; ce n'est donc pas cette observation qui nous a appris que tous les phénomènes de l'univers ont une cause, car nous n'avons observé qu'un nombre très restreint de phénomènes (universalité). La raison seule peut donc nous fournir ces notions universelles et nécessaires. Toutefois, elles ne s'éveillent dans l'esprit qu'à propos de l'expérience; celle-ci donne aux vérités de la raison l'occasion de se produire, elle les fait jaillir au dehors; si je reçois un coup, j'en conclus immédiatement que ce coup a une cause; sans doute ce n'est pas ce coup qui me donne l'idée de cause, mais il la fait jaillir de moi. L'expérience n'est donc pas la source des notions premières, mais elle est la condition de leur apparition dans l'esprit. Elles sortent de notre propre fond, où elles restent comme endormies jusqu'à ce que l'expérience vienne les éveiller. La nature en a mis le germe en nous, ce qui faisait dire à Platon : « Il saura sans avoir appris, tirant sa science de son propre fond. » A ce titre, la théorie de la *vision en Dieu* de Malebranche contient une part de vérité; il ne se trompait pas quand il voyait dans les notions premières, éternelles et nécessaires, un reflet de l'intelligence infinie; en effet, des vérités éternelles et nécessaires ne peuvent appartenir à notre intelligence éphémère et contingente; c'est en Dieu qu'il en faut chercher le principe et la source.

D. Les notions premières sont à l'origine de toutes les sciences; ainsi, la morale a pour base l'idée du bien, les arts reposent sur celle du beau, l'histoire sur celle du temps, etc. Elles sont de plus le fondement de tous nos jugements et de tous nos raisonnements; on ne peut énoncer la plus simple proposition sans s'appuyer sur elles; si l'on m'apprend qu'un vol important a été commis, je demande aussitôt en quel endroit (c'est l'idée d'espace), à quel moment (c'est l'idée de temps), et par qui (c'est l'idée de cause); devant l'acte de dévouement d'un homme qui arrache un de ses semblables à la mort, je comprends et je déclare qu'il a *bien* agi.

72. — Quelles sont dans l'intelligence les idées et les principes irréductibles à l'expérience ? — Quelle en est la portée légitime ? — Est-il vrai que ces idées et ces principes ne représentent que des lois formelles de la pensée, des conditions à la fois subjectives et nécessaires, subjectives parce qu'elles sont nécessaires ?

ESQUISSE

Les idées peuvent se classer de différentes manières selon le point de vue sous lequel on les envisage ; si on les considère sous le rapport de la *contingence* et de la *nécessité* de leurs objets, elles se partagent en deux grandes classes : les idées *contingentes* ou *relatives* et les idées *nécessaires* ou *absolues*.

A. **Idées et principes irréductibles à l'expérience.** — Les idées irréductibles à l'expérience sont les idées nécessaires ou notions premières et les principes irréductibles à l'expérience sont les vérités premières. En effet, l'expérience donne seulement *ce qui est*, elle ne donne pas *ce qui doit être* ; or, nous sommes convaincus que, non seulement tous les phénomènes ont une cause, que tous les corps sont dans l'espace, que toute qualité est inhérente à une substance, mais encore que tous les phénomènes *doivent* avoir une cause, que tous les corps *doivent* se trouver dans l'espace, et il n'y a pas d'expérience capable de nous faire connaître que nul corps ne saurait exister en dehors de l'espace. En outre, par l'expérience nous ne sortons ni du lieu où nous sommes ni du moment actuel, tandis que les principes dont nous parlons s'appliquent à tous les temps et à tous les lieux; ils ne sont pas seulement *nécessaires*, ils sont aussi *universels*. L'expérience est sans doute la *cause occasionnelle* de l'éveil de ces principes dans notre esprit, mais elle n'en est pas la cause réelle; cette cause est la raison. Ces principes premiers sont antérieurs et supérieurs à l'expérience; ils sont l'objet de l'évidence immédiate, intuitive.

B. **Quelle en est la portée?** — Ces idées et les principes qu'elles engendrent ont une importance considérable; en effet, ils sont : 1° la base de toutes les sciences (la géométrie a pour fondement l'idée d'espace, l'histoire celle de temps, la morale celle du bien, l'esthétique celle du beau, la physique celle de cause, etc.); — 2° la condition de tous nos jugements (je ne puis pas dire que ce livre est sur la table si je ne suis pas convaincu que tous les corps sont dans l'espace, ni qu'il a été imprimé par tel individu si je ne sais pas que tout ce qui commence d'exister a une cause, etc.). Ces idées et ces principes sont donc indispensables pour la vie intellectuelle, on ne comprend que par eux et ils constituent le fond de notre pensée. Leibniz a donc eu raison de dire : « Les principes entrent dans toutes nos pensées et sont nécessaires pour penser comme les muscles et les tendons le sont pour marcher, quoiqu'on n'y pense point. » Aussi se trouvent-ils dans toutes les intelligences; tous les hommes les possèdent; dans beaucoup d'esprits ils ne se trouvent qu'à l'état concret, car les formules abstraites ne sont pas accessibles à tous, mais ignorants et savants en font le même usage dans la vie ordinaire et s'en servent également, comme ils se servent de leurs membres et de leurs organes, même quand ils n'en connaissent pas la nature et le fonctionnement.

C. **Ces idées et ces principes ne représentent-ils que des lois formelles de la pensée?** — Nous sommes convaincus que ces principes ont une valeur objective, c'est-à-dire que quelque chose de réel leur correspond en dehors de notre esprit; nous sommes convaincus que l'espace, le temps, la cause première existent réellement, car nous ne pouvons pas avoir l'idée du néant. Du reste, Kant, qui a mis en doute l'objectivité des hautes conceptions de l'entendement, s'est donné à lui-même un démenti quand il a rétabli, au nom de la *raison pratique*, ce que, suivant lui, la *raison théorique* ne pouvait démontrer. En outre, la vérification est possible dans une certaine mesure ; car nous pouvons nous assurer, par exemple, que les phénomènes ont toujours une cause, et si nous cherchons sans cesse les causes des phénomènes, c'est que nous croyons qu'elles existent, même quand elles nous échappent. Le raisonnement nous dit aussi impérieusement que les causes secondes ne se suffisent pas à elles-mêmes et supposent une cause première.

78. — **Les idées nécessaires et universelles peuvent-elles s'expliquer par l'association des idées ?**

DISSERTATION

Exorde. — Dès que la philosophie se constitue comme science, elle présente aussitôt deux systèmes opposés, qui sont, pour ainsi dire, la manifestation extérieure de deux tendances contraires de l'esprit humain et que l'on retrouve à toutes les époques ; ces deux systèmes sont l'empirisme, qui ne croit qu'à la matière, au visible, et l'idéalisme, qui ne croit qu'à l'intelligible. Sur toutes les grandes questions que traite la philosophie, chacune de ces écoles propose une solution qui lui est particulière et qui est la conséquence logique, naturelle de la conception générale. Ainsi, sur la question si controversée de l'origine des idées, toutes les théories proposées se ramènent à la solution empirique et à la solution idéaliste ou spiritualiste. La solution empirique est représentée d'abord par la théorie des *idées-images* de Démocrite, adoptée par Épicure, Lucrèce et les stoïciens auxquels on attribue la fameuse formule : « Nihil est in intellectu quod non prius fuerit in sensu. » Dans les temps modernes, le sensualisme se résume dans la théorie de la *table rase* exposée par Locke et dans celle des *sensations transformées* due à Condillac. Enfin, à notre époque, l'empirisme prétend avec Stuart Mill que l'association des idées explique l'origine des notions et vérités premières. Nous allons exposer cette théorie qui est un progrès sur l'ancien empirisme et nous en présenterons ensuite une réfutation.

Première partie. — C'est un fait bien connu que quand deux idées se sont rencontrées plusieurs fois dans une même intelligence, elles tendent à rester unies ; et si cette rencontre a été fréquente, la liaison devient si étroite qu'elle est indissoluble, c'est-à-dire que les deux idées ne peuvent plus se séparer l'une de l'autre ; elles sont tellement soudées ensemble qu'elles sont inséparables, il s'établit alors dans notre esprit une habitude qui devient invincible par la répétition. C'est ainsi que des personnes qui, dans leur enfance, ont éprouvé quelque frayeur pendant la nuit, ne peuvent plus séparer l'idée de dangers de celle d'obscurité ; dans l'esprit des Corses il y a une association indissoluble entre l'idée de justice et celle de vengeance, comme dans l'esprit des Romains il y avait une association indissoluble entre l'idée de déshonneur et celle de travail manuel. C'est par des associations de ce genre que l'école empirique représentée par Stuart Mill et Bain veut expliquer les idées nécessaires et universelles ; les axiomes eux-mêmes ne seraient que des associations expérimentales, qui, n'ayant jamais été démenties par les faits, sont devenues inséparables et se sont tournées en habitudes ; celles-ci, après avoir été individuelles, se sont transmises par l'hérédité, ce qui les fait paraître innées et leur donne un caractère d'universalité. Le principe de causalité, qui est le principe le plus élevé de l'entendement, ne s'expliquerait pas autrement et ne serait au fond qu'une habitude invétérée de l'esprit : ayant toujours vu tel fait précéder ou suivre tel autre fait, nous avons uni tel conséquent à tel antécédent par une association que l'expérience explique et que l'habitude a rendue indissoluble ; ainsi l'esprit met un rapport invariable entre l'abaissement de la température et la congélation de l'eau ; le principe de causalité ne serait qu'une conclusion d'habitude au lieu d'être une intuition directe, une révélation immédiate de la raison.

Seconde partie. — On répond à cette école associationiste que les habitudes, mentales ou autres, ne se contractent que lentement et par efforts successifs, tandis que les idées universelles et nécessaires nous apparaissent du premier coup telles qu'elles resteront toujours dans notre esprit.

En outre, les habitudes changent d'homme à homme et dans le même homme; on peut les extirper si enracinées qu'elles soient; tel individu ne peut travailler qu'en fumant; mais ce qui est une nécessité pour lui serait un supplice pour un autre, et il peut du reste avec le temps renoncer à cette façon de travailler; même quand nous luttons en vain pour renoncer à une habitude prise, nous ne voyons dans cette vanité de nos efforts qu'une preuve de notre impuissance, non la marque d'une impossibilité absolue; aussi nous reprochons-nous notre faiblesse, notre lâcheté, que nous nous imputons et que l'on nous impute à crime; en un mot, l'habituel n'est pas le nécessaire; les habitudes changent même de peuple à peuple, de siècle à siècle; aujourd'hui le travail manuel est honoré loin d'être flétri par le préjugé antique. Il n'en est pas de même pour les idées universelles et pour les jugements primitifs qu'elles engendrent : toujours les hommes ont été convaincus et toujours ils seront convaincus que tout phénomène a une cause, que le bien mérite une récompense, que deux et deux font quatre, etc.; ces principes nous dominent, nous dirigent dans tous les actes de notre vie, et ils paraissent aussi indispensables pour penser, pour agir, que les muscles et les tendons pour marcher; nous sentons que nous ne pouvons rien sur eux, qu'ils nous sont antérieurs et subsisteront éternellement. Par conséquent, une association expérimentale ne peut expliquer les caractères d'universalité et de nécessité que présentent les notions et vérités premières.

Pour le principe de causalité notamment, nous ne pouvons pas le devoir à l'expérience et à l'habitude. En effet, beaucoup de phénomènes se suivent qui ne s'engendrent pas : le jour succède à la nuit, la jeunesse à l'enfance, la vieillesse à l'âge mûr sans que l'on puisse saisir un rapport de cause à effet entre l'antécédent et le conséquent. Ce n'est donc pas la succession qui peut donner le principe de causalité. De plus, il y a une foule de phénomènes dont la cause nous échappe et qui cependant se produisent à chaque instant autour de nous : en médecine, en météorologie, on cherche, sans les trouver, les causes d'un grand nombre de phénomènes; ce n'est donc pas à l'expérience que nous devons l'idée de cause. Il y a sans doute une association indissoluble entre l'idée de cause et celle d'effet; mais c'est la raison, non l'expérience, qui l'établit; l'expérience donne *ce qui est*, non *ce qui doit être*. Enfin, on ne peut pas dire que le principe de causalité est un produit de l'induction; car l'expérience, qui est le point de départ de l'induction, nous donne seulement quelques cas de causalité, dont le nombre est forcément limité et qui sont en outre bornés dans le temps et dans l'espace; ce n'est donc pas elle qui peut nous convaincre que *tous* les faits ont, ont eu et auront une cause, et que, dans les mêmes circonstances, les mêmes causes produisent partout et toujours les mêmes effets; il y a là un principe irréductible à l'expérience.

Ce que nous disons du principe de causalité peut se dire de tous les autres principes premiers. Ainsi, nous concevons un rapport indissoluble, nécessaire, entre le bien et son accomplissement; or, ce rapport ne peut provenir d'une habitude, même transmise par l'hérédité; il ne peut être le résultat d'une expérience traditionnelle qui n'aurait jamais été démentie par l'événement; car il arrive trop souvent que les hommes ne conforment pas leur conduite à l'idée du bien et font au contraire le mal; ce qui ne nous empêche pas d'être convaincus que le bien doit être fait, que le bien est obligatoire.

Conclusion. — Ainsi les relations empiriques ne sauraient être confondues avec les relations nécessaires, et l'association ne peut pas expliquer les idées universelles; cela est vrai notamment du principe de causalité, qui ne peut être ramené à un simple rapport de succession. C'est en vain qu'à l'associationisme de Stuart Mill on a substitué la théorie de l'évolution, de l'hérédité, qui remplace l'expérience individuelle par les observations accumulées de l'humanité. Cette dernière théorie est sans doute un nouveau progrès pour l'empirisme; mais elle n'en est pourtant qu'une transformation. En effet, que l'expérience soit individuelle ou qu'elle soit collective et héréditaire, elle ne donne et ne donnera jamais que le contingent, c'est-à-dire *ce qui est*, non le nécessaire, c'est-à-dire *ce qui doit être*.

peut-on faire à cette théorie de Spencer une réponse à peu près identique à la réponse que l'on fait à l'école associationiste. — On dit que, si les principes premiers de la connaissance n'étaient que des habitudes héréditaires ou personnelles, elles n'auraient qu'une portée, une valeur subjective, et par conséquent on pourrait n'en pas trouver la confirmation, l'application correspondante dans le monde extérieur ; une habitude de l'esprit ne saurait devenir une loi pour les choses. En outre, comme les habitudes varient, il en devrait être de même pour les vérités premières, si elles n'étaient que des habitudes, héréditaires ou personnelles. Pour ce qui regarde notamment le principe de causalité, l'expérience donne la succession, non un rapport de cause à effet ; du reste, beaucoup de faits se suivent qui ne s'engendrent pas, et l'expérience nous fait connaître une foule de phénomènes dont les causes nous échappent. Enfin, l'expérience ne saurait nous donner la connaissance de la cause *moi*, de l'être personnel.

Conclusion. — Ainsi les principes de la raison, appelés aussi vérités premières et vérités de sens commun, sont des jugements, qui ont pour caractères d'être *universels*, puisqu'ils se trouvent dans toutes les intelligences et sont impliqués dans toutes nos pensées, et *nécessaires* puisqu'il nous serait impossible de penser sans eux. Ils ont pour origine, non les sens ou la conscience, mais la raison, cette faculté supérieure de l'entendement, qui les conçoit spontanément, par une intuition immédiate et directe. C'est en vain que l'empirisme a voulu ne voir dans ces principes que des faits généralisés, et ses théories les plus récentes ne sauraient être acceptées, bien qu'elles constituent un progrès sur l'ancien empirisme ; l'association des idées ne peut expliquer les principes premiers de la connaissance, et c'est en vain qu'à l'associationisme on a substitué la théorie de l'évolution, qui remplace l'expérience individuelle par les observations accumulées de l'humanité. En effet, que l'expérience soit individuelle ou qu'elle soit collective et héréditaire, elle ne me donnera jamais que le contingent, *ce qui est*, non le nécessaire, *ce qui doit être*.

75. — De l'influence des passions sur l'entendement; en donner des exemples.

DISSERTATION

Exorde. — Les phénomènes qui se passent dans l'âme nous font conclure à l'existence de pouvoirs ou de facultés qui les produisent; c'est ainsi qu'on est amené à admettre l'existence de trois facultés distinctes, la sensibilité, l'intelligence et la volonté, à cause de la différence des phénomènes. Mais cette classification est artificielle et n'a été admise que pour faciliter par l'analyse l'étude de la vie psychologique; elle n'altère en rien l'unité de l'âme, qui à la fois sent, pense et veut. Aussi ces facultés, si différentes qu'elles soient, n'entrent pas isolément en exercice, elles se développent en même temps et se confondent dans l'unité du moi. Il en résulte une influence réciproque qui a pour elles une grande importance. Il n'est donc pas étonnant que les passions qui relèvent de la sensibilité exercent une certaine influence sur l'entendement.

Proposition. — De quelle nature est cette influence? est-elle heureuse, est-elle fâcheuse? On verra, après examen, que cette influence est bonne dans certains cas, mais que trop souvent la passion nuit à la vie intellectuelle.

Première partie. — L'influence de la passion sur l'entendement est quelquefois heureuse. En effet, quand nous découvrons une vérité longtemps cherchée, nous éprouvons une satisfaction qui n'est pas seulement la récompense de nos travaux, mais qui est encore un encouragement à persévérer dans l'étude ; chez certains hommes, ce plaisir est si vif que le désir de connaître devient peu à peu une passion, celle de la science ; ils n'ont plus alors qu'une préoccupation, celle d'augmenter la somme de leurs connaissances, noble ambition, qui pour l'humanité est féconde en heureux résultats. On peut même dire que, sans la passion, la science n'existerait pas. Car la nature ne nous livre ses secrets qu'à regret, elle semble vouloir nous les dérober ; il faut ouvrir son sein pour les lui arracher, la mettre à la torture, comme dit Bacon ; or, ceci exige des efforts pénibles, et, pour surmonter ces difficultés, pour ne pas se rebuter dans ces études laborieuses, il faut que l'homme soit soutenu par un stimulant énergique, qui est la passion. On voit en effet des hommes qui poussent l'amour de la science jusqu'à en devenir les martyrs : c'est Pline l'ancien qui meurt victime de son audacieux amour de connaître, c'est Bernard Palissy qui sacrifie tout pour résoudre un problème, c'est John Franklin qui va s'ensevelir dans les glaces du nord pour chercher et ouvrir au commerce une route nouvelle, c'est Livingstone qui continue jusqu'à la mort ses explorations et sa mission civilisatrice, c'étaient hier deux jeunes astronomes qui payaient de la vie leur ardeur à servir la science. Tous étaient soutenus par la passion qui les dominait. On voit le savant oublier ainsi les besoins du corps, les affections de la famille, renoncer à tout pour se livrer à des recherches qui souvent n'aboutissent pas. On voit donc que les stoïciens se sont trompés quand ils ont dit que la passion était mauvaise par cela seul qu'elle était excessive. La passion en elle-même n'est ni bonne ni mauvaise ; elle ne devient telle que suivant la direction qui lui est imprimée. Il y a certainement des passions mauvaises, détestables ; mais qui pourrait blâmer le patriotisme de Michel de L'Hospital, la charité de Vincent de Paul, le dévouement à la science d'Augustin Thierry ? On voit donc que dans certains cas l'influence des passions sur l'entendement est heureuse.

Seconde partie. — Mais il n'en est pas toujours ainsi. En effet, les émotions de l'âme troublent l'entendement, et quelquefois ce trouble devient une éclipse momentanée. C'est ainsi qu'Archimède, dans la joie que lui causait la solution d'un problème longtemps étudié, se mit à courir tout nu comme un fou, dans les rues de Syracuse, en criant : « J'ai trouvé, » preuve frappante du trouble que les émotions produisent en nous. Et cependant ces émotions ne sont souvent que fugitives et passagères ; que doit-il donc arriver quand il s'agit de passions qui existent dans l'âme pour ainsi dire à l'état permanent, qui y règnent en souveraines, qui ont pour caractères principaux l'excès, la violence, l'emportement ? On voit déjà par là que les passions ne peuvent être que nuisibles à la vie intellectuelle. La recherche de la vérité est une étude qui exige du calme, du sang-froid, la pleine possession de soi-même ; or, la passion est ardente et apporte nécessairement avec elle le trouble et l'agitation. Examinons en effet ce qui se passe en nous lorsque la passion nous domine, que cette passion soit la haine ou l'amour. On peut observer en pareille occurrence que nous ne voyons plus les personnes et les choses telles qu'elles apparaissent réellement aux yeux d'un spectateur impartial et désintéressé. Haïssons-nous un homme ? nous lui attribuons des défauts qu'il n'a pas, nous grossissons ceux qu'il peut avoir ; nous faisons mieux, nous changeons en défauts des qualités sérieuses ; à nos yeux, l'économie devient avarice, la libéralité est une sotte prodigalité, le courage est une folle témérité, la prudence se change en lâcheté, la juste sévérité s'appelle barbarie. Sous l'influence de l'amour, nos jugements présentent en sens opposé les mêmes erreurs ; à nos yeux prévenus les défauts s'atténuent, disparaissent ou même se changent en qualités, et « dans l'objet aimé tout devient aimable » ;

> La pâle est aux jasmins en blancheur comparable
> La noire à faire peur une brune adorable,
> La maigre a de la taille et de la liberté,
> La grasse est, dans son port, pleine de majesté.
> C'est ainsi qu'un amant dont l'amour est extrême,
> Aime jusqu'aux défauts des personnes qu'il aime.

Il en est de même pour le hibou de La Fontaine :

> Mes petits sont mignons,
> Beaux, bien faits, et jolis sur tous leurs compagnons ;

en réalité, ils sont pour une personne impartiale

De petits monstres fort hideux.

La Rochefoucauld, dans une de ces maximes où il a si bien analysé le cœur humain, a dit avec raison : « L'esprit est la dupe du cœur. » Et Pascal, avec son souverain mépris pour la raison humaine, disait aussi : « Notre propre intérêt est un merveilleux instrument pour nous crever agréablement les yeux. » Il constate aussi dans son opuscule de l'*Art de persuader* que les hommes sont plus portés à croire par la passion que par la preuve. Bossuet, de son côté, affirme que les passions nous égarent en nous faisant voir les choses, non pas comme elles sont, mais comme nous voudrions qu'elles fussent. Sans doute, quelques personnes d'un esprit vigoureusement trempé conservent la lucidité de leur intelligence au milieu des égarements provoqués par la passion ; ainsi Médée, sur le point de trahir sa famille et sa patrie pour un aventurier grec, s'écrie :

Video meliora proboque,
Deteriora sequor.

Phèdre aussi connaît son infamie, mais elle ne peut résister à la passion,

Malgré soi perfide, incestueuse.

Mais ces esprits énergiques, dont la passion trouble le cœur sans troubler l'esprit, restent une minorité ; et pour la majorité des hommes elle ôte à l'intelligence sa lucidité ordinaire. C'est là ce qui explique pourquoi, dans les discussions politiques et religieuses, on voit des hommes, honnêtes pourtant et délicats, s'oublier au point de lancer contre leurs adversaires des injures grossières, des calomnies atroces.

Conclusion. — On voit que si la passion est utile, indispensable pour les progrès des sciences, elle a souvent une influence funeste sur l'intelligence. Aussi, il est important pour la vie intellectuelle, comme pour la vie morale, que nous soyons maîtres de nos passions, que nous n'en soyons pas, suivant l'énergique expression des anciens, les esclaves dociles et complaisants ; il est important que la volonté soit le pouvoir modérateur qui gouverne la passion et la dirige vers le bien.

76. — Quels sont les différents phénomènes psychologiques que le mot *cœur* comprend et résume?

ESQUISSE

Le mot *cœur* désigne l'ensemble des facultés affectives et des sentiments moraux, par opposition au mot *esprit* qui désigne l'ensemble des facultés intellectuelles ; cet emploi du mot *cœur* provient d'une opinion ancienne et erronée qui plaçait le siège des passions dans le cœur parce que cet organe en ressentait immédiatement les effets. « Chacun dit du bien de son cœur, et personne n'ose en dire de son esprit. » (La Rochefoucauld.) « Les grandes pensées viennent du cœur. » (Vauvenargues.) On recommande à l'orateur, non seulement de *convaincre* en s'adressant à l'esprit, mais aussi et surtout de *persuader* en s'adressant au cœur : « Pectus est quod disertos facit. » (Quintilien.) Le cœur est aussi employé pour l'âme elle-même, pour la conscience :

Le jour n'est pas plus pur que le fond de mon cœur.

A cause de l'étroite union de nos facultés qui n'entrent jamais isolément en exercice, la sensibilité exerce une grande influence sur l'intelligence; en ce sens La Rochefoucauld a dit : « L'esprit est la dupe du cœur. » En effet, les émotions troublent l'esprit et nous font voir les choses et les personnes que nous aimons ou haïssons autrement qu'elles ne sont, comme nous désirons qu'elles soient ; souvent nous essayons de nous persuader que nous agissons par devoir et par raison, quand à notre insu nous agissons sous l'influence de la passion et de l'intérêt [1]. Le contraire arrive aussi quelquefois, et l'on peut retourner la maxime de La Rochefoucauld en disant que souvent « le cœur est la dupe de l'esprit »; c'est alors l'influence de l'intelligence sur la sensibilité; l'aveuglement de notre esprit trouble les mouvements du cœur et les détourne de la bonne voie; quelquefois nous croyons aimer ou haïr parce que notre jugement est faussé, et sous l'influence de l'erreur, de l'esprit de parti, nous aimons ou haïssons réellement; les préjugés égarent nos affections et nos haines. — La sensibilité exerce aussi une grande influence sur l'activité, et le mot *cœur* est devenu synonyme de *courage*, de *volonté :* de là ces expressions *homme de cœur*, *cœur faible :*

> Rodrigue, as-tu du cœur?

> Ce discours ébranla le cœur
> De notre imprudent voyageur.

L'activité volontaire et libre réagit à son tour sur la sensibilité, comprime le cœur et les passions.

Cette influence de nos facultés les unes sur les autres s'explique par l'unité de la vie psychologique [2].

---

1. Reportez-vous à la dissertation précédente.
2. Voyez la dissertation du numéro 18.

**77. — Commenter cette pensée de Vauvenargues :
« Les grandes pensées viennent du cœur. »**

ESQUISSE

Le *cœur* est ici considéré comme le siège des sentiments et des passions ; c'est en ce sens que Pascal a dit : « Dieu est sensible au cœur, non à la raison. »

A. Les plus nobles idées, pour produire tout leur effet, doivent être provoquées par la sensibilité avant d'être acceptées par l'intelligence. Si l'homme voyait tout avec indifférence, sans haine et sans amour, s'il n'agissait que sous l'empire de la froide et abstraite raison, il apporterait dans ses actes une grande mollesse. Au contraire, le sentiment est pour nous un ressort énergique, le cœur donne de la chaleur à l'esprit et de la vigueur à la conduite. C'est au cœur qu'il faut reporter l'honneur des belles actions et des grands progrès de l'humanité : le patriotisme de Léonidas et de Démosthène, l'abolition de la traite des nègres, la création des crèches, des salles d'asile, l'amélioration du sort des aliénés, des aveugles, des sourds-muets, les adoucissements relatifs apportés aux ravages de la guerre, etc. Le cœur est l'âme de l'éloquence : « *Pectus est quod disertos facit.* » C'est la colère contre le crime oppresseur et la sympathie pour la vertu opprimée qui donnent tant d'attrait aux récits éloquents de Tacite et aux vers indignés de Juvénal :

Facit indignatio versum.

Enfin, c'est au cœur et à ses mouvements spontanés que l'on doit les actes d'un dévouement héroïque, qui souvent ont pour auteurs des hommes inintelligents et incultes.

B. Mais les grandes erreurs et les grandes fautes viennent aussi du cœur qui égare l'intelligence : « l'esprit est la dupe du cœur ». Les sentiments dépravés peuvent fausser l'intelligence la plus vigoureuse ; c'est au cœur, au fanatisme, qu'il faut attribuer beaucoup d'actions coupables ; il y a des fanatiques de patriotisme et de religion qui commettent sans hésitation, avec joie, les actes les plus odieux. Agésilas, après la trahison qui livra Thèbes à Sparte, posait ce principe qu'une action utile à la patrie ne saurait être condamnable. C'est au fanatisme religieux qu'il faut attribuer les plus grands crimes de l'histoire, le « Tuez tout » d'Arnaud de Citeaux au sac de Béziers, les froides cruautés de l'Inquisition, les horreurs de nos guerres de religion, etc. Même l'exaltation dans le bien peut provoquer les plus déplorables manquements à la loi morale ; ainsi le singulier devoir de « venger Dieu » fut le principe des rigueurs excessives de saint Louis contre les hérétiques, les Juifs, les blasphémateurs ; cet homme, doué de toutes les qualités du cœur, se laissait ainsi aller à des actes qui inspirent la répulsion et l'effroi. On a vu la piété filiale inspirer d'atroces vengeances, et de grands hommes ont commis des fautes graves sous l'influence d'inspirations irréfléchies et soudaines. De même, si la foule est capable, sous l'influence du sentiment, des actes les plus généreux, elle est aussi capable, sous la même influence, des crimes les plus abominables, et Horace a eu raison de l'appeler « bellua multorum capitum ».

Vauvenargues est moins sublime et moins profond que Pascal, mais il ne nous rabaisse pas comme lui, il nous relève au contraire en montrant qu'il y a au fond de notre être une faculté, le *cœur*, qui nous rend capables de faire le bien. Il nous intéresse par la noblesse des sentiments, et, si quelquefois le génie manque à l'écrivain, on ne peut jamais refuser à l'homme l'estime et la sympathie.

ACTIVITÉ

78. — A. Qu'appelle-t-on instinct dans l'animal et dans l'homme ? — B. Quels en sont les caractères ? — C. Des rapports et des différences de l'instinct, de l'habitude et de la liberté.

PROGRAMME

L'homme, outre la capacité de sentir et le pouvoir de connaître, possède encore la faculté d'agir ou *activité*. On distingue deux sortes d'activité : 1° l'activité spontanée ou *instinct*; 2° l'activité volontaire et libre. Le mouvement de l'âme est instinctif avant d'être réfléchi; c'est à l'activité spontanée que sont dus nos premiers mouvements; elle devance les progrès tardifs de la raison et supplée à sa faiblesse; telle est l'action par laquelle l'enfant qui vient de naître saisit le sein de sa mère. Plus tard, lors même que la volonté s'est formée, l'activité spontanée garde encore une grande part dans notre vie et ne s'arrête pas aux premières années; tels sont les mouvements que nous faisons pour rétablir l'équilibre du corps ou nous défendre contre les dangers qui nous menacent.

A. L'instinct est donc un principe d'action que l'on trouve dans l'homme et chez l'animal, et qui détermine des mouvements auxquels l'intelligence et la volonté sont étrangères; il apparaît même dans la plante; ainsi des végétaux, placés dans une cave, allongent leurs tiges vers le soupirail dans la direction du jour; ainsi des racines vont chercher le sol qui leur est le plus favorable, et des plantes tournent sur leurs tiges pour suivre le mouvement du soleil pendant toute la journée.

L'instinct a pour but la conservation de l'espèce et de l'individu; chez tous les animaux, l'instinct aspire à la vie, mais chaque race a sa manière particulière de satisfaire ses besoins, et c'est ce que l'on désigne parfois par le nom d'*instincts spéciaux*. Chez certaines espèces, ce sont les migrations; chez d'autres, c'est la construction de nids, de cellules; certains se creusent des terriers où ils se retirent.

B. L'instinct présente les caractères suivants :

1° L'*innéité* : qu'un insecte naisse orphelin, solitaire, séquestré, il n'hésite pas, il agit spontanément sans rien inventer et sans rien copier; un jeune canard couvé par une poule se précipite de lui-même, et dès qu'il le peut, dans la mare voisine, malgré la résistance et au grand effarement de sa mère adoptive;

2° L'*invariabilité* : l'instinct ne change pas avec la suite des temps, et, sauf quelques changements provoqués par la nécessité de s'adapter aux lieux et aux circonstances, les abeilles de nos jours ne font pas le miel autrement qu'à l'époque de Virgile ou d'Hésiode; l'instinct ne connaît pas le progrès;

3° L'*impersonnalité* : l'instinct ne varie pas d'individu à individu, car c'est une propriété de l'espèce, et tous les êtres de la même classe manifestent les mêmes tendances et cherchent de la même façon à satisfaire leurs besoins;

4° L'*inconscience* : l'instinct fait exécuter les opérations les plus compliquées sans clairvoyance ni tâtonnement, par des impulsions aveugles et spontanées; l'enfant va chercher le sein de sa nourrice sans mettre dans cet acte plus de réflexion et de volonté que l'agneau; un homme, précipité le long d'un escalier, fait instinctivement des mouvements très nombreux et très compliqués, de véritables tours de force et d'adresse, pour rétablir l'équilibre; les abeilles construisent leurs alvéoles avec une telle régularité et dans de si heureuses proportions qu'elles mériteraient, a-t-on dit, d'entrer d'emblée à l'Académie des sciences, mais elles ne se doutent pas des prodiges de mécanique qu'elles accomplissent.

L'intelligence pourtant, mais une intelligence qui ne réfléchit pas, dont l'animal n'a pas conscience, s'ajoute chez lui à l'instinct proprement dit. Celui-ci toutefois est d'autant plus développé que l'intelligence est moindre; il est plus particularisé dans les espèces inférieures, chez lesquelles il ne sort pas du cercle étroit où l'enferme la fatalité. L'instinct diminue à mesure que l'intelligence grandit, limité chez l'homme cultivé, très développé chez le sauvage.

Chez l'homme on peut étendre le nom d'instinct, non seulement aux impulsions de la vie physique et animale, mais encore aux tendances primitives de l'esprit et du cœur; le désir inné de connaître est un instinct qui réclame des connaissances pour son intelligence, comme l'instinct physique réclame des aliments pour son corps; l'instinct de sociabilité qui pousse l'homme vers l'homme, cette philanthropie instinctive qui nous porte à secourir nos semblables, l'amour de la mère pour son nouveau-né, sont des instincts de la vie morale qui prouvent que le cœur a besoin d'affections comme l'esprit a besoin de connaissances.

C. L'habitude ressemble à l'instinct en ce qu'elle est aussi le pouvoir de produire certains actes sans réflexion et sans volonté; mais elle en diffère en ce qu'elle est un état engendré par la répétition *volontaire* des mêmes actes; une fois formée, l'habitude devient aveugle comme l'instinct, mais elle ne peut se former sans le concours de l'intelligence et de la volonté. Une habitude ne se forme pas tout à coup, elle grandit, se fortifie chaque jour; aussi on peut suivre la formation d'une habitude, il n'en est pas de même de l'instinct qui apparaît dès le début de la vie tel qu'il persistera jusqu'à la fin. L'homme se donne donc ses habitudes et en est responsable; il reçoit ses instincts et n'en est pas responsable; on peut se défaire de ses habitudes, mais on ne peut se dépouiller de ses instincts.

Si l'habitude s'engendre par l'exercice de la liberté, l'instinct est opposé à la liberté. En effet, un acte libre est celui dont on a conscience et qu'on est maître d'accomplir ou non ; au contraire, les mouvements que détermine l'instinct ne sont ni réfléchis ni voulus, il exclut la détermination libre et, dans une certaine mesure, il n'entraîne pas cette responsabilité qui est la conséquence de la liberté.

Toutefois l'instinct, quoique non libre, n'est pas quelque chose de purement machinal, comme l'ont prétendu Descartes et son école. La bête n'est pas une simple machine ; en effet, une machine est mue par une force *externe*, ne sent ni ne pense, est composée, etc. L'animal a une force *interne*, qui dirige ses organes, qui est simple, douée à un certain degré d'intelligence et de sensibilité. La Fontaine a fait pour ses clients une poétique réfutation de la théorie cartésienne. (Livre X, fable I.)

79. — Distinction du désir et de la volonté.

DISSERTATION

Exorde. — Quand on observe l'âme, on voit qu'elle est le théâtre de trois sortes de phénomènes, qui font conclure à l'existence de trois facultés différentes; mais cette classification est artificielle et n'a été imaginée que pour faciliter l'étude analytique de la vie spirituelle; elle n'altère en rien l'unité essentielle de l'âme, seule cause qui sent, pense et veut. Aussi dans la vie psychologique tout se tient et s'entremêle. Il n'en est que plus important de distinguer nos trois facultés; car leur développement simultané les a fait quelquefois confondre, et cette confusion est dangereuse. Ainsi quelques philosophes, tels que Malebranche, Spinosa, Condillac et Kant, ont confondu le désir et la volonté; il est facile de montrer que l'on ne peut ramener l'un à l'autre.

Proposition. — En effet, le désir a pour caractère essentiel la fatalité, tandis que la volonté est libre; — par le désir nous dépendons d'autrui et du dehors, par la volonté nous relevons de nous-mêmes.

Première partie. — Le désir est un penchant plus ou moins impérieux qui nous porte vers certains objets dont la possession sera pour nous le bonheur et dont l'absence est une source d'inquiétudes; or, désirer une chose c'est tendre vers elle par un élan naturel et spontané, c'est chercher *instinctivement* à s'en rendre maître; c'est dire que le désir n'est pas directement soumis au pouvoir de l'âme, qui ne peut ni l'éveiller ni l'étouffer à son gré, mais à laquelle il s'impose par des lois *fatales*. Sans doute nous pouvons essayer de prévenir certains désirs en évitant les occasions qui les provoquent, nous pouvons les combattre quand ils sont nés, leur refuser satisfaction, et la vertu est surtout une victoire de la volonté sur le désir; mais nos désirs naissent et meurent sans notre participation et souvent malgré nous. En un mot, le désir ne dépend pas de nous, mais de notre constitution, il naît en nous fatalement comme tout corps tombe quand il n'est pas soutenu; Verrès, qui avait reçu de la nature l'âme d'un artiste et aussi l'âme d'un voleur, ne pouvait pas, en présence d'une œuvre d'art, ne pas désirer se l'approprier. Le désir a donc pour caractère la fatalité.

La volonté au contraire a pour caractère la liberté. En effet, quand on a dit que la volonté est le pouvoir de prendre une résolution, on voit bien que là nous sommes libres; nous sentons que nous pouvons tout vouloir, le bien et le mal, ce qui est raisonnable et ce qui est extravagant, ce qui nous est utile et ce qui peut nous être funeste. On peut réduire notre bouche au silence et notre corps à l'impuissance, mais aucun pouvoir n'a prise sur notre volonté; chacun peut répondre à celui qui le tyrannise ce que saint Louis, prisonnier de guerre, disait aux musulmans qui le menaçaient : « Dieu vous a rendus maîtres de mon corps, mais vous ne pouvez rien sur mon âme. » L'esclave sait rester libre quand il est Épictète, comme le martyr peut, par sa seule résignation, témoigner de sa volonté; l'Inquisition pouvait imposer l'abjuration à Galilée, lui faire détester en paroles « l'hérésie du mouvement de la terre », mais elle ne pouvait pas l'empêcher de se dire à lui-même : « Et pourtant elle se meut ! » Nous sommes donc responsables de nos résolutions et des actes qui en sont la conséquence, tandis que nous ne sommes pas responsables du désir, qui est fatal. C'est sur ce caractère essentiel de la volonté, sur sa responsabilité, que repose l'ordre moral tout entier. Et ce qui prouve bien que le désir ne saurait être confondu avec la volonté, c'est qu'il s'affaiblit à mesure que la volonté se fortifie, et que, réciproquement, la volonté faiblit à mesure que nous prenons l'habitude de céder à nos désirs.

Seconde partie. — Il existe une autre et capitale différence entre le désir et la volonté. Le vouloir ne se prend qu'aux choses dont nous nous croyons maîtres, le désir au contraire s'étend à ce qui est hors du moi et indépendant de lui ; on peut désirer l'impossible, mais on ne le veut pas. Qui n'a pas désiré posséder une grande fortune, sachant bien qu'il n'y arriverait jamais ? qui n'a jamais bâti de châteaux en Espagne, sachant bien que ses rêves ne pourraient jamais se réaliser ? En outre, dans le désir, l'âme est éprise d'objets étrangers, tandis que le vouloir est tout en elle ; il en résulte que l'homme qui désire dépend d'autrui, tandis qu'il ne dépend que de lui-même quand il a une volonté énergique. Ainsi l'ambitieux devient l'esclave de tous ceux qui peuvent servir son désir des grandeurs : « L'esclave n'a qu'un maître, dit La Bruyère ; l'ambitieux en a autant qu'il y a de gens utiles à sa fortune. » C'est sous l'influence du désir, de la passion, qu'Antoine oublie auprès de Cléopâtre son honneur et ses intérêts, que le loyal et honnête Turenne entre dans la Fronde afin de plaire à la duchesse de Longueville, disant de lui-même :

> Pour mériter son cœur, pour plaire à ses beaux yeux,
> J'ai fait la guerre au roi, je l'aurais faite aux dieux.

C'est ainsi que des hommes, aspirant à une popularité malsaine, s'abaissent à toutes les humiliations pour plaire à la foule, au monstre aux mille têtes, « bellua multorum capitum ».

Conclusion. — Puisque le désir est fatal et que la volonté est libre, puisque l'homme qui désire dépend d'autrui et que l'homme qui a une volonté ferme ne dépend que de lui-même, on peut se demander avec étonnement comment de grands philosophes ont pu les confondre. Ainsi Condillac a considéré le désir comme le principe générateur de la volonté, quand il regarde toutes les facultés morales comme naissant du désir ou besoin. Cette confusion est naturelle chez les sensualistes qui prétendent que tout vient des sens; elle se comprend moins chez Malebranche et chez les stoïciens; mais elle s'explique par l'influence réciproque des facultés, et surtout par ce fait que trop souvent nous ne voulons que parce que nous désirons, et, de tous les mobiles qui nous font agir, il n'en est pas de plus puissant que le désir. Trop souvent nos actes ne sont que la conséquence de nos affections et de nos haines; trop souvent la volonté n'est que l'esclave docile du désir et met toute son énergie, non pas à le combattre, mais à le servir. Par conséquent, il n'en est que plus important de les distinguer. Car si la sensibilité agit sur la volonté par le désir, la volonté agit à son tour sur la sensibilité, la dirige pour éviter les plaisirs et même pour aller au-devant des peines; c'est l'histoire de tous les martyrs de la religion, de la politique et de la science; quelquefois la volonté suspend l'exercice de la sensibilité, et, par une exaltation volontaire, l'homme peut prendre plaisir à ses souffrances; c'est le spectacle qu'ont souvent donné les mystiques.

80. — Examiner le phénomène de la résolution volontaire.

ESQUISSE

Les actes instinctifs ne sont pas produits en vertu d'une résolution prise, mais il en est d'autres que l'homme accomplit avec conscience, en sachant qu'il veut et ce qu'il veut; il y a alors activité volontaire et libre. C'est la volonté qui joue le principal rôle dans la vie de l'homme. En effet, ce qui le distingue des autres animaux, c'est moins le degré supérieur d'intelligence qui lui a été départi que le privilège de disposer de ses actes, de vouloir et d'agir par lui-même; par la liberté l'homme se sépare de tous les autres êtres et constitue le monde moral, opposé au monde physique où règne la fatalité. Il est donc important d'analyser ce phénomène de la résolution volontaire qui est le fondement et la condition de la responsabilité humaine.

Dans la manifestation de la volonté, on trouve plusieurs faits qui la précèdent et la suivent, et avec lesquels il ne faut pas la confondre. Ces faits sont les suivants :

1° *Possession de soi-même*, qui n'existe que quand l'âme a conscience d'elle-même et de sa responsabilité; c'est cet état qui constitue la différence entre l'homme sensé et le fou, l'homme égaré par l'ivresse, la colère, une aveugle passion, entre l'homme raisonnable et l'enfant;

2° *Conception* de l'acte à vouloir;

3° *Délibération*, ou examen successif donné aux motifs de nos actes et comparaison de ces motifs;

4° *Résolution*, ou préférence définitive donnée à tel ou tel des motifs qui ont sollicité l'âme, c'est la détermination;

5° *Exécution*.

Si nous examinons de près la nature de ces cinq faits, nous constatons que la possession de soi-même n'est qu'une condition de la volonté, que la conception de l'acte est un fait purement intellectuel ainsi que la délibération, que l'exécution est un fait fatal, presque toujours indépendant de nous, soumis à certaines circonstances extérieures qui souvent ne dépendent pas de nous ou qui même nous dominent ; la volition gît essentiellement dans la résolution prise avec réflexion et avec la conscience d'être capable de nous arrêter à une autre si cela nous convenait. Il importe de ne pas confondre la liberté de vouloir, fait intérieur, avec la liberté d'agir qui n'en est que la manifestation extérieure ; cette confusion a été l'écueil de quelques théories. Il faut bien distinguer aussi les faits d'intelligence et les faits propres à la résolution ; la meilleure preuve de la différence profonde qui les sépare, c'est l'opposition très fréquente entre ces faits, car la résolution est souvent contraire au jugement :

Video meliora proboque,
Deteriora sequor.

« Je trouve deux hommes en moi, » disait saint Paul ; « Ah ! je les connais bien, » disait Louis XIV, qui renvoyait Mme de Montespan quinze jours avant Pâques et la reprenait huit jours après. On a dit : « Il suffit de bien juger pour bien faire et pour pratiquer toutes les vertus. » Cela n'est pas tout à fait exact : *bien juger* n'est qu'une condition *pour bien faire ;* trop souvent nos résolutions sont contraires à nos jugements, et nous nous y arrêtons quelquefois en dépit des protestations, non seulement de la conscience, mais aussi de la raison.

C'est la volonté qui joue le principal rôle dans la vie morale de l'homme ; lorsque je sens ou que je pense, je subis une impulsion qui vient du dehors ; il n'en est pas de même quand je veux, l'action émane alors de mon énergie propre ; je ne suis pas directement ni entièrement responsable de mes sensations et de mes pensées, mais je suis responsable des actes que j'ai produits avec connaissance et intention ; la responsabilité humaine a pour fondement et pour condition la faculté de se résoudre.

81. — **Exposer le fait psychologique de la délibération; en tirer les conséquences.**

DISSERTATION

Exorde. — Tout ce qui regarde la liberté a une importance capitale, puisque sans elle il ne peut y avoir ni responsabilité, ni morale, ni société; or, nulle part l'acte de vouloir n'apparaît aussi clairement que quand il se produit à la suite d'une délibération; l'homme ne jouit véritablement de sa liberté que quand il est capable de délibérer sur ses actes; c'est dans l'acte délibéré qu'il a pleine conscience de sa liberté; la délibération est la condition de la liberté.

Développement. — Le phénomène de la volonté est précédé ou accompagné de plusieurs faits, dont les plus importants sont : la conception d'un acte à faire, la délibération et la résolution. C'est à l'intelligence qu'appartient le premier tout entier; c'est elle aussi qui délibère, puisque délibérer c'est apprécier, peser les motifs ou mobiles qui sollicitent l'âme; de ce que la délibération est un fait intellectuel, on en a conclu qu'il n'y a pas de liberté dans la délibération. Mais d'abord celle-ci suppose la conscience de notre liberté, puisqu'elle porte seulement sur des choses que nous savons en notre pouvoir, que nous nous croyons capables de faire. Il ne vient à l'esprit de personne de délibérer sur les vérités nécessaires, ni sur les choses qui, par leur nature, sont, comme l'apparition d'une éclipse, soumises à la fatalité, à une invincible nécessité, ni sur les événements qui dépendent du hasard, comme la sortie d'un bon numéro à une loterie. Ainsi nous distinguons les choses fatales ou fortuites dont la volonté n'a pas à s'occuper et les actes que nous nous croyons capables de produire. C'est parce que je me sens libre que je délibère lorsque, par la faiblesse de mon esprit, j'hésite entre deux partis opposés. En outre, la volonté seule impose ou interdit la délibération à l'intelligence; c'est la volonté, l'attention, qui fixe l'esprit sur l'examen des motifs. Enfin, si je ne me sentais pas libre quand je suis livré à des combats intérieurs, je renoncerais à une vaine délibération et j'attendrais passivement que le motif le plus fort, devoir ou passion, l'emportât et fît pencher mon âme de son côté. Par conséquent l'honnête homme ne goûterait pas la satisfaction intérieure que donne la pratique du bien s'il n'était que l'instrument passif de la fatalité, et le remords ne troublerait pas le cœur du coupable s'il avait obéi à une force étrangère et supérieure.

Certains actes semblent donner un démenti à cette théorie; ce sont ces traits héroïques qui, par un caractère de spontanéité irréfléchie, ressemblent aux actes instinctifs; c'est le « A moi, d'Auvergne ! » du chevalier d'Assas; le « Qu'il mourût » ! du vieil Horace, le « Me, me, adsum qui feci ! » de Nisus. Mais ces actes peuvent avoir été produits volontairement, sans avoir été précédés d'une longue et attentive délibération; l'esprit peut concevoir rapidement l'acte à produire ainsi que les motifs et délibérer en une seconde. Il faut aussi tenir compte des délibérations antérieures, des résolutions arrêtées une fois pour toutes; ainsi, la résolution de tout sacrifier à la patrie, à l'amitié, devait être depuis longtemps arrêtée dans l'esprit de d'Assas, du vieil Horace, de Nisus. Et l'admiration que nous inspirent ces actes est d'autant plus vive qu'ils nous semblent être spontanés et révèlent une belle âme qui n'hésite pas devant le sacrifice.

Concluslon. — En résumé, la délibération suppose la conscience de la liberté chez celui qui délibère, et elle réclame l'intervention de la volonté, de l'attention, qui examine les motifs. Puisque la liberté est impliquée dans la délibération, il y entre de la responsabilité; la préméditation rend la faute plus grave, comme elle augmente le mérite d'une bonne action; un acte irréfléchi n'entraîne pas les mêmes conséquences, il ne saurait nous attirer ni le même châtiment ni les mêmes éloges.

82. — **Faire la part de la pensée, du sentiment et de la volonté dans le fait psychologique de la délibération.**

DISSERTATION

Exorde. — Les trois facultés principales de l'âme ont entre elles des différences essentielles, irréductibles, qui ne permettent pas de les confondre; mais si la psychologie les sépare pour les mieux étudier, cette séparation n'est en réalité qu'une abstraction; l'âme n'est pas divisée, et chaque faculté n'est que l'âme elle-même, considérée à un moment donné comme subissant ou produisant certains phénomènes. Il ne faut donc pas s'étonner si nos facultés s'unissent et se mêlent intimement dans tous les phénomènes psychologiques; c'est même cette union intime, cette étroite association qui forme l'unité de la vie morale. Ainsi nous les voyons intervenir toutes trois dans le fait psychologique de la délibération, et, bien que la pensée y joue le principal rôle, il n'est pas difficile de montrer que le sentiment et la volonté ont également une part dans ce phénomène de conscience. Ce qui augmente l'intérêt de cette analyse, c'est l'importance de la délibération elle-même, qui est la condition de la liberté, de la responsabilité, l'homme ne pouvant être responsable que d'un acte prémédité, c'est-à-dire précédé d'une délibération quelconque, si courte, si rapide qu'elle puisse être.

Première partie. — La pensée a naturellement la première place dans le fait psychologique de la délibération.

On peut dire d'abord qu'avant de délibérer sur les motifs qui nous poussent à agir dans tel ou tel sens, il faut que notre intelligence ait au préalable conçu, non seulement l'acte à vouloir, mais aussi les motifs qui vont solliciter notre volonté. Les faits qui précèdent la délibération sont donc des faits essentiellement intellectuels. Mais c'est dans la délibération elle-même, c'est-à-dire dans l'examen successif et la comparaison des motifs, que se montre le mieux le rôle prédominant de la pensée. Peser les motifs, en apprécier la valeur propre et la valeur relative, c'est-à-dire la force qu'ils ont en tout temps par eux-mêmes et celle que des circonstances particulières peuvent leur donner à un moment déterminé, puis les comparer entre eux et distinguer celui qui est le plus fort ou le plus faible, tout cela évidemment relève de la pensée, tout cela suppose la vigueur et la netteté de l'esprit qui sait démêler le vrai du faux, discerner le bien du mal, le solide du spécieux, la réalité de l'apparence. Il en résulte qu'un homme ne peut délibérer dans de bonnes conditions si son intelligence est obtuse et bornée, si l'étude n'a pas développé ses idées, élargi son horizon, si sa vie s'est écoulée dans la silencieuse obscurité d'un village; la responsabilité est donc pour lui légère, quelquefois presque nulle; une indulgence, faite à la fois de justice et de pitié, lui est réservée pour des actes dont il n'aura pas bien saisi la nature ni la portée. Il n'en est pas ainsi pour l'agent dont l'esprit a la pénétration et la sagacité, la finesse et la profondeur, surtout si cet agent a pu joindre à ces qualités naturelles celles que donnent l'éducation et la culture, l'expérience du monde et la pratique des affaires. En effet, voyant les choses telles qu'elles sont, il ne peut se faire illusion sur la valeur des motifs ou mobiles qui sollicitent sa volonté et sur les conséquences qui suivront la préférence donnée à l'un de ces motifs; aussi sa responsabilité est-elle entière; si la résolution prise a été mauvaise, il ne peut pas invoquer le bénéfice des circonstances atténuantes; mais son mérite n'en est que plus grand, si ses résolutions sont conformes au devoir, aux prescriptions de la loi morale.

Deuxième partie. — La sensibilité intervient dans tous les phénomènes de notre vie physique, intellectuelle et morale. Mais cette intervention est plus souvent fâcheuse qu'heureuse. En effet, les différentes émotions qui relèvent de la sensibilité portent en général le trouble dans l'intelligence, l'amour et la haine nous faisant voir les choses et les personnes, non pas comme elles sont, mais comme nous désirons qu'elles soient. La valeur des motifs grandit à nos yeux ou diminue suivant les impulsions décevantes du sentiment. Si tel motif nous agrée, si telle raison nous semble décisive, c'est que trop souvent notre orgueil, nos affections ou nos rancunes trouvent leur compte à en grossir l'importance. Louis XIV se demande s'il déclarera la guerre à la Hollande; une lutte s'engage dans son for intérieur, et il pèse dans de longues délibérations les motifs qui le poussent à cette entreprise ou qui l'en détournent : la raison lui dit que la France a un grand intérêt à ménager contre l'Angleterre une nation adonnée à la marine, qui peut être un salutaire contrepoids aux appétits britanniques; la justice proteste aussi contre cette brutale suppression d'une nationalité; mais la passion du monarque absolu lui fait détester dans la Hollande une nation républicaine, un foyer de liberté politique, et son ambition lui montre dans ce petit peuple un obstacle à ses desseins; la passion l'emporte sur la raison et la justice. Cependant le sentiment n'a pas toujours sur la délibération une influence aussi désastreuse. Il arrive même souvent que les affections de la famille, l'amour de la patrie et de l'humanité nous font accepter avec un noble empressement les peines que le devoir impose. Léonidas et saint Vincent de Paul se décident sans hésitation à tous les sacrifices, parce qu'ils sont animés, l'un d'un généreux patriotisme, l'autre d'une ardente charité. Lorsque Cicéron se décide à continuer jusqu'à la mort la lutte qu'il a commencée contre Antoine pour la défense de la liberté, n'est-il pas déterminé à la fois par le devoir et par la légitime espérance de laisser un nom honoré par la postérité? Cette âme éprise de gloire peut-elle ne pas être séduite par l'attrait de cette glorieuse récompense?

Troisième partie. — La volonté a aussi une place importante dans la délibération. Pour délibérer avec suite et avec fruit, il faut d'abord que j'éloigne de moi toute pensée, toute préoccupation étrangère à ce qui va être le sujet de mes réflexions ; il faut aussi que je résiste aux distractions qui m'attirent vers le monde extérieur, aux sollicitations de toute espèce qui peuvent me venir de mon entourage et naître des mille incidents de la vie ; il faut enfin que je ramène et fixe mon esprit sur les motifs à examiner. Tout cela ne peut se faire et ne se fait que par la volonté. En outre, la délibération commencée, je sens que je puis, si je veux, la continuer ou l'interrompre pour la reprendre ensuite. Enfin, c'est la volonté qui, sous le nom d'attention, tient l'esprit attaché sur l'objet de la délibération. L'attention en effet est essentiellement volontaire ; nous sommes attentifs quand nous voulons et aux choses que nous voulons, et si une attention de quelques instants suffit souvent aux esprits nets et lucides pour se rendre compte des choses et pour se décider, on ne peut pourtant comprendre à aucun degré si l'on n'est pas attentif à un certain degré. Il faut presque toujours un effort voulu, quelquefois énergique et soutenu, pour que notre intelligence saisisse la valeur réelle des motifs ; souvent une première délibération ne suffit pas pour que nous puissions être fixés sur ce point. Que de fois il nous arrive de renvoyer au lendemain une résolution à prendre, parce que notre esprit est impuissant à percer les ténèbres qui l'enveloppent ! Les hommes au caractère indolent, à la volonté faible, renoncent alors à poursuivre un examen qui ne semble pas devoir aboutir, et ils se laissent mollement aller à la dérive ; d'autres, plus énergiques, reviennent obstinément à la charge et, à force de volonté, arrivent à se rendre un compte exact des choses et à saisir les raisons décisives qui s'imposent à leurs préférences.

Résumé. — Ainsi, dans le fait psychologique de la délibération, c'est la pensée qui a le rôle prédominant, puisque c'est elle qui, non seulement conçoit les motifs, mais encore les pèse et les examine ; c'est elle qui en discerne l'importance réelle, si elle est vive et lucide, ou se trompe sur leur nature véritable, si elle est faible et confuse. Le sentiment n'a sans doute qu'un rôle secondaire dans la délibération ; c'est lui pourtant qui, en troublant l'esprit, l'empêche d'apprécier les choses à leur juste valeur, ou qui, en échauffant notre cœur, nous fait accepter les sacrifices souvent pénibles que la loi morale nous impose. Enfin la volonté défend la délibération contre les distractions, et, par l'attention, fixe l'esprit sur les motifs à examiner.

On voit que dans la vie psychologique tout se tient et s'entremêle ; nos facultés agissent toujours de concert, et le concours de chacune d'elles est indispensable à l'action des deux autres ; si différentes qu'elles soient, elles ne constituent pas des forces distinctes et n'entrent pas isolément en exercice ; elles forment un tout indivisible et la destinée humaine ne s'accomplit que par le jeu simultané des facultés et leur influence réciproque : par la sensibilité nous sommes poussés vers nos fins, par l'intelligence nous les comprenons, par la volonté nous y marchons.

83. — Apprécier la théorie psychologique de Bossuet qui classe la volonté parmi les opérations intellectuelles.

DISSERTATION

Exorde. — Les phénomènes qui se passent dans notre âme supposent des pouvoirs correspondants qui les produisent. Si tous ces phénomènes étaient semblables, nous conclurions à un seul pouvoir, à une seule faculté dans l'âme; mais l'observation nous montrant que ces phénomènes sont différents et qu'ils sont de trois sortes, nous admettons dans l'âme trois facultés, la sensibilité, l'intelligence et la volonté. Bossuet, par une erreur qui paraît singulière, n'admet que deux sortes d'opérations, les opérations sensibles et les opérations intellectuelles, faisant rentrer la volonté dans ces dernières.

Proposition. — Mais les caractères essentiellement différents de l'intelligence et de la volonté ne permettent pas de faire rentrer l'une dans l'autre, — et l'erreur de Bossuet ne peut s'expliquer que par le lien étroit qui unit pourtant ces deux facultés de nature si différente.

Première partie. — Quand nous étudions les phénomènes psychologiques et leurs caractères, nous remarquons bien vite que l'intelligence est *fatale*. Cette fatalité se montre de deux façons, soit que la vérité s'impose à nous, soit qu'elle se dérobe à nos recherches. La vérité s'impose à nous, quand, par exemple, on nous dit que la ligne droite est le plus court chemin d'un point à un autre, que tous les corps sont dans l'espace, que deux et deux font quatre, etc. ; notre intelligence est ainsi faite que nous ne pouvons pas refuser notre adhésion à ces propositions ; si notre bouche affirmait le contraire, notre conscience contredirait nos paroles. Combien de fois, dans la vie, sommes-nous obligés d'accepter des vérités souvent désagréables et pénibles ! Auguste a comblé de bienfaits Cinna et Emilie ; il a fait mieux, il leur a témoigné une confiance qui devait lui valoir un entier dévouement et il croyait pouvoir compter sur une fidélité à toute épreuve ; il est cependant obligé de se rendre à la vérité qui lui est révélée, quand on lui dénonce dans tous ses détails la conjuration de Cinna, si incroyable que puisse lui paraître la révélation. La vérité s'impose donc à nous dans certains cas ; il en est d'autres où elle nous échappe en dépit de tous nos efforts. Combien de fois nous cherchons la solution de problèmes qui restent pour nous insolubles ! Il y a surtout en philosophie un certain nombre de questions qui ont le privilège d'exciter la curiosité de l'esprit humain, et, entre autres, ce redoutable problème de notre destinée qui tourmentait si cruellement l'esprit de Pascal ; depuis bien des siècles l'homme se demande quelle est sa destinée future, quelle est l'origine des choses, quelle en est la fin ; depuis Thalès de Milet jusqu'aux philosophes contemporains, on a essayé de répondre à ces questions, et le problème n'est pas encore résolu, puisque les solutions présentées par les uns sont repoussées par les autres. L'homme cependant revient toujours à ces problèmes avec une opiniâtreté singulière, courant après la vérité qui le fuit. A chaque instant, dans notre vie de tous les jours, nous nous trouvons arrêtés dans la recherche de la vérité. Aussi, quand il arrive que nous sommes l'objet de quelques reproches pour le peu de succès que nous avons obtenu dans nos recherches, ce blâme porte, non sur l'insuccès lui-même, mais sur la mollesse qui a pu présider à nos travaux. Il y a donc fatalité dans l'intelligence, soit que la vérité nous subjugue, soit qu'elle se dérobe à nous.

La volonté, au contraire, a pour caractère éminent la *liberté*, quand on a eu soin de dire que la volonté est la faculté de prendre une résolution. En effet, nous pouvons vouloir ce qui est contraire au devoir ; ainsi, un fils se sent capable, s'il le veut, de répondre par l'indifférence à la tendre affection de ses parents, par l'ingratitude à leur dévouement ; ainsi Néron récompense Agrippine, sa mère, par l'outrage et par la haine. En outre, nous pouvons vouloir ce qui est contraire au bon sens, nous livrer à des extravagances qui nous couvriront de ridicule. Nous pouvons même vouloir ce qui est contraire à nos intérêts et nous jeter, tête baissée, dans l'abîme, le sachant et le voulant. Et ce qui prouve bien que la volonté a pour caractère essentiel la liberté, ce sont les reproches que nous nous adressons quand nous avons pris de mauvaises résolutions, le mépris dont nous sommes l'objet de la part des autres hommes à la suite des actes qui ont été la manifestation extérieure de ces résolutions mauvaises. Cette liberté est attestée encore par la satisfaction intime que nous éprouvons quand nous avons pris de bonnes résolutions, par les éloges qu'on nous accorde, par l'estime dont nous sommes l'objet quand nous avons bien agi. On méprise l'homme qui fait le mal, tandis qu'on plaint seulement celui dont on sait l'intelligence bornée. Tous ces faits prouvent bien que, quand il s'agit d'intelligence, il y a fatalité et irresponsabilité ; que quand il y a volonté, il y a liberté et responsabilité. Confondre l'intelligence et la volonté, c'est donc confondre la fatalité et la liberté, c'est aboutir à de fâcheuses conséquences, à la suppression de la morale.

Seconde partie. — Comment pareille confusion a-t-elle pu être commise par Bossuet ? Cette erreur s'explique par ce fait que nos facultés n'entrent pas isolément en exercice et que la volonté, en particulier, n'existe qu'à la condition d'être éclairée par l'intelligence. En effet, pour vouloir il faut savoir *qu'on veut*, ce qui implique la lucidité de l'intelligence ; il faut savoir *ce qu'on veut*, c'est-à-dire discerner le but vers lequel on tend et les moyens qui peuvent y conduire ; il faut savoir enfin *pourquoi l'on veut*, c'est-à-dire connaître les motifs qui nous font agir dans un sens plutôt que dans un autre. Une volonté inconsciente n'est pas une volonté, ce n'est qu'un instinct, qu'un mouvement fatal, spontané, qu'une impulsion de l'organisme. La volonté dépend si bien de l'intelligence que la responsabilité, conséquence de la volonté, augmente ou diminue selon le degré de culture ; et la culture intellectuelle n'est *obligatoire* qu'en vue de la pratique du bien. Ce fait suffirait seul à expliquer l'erreur de Bossuet. On peut dire en outre que l'intelligence, de son côté, ne peut guère se passer de l'attention, c'est-à-dire de la volonté. Sans doute, dans l'exercice primitif et spontané de l'intelligence, l'attention est inutile pour nous faire apercevoir la vérité ; dans certains cas, nous la saisissons par un mouvement intuitif, c'est-à-dire par une vue immédiate ; mais en général l'attention est indispensable à l'intelligence. En effet, si celle-ci est fatale dans son essence, elle ne devient une faculté que par l'intervention de l'attention ; sans cette dernière, l'intelligence ne serait qu'une capacité, une propriété. C'est l'attention qui est la cause principale de l'inégalité des esprits ; la différence entre les esprits sérieux et les esprits légers vient d'une aptitude plus ou moins grande à être attentifs. L'attention a une telle puissance, elle peut tellement faciliter le travail de l'esprit par la concentration de ses forces sur un point déterminé, que Buffon a pu dire : « Le génie n'est qu'une longue patience ; » que Newton, interrogé sur la manière dont il avait découvert le système du monde, répondait : « En y songeant toujours ; » que Gioberti a écrit ces mots : « Le génie n'est en grande partie que la volonté elle-même. »

Conclusion. — Cette union intime de l'intelligence et de la volonté, ces secours qu'elles se prêtent dans leur exercice expliquent l'erreur que Bossuet a commise en confondant l'intelligence, qui est fatale, avec la volonté, qui est libre. Du reste, cette erreur ne lui est pas personnelle ; Descartes et toute son école avaient fait la même confusion, et le maître l'avait poussée si loin qu'il avait dit : « Vouloir c'est juger, velle est judicare. » Les stoïciens eux-mêmes n'avaient pas distingué ces deux facultés. On comprend assez que cette confusion se soit produite dans le xviie siècle, qui était le siècle intellectuel par excellence.

84. — Qu'appelle-t-on la liberté d'indifférence ? L'influence des motifs sur la volonté est-elle une objection valable contre la liberté humaine ?

DISSERTATION

Introduction. — Le fatalisme faisait le fond des religions de l'antiquité et s'imposait aux dieux comme aux hommes ; Jupiter lui-même était soumis à ses décrets, et personne ne pouvait se dérober à ses arrêts ; nous en avons le plus terrible exemple dans la légende du malheureux Œdipe. Dans les temps modernes, la prédestination, dont Luther et Calvin font une espèce de dogme et que Port-Royal semble accepter, éveille encore dans l'esprit l'idée de fatalité. Le fatalisme se retrouve aussi dans la religion de Mahomet et sert d'explication à cette immobilité à laquelle sont condamnées toutes les sociétés qui ont le Coran pour loi civile et religieuse. Certains systèmes aboutissent aussi directement ou indirectement à la négation de la liberté. Le matérialisme, qui n'admet pas d'autre réalité que la matière, conduit, qu'il le veuille ou non, au fatalisme, puisque dans la matière tout est soumis à des lois fatales. Le panthéisme, qui dit que la divinité avec laquelle le monde se confond se développe d'après des lois nécessaires, aboutit également à la négation de la liberté, et Spinosa en a fait l'aveu. On a dit encore que l'influence du tempérament sur notre activité est telle que quelquefois la liberté disparaît ; il en est de même pour l'influence du milieu dans lequel nous vivons. Mais la forme la plus sérieuse du fatalisme est le déterminisme ou fatalisme psychologique. Suivant le déterminisme, nous n'agissons jamais sans motif; toutes les fois que nous agissons, nous constatons l'influence antérieure d'un motif; or, en général, quand deux phénomènes se suivent invariablement, l'un, l'*antécédent*, est regardé comme la cause, l'autre, le *conséquent*, est regardé comme l'effet; le déterminisme en conclut que le principe de nos déterminations est, non dans la volonté, mais dans le motif; la volonté serait comme une balance obéissant au motif le plus fort. Ainsi, de ce que les motifs agissent sur la détermination, le déterminisme en tire cette conséquence qu'ils la produisent; par conséquent l'initiative de nos actes n'émanerait pas de notre énergie propre, ils seraient le produit d'une force qui s'imposerait à nous.

Proposition. — A ce système si dangereux pas ses conséquences on a opposé une doctrine appelée la *liberté d'indifférence;* quelle en est la valeur? et si le déterminisme n'est pas réfuté par cette doctrine, faut-il abdiquer devant lui et reconnaître que l'influence des motifs anéantit la liberté humaine?

Première partie. — Pendant que le déterminisme prétend que nous n'agissons jamais sans motif, la doctrine de la liberté d'indifférence soutient que nous avons le pouvoir de nous décider sans raison, sans motif; elle contesterait donc au déterminisme son point de départ; mais cette réfutation est peu décisive.

En effet, les actes que cette doctrine énumère pour prouver que nous agissons quelquefois en pleine indifférence ne sont que des actes insignifiants et qui la plupart du temps ne sont que le résultat d'un mouvement machinal; c'est mouvoir sa main à droite ou à gauche, partir du pied droit plutôt que du pied gauche, etc. S'il était bien démontré que pour ces mouvements aucun motif n'agit sur nous, cette indifférence porterait seulement sur des actions insignifiantes, elle s'appliquerait au plus bas degré de la liberté, à une vie pour ainsi dire instinctive; or, la vie morale est tout entière au-dessus de cette activité spontanée et presque aveugle.

En outre, beaucoup d'actes que nous paraissons produire sans motif sont le résultat de résolutions antérieures arrêtées une fois pour toutes, et qui ont été précédées de délibérations où il est toujours facile de constater la présence et l'influence d'un motif; c'est le résultat d'une habitude, et l'habitude est engendrée par la volonté ainsi que par l'intelligence qui a tenu compte de certains motifs pour nous faire contracter cette habitude.

Le déterminisme n'est donc pas réfuté par cette doctrine.

Seconde partie. — Il faut admettre avec le déterminisme que la volonté ne se détermine pas sans motif, car agir sans motif serait agir sans raison, ce ne serait pas la liberté. Mais en accordant au déterminisme son point de départ, à savoir que nous ne nous déterminons jamais sans motif, nous lui contestons la conséquence qu'il veut tirer de ce principe, à savoir que la force qui nous détermine est, non pas en nous-mêmes, mais dans le motif.

En effet, les motifs *sollicitent* la volonté, mais ne la *contraignent pas*. Nous n'avons ici qu'à faire appel à la conscience de chacun de nous; nous n'avons qu'à nous demander si nous nous sentons contraints malgré nous à prendre telle résolution quand des motifs agissent sur nous; la conscience répond sans hésiter que, tout puissants que soient ces motifs, nous pouvons leur résister, et la preuve en est que tantôt nous nous reprochons nos résolutions, que tantôt nous nous en applaudissons, ce qui suppose que la détermination est en nous et non hors de nous.

En outre, si la cause des déterminations était dans les motifs, ceux-ci auraient une valeur propre, intrinsèque, et par conséquent invariable. Or, les motifs varient d'homme à homme : Harpagon n'est guidé dans sa vie que par le soin de ses intérêts, Louis XIV songe avant tout à sa gloire, saint Vincent de Paul se demande toujours avec inquiétude s'il a bien rempli tous ses devoirs; chacun de ces personnages obéit à l'un ou à l'autre de ces trois motifs. Les motifs varient encore dans le même homme : tel négociant qui semble n'avoir pas d'autre préoccupation que d'augmenter sa fortune est capable, à certains moments, de sacrifier une partie de cette fortune, quelquefois cette fortune entière, à la famille, à la patrie. Les motifs n'ont donc pas une valeur propre, puisque leur force est essentiellement variable ; c'est notre adhésion libre qui fait leur force.

Quand le déterminisme dit que, si plusieurs motifs agissent sur nous, c'est le *motif le plus fort* qui l'emporte, cette expression, *motif le plus fort*, n'a pas de sens. En effet, on peut bien comparer entre eux deux plaisirs, deux choses utiles, deux devoirs ; mais on ne peut pas comparer un plaisir et un devoir, un plaisir et un intérêt, parce que ces motifs étant d'ordre différent, on ne peut trouver entre eux une commune mesure qui permette de les comparer et de déclarer l'un d'eux plus fort que les autres.

Enfin, le déterminisme dit encore que les motifs agissent sur l'âme comme des poids sur les bassins d'une balance. On peut répondre d'abord que, s'il en était ainsi, l'âme courrait parfois le risque de rester en suspens entre deux forces égales, comme l'âne de Buridan entre deux mesures d'avoine également distantes. En outre, les poids d'une balance ont entre eux un rapport constant et déterminé, si bien que, les poids étant connus, on peut, sans le secours d'une balance, dire avec certitude et d'avance quel est celui qui l'emportera. Il n'en est pas de même pour le rapport des motifs entre eux ; leur force varie selon les dispositions morales de l'agent. On peut bien présumer que tel ou tel individu, se trouvant dans telle ou telle situation, écoutera tel motif plutôt que tel autre ; mais les présomptions peuvent être et sont à chaque instant démenties par des déterminations imprévues, l'homme restant toujours libre d'agir d'une façon conforme ou contraire à ses intérêts, à son honneur, à son devoir.

Conclusion. — Ainsi, bien que la doctrine de la liberté d'indifférence soit impuissante contre le déterminisme, celui-ci n'a pas pour cela cause gagnée, et l'influence des motifs sur la volonté n'est pas une objection valable contre la liberté humaine ; cette liberté et la responsabilité qui l'accompagne n'ont rien à redouter de ce système.

85. — Examen des principales objections du fatalisme.

DISSERTATION

Exorde. — S'il est une notion qui nous apparaisse claire et distincte, c'est à coup sûr celle que nous avons de notre liberté ; et tous nos actes aussi bien que l'organisation et le fonctionnement des sociétés humaines prouvent que l'homme se croit un être libre et responsable. Cependant certains systèmes et certaines doctrines aboutissent indirectement à la négation du libre arbitre ou prétendent établir d'une manière positive que l'homme n'est pour ses déterminations qu'un sujet inerte et passif ; la liberté ne serait qu'une pure chimère et l'idée que nous en avons serait une vaine illusion de notre imagination. Nous ne parlerons pas ici du fatalisme antique, qui n'est qu'une superstition surannée, et qui, au-dessus de l'homme et même au-dessus des Dieux, plaçait une puissance irrésistible, aveugle et malfaisante ; nous laisserons également de côté, comme relevant de la foi religieuse, la prédestination de Luther et de Calvin, qui est devenue un dogme pour les églises protestantes, et vers laquelle Port-Royal et les Jansénistes ont si fortement incliné. Nous voulons seulement exposer et réfuter ce qu'on est convenu d'appeler le fatalisme théologique, le fatalisme psychologique ou déterminisme, et le fatalisme matérialiste.

Première partie. — L'homme se connaît comme une force intelligente ; mais comme cette intelligence imparfaite et finie ne trouve pas en elle-même sa raison d'être, il est obligé d'admettre l'existence d'une cause supérieure, qui se suffit à elle-même, qui, en le créant, l'a doué d'intelligence et qui est elle-même intelligente; car il serait contraire à la raison de supposer des êtres intelligents qui n'auraient point une cause intelligente. Mais quand nous attribuons ainsi à Dieu les qualités qui sont en nous à un degré fini, nous les élevons à l'infini, parce que l'infinitude est la notion même de Dieu; nous en concluons que Dieu a une intelligence infinie et la science absolue; rien ne peut échapper à son regard, il sait tout, par conséquent il prévoit tous les actes de l'homme, et cette prévision ne peut qu'être infaillible. Mais, fait-on alors observer, des actes qui sont absolument certains avant même d'être accomplis ne peuvent être que des actes nécessaires, dont l'accomplissement est comme imposé par la fatalité. On est par conséquent enfermé dans ce dilemme : ou Dieu prévoit toutes les actions humaines, et, comme il est infaillible, elles doivent être produites telles qu'il les a prévues, elles ne sont donc pas libres; ou les actions humaines sont libres, et alors elles échappent à la prévision divine. Dans le premier cas, la liberté est détruite; dans le second, la prescience divine est limitée, l'omniscience n'existe pas.

La difficulté est grave et le problème presque insoluble; mais s'il est difficile de concilier *logiquement* la prescience divine et la liberté humaine, on peut cependant faire les remarques suivantes qui, dans une certaine mesure, sont une réponse suffisante.

D'abord il faut concevoir que pour l'intelligence divine il n'y a ni passé, ni présent, ni avenir ; pour elle la durée n'est qu'un point et tout est présent; par conséquent, Dieu ne *prévoit* pas, il *voit*, le mot *prescience* est impropre et doit être remplacé par *omniscience*. En outre, *prévoir n'est pas contraindre*, et l'on peut dire que la prévision de Dieu n'est pas plus la cause d'une action que la prévision d'un astronome n'est la cause d'une éclipse; nous ne voulons pas parce que Dieu sait, mais Dieu sait parce que nous agirons, et notre liberté n'est pas pour cela supprimée. Enfin, la difficulté de concilier la liberté humaine avec la prescience divine ne doit pas avoir pour conséquence de nous faire nier l'une ou l'autre ou sacrifier l'une à l'autre ; les deux termes qu'il faudrait concilier sont d'une égale certitude, il n'y a que le point de jonction qui nous échappe, et l'on doit répéter ces mots de Bossuet qui sont dans toutes les mémoires : « Il ne faut jamais abandonner les vérités une fois connues, quelque difficulté qui survienne quand on veut les concilier ; il faut au contraire tenir toujours fortement comme les deux bouts de la chaîne, quoiqu'on ne voie pas toujours le milieu par où l'enchaînement se continue. »

Deuxième partie. — Le fatalisme psychologique ou déterminisme prétend que, comme nous n'agissons jamais sans motifs, c'est dans les motifs et non dans la volonté qu'il faut chercher le principe de nos déterminations ; l'âme serait fatalement déterminée par le motif le plus fort, comme le plateau d'une balance fléchit sous le poids le plus lourd.

Il faut concéder au déterminisme son principe, à savoir que la volonté se détermine toujours sous l'influence d'un motif ; mais il faut lui refuser la conséquence qu'il veut en tirer, à savoir que c'est le motif qui nous détermine par une force nécessitante. D'abord un appel à la conscience permet d'affirmer que si les motifs *sollicitent* la volonté, ils ne la *contraignent* pas. En outre, les motifs variant d'homme à homme et dans le même homme, on ne peut leur reconnaître une valeur propre, intrinsèque, qui permette de les considérer comme les causes de nos déterminations ; c'est notre assentiment, notre libre adhésion qui donne la prépondérance à tel ou tel motif qui devient ainsi le plus fort ; c'est nous qui, après avoir examiné, pesé les différents motifs, fixons notre préférence sur l'un d'eux et prenons librement le parti qui nous agrée ; l'âme se sent maîtresse d'elle-même devant toutes les sollicitations de la raison et du sentiment, elle a conscience qu'elle est libre de prendre toutes les résolutions, les plus contraires ou les plus conformes à l'intérêt, à l'honneur, au devoir. Si elle cède à la passion et résiste à la raison, c'est qu'elle le veut bien, et nous en avons pour preuve la peine, le remords qui suit toute résolution mauvaise et qui serait incompréhensible si la volonté avait été dominée par une force nécessitante, irrésistible.

Troisième partie. — Enfin, on allègue contre la liberté l'influence du climat, du tempérament, de l'âge, de la santé bonne ou mauvaise, et l'on prétend que toutes ces influences enveloppent et dominent la volonté au point de l'annihiler. En effet, les facultés de l'âme croissent et s'affaiblissent avec le corps; l'intelligence varie suivant le volume et l'état du cerveau, et toute lésion dans cet organe entraîne un trouble dans nos facultés intellectuelles; celles-ci sont en outre entravées ou facilitées par la nature de l'alimentation. Le climat agit puissamment sur notre être moral : chaud et humide, il nous débilite et nous amollit; froid, il donne au caractère la vigueur et la fierté. Ainsi, d'après ce fatalisme matérialiste, l'homme serait à la merci de son organisation physique et de la nature extérieure; par conséquent il n'y aurait plus ni vice ni vertu, et les gens que nous qualifions de criminels ne seraient que des malades qui auraient droit à tous les égards et à tous les soins, et les bagnes devraient être remplacés par des maisons de santé où l'hospitalité serait gratuite, tout au plus y serait-elle imposée à titre obligatoire.

Personne ne peut songer à nier l'influence que le physique exerce sur le moral; étroitement unie au corps, l'âme doit nécessairement subir son action. Mais si elle lui est unie, elle en est distincte à la fois par sa nature et par sa destinée : une, identique et active, elle ne peut être confondue avec le corps, avec la matière, qui est composée, changeante et inerte; aspirant au bien, à la vertu, à l'idéal, elle est supérieure au corps qui n'aspire qu'au plaisir, à la jouissance immédiate; par son intelligence, elle s'élance dans le temps et dans l'espace bien au delà des limites étroites dans lesquelles le corps est enfermé. Enfin, l'histoire n'est-elle pas remplie de faits qui montrent à quel point l'âme peut dominer le corps et lui imposer ses volontés? et ne voyons-nous pas chaque jour autour de nous des âmes énergiques dans des corps épuisés et chétifs? Quant à la nature extérieure, l'homme est si peu son esclave, qu'il la modifie, la transforme, s'empare de ses forces et les fait servir à ses besoins.

Conclusion. — Ainsi le fatalisme théologique repose sur une idée fausse de ce qu'on nomme d'une manière impropre la prescience divine; le fatalisme psychologique accorde une importance excessive aux motifs qui sollicitent la volonté, et le fatalisme matérialiste exagère l'influence du physique sur le moral. — La notion du libre arbitre échappe donc à toutes les objections du fatalisme, qui est une des plus étranges aberrations de l'esprit humain. Nous avons une preuve invincible de la liberté dans le témoignage de la conscience qui atteste à tous les hommes qu'ils sont libres et responsables, et ce témoignage étant tout subjectif, il est par cela même au-dessus de tout scepticisme. En outre, la croyance universelle des hommes au libre arbitre se manifeste par un grand nombre de phénomènes moraux, par le blâme et l'éloge qui accompagnent nos actes, par les châtiments et les récompenses qu'ils nous valent, par le caractère différent de nos prévisions qui, dans le monde physique, ont un caractère d'absolue certitude et qui, dans le monde moral, n'ont qu'un caractère de probabilité. Enfin, le fatalisme n'est pas seulement une doctrine vaine et fausse, il serait funeste par ses conséquences, puisque, en supprimant la responsabilité, il bouleverserait la société de fond en comble et détruirait les bases de la morale et du droit naturel et humain.

86. — Des divers phénomènes moraux par lesquels se manifeste la croyance universelle des hommes à l'existence du libre arbitre.

ESQUISSE

La satisfaction que nous éprouvons tous quand nous avons bien agi et le remords que nous ressentons quand nous avons mal fait prouvent qu'au moment d'agir nous avions pleinement conscience de notre liberté, de la possibilité d'agir autrement que nous ne l'avons fait. — Le blâme et l'approbation dont nous sommes l'objet de la part des autres ne s'expliquent également que par la croyance où ils sont que nous avons agi bien ou mal le sachant et le voulant. — Le blâme et l'éloge que nous adressons à autrui n'auraient aucun sens si nous n'étions pas convaincus que l'acte blâmé ou loué par nous a été produit par l'agent en pleine liberté. — Sans cette croyance au libre arbitre, les châtiments que la société inflige aux coupables seraient un odieux abus de la force, les récompenses qu'elle décerne seraient une ridicule comédie. — En maintes circonstances et pour le même acte, nous affirmons tantôt que l'agent est responsable, tantôt qu'il est irresponsable; cela prouve que dans un cas nous l'avons cru libre, que dans l'autre il ne nous a pas semblé qu'il le fût; ces différents cas de responsabilité et d'irresponsabilité attestent notre croyance à l'existence du libre arbitre. — Les délibérations le prouvent aussi; car quel homme songe à délibérer sur une chose qui échappe à son action? — Les contrats et les conventions que les hommes font entre eux supposent que les contractants se croient libres de tenir leurs engagements, et les sanctions attachées à la violation du contrat supposent aussi qu'ils se croient libres de manquer à leur parole. — Enfin, la réalité du libre arbitre peut servir d'explication à ce fait que nos prévisions ne sont pas les mêmes quand il s'agit du monde physique ou de la conduite de l'homme; dans le monde physique, les êtres étant soumis à la fatalité et ne pouvant se soustraire à la loi qui les régit, les prévisions présentent, quand la loi est connue, un caractère de certitude; quand il s'agit de l'homme qui peut violer la loi, les prévisions sont beaucoup plus circonscrites. Un astronome peut annoncer avec une certitude absolue qu'une éclipse se produira à tel moment et sera visible en tel lieu, tandis qu'aucun homme, si perspicace qu'il soit, ne peut jamais annoncer à l'avance, d'une façon certaine, un changement dans l'ordre moral. J.-J. Rousseau, dans le *Contrat social*, pressentait une révolution, et l'on a beaucoup admiré ce coup d'œil prophétique; mais ce n'était chez lui qu'un pressentiment vague, il n'a pas dit ni ne pouvait dire quand ni comment cette révolution devait s'accomplir. Ce qui est vrai pour une société tout entière, pour les changements dans l'ordre politique, est vrai aussi pour la conduite particulière de tel ou tel homme; on ne peut jamais annoncer d'avance s'il agira d'une façon conforme ou contraire à ses intérêts, à son honneur, à ses devoirs.

87. — Énumérer et expliquer les différents sens du mot liberté.

PROGRAMME

Il n'y a pas de mot qui ait reçu plus de différentes significations que celui de liberté, dont on puisse abuser et dont on ait abusé d'une façon plus redoutable; il a donc besoin d'être expliqué.

1° La *liberté morale* ou *psychologique* explique toutes les autres et en est la condition; les preuves bien connues qu'on en donne reposent sur le témoignage de la conscience, la notion du devoir qui suppose la liberté, et les divers phénomènes moraux par lesquels se manifeste la croyance universelle des hommes à l'existence du libre arbitre [1]; — il y a des cas où la liberté subit une éclipse, comme dans l'ivresse, la folie; la justice et l'opinion publique en tiennent compte; — cette liberté a donné lieu à de longues controverses (fatalisme antique avec Oreste et Œdipe, prédestination, doctrine de la grâce, déterminisme, prescience divine; influence des passions, des habitudes, du tempérament, des circonstances extérieures [2]).

2° La *liberté naturelle* est le droit qu'a l'homme d'user de ses facultés en vue de son bien; l'État met nécessai-

---
1. Voyez le numéro 86.
2. Voyez le numéro 88.

rement, dans l'intérêt commun, des limites à cette liberté, mais il a trop souvent abusé de sa force pour s'ingérer dans des choses qui ne compromettaient pas sa sécurité ; ainsi, à Rome et en France, sous l'ancien régime, on a édicté des lois somptuaires qui étaient tyranniques et ridicules, contraires aux notions les plus élémentaires de l'économie politique. On peut comprendre dans cette liberté la *liberté physique* ou *d'action*, faculté de se mouvoir et d'agir sans obstacles ; les prisonniers, les paralytiques, les impotents en sont privés. Avant la Révolution, elle rencontrait beaucoup de limites ; pour les roturiers et les partisans des cultes dissidents, il y avait interdiction d'arriver à certaines charges ; le commerce et l'industrie trouvaient dans les douanes intérieures, dans les jurandes et maîtrises, des entraves qui les paralysaient. L'esclavage en était la négation la plus immorale.

3° La *liberté civile* est la faculté d'exercer tous les droits d'homme sans être entravé par les autres citoyens ou par le pouvoir (achats, ventes, mariage, testament) ; — cette liberté a trouvé des limites, à Rome dans l'interdiction des mariages entre patriciens et plébéiens, en France dans le droit d'aînesse ; en certains pays, les étrangers ne peuvent acquérir des propriétés foncières. — A cette liberté on peut rattacher la *liberté de conscience*, la *liberté des cultes*, la *liberté de l'industrie et du travail*, qui est le droit, longtemps méconnu, d'exercer une profession sans être soumis à aucune entrave, la *liberté du commerce*, qui est le droit de vendre ou d'acheter sans être soumis à des règlements prohibitifs.

4° La *liberté politique* est la faculté d'intervenir dans le gouvernement de l'Etat ; elle comprend la liberté de la presse, la liberté de réunion, etc. ; — elle est moins étendue que la liberté civile, elle a été plus souvent suspendue, et elle a été longtemps nulle en France.

Toutes ces libertés ont pour condition la liberté morale ou psychologique ; c'est parce qu'il est une cause libre et intelligente que l'homme a droit à la liberté naturelle, à la liberté civile, etc. ; aussi en prive-t-on les enfants, les fous, les hommes livrés à leurs passions, tous ceux qui ne semblent pas être en possession de cette liberté morale.

88. — De l'influence des passions, des habitudes, du tempérament et des circonstances extérieures sur l'activité humaine; — montrer que cette influence ne détruit pas la liberté.

DISSERTATION

Exorde. — Dans la vie psychologique tout se tient et s'entremêle; et, bien que les trois facultés principales de l'âme soient différentes par leurs caractères, elles se développent pourtant ensemble et s'unissent dans tous les phénomènes psychologiques. Il n'est donc pas étonnant, vu les rapports qui existent entre les différentes parties de notre être, que les passions, les habitudes, le tempérament et les circonstances extérieures exercent une certaine influence sur l'activité humaine. Mais comme cette dernière faculté a une importance particulière, comme elle fait de l'homme un être à part et le distingue de tous les animaux, il est important de voir jusqu'où va cette influence, dans quelle mesure la liberté humaine disparait ou est seulement affaiblie. Car si la liberté s'évanouissait, la morale disparaîtrait avec elle, et toutes les sciences qui dépendent de la morale ; ainsi, l'histoire n'aurait plus ni à louer ni à blâmer, ni à rechercher les causes de révolutions produites par une aveugle fatalité; Tacite n'aurait plus qu'à enregistrer impassible les crimes de Tibère et de Néron, Montesquieu n'aurait plus à examiner par quelles vertus les Romains ont conquis le monde et par quels vices ils l'ont perdu ; la législation et le droit avec leurs pénalités n'auraient plus aucune raison d'être, et la science politique se ramènerait à une question de dynamique. Il est donc intéressant de considérer toutes les conditions qui caractérisent le déploiement de l'activité humaine, de voir dans quelle mesure la liberté s'affaiblit, disparait presque, et dans quelle limite cette éclipse diminue notre responsabilité au regard de la société et de notre propre conscience ; il est non moins intéressant d'examiner si les influences diverses que subit la liberté n'ont pas été exagérées et si l'on peut démontrer qu'elles ne la détruisent pas.

Première partie. — 1° Les passions exercent une influence considérable sur l'activité. En effet, tout ce qui trouble l'intelligence atteint la volonté à cause du lien étroit qui unit ces deux facultés, puisqu'il ne saurait y avoir volonté sans intelligence ; or, les passions nous faisant voir les choses et les personnes autrement qu'elles ne sont, il en résulte que trop souvent elles nous font aussi agir autrement qu'il ne faut. Et même quand l'intelligence conserve sa lucidité, la passion, par la violence qui lui est propre, nous entraîne quelquefois malgré nous dans l'abîme que nous voyons entr'ouvert sous nos pas. Tel est le cas de Phèdre et de Médée, qui comprennent l'étendue de la faute qu'elles vont commettre, qui veulent résister au mouvement impétueux de la passion, qui pourtant succombent emportées par une force irrésistible et peuvent s'écrier toutes deux :

> Video meliora proboque,
> Deteriora sequor.

Ainsi, soit que l'intelligence conserve sa lucidité, soit que la passion nous entraîne malgré nous, la liberté semble ici disparaître.

2° L'habitude n'exerce pas une influence moins considérable sur l'activité humaine. En effet, quand une habitude est une fois prise, nous agissons sans conscience et sans volonté ;

c'est par un mouvement presque machinal que nous faisons le bien et le mal. L'activité libre est donc encore anéantie.

3° Le tempérament, c'est-à-dire la constitution physique de chaque homme, influe aussi beaucoup sur l'activité à cause de l'union étroite de l'âme et du corps ; cette influence est telle qu'elle a permis aux matérialistes de nier l'existence de l'âme. Peut-on, par exemple, exiger d'un homme au tempérament sanguin qu'il reste calme devant un outrage ? peut-on attendre l'égalité d'humeur d'un homme doué de ce tempérament nerveux et bilieux qui ressent toutes les variations de la température ? il a nécessairement l'humeur de son tempérament, et, s'il est capricieux, c'est son organisation physique, non lui-même, qu'il faut accuser. De même, la paresse et la nonchalance s'imposent aux personnes d'un tempérament lymphatique. Les faits prouvent donc encore que l'activité subit ici une influence presque irrésistible.

4° Notre activité dépend aussi des circonstances extérieures, c'est-à-dire du milieu dans lequel nous avons grandi et vécu, de la famille et de la société. L'homme, par suite de sa constitution physique, intellectuelle et morale, ne peut se passer des autres hommes ; aussi a-t-il reçu de la nature certains instincts de sociabilité qui le prédisposent à subir docilement l'influence des personnes avec lesquelles il vit d'ordinaire. En effet, nous aimons à être en communauté d'idées et de sentiments avec nos semblables ; et cela explique pourquoi les enfants ont en général les opinions de leurs parents, pourquoi chaque famille vit dans une atmosphère morale particulière ; le même fait se remarque dans ce milieu plus vaste qui est la patrie, et où l'on trouve un ensemble d'idées, de mœurs, d'opinions, de lois, qui constituent le génie de chaque peuple. Chaque homme, grandissant ainsi dans un certain milieu, ne comprend pas qu'on puisse avoir une autre manière de sentir et de penser. De là cet étonnement que nous causent les mœurs des autres peuples. Cela explique pourquoi tous les Athéniens, par exemple, avaient un goût si vif pour les arts et pour les plaisirs de l'esprit, pourquoi les Romains au contraire n'aimaient, comme distractions, que les jeux sanglants de l'amphithéâtre. Cette influence du milieu, qui nous domine ainsi à notre insu, a donc pour résultat d'anéantir en partie la liberté humaine.

Seconde partie. — Pourtant ces influences, si considérables qu'elles soient, ne détruisent pas la liberté. En effet, quand il s'agit des passions et des habitudes, on peut les diriger; pour le tempérament et les circonstances extérieures, on peut réagir.

1° La passion n'est pas autre chose qu'un désir devenu exclusif et excessif; mais ce n'est pas brusquement et sans transition que le désir est arrivé à cet état; il n'est devenu passion qu'avec la complicité de la volonté, quand nous avons recherché les occasions qui provoquaient l'éveil du désir, que nous n'avons pas voulu recourir aux distractions et que nous avons nourri avec complaisance ce désir qui s'est ainsi changé en passion [1]. Ainsi il dépend de nous, dans une certaine mesure, d'avoir ou de ne pas avoir de passions, puisqu'elles ne se forment qu'avec le concours de la volonté réfléchie. Si nous avons laissé se former dans notre âme les généreuses passions de la charité, de la science, du patriotisme, nous pouvons sans crainte nous laisser aller à leurs inspirations; mais si la passion est mauvaise, nous pouvons et devons en arrêter le développement, et, si nous laissons cette passion grandir sans résistance, nous en avons la responsabilité presque entière. Aussi les passions détruisent-elles si peu la liberté qu'elles n'en sont, pour ainsi dire, qu'une manifestation. Et quand nous avons eu le malheur de laisser se former peu à peu une de ces passions qui nous entraînent à la violation de toutes les lois morales, notre volonté peut encore leur résister, soit pour les extirper de notre âme, soit pour leur refuser toute satisfaction. Sans doute pareille énergie est rare, mais si la lutte est difficile, la victoire n'est pas impossible.

2° Il en est de même pour les habitudes. Sans doute une fois prises, elles nous font agir sans conscience; mais comme pour les contracter il faut le double concours de l'intelligence et de la volonté, il n'y a pas là une fatalité qui s'impose à

---

1. Voyez plus haut la dissertation proposée au numéro 24.

nous. Il dépend de nous de ne contracter que de bonnes habitudes, qui nous rendent facile et comme naturelle la pratique du bien; et nous avons la responsabilité des conséquences fâcheuses auxquelles aboutissent les mauvaises habitudes.

3° Pour le tempérament, nous savons que sans doute le corps est uni à l'âme et exerce sur elle une influence considérable; mais ces deux substances, quoique unies par un lien étroit, n'en sont pas moins distinctes : distinctes par leur nature, puisque l'âme est une, identique et active, tandis que le corps est composé de parties, changeant et inerte; distinctes par leurs aspirations, puisque le corps n'aspire qu'au plaisir et que l'âme tend au bien, au devoir [1]. Comme la conscience nous dit que le plaisir est inférieur à la vertu, que nous sommes obligés d'être honnêtes et que nous ne sommes pas tenus d'être heureux, il en résulte que l'âme, supérieure au corps par sa nature et par sa destinée, peut réagir contre le tempérament et se soustraire à ses exigences dans une certaine mesure.

4° On peut aussi réagir contre l'influence du milieu. Car si nos instincts de sociabilité nous entraînent vers les autres hommes et nous prédisposent à subir leur influence, à adopter leurs sentiments et leurs opinions, nous avons en nous d'autres instincts plus puissants encore, s'il est possible : d'abord celui de la conservation personnelle, qui fait que nous nous prenons nous-mêmes pour fin et pour but dans nos actions, et ensuite cette personnalité par laquelle nous nous distinguons et nous nous séparons nettement des autres. Sans doute tout homme est un être sensible, intelligent et libre; mais cependant chacun de nous a une façon particulière de sentir, de comprendre, de vouloir; c'est là ce qui constitue la personnalité. L'homme peut donc se détacher des êtres qui l'entourent et réagir contre les circonstances extérieures. Aussi il n'est pas rare de voir des enfants, quand ils sont devenus hommes, renoncer aux idées qu'on leur avait fait adopter pendant le jeune âge, substituer, par exemple, à la

---

1. Voyez plus loin au numéro 101.

ferveur religieuse l'indifférence et même l'hostilité à l'égard de toutes les opinions religieuses.

Conclusion. — On voit donc que ces influences diverses n'anéantissent pas complètement la liberté. Il y a sans doute des cas exceptionnels où ces influences peuvent quelquefois anéantir la liberté; alors l'homme n'est plus responsable, et la société ne lui demande pas compte d'actes qui, dans d'autres circonstances, seraient réputés crimes. Mais l'appréciation en pareille conjoncture est d'une difficulté inouïe, puisque la liberté étant un fait essentiellement d'ordre intérieur, il est bien difficile pour les témoins, qui ne jugent que d'après des signes extérieurs, de voir jusqu'à quel point cette liberté a diminué et même disparu; aucun homme ne peut avoir la prétention de connaître d'une façon bien exacte ce qui se passe au fond de l'âme de son voisin. Et non seulement l'appréciation de ces cas où la liberté disparaît est difficile et presque impossible, mais les conséquences qui résultent de l'anéantissement de la liberté sont tellement graves pour la société que l'on n'en admet la disparition que quand l'agent était *évidemment* dominé par une influence irrésistible.

89. — **Y a-t-il des degrés dans la liberté morale? s'il y en a, donner l'explication.**

DISSERTATION

Exorde. — Le mot *liberté* comporte des significations bien distinctes : elle s'appelle *liberté physique*, quand elle est le pouvoir d'aller et de venir sans obstacles ; elle prend le nom de *liberté politique*, quand elle désigne la faculté d'intervenir dans le gouvernement de l'État ; la *liberté civile* est le droit de faire ce qui n'est pas défendu par la loi ; la *liberté de conscience* est le droit de choisir ses croyances religieuses ; quand on considère la liberté comme un fait interne et indépendamment de toute manifestation extérieure, elle se nomme *liberté morale* ou *psychologique ;* elle consiste dans le pouvoir de se déterminer, et elle est, comme telle, le principe et la condition de toutes les autres. Mais cette liberté morale n'est pas *absolue*, comme le croyaient les stoïciens, elle est *relative*, susceptible de degrés infinis, variable selon une foule de conditions, et pouvant être diminuée sans disparaître entièrement.

Proposition. — Et d'abord la liberté morale, étroitement liée à l'intelligence, augmente ou diminue suivant que nous avons de nos actes une conscience plus ou moins nette ; — ensuite la liberté subit des influences diverses, surtout celle des passions, des habitudes, du tempérament et des circonstances extérieures, et ces influences font que la liberté décroît et semble parfois disparaître.

Première partie. — Il ne peut y avoir liberté sans intelligence. En effet, pour vouloir, pour prendre une détermination, il faut d'abord *savoir qu'on veut;* c'est dire qu'il faut être en possession de soi-même et avoir conscience de sa responsabilité; or cette conscience a des degrés infinis : nette et précise chez l'homme sérieux et réfléchi, elle est vague et confuse, quelquefois nulle, chez l'enfant et chez l'homme faible d'esprit ou enfoncé dans la vie des sens ou livré à ses passions. Elle peut se développer avec les années et avec le concours de la réflexion; mais, même lorsqu'elle est arrivée à son plus haut degré de développement, elle peut subir des éclipses, dans la maladie, par exemple, dans les crises de la douleur, dans les emportements de la colère, ou les égarements de la folie, etc. La liberté morale passe par les mêmes degrés que la conscience : elle augmente ou faiblit suivant que les lumières de la conscience sont plus vives ou plus faibles; elle s'évanouit si ces lumières viennent à s'éteindre complètement; la responsabilité augmente aussi ou disparaît avec elle et il y a irresponsabilité dès qu'il y a inconscience. Il y a donc des degrés dans la liberté comme il y en a dans la conscience et elle n'est pas toujours égale à elle-même.
— Ajoutons que, pour prendre une résolution, il faut encore *savoir ce que l'on veut,* c'est-à-dire discerner le but à atteindre, et *savoir pourquoi l'on veut,* c'est-à-dire avoir une idée nette de la nature et de la valeur des motifs qui nous sollicitent, des raisons qui nous poussent à agir dans tel ou tel sens plutôt que dans tel autre. On comprend dès lors que la liberté dépendant ainsi de l'intelligence n'existe pas au même degré chez l'homme d'un esprit vigoureux ou cultivé et chez l'homme illettré ou simple et borné d'esprit; elle est nulle chez l'idiot, le fou, le jeune enfant, qui agissent sans discernement et qui n'encourent aucune responsabilité pour des actes que la loi, d'accord avec la justice et avec l'opinion publique, frappe de peines sévères, quand les auteurs sont intelligents, c'est-à-dire libres et par suite responsables. Les mêmes actes ne provoquent pas en nous les mêmes sentiments s'ils sont dus, par exemple, à la cruauté froide et réfléchie d'un Tibère ou à la stupide férocité d'un

Claude que sa mère appelait « une erreur de la nature, un homme commencé et non achevé ». Quand on voit Charles VI ordonner, à l'âge de quatorze ans, l'incendie de Courtray et le massacre de ses habitants pour venger une ancienne défaite de la noblesse, on ne peut que frémir devant cette effroyable catastrophe, on ne peut pas en maudire l'auteur qui n'était pas né méchant, mais dont l'esprit faible avait été perverti par les leçons de ses oncles et dont le caractère violent était exalté jusqu'à la fureur par l'ivresse de la puissance et de la victoire.

Seconde partie. — La liberté morale ne dépend pas seulement de l'intelligence; elle subit aussi certaines influences qui la diminuent et quelquefois la font presque disparaître. Ainsi, les passions, qui nous montrent les choses et les personnes autrement qu'elles ne sont, ne nous permettent pas de prendre des résolutions sages, raisonnées; nous agissons donc en aveugles, et notre erreur est d'autant plus grave que nous nous croyons en pleine possession de nos facultés. L'avare, l'ambitieux, le libertin sont les esclaves dociles de la passion, et chez eux la volonté n'a plus d'énergie que pour servir cette passion; le libre arbitre a presque disparu, et la responsabilité qu'ils encourent porte moins sur les actes du moment actuel que sur l'époque où ils ont laissé envahir leur âme par une inclination qui, par la complicité de la volonté, est devenue peu à peu excessive et exclusive. — Même quand la passion n'enlève pas à l'esprit sa lucidité, elle ne laisse pas, grâce à la violence qui lui est propre, de nous entraîner à l'abîme que nous voyons ouvert devant nous; on peut dire d'elle ce que les Anciens disaient du destin : « Fata nolentem trahunt. » On voudrait résister à ce mouvement impétueux qui emporte, et on ne le peut pas; Phèdre est « malgré soi perfide, incestueuse ».

L'habitude exerce aussi une influence considérable sur la liberté, puisqu'il est dans sa nature de nous faire agir sans conscience et sans volonté. L'ivrogne va au cabaret comme le cheval à l'abreuvoir, par un mouvement machinal, instinctif; la réflexion et la liberté n'ont plus aucune part dans ses actes. Le démagogue déclame avec fureur contre les riches comme saint Vincent de Paul parlait avec une émotion touchante pour les pauvres enfants abandonnés ; la liberté pour eux n'a été entière, et par suite la responsabilité, que quand il s'est agi de choisir et de contracter des habitudes ; mais l'habitude, une fois prise, l'un fait le mal comme l'autre faisait le bien, d'une façon presque inconsciente. En outre, l'union étroite de l'âme et du corps fait que le tempérament exerce également une action puissante sur la liberté ; on ne peut pas demander l'activité énergique à une personne lymphatique, ni l'égalité d'humeur à un homme nerveux et bilieux, ni la patience et la placidité à un tempérament colérique et sanguin. Le Pascal malade qui écrivait les *Pensées* ne ressemblait guère au Pascal qui avait écrit les pages charmantes du *Discours sur les passions de l'amour;* la vivacité de ses impressions et les souffrances ininterrompues de la maladie ne lui permettaient pas cette modération qui maintient l'équilibre, l'harmonie dans notre être intérieur et laisse un libre jeu à nos facultés. — Enfin les circonstances extérieures nous dominent aussi et exercent souvent sur la liberté une influence irrésistible. Ces circonstances peuvent être de nature bien diverse, et l'énumération en serait longue, difficile ; il faudrait y comprendre bien des faits : les uns sont exceptionnels, comme cette fièvre obsidionale qui, après le siège de Paris, provoqua les folies criminelles de la Commune, comme les émotions vives, mais passagères, que produisent les révolutions ; les autres sont d'une nature permanente ; tel est le milieu dans lequel nous avons grandi et dans lequel nous vivons, qui est représenté par la famille et la patrie. La nature, ayant fait l'homme pour la vie sociale, a dû lui donner, et lui a donné en effet, des instincts qui le prédisposent à subir l'influence de ses semblables ; enfants, nous acceptons docilement les opinions et les sentiments des personnes avec lesquelles nous vivons ; plus tard nous faisons nôtres ces opinions et ces sentiments par une adhésion qui semble volontaire et réfléchie, et qui, en réalité, n'est le plus souvent que le résultat de l'action puissante, quoique insensible et latente, du milieu dans lequel nous avons grandi, et qui, nous dominant à notre insu, diminue singulièrement notre liberté.

Conclusion. -- On voit donc qu'il y a des degrés infinis dans la liberté morale. Comme elle n'existe que si elle est éclairée par l'intelligence, il en résulte qu'elle augmente ou diminue suivant les lumières qu'elle reçoit de cette faculté ; aussi ne demande-t-on pas compte de leurs actes aux malheureux qui, par faiblesse d'esprit, idiotisme ou maladie, agissent sans discernement ; quand l'homme ne connaît pas la nature de ses actes, comment peut-on les lui imputer ? En outre, les passions, les habitudes, le tempérament et les circonstances extérieures exercent une action considérable sur la liberté qu'elles ne laissent jamais intacte et qu'elles peuvent quelquefois annuler. Toutefois, il dépend de nous, dans une certaine mesure, de réagir contre ces influences diverses. En effet, nous pouvons ne laisser se développer dans notre âme que les passions qui poussent l'homme dans la voie du bien. Les habitudes ne se formant également qu'avec le concours de la volonté, nous sommes responsables de l'atteinte que les mauvaises habitudes peuvent porter au libre arbitre. La supériorité de l'âme sur le corps nous permet également de résister à l'action du tempérament et de défendre ainsi la liberté contre les entraînements de la nature animale. Enfin, on peut réagir contre l'influence du milieu par l'observation du monde et la réflexion, surtout par le sentiment de notre personnalité. Par conséquent, si la liberté morale a des degrés infinis, il est rare qu'elle disparaisse complètement ; elle peut grandir ou diminuer, subir quelquefois des éclipses, mais elle ne s'évanouit que dans des circonstances exceptionnelles ; et comme cet anéantissement de la liberté a pour corollaire l'irresponsabilité, la société, qui redoute justement les conséquences qui en résulteraient, n'admet cette disparition du libre arbitre que quand le fait est dûment constaté et ne peut être mis en doute.

90. — **Qu'est-ce que l'habitude ? Quelles en sont les principales lois ?**

DISSERTATION

Exorde. — L'homme, outre la capacité de sentir et le pouvoir de connaître, possède encore la faculté d'agir. L'activité est même le caractère essentiel de l'âme humaine, puisque c'est elle qui établit une barrière infranchissable entre l'homme et la bête. D'autres êtres possèdent, ainsi que l'homme, une certaine intelligence et de la sensibilité ; mais *seul il veut*, seul il peut prendre une détermination. L'activité a donc dans la vie humaine une influence considérable. Or, elle se présente à nous sous deux formes : elle est tantôt spontanée, instinctive, tantôt volontaire et libre.

Proposition. — L'habitude est un état intermédiaire entre l'instinct et la volonté libre, elle participe de l'un et de l'autre, se rattachant à l'instinct par son caractère, à la volonté par son origine. Elle est de plus soumise à une double loi, affaiblissant en nous tout ce qui est passif, développant tout ce qui est actif.

Première partie. — L'habitude est le pouvoir de reproduire sans réflexion et sans volonté certains actes que nous avons produits plusieurs fois ; mais elle ne se forme et ne grandit que peu à peu, quelquefois d'une façon à peine sensible ; et, pour se former, elle réclame le concours à la fois de l'intelligence, pour comprendre l'opération à exécuter, et de la volonté qui reproduit et répète l'acte. Cette répétition ne se fait d'abord qu'avec lenteur, qu'avec des efforts souvent pénibles; mais l'effort et la peine diminuent à mesure que nous répétons l'acte et finissent par disparaître; alors l'habitude est prise. Dans cet état, l'intelligence et la volonté n'interviennent plus, et nous exécutons machinalement les actes les plus compliqués sans hésitation et avec rapidité. Ainsi s'explique la facilité avec laquelle l'homme écrit, l'avocat improvise, l'artiste et l'ouvrier exécutent avec aisance les mouvements les plus difficiles. L'intelligence et la volonté ayant ainsi disparu, l'habitude présente alors tous les caractères de l'instinct, qui détermine aussi des mouvements auxquels l'intelligence et la volonté sont étrangères. Grâce à l'habitude, nous exécutons les opérations les plus compliquées, à la fois sans clairvoyance et sans tâtonnement, comme l'abeille fait son miel et le castor construit sa maison, par des impulsions aveugles et spontanées. On a donc pu dire que l'habitude est *un instinct artificiel, une seconde nature*. Mais, d'un autre côté, l'habitude diffère de l'instinct à la fois par son origine et par sa nature. Puisque l'habitude se forme avec le double concours de l'intelligence et de la volonté, cela implique responsabilité; puisque c'est nous qui nous donnons nos habitudes, nous sommes responsables des conséquences qu'elles entraînent quand elles sont mauvaises, comme nous avons le mérite des résultats heureux qu'elles produisent quand elles sont bonnes. Au contraire, les instincts nous étant donnés par la nature et naissant avec nous, nous n'en sommes pas responsables; nous pouvons sans doute, et souvent nous devons, lutter contre certains instincts, mais nous ne pouvons les supprimer; ils se retrouvent dans la vieillesse de l'homme tels qu'ils étaient dans son enfance, ils naissent et meurent avec nous. Il n'en est pas de même des habitudes, qui ne sont pas en nous à toutes les époques de la vie, qui n'apparaissent qu'à un certain moment, et qui, ne s'étant formées qu'avec le concours de la volonté libre, peuvent aussi disparaître et quelquefois disparaissent par l'intervention de cette même faculté. Nos instincts sont donc les mêmes à tout âge, tandis que les habitudes peuvent varier aux différentes époques de la vie. Aussi voit-on souvent des instincts mauvais résister à l'éducation et persister dans un milieu honnête, comme on voit quelquefois des hommes garder une honnêteté native dans un milieu qui pouvait les pousser dans une mauvaise direction. L'habitude diffère en outre de l'instinct, non seulement par sa nature, mais encore par le degré; en effet, comme une habitude ne se forme pas tout à coup, comme elle grandit et se fortifie peu à peu, elle a des degrés divers, et il y a des habitudes plus ou moins enracinées; l'instinct, au contraire, apparaît tout d'abord tel qu'il restera toute la vie.

Seconde partie. — L'habitude est soumise à une double loi : elle affaiblit en nous tout ce qui est passif et développe au contraire tout ce qui est actif; partout où il y a passivité, nous constatons un affaiblissement graduel sous l'influence de l'habitude; au contraire, partout où il y a activité, nous constatons un développement. Ainsi, nous devenons peu à peu presque insensibles au plaisir et à la peine physiques; des sensations qui nous ont d'abord fortement secoués nous laissent ensuite presque indifférents; beaucoup d'hommes, grâce à l'accoutumance, supportent sans une grande peine les intempéries des saisons, et, d'un autre côté, le plaisir en se prolongeant et en se répétant, perd de sa vivacité. « Il n'y a rien au monde de si fâcheux que l'accoutumance ne rende supportable. » (Descartes.)

L'accoutumance ainsi nous rend tout familier.
(LA FONTAINE.)

Il est heureux qu'il en soit ainsi et que l'habitude diminue la peine; car, si nos sens ne s'endurcissaient pas, pour ainsi dire, nous serions toujours dans un état de trépidation nerveuse qui altérerait et briserait notre organisme; l'homme ne vivrait pas longtemps s'il conservait toujours la susceptibilité délicate du petit enfant, qu'un bruit un peu violent fait tressaillir, qu'une lumière vive gêne et fatigue.

L'habitude a donc en général pour effet d'affaiblir la sensibilité physique, parce que celle-ci a pour caractère essentiel la passivité. Mais quand la volonté intervient dans la direction de cette même sensibilité, il y a un développement de force et non pas un affaiblissement. L'ivrogne qui ne boit que pour boire, avec une avidité bestiale, aboutit à l'insensibilité; mais le dégustateur, qui analyse ses sensations et qui réfléchit, arrive peu à peu, par l'habitude, à une grande habileté dans sa profession. De même l'artilleur, qui souffre d'abord beaucoup par les détonations, s'accoutume insensiblement aux bruits les plus violents; au contraire, le musicien, par un exercice auquel préside l'attention, développe dans l'ouïe une finesse et une délicatesse extraordinaires. C'est ainsi qu'on a pu dire : « L'animal se repaît, l'homme mange, l'homme d'esprit seul sait manger. » La sensibilité physique est donc, en somme, affaiblie plutôt que développée par l'habitude, parce qu'elle a pour caractère principal la passivité. L'intelligence est quelquefois aussi, pour la même raison, émoussée par l'habitude; nous devenons insensibles aux spectacles les plus effrayants ou les plus charmants quand il nous arrive de les avoir souvent sous les yeux. « L'assuéfaction endort la vue de notre jugement, » a dit Montaigne. Mais comme la volonté exerce une influence considérable sur l'intelligence et que, grâce à l'attention, il y a là une grande activité, il y a aussi un développement par l'effet de l'habitude qui rend faciles les opérations les plus pénibles de l'esprit. Mais c'est surtout quand il s'agit de la volonté elle-même que l'habitude a une influence considérable; grâce à elle, après avoir voulu souvent avec effort, on veut ensuite sans peine, et la pratique de la vertu devient comme naturelle; aussi a-t-on pu dire que la vertu n'était qu'un ensemble de bonnes habitudes; il est vrai que le vice est aussi un ensemble de mauvaises habitudes, et que, si l'habitude est un auxiliaire puissant pour le bien, elle peut servir aussi à nous corrompre.

Résumé et conclusion. — L'habitude tient donc le milieu entre l'instinct et la volonté; elle tire son origine de la volonté, revêt la forme de l'instinct et en prend les caractères. Son principal effet est de supprimer l'effort, de sorte que l'accomplissement du mal et du bien nous devient plus aisé ; par elle l'homme peut presque se transformer et remplacer sa nature première par une nature de son choix ; heureux s'il sait bien choisir ! car suivant le choix qu'il fait, il marche dans la voie du bien ou s'enchaîne dans le mal. Et Montaigne, développant une idée de Cicéron, « consuetudinis magna vis est, » a pu dire en termes énergiques et pittoresques : « C'est une violente et traîtresse maîtresse d'école que la coutume, royne et emperière du monde ; elle établit en nous peu à peu, à la dérobée, le pied de son autorité…, nous lui voyons violer les règles de nature. » — Enfin, l'habitude est soumise à une double loi : elle affaiblit nos facultés passives et développe nos facultés actives.

91. — **Distinguer et définir les différentes sortes d'habitudes : les habitudes instinctives, organiques, intellectuelles et morales.**

DISSERTATION

Introduction. — C'est une loi de notre nature que, quand un mouvement a été répété plusieurs fois, une tendance à le reproduire à l'occasion se développe dans l'organe qui l'a exécuté. Aussi, quand nous voulons l'exécuter de nouveau, nous trouvons un auxiliaire dans cette tendance créée par nous, et nous ne sommes pas obligés à un effort aussi vigoureux que dans le premier cas. Si nous répétons encore ce même mouvement, la même activité factice s'accroît dans l'organe, l'effort diminue en proportion même de la répétition, et à certain moment il disparaît complètement ; dès lors les mouvements les plus compliqués s'exécutent avec aisance, les opérations les plus fatigantes deviennent faciles et même agréables. Ce qui est vrai des mouvements du corps, l'est aussi des mouvements de l'âme ; voilà pourquoi on a pu distinguer différentes sortes d'habitudes, admettre des habitudes instinctives et organiques, ainsi que d'autres habitudes qui exercent une influence considérable sur le développement intellectuel et moral de l'homme. Toutefois il importe avant tout de bien établir que c'est l'activité qui donne naissance à l'habitude ; aussi n'en trouve-t-on pas dans la matière inorganique.

« On a beau lancer une pierre cent fois dans l'espace, elle ne tombera pas plus vite la centième fois que la première. » (Aristote.) La pierre inerte ne peut s'approprier une force qui est complètement étrangère à sa nature, et, pour reproduire un mouvement, il faut être capable de l'avoir produit.

Première partie. — L'habitude peut s'ajouter à l'instinct pour le diriger et lui donner une nouvelle force. Grâce à elle l'homme s'approprie les instincts des animaux pour les faire tourner à son profit, il enseigne au chien de chasse la manière de poursuivre le gibier et d'indiquer sa présence en tenant l'arrêt, il a dressé le cheval à le recevoir sur son dos, à tirer des voitures, à porter des fardeaux, le bœuf à creuser le sillon en traînant la charrue, etc. Les animaux prennent aussi d'eux-mêmes des habitudes qui s'ajoutent à l'instinct ; c'est en vertu d'une habitude instinctive qu'un animal quelconque, un chien, un cheval, un lion, vient s'abreuver, manger, se reposer aux mêmes endroits et aux mêmes heures, que le chat vient se coucher à la même place pour se dilater avec volupté sous les rayons du soleil ou à la chaleur du foyer. Ces habitudes instinctives existent aussi chez l'homme ; nous pouvons par l'habitude développer les instincts qui nous poussent à rechercher la vérité, à secourir nos semblables. L'habitude peut aussi, il est vrai, pervertir l'instinct et donner lieu à des vices dégradants, comme l'ivrognerie, la gloutonnerie, etc.

Deuxième partie. — Au point de vue physique, l'habitude facilite les mouvements du corps, donnant à la main l'adresse et la précision, à l'oreille la délicatesse, à l'œil la justesse, à l'odorat et au goût la finesse ; apprendre un état, c'est contracter une habitude qui développe tel ou tel organe, et lui permet d'exécuter certaines opérations à la fois avec précision et rapidité ; c'est sur ces habitudes organiques qu'est fondée la division du travail dans la grande industrie ; le même ouvrier, chargé d'exécuter la même pièce, arrive à produire vite et bien à force de faire le même mouvement ; le résultat est une économie de temps et la supériorité dans l'exécution. Ce qui est vrai dans l'industrie ne l'est pas moins pour l'art et les travaux de l'esprit; c'est grâce aux habitudes organiques que nous pouvons exprimer nos pensées avec promptitude par la parole et l'écriture, que le musicien exécute avec une grande sûreté une série de notes compliquées, que le peintre saisit d'un coup d'œil les traits d'une personne et les reproduit d'un coup de crayon, que le sculpteur taille avec le ciseau une figure humaine dans un bloc de marbre. C'est donc à l'habitude que nous devons les merveilles de l'art et de l'industrie. Par elle le corps arrive à supporter les traitements les plus bizarres et les plus contraires à la nature; Mithridate avait dès sa jeunesse habitué son corps à supporter impunément toute sorte de poisons; nous-mêmes nous habituons nos organes au tabac, aux liqueurs, à l'opium. Par les habitudes organiques, nous dressons les animaux et leur faisons exécuter des mouvements contraires à leur nature.

Troisième partie. — L'habitude rend également faciles les opérations les plus pénibles de l'intelligence; et on comprend combien cette influence est heureuse quand on observe que nos facultés se développent grâce à l'attention et que l'attention elle-même se développe par l'influence de l'habitude. On sait en effet, qu'il n'y a pas, à proprement parler, de vie intellectuelle sans l'attention, puisque l'on ne peut connaître à aucun degré si l'on n'est pas attentif à un certain degré; et l'attention, qui n'est pas autre chose que la volonté, n'a été placée parmi les opérations intellectuelles que parce qu'elle est indispensable pour qu'un fait intellectuel ait lieu. Or, l'homme ne vient pas au monde attentif; il n'y a pour s'en assurer qu'à considérer un enfant, si intelligent qu'il puisse être; rien n'est plus connu que la mobilité propre à cet âge, que cette légèreté d'esprit qui fait que l'enfant promène sur tous les objets qui l'entourent un œil distrait, qu'il regarde tout et n'examine rien ; c'est par l'éducation que peu à peu l'enfant s'habitue à considérer les objets d'une façon plus sérieuse et à ne pas se laisser distraire aussi facilement; et à mesure qu'il grandit, il devient peu à peu attentif et réfléchi s'il persiste dans l'effort; il résiste avec plus de fermeté au mouvement qui l'attire vers les objets extérieurs. C'est seulement quand l'attention est passée à l'état d'habitude que l'esprit peut se perfectionner par l'étude, car les efforts deviennent moins pénibles et l'application de l'esprit devient aisée, même agréable. — Si l'on considère ensuite une à une toutes les opérations intellectuelles, on verra combien est utile et bienfaisant le rôle de l'habitude. Ainsi tout le monde sait par une expérience personnelle et quasi journalière que la mémoire ne se développe que par l'exercice : « Memoria augetur si eam exerceas, » a dit un ancien; c'est par là qu'elle acquiert la facilité et la sûreté; on sait que, négligée, elle devient rebelle, lente et paresseuse pour l'acquisition des connaissances, infidèle pour leur conservation et leur rappel. L'association des idées subit également l'influence de l'habitude; suivant la direction habituelle qu'on lui imprime, elle peut beaucoup sur notre esprit; en effet, s'habituer à unir les idées d'après des rapports naturels, c'est s'habituer à voir les choses comme elles sont, c'est s'assurer la rectitude du jugement; au contraire, unir d'ordinaire les idées d'après des rapports accidentels ou de fantaisie, c'est s'exposer à laisser pénétrer dans son esprit des idées fausses et des superstitions, qui souvent résistent à tous les efforts faits pour les déraciner. L'imagination également gagne ou souffre beaucoup suivant les habitudes que nous lui donnons ou lui laissons prendre; si nous nous accoutumons à la contenir, à la ramener sans cesse à la réalité, elle pourra, tout en conservant sa puissance, produire les plus heureuses créations; mais si nous la laissons s'égarer à la poursuite des chimères, elle tombera dans le monstrueux et le grotesque, elle ne sera plus que « la folle du logis », le bon sens désavouera ses productions et protestera contre ses extravagances. L'habitude fera aussi du jugement une faculté admirablement propre à discerner le vrai du faux, si l'esprit est surveillé et maintenu dans la sphère des réalités; autrement il se remplira de préjugés. Mais elle peut beaucoup surtout pour le raisonnement, qui est une opération si compliquée; car c'est avec peine que nous parvenons à enchaîner nos idées, à en saisir le lien, à les faire sortir les unes des autres, de façon à aboutir par une marche régulière à des conclusions légitimes ; c'est l'habitude qui nous permet, par des efforts réitérés, d'arriver à cet enchaînement logique et rigoureux ; le raisonnement possède alors une singulière puissance, qui a fait la force de certains penseurs, de Platon, d'Aristote, de Pascal.

Quatrième partie. — Mais c'est surtout dans l'ordre moral que l'influence de l'habitude est bienfaisante ou redoutable. J.-J. Rousseau a dit avec raison : « La vertu est un état de guerre, où l'on a toujours quelque combat à livrer contre soi-même et contre les autres. » En effet, la vertu qui consiste à sacrifier au devoir les instincts, les intérêts et les passions, suppose la lutte contre ces instincts, ces intérêts et ces passions ; il faut donc un effort souvent pénible pour vouloir le bien ; or, aucune vertu ne résisterait s'il fallait chaque jour livrer les mêmes combats sans se trouver le lendemain plus fort que la veille. Mais heureusement, après avoir souvent voulu avec effort, on veut ensuite sans peine, et la pratique de la vertu devient alors comme naturelle. L'éducation peut beaucoup sous ce rapport en nous faisant contracter dès l'enfance de bonnes habitudes. Il est vrai aussi que des parents ignorants ou vicieux laissent contracter ou font contracter à leurs enfants de détestables habitudes, dont ils ne peuvent plus ensuite se délivrer ; un des points les plus importants de l'éducation consiste donc à bien diriger l'habitude, qui a pour caractère de dominer l'âme.

Résumé. — L'habitude est donc la condition de tout progrès chez l'homme ; elle nous permet de nous assujettir les animaux et même les plantes ; elle nous soustrait en partie à l'action du monde extérieur, puisqu'elle émousse notre sensibilité physique, tout en développant la force des sentiments et rendant plus vivaces les affections qui nous unissent aux autres hommes et font le charme de la vie. Elle rend possibles l'industrie et la culture des arts par l'adresse et la précision qu'elle donne à nos mouvements ; par elle les fonctions de l'intelligence deviennent plus promptes et plus sûres ; enfin, elle augmente l'énergie de la volonté et nous rend la vertu, non seulement possible, mais facile et agréable ;

> L'accoutumance ainsi nous rend tout familier.
> (LA FONTAINE.)

Elle intervient donc dans tous les phénomènes de notre vie physique, intellectuelle et morale. Mais elle peut aussi devenir un instrument de corruption et faire un besoin de la pratique du vice ; il faut donc veiller avec le plus grand soin sur la formation des habitudes.

OBSERVATION. — *Pour traiter le sujet inscrit ci-dessous, on n'aurait qu'à se reporter à la troisième et à la quatrième partie de la dissertation précédente :*

Influence de l'habitude sur le développement intellectuel et moral de l'homme.

92. — **Influence de la pensée sur le langage et du langage sur la pensée.** — Montrer comment cette influence a été exagérée, au XVIII° siècle, par Condillac et son école.

DISSERTATION

Exorde et proposition. — Dans la réalité et dans l'état actuel de l'intelligence humaine, l'homme ne pense qu'avec le secours des mots; on ne peut séparer la pensée du langage que par une abstraction, comme on ne peut séparer le langage de la pensée que par une autre abstraction; il y a corrélation entre le développement de la pensée et celui du langage; on ne peut concevoir une idée sans concevoir dans le même temps le mot que nous avons l'habitude d'associer à cette idée, et de même tout mot correspond à une idée. Néanmoins la pensée est antérieure au langage, c'est elle qui engendre le langage, elle est la cause et il n'est que l'effet; si l'influence est réciproque, le premier progrès est toujours dû à la pensée; le langage n'est que l'instrument de la pensée, il ne faut donc pas lui attribuer le pouvoir d'engendrer la pensée ni dire avec Condillac que l'art de raisonner se réduit à une langue bien faite.

Première partie. — L'homme pourrait à la rigueur prendre connaissance des faits internes sans le secours de la parole; ce ne serait sans doute qu'une fugitive intuition; pourtant la pensée serait possible. Mais l'homme n'est pas organisé pour une existence individuelle et solitaire; ses instincts le poussent à sortir de l'isolement, à communiquer ses pensées aux autres hommes et à partager leurs idées; c'est une loi de notre nature. Mais ce commerce des idées exige un intermédiaire sensible, un signe, qui a pour fonction de représenter les idées; c'est donc la pensée qui produit le langage. Aussi les qualités et les défauts des langues tiennent aux qualités et aux défauts des esprits; le langage ne vaut que par la pensée qu'il exprime; ce n'est donc pas, comme le croyait Ronsard, le perfectionnement préalable du langage qui prépare le perfectionnement correspondant de la pensée, c'est le perfectionnement antérieur de la pensée qui amène le perfectionnement corrélatif du langage; le langage n'est que « le prolongement de la pensée ». Il n'y aurait pas de signe, pas de mot, sans une chose signifiée, sans une idée. Aussi la pensée qui crée le langage et le langage qui exprime la pensée ont-ils les mêmes lois; on parle par propositions parce que l'on pense par jugements, et de même que les jugements s'enchaînent en raisonnements, de même les propositions s'enchaînent en syllogismes.

Mais si la pensée crée le langage, le langage à son tour exerce sur la pensée une influence considérable. L'homme peut sans doute penser sans parler, mais il ne pense avec succès que grâce à la parole. Chacun sait quels services le langage rend à la société : il en est le lien, il fait que les travaux de chaque savant et de chaque siècle deviennent la propriété commune de tous les hommes et de tous les siècles; par le commerce qu'il établit entre les individus, il crée pour ainsi dire l'humanité. En outre, l'intelligence serait bien faible et bien pauvre si elle était réduite à ses propres forces, si elle n'avait pas le secours du langage.

Il n'y a de science que du général, que le général soit notre but comme quand nous procédons par induction, qu'il soit notre point de départ comme quand nous procédons par déduction. L'esprit humain, trop faible pour embrasser la réalité d'un seul coup, est obligé de la diviser, de l'analyser, d'envisager séparément chaque qualité d'une chose; par l'abstraction, il isole l'attribut de la substance, et, réunissant un ensemble d'attributs qu'on retrouve chez plusieurs individus, il s'élève aux idées abstraites et générales ; or, comme ces idées n'ont pas d'objet qui leur corresponde *directement* en dehors de notre esprit, comme elles ne s'appliquent à aucun être réel, elles s'évanouiraient sans laisser de traces dès que l'esprit les perdrait de vue et il faudrait sans cesse les refaire ; le langage les solidifie, et le mot, en groupant une collection de caractères ou d'individus dans une union artificielle, nous les rappelle et les fixe dans l'esprit. Grâce à lui, les idées abstraites et générales, c'est-à-dire de pures conceptions, prennent un corps et acquièrent une existence, une certaine réalité qui nous permet de les retrouver au besoin. On voit donc que sans le langage nous ne pourrions nous élever à ces idées de genres et d'espèces qui constituent les sciences, et l'induction serait frappée de stérilité ; ne pouvant généraliser, l'esprit serait forcément borné au particulier, aux phénomènes qui sont dans un perpétuel écoulement. — Le raisonnement par déduction serait également impossible sans le langage. En effet, « déduire c'est tirer les plus petites idées des plus grandes par l'intermédiaire d'idées moyennes qui, contenues dans les grandes, contiennent à leur tour les petites. » Or, les idées générales seules sont grandes ou petites, et nous venons de démontrer que sans le langage on ne peut pas s'élever aux idées générales. — Ainsi l'homme, ne pouvant ni induire ni déduire, serait réduit à la connaissance de phénomènes fugitifs ou à des axiomes qui resteraient stériles, puisque la science est l'étude du général, fondée d'une part sur l'observation du particulier (c'est l'induction), et de l'autre sur les idées générales (c'est la déduction).

On a pu dire encore que les langues étaient des méthodes analytiques, suivant une phrase célèbre de Condillac. En effet, chaque mot n'exprimant qu'une seule idée, nous analysons nos pensées en parlant pour les communiquer à autrui, et quand les autres nous parlent nous suivons les analyses toutes faites qu'ils nous présentent ; par l'emploi d'un mot distinct pour chacun des éléments de la pensée, nous séparons ces éléments les uns des autres ; le langage est donc un précieux instrument d'analyse. Il nous force à nous rendre un compte plus net de nos pensées, car une idée vague ne peut s'exprimer nettement dans aucune langue ; seules les idées nettes trouvent facilement leur expression :

> Ce que l'on conçoit bien s'énonce clairement.

En résumé, la pensée n'est d'abord qu'une intuition vague et fugitive, qui, à peine née, s'évanouit quand elle ne prend pas une forme ; aussi, en admettant qu'on puisse concevoir un homme qui serait capable de penser sans parler, cet homme resterait dans une infériorité intellectuelle incalculable, et l'on comprend la justesse de cette pensée de Cicéron : « Hoc præcipue bestiis præstamus quod loquimur. » Il est donc bien difficile de comprendre comment l'homme pourrait penser sans le secours des mots.

Seconde partie. — Toutefois, malgré la reconnaissance que nous devons au langage, on ne peut pas l'égaler à la pensée ni surtout le placer au-dessus d'elle. Cette exagération a été l'erreur de Condillac. Pour lui, l'art de raisonner se réduirait à une langue bien faite et les sciences ne seraient aussi que des langues bien faites. Mais ce n'est pas le langage qui fait les déductions, il ne peut que les exprimer et les fixer, les rendre plus faciles. De même, si les mots fixent les découvertes des sciences et aident à leurs progrès, elles ne sont pas uniquement des langues bien faites ; on ne peut nommer les choses que quand on en connaît la nature et les qualités, la seule fonction des mots étant de nous mettre à même de nous rappeler nos pensées et de les communiquer à autrui. Sans doute, nous pensons à l'aide des mots, mais aux choses désignées par ces mots. C'est donc le progrès de la pensée qui précède et provoque le perfectionnement des langues ; puis la perfection du langage réagit à son tour sur la pensée et la rend plus facile ; l'infériorité de la langue a seule empêché la *Chanson de Roland* d'être un des chefs-d'œuvre de l'esprit français.

Conclusion. — Il y a donc entre la pensée et le langage une réciprocité d'influence et une solidarité de développement ; le langage rend nos idées plus distinctes, il sert à la formation d'un grand nombre d'idées, il est pour la pensée un instrument d'analyse, et pour la mémoire un puissant auxiliaire ; mais quels que soient les services que le langage rende à la pensée, il n'est que son auxiliaire, c'est elle qui analyse, qui abstrait, qui raisonne ; il aide les opérations de la pensée, il la seconde, mais il ne la crée pas, et Fénelon a dit avec raison : « La parole n'est faite que pour la pensée. »

OBSERVATION. — *La question traitée dans la dissertation précédente se retouve dans les sujets suivants :*

L'homme pourrait-il penser sans le secours des mots ?

Expliquer et apprécier le mot de Condillac : « Nous ne pouvons penser sans signes. »

Examiner et discuter cet aphorisme de Condillac que nous ne pouvons penser qu'avec le secours des mots et que l'art de raisonner se réduit à une langue bien faite.

98. — Les langues sont synthétiques avant de devenir analytiques; voilà une des lois du langage; l'expliquer et le démontrer.

DISSERTATION

Exorde. — Le langage sert à exprimer la pensée, à établir un lien de communication entre les hommes; aussi est-il la condition de tout perfectionnement intellectuel et moral, et Descartes a pu dire : « La lecture de tous les bons livres est comme une conversation avec les plus honnêtes gens des siècles passés. » Ce qui augmente encore l'importance du langage, c'est qu'il est nécessaire, non seulement pour communiquer les idées, mais aussi pour les former. En effet, l'homme ne peut guère penser sans le secours des mots, et l'on ne saurait guère comprendre un développement de la pensée qui ne serait pas accompagné d'un développement du langage. Il y a donc intime corrélation entre l'une et l'autre; néanmoins c'est la pensée qui produit la parole, elle est antérieure au langage qui se calque nécessairement sur elle. Aussi est-ce dans la constitution de l'esprit humain qu'il faut chercher l'explication des lois du langage.

Proposition. — Les faits prouvent que les langues sont synthétiques avant de devenir analytiques; c'est à l'esprit lui-même qu'il faut remonter pour se rendre compte des changements qu'offrent les langues.

Première partie. — Les faits montrent bien que les langues sont d'abord synthétiques avant d'être analytiques; ainsi les langues modernes sont plus analytiques que les langues anciennes. Une langue synthétique a pour caractère de combiner plusieurs idées en un seul mot; au contraire, les langues analytiques, procédant par décomposition de la pensée, expriment les diverses idées et leurs rapports par des mots isolés. Cela posé, il est facile de se convaincre que le grec est plus synthétique que le latin; et cette dernière langue l'est plus que le français, qui présente à un degré remarquable le caractère analytique. On se rend facilement compte de ce fait en considérant les conjugaisons d'abord et ensuite la faculté de composition que les mots peuvent avoir. 1° La conjugaison grecque est presque entièrement synthétique; quelques temps seulement sont représentés par des périphrases, par exemple le subjonctif et l'optatif du parfait passif. La langue latine ne présente pas dans ses conjugaisons le même caractère, puisque les temps passés sont pour la plupart des périphrases; il y a donc là un commencement d'analyse et de décomposition. Dans le français l'analyse a fait des progrès considérables. Un exemple suffira pour justifier ces assertions : le mot grec λελύμεθα renferme seul six idées, la signification du verbe *délier*, l'indication que l'action est subie par le sujet, la désignation du sujet, celle du passé et aussi d'un certain passé, enfin l'idée de pluralité. Toutes ces idées rendues en grec par un seul mot, en réclament deux en latin, *soluti sumus*, et en exigent quatre en français, *nous avons été déliés*. Il semble par conséquent qu'une langue qui succéderait au français pourrait encore pousser plus loin l'analyse et la décomposition de la pensée. La nature des conjugaisons montre donc bien que les langues sont d'abord synthétiques et qu'elles deviennent ensuite analytiques. — 2° Cette facilité de composition qu'ont les Grecs pour les conjugaisons se retrouve dans les mots, moins grande chez les Latins, presque nulle en français, excepté dans les mots directement sortis des langues anciennes. Ainsi les Grecs formaient facilement un verbe nouveau avec deux ou trois particules; les radicaux se soudaient sans résistance les uns aux autres pour fournir sans cesse, par ces alliances, des produits nouveaux ; un seul radical, à l'aide de propositions, pouvait engendrer un nombre considérable de mots. Les mots latins étaient d'une nature plus réfractaire, et il ne fut pas possible de transporter dans la langue latine les procédés de combinaison qui étaient en usage chez les Grecs : « Il m'est plus facile de créer un consul que de créer un mot, » disait Auguste avec dépit. De même en français, lorsque Ronsard voulut introduire des mots composés dans notre idiome, sa muse

> Vit dans l'âge suivant, par un retour grotesque,
> Tomber de ses grands mots le faste pédantesque.

Un exemple fera bien comprendre cette facilité merveilleuse qu'avait la langue grecque à former les mots composés : cette seule proposition, ὁ στρατηγὸς ἀντιπαρεξάγει τὸν στρατόν, doit, pour être traduite avec quelque exactitude, donner lieu en français à plusieurs phrases : « Le général fait sortir son armée du camp (ἐξάγει), il la conduit dans la direction de l'ennemi (παρά) et la range en face de lui (ἀντί). » — On voit donc, d'après les conjugaisons et la composition des mots, que les langues en vieillissant deviennent de plus en plus analytiques.

Seconde partie. — Cette loi démontrée par les faits, comment l'expliquer ? Puisque c'est la pensée qui produit la parole, c'est dans la nature même de la pensée qu'il faut chercher cette explication. Pascal a dit que l'humanité est un homme qui ne meurt pas et qui apprend toujours ; acceptant cette comparaison, étudions le développement de cette intelligence dans un enfant. Quand son esprit s'éveille, on le voit promener des regards distraits et vagues sur tous les objets qui l'entourent et ne les fixer sur aucun ; cette intelligence faible n'aperçoit d'abord que confusément les objets, elles les voit dans un tout complexe et concret, c'est-à-dire d'une manière synthétique ; c'est l'explication de ce fait que les enfants se servent souvent des termes généraux ; les mots manquent de précision parce que les idées elles-mêmes sont confuses. Aussi les langues synthétiques sont-elles toujours un peu obscures, et cette obscurité même est une des nombreuses raisons qui les ont fait adopter comme des langues classiques, c'est-à-dire des instruments d'éducation ; car les efforts qu'elles imposent à l'esprit développent en lui de précieuses qualités, la finesse, la sagacité, le discernement, etc. ; elles sont à ce titre de merveilleux instruments de gymnastique intellectuelle. Quand l'enfant a grandi ainsi que son intelligence, quand il connaît déjà un plus grand nombre d'objets et que la curiosité naturelle à l'esprit humain le pousse à connaître, il ne tarde pas à s'apercevoir qu'avec son intelligence faible et bornée, il a besoin de considérer successivement les objets pour les mieux connaître ; l'expérience lui apprend qu'une seule tâche suffit à son esprit ; peu à peu il prend donc l'habitude de considérer les choses une à une, c'est-à-dire d'analyser ; ce procédé lui réussit, et il voit que la concentration de toutes ses forces sur un point déterminé est la condition d'une vue distincte ; il acquiert des notions précises quand il sait fixer son attention sur chacun des éléments pris en particulier. Ce qui est vrai d'un homme l'est aussi de l'humanité tout entière, qui passe peu à peu de la vue synthétique des choses à une étude analytique. Or, puisque la parole n'est que la représentation de la pensée, elle suit cette dernière dans toutes ses transformations ; synthétique, quand l'esprit reste enfermé dans la synthèse, la langue devient analytique quand la pensée a recours à l'analyse. Ceci peut servir d'explication à bien des faits que présente l'histoire littéraire. Ainsi la langue française, sortie du latin, en a d'abord les allures et le caractère ; on peut s'en convaincre en lisant nos auteurs du xviie siècle, surtout Descartes et Bossuet, dont la langue présente une certaine analogie avec les phrases amples de Cicéron. Mais ces formes périodiques deviennent de plus en plus rares à partir de la fin du xviie siècle et finissent presque par disparaître complètement de la langue. On s'explique aussi par là combien était chimérique la proposition de Fénelon qui semblait dire que, pour enrichir notre langue, nous devrions faire des mots composés à l'imitation des

Grecs et des Latins; la tentative malheureuse de Ronsard aurait dû l'éclairer. Cette faculté de composition était, comme nous l'avons vu, dans le génie des langues anciennes; elle n'est pas dans celui des langues modernes. En outre, l'effet le plus remarquable du caractère analytique d'une langue est de rendre l'inversion de plus en plus rare, tandis que ces inversions conviennent bien aux langues anciennes. En effet, l'homme est un être sensible et passionné avant de se montrer un être raisonnable, il sent, pour ainsi dire, avant de penser; aussi les poètes apparaissent-ils avant les philosophes, avant la science ; alors la pensée ne s'exprime pas dans l'ordre logique; les choses sont désignées dans l'ordre où elles frappent nos sens ou dans le rang que leur attribue notre passion. C'est seulement peu à peu que les sensations, perdant de leur vivacité, et que la raison se développant grâce à l'analyse, les constructions inversives cèdent le pas aux constructions logiques. Ainsi dans les langues modernes la construction logique domine généralement, c'est-à-dire que la première place est donnée au sujet, la seconde au verbe, la troisième à l'attribut ou au complément du verbe; ainsi le veut la raison ; car d'abord il faut admettre l'être qui agit, puis l'action elle-même, et enfin l'objet que l'action veut atteindre. C'est l'ordre observé par les langues analytiques qui ne prennent, avons-nous dit, ce caractère, que quand la raison domine dans l'homme. Sans doute il y a une certaine monotonie dans ces constructions logiques, et Fénelon l'a signalée : « On voit toujours venir d'abord un nominatif substantif qui mène son adjectif comme par la main; son verbe ne manque pas de marcher derrière, suivi d'un adverbe qui ne souffre rien entre deux, et le régime appelle aussitôt un accusatif qui ne peut jamais se déplacer. » Cette critique est plus spirituelle que juste; les langues ne peuvent réunir des qualités contraires; les inversions étaient dans le génie des langues anciennes et ne jetaient aucune obscurité dans la phrase, parce que les différences des cas indiquaient suffisamment les rapports des mots entre eux. En effet, quand un mot porte avec lui le signe de son rôle grammatical et l'uniforme de son emploi, peu importe sa place dans la phrase. Au contraire, dans les langues analytiques, les idées et leurs rapports étant indiqués par des mots isolés, les terminaisons des noms, des adjectifs, des pronoms, des verbes, y sont naturellement très peu variées, souvent peu sensibles, quelquefois nulles, par exemple en anglais ; les nombres et les genres y sont marqués par des flexions assez insignifiantes qui n'existent souvent que pour l'œil, « un homme célèbre, des femmes célèbres. » Il en résulte que les inversions trop fréquentes rendraient inintelligibles nos vers et notre prose. Aussi la liberté de construction est-elle infiniment plus restreinte dans les langues analytiques. On voit par là que Fénelon s'est encore trompé sur ce point, quand il a recommandé l'emploi des inversions, trouvant notre langue « timide et scrupuleuse » à cet égard. Sans doute les inversions contribuent à la beauté du style, et la langue française, qui ne peut que par exception s'affranchir des règles rigoureuses de la construction logique, est par ce côté inférieure aux langues anciennes ; mais elle a d'un autre côté une admirable clarté, qui en a fait la langue de la conversation, des sciences et de la diplomatie.

Conclusion. — En résumé, les faits montrent que les langues modernes sont plus analytiques que les langues anciennes, et cela se comprend, les langues dans leur marche ne pouvant que suivre celle de l'esprit qui, pour mieux connaître les choses, a nécessairement et de plus en plus recours à l'analyse. Cela explique pourquoi les langues modernes ont en général une faculté de composition très limitée, et pourquoi elles sont rebelles à l'inversion, qui n'est guère admise que dans la poésie des langues analytiques et qui, même là, est renfermée dans des bornes assez étroites.

94. — Objet de la grammaire générale Quels rapports a-t-elle avec le langage?

PROGRAMME

La parole ne servant qu'à exprimer la pensée, elle se calque naturellement sur celle-ci; or, nous savons que l'intelligence humaine est impersonnelle, c'est-à-dire que les idées élémentaires ne varient pas d'un homme à un autre ni dans le même homme; l'intelligence étant ainsi partout la même dans ses éléments essentiels, il y a nécessairement entre toutes les langues des ressemblances fondamentales. C'est la grammaire générale qui étudie les règles communes à toutes les langues, ce qu'il y a d'essentiel, d'invariable dans le langage de toutes les nations; elle cherche dans la nature de l'intelligence la raison des faits qui se trouvent partout les mêmes au milieu de la plus grande diversité. Elle a donc d'étroits rapports avec le langage puisqu'elle étudie comment les modifications de la pensée sont représentées dans le langage. Ainsi, pour poser les fondements de la grammaire générale, on emprunte à la psychologie l'analyse de la pensée; or, la pensée se produisant sous deux formes, l'idée et le jugement, les idées étant exprimées par les mots et les jugements par les propositions, il y a dans la grammaire générale deux parties essentielles. l'étude des mots et l'étude des propositions.

A. Mots. — L'homme se trouvant environné d'existences, d'êtres, ne peut pas ne pas avoir l'idée de ces êtres, de ces substances ; en outre ces substances ne lui apparaissent que revêtues de qualités, de propriétés, l'esprit ne pouvant concevoir ce que pourrait bien être une substance pure, c'est-à-dire dépourvue de qualités ; il en résulte que, à un moment donné, nous ne pouvons pas ne pas comprendre que telle qualité convient à telle substance ; de là trois éléments essentiels, communs et invariables dans toutes les langues : 1° les *substantifs*, qui désignent les êtres, les substances ; — 2° les *adjectifs*, qui désignent les qualités inhérentes aux substances ; — 3° enfin le *verbe* par lequel nous affirmons que telle qualité convient à telle substance. — En outre, les substances, qui coexistent dans les mêmes lieux et dans le même temps, ont forcément des rapports entre elles ; de là dans le langage un autre élément essentiel et commun, la *préposition*, qui exprime les rapports entre les mots, signes des idées. Enfin, quand l'intelligence humaine, en comparant les idées, a fait comme une provision de jugements, elle ne tarde pas à saisir des rapports entre certains de ces jugements ; de là un autre élément commun à toutes les langues, la *conjonction*, qui sert à exprimer les rapports des propositions, c'est-à-dire des jugements exprimés.

Telles sont les cinq espèces de mots principales, auxquelles peuvent se ramener toutes les parties du discours : le *participe* est verbe ou adjectif ; le *pronom* est une forme du nom et en tient la place ; l'*adverbe* équivaut à une préposition jointe à son complément ; l'*article*, n'indiquant qu'une manière d'être des substances, n'existe pas dans toutes les langues.

Parmi les éléments essentiels des langues, on peut encore citer, dans les substantifs, les *genres* qui répondent à la distinction des sexes établie par la nature dans les espèces organisées et étendue par l'esprit à tous les objets, et les *nombres* qui expriment si les idées s'appliquent à un seul objet ou à plusieurs. Dans les verbes, les *temps* répondent à la division de la durée en passé, présent et futur ; les *modes* marquent les diverses manières dont le verbe présente l'action ou l'état qu'il exprime.

B. Propositions. — La proposition étant l'expression d'un jugement et le jugement étant l'affirmation d'une idée, toute proposition doit renfermer au moins deux termes, le *sujet* qui représente l'idée, et le *verbe* qui indique qu'elle a été affirmée. Quand le jugement est le résultat d'une comparaison entre deux idées, il faut admettre un troisième terme, l'*attribut*. Il y a des propositions *simples* (Alexandre fut grand); il y en a de *complexes* quand le sujet et l'attribut ont des mots qui les déterminent (les conquêtes d'Alexandre furent bienfaisantes pour les vaincus); il y a des propositions *particulières* ou *générales*, *affirmatives* ou *négatives*. Deux ou plusieurs propositions unies entre elles par des conjonctions ou des adjectifs conjonctifs, sans dépendre l'une de l'autre, sont dites *coordonnées* (Alexandre vainquit les Grecs et soumit la Perse); si les propositions sont tellement enchaînées que l'une, sans le secours de l'autre, n'exprime pas une pensée complète, l'une est *principale* et l'autre *subordonnée* (Socrates accusatus est quod corrumperet juventutem); l'*incidente* est une proposition subordonnée qui n'est pas unie à la principale par un lien étroit, qui ne fait que l'expliquer : « Le ton de l'orateur, *dès que le sujet est grand*, doit toujours être sublime. »

95. — Caractériser et comparer les idées du vrai, du beau, du bien ; les rattacher à leur premier principe.

DISSERTATION

Exorde. — Nos idées se partagent en deux grandes classes, les idées contingentes et les idées nécessaires ; c'est à cette dernière catégorie qu'appartiennent les idées du vrai, du beau, du bien ; il n'est guère d'idées qui aient pour l'homme une importance plus considérable, puisque celle du vrai donne naissance à la science, celle du beau aux arts et aux lettres, celle du bien à la morale. Ces idées résument donc pour nous presque tout le monde moral.

Première partie. — Elles ont tous les caractères qui appartiennent aux idées nécessaires. Inhérentes à notre constitution même, elles se trouvent dans tous les esprits, éveillent chez tous les hommes des sentiments semblables, et produisent des effets identiques. En effet, nous constatons chez tous les hommes à des degrés divers le désir de connaître, tous recherchent la vérité, font des efforts pour la découvrir, sont heureux quand ils l'aperçoivent et ressentent un certain malaise quand elle se dérobe à leurs efforts ; ces efforts et ce plaisir ou cette peine prouvent clairement que les hommes croient à l'existence de la vérité et à la possibilité pour eux de la découvrir; aussi le scepticisme ne peut-il plaire qu'à des esprits raffinés et ne saurait avoir de prise sur la masse des hommes. — L'homme est aussi heureux de contempler le beau que désireux d'apercevoir la vérité. Et ce qui le prouve, c'est le concours des gens qui se pressent aux expositions d'objets d'art, aux représentations théâtrales; c'est ce qui fait que les gens favorisés par la fortune entreprennent de lointains voyages pour contempler les beautés de la nature. Et, quand le beau se présente à nous, nous éprouvons encore une satisfaction non moins vive que celle qui accompagne la découverte du vrai; ce qui est laid nous inspire de la répulsion, du malaise, de même que l'ignorance nous est pénible. L'idée du beau est donc aussi, comme celle du vrai, une idée universelle. — Enfin tous les hommes aspirent à pratiquer le bien, comme ils recherchent le vrai et aiment à contempler le beau; chez tous on constate des aspirations vers le bien et de la répulsion pour le mal. Tous sans doute ne pratiquent pas l'un et n'évitent pas l'autre; mais les scélérats eux-mêmes sentent au fond du cœur comme un regret de leur mauvaise conduite, et ils ont beau s'écrier par bravade comme ce personnage de Shakspeare : « La conscience, seigneur, où cela loge-t-il? » ils ne peuvent échapper aux remords qui les poursuivent; le soin qu'ils mettent à dissimuler leurs vices, à cacher leurs mauvaises actions, est un hommage involontaire qu'ils rendent à la vertu. L'idée du bien est donc aussi une idée nécessaire et universelle.

Seconde partie. — Quels sont maintenant les rapports des trois idées que nous avons examinées? En quoi le vrai, le beau et le bien peuvent-ils être rapprochés, en quoi diffèrent-ils? Comparons d'abord le vrai et le beau. Le vrai est la condition du beau; l'édifice, l'ouvrage qui frappera le plus l'imagination par la beauté, ne peut être construit que d'après les proportions et sur les données fournies par la science. Mais, si le beau est toujours vrai, le vrai n'est pas toujours et nécessairement beau; un théorème de géométrie, une loi de physique peuvent convaincre l'esprit, mais ne charment pas l'imagination; c'est que l'exactitude, la précision, la rigueur qu'exigent la découverte et l'exposition de la vérité, ne sont pas toujours compatibles avec la beauté. En outre, le vrai ne s'adresse qu'à l'entendement, tandis que le beau s'adresse à la fois à l'esprit et au cœur; le vrai se conçoit, le beau se contemple et est aimé. — Si nous comparons ensuite le vrai et le bien, nous constatons qu'il y a presque identité entre eux, le vrai n'étant jamais et ne pouvant jamais être immoral, et le bien ayant aussi pour condition la vérité. Il y a cependant une différence : le vrai se *conçoit* et le bien veut être *réalisé*, c'est-à-dire que le bien n'a de raison d'être que quand de la théorie, de la spéculation, il entre dans le domaine de la vie pratique; en effet, le bien se présente à nous avec un caractère d'obligation que n'a pas le vrai; tous nous *devons* et *pouvons* être honnêtes, tandis que nous ne pouvons pas tous devenir savants, soit que la fortune nous ait refusé les moyens d'acquérir la science, soit que la fatalité de notre intelligence ne nous permette pas l'acquisition de certaines connaissances. Aussi la culture intellectuelle n'est-elle obligatoire qu'en vue du bien, parce qu'un esprit éclairé, sachant mieux discerner ce qui est mal, nous permet mieux de pratiquer l'un et d'éviter l'autre. Mais une société d'hommes ignorants pourrait subsister et même prospérer, et nous en avons pour preuve les cinq premiers siècles de l'existence de Rome, siècles aussi fameux par les vertus des Romains que stériles au point de vue littéraire. Au contraire, une société de gens immoraux ne saurait subsister longtemps, même si elle avait à son service des forces considérables; et c'est ce qui est arrivé à l'empire romain, qui a succombé sous les coups de barbares grossiers, bien qu'il fût défendu par une armée fortement organisée et par une savante administration. Ainsi une société pourrait vivre sans la science, mais elle ne saurait se passer de la vertu, du bien. — Comparons enfin le bien et le beau. Une bonne action est toujours belle; l'homme le plus difforme est beau quand il accomplit une action héroïque; de là cette expression des Grecs, qui désignaient l'homme de bien par ce mot : καλοκάγαθος. Mais le beau n'est pas toujours bien. En effet, la beauté a plusieurs formes qui quelquefois sont en désaccord avec le bien;

il y a en effet la beauté physique, la beauté intellectuelle et la beauté morale. Alcibiade était le favori des Athéniens à cause de ses avantages physiques et des grâces de son esprit; qui oserait l'appeler un homme de bien? César était doué de toutes les qualités de l'intelligence; mais on a pu dire de lui que, s'il n'avait pas un défaut, il avait tous les vices. Homère représente les vieillards troyens devisant ensemble devant les portes Scées sur les maux de la guerre et maudissant les auteurs de ces calamités, lorsque Hélène vient à passer devant eux; et ils ne peuvent retenir un murmure d'admiration devant la beauté de cette femme, qui pourtant avait manqué à tous ses devoirs de mère et d'épouse. Enfin, qui ne sait combien don Juan était à la fois pervers et charmant? Le beau n'est donc pas toujours uni au bien. De plus, nous ne sommes pas *obligés* de goûter et de connaître le beau, tandis que nous devons toujours pratiquer le bien.

Troisième partie. — Plus on compare ces idées, mieux apparaît leur diversité, mais aussi leur unité. Leur identité est réelle, puisqu'elles dérivent d'une même idée, l'idée d'*ordre*, qui est leur principe commun. En effet, un examen rapide prouve que sans ordre, sans régularité, sans harmonie, il n'y a ni science, ni art, ni vertu. Ainsi, on a pu dire que les sciences physiques sont un catalogue de lois, et, comme la loi est un rapport nécessaire résultant de la nature des choses, il est facile de voir que l'idée d'ordre est la base des sciences physiques; les sciences naturelles reposent sur des classifications, c'est-à-dire sur l'ordre; les sciences mathématiques, comme la géométrie, ont pour caractère essentiel d'aller de certains principes aux conséquences par des déductions rigoureuses; cet enchaînement logique des idées éveille encore dans l'esprit l'idée d'ordre; les sciences morales ont également pour but la détermination des lois qui régissent le monde moral, lequel n'est pas plus que le monde physique abandonné aux caprices d'un aveugle hasard; ainsi la psychologie a pu déterminer quelles sont les lois de la mémoire, de l'association des idées, etc.; en histoire, c'est un fait constant, c'est-à-dire une loi, que toute société qui n'a plus le respect des lois est destinée à subir, comme les Romains, la domination d'un maître, ou à devenir, comme la Pologne, la proie de l'étranger. En morale, l'ordre est si bien la condition de la pratique du bien qu'Aristote a pu dire que la vertu était un milieu entre deux extrêmes. L'ordre est donc la loi des sciences et la condition du bien. Il en est de même pour l'art et la littérature. En effet, la musique ne saurait subsister sans le rythme, sans la cadence, sans la mesure, c'est-à-dire sans l'ordre; la peinture ne serait qu'un amas confus et grotesque de lignes et de formes, si elle ne respectait pas les lois de la proportion et de la perspective; de même, en littérature, l'unité de composition est une de ces lois qui s'imposent aux esprits les plus rebelles; il faut

> Que le début, la fin, répondent au milieu;

Harpagon ne saurait être au dernier acte autre qu'il était au premier :

> Servetur ad imum,
> Qualis ab incepto processerit;

la beauté ne saurait donc se passer de l'ordre.

Résumé. — On voit que ces idées du vrai, du beau et du bien sont des idées nécessaires et universelles, puisque tous les hommes cherchent à connaître la vérité, s'efforcent de pratiquer le bien et sont heureux de contempler le beau. Il y a donc entre ces idées des rapports étroits, bien qu'elles soient séparées par des différences réelles; leur unité tient à ce qu'elles découlent d'une idée commune, l'ordre, sans lequel il ne saurait y avoir ni science, ni art, ni vertu.

96. — Montrer comment la culture esthétique de l'homme par la littérature et les beaux-arts peut contribuer à son perfectionnement moral.

DISSERTATION

Introduction. — Montrer comment la culture esthétique de l'homme par la littérature et les beaux-arts peut contribuer à son perfectionnement moral, c'est montrer quels rapports unissent le bien et le beau, puisque les lettres et les beaux-arts sont l'expression du beau, et que l'idée du bien sert de guide pour tout ce qui peut contribuer au perfectionnement moral de l'homme. Cette question a souvent été débattue et a donné lieu à des thèses qui concluaient en sens opposé. Rousseau a maudit les lettres et les sciences et a vu en elles un instrument, non pas de perfectionnement, mais de corruption. Les Grecs étaient d'un avis opposé, puisqu'ils admettaient l'identité du bien et du beau, à tel point qu'un même mot exprimait ces deux idées, καλοκαγαθία. Les Romains eux-mêmes, si peu artistes, pensaient comme les Grecs et confondaient le bien et le beau :

Decorum est pro patria mori,

a dit Horace. De nos jours, il nous arrive souvent, dans le langage ordinaire, d'affirmer la même identité quand nous qualifions par l'épithète de beau ou de laid un acte qu'il faudrait appeler bon ou mauvais. On ne saurait admettre avec Rousseau qu'il y ait divorce complet entre le beau et le bien; mais il ne faut pas, d'un autre côté, admettre, comme les anciens, l'identité de ces deux idées, elles sont unies seulement par des liens étroits, et cela suffit pour que la culture esthétique de l'homme par la littérature et les arts contribue à son perfectionnement moral.

Première partie. — Le beau et le bien découlent d'une même idée, de l'idée d'ordre, qui est également nécessaire à l'art et à la morale [1]. En effet, le beau ne saurait exister dans l'art sans la convenance, la régularité, l'harmonie; en peinture, les lois de la perspective, de la proportion, s'imposent à l'artiste; la musique a pour condition la cadence, la mesure, le rythme, et la littérature ne saurait s'affranchir de l'unité de composition; or, il est bien clair que c'est l'idée d'ordre qui apparaît ici sous des aspects divers. Il en est de même en morale; l'ordre est une condition de la vertu; pour être honnête, il faut que la raison et la mesure règlent tous nos actes; l'héroïsme lui-même ne saurait s'y soustraire, et les actes qu'il inspirerait ne seraient plus que des actes de folie si une certaine mesure n'y présidait; Léonidas, décidé à donner sa vie, ne va pas en aveugle se jeter tête baissée au milieu des Perses, il prend avec sang-froid toutes les mesures nécessaires pour que ce sacrifice coûte le moins possible à la Grèce et lui rapporte beaucoup. Il y a donc un rapport entre le bien et le beau, puisqu'ils ont un principe commun; aussi pourrait-on, dans une certaine mesure, substituer le goût à la conscience morale. En effet, avec le beau comme règle de conduite, l'harmonie règne dans tous nos actes, ainsi que la mesure et la convenance; le caractère offre alors un modèle de sagesse et de modération où rien ne choque; avec cette idée du beau, nos actions sont réglées par la bienséance, par la politesse; grâce au goût, nous pratiquons ces devoirs moyens qui sont si nombreux dans la vie et qui sont la sauvegarde des grandes vertus, la modération, la tempérance, le respect de soi-même et des autres, cette vigilance sur soi-même qui fait

---

[1]. Voyez la troisième partie de la dissertation précédente.

éviter tout ce qui peut choquer autrui. Par là, nous évitons la grossièreté et la brutalité qui inspirent le dégoût, et nous restons fidèle à l'honneur qui touche de près à la vertu. On voit donc que le beau, non seulement ne saurait corrompre, mais peut être un instrument de perfectionnement moral. De plus, le beau est désintéressé, il ne sert qu'à réjouir l'âme ; devant un objet beau, nous n'éprouvons pas, comme devant les choses utiles, le besoin de nous l'approprier, sa vue nous suffit, et, pourvu que nous puissions le contempler à notre aise, nous ne cherchons pas à le faire servir à notre usage exclusif. Le culte du beau développe en nous le sens de l'idéal, il nous rend service par cela seul qu'il nous enlève aux préoccupations égoïstes et nous distrait de la contemplation, de la poursuite souvent dangereuse des choses utiles ; car le culte de l'intérêt a souvent des conséquences fâcheuses pour la morale. Les arts et les lettres nous rendent donc indirectement service par cela seul qu'ils nous empêchent de faire de nos intérêts notre unique souci.

Deuxième partie. — On a donc raison quand on ouvre à la foule les portes des musées, des expositions, quand on essaie de répandre le goût de la musique et de mettre à la portée du plus grand nombre les chefs-d'œuvre des littératures classiques. En effet, quand un homme a passé quelques heures dans la lecture ou dans la contemplation de ces œuvres où règnent la mesure et l'harmonie, il ne saurait se livrer aussitôt aux brutalités de l'ivresse et des passions basses. Enfin, les lettres et les arts offrent à tous une distraction délicate et saine ; car l'homme a besoin de repos, il lui faut détendre quelquefois les ressorts de son activité ; or, les lettres et les arts lui offrent des plaisirs qui ne laissent pas après eux, comme les plaisirs sensuels, le trouble dans le corps et le malaise dans l'âme. Rousseau s'est donc trompé quand il a prétendu que les lettres et les arts corrompent l'homme ; et, quand il appuyait son argumentation sur ce fait que les grandes époques littéraires ont été suivies d'un affaissement dans les mœurs, il ne voyait pas que cette corruption était le résultat, non des lettres, mais des richesses, qui sont la condition du développement artistique et littéraire, mais qui développent en même temps chez beaucoup d'hommes le goût des jouissances malsaines.

Troisième partie. — Il faut donc admettre l'accord du bien et du beau; mais il ne faut pas les confondre, comme l'ont fait les anciens; il y a rapport, il n'y a pas identité. En effet, le beau a des formes qui sont étrangères au bien; la beauté physique chez Hélène s'unit à l'absence de sens moral, César a fait un usage immoral de son génie. Il y a même là quelquefois un danger; car l'admiration qu'excite en nous la beauté nous porte à excuser les défauts, les vices d'un Alcibiade et d'un don Juan. Le goût excuse ce qui est aimable, et la gloire nous éblouit, même quand la conscience réprouve les moyens employés pour la conquérir. Aussi l'esthétique s'allie fort bien à l'affaiblissement des caractères et de la moralité, comme le prouve trop le siècle de Léon X. Il faut prendre pour règle de conduite, non le goût qui fait une part trop grande à la sensibilité, mais la conscience morale qui est invariable comme la raison, qui ne se laisse pas séduire par le succès et par la beauté.

Résumé. — En somme, les lettres et les arts font plus de bien que de mal à la moralité, en développant le sens de l'idéal, en faisant pénétrer dans les âmes le sentiment de la mesure, de l'harmonie, de l'ordre, en nous aidant à lutter contre les penchants grossiers et en nous offrant pour nos moments de loisir des distractions aussi délicates qu'agréables.

97. — Du goût et de la conscience morale ; — rapports et différences.

DISSERTATION.

Exorde. — L'intelligence prend différents noms suivant les objets qu'elle considère : elle s'appelle *perception extérieure* quand elle étudie les corps et leurs propriétés ; *conscience psychologique*, lorsque l'âme est l'objet de ses études ; *raison*, quand elle essaye d'analyser les notions et vérités premières. Cette raison elle-même, faculté supérieure de l'entendement, reçoit aussi différents noms, suivant les objets auxquels elle s'applique : ainsi elle s'appelle *raison proprement dite*, quand elle s'exerce dans la sphère des vérités spéculatives ; *conscience morale*, quand elle nous révèle les idées qui doivent nous servir de règle de conduite ; *goût*, quand elle apprécie la beauté, soit dans le monde réel, soit dans les productions de l'art. L'analyse de la conscience morale et celle du goût prouvent que ces deux facultés ne sont pas des facultés à part et qu'elles peuvent être, l'une et l'autre, réduites à une faculté plus générale, qui est la raison.

Proposition. — Aussi la conscience morale et le goût se ressemblent-ils par certains côtés, tout en étant différents ; — on trouve également des rapports et des différences entre le scepticisme moral et le scepticisme esthétique.

Première partie. — La conscience morale est une faculté mixte ; car elle comprend la raison, qui nous fait connaître le bien, et le sentiment moral, qui nous fait jouir ou souffrir suivant que nous avons bien ou mal agi. Il y a donc deux ordres de faits dans la conscience morale, et il importe de les distinguer : les uns relèvent de la raison et occupent le premier rang; les autres appartiennent à la sensibilité, c'est la satisfaction de la conscience ou le remords, le plaisir moral ou la honte. Ces faits de sensibilité ont sans doute une grande valeur; mais ils ne s'expliquent que par les premiers et ne seraient rien sans eux; on aurait tort, par conséquent, d'y chercher la règle de nos actions. La conscience morale peut donc être ramenée à une faculté plus générale, qui est la raison. Car on ne saurait trop le répéter : c'est le jugement de la raison qui précède, le sentiment ne fait que l'accompagner; c'est la raison qui proclame avec autorité qu'il faut pratiquer le bien; la sensibilité nous rend seulement plus facile cette pratique du bien. Si la raison restait muette, la sensibilité le serait aussi. Au contraire, on conçoit à la rigueur que la raison seule puisse parler; et cela est si vrai, que les stoïciens ont pu dire qu'il fallait ne tenir aucun compte de la sensibilité.

Le goût est aussi une faculté mixte et présente également deux ordres de faits qui relèvent, les uns de la raison, les autres de la sensibilité. Suis-je devant un tableau de Raphaël ? La raison déclare que cette œuvre est belle, et aussitôt la sensibilité me fait éprouver du plaisir. On trouve donc ici à la fois raison et sensibilité. Le goût, en effet, ne dépend pas uniquement, comme certains le croient, de la sensibilité; le jugement de la raison ne se confond pas avec le plaisir que nous procure la vue d'un objet beau ou le malaise que nous éprouvons devant un objet repoussant. Si la sensibilité a une part considérable dans le goût, c'est pourtant l'élément rationnel qui en est l'essence. Aussi le goût peut-il être, comme la conscience morale, ramené à une faculté plus générale, qui est la raison, parce que le jugement précède le plaisir, et que celui-ci n'est ressenti que quand la raison a prononcé. Bien des faits prouvent que le goût réside surtout dans la raison, dans l'intelligence; ainsi les hommes peu intelligents ou peu cultivés ne ressentent pas de plaisir devant les chefs-d'œuvre de la littérature et des arts; c'est qu'ils ne *comprennent pas;* au contraire l'homme intelligent et cultivé ressent un vif plaisir devant ces mêmes ouvrages, qui laissent la foule froide et indifférente; *il comprend.* Tels sont les rapports que l'on peut signaler entre la conscience morale et le goût.

Deuxième partie. — Il y a d'un autre côté des différences assez considérables entre ces deux facultés. En effet, les jugements de la conscience morale se présentent à nous avec un caractère d'obligation que n'offrent pas les jugements esthétiques. La conscience morale nous indique la règle de conduite que nous devons suivre, et elle nous l'impose comme une loi. S'il n'y avait aucune puissance divine et humaine pour faire respecter cette loi, elle n'en conserverait pas moins son empire sur nous, êtres intelligents et libres. Il n'en est pas de même pour le goût. Les jugements de la raison esthétique n'ont pas un caractère d'obligation. — En outre, quand nous nous trouvons devant une belle œuvre, nous ne cherchons pas si l'objet a existé, existe ou même peut exister; nous ne songeons pas à son existence réelle; le goût peut donc nous faire éprouver de la peine ou du plaisir pour les infortunes ou les prospérités de personnages qui n'ont jamais vécu. Les malheurs de Phèdre nous font pleurer, les vices d'Harpagon nous font rire; nous déclarons que ces deux caractères sont admirables pour la profondeur et la vérité, et nous savons cependant que cette Phèdre et cet Harpagon n'ont pas existé tels que les poètes nous les représentent. En présence de la Vénus de Milo, d'une vierge de Raphaël, nous comprenons qu'il n'y a jamais eu de créature aussi belle; notre plaisir n'en est pas moins vif, notre admiration n'en est pas moins sincère. Ainsi les plaisirs que nous procure la vue d'une belle œuvre, la peine que nous éprouvons devant des objets hideux sont de l'ordre *contemplatif;* il n'en est pas de même en morale, où les peines et les plaisirs sont essentiellement de l'ordre *pratique.* Là, l'estime, c'est-à-dire le plaisir, et le mépris, c'est-à-dire la peine, ne sont éprouvés par nous que si les agents qui en sont l'objet ont réellement existé et se sont comportés comme on nous le raconte.

Troisième partie. — Nous rencontrons le scepticisme en esthétique, comme on le rencontre en morale. La formule générale de ce système est celle-ci : « L'homme est la mesure de toutes choses. » Il a en outre des formules particulières : en politique, il dit que « la fin justifie les moyens », qu'il ne faut pas se préoccuper de la justice ; il s'appuie en morale sur « la mobilité des opinions humaines », et en esthétique il proclame que « il ne faut pas disputer des goûts ». Si différentes que soient les formules dont il se sert, les arguments du scepticisme sont toujours les mêmes au fond. Ainsi, en morale, il insiste sur la diversité des mœurs ; il énumère avec complaisance certaines pratiques révoltantes que l'on trouve chez des peuplades sauvages ; il recueille des faits, des usages qui heurtent toutes nos idées de bienséance et d'honnêteté, des institutions contraires aux notions les plus élémentaires de justice : il cite le larcin permis à Lacédémone, l'inceste imposé par la loi chez les Égyptiens, l'exposition et l'abandon des enfants en Grèce et à Rome, les sacrifices humains, etc. Il relève, même chez les nations civilisées, des contradictions choquantes dans les coutumes et les lois. En esthétique, le scepticisme défend sa thèse par les mêmes arguments : il nous montre, par exemple, avec ironie, la différence qu'il y a entre la Vénus de Milo, qu'admirent certains peuples, et la Vénus hottentote, que les Cafres adorent. Il est facile de réfuter le scepticisme et en morale et en esthétique. On dit que les principes sont invariables, acceptés par tous, et que les diversités ne se manifestent que dans les applications. Ainsi, en morale, tous les peuples sont d'accord pour reconnaître que le bien est louable et mérite une récompense, que le mal est haïssable et mérite un châtiment ; tous les hommes sont d'accord pour répéter : « Alteri ne feceris quod tibi fieri non vis ; — Alteri feceris quod tibi fieri velis. » Les opinions humaines ne diffèrent donc pas quand il s'agit des principes. La réponse est la même pour le scepticisme esthétique : les principes du goût sont invariables et aussi absolus qu'en morale. Ainsi, en peinture et en sculpture, nous trouvons des lois qu'on ne peut violer, celles de la perspective et des proportions, par exemple; la musique ne saurait s'affranchir des lois du rythme et de la cadence, comme la littérature doit respecter l'unité de composition. Le scepticisme esthétique ne peut donc tenir contre ce fait, qu'on rencontre pour le beau comme pour le bien des règles invariables. Les variations du goût, comme les divergences en morale, s'expliquent par l'ignorance des hommes. Les pratiques révoltantes que nous constatons chez certains peuples sauvages ne sont pas la négation de la moralité; elles ne sont que des applications erronées de la loi morale. Il en est de même pour le goût; puisque c'est l'intelligence qui y domine, il est, comme elle, susceptible de culture et de progrès. On voit cependant que les variations sont plus nombreuses dans le goût que dans la morale. Cela s'explique facilement. La morale est essentiellement d'ordre pratique, avons-nous dit, puisque sans la morale il n'y a pas de société possible et que l'homme ne peut vivre hors de la société. On pourrait à la rigueur se passer de lettres et d'arts; la vie n'y perdrait qu'un de ses agréments; mais on ne saurait se passer de la morale. Il est donc tout naturel que la nature nous ait organisés de telle sorte que nous ayons des idées plus nettes et plus arrêtées quand il s'agit de morale que quand il s'agit de goût. Voilà une première raison, qui explique pourquoi les variations en morale sont moins considérables qu'en esthétique. Il en existe une autre: la sensibilité a une part plus considérable dans le goût que dans la conscience morale; or, qui dit sensibilité dit inconstance et mobilité; il n'y a donc rien d'étonnant à ce que l'on constate une variabilité plus grande quand il s'agit d'esthétique que quand il s'agit de morale.

Conclusion. — En résumé, la conscience morale et le goût ont des rapports très étroits : l'une et l'autre sont des facultés mixtes et peuvent être réduites à une faculté plus générale, qui est la raison; elles ont aussi entre elles des différences considérables dans ce caractère à la fois obligatoire et pratique que présente la conscience morale et que n'a pas le goût, et dans cette variabilité plus grande que l'on relève dans les jugements esthétiques; mais la variabilité de ces jugements ne justifie pas le scepticisme esthétique, de même que la diversité et la contradiction des mœurs et des opinions ne sauraient justifier le scepticisme moral. Il en résulte qu'à la formule du scepticisme esthétique, « Il ne faut pas disputer des goûts », on a le droit d'opposer cette pensée de Vauvenargues : « On peut disputer des goûts, et c'est cette maxime qui est seule vraie; il y a un bon et un mauvais goût. »

98. — Quelle différence y a-t-il entre les personnes et les choses?

ESQUISSE

Quand on arrive sur les limites des genres, il est souvent difficile de déterminer à quelle espèce appartient tel ou tel être, parce que, suivant le mot de Leibnitz, « la nature ne fait pas de bonds, natura non facit saltus. » On peut cependant partager tous les êtres en deux catégories bien distinctes, les personnes et les choses.

A. Une personne est un être intelligent, ayant la conscience de son existence et distinguant cette existence des êtres qui l'entourent, ayant aussi la conscience et la responsabilité de ses actes. Un enfant, un idiot ne sont pas des personnes, puisqu'ils ne sont pas capables de réfléchir et de répondre de leurs actes. L'homme est une personne parce qu'il peut se replier sur lui-même pour résister à l'action fatale du monde matériel qui l'enveloppe, parce qu'il peut se diriger vers un but choisi par lui, concentrer ses facultés sur un point, se détacher de sa nature pour se rendre meilleur. Par la raison et la liberté, il intervient sciemment et volontairement dans le développement de sa destinée. Cette personnalité présente des degrés infinis : elle est seulement à l'état virtuel chez les enfants, elle est absente dans le sommeil, détruite dans certaines maladies, diminuée par les passions; elle est à son degré le plus élevé chez l'homme fait, éclairé par l'étude et l'expérience de la vie, qui, soumis à une loi et pouvant la violer, lui obéit parce qu'elle est la loi, comprend la portée de ses actes et en accepte la responsabilité tout entière. Ayant une destinée et des devoirs à remplir, l'homme est sacré, « homo res sacra, » a dit Sénèque; mais il ne l'est qu'autant qu'il remplit son devoir. La justice de Dieu s'oppose à l'anéantissement de la personnalité humaine, parce que la loi morale n'a pas ici-bas une sanction complète; il y a donc pour l'homme, non seulement une *immortalité de substance*, mais encore une *immortalité de la personne*. Dieu est lui-même une personne, si on le considère comme une cause créatrice distincte de l'univers ; seulement la personnalité en Dieu est affranchie de toute condition de temps et de progrès, sa personnalité ne subit jamais d'éclipse et ne se développe pas peu à peu, elle est toujours égale à elle-même. Le système de Spinosa est la négation de la personnalité en Dieu, puisque, suivant lui, Dieu se développe nécessairement suivant les lois de sa nature.

B. La *personne* est donc le contraire de la *chose* (minéral, végétal, animal). Ce nom de personne ne saurait s'appliquer ni au minéral, simple agrégat d'éléments que rapprochent certaines affinités moléculaires, ni au végétal qui naît, croît et se reproduit sans avoir le sentiment de cette vie qu'il possède pourtant au point de la transmettre, ni à l'animal qui joint à la vie la sensibilité, l'intelligence, l'instinct, mais qui n'a ni conscience ni liberté, rien de ce qui fait une personne morale; l'animal est renfermé dans un cercle qu'il ne peut franchir et ses facultés atteignent d'elles-mêmes le développement dont elles sont capables. L'animal, n'ayant pas de devoirs, n'a pas de droits, et nous pouvons le faire servir à nos besoins. Chez lui il n'y a donc ni responsabilité, ni perfectibilité, ni immortalité personnelle.

99. — De la notion du moi ; — caractères distinctifs de cette notion ; — son importance en psychologie et en morale.

DISSERTATION

Exorde. — Après avoir étudié, en psychologie, les faits de conscience et les facultés que ces faits supposent, on veut étudier le principe auquel nous rapportons ces faits et ces opérations, comme nous rapportons aux corps les qualités que nos sens perçoivent. Ce principe est l'âme, à laquelle nous donnons le nom de *moi* quand elle a conscience d'elle-même et de ses diverses manières d'être, quand elle connaît ses propres opérations et qu'elle peut les diriger avec intention et réflexion vers un but déterminé. Quand l'âme est arrivée à cet état réfléchi de développement, non seulement elle sent, pense et veut, mais encore elle sait qu'elle sent, qu'elle pense et qu'elle veut. Il y a des moments dans la vie où l'âme ne se connaît pas encore, telle est la première enfance ; il y en a d'autres où elle ne se connaît plus, ce qui arrive dans la folie, dans la léthargie, dans le sommeil profond ; elle n'est pas alors le *moi* qui n'existe que par la conscience et la volonté. En outre, si c'est au moi que nous rapportons les sensations, les idées, les résolutions dont notre âme est le théâtre, il ne faut pas le regarder seulement comme la collection de ces phénomènes ; c'est un principe auquel ils appartiennent, comme un corps est une substance à laquelle appartiennent certaines qualités et modalités.

Proposition. — Or, le *moi* a trois attributs essentiels, l'Unité, l'Identité et l'Activité, et, considérée sous ce triple rapport, la notion du *moi* a une importance considérable en psychologie et en morale.

Première partie. — L'âme est *une*; elle n'est pas, comme la matière, composée de parties; bien que les faits psychologiques soient multiples et divers, ils appartiennent tous à un seul être, et cette unité que nous attribuons à l'âme n'est pas seulement nominale, c'est-à-dire que l'âme n'est pas un composé, un assemblage de parties divisibles et changeantes, c'est un être sans parties, son unité est la simplicité, l'indivisibilité la plus complète. Cette unité du moi est d'abord attestée par la conscience, qui déclare nettement que le moi n'est pas fractionné, qu'il n'offre pas des points distincts, que la sensation n'est pas la propriété de telle partie, l'intelligence celle de telle autre, la volonté celle d'une troisième; elle atteste que toutes ces facultés appartiennent au même être. Le raisonnement vient confirmer cette intuition de la conscience; car l'unité du moi ne se prouve pas seulement par le sentiment que nous en avons; elle peut aussi faire l'objet d'une démonstration régulière et rigoureuse. Passons en revue nos trois facultés principales, et nous verrons que le fonctionnement de chacune d'elles suppose l'unité de l'âme. Ainsi, les phénomènes de sensibilité ne peuvent s'expliquer que par l'unité du principe sentant : il peut arriver en effet que l'on éprouve plusieurs douleurs à la fois dans diverses parties du corps et que l'on en fasse la comparaison, déclarant l'une plus légère ou plus vive que les autres; cette comparaison ne prouve-t-elle pas que ces douleurs sont ressenties par un seul et même être? — La vie intellectuelle serait également impossible sans l'unité et la simplicité du principe pensant. En effet, le jugement est l'opération essentielle de l'intelligence, et, dans la plupart des cas, le jugement n'est que le résultat d'une comparaison entre deux idées; or, cette comparaison ne peut se faire si l'être pensant est composé de parties; place-t-on les deux idées à comparer dans des parties différentes? alors le rapprochement des idées ne peut avoir lieu; les met-on à la fois dans chacune des parties ? il y aurait, dans ce cas, autant de comparaisons que de parties, ce qui est démenti par la conscience ; dira-t-on enfin que les deux idées ne sont que dans une des parties ? c'est là une supposition tout arbitraire, et l'on a le droit de se demander pourquoi elles se trouvent dans telle partie plutôt que dans telle autre. Pour expliquer la comparaison, il faut donc admettre un point de réunion, un sujet simple et indivisible. Si le jugement ne peut avoir lieu que dans un sujet de cette nature, on peut *a fortiori* en dire autant du raisonnement qui se compose de jugements. — La volonté suppose également une force simple. Sans doute nous sentons quelquefois deux hommes en nous ; car il y a souvent lutte dans notre être intérieur, lutte entre la volonté qui commande et le sentiment, la passion qui proteste, qui résiste et parfois triomphe ; l'homme est un être double, *homo duplex :* « Je suis double, dit M. Renan ; quelquefois une partie de moi rit pendant que l'autre pleure...; comme il y a deux hommes en moi, il y en a toujours un qui a lieu d'être content. » Saint Paul disait aussi : « Je trouve deux hommes en moi » ; et Louis XIV s'écriait : « Ah ! je les connais bien. » Mais dans ces manières de parler nous n'avons en vue qu'un antagonisme de plusieurs facultés qui appartiennent à la même personne, et nous ne voulons pas dire que notre être soit un assemblage de parties distinctes.

On voit par ce rapide examen quelle est en psychologie l'importance de cet attribut du *moi*, qui seule explique le jeu de nos facultés dont cette science fait une étude particulière. Cette unité du *moi* sert encore à expliquer le concert merveilleux de nos facultés, l'harmonie qu'elles présentent dans leur développement et que la psychologie a si souvent l'occasion de constater ; nos facultés ont beau être distinctes, elles ne doivent ni ne peuvent être séparées, elles s'unissent et se mêlent intimement dans tous les phénomènes psychologiques ; en un mot, elles s'associent pour former l'unité de la vie morale, parce que le principe spirituel est un, simple et indivisible.

Deuxième partie. — L'unité du *moi* considérée dans le

temps s'appelle *identité;* l'âme est identique, c'est-à-dire que sa substance ne change pas; elle est aujourd'hui ce qu'elle était hier, et elle sera demain ce qu'elle est aujourd'hui. Sans doute nos sentiments changent, nos idées varient, notre volonté se modifie; mais sous cette mobilité des phénomènes on retrouve la continuité d'une même existence, du même *moi*, qui au fond reste le même et qui n'est pas remplacé par de nouveaux *moi;* un second homme ne vient pas se substituer au premier ni un troisième au second; il n'y a jamais substitution ou succession d'une existence à une autre.

Ce caractère du *moi* a pour la psychologie une importance particulière, puisque l'identité est une des conditions de la mémoire, puisque, pour être capable de se souvenir, il faut que l'âme soit identique. Sans doute nous n'avons la notion d'identité que grâce à la mémoire qui, en nous rappelant ce que nous avons été dans le passé, nous permet de constater que nous sommes restés ce que nous étions; mais si c'est la mémoire qui nous donne la notion d'identité, cette propriété est à son tour la base, la condition de la mémoire, qui est impossible sans elle, qui suppose un lien entre le *moi* du passé et le *moi* de l'heure présente; je ne pourrais pas me souvenir de ce qu'un autre aurait senti, pensé ou voulu. Quand je me rappelle tel fait dont j'ai été autrefois le témoin, quand je compte les mois et les années qui se sont écoulés depuis cette époque éloignée, j'ai la conscience d'être le même homme qui ai vu jadis et qui me souviens aujourd'hui. « Si deux personnes se sont succédé dans l'âme, de la première à la seconde époque, étrangères l'une à l'autre, il sera impossible à celle-ci de retrouver, de se rappeler les idées de celle-là. » Puisque la notion de l'identité personnelle est, comme on le voit, la condition de la mémoire, on comprend facilement quelle est son importance en psychologie. « La mémoire est nécessaire pour toutes les opérations de l'esprit », a dit Pascal avec raison; que serait en effet l'intelligence, si les idées à peine acquises s'effaçaient aussitôt et disparaissaient sans laisser aucune trace? nous ne pourrions ni penser, ni juger, ni surtout raisonner. La mémoire est en outre la condition de l'expérience et du progrès ; car c'est le souvenir du passé qui nous sert de leçon pour la prévision des événements futurs. C'est le trésor où l'esprit puise sans cesse, et l'on a pu dire que la science n'était qu'un souvenir : « Scire est recordari. »

La notion de l'identité a aussi une grande importance en morale, parce que cet attribut du *moi* est la garantie de la responsabilité. En effet, je ne puis être responsable que des actes voulus ou conseillés par moi, je ne saurais l'être à aucun degré des actes voulus par autrui. Si je rougis à soixante ans d'une vilaine action commise à vingt ans, si au contraire le souvenir d'une bonne action qui a honoré ma jeunesse vient me charmer au déclin de la vie, c'est que je me sens la même personne ; ce blâme que je m'adresse ou cette satisfaction que j'éprouve s'explique seulement par la permanence, par la continuité de la même existence.

Troisième partie. — Enfin le *moi* a un autre attribut, l'activité intelligente et libre ; l'homme agit le sachant et le voulant, c'est une force qui a conscience, « vis sui conscia ». Il a la libre disposition de ses actes, il peut diriger et il dirige sa conduite comme il lui plaît et vers la fin qui lui agrée. La liberté a donc une place considérable dans la psychologie et dans notre vie morale ; par elle l'homme se sépare de tous les êtres créés et se fait le centre d'un monde à part, du monde moral, opposé au monde matériel que domine la fatalité. On s'explique dès lors pourquoi la psychologie analyse avec tant de soin le phénomène de la résolution volontaire, pourquoi elle énumère avec tant de complaisance tous les faits qui peuvent servir à la démonstration du libre arbitre et à la réfutation du fatalisme, admettant l'influence des passions, des habitudes, du tempérament, des circonstances extérieures sur l'activité humaine, mais démontrant que cette influence ne détruit pas la liberté. — Cette notion du libre arbitre a aussi en morale une grande importance. En effet, la morale ne peut imposer de devoirs qu'à un être, qui non seulement les comprenne, mais qui puisse conformer sa conduite à la règle imposée. L'animal, n'étant pas libre, n'a pas de devoir, et aussi n'a-t-il pas de droits; l'homme seul a des droits parce qu'il a des devoirs, seul il a pu être appelé un être sacré, « Homo res sacra ». Que la liberté disparaisse et il ne saura plus y avoir ni mérite ni démérite, les récompenses seront ridicules et les châtiments seront odieux; la société humaine se dissoudra parce qu'elle ne peut subsister que fondée sur des devoirs réciproques et appuyée sur les sanctions des lois; l'homme disparaîtra avec elle, puisque sa constitution physique, intellectuelle et morale lui fait une nécessité de la vie sociale.

Résumé. — Ainsi le *moi*, c'est-à-dire la personne humaine ayant conscience d'elle-même, a trois caractères essentiels, l'unité, l'identité et l'activité, qui le distinguent des corps, du non-moi. Cette notion du *moi* et de ses caractères a pour la psychologie et la morale une importance considérable : 1° en psychologie, la sensibilité suppose un centre commun des sensations et des sentiments, les opérations de la pensée ne peuvent s'effectuer que dans un sujet indivisible et seraient impossibles si le principe pensant était composé de parties; la volonté ne peut également appartenir qu'à une force simple, qu'à une seule et même personne; en outre, l'identité est la condition de la mémoire, c'est-à-dire d'une faculté sans laquelle la vie intellectuelle ne peut se comprendre; enfin, la liberté est le principe même de la personnalité humaine et son attribut distinctif; — 2° en morale, l'identité est la garantie de la responsabilité et la liberté en est la condition.

100. — Analyser la notion de l'identité personnelle ; montrer comment elle se forme en nous, et quelles conséquences elle comporte.

Prouver par l'analyse des conditions de la pensée et de la responsabilité que le principe des faits psychologiques doit être un, simple et identique.

Démontrer l'unité et la simplicité du moi par l'analyse des opérations intellectuelles.

DISSERTATION

Exorde. — Les matérialistes prétendent que l'âme n'existe pas ; suivant eux, elle n'est qu'une résultante de l'organisation, comme l'harmonie est un résultat des vibrations de divers corps sonores ; elle se réduit à la série, à la trame continue de ses phénomènes. « Le moi, dit M. Taine, est un fantôme métaphysique, l'un des chefs survivants de cette armée d'entités verbales qui jadis avaient envahi toutes les provinces de la nature. » Mais ces théories sont en contradiction formelle avec le témoignage de la conscience qui atteste qu'il y a en nous une existence réelle, cause et substance. L'âme est un principe, non un résultat, elle est une force active, non simplement une collection de phénomènes. Elle ne se confond pas avec le corps, puisqu'elle s'en distingue par des attributs essentiels qui s'opposent aux propriétés essentielles du corps ; ces attributs sont l'identité, l'unité et la simplicité. Ils ont en psychologie une importance considérable ; car la pensée n'est possible et la responsabilité ne peut exister que si le principe des faits psychologiques est identique, un et simple.

Première partie. — L'âme est *identique* : cela veut dire que sa substance ne change pas; elle est aujourd'hui ce qu'elle était hier, et elle sera demain ce qu'elle est aujourd'hui. Sans doute nos sentiments, nos idées, nos résolutions ne sont pas toujours les mêmes, ils changent avec l'âge et avec les circonstances, mais le fond de notre être reste le même. Il peut y avoir des troubles dans notre vie psychologique, mais il n'y a pas succession d'une existence à une autre; un second homme ne vient pas prendre la place d'un premier homme; il ne peut y avoir que transition d'un état à un autre; l'identité du moi ne s'interrompt jamais.

La croyance à l'identité naît en nous par le sens intime, qui nous atteste que nous restons toujours la même personne, bien que cette personne puisse être diversement occupée ou affectée. Cette croyance s'affermit par la mémoire qui, nous rappelant ce que nous avons été dans le passé, nous fait découvrir que nous sommes restés ce que nous étions, qui nous permet de nous retrouver tels actuellement que nous étions antérieurement. Si l'identité est attestée par la mémoire, elle est à son tour la condition de la mémoire qui serait impossible sans elle. En effet, la faculté de se rappeler suppose un lien continu entre le *moi* du passé et le *moi* du présent; si deux personnes se succèdent dans le moi, la seconde ne peut se souvenir de ce que la première a dit, fait ou pensé. — L'identité est aussi la condition de la responsabilité morale. En effet, nous ne pouvons être responsables que de ce que nous avons fait ou de ce que les autres ont fait sous notre impulsion; par conséquent, je ne puis être responsable de ce qu'un autre a fait avant que je fusse né; si je rougis à quarante ans d'une faute commise à vingt, c'est que je suis resté la même personne; si le souvenir d'une belle action de ma jeunesse vient me charmer dans la vieillesse, c'est qu'un autre moi n'a pas pris la place du premier.

Seconde partie. — De plus, l'âme est *une*, c'est-à-dire qu'il n'y a pas en nous plusieurs personnes; et elle est *simple*, c'est-à-dire qu'elle n'est pas, comme le corps, composée de parties susceptibles d'être séparées, elle est indivisible ; les phénomènes psychologiques sont multiples, mais leur principe est unique ; l'âme est une malgré la diversité de ses opérations.

On ne prouve pas l'unité et la simplicité du moi, on les constate ; nous avons le sentiment immédiat et constant de l'indivisibilité de notre être. Nous sentons nettement que notre moi ne peut être fractionné, qu'imaginer une moitié, un quart de personne serait absurde. Il n'y a pas ici de raisonnement, il y a une simple inspection de l'esprit, une intuition, c'est-à-dire une connaissance spontanée, indubitable. Mais cette unité, attestée par le sens intime, peut aussi être démontrée par le raisonnement. En effet, l'analyse des conditions de la pensée montre bien que le principe des faits psychologiques doit être un et simple. Le jugement est l'opération essentielle de l'intelligence, et, dans la plupart des cas, le jugement n'est que le résultat d'une comparaison entre deux idées ; or, cette comparaison ne peut se faire si l'être pensant est composé de parties ; place-t-on les deux idées à comparer dans des parties différentes? alors le rapprochement des idées ne peut avoir lieu ; les met-on à la fois dans chacune des parties? il y aurait, dans ce cas, autant de comparaisons que de parties, ce qui est démenti par la conscience ; dira-t-on enfin que les deux idées ne sont que dans une des parties? c'est là une supposition tout arbitraire, et l'on a le droit de se demander pourquoi elles se trouvent dans telle partie plutôt que dans telle autre. Pour expliquer la comparaison, il faut donc admettre un point de réunion, un sujet simple et indivisible. Si le jugement ne peut avoir lieu que dans un sujet de cette nature, on peut *a fortiori* en dire autant du raisonnement qui se compose de jugements. Il faut donc admettre une substance simple qui rapproche les éléments complexes de toute pensée et les comprend dans un acte indivisible.

Du reste, le concert, l'harmonie de nos facultés ne peut s'expliquer que par l'unité d'un être qui à la fois sent, pense et veut, qui reste le même dans la diversité de ses facultés et de ses actes.

Conclusion. — Ainsi l'identité du moi, évidente par le sentiment que nous en avons, se prouve aussi par la mémoire et la responsabilité, puisqu'elle est la condition de l'une et de l'autre. L'unité du moi est également attestée par le sens intime, et elle peut en outre être démontrée par le raisonnement; car les opérations de la pensée seraient impossibles si le principe pensant n'était un et simple.

Ces attributs sont, avec l'activité, le fondement de l'immatérialité de l'âme et par suite de sa spiritualité. En effet, ces trois caractères s'opposent aux propriétés de la matière qui est divisible, non identique et inerte; on en conclut que l'âme est une substance distincte de la matière, elle est donc spirituelle.

101. — Distinguer par leurs caractères essentiels l'âme et le corps.

DISSERTATIONS

Exorde. — Les sentiments, les idées, les résolutions supposent un principe auquel on les rapporte, comme on rapporte aux corps les qualités perçues par les organes des sens; ce principe est l'*âme*, le *moi* que l'on peut étudier en lui-même. Le *moi* désigne l'être spirituel qui a conscience et qui prend connaissance de lui-même. Il y a des moments dans la vie où l'âme ne se connaît pas, des états dont elle n'a pas conscience; ainsi l'enfant qui vient de naître a une âme, mais il n'a pas encore un moi, celui-ci n'existant que par la conscience et la volonté. Or, l'étude du moi, en nous révélant ses attributs essentiels, nous permet facilement de le distinguer du corps ou des corps.

Proposition. — En effet, le moi possède trois attributs essentiels, l'unité, l'identité et l'activité, qui s'opposent aux attributs essentiels du corps qui est composé de parties, qui change dans sa substance et qui est inerte.

Première partie. — L'âme est *une*, simple, indivisible; elle n'est pas composée de parties susceptibles d'être séparées. Cette unité est attestée par la conscience, qui affirme que le moi ne saurait être fractionné; il n'y a pas ici de raisonnement, c'est une vue intuitive, une simple inspection de l'esprit. Mais le raisonnement peut aussi démontrer l'unité du moi, et il suffit pour cela d'un rapide examen de nos trois facultés principales : — 1° la sensibilité suppose un centre commun des sensations ; ainsi j'éprouve dans le même moment une douleur à la tête, une autre à l'estomac, une troisième au pied ; comment pourrais-je comparer ces différentes douleurs et déclarer l'une plus vive que l'autre si l'être sentant n'était pas un ? — 2° la vie intellectuelle serait également impossible sans l'unité de l'être pensant ; en effet, le jugement est l'opération essentielle de la vie intellectuelle ; or, cette opération n'est la plupart du temps que le résultat d'une comparaison entre deux idées, et elle ne peut se faire si le principe pensant est composé de parties ; supposons en effet l'âme composée de deux parties : si les deux termes de la comparaison se trouvent, l'un dans une de ces parties, l'autre dans une autre partie, la comparaison, c'est-à-dire le rapprochement des deux idées ne peut avoir lieu ; les deux idées à comparer se trouvent-elles dans une seule de ces deux parties ? on se demande pourquoi elles se trouvent dans telle partie et non pas dans l'autre ; se trouvent-elles à la fois dans les deux parties ? il y aurait alors une double comparaison, une double opération ; or, la conscience déclare qu'il n'en est pas ainsi ; — 3° la volonté suppose aussi une force simple ; sans doute nous sentons en nous un être double, *homo duplex*, il y a quelquefois lutte en nous : « Je trouve deux hommes en moi, » disait saint Paul ; « Ah ! je les connais bien, » s'écriait Louis XIV ; « Je suis double, dit M. Renan ; quelquefois une partie de moi rit pendant que l'autre pleure... comme il y a deux hommes en moi, il y en a toujours un qui a lieu d'être content. » Mais ces façons de parler ne veulent pas dire qu'il y ait en nous deux êtres, deux volontés distinctes, ces mots expriment seulement l'antagonisme de deux facultés, la lutte de la passion contre la volonté éclairée par l'intelligence ; mais cette lutte a lieu dans une seule et même personne, ce n'est qu'une guerre civile.

Et ce qui prouve bien l'unité de l'âme, c'est que ses différents pouvoirs, même quand ils sont en lutte, s'unissent dans tous les phénomènes psychologiques ; ce concert de nos facultés ne s'explique que par l'unité du moi qui, à la fois, sent, pense et veut, qui reste le même sous la diversité des phénomènes et des facultés [1].

Si l'âme est une, le corps est composé, divisible, étendu; son unité n'est que nominale et ne désigne qu'une juxtaposition de parties.

Deuxième partie. — L'âme est *identique*, sa substance ne change pas, elle est aujourd'hui ce qu'elle était hier et sera demain ce qu'elle est à l'heure présente. Cette identité, garantie de la responsabilité morale, est attestée par la conscience et par la mémoire; nous rappelant ce que nous étions autrefois et observant ce que nous sommes aujourd'hui, nous voyons bien que nous sommes restés ce que nous étions; sans l'identité, le souvenir des faits passés disparaîtrait et la mémoire serait impossible; et si je rougis à quarante ans d'une faute commise à vingt ans, si le souvenir d'une bonne action accomplie pendant ma jeunesse me charme pendant l'âge mûr, c'est que je suis resté la même personne.

Il y a bien aussi une identité dans le corps, mais c'est une identité de forme et de fonctions; la substance se renouvelle complètement à certains intervalles, au bout d'une certaine période nous n'avons plus la même chair ni les mêmes os; après avoir longtemps admis que cette rénovation se produisait par périodes septénaires, on est allé jusqu'à prétendre que trente jours suffisaient pour le renouvellement complet du corps.

Troisième partie. — Enfin l'âme a pour caractère essentiel une activité intelligente et libre, l'homme agit le sachant et le voulant; c'est une force qui a conscience, « vis sui conscia; » la matière, au contraire, est inerte, elle obéit sans le savoir et sans le vouloir à la force qui la pousse; c'est par l'activité consciente que l'homme se connaît comme un être moral et responsable, qu'il se distingue et se sépare des choses qui n'ont pas conscience de leur action, des forces inconscientes et fatales du monde matériel [2].

Conclusion. — Ainsi l'âme est une substance simple, in-

---

1. Voyez plus haut le numéro 18.
2. Voyez plus haut la dissertation développée au numéro 98.

divisible, tandis que le corps est divisible et composé de parties; l'âme est identique dans sa substance, elle est toujours la même personne; au contraire le corps n'est jamais identique à lui-même; enfin, l'âme est active et le corps est inerte. Les qualités essentielles de l'âme s'opposent donc aux attributs du corps, et des propriétés différentes ne pouvant appartenir qu'à des substances différentes, on a le droit de conclure que l'âme est distincte du corps.

102. — Exposer les principaux faits par lesquels se manifeste l'influence du physique sur le moral, et, réciproquement, l'empire du moral sur le physique.

ESQUISSE

L'âme une, identique et active, ne saurait être confondue avec le corps qui possède des attributs différents [1]; mais elle lui est étroitement *unie;* si elle lui est supérieure puisqu'elle le dirige, elle dépend aussi de lui dans une certaine mesure; ces deux substances agissent l'une sur l'autre; mais si cette action directe et réciproque de l'âme sur le corps et du corps sur l'âme ne se peut nier, *comment* s'exerce-t-elle? On a imaginé plusieurs hypothèses pour résoudre cette question et répondre à ce *comment;* mais ni la théorie cartésienne des *causes occasionnelles* et la théorie leibnizienne de l'*harmonie préalable,* exigeant toutes deux l'intervention continuelle de Dieu, ni la théorie de Cudworth ou *hypothèse du médiateur plastique* et la théorie d'Euler ou de l'*influx physique,* supposant toutes deux un agent placé entre l'âme et le corps pour faciliter la correspondance, ne fournissent une réponse satisfaisante à cette question qui, en l'état actuel des connaissances, reste un problème mystérieux et encore insoluble. Aussi quand on demande quelles sont les lois de l'union de l'âme et du corps, il faut se bor-

1. Voyez la dissertation précédente.

ner à la description des phénomènes principaux par lesquels cette union se manifeste; et l'on peut en effet montrer qu'il y a une connexion entre les mouvements de l'âme et ceux du corps, déterminer les liaisons les plus ordinaires.

1° Influence du physique sur le moral. — En général, les facultés de l'âme croissent et s'affaiblissent avec le corps; débiles pendant l'enfance, la vieillesse et la maladie, elles ne déploient toute leur énergie que dans l'âge mûr et quand nous sommes en bonne santé; la faiblesse du cerveau rend certains hommes incapables d'un effort intellectuel un peu soutenu; chez d'autres un dérangement accidentel dans les fonctions cérébrales produit dans l'intelligence un trouble profond qui peut aller jusqu'à la folie; la faim et la fatigue diminuent la mémoire; la surcharge d'aliments appesantit non seulement le corps, mais aussi l'esprit; la nature de l'alimentation facilite ou entrave l'exercice des facultés mentales. Le climat surtout agit puissamment sur notre être moral; dans les pays chauds et humides, le caractère est mou, l'intelligence et l'imagination sont inertes; dans les pays montagneux et froids, le caractère est énergique et fier; dans les pays chauds, l'imagination est exaltée et les passions sont extrêmes; le ciel pur de la Grèce et ses paysages gracieux expliquent en partie pourquoi les anciens ont porté dans leurs écrits le goût de ce qui est simple, paisible et harmonieux.

2° Empire du moral sur le physique. — L'action de l'âme sur le corps est plus puissante que celle du corps sur l'âme. Les émotions jettent le trouble dans l'organisme, dans la digestion, dans la respiration, dans la circulation du sang; la tristesse habituelle engendre des maladies, le bonheur contribue au maintien de la santé et à la longue durée de la vie; l'excès du travail intellectuel nuit au fonctionnement régulier des organes, l'amour effréné des jouissances ne dégrade pas seulement le corps, il l'affaiblit et souvent le brise; une forte concentration intellectuelle peut nous rendre insensibles à l'action que les forces extérieures exercent sur notre corps. Mais c'est surtout par les effets énergiques de la volonté que se manifeste la supériorité de l'âme sur le corps:

« La vie de Guillaume III, dit Macaulay, ne fut qu'une longue maladie; mais l'énergie de son âme put, dans toutes les occasions importantes, soulever son corps malade et languissant. » Mozart compose son *Requiem* pour ses propres funérailles et la mort le surprend en plein travail; — le comte de Fuentès, octogénaire et goutteux, montre sur le champ de bataille de Rocroy que « une âme guerrière est maîtresse du corps qu'elle anime; » — Turenne gourmande « sa vieille carcasse qui tremble, » et la mène au plus fort de la mêlée; — Maurice de Saxe, épuisé par la maladie, répond à Voltaire qui lui demande comment il pourra se rendre à l'armée : « Il ne s'agit pas de vivre, mais de partir ! » il part et remporte presque mourant la grande victoire de Fontenoy; — Vauvenargues conserve une inaltérable sérénité au milieu des plus cruelles souffrances : « Je l'ai toujours vu, dit Voltaire, le plus infortuné des hommes et le plus tranquille; » — Molière veut jouer malgré sa fatigue et les représentations des siens, il est pris sur la scène d'une convulsion de poitrine et meurt dans la nuit; — lord Chatham, s'arrachant de son lit de douleur, vient au parlement protester, presque mourant, contre une proposition qu'il croit funeste, s'évanouit et meurt peu de temps après cet accident; — aveugle et paralysé, Augustin Thierry continue ses admirables travaux malgré ses souffrances. — « Mais pourquoi aller chercher si haut d'éclatants exemples? Chaque jour n'est-il pas témoin de luttes avec la douleur, mille fois plus admirables que ces illustres héroïsmes, car elles n'ont ni la gloire pour récompense, ni la louange pour but, ni la passion pour soutien, et elles s'accomplissent obscurément sous la simple et austère loi du devoir. Que fait tout le peuple des travailleurs? que font ces mineurs qui s'enfouissent dans l'atmosphère infecte des houillères? que font ces femmes qui portent à l'usine leurs corps épuisés par l'allaitement? que font ces enfants qui se traînent hâves et lymphatiques à la manufacture? Ils travaillent malgré la douleur; ils gagnent leur pain ou celui de leur famille au milieu de la douleur. » (Legouvé.)

Ainsi le physique et le moral agissent l'un sur l'autre; ce qui nous échappe, c'est la loi du rapport. Ce que nous savons c'est que : 1° l'âme et le corps sont unis l'un à l'autre ; — 2° qu'ils ont des attributs opposés ; — 3° qu'ils sont dans une dépendance étroite l'un de l'autre. « L'âme et le corps ne font ensemble qu'un tout naturel. » (Bossuet.)

OBSERVATION. — *Les développements qui précèdent suffiront pour traiter les questions suivantes :*

Quelles sont les lois de l'union de l'âme et du corps ?

En quoi consiste la question si controversée des rapports du physique et du moral ?

108. — Développer et, s'il y a lieu, critiquer cette définition de Bonald : « L'homme est une intelligence servie par des organes. »

DISSERTATION

Exorde. — Les philosophes et les moralistes ont souvent essayé de renfermer dans des formules courtes et précises les idées les plus importantes de l'esprit humain. En effet, quand on donne à la pensée des développements un peu étendus, elle disparaît quelquefois sous les plis et replis de cet ample vêtement, tandis que de courtes sentences ont l'avantage, en renfermant beaucoup d'idées en peu de mots, de faire mieux comprendre la pensée. C'est ainsi que M. de Bonald a essayé de renfermer l'homme tout entier dans une courte définition. Il y a presque réussi, et la critique que l'on peut faire de la formule donnée par lui n'en altère pas la vérité générale.

Première partie. — L'homme est un être double, composé d'une âme et d'un corps, et cela est bien indiqué par la définition. Dans l'homme, en effet, en même temps qu'il y a un corps qui respire, digère, se meut, etc., il y a une âme qui sent, pense et veut. En outre, ces deux substances, unies l'une à l'autre, agissent par cela même l'une sur l'autre. Sans doute nous ne savons pas quelle est la loi du rapport; mais ce qui est hors de doute, c'est l'influence réciproque qu'elles exercent l'une sur l'autre; c'est la dépendance étroite dans laquelle l'une se trouve à l'égard de l'autre. Mais si ces deux substances sont étroitement unies, elles n'en sont pas moins différentes par leur nature et leurs aspirations. En effet, l'âme une, identique et active, se distingue nettement du corps, qui est composé de parties, changeant et inerte. De plus, le corps n'aspire qu'au bien-être, au plaisir; l'âme, au contraire, aspire au bien, à la vertu. Par sa double nature, l'homme a donc une double destinée, l'une physique, l'autre morale. Si le corps était l'égal de l'âme, la fin de l'homme consisterait aussi bien dans la poursuite du plaisir réclamé par le corps que dans le perfectionnement moral poursuivi par l'âme. Mais la raison déclare que le bonheur n'est pas obligatoire, tandis que la pratique de la vertu s'impose à nous avec un caractère impérieux; la destinée de l'homme doit être la destinée de l'âme. Or, la définition que nous analysons indique bien que, si l'homme est un être double, c'est l'âme intelligente qui domine; et bien des faits attestent cette supériorité. En effet, par le corps l'homme est attaché à un point de l'espace, à un lieu déterminé; au contraire, par l'intelligence, il connaît, non seulement ce qui se passe autour de lui dans le lieu qu'il habite, mais aussi ce qui s'accomplit dans beaucoup d'autres lieux de l'espace; par son corps il n'a qu'une durée limitée; né d'hier, il mourra demain, tandis que, par son intelligence, il connaît le passé, le présent, et il peut presque plonger ses regards dans l'avenir. C'est donc l'esprit qui nous permet de franchir le cercle si étroit dans lequel notre corps est renfermé. Cette supériorité de l'âme est encore attestée par ce fait qui ruine toute la théorie matérialiste, à savoir qu'on rencontre souvent des intelligences vigoureuses dans des corps chétifs; on voit souvent des enfants chez lesquels la finesse et la promptitude de l'esprit ont devancé le développement physique, comme on voit des vieillards conserver la netteté de l'intelligence et la sagacité dans un corps décrépit; ainsi Bossuet, dans sa poétique narration de la bataille de Rocroy, nous montre « le valeureux comte de Fontaines, porté dans sa chaise, et, malgré ses infirmités, montrer qu'une âme guerrière est maîtresse du corps qu'elle anime; » ainsi

Pascal conservait dans un corps épuisé toute la vigueur de son admirable esprit; ainsi La Bruyère fait, à son insu, un admirable éloge de ce Guillaume d'Orange qu'il hait, quand il parle de « cet homme pâle et livide, qui n'a pas sur soi dix onces de chair, que l'on croirait jeter à terre du moindre souffle, et qui néanmoins fait plus de bruit que quatre autres et met tout en combustion. » C'est enfin Voltaire qui conserva jusqu'à son dernier jour, dans un corps frêle et chétif, son âme passionnée et son merveilleux esprit. En outre, l'âme impose des douleurs au corps qui pourtant aspire au plaisir; tels sont les savants qui, par amour de l'étude, s'exposent à de cruelles infirmités; tels sont les martyrs de la religion et de la politique, qui, dans l'intérêt de ce qu'ils croient être la vérité, marchent au-devant des souffrances et les provoquent. C'est que, quand l'âme est satisfaite, le corps a beau souffrir, nous nous sentons heureux; le corps est déchiré, mais l'âme triomphe. L'homme poursuit donc souvent une perfection intellectuelle et morale à laquelle il sacrifie le corps. Ce qui prouve encore mieux cette supériorité de l'âme sur le corps, c'est la conduite même des gens qui semblent vouloir ramener l'homme tout entier à l'animal, qui ne voient pour lui que des appétits à satisfaire; ainsi les libertins, dans leur soif de jouissances, imposent à leur corps des plaisirs qui, non seulement le dégradent, mais encore l'énervent et le brisent. Le corps est donc bien l'esclave de l'âme puisqu'il en est la victime, même quand nous semblons ne vouloir satisfaire que le corps; celui-ci est donc inférieur à la force qui le domine.

Deuxième partie. — Mais si l'intelligence n'était pas servie par des organes, elle ne connaîtrait rien du monde extérieur; c'est par eux en effet que nous percevons les phénomènes dont la matière est le théâtre. Sans doute ce n'est pas l'œil qui voit, ni l'oreille qui entend, etc., c'est l'intelligence; mais privée de ces organes, elle ne pourrait ni voir ni entendre; il nous serait impossible de prendre connaissance de ce qui se passe autour de nous; nous n'aurions pas plus une idée du monde extérieur qu'un aveugle n'a une idée des couleurs et qu'un sourd n'a une idée des sons. Grâce aux organes, non seulement nous atteignons et connaissons le monde extérieur, mais encore nous étendons notre empire sur lui, nous appropriant ses forces que nous dirigeons.

Troisième partie. — De Bonald a donc eu raison de dire que l'homme était à la fois une intelligence et un corps, et il a eu raison d'indiquer par le tour même de la phrase la supériorité de l'intelligence sur le corps ; il a eu raison aussi quand il a mis en relief les services que les organes rendent à notre intelligence qui ne peut atteindre le monde extérieur que par leur intermédiaire. Mais de Bonald appartient à une école qui pousserait volontiers le spiritualisme à l'excès et serait portée à exagérer l'infériorité réelle du corps. Or, il est bien important d'établir que, si le corps n'est qu'un instrument de l'âme, ce n'est pourtant pas un instrument ordinaire. Bossuet, qui n'est pas suspect à cet égard, a eu soin de le faire remarquer ; le sculpteur ne sent pas le coup qui frappe son ciseau, tandis que l'âme sent tous ceux qui frappent le corps ; il faut donc ménager celui-ci, ne fût-ce qu'en vue de l'âme. De plus, est-ce bien l'intelligence qui fait de l'homme un être supérieur aux autres êtres? Sans doute, l'intelligence humaine, qui conçoit l'infini, ne saurait être comparée avec l'intelligence bornée de l'animal ; cependant celui-ci a une certaine intelligence ; et il n'y a là, entre l'homme et la bête, qu'une question de degré. Ce qui distingue réellement l'homme des autres animaux, c'est la volonté, le privilège qu'il a de disposer de ses actes et d'agir par lui-même ; par cette faculté il se sépare de tous les êtres créés et constitue lui seul un monde à part, le monde moral. — Enfin, si l'on voulait faire à l'auteur une chicane grammaticale, ne pourrait-on pas dire que l'emploi du passif *servie* inclinerait à donner au corps l'activité, réduisant l'âme à la passivité? Mais quand on connaît les tendances de M. de Bonald et de son école, il est bien clair qu'il ne faut pas redouter chez lui pareille subordination de l'âme par rapport au corps.

Conclusion. — Ainsi bien des raisons justifient la définition de M. de Bonald ; elle indique le caractère essentiel de la nature humaine et met en relief la domination exercée par l'âme sur le corps, tout en montrant que c'est grâce aux organes que l'homme s'empare des forces de la nature et les fait servir à son usage. On pourrait donc répéter après lui ce vers de La Fontaine :

> Un esprit est en nous et meut tous nos ressorts;

et cette autre définition donnée par Platon : « L'homme est quelque chose se servant du corps. »

104. — **Commenter, à l'aide de Descartes, cette parole de Pascal :** « Je puis bien concevoir un homme sans mains, pieds, tête, mais non sans pensée. »

DISSERTATION

Exorde. — On connaît surtout dans Pascal l'auteur des *Provinciales* et des *Pensées*, l'homme triste, désolé, presque farouche, d'une imagination assombrie par le jansénisme et les souffrances de la maladie, qui se plaisait à ravaler la nature humaine, à la convaincre de radicale impuissance, et d'irrémédiable faiblesse, qui disait que « la philosophie ne vaut pas une heure de peine, que se moquer de la philosophie c'est vraiment philosopher. » Mais il y a un autre Pascal, plus jeune et moins austère, qui a écrit le charmant *Discours sur les passions de l'amour*, où il dit que « la nature seule est bonne », où il défend la raison et la passion ; c'est le même Pascal qui, dans quelques opuscules remarquables, comme l'*Autorité en matière de philosophie*, revendique les droits de la raison, et, en véritable cartésien, veut le libre examen pour tout ce qui touche aux sciences. Nous reconnaissons aussi un disciple de Descartes dans la pensée que nous avons à commenter ici et qui représente un des traits essentiels et à coup sûr le plus connu de la révolution cartésienne, c'est-à-dire de la révolution philosophique la plus grande et la plus féconde que nous offre l'histoire. Aussi est-ce en nous reportant au fameux axiome cartésien, *cogito, ergo sum*, que nous pourrons expliquer cette étrange parole de Pascal : « Je puis bien concevoir un homme sans mains, pieds, tête, mais non sans pensée. »

Première partie. — Descartes raconte que, « nourri aux lettres dès son enfance », il n'y trouva que « doutes et erreurs »; il ne fut pas plus heureux dans les sciences, et il ne vit rien dans les livres qui fût assuré. Alors il abandonna les docteurs et les livres, et, cherchant la vérité « dans le grand livre du monde », il se mit à voyager pour étudier les opinions des hommes; mais là encore il ne trouva que contradictions et diversités; ainsi dans les livres, dans les écoles, dans le commerce des hommes, il ne voit que doute et incertitude. (*Discours de la méthode*, première partie.) Il prend donc la résolution de ne plus chercher la vérité qu'en lui-même et par lui-même. Il commence par rejeter « comme absolument faux tout ce en quoi il pourrait imaginer le moindre doute ». Il trouve quatre raisons de douter, les erreurs des sens, la faillibilité des opinions individuelles, les illusions des rêves et l'existence possible d'un Dieu trompeur, « d'un certain mauvais génie », qui pourrait se plaire à nous faire prendre le faux pour le vrai et réciproquement. (*Discours de la méthode*, quatrième partie; — *Première Méditation*.) Tout succombe ainsi dans un doute universel. Non seulement Descartes ne croit plus à la science humaine, non seulement il pense que « les choses extérieures ne sont rien que des illusions et rêveries », mais il se considère lui-même « comme n'ayant point de mains, point d'yeux, point de chair, point de sang ». Il sort de ce doute universel par cette réflexion que douter c'est penser et que penser c'est exister : *je pense, donc je suis*, telle est la vérité qui lui semble pouvoir servir de fondement à toutes les autres vérités; c'est la conscience immédiate que nous avons de notre existence par le fait même de la pensée, c'est une vérité d'intuition, et « les plus extravagantes suppositions des sceptiques ne sont pas capables de l'ébranler ». Ainsi, quand il ne se croyait pas encore assuré d'avoir un corps, il était assuré de l'existence de sa pensée, et il en concluait que, non seulement « l'âme est entièrement distincte du corps », mais encore « qu'elle est plus aisée à connaître que lui, et qu'encore qu'il ne fût point, elle ne laisserait pas d'être tout ce qu'elle est », c'est-à-dire une substance pensante. Il peut donc se concevoir sans corps, mais il ne peut se concevoir sans pensée. On voit que Pascal n'a fait que répéter la même idée et en se servant de termes presque semblables.

Seconde partie. — Descartes et Pascal ont eu raison de dire que nous sommes plus assurés de l'existence de l'âme que de celle du corps. En effet, quand l'âme étudie l'âme, le doute est impossible, puisque le sujet et l'objet se confondent. On peut nier la réalité objective, matière ou Dieu ; on peut contester à l'esprit humain la possibilité de franchir les limites de sa propre nature, de passer du moi au non-moi ; mais on ne peut mettre et on n'a jamais mis en doute le témoignage de la conscience. Aussi la certitude psychologique a-t-elle mérité d'être donnée comme le modèle de toute certitude, et c'est en partant du moi que Descartes a prétendu s'élever jusqu'à Dieu pour descendre ensuite de Dieu au monde. Toutefois la certitude n'est pas le privilège d'une seule faculté, elle appartient à toutes ; et il ne faut pas plus mettre en doute le témoignage de la raison quand elle conçoit Dieu ou celui des sens quand ils nous font croire au monde extérieur que le témoignage de la conscience qui nous révèle à nous-mêmes. Avec le critérium de l'évidence, si bien établi par Descartes lui-même, on peut lui répondre que nous croyons aussi fermement à l'existence des corps et de notre corps que nous croyons à l'existence de notre âme. L'homme n'est pas seulement une substance pensante, spirituelle, il est aussi une substance matérielle, étendue, qui, bien qu'inférieure à l'âme, lui est unie, et si étroitement unie que l'on ne peut pas concevoir l'une sans l'autre. « L'homme est une intelligence servie par des organes », a dit avec raison M. de Bonald. Si l'on peut « concevoir un homme sans mains, pieds », la physiologie ne permet pas de le concevoir sans une tête, c'est-à-dire sans un cerveau qui est pour penser un instrument aussi indispensable que les yeux pour voir et les oreilles pour entendre, si indispensable que toute lésion du cerveau entraîne une lésion dans les facultés et que l'intelligence dépend du volume de cet organe. Descartes a commis cette grave erreur de « se représenter le moi comme un pur esprit, vivant d'une vie tout interne, enfermé en soi dans une solitude profonde, sans lien naturel avec le corps et avec la nature.... »; après lui, et en marchant sur ses traces, « la philosophie allemande a posé un *moi* abstrait, un sujet pur, un être isolé, et puis elle s'est consumée en raisonnements subtils pour retrouver le monde réel qu'elle avait supprimé ». (Émile Saisset.) Le corps est nécessaire à l'esprit, il lui est si étroitement uni que leurs opérations sont communes, et Leibniz va même jusqu'à déclarer qu'une âme humaine sans organe ne peut se comprendre.

Conclusion. — On voit qu'il est facile, avec l'aide de Descartes, d'expliquer comment Pascal a été amené à exprimer la pensée qui nous occupe. En effet, pour se connaître soi-même et pour être sûr de l'existence de l'âme, substance pensante, il n'est pas besoin des sens, il n'est besoin que de la conscience, et l'existence de notre pensée est une vérité que rien ne peut ébranler. Cette philosophie cartésienne, qui prenait ainsi son point de départ dans la pensée et dans la certitude psychologique, exerça, au xvii° siècle, une influence considérable sur les esprits, marquant de son empreinte, non seulement les sciences, mais les lettres elles-mêmes; car c'est à Descartes que la littérature doit cette tendance si nettement spiritualiste qui la distingue. Mais Descartes et son école ont eu le tort de donner trop facilement gain de cause à toutes les raisons de douter que l'imagination des sceptiques s'est plu à inventer, d'attacher, par exemple, une importance capitale à l'objection tirée du sommeil et des illusions des rêves, comme si le fait de se demander si l'on n'est pas toujours endormi ne supposait pas qu'on est capable de savoir qu'on peut l'être et ne l'être pas, comme si, pour se demander si une perception n'est pas un rêve, il ne faut pas savoir d'abord distinguer ce qui est rêve de ce qui est perception réelle. Ces prétendues incertitudes reposent donc sur un cercle vicieux, et nous savons bien qu'à l'état de veille nous sommes en pleine possession de nous-mêmes. Sans doute il ne faut croire qu'à ce qui est évident; mais il ne faut pas admettre une seule source d'évidence quand il y en a trois, l'évidence des sens, l'évidence de la conscience et l'évidence de la raison. N'admettre que ce qui est connu par le sens intime, c'est commettre le même sophisme que les matérialistes qui ne croient qu'aux sens et que les idéalistes qui ne croient qu'à la raison. La vraie philosophie, d'accord avec le sens commun, accepte toutes les connaissances fournies par nos diverses facultés.

105. — L'homme et l'animal.

DISSERTATION

Exorde. — Lorsqu'on étudie le monde de la réalité, il faut bien se garder de vouloir y découvrir des différences nettement accusées entre les genres et les espèces ; comme l'a dit Leibnitz, « la nature ne fait pas de sauts. » C'est surtout le cas pour cette question si importante et si souvent traitée des rapports de l'homme et de l'animal. C'est pour avoir méconnu la vérité de cette maxime que les savants du dix-septième siècle et ceux du dix-huitième se sont égarés : les uns ont mis un abîme entre l'homme et la bête, les autres ont exagéré les ressemblances. Ainsi Descartes ne voit dans les animaux que des automates privés d'instinct, de sensibilité et d'intelligence ; et Condillac, par un excès opposé, accorde à l'animal les mêmes facultés qu'à l'homme. Tous ont été entraînés par l'esprit de système, quelques-uns par des préoccupations théologiques. La science moderne, plus exacte et plus précise, se met en garde contre les exagérations, réagit contre l'esprit de système et ne demande, pour résoudre ces questions, que les lumières de l'observation.

Proposition. — Par ce procédé, elle a découvert assez d'analogies entre l'homme et l'animal pour établir une psychologie comparée ; mais elle a reconu entre eux des différences essentielles et irréductibles ; dans certains cas, il n'y a qu'une question de degrés, mais il y a des facultés que l'on ne saurait attribuer à l'animal et qui existent chez l'homme. Pour s'en convaincre, il n'y a qu'à passer rapidement en revue les trois principales facultés, l'intelligence, la volonté et la sensibilité.

Première partie. — C'est surtout par l'intelligence que l'animal se rapproche de l'homme. Les espèces supérieures, par exemple le cheval, le renard, le chien, l'éléphant, possèdent d'une façon plus ou moins complète presque toutes les facultés de l'entendement. Les animaux perçoivent comme nous les choses extérieures par les cinq sens; sans avoir un organe spécial pour le toucher, ils ont cependant une idée de la résistance et de l'étendue; par la vue ils connaissent la forme des objets, et quelquefois ce sens offre un développement singulier, chez l'aigle, entre autres; par l'ouïe ils perçoivent les sons, et nous pouvons apprécier quelle est chez le chien la finesse de cet organe; ils perçoivent les odeurs par l'odorat et les saveurs par le goût. Telles sont les analogies. Mais, d'un autre côté, rien ne complète la perception chez l'animal, tandis que chez l'homme les perceptions sont des matériaux qui donnent naissance à d'autres connaissances; quand l'homme a perçu, il transforme ses perceptions; l'animal perçoit le concret, la forme ou la couleur d'un objet déterminé, mais il n'a pas l'idée abstraite de forme ou de couleur. — L'animal, qui perçoit les objets extérieurs, se connaît peut-être aussi lui-même et il est probable qu'il a une idée confuse de son existence, mais ce ne doit être qu'une vague intuition; il n'a pas, comme l'homme, conscience de sa personnalité. — Nous ne trouvons pas chez l'animal la raison qui nous donne les vérités premières. Sans doute sa conduite prouve qu'il a l'idée de cause; il semble comprendre l'idée du bien, puisque les bons ou les mauvais traitements lui inspirent de l'affection ou de la haine; dans une certaine mesure il comprend le vrai, c'est-à-dire ce qui est, ce qui existe; l'idée du beau ne semble pas lui être étrangère, puisqu'il est sensible à l'harmonie, à la cadence, puisque la musique adoucit certains animaux; mais en tout cela il reste enfermé dans le concret, dans le particulier, il n'atteint ni l'abstrait ni l'universel; sa raison est donc imparfaite. — La mémoire est remarquable chez l'animal et surtout chez certaines espèces. Quoi de plus touchant et de plus vrai que l'histoire du chien d'Ulysse ! Le héros, que personne ne reconnaît dans sa maison, est reconnu par son vieux chien Argos. Mais l'animal ne se rappelle que ce qu'il a connu lui-même, tandis que l'homme se rappelle aussi ce que les autres ont vu et lui ont fait connaître. — L'association des idées, qui est si étroitement unie à la mémoire, se trouve aussi chez la bête ; c'est par suite d'une association d'impressions et d'idées que le cheval presse le pas au bruit du fouet qui claque ; c'est sur ce phénomène que se fondent les procédés usités pour dresser les animaux, et c'est aussi de cette façon que nous leur donnons des habitudes. Mais ce pouvoir d'associer les idées est borné chez l'animal et ne va pas jusqu'à distinguer si les rapports sont essentiels ou accidentels. — On ne peut guère attribuer à l'animal la faculté d'abstraire, et il est impossible de lui reconnaître la généralisation ; il est enfermé dans le particulier, le concret, et ne peut s'élever aux idées de genres et d'espèces. Pour qu'il pût le faire, il faudrait qu'il eût le langage qui fixe, solidifie les idées générales ; si le langage n'existe que par la pensée, en revanche il n'y a ni raisonnement ni science sans le langage, puisque la science est un ensemble d'idées générales et que les idées générales ne peuvent subsister sans les mots [1]. — L'imagination passive, qui n'est qu'une mémoire représentative, existe chez l'animal ; Lucrèce nous décrit poétiquement l'agitation de chevaux qui pendant le sommeil semblent croire qu'ils luttent dans la carrière pour le prix de la course ; il nous montre le chien de chasse troublé par les rêves qui lui montrent une proie fuyant devant lui. Mais l'animal ne possède pas cette imagination créatrice qui, à proprement parler, mérite seule le nom d'imagination. — On ne peut refuser le jugement à la bête qui reconnaît ses amis et ses ennemis. Sans doute l'instinct a une grande part dans ces jugements, mais l'instinct est aveugle, et nous voyons souvent dans l'animal un

---

[1]. Voyez l'esquisse inscrite au numéro 61 et la dissertation qui porte le numéro 92.

discernement qui, pour se mêler à l'instinct, s'en distingue pourtant. Mais il n'a guère le jugement par excellence, qui est le résultat d'une comparaison entre deux idées; et cela vient de ce que cette comparaison porte le plus souvent sur le général et que, pour juger ainsi, il faut avoir dégagé l'abstrait du concret; or, nous avons constaté l'impuissance de l'animal à généraliser, et l'on peut constater aussi son impuissance à concevoir nettement les rapports; le jugement se borne donc chez lui à de vagues intuitions. — Certains écrivains, sceptiques ou naturalistes, ont attribué aux animaux la faculté de raisonner, et, pour le prouver, ils ont accumulé un grand nombre de faits; d'après eux, on trouverait chez l'animal toutes les formes du raisonnement, même le sorite qui est le syllogisme le plus compliqué; qui ne connaît l'histoire du renard de Montaigne [1]? On voit sans doute dans l'animal quelque chose qui ressemble au raisonnement; un cheval qui a subi quelque souffrance à un certain endroit refuse d'y repasser; l'instinct est aidé ici par un raisonnement qui ressemble à l'analogie; mais le véritable raisonnement, qui consiste à aller du général au particulier, ne doit être attribué qu'à l'homme; l'animal ne pouvant s'élever au général puisqu'il n'a pas la parole, les bases lui manquent pour le raisonnement. De plus, le raisonnement consiste à passer d'un jugement à un autre jugement à l'aide d'un troisième jugement intermédiaire, ce qui implique des rapports à saisir, ce que ne peut faire l'animal; car il semble bien, avons-nous dit, qu'il ne conçoit pas nettement les rapports des choses; cette dernière raison explique l'absence du rire chez l'animal, le rire étant provoqué par un contraste saisi par l'intelligence. En somme, le raisonnement chez l'animal n'est qu'une vague association d'idées et d'images, il peut combiner des moyens pour une fin, mais il ne généralise pas, « ce n'est qu'une ombre de raisonnement, » a dit Leibniz. — Les animaux ont-ils un langage? Ils peuvent sans doute exprimer leurs besoins physiques, leurs désirs, par ces cris, par ces mouvements qui

---

[1]. Voyez plus loin le programme qui se trouve au numéro 111.

constituent le langage naturel que l'on parle sans l'avoir appris ; nous comprenons ce langage chez les animaux et ils le comprennent chez l'homme ; mais le véritable langage, c'est le langage artificiel, qui est un ensemble de signes conventionnels ; or, il y a un rapport entre le signe et la chose signifiée, il faut donc une intelligence pour saisir ce rapport ; par conséquent l'animal ne peut avoir le langage artificiel, étant incapable de saisir les rapports entre les choses. De plus, le langage naturel est synthétique, c'est-à-dire exprime la pensée d'une façon obscure ; au contraire, le langage artificiel exprime la pensée d'une façon analytique et claire, c'est la pensée analysée par la réflexion ; et c'est là un nouveau motif pour que l'animal n'ait pas ce langage, puisque son intelligence est inconsciente et ne réfléchit pas, tandis que l'homme a conscience de sa pensée, ce qui constitue entre eux une différence essentielle et irréductible ; l'homme seul est un être raisonnable, seul il a la conscience morale. En résumé, « l'animal pense sans le savoir, mais il pense. »

Deuxième partie. — La volonté consiste essentiellement dans la faculté de prendre une résolution, une détermination ; or, dans la plupart des cas, la détermination est précédée d'une délibération, c'est-à-dire que nous pesons les motifs qui se présentent à nous et examinons ceux qui ont une importance particulière. Voyons-nous cette délibération chez un animal ? Quelquefois chez un chien, chez un cheval, on constate une hésitation entre deux partis qui ressemble à une délibération ; un chien, par exemple, que son maître appelle avec colère, paraît se demander s'il doit obéir ou s'enfuir ; mais c'est plutôt ici un instinct qui le domine, la crainte d'un châtiment ; car si son hésitation était une véritable délibération, il se dirait que sa désobéissance rendra sa faute plus grave et la punition plus sévère ; il n'y a donc qu'une ombre de délibération. Ce fait a une importance capitale : tandis que l'homme a le pouvoir de se déterminer sous l'influence de tel ou tel motif et se trouve ainsi l'arbitre de sa destinée, l'animal obéit à un instinct fatal. L'homme peut seul se dominer, commander à ses passions, s'imposer une règle de conduite ; seul aussi, ayant du mérite et du démérite, suivant qu'il a bien ou mal agi, il a droit à une récompense ou à un châtiment et peut entrevoir une autre vie, complément de celle-ci. L'animal, inconscient, est par cela même irresponsable, et, s'il y a pour lui une immortalité, ce ne peut être qu'une immortalité de substance, tandis que l'homme est immortel à la fois comme substance et comme personne. Le mot châtiment n'a pas de signification pour l'animal qui tend fatalement à sa fin ; et quand nous lui infligeons une peine, elle n'est pas comme pour l'homme une expiation qui regarde le passé pour une violation volontaire de la loi, c'est un avertissement, un moyen préventif qui regarde l'avenir et qui a pour but d'empêcher l'animal de commettre à nouveau la même faute.

Troisième partie. — Les animaux sont doués de sensibilité, ils souffrent ou éprouvent du plaisir, ce ne sont pas des machines, comme l'a dit Descartes ; l'animal est sensible comme l'homme, parce que la sensibilité est inhérente à la vie, et un illustre physiologiste, Claude Bernard, a pu dire qu'elle se manifestait, dans une certaine mesure, même chez les plantes. Mais une différence essentielle entre l'homme et l'animal, c'est que l'homme réfléchit ses sensations et les analyse : « L'animal mange, l'homme seul sait manger, » dit avec raison Brillat-Savarin. De plus la sensibilité de l'animal n'est guère que physique ; sans doute, à côté des sensations, on voit chez lui des mouvements qu'on pourrait presque appeler des sentiments, l'inaltérable fidélité du chien pour son maître, la reconnaissance pour les soins dont il a été l'objet, la haine persistante pour ceux qui l'ont maltraité ; mais ces sentiments semblent être en partie communiqués par l'homme à la bête qui prend les habitudes et les allures du milieu où il vit : « Le chien, dit Buffon, prend le ton de la maison qu'il habite, comme les autres domestiques ; il est dédaigneux chez les grands et rustre à la campagne. » Il faut donc reconnaître à l'animal certaines affections ; mais elles ne sont guère qu'inconscientes, et de plus l'animal ne peut avoir le sentiment moral par excellence qui accompagne la pratique du bien ni le remords qui punit le mal fait avec préméditation. On ne voit pas non plus chez l'animal ce sentiment de sociabilité inhérent à la nature humaine qui fait que les hommes se sentent presque responsables les uns des autres et vivent d'une vie commune. Quant aux plaisirs intellectuels, la bête les ignore complètement ; elle ne connaît ni la satisfaction qui accompagne la découverte de la vérité, ni le malaise que nous cause l'ignorance.

Résumé et conclusion. — Ainsi, il y a entre l'homme et l'animal de frappantes analogies, mais il y a aussi des différences essentielles et irréductibles. Dans la vie intellectuelle l'animal n'a pas la raison, qui conçoit d'une manière abstraite le vrai, le beau, le bien ; il n'a ni la science, ni le goût, ni la conscience morale ; l'homme seul comprend l'ordre, et seul il a la parole. L'homme ayant conscience de ce qu'il fait et ayant le choix de ses résolutions, il est susceptible de perfectionnement, tandis que l'animal est stationnaire ; c'est que l'on ne voit pas chez lui la vraie délibération, celle qui pèse les motifs inférieurs, intérêts et passions, et les motifs supérieurs, devoirs. Incapable de se gouverner, il ne peut s'imposer une règle, et n'a ni vertu ni moralité ; enfermé dans un cercle fatal qu'il ne peut franchir, il n'a pour atteindre sa destinée qu'à se laisser aller en aveugle à l'impulsion de sa nature. L'homme au contraire, libre et conscient, est l'arbitre de sa destinée, et l'on trouve chez lui seul ce dualisme, cette lutte entre les passions et le devoir qui quelquefois le rend malheureux, mais qui constitue sa dignité. En outre, on constate chez l'homme deux éducations : l'éducation de l'homme par lui-même, résultant de l'effort qu'il fait pour résister à ses instincts ; et l'éducation de l'homme par l'homme, puisque les progrès d'un membre de l'humanité servent à tous les autres : « Le genre humain, a dit Pascal, est un homme qui ne meurt pas et apprend toujours. » Aussi l'humanité devient-elle meilleure chaque jour. L'animal reste le même et les progrès que l'on peut constater chez lui n'émanent pas de son activité propre, ils lui sont imposés par une force étrangère, par l'homme. Enfin la société humaine a pour base l'idée du droit, tandis que chez l'animal la force prime le droit.

Un mot résume la question : « L'animal est l'analogue de l'homme, il n'est pas son semblable. »

106. — Développer cette pensée de Bossuet : « Les animaux n'inventent rien; la première cause des inventions et de la variété de la vie humaine est la réflexion; la deuxième cause est la liberté. »

DISSERTATION

Exorde. — Le xviie siècle, spiritualiste et chrétien, mit un abîme entre l'homme et l'animal, réduisant ce dernier à n'être qu'une simple machine privée d'instinct, d'intelligence et de sensibilité. Par un excès opposé, la philosophie matérialiste du xviiie siècle eut la prétention de trouver dans l'animal presque toutes les facultés qui appartiennent à l'homme, réduisant à de simples *nuances* les différences qui les séparent; il est naturel que les philosophes qui ne voient dans la vie spirituelle qu'un aspect de la vie physiologique n'admettent pas de différences irréductibles entre deux êtres dont l'organisation présente une si frappante ressemblance. Entre cette double exagération il y a un milieu indiqué par l'observation. Sans doute, au point de vue physiologique, il y a de grandes analogies entre l'espèce humaine et les espèces voisines : leurs sens sont nos sens, leurs nerfs et leurs muscles sont nos nerfs et nos muscles; les organes leur servent comme à nous pour recevoir et pour rendre des impressions et des actions. La psychologie signale aussi des analogies entre les facultés qui se manifestent chez l'homme et celles qui se manifestent chez l'animal; mais elle constate également des différences essentielles et irréductibles.

Proposition. — On voit surtout quelle distance sépare l'homme de l'animal lorsque l'on compare la perfectibilité indéfinie de l'espèce humaine avec l'immobilité à peu près absolue des espèces animales, et lorsqu'on en recherche les raisons.

Première partie. — Pendant des siècles l'homme a eu pour habitations des cavernes, des huttes misérables, des cités lacustres, qui le défendaient mal contre les intempéries des saisons et les attaques des bêtes féroces ; aujourd'hui il se bâtit des palais somptueux qui lui permettent de braver toutes les rigueurs de la température, et il a dompté ou anéanti les animaux sauvages. Il a perfectionné et multiplié les grains et les fruits de la terre, desséché les marais, contenu les fleuves, nivelé les montagnes, rapproché les pays les plus éloignés par des communications rapides et faciles ; les mers ont été sillonnées en tout sens par les navigateurs, la parole humaine s'est jouée des distances ; les forces de la nature, qui faisaient l'effroi des premiers hommes, sont devenues pour nous des esclaves dociles et contribuent à rendre agréable et douce cette vie qui était jadis si pénible et exposée à tant de dangers : « Mille autres monuments de puissance et de gloire montrent que l'homme a changé, renouvelé la surface entière de la terre. » (Buffon.) En un mot, il y a un progrès continuel illimité, dans les inventions de l'espèce humaine.

Au contraire, les races animales restent stationnaires et n'inventent rien. « Les ruches des abeilles, dit Pascal, étaient aussi bien mesurées il y a mille ans qu'aujourd'hui, et chacune d'elles forme cet hexagone aussi exactement la première fois que la dernière ; il en est de même de tout ce que les animaux produisent... ; ils le font toujours, et jamais autrement. » C'est toujours de la même façon que l'oiseau construit son nid, que le castor bâtit sa cabane, que le ver à soie file son cocon, que la fourmi laborieuse remplit « son grenier et son armoire », que le chien poursuit le gibier, que le lion chasse la gazelle, que le chat guette la souris, etc. Les races animales ont fait du premier coup tout ce que leur nature comportait ; elles ne peuvent ni franchir la limite qui leur est imposée ni se dispenser de l'atteindre ; le petit canard couvé par une poule court à l'eau dès qu'il l'aperçoit, et le carnassier se jette sans hésitation sur la proie qu'il voit pour la première fois. Les générations se suivent et se multiplient sans rien ajouter, sans rien retrancher aux instincts de la race ; des espèces entières se laissent anéantir par l'homme ou par des espèces rivales sans inventer une arme pour se défendre, sans songer à se rallier, à se coaliser contre l'ennemi commun.

Seconde partie. — Comment expliquer cette immobilité des animaux qui, depuis Aristote et Pline, sont restées à peu près les mêmes ? pourquoi n'ont-ils jamais rien inventé, bien qu'ils aient parfois une intelligence remarquable ? « D'où peut venir, dit Buffon, cette uniformité dans tous les ouvrages des animaux ? pourquoi chaque espèce ne fait-elle jamais que la même chose, de la même façon ? et pourquoi chaque individu ne le fait-il ni mieux ni plus mal qu'un autre individu ? »

Bossuet ne se trompe pas quand il trouve la raison de cette immobilité dans l'absence de la réflexion ainsi que dans la privation de la liberté qui en est la conséquence. En effet, parmi les faits chaque jour plus nombreux qui constituent l'histoire des animaux, il n'en est pas un seul qui prouve qu'ils aient la réflexion, cette faculté qui permet à l'homme de se replier sur lui-même, d'analyser ses sensations et ses idées, d'en connaître les antécédents et d'en saisir les conséquences. Or, pour inventer, il faut réfléchir ; car inventer c'est comparer ce qui est avec ce qui pourrait être, c'est chercher des rapports entre les choses et entre les idées, c'est avec des éléments connus former des combinaisons nouvelles, c'est disposer certains moyens en vue d'un résultat espéré, d'une fin imaginée. Il faut pour cela s'élever au-dessus des phénomènes connus et des données fournies par les sens, il faut passer du particulier au général ; et il est bien avéré que l'intelligence animale est limitée à des fonctions empiriques, qu'elle est incapable de se hausser à la conception des idées générales, qu'elle est toujours enfermée dans le particulier et le concret ; la bête croit que ce qui est arrivé une fois arrivera toujours dans les cas semblables ; elle ne peut juger si les mêmes causes subsistent, s'il n'y a pas des exceptions à faire ; ses déductions ne sont que des souvenirs ou des conséquences de ses souvenirs ; elle ne peut asseoir une prévision sur des calculs ou sur des expériences. C'est cette absence de réflexion qui rend l'invention et le progrès impossibles chez les animaux. Ajoutons que la liberté est une autre cause des inventions et de la variété de la vie humaine. Car pour inventer, il ne suffit pas que l'intelligence soit capable de combiner, d'apercevoir des rapports, de disposer des moyens en vue d'une fin ; il faut aussi avoir la *volonté* de suivre ces indications de l'intelligence, de soutenir l'effort et de poursuivre le travail malgré les difficultés et les échecs. L'homme peut, s'il le veut, se dérober à pareil labeur ; il peut s'endormir dans l'inertie, préférer le repos à l'action, la routine au changement ; il est libre de se refuser au progrès, soit qu'il ne veuille pas faire effort pour inventer lui-même, soit qu'il lui plaise, par fantaisie ou par sottise, de repousser les inventions faites par autrui. On sait dans quelle immobilité vivent les sociétés musulmanes, avec quelle obstination elles restent attachées à des coutumes séculaires, pendant que les autres nations s'agitent autour d'elles et sont comme dans un mouvement perpétuel ; le Peau-Rouge a presque disparu devant l'activité industrieuse de l'Anglo-Saxon ; les indigènes de l'Océanie s'éteignent aussi ; déjà le continent africain est entamé, et dans quelques siècles ses habitants auront peut-être fait place à des races plus énergiques et amies du progrès.

On voit donc que les inventions dépendent de la liberté et de l'usage que l'on en fait. Or, cette faculté manque également aux animaux ; car la réflexion est la condition de la liberté ; on ne peut vouloir, se résoudre, être libre, sans savoir qu'on veut, ce qu'on veut, pourquoi l'on veut, en un mot sans avoir conscience ; là où il n'y a pas conscience, il ne saurait y avoir liberté ; ces deux facultés sont solidaires ; l'animal est donc privé de liberté parce qu'il est privé de conscience et de réflexion. Aussi n'y a-t-il pas de responsabilité pour lui, et les châtiments que nous lui infligeons sont ou un abus indigne de la force ou un moyen de prévenir une faute à l'avenir ; ce ne peut jamais être une expiation méritée.

Conclusion. — Bossuet a donc eu raison de dire que les animaux n'inventent rien, qu'ils travaillent toujours sur le même modèle, qu'ils font toujours la même chose et de la même façon. Si parfois on constate un changement dans leurs manières d'agir, ce n'est qu'une modification imposée fatalement par quelque circonstance climatérique ou accidentelle, c'est une adaptation inconsciente à un nouveau milieu ; il est clair, par exemple, que les hirondelles n'ont pas toujours eu l'habitude de faire leurs nids dans les murs de nos maisons. Quand c'est un progrès réel que l'on remarque chez eux, on peut être sûr que ce progrès n'émane pas de leur activité propre, qu'il leur est imposé par une force étrangère, par la volonté de l'homme ; encore ce progrès ne consiste-t-il que dans une association de mouvements et d'impressions. « C'est parce qu'ils sont incapables de réfléchir qu'ils n'inventent et ne perfectionnent rien ; s'ils étaient doués de la puissance de réfléchir, même au plus petit degré, ils seraient capables de quelque espèce de progrès, ils acquerraient plus d'industrie ; les castors d'aujourd'hui bâtiraient avec plus d'art et de solidité que ne bâtissaient les premiers castors ; l'abeille perfectionnerait encore tous les jours la cellule qu'elle habite. » C'est au contraire parce que nous réfléchissons que « nous mettons tant de diversité et de variété dans nos productions et dans nos ouvrages... ; on doit donc conclure que la nature de l'homme est, non seulement fort au-dessus de celle de l'animal, mais qu'elle est aussi tout à fait différente [1] ». C'est la liberté qui constitue cette différence essentielle et irréductible : l'homme libre et conscient est susceptible de perfectionnement et peut devenir chaque jour meilleur et plus heureux, tandis que l'animal, enfermé dans un cercle fatal qu'il ne peut franchir, obéit en aveugle à l'impulsion de la nature et ne peut se modifier ; il reste ce qu'il est, bon ou mauvais, faible ou fort, oppresseur ou opprimé.

1. Buffon.

LOGIQUE

107. — A. Donner une définition de la logique. — B. Énumérer les questions principales qu'elle se charge de résoudre. — C. Montrer pourquoi la logique doit être précédée de la psychologie.

PROGRAMME

A. Quand on commence l'étude d'une science, il est toujours important d'en donner une définition exacte afin d'en bien marquer le caractère et les limites. Cela est surtout nécessaire pour la logique, puisque on en a donné plusieurs définitions. Ainsi l'on a souvent agité la question de savoir si elle était une science ou un art. Aristote la considérait comme la *science des lois de l'entendement;* et, au moyen âge, les scolastiques se sont naturellement prononcés pour cette opinion, qui n'a été abandonnée que depuis Ramus et Descartes. Port-Royal, voyant dans la logique seulement le côté pratique, l'a définie l'*art de penser;* et déjà elle avait été définie l'*art de raisonner.* Cette dernière définition est inacceptable, puisqu'elle ne comprend pas le jugement, qui est l'opération essentielle de la vie intellectuelle et la condition même du raisonnement. La définition de Port-Royal, quoique un peu étroite, pourrait être acceptée, puisqu'elle fait rentrer dans la logique toutes les opérations de l'esprit. Mais il est plus exact de dire que la logique est à la fois une science et un art, la science apprenant comment les choses sont et l'art nous enseignant à en tirer parti. — 1° La logique est une science puisqu'elle est la connaissance des lois qui régissent les opérations de la pensée ; car le monde des esprits a ses lois comme celui des corps et nos pensées ne s'enchaînent pas au hasard ; ainsi, lorsque j'ai admis que tout corps est pesant et que l'air est un corps, je suis obligé de dire que l'air est pesant. Il faut maintenir à la logique cette définition qui en fait une science ; car si elle n'était qu'un art, on pourrait dire qu'elle n'aide pas toujours aux progrès scientifiques, puisque, au moyen âge qui a vu fleurir les études logiques, les sciences sont restées à peu près stationnaires. Avant d'être un art, elle est une théorie et aboutit à des conclusions qui sont certaines, quel que soit l'usage que nous en fassions pour la direction pratique de notre esprit ; et, dans sa partie théorique, elle est si bien une science exacte qu'elle n'a pas varié depuis Aristote. — 2° Néanmoins la logique est une étude pratique autant qu'une recherche spéculative, elle s'efforce de bien diriger les efforts de l'intelligence dans la recherche du vrai ; elle s'applique autant à découvrir une méthode sûre pour la direction de l'entendement qu'à reconnaître la nature de l'entendement ; elle vise autant à trouver des moyens pour faire bien penser l'esprit qu'à savoir comment il pense. On aurait même le droit d'accuser la logique d'être une science aride et stérile si de la théorie elle ne savait pas faire sortir des règles pratiques.

B. La logique recherche quels moyens peuvent nous conduire sûrement et promptement à la vérité ; elle établit que pour toute science il y a une méthode commune avec deux procédés fondamentaux, l'analyse et la synthèse ; elle montre ensuite que la méthode des sciences physiques doit être, vu la nature de leur objet, l'observation aidée de l'expérimentation et couronnée par l'induction, que la méthode des mathématiques est la déduction ; elle expose que les sciences morales doivent recourir à la méthode d'observation, puisque l'âme est une réalité observable, et au raisonnement qui doit servir à tirer les conséquences de certains principes. La logique nous fournit encore les moyens d'éviter l'erreur, dont elle trouve les causes dans le mauvais emploi que nous faisons de nos facultés et dans l'ignorance des bonnes méthodes. Enfin, certains logiciens ont mis le langage dans la logique, parce que le langage est indispensable pour la formation de la pensée et aussi parce qu'il donne lieu à des erreurs qu'il importe de prévenir.

Ainsi la logique comprend deux parties principales : 1° la méthode et ses applications aux différents ordres de sciences ; — 2° les moyens de remédier à nos erreurs.

C. Il n'est pas indifférent d'examiner dans quel ordre les sciences se développent naturellement et doivent être étudiées. Les faits prouvent que la logique doit venir après la psychologie, puisque Socrate qui a fondé la psychologie est venu avant Aristote qui a fondé la logique. Et cela s'explique. Ainsi le problème de la certitude, la question de savoir si l'esprit est capable d'arriver à la vérité, suppose la connaissance de l'âme, de son pouvoir et de ses limites ; de même le mécanisme du syllogisme, qui est la forme du raisonnement déductif, ne peut être compris sans l'étude préalable du jugement et des idées qui sont la matière du raisonnement ; l'induction suppose, comme la déduction, des principes rationnels, nécessaires, dont l'analyse psychologique révèle la nature et la portée ; nos erreurs proviennent souvent de causes morales, des passions, qui nous égarent et que la psychologie étudie ; elles ont aussi des causes logiques qui proviennent du mauvais emploi de nos facultés et que la psychologie seule peut nous faire éviter en nous montrant quelles sont les limites et les ressources de ces facultés ; enfin, le langage étant l'expression de la pensée, on ne peut bien comprendre les lois du langage qu'après avoir étudié la constitution même de l'esprit humain.

Port-Royal a donc eu raison de dire que les règles de la logique ne sont que le résultat des observations qu'a faites le logicien quand il a remarqué comment l'esprit procède quand il pense bien et comment quand il pense mal. Et Leibniz a été aussi bien inspiré en disant : « Les lois de la logique sont les règles du bon sens mises en ordre et par écrit. » Enfin, en songeant au moyen-âge, on peut dire que la logique n'est qu'une sèche et vaine syllogistique lorsqu'elle n'est pas précédée par les fécondes études de la psychologie.

108. — **Expliquer par des exemples cette maxime de Descartes : « Ce n'est pas assez d'avoir l'esprit bon, le principal est de l'appliquer bien. »**

DISSERTATION

Introduction. — Cette pensée de Descartes semble être en contradiction avec l'opinion commune qui croit que, pour l'avancement des sciences, le génie importe avant tout et suffit. Le génie paraît, en effet, supérieur aux règles, puisqu'il a pour caractères la spontanéité et une espèce de divination ; ainsi la vue d'une lampe qui oscille dans la cathédrale de Pise met Galilée sur la voie d'une découverte ; la chute d'une pomme attire l'attention de Newton et lui fait deviner les lois de la gravitation universelle. Il semble donc que la foule a raison quand on songe à ces découvertes du génie qui semblent dues à de soudaines illuminations. Cependant les hommes de génie eux-mêmes sont d'un avis opposé ; Buffon appelle le génie « une longue patience » ; c'est « en y songeant toujours », que Newton prétend avoir fait la découverte qui l'a illustré ; Descartes attribue ses progrès, non à la supériorité de son esprit, mais à la bonté de sa méthode, c'est-à-dire d'un instrument, et il dit : « J'ai eu beaucoup d'heur de m'être rencontré en certains chemins qui m'ont conduit à une méthode par laquelle j'ai augmenté par degrés ma connaissance. » Cette modestie de Descartes rappelle la modestie non moins grande de Bacon, le réformateur des sciences naturelles, qui, au début du *Novum organum*, ne s'enorgueillit pas de faire mieux que ses devanciers, qui prétend seulement « mieux tracer un cercle avec un compas qu'un autre ne le pourrait faire avec la main. » D'après l'opinion de ces hommes supérieurs, ce n'est donc pas assez d'avoir l'esprit bon, le génie ne suffit pas pour l'avancement des sciences; ce qui importe avant tout, c'est la bonne direction de l'esprit.

Proposition. — L'histoire donne raison à Descartes, — et il est facile de trouver l'explication de ce fait dans la nature de l'esprit humain.

Première partie. — Si l'on consulte l'histoire, on voit que ce n'est pas la bonté, la vigueur de l'esprit, mais la méthode qui est la cause principale des progrès de la science. En effet, depuis Thalès de Milet jusqu'à Descartes, l'histoire des sciences présente d'excellents esprits, et cependant elles ne font que des progrès insignifiants. Ainsi, Thalès de Milet a dû être une puissante intelligence, puisque le premier il prédit une éclipse, puisqu'il donna des leçons aux prêtres égyptiens, si renommés par leurs connaissances, et leur apprit à mesurer la hauteur des pyramides d'après leur ombre; — Pythagore et ses disciples ont pressenti le rôle considérable des mathématiques dans le monde; devançant Copernic, ils faisaient tourner la terre autour d'un centre immobile qu'ils appelaient le feu central et ils entrevoyaient déjà le véritable système du monde; — le médecin Hippocrate faisait ses observations avec une telle sagacité qu'on peut encore aujourd'hui le consulter avec fruit; — Aristote, génie encyclopédique, abordait toutes les sciences, et, en logique, épuisait presque le sujet; — Démocrite, Archimède, et au moyen âge Avicenne, Averroès, Roger Bacon qui le premier a parlé de la poudre à canon, s'il ne l'a pas découverte, tous ces hommes et beaucoup d'autres ont été de puissants esprits. Cependant Bacon pouvait, au commencement du XVII° siècle, constater que les sciences avaient fait des progrès bien peu considérables; il propose alors une méthode nouvelle, et l'applique lui-même; Descartes entre dans la même voie; ils insistent avec force sur la nécessité d'un

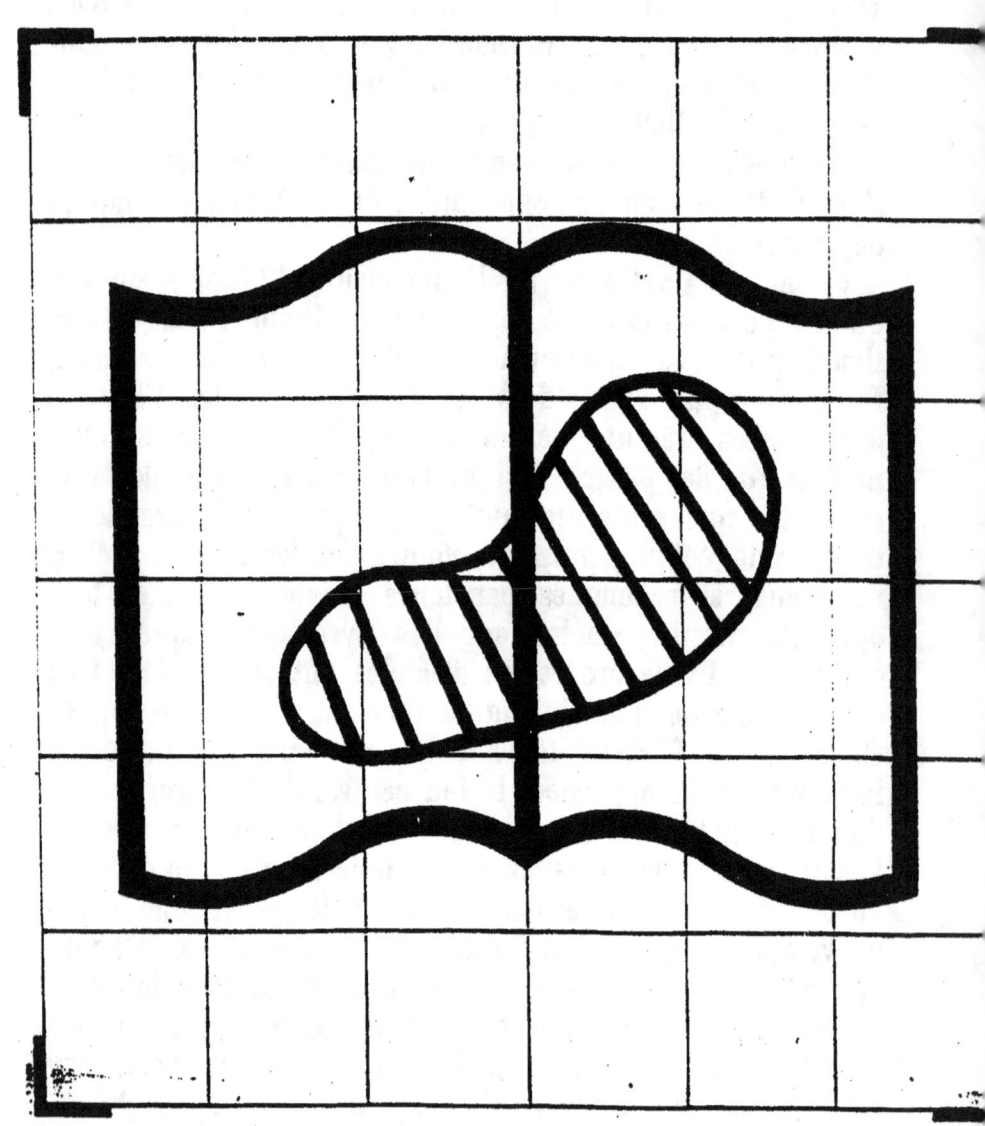

changement dans cette question fondamentale, ils y reviennent sans cesse; leur voix est écoutée, et l'on voit alors avec la méthode nouvelle les sciences prendre un rapide essor, faire en deux cent cinquante ans plus de progrès qu'il n'en avait été fait en vingt siècles; le génie même n'est plus indispensable pour le progrès, le talent suffit.

Comment expliquer ce fait?

Seconde partie. — Quand l'esprit est livré à lui-même, quand il n'est ni contenu ni dirigé par une méthode sûre et des règles précises, il va tout droit aux questions qui l'intéressent le plus; or, ces questions se trouvent être quelquefois les plus difficiles. Ainsi les premiers philosophes de la Grèce commencent par se poser la question la plus générale de toutes, une des plus complexes, celle de savoir de quoi est composé l'univers, quelle est la substance commune d'où sortent et au sein de laquelle rentrent tous les êtres; on voit donc la philosophie, à son début, quand elle est encore faible et inexpérimentée, agiter un problème que la raison et la science, dans leur maturité, osent à peine aborder, l'origine du monde.

Felix qui potuit rerum cognoscere causas.

L'homme n'a donc pas suivi ici la marche que prescrit l'expérience et qui seule convient à la faiblesse de son esprit. Au lieu d'aller des questions simples et particulières aux questions complexes et générales, au lieu d'aller du connu à l'inconnu, il se propose d'abord les problèmes les plus élevés, parce que ce sont ceux dont la solution l'intéresse davantage; il commence par où il devrait finir, s'il obéissait à la vraie méthode. On comprend déjà pourquoi les anciens, tout en ayant « l'esprit bon », n'avançaient pas; ils appliquaient mal cet esprit.

En outre, la vérité ne se révèle à l'homme qu'au prix d'efforts pénibles et laborieux, au prix de recherches lentes; quelquefois même il se heurte contre d'insurmontables obstacles; et d'un autre côté, il a le plus vif désir de connaître. Il arrive alors que, s'il n'est pas contenu par une méthode sévère, l'homme se dégoûte de ces travaux rebutants, s'irrite de ces ignorances invincibles, et emporté par le besoin et le désir de connaître, il s'abandonne à l'imagination et fait abus de l'hypothèse. C'est ainsi qu'ont agi les premiers philosophes qui bâtissaient systèmes sur systèmes, imaginaient et rêvaient au lieu d'observer. Combien Bacon a-t-il raison quand il s'écrie : « Ce qu'il faut attacher à l'entendement, ce ne sont point des ailes, mais au contraire du plomb, un poids qui comprime son essor. » On voit encore ici que l'esprit n'aboutissait pas parce qu'il suivait une mauvaise direction.

Conclusion. — Ainsi les faits prouvent que Descartes a raison quand il donne la préférence à la méthode sur la bonté de l'esprit, et l'observation de la nature humaine vient confirmer les faits que fournit l'histoire. Un homme qui n'a pas de méthode va tantôt à droite, tantôt à gauche; et dans cette marche irrégulière, indécise, il perd son temps et gaspille ses forces sans aboutir à aucun résultat sérieux; s'il rencontre des obstacles, des difficultés, il hésite, ne sachant pas s'il est dans une bonne voie, et il revient sur ses pas; s'il persiste dans sa marche, il court le risque de s'égarer davantage, et Bacon le compare alors à un coureur qui s'éloigne d'autant plus du but qu'il est plus vigoureux et plus ardent. Au contraire, l'homme qui a une méthode va toujours droit devant lui, il ne se rebute pas devant les difficultés, et il finit par les surmonter ou par les tourner. Ainsi des voyageurs engagés dans une forêt ne doivent pas, dit Descartes, errer en tournoyant tantôt d'un côté tantôt d'un autre, mais marcher le plus droit qu'ils peuvent d'un même côté.

Bacon et Descartes ont donc eu raison d'insister sur l'importance de la méthode. Le génie n'en conservera pas moins sa supériorité par la spontanéité et l'originalité qui le distinguent; il communiquera toujours à tout une impulsion vigoureuse que l'on ne saurait attendre d'un homme qui n'a que du talent.

109. — **A. Distinguer par des traits précis l'induction et la déduction. — B. Ces deux espèces de raisonnements sont-elles entièrement opposées ? peut-on, à un certain point de vue, réduire l'une à l'autre ? — C. L'induction est-elle réductible à l'expérience ? ne suppose-t-elle pas un principe rationnel et quel est ce principe ?**

Observation. — *Ce dernier sujet a été donné avec l'énoncé suivant :*

Faire la part de l'expérience et de la raison dans l'induction.

PROGRAMME

On classe les raisonnements en les distinguant d'après leur point de départ et leur dernier résultat ; il y en a donc deux espèces : l'un va du particulier au général, c'est l'induction ; l'autre va du général au particulier, c'est la déduction.

A. L'induction consiste à conclure du particulier au général, à passer d'un certain nombre d'individus à leur espèce et à leur genre ; c'est faire passer à tous les temps, à tous les lieux, à une infinité d'êtres semblables, ce que nous avons observé dans tel lieu, dans tel moment, et dans un nombre restreint d'individus. En effet, nous ne connaissons pas directement les propriétés générales des êtres ni les lois auxquelles ces êtres sont soumis ; nous ne connaissons immédiatement que des propriétés individuelles, que des faits isolés ; c'est de là que nous partons pour arriver aux propriétés générales et aux lois, en vertu d'une puissance merveilleuse de l'esprit qui nous fait ainsi passer du connu à l'inconnu, du particulier au général. L'induction sert surtout dans les sciences physiques et naturelles ; dans les sciences morales, elle a une valeur plus restreinte à cause du libre arbitre ; elle est toutefois le principe de toutes nos actions, la règle de notre conduite, nous permettant de conclure du passé au présent et à l'avenir.

La déduction consiste à aller du général au particulier ; elle dégage d'une vérité universelle ou générale les vérités particulières qui y sont contenues ; les sciences exactes sont fondées sur la déduction. La vérité universelle ou générale s'appelle *principe*, les vérités particulières se nomment *conséquences*.

Ainsi, le raisonnement inductif va du moins au plus, du fait isolé à la loi générale, tandis que le raisonnement déductif, par une marche inverse, nous fait descendre du plus au moins, du principe à ses conséquences particulières, de la loi générale à ses applications partielles. Ces deux procédés sont également, quoique différemment, légitimes ; l'un repose sur le principe de la stabilité et de la généralité des lois de l'univers, l'autre sur le principe d'identité. Le principe de l'induction est cet axiome : « Ce qui est vrai d'un être ou d'un fait, dans un point de l'espace ou de la durée, est vrai de tous les êtres ou de tous les faits semblables, dans les mêmes circonstances et dans tous les points de l'espace et du temps. » Le *principe de contradiction* ou d'*identité* sur lequel s'appuie le raisonnement déductif, est susceptible de plusieurs formules : « Une même chose ne peut pas à la fois être et n'être pas ; » — « Ce qui est vrai du genre est vrai de toute espèce contenue dans ce genre ; » — « Si une idée est contenue dans une autre et celle-ci dans une troisième, la première est contenue dans la troisième. »

B. 1° Ces deux procédés ne sont pas contradictoires et exclusifs l'un de l'autre ; les sciences démonstratives ou expérimentales doivent leur nom plutôt au caractère dominant qu'au caractère exclusif de leur méthode ; il y a de l'expérience même dans les mathématiques, puisque les démonstrations abstraites trouvent leur vérification dans des applications pratiques; l'astronome passe tour à tour de l'observation au calcul et du calcul à l'observation; la physique, la chimie, les sciences physiologiques ont recours à l'arithmétique, à la géométrie, c'est-à-dire au raisonnement; la philosophie emploie les deux méthodes; quand le psychologue a *observé* les faits internes, il *démontre* l'unité et la spiritualité de leur principe; la morale est une science à la fois d'observation et de déduction. — 2º C'est seulement d'une façon tout extérieure qu'on peut rapprocher l'induction et la déduction. En effet, tout raisonnement inductif peut se formuler en trois propositions syllogistiques, dont la majeure est la croyance à la stabilité et à la généralité des lois de la nature, la mineure est le résumé des observations recueillies, et la conclusion est l'affirmation de la loi. Mais on ne peut ramener l'induction à la déduction que par un rapprochement forcé.

C. Dans toute induction il y a deux éléments à distinguer, les faits particuliers sur lesquels porte cette induction et la loi générale qu'on en tire; d'un côté tout est particulier, le fait, le lieu, le temps, et tout est contingent; de l'autre tout est général et nécessaire. C'est que l'induction repose sur un principe rationnel, la croyance à la stabilité et à la généralité des lois de la nature; c'est en vertu d'un principe rationnel que nous affirmons sans hésitation que ce qui a été sera, parce que « tout a sa raison. » Si nous ne faisions appel qu'à l'expérience, nous ne pourrions jamais parler que de telle somme d'observations recueillies; nous ne pourrions pas ajouter par avance qu'il en sera nécessairement de même en tout temps et en tout lieu; ces caractères d'universalité et de nécessité n'appartiennent pas à l'expérience. Sans doute la loi générale dérive de l'expérience, mais elle la dépasse; l'induction opère sur des données expérimentales, mais elle transforme ces éléments empiriques à l'aide d'une affirmation rationnelle; se confondant avec l'expérience à son début, elle s'identifie avec la raison quand elle est arrivée à son terme; elle réclame la coopération de l'expérience et de la raison.

110. — Quelle différence y a-t-il entre les modes et les figures du syllogisme? Combien y a-t-il de figures? En quoi consistent-elles? Quels sont les modes concluants dans les deux premières figures?

PROGRAMME

Il y a quatre sortes de propositions :
1° les propositions *affirmatives universelles;*
2° les propositions *négatives universelles* (aucun homme n'est parfait);
3° les propositions *affirmatives particulières;*
4° les propositions *négatives particulières.*

Les scolastiques désignaient ces quatre propositions par les voyelles A, E, I, O, et, pour indiquer leur double caractère, ils avaient imaginé les vers suivants :

> Asserit A, negat E, verum generaliter ambo,
> Asserit I, negat O, sed particulariter ambo.

On appelle *figures* du syllogisme les dispositions particulières qui résultent, dans le syllogisme, des différentes places données au moyen terme dans les prémisses. La figure étant donc déterminée par la place qu'occupe le moyen terme dans les prémisses et ce moyen terme ne pouvant occuper que quatre places, il y a quatre figures. En effet, le moyen terme peut être :

1° Sujet de la majeure, attribut de la mineure : « Tout homme est mortel; or, Pierre est homme; donc Pierre est mortel; »

2° Attribut de toutes deux : « Nul homme de bien ne manque à sa parole; or, Paul manque à sa parole; donc Paul n'est pas un homme de bien; »

3° Sujet de toutes deux : « Notre âme est appelée à une destinée immortelle; or, notre âme est un être imparfait; donc il y a des êtres imparfaits qui sont appelés à une desinée immortelle. »

4° Attribut de la majeure, sujet de la mineure; — cette figure, attribuée à Gallien, est peu usitée, on en considère les modes comme des modes indirects de la première figure.

Chacune de ces quatre figures comprend à son tour plucieurs modes. Le mode est déterminé par deux choses : par la *qualité* des propositions (affirmatives ou négatives), par la *quantité* des propositions (universelles ou particulières). Les modes du syllogisme sont des dispositions particulières qui résultent dans le syllogisme des différentes combinaisons de ces quatre espèces de propositions. Les quatre figures étant susceptibles de 64 modes chacune, on peut compter jusqu'à 256 modes dans le syllogisme, 256 manières de raisonner par déduction. Mais certains logiciens n'admettent que 19 modes concluants, et d'autres n'en admettent que 14 en ne comptant pas ceux de la 4° figure. La première renferme 4 modes concluants et donne en conclusion les quatre espèces de propositions, affirmatives universelles, affirmatives particulières, négatives universelles, négatives particulières; c'est la figure la plus parfaite, elle est le modèle auquel se rapportent les autres. La seconde renferme quatre modes concluants et ne donne que des conclusions négatives. La troisième renferme six modes concluants.

Les modes sont représentés par des mots artificiels où la voyelle de chaque syllabe marque quelle est la qualité et quelle est la quantité de la proposition.

1° Voici les quatre modes de la première figure :
bArbArA, cElArEnt, dArII, fErIO.

Ainsi *barbara* désigne un syllogisme où la majeure bAr,

la mineure bA et la conclusion rA sont toutes les trois affirmatives universelles.

bAr : ceux qui laissent mourir de faim ceux qu'ils doivent nourrir sont homicides;

bA : or, les riches qui ne font pas l'aumône laissent mourir de faim ceux qu'ils doivent nourrir;

rA : donc, les riches qui ne font pas l'aumône sont homicides.

2° Voici les quatre modes de la deuxième figure :

cEsArE, cAmEstrEs, fEstInO, bArOcO.

La valeur de ces formules repose sur la convention admise que A représente les propositions universelles affirmatives, E les universelles négatives, I les particulières affirmatives, O les particulières négatives.

En résumé, les figures diffèrent des modes en ce que les modes dépendent de la forme des propositions qui entrent dans le raisonnement et les figures de la place occupée par le moyen terme dans les prémisses.

111. — Qu'entend-on par dilemme, sorite, enthymème, épichérème, prosyllogisme ? Qu'est-ce qu'un argument *ad hominem*, un argument *à fortiori*, une réduction à l'absurde ?

PROGRAMME

A. Le dilemme est l'union de deux syllogismes dont l'alternative est inévitable et qui mènent à la même conclusion :

> A d'illustres parents s'il doit son origine,
> La splendeur de son rang doit hâter sa ruine ;
> Dans le vulgaire obscur si le sort l'a placé,
> Qu'importe qu'au hasard un sang vil soit versé !

Le dilemme est un argument très fort ; aussi l'appelle-t-on argument à deux tranchants, « utrinque feriens ». Il est de peu d'usage dans la science, mais il est d'un emploi fréquent dans les luttes oratoires. Mais pour qu'il soit concluant, trois conditions sont nécessaires ; il faut :

1° Que la proposition disjonctive n'admette pas de milieu ;
2° Que la conclusion des deux parties soit nécessaire ;
3° Que l'argument ne puisse être rétorqué contre celui qui l'emploie.

L'argument de Bias contre le mariage pèche contre les deux premières règles : « Ou ta femme sera belle ou elle sera laide » (il n'y a pas disjonction) ; « si elle est belle,

elle te causera de la jalousie; si elle est laide, elle te déplaira » (la seconde règle est violée). — Voici un dilemme qui viole la dernière règle : le sophiste Protagoras était convenu avec un disciple de lui enseigner l'art oratoire pour une somme déterminée, dont la seconde moitié devait être payée après le gain de la première cause; comme l'occasion de plaider se faisait attendre, Protagoras cita son élève en justice et réclama le prix convenu par le raisonnement suivant : « Si tu persuades les juges, tu auras gagné ta cause et tu devras me payer; si tu es condamné, tu devras te soumettre à la sentence; » le disciple retourna l'argument : « Si les juges me condamnent, j'ai perdu ma première cause et je ne te dois rien; s'ils me donnent raison, ils m'autorisent par là même à ne te point payer. »

B. L'**enthymème** est un syllogisme où une des prémisses est sous-entendue : « Tout corps est pesant, donc l'air est pesant ».

C. L'**épichérème** est un syllogisme dans lequel l'une des prémisses ou toutes les deux sont développées et expliquées : « Tous les corps sont pesants, l'expérience le démontre; or, l'air est un corps; donc l'air est pesant. » On peut ramener tout discours à un épichérème; prenons pour exemple la Milonienne de Cicéron : 1° la majeure est : « Il est permis de tuer celui qui vous dresse des embûches » (la loi naturelle, le droit des gens, les précédents le prouvent); — 2° la mineure est : « Clodius a dressé des embûches à Milon » (cela est prouvé par l'emploi de la journée de Clodius qui indique une idée agressive, tandis que l'emploi de celle de Milon exclut toute idée de ce genre); — 3° la conclusion est : « Il a été permis à Milon de tuer Clodius. »

D. — Le **sorite** est une série de propositions enchaînées qui donnent naissance à une seule conclusion : « Qui honore Dieu, respecte ses commandements et pratique la charité; qui pratique la charité, contribue à prévenir le crime par le soulagement de la misère; qui prévient le crime, sert les intérêts de l'Etat, donc celui-là sert les intérêts de l'Etat qui honore Dieu. » Les stoïciens avaient aussi un sorite fameux pour démontrer que le sage est heureux et que la sagesse suffit au bonheur. Il y a aussi le sorite moins sérieux du renard de Montaigne; c'est le raisonnement qu'il prête au renard poussé par les Thraces sur une rivière glacée et qui se refuse à avancer : « Ce qui fait du bruit se remue; ce qui se remue n'est pas gelé; ce qui n'est pas gelé est liquide, et ce qui est liquide plie sous le faix; donc cette rivière qui fait du bruit pliera sous le faix et ne pourra me porter. »

E. Le **prosyllogisme** est un raisonnement formé de deux ou plusieurs syllogismes enchaînés à la manière du sorite, de sorte que la conclusion du premier devienne la majeure du second : « Ce qui est simple ne peut se dissoudre; or, l'âme est simple; donc elle ne peut se dissoudre; ce qui ne peut se dissoudre est incorruptible; l'âme ne peut se dissoudre; donc elle est incorruptible; ce qui est incorruptible ne périt pas avec le corps, donc elle ne périt pas avec le corps. » La différence entre le sorite et le prosyllogisme est que dans le sorite l'attribut de la première proposition sert de sujet à la seconde, celui de la seconde devient le sujet de la troisième, etc., tandis que dans le prosyllogisme les syllogismes sont enchaînés de telle sorte que la conclusion du premier serve de majeure ou de mineure au second, et ainsi de suite.

F. Un **argument ad hominem** ou **argument personnel** met une personne en contradiction avec elle-même dans ses paroles ou dans ses actions. Ainsi, Cicéron, parlant pour Ligarius que Tubéron accusait d'avoir fait la guerre à César, rappelle que l'accusateur a servi lui-même contre le dictateur. Mais si l'art oratoire se sert de cet argument, la logique le déclare peu légitime.

G. L'**argument à fortiori** conclut du plus au moins : « Si l'on se doit à ses amis, à fortiori se doit-on à sa famille. »

H. Par la **réduction à l'absurde** on démontre une proposition en faisant voir que le contraire serait impossible ou absurde ou conduirait à des conséquences semblables.

112. — Les vérités mathématiques sont-elles des vérités d'expérience?

ESQUISSE

Les vérités mathématiques ne sont pas des vérités d'expérience.

1° D'abord elles partent d'axiomes *absolus*, comme celui-ci : « La ligne droite est le plus court chemin d'un point à un autre » ; or, l'expérience ne sort pas du *relatif*, du *réel*, de ce qui est, et, dans la réalité, il n'est pas toujours vrai que la ligne droite soit le plus court chemin d'un point à un autre. — Puisque les mathématiques partent d'axiomes absolus, il est naturel que les conséquences tirées de ces axiomes aient le même caractère et soient également absolues; tel est le caractère de cette proposition : « Un côté quelconque d'un triangle est plus petit que la somme des deux autres côtés. » Dans le domaine de l'expérience, au contraire, toute conclusion est relative comme le point de départ; ainsi une erreur commise par Rousseau dans l'*Émile* a été de poser comme un axiome absolu cette proposition que l'homme est né bon ; or, l'expérience, la réalité nous montre que l'homme n'est ni tout à fait bon ni tout à fait mauvais, qu'il est un mélange de bons et de mauvais instincts ; on s'explique facilement par là que les conséquences tirées par Rousseau de son prétendu axiome sont parfois d'une nature fort contestable. Autre exemple : l'homme est libre et par conséquent il est responsable; mais les faits nous montrent que cette liberté subit certaines influences qui la diminuent singulièrement, celle des passions, des habitudes, du tempérament, des circonstances extérieures, etc.; la liberté n'est donc que relative, et par conséquent la responsabilité est également relative. — Ainsi dans les mathématiques, tout est *absolu*, principes et conséquences, tandis que, dans l'expérience, dans la réalité, tout est *relatif*.

2° En outre, les mathématiques partent de définitions *idéales*. Ainsi, quand on a donné une définition de la circonférence et que, pour la facilité de la démonstration, on dessine sur le tableau une circonférence *réelle*, il ne faut pas un long examen pour voir que la définition donnée de la circonférence ne saurait s'appliquer à la circonférence dessinée. Les conséquences tirées de ces définitions idéales ont le même caractère, elles sont également idéales; exemple : tous les rayons d'un même cercle sont égaux. Au contraire, l'expérience se renferme dans le *réel*, et les vérités les plus solides qu'établissent les sciences expérimentales comportent toujours des exceptions ou des restrictions; exemple : l'économie politique établit avec l'histoire que les impôts les plus lourds sont ceux qui rapportent le moins; cependant il peut arriver que des impôts très lourds, comme ceux qui pèsent sur les alcools, rapportent des sommes considérables, parce que l'homme par l'usage de la liberté peut donner un démenti aux vérités les mieux établies de l'ordre moral.

En résumé, les mathématiques s'appuient sur *l'absolu*, tandis que l'expérience se renferme dans le *relatif*; outre des axiomes absolus, les mathématiques ont encore pour matière des définitions *idéales*, tandis que l'expérience vit dans le *réel*. Les vérités mathématiques ne sont donc pas des vérités d'expérience.

118. — **Expliquer par des exemples et des analyses la différence de ces deux termes,** *a priori* **et** *a posteriori.*

ESQUISSE

Il y a pour l'homme deux façons d'apercevoir la vérité : l'intuition ou vue immédiate de la vérité et les procédés discursifs, comme les démonstrations expérimentales de la physique et les démonstrations mathématiques. C'est à ces deux façons différentes d'apercevoir la vérité que se rapportent ces deux termes, *a priori* et *a posteriori*.

Le terme *a priori* s'applique à tout ce qui est l'objet de l'évidence immédiate et sert à désigner des principes antérieurs et supérieurs aux autres vérités ; ces principes admis comme évidents servent de point de départ pour des démonstrations qui aboutissent à établir régulièrement d'autres vérités. Le terme *a posteriori* s'applique à tout ce qui est l'objet d'une démonstration expérimentale et d'une démonstration mathématique ; mais la méthode expérimentale s'appelle spécialement la méthode *a posteriori*, qui est donc celle des sciences physiques et naturelles, ainsi que celle de quelques sciences morales, comme la psychologie. Alors la méthode expérimentale ou *a posteriori* s'oppose à la méthode *a priori* qui est surtout celle des mathématiques ; car dans ce dernier ordre de sciences tout s'appuie sur des principes qui sont évidents par eux-mêmes et qui, à cause de leur évidence intuitive, sont acceptés par tous sans discussion et sans démonstration.

Il y a donc des jugements *a priori;* exemple : « Tous les corps sont dans l'espace; » et il y a des jugements *a posteriori;* exemple : « Tous les corps s'attirent. » On appelle aussi raisonnements *a priori* les raisonnements qui partent de principes évidents par eux-mêmes par opposition à d'autres qui partent de vérités antérieurement démontrées ; exemple : « Tous les corps qui tournent tendent à éprouver une dépression dans le sens de l'axe de rotation ; » voilà une vérité *a posteriori* qui engendre à son tour une autre vérité qui est celle-ci : « La terre qui tourne ne doit pas être tout à fait ronde ; » ici, tout est *a posteriori*, le point de départ et la conclusion ; il n'en est pas de même quand je dis : « Un côté quelconque d'un triangle est plus petit que la somme des deux autres ; » c'est là une vérité *a posteriori* qui sort de cette vérité *a priori* que « la ligne droite est le plus court chemin d'un point à un autre ». Il y a donc des sciences *a priori* comme il y a des sciences *a posteriori;* mais il n'y a jamais séparation complète entre ces deux ordres de sciences ; car toutes les sciences usent, quoique dans une proportion inégale, des divers procédés du raisonnement, l'esprit humain se portant naturellement avec toutes ses ressources dans toutes ses opérations.

On distingue encore la démonstration *a priori* qui part d'une vérité première (démonstration de l'existence de Dieu par l'idée même de Dieu), et la démonstration *a posteriori* qui part de vérités dues à l'expérience (démonstration de l'existence de Dieu par les merveilles de la nature).

114. — A. Qu'appelle-t-on les axiomes ? les définir et les caractériser. — B. Classer les principaux axiomes que vous connaissez selon les différentes sciences auxquelles ils appartiennent. — C. Quelle est la différence entre les axiomes et les vérités démontrées ? — D. Montrer l'importance de la règle suivant laquelle on ne demande en axiomes que des choses parfaitement évidentes.

PROGRAMME

A. On appelle axiomes, dit Aristote, tous les principes qui n'ont pas besoin d'être démontrés et sur lesquels se fondent les sciences, tous les jugements universels évidents par eux-mêmes qui servent de points de départ aux sciences et aux démonstrations. « On les plante en tête de chaque science et ils en sont les points d'appui qui portent le tout. » Un axiome est donc un jugement premier, universel et nécessaire. Ils ont pour caractères la clarté, la nécessité et l'universalité. De ces principes le plus important est le fameux principe de contradiction ou d'identité : « Une même chose ne peut pas à la fois être et n'être pas. »

B. Il y a des axiomes à la racine de toutes les sciences ; Axiomes de physique : « Tout fait a une cause ; » — « Les lois de la nature sont stables et uniformes ; » — Axiome de morale : « Le bien est louable ; » — Axiome de grammaire : « Tout adjectif suppose un substantif ; » — Axiome de métaphysique : « Toute qualité est inhérente à une substance. » L'axiome de logique est le principe d'identité. — C'est surtout dans les mathématiques que l'importance des axiomes est manifeste; ils sont la base de toutes les démonstrations, et, bien qu'ils ne suffisent pas pour le développement des théorèmes, aucune vérité ne peut être établie sans leur secours; exemples : « Le tout est plus grand que la partie; deux grandeurs égales à une même troisième sont égales entre elles; etc. »

C. La différence entre les axiomes et les vérités démontrées est celle-ci : l'évidence des axiomes est intuitive, immédiate, antérieure à toute démonstration; celle des vérités démontrées est médiate, discursive, obtenue par voie raisonnée d'expérience ou par voie de raisonnement. La certitude que tout fait a une cause, que la ligne droite est le plus court chemin d'un point à un autre, etc., ne ressemble pas à celle qui se produit dans l'esprit quand on a démontré que la somme des angles d'un triangle est égale à deux angles droits, ou que le carré élevé sur l'hypoténuse d'un triangle rectangle est égal à la somme des carrés élevés sur les deux autres côtés, ou que tous les corps en général tendent, lorsqu'ils tournent, à éprouver une dépression dans le sens de l'axe de rotation.

D. Puisque les axiomes sont l'objet de l'évidence immédiate, ils ne peuvent ni ne doivent être prouvés. Mais une règle à observer consiste à ne pas les confondre avec des maximes auxquelles l'habitude donne un faux semblant d'évidence, comme cette ancienne croyance que la nature a horreur du vide. Les axiomes étant la base de toutes les démonstrations, il est important de n'accepter comme tels que les choses parfaitement évidentes; car les déductions que l'on tirerait de principes contestables n'auraient rien de solide. C'est ainsi que Rousseau a fait un traité d'éducation en partant de ce prétendu axiome que l'homme est né bon et que c'est la société qui le corrompt.

115. — Quels sont les différents sens des mots si souvent employés d'analyse et de synthèse?

ESQUISSE

L'analyse est la décomposition d'un tout en ses parties, elle va du composé au simple; le chimiste reconnaît l'hydrogène et l'oxygène comme éléments constitutifs de l'eau; le psychologue divise les faits internes en sentiments, pensées et volitions; comme on le voit, elle s'applique également aux faits sensibles et aux faits psychologiques.

La synthèse rapproche les éléments isolés par l'analyse et reproduit l'unité qu'elle a détruite; ainsi le chimiste combine de l'hydrogène et de l'oxygène et en fait de l'eau.

Ces deux procédés se complètent et sont la condition réciproque de la connaissance totale; « la légitimité de toute synthèse est en raison directe de celle de l'analyse, toute synthèse qui n'a pas été précédée de l'analyse est une pure imagination; en même temps toute analyse qui n'aspire pas à une synthèse qui lui soit égale est une analyse qui reste en route. » — Ces deux procédés peuvent porter sur des choses et sur des idées, sur des réalités concrètes et sur des notions abstraites; il y a donc deux espèces d'analyse et de synthèse : l'analyse et la synthèse expérimentales, l'analyse et la synthèse rationnelles, comme il y a deux sortes de sciences, les sciences expérimentales et les sciences de raisonnement.

Analyse et synthèse expérimentales. — Lorsque nous voulons connaître un objet réel, un animal, un végétal, par exemple, ou l'âme et ses facultés, nous sommes obligés de considérer successivement dans toutes ses parties l'objet à étudier, nous l'analysons; ainsi procèdent le physicien, le naturaliste, le psychologue. La raison de l'analyse est dans la faiblesse de nos facultés et dans la complexité des objets; car tout objet, même une question à traiter, se présente à nous comme un tout complexe et composé de parties; il n'y a que les sciences exactes, comme la géométrie, qui partent de notions simples. L'esprit faible et borné doit donc examiner les choses ou leurs parties une à une, successivement; mais quand il les a examinées ainsi, il doit réunir ces parties pour saisir leurs rapports, c'est la synthèse.

Analyse et synthèse rationnelles. — Appliquées aux sciences de raisonnement, aux démonstrations mathématiques, l'analyse et la synthèse n'opèrent plus par des décompositions et des reconstitutions réelles, elles décomposent et reconstruisent les objets abstraits de la pensée, mais elles consistent encore à aller du composé au simple et du simple au composé. Quand il s'agit de traiter une question par le raisonnement, on peut suivre deux marches différentes : la première consiste à partir de l'énoncé du problème, à analyser les idées renfermées dans la proposition qui l'exprime, et à remonter jusqu'à un principe général qui en fasse voir la vérité ou la fausseté; cette méthode, qui va du composé au simple, s'appelle *analyse* ou *résolution;* c'est celle que l'on suit en algèbre. On peut suivre une marche opposée, partir d'une vérité déjà prouvée, en déduire les conséquences et démontrer ainsi un théorème ou résoudre un problème; ici l'on va du simple au composé, la méthode est donc synthétique. Ce raisonnement sert pour la plupart des théorèmes de géométrie et constitue la démonstration proprement dite.

Règles. — 1° Dans les sciences expérimentales, l'analyse doit être complète, atteindre les éléments simples et irréductibles; la synthèse doit s'appuyer sur une analyse complète et reproduire les rapports naturels des choses.

2° L'analyse et la synthèse rationnelles suivent les règles

du raisonnement : l'analyse suppose une définition exacte de toutes les idées à considérer; la synthèse suppose vrai le principe qui lui sert de point de départ et de plus une parfaite identité entre le principe et les conséquences, ainsi qu'une gradation insensible et bien marquée, d'où naît la clarté dans les déductions.

On peut appliquer ici les règles de Descartes :

1° Ne recevoir aucune chose pour vraie qu'on ne la reconnaisse évidemment telle;

2° Diviser les difficultés en autant de parties qu'il se peut pour les mieux résoudre (analyse);

3° Faire des dénombrements et des revues générales (synthèse, classification).

Il faut remarquer que souvent on entendait par analyse en géométrie la méthode de *réduction à l'absurde;* ces démonstrations peuvent convaincre l'esprit, mais elles ne l'éclairent pas suffisamment.

On peut considérer également comme une analyse celle de la grammaire qui décompose le discours.

L'analyse et la synthèse dans les sciences. — Toute méthode dans les sciences peut se ramener à deux procédés essentiels, l'*analyse* et la *synthèse*. D'une manière générale, *analyser* veut dire décomposer un tout en ses diverses parties, montrer les éléments simples qui le constituent; si, avec ces éléments séparés, on reconstitue le tout, on forme la *synthèse*.

C'est dans les sciences physiques que ces mots ont été employés avec le plus de netteté. Le chimiste et le physicien s'adressent à l'expérience; c'est donc de la méthode expérimentale que devront procéder l'analyse et la synthèse. Ainsi par l'analyse chimique, l'eau, qui constituait l'un des éléments chez les anciens, peut se séparer en deux corps simples, l'oxygène et l'hydrogène, l'alcool en trois corps simples, le charbon, l'oxygène et l'hydrogène. Si nous reprenons ensuite ces éléments, si nous les mettons en présence dans les proportions voulues, nous pouvons former de toutes pièces soit de l'eau, soit de l'alcool; nous avons opéré la synthèse de ces corps. Entre les mains de MM. Wurtz et Berthelot la méthode synthétique est devenue le point de départ des plus belles découvertes.

Le physicien étudie, non pas les éléments des corps, mais les phénomènes qui se passent à leur surface sans les altérer; il devra donc, avant tout, se préoccuper de savoir si un phénomène n'est pas la superposition de plusieurs autres; c'est ainsi que de prime abord la lumière du soleil nous paraît simple, c'est de la lumière blanche; mais, si nous venons à interposer un prisme sur le trajet de ses rayons, nous les verrons se décomposer en sept couleurs, indécomposables à leur tour, et qui sont les sept couleurs du spectre solaire. Si avec ces sept couleurs nous formons un seul faisceau nous reconstituerons la lumière blanche, nous en ferons la synthèse. Ce sont là les belles expériences de Newton.

Plus récemment Helmholtz a fait pour le son ce que Newton avait fait pour la lumière. Il démontre au moyen de ses résonateurs que le son n'est pas simple et qu'il est formé par la superposition de plusieurs autres. Lorsqu'il reproduit simultanément les différents sons qui constituent le son primitif, il nous le fait entendre avec ses diverses intonations; il fait la synthèse du son, et nous explique en même temps la cause du timbre qui avait échappé jusque-là aux physiciens.

Le naturaliste compare dans la nature les objets qui sont sous ses yeux, il n'expérimente pas à la manière du physicien ou du chimiste. Ainsi le botaniste fait l'analyse d'une fleur en nous montrant ses subdivisions en pétales, étamines et pistil; puis il opère un travail de synthèse quand il groupe dans un même faisceau toutes les plantes qui se ressemblent et qui constituent une même famille, ayant les mêmes caractères primordiaux.

Lorsque le géologue veut reconstituer les types d'animaux qui ont disparu, et dont il n'a que des débris, il les étudie avec soin, il les compare à ceux des animaux qui vivent actuellement et avec lesquels ils ont le plus de ressemblance; puis, à la suite de cette comparaison, il reconstitue l'animal tel qu'il devait exister. Il fait une opération d'analyse et de synthèse. C'est ainsi que Cuvier a reconstitué les animaux antédiluviens et créé la paléontologie.

Le mathématicien s'adresse à la raison pure ; ce n'est donc pas à l'expérience qu'il aura recours, mais au raisonnement seul. Il se propose, ou bien de résoudre un problème, ou d'établir une proposition. S'il raisonne par analyse, il suppose la proposition vraie *a priori ;* il en déduit alors des conséquences jusqu'à ce qu'il arrive à une proposition démontrée vraie antérieurement. Comme exemple, supposons qu'il s'agisse de trouver le centre d'un cercle circonscrit à un triangle : je suppose ce centre connu, je le joins aux trois sommets du triangle ; j'obtiens ainsi des droites égales ; je remarque que ces droites sont des obliques qui s'écartent également du pied de la perpendiculaire élevée sur le milieu des côtés ; j'élève donc des droites sur les milieux des trois côtés, et le centre du cercle circonscrit doit se trouver à leur point de rencontre. Dans la synthèse, on part de la proposition qui, dans l'analyse, est la dernière, et l'on procède jusqu'à ce qu'on arrive à la conclusion cherchée. Si nous appliquions ce mode de raisonnement à l'exemple précédent, nous dirions : par le milieu de chacun des côtés du triangle, j'élève des perpendiculaires ; tous leurs points sont à égale distance des extrémités de la droite sur laquelle la perpendiculaire est élevée ; mais le point de rencontre des perpendiculaires est seul à égale distance des trois sommets du triangle ; donc il est bien le centre demandé.

Newton a donné de l'analyse et de la synthèse des définitions qui semblent prises dans une acception plus large et plus étendue. « Par l'analyse, dit-il, on peut aller des composés aux composants, des mouvements aux forces qui les produisent, et en général des effets aux causes. » C'est ainsi qu'en voyant tourner les planètes autour du soleil, l'astronome conclut à l'existence d'une force attractive de la matière et il en déduit les lois qui la régissent. « La synthèse consiste à prendre les causes découvertes et constatées pour principes, et à expliquer par elles les phénomènes ou les lois qui en découlent et qui prouvent la vérité de l'explication. » C'est ainsi qu'en admettant l'attraction de la matière par la matière et la combinant avec une impulsion initiale, nous en déduisons que les planètes doivent tourner autour du soleil et que la courbe qu'elles décrivent est une ellipse.

116. — Est-il vrai de dire avec Pascal que la méthode la plus parfaite serait celle où l'on définirait tous les termes et où l'on prouverait toutes les propositions?

ESQUISSE

Pascal représente au plus haut degré l'esprit géométrique; il est même allé jusqu'à émettre cette proposition dangereuse : « Tout ce qui passe la géométrie nous surpasse. » C'est ce qui explique la pensée qui nous occupe et qui se trouve dans l'opuscule intitulé *Réflexions sur la géométrie en général*.

Pascal dit lui-même qu'il est *impossible* de définir tous les termes et de prouver toutes les propositions; car à force de définir et de démontrer, on arrive à des termes primitifs qu'on ne peut plus définir et à des propositions si claires qu'on n'en trouve pas qui le soient plus, à des vérités primitives qui ne s'appuient elles-mêmes sur rien; toute démonstration suppose des principes indémontrables, c'est-à-dire des principes qui sont certains sans démonstration; Aristote a dit avec raison qu'il faut savoir s'arrêter dans la série des principes de la connaissance, comme dans celle des principes de l'existence. Mais ce que demande Pascal n'est pas seulement *impossible*, nous ajoutons que c'est *inutile*. En effet, la définition et la démonstration n'ont pas d'autre raison d'être que de faire la clarté là où il y a l'obscurité : or, quand les termes sont clairs et les propositions évidentes, notre esprit ne demande rien de plus; c'est un axiome de sens commun qu'on ne prouve pas l'évidence, c'est le premier principe de toute logique; quand on est arrivé à une proposition claire, non seulement on ne peut plus prouver, mais il n'y a plus lieu de prouver; la géométrie elle-même ne prouve pas et ne définit pas les choses qui sont claires, elle définit et elle prouve celles qui ne le sont pas. Faire croire qu'une vérité ne peut être acceptée que quand elle a été démontrée d'après des procédés géométriques, c'est méconnaître la réalité. La méthode discursive n'est pas pour l'esprit humain le seul moyen d'arriver à la vérité : l'intuition, c'est-à-dire la vue immédiate de la vérité, est un acte aussi légitime que tout procédé discursif.

L'idée émise par Pascal présente même un danger, car elle fournit au scepticisme son argument le plus redoutable, celui de Kant, qui demande à l'intelligence de se prouver à elle-même sa véracité, ce qu'elle ne peut faire, puisqu'elle n'a que son propre témoignage pour établir sa véracité; mais si cette démonstration est impossible, d'un autre côté elle est inutile, parce que l'intelligence voit et sent sa véracité. Il y a de ces vérités qui se montrent et ne se démontrent pas, et il faut savoir faire un acte de foi quand la vérité nous apparaît tout d'abord.

Ainsi, il ne faut pas chercher à tout définir, il ne faut le faire que pour ce qui a besoin de l'être. Il en est de même pour la démonstration : de même que les idées qui servent à définir les autres sont elles-mêmes indéfinissables, de même on ne peut démontrer les principes sur lesquels repose toute démonstration; vouloir définir les idées premières, c'est s'exposer à les obscurcir, et chercher à prouver les principes aboutit à rendre le raisonnement impossible. A quoi bon définir et prouver ce qui n'offre rien d'ambigu ni d'obscur?

C'est ce besoin de tout mettre sous forme de démonstration géométrique qui a fait le tourment de Pascal : esprit violent et absolu, il a voulu porter dans les vérités de l'ordre moral et religieux un genre de démonstration qu'elles ne comportent ni ne réclament. Lorsqu'il voulait essayer d'expliquer par le raisonnement le dogme du péché originel, il tentait une chose impossible et se condamnait fatalement à une inutile torture d'esprit. En général, les mathématiciens ont l'esprit fermé aux vérités morales et religieuses; alors les uns rejettent toute religion et les autres l'acceptent comme une autorité qui ne doit pas être discutée.

117. — **Définir par des exemples la méthode expérimentale dans les sciences positives.**
Distinguer l'observation et l'expérimentation.

PROGRAMME

Tous les objets auxquels s'applique la curiosité humaine sont classés en deux genres distincts, des faits et des principes; or, on appelle *sciences positives* les sciences qui s'appuient sur les faits, sur l'expérience, par opposition aux sciences qui s'appuient sur des notions à priori; il y a donc une opposition entre la méthode expérimentale et la méthode démonstrative. Le mot sciences positives ne représente ici que la différence entre les sciences d'observation et les sciences de raisonnement, et ne se rapporte pas à ce que l'on appelle le positivisme.

La méthode dans les sciences physiques et naturelles ou sciences positives est la méthode expérimentale qui comprend deux procédés essentiels, l'*observation* et l'*expérimentation*, et par suite la généralisation, l'analogie, l'induction, la classification et l'hypothèse.

A. *Observer*, c'est considérer attentivement un être, un phénomène; en second lieu c'est le décomposer en ses parties afin d'en découvrir la nature, la loi. La nécessité de l'observation est prouvée par l'histoire des sciences, par la vanité des hypothèses et des spéculations oiseuses chez les anciens et même chez quelques modernes. Bacon eut le mérite d'appeler l'attention sur une méthode jusqu'alors trop négligée et d'en faire sentir la nécessité ; à partir de ce moment les sciences positives firent de rapides progrès. Ce qui fait la légitimité de l'observation c'est ce principe que nous ne sommes pas juges de ce qui est, mais simplement spectateurs ou témoins, et qu'ainsi nous devons admettre les données de l'observation telles qu'elles sont sans y rien ajouter et sans en rien retrancher.

Les règles de l'observation tirées du *Novum organum* de Bacon sont les suivantes :

1° Application patiente et attention sérieuse de l'esprit à l'objet observé ;

2° Examen successif et détaillé des parties de l'objet ;

3° Synthèse de ses parties.

B. *Expérimenter*, c'est produire ou modifier artificiellement les phénomènes à étudier. « Il faut tourmenter la nature pour lui arracher ses secrets, » dit Bacon qui appelle l'expérimentation d'un mot pittoresque, la *chasse de Pan* (Pan, c'est la nature). Suivant lui, il faut : 1° varier l'expérience, c'est-à-dire la renouveler dans des conditions différentes ; — 2° étendre l'expérience, c'est-à-dire la répéter dans des conditions plus vastes ; — 3° renverser l'expérience, c'est-à-dire la faire par un procédé, puis par le procédé contraire, opposer l'analyse à la synthèse. Exemples : Lorsqu'on a voulu déterminer la vitesse du son, on a montré d'abord que le son ne se transmettait pas dans le vide, puis on a déterminé sa vitesse dans l'air, dans l'eau et dans les corps solides, enfin par des méthodes indirectes on a pu l'obtenir dans un corps quelconque, solide, liquide et gazeux ; — le botaniste, en exposant les mêmes plantes à l'éclat du soleil, puis à l'obscurité d'une cave, apprend le rôle important de la lumière dans les phénomènes de la végétation ; — les vivisections, c'est-à-dire les opérations pratiquées sur des animaux vivants, l'inoculation, c'est-à-dire la communication artificielle à certains animaux de maladies contagieuses, comme le choléra, le charbon, la morve, les essais d'acclimatation pour les animaux et les plantes, la pisciculture, c'est-à-dire les procédés de fécondation artificielle des poissons, les croisements pour l'amélioration des races animales, sont autant d'expériences dans l'ordre physiologique.

Il y a des sciences où l'on ne peut guère qu'observer; l'astronome *observe*, le physicien observe et *expérimente*; « l'observateur écoute la nature, l'expérimentateur l'interroge et la force à se dévoiler » (Cuvier); il semblerait qu'il y ait passivité chez l'observateur, activité chez l'expérimentateur; mais dans la réalité les deux procédés vont presque toujours ensemble.

118. — A. **Des hypothèses et de leur emploi dans les sciences positives.** — B. **Caractères d'une bonne hypothèse; à quelle condition l'hypothèse scientifique devient-elle une loi?** — C. **Dangers et utilité de l'hypothèse.**

PROGRAMME

A. L'hypothèse est un fait ou un principe admis sans preuves pour expliquer certains faits quand l'observation, l'expérimentation et le raisonnement ne peuvent suffire. Bien que l'hypothèse soit arbitraire en un sens, elle a un rôle considérable dans l'histoire des grandes découvertes et elle est utile dans les expériences; c'est par l'hypothèse que l'imagination appliquée à la science a quelquefois une puissance incalculable. Mais il ne faut recourir aux hypothèses qu'en cas de nécessité absolue.

B. L'hypothèse ne doit venir qu'après l'observation des faits et doit être tirée des faits mêmes que l'on a observés et que l'on veut expliquer; autrement elle ne serait qu'un amusement de l'esprit et une supposition purement gratuite. L'hypothèse doit donc s'accorder : 1° avec les faits pour l'explication desquels elle a été imaginée ; — 2° avec les conséquences que l'on en déduit par le raisonnement. Si l'expérience ne la confirme pas, il faut la rejeter, et l'hypothèse ne doit produire la certitude que lorsqu'elle est un fait évident et démontré. L'hypothèse que la nature a horreur du vide n'a pas pu tenir contre ce fait observé que dans un tube où l'on fait le vide, le mercure ne monte pas au-dessus de 76 centimètres; il a fallu attribuer le fait à la force élastique de l'air et à sa pression dans tous les sens. En résumé, il ne faut pas faire des hypothèses au hasard, à l'aventure.

C. Les anciens et le moyen âge ont fait un abus singulier de l'hypothèse, qui est souvent devenue un obstacle à l'avancement des sciences; il suffit de rappeler les atomes des épicuriens, les causes occultes du moyen âge, les esprits des cartésiens; ce sont là ces « vierges stériles » dont parle Bacon, qui a montré à l'endroit de l'hypothèse une défiance excessive, mais justifiée par l'abus que l'on en avait fait, et il disait : « Ce qu'il faut attacher à l'entendement, ce ne sont point des ailes, mais au contraire du plomb, un poids qui comprime son essor. » Newton disait aussi fièrement : « Hypotheses non fingo. » Pourtant on ne rencontre guère dans l'histoire une seule découverte scientifique qui n'ait pas commencé par se produire sous la forme d'une hypothèse; c'est sous forme d'hypothèse que Copernic, au XVIe siècle, trouvant fausses les idées de Ptolémée, a exposé le système planétaire tel qu'il est admis aujourd'hui, disant que le soleil est le centre de l'univers, que la terre est une planète, que les planètes tournent autour du soleil; — que Képler, au XVIIe, après avoir déterminé les lois du mouvement des planètes, a présenté ses découvertes; — que Buffon a répandu cette idée que l'état présent du globe était le résultat de révolutions successives, sublime soupçon qui a été confirmé par des travaux ultérieurs; — que Cuvier a posé sa loi de la *corrélation des formes*, d'après laquelle toutes les parties d'une même organisation étant en harmonie entre elles, il suffit de connaître un organe d'un animal pour en déduire les autres; — que Champollion a présenté sa grande découverte, l'interprétation des hiéroglyphes. Les principes établis par Franklin pour expliquer les phénomènes de la foudre ont commencé par être des explications hypothétiques; une hypothèse bien fameuse de nos jours est celle qui a été suggérée à Leverrier par les perturbations d'Uranus et qui l'a mené par le calcul à la découverte de la planète

Neptune. Les fausses hypothèses elles-mêmes ont quelquefois leur utilité quand elles remplacent des croyances plus chimériques ; ainsi l'hypothèse des tourbillons de Descartes, tant décriée au xviii° siècle, a préparé les voies au système de Newton en substituant une théorie mécanique aux causes occultes. — L'hypothèse sert aussi à rendre plus facile l'enseignement des sciences ; ainsi, les chimistes supposent la matière divisée en atomes, pour en expliquer les combinaisons ; en cosmographie, c'est par une hypothèse que l'on demande de se supposer placé dans le soleil même pour mieux juger l'ordonnance de tout le système solaire.

119. — Marquer les rapports et les différences qui existent entre l'analogie et l'induction.

DISSERTATION

Exorde. — Par les sens, l'homme peut connaître seulement les phénomènes qui se produisent dans l'espace limité que ses organes peuvent explorer, même quand ces organes sont aidés par des instruments; il ne peut connaître aussi que les faits qui se produisent dans le temps si court qu'il lui est donné de vivre; il est ainsi toujours renfermé dans le particulier. La conscience ou sens intime n'atteint également que des modifications particulières et contingentes. Mais l'esprit humain a d'autres facultés, d'autres moyens de connaître qui lui permettent d'élargir le cercle étroit dans lequel les sens et la conscience le tiennent enfermé, qui lui permettent d'aller du connu à l'inconnu, du particulier au général, du fait à la loi. C'est à l'analogie et à l'induction qu'il doit le pouvoir vraiment merveilleux d'étendre à tous les points de l'espace et de la durée ce qu'il n'a observé que dans un temps et un lieu déterminés. Il n'y a aucune différence de nature entre ces deux procédés, mais ils n'aboutissent pas au même résultat, et c'est par là qu'ils se distinguent l'un de l'autre.

Développement. — L'analogie et l'induction concluent également du semblable au semblable; constater des ressemblances, c'est le préliminaire indispensable de ces deux opérations. Mais dans les ressemblances sur lesquelles s'appuis l'analogie, il peut y avoir des différences; ainsi je sais que telle plante est vénéneuse, et, apercevant une autre plante qui a même fleur et même fruit, j'en conclus que cette dernière est également vénéneuse; mais comme elle a une feuille différente, je n'affirme pas d'une manière absolue qu'elle a cette propriété; je fais ainsi une induction mêlée de doute, c'est ce qu'on appelle l'analogie. L'incertitude qui la caractérise varie suivant que les ressemblances constatées sont plus ou moins nombreuses que les différences; on arrive dans certains cas à des conceptions d'une probabilité très variable, dans d'autres on approche infiniment de la certitude; quand on arrive à la certitude, l'analogie change de nom et devient l'induction. Les physiciens ayant vu que la foudre et l'électricité produisaient des effets semblables, avaient, de cette identité des effets, conclu à l'identité des causes; ce jugement par analogie conduisit Franklin à l'idée de l'expérience à faire, et, l'expérience faite, la probabilité se changea en certitude, l'analogie fit place à l'induction. On voit par là que l'analogie n'est souvent que le commencement de l'induction; elle précède et motive la recherche qui conduit à l'induction. Mais souvent elle ne conduit pas à l'induction parce que l'expérience est impossible; ainsi quand on dit que les planètes sont habitées parce qu'elles ont des ressemblances avec la terre et que par suite elles peuvent comme elle servir de séjour à des êtres vivants, on doit se borner à une supposition, à un jugement problématique, parce que la vérification ne peut pas se faire. C'est même là qu'est le danger de l'analogie. Comme nous découvrons sans cesse des rapprochements entre les choses, nous sommes trop portés à les croire entièrement semblables; aucun procédé n'est plus fécond ni plus usité que l'analogie, mais aucun n'est plus dangereux; on ne se défie pas assez des ressemblances accidentelles, des coïncidences fortuites; c'est de là que naissent la plupart des préjugés, c'est là ce qui donne lieu aux jugements téméraires, aux suppositions arbitraires. « Le sentiment juste de l'analogie distingue le vrai savant de celui qui ne l'est pas : celui-ci remplace par l'imagination la comparaison précise et légitime. C'est par exemple une fausse analogie qui a conduit un utopiste moderne, Fourier, à supposer que le monde moral est gouverné par l'attraction comme le monde physique et à imaginer une attraction passionnelle, semblable à l'attraction des corps célestes…; rien ne se ressemble moins que l'impulsion des passions et la chute des corps. » (Janet.) L'analogie peut même enfanter les plus singulières chimères; c'est ainsi que certain savant prétendait déterminer la taille des habitants de chaque planète d'après la distance de cette planète au soleil.

Mais quand les rapports sur lesquels s'appuie l'analogie sont nombreux, essentiels, intimes, l'emploi de ce procédé est parfaitement légitime, et, dans ce cas, l'analogie rend les mêmes services que l'induction : elle abrège le travail du savant et le dispense d'observations nouvelles en lui permettant d'étendre à tous les individus de même espèce les observations qui n'ont pu être faites que sur quelques individus seulement. Aussi, dans la pratique, ce qu'on appelle analogie est presque toujours induction; les grandes inductions scientifiques ne sont que des raisonnements par analogie. Mais il y a toujours entre elles cette différence essentielle que l'induction donne la certitude et que l'analogie donne seulement une probabilité plus ou moins élevée et ne dépasse pas la sphère des conjectures. Ainsi, sachant que tous les corps simples et solides ont une propriété commune, la fusibilité, je suis sûr que, si je prends un de ces corps, de l'étain, du plomb ou de l'argent, ce corps entrera en fusion à un certain degré de chaleur; mais si, ayant observé des ressemblances entre les effets du calorique et ceux de l'électricité, j'identifie leurs propriétés, je ne fais là qu'une conjecture; cette conjecture repose sans doute sur des raisons très sérieuses; néanmoins je reste dans le domaine de l'hypothèse et de la probabilité, et j'y resterai jusqu'à ce que de nouvelles expériences aient révélé l'identité des deux agents.

Conclusion. — Il n'y a donc entre l'induction et l'analogie qu'une différence de degré, il n'y a pas une différence de nature; elles ne sont pas en réalité distinctes l'une de l'autre;

elles nous permettent également de conclure du connu à l'inconnu ; les deux procédés sont identiques ; mais le travail de l'expérience est achevé dans l'induction, tandis que dans l'analogie il est seulement ébauché et souvent impossible ; aussi l'analogie peut-elle être définie une induction imparfaite, incomplète. Certaines sciences, comme l'astronomie et la géologie, sont souvent obligées de se contenter de ces inductions inachevées, et alors l'analogie supplée à des recherches impossibles ; c'est par l'emploi de ce procédé que Cuvier a reconstitué des espèces disparues. En résumé, l'analogie est le commencement de l'induction et en tient lieu au besoin ; elle en diffère en ce qu'elle donne seulement une probabilité plus ou moins élevée, tandis que l'induction conduit à la certitude.

120. — **A. Exposer les règles de la critique des témoignages. — B. Appliquer ces règles à la critique historique.**

PROGRAMME

Le témoignage des hommes s'entend de la déposition de nos semblables, qui nous fait connaître par un récit oral ou écrit les faits passés loin de nous dans l'espace ou avant nous dans le temps. La nécessité de la croyance au témoignage résulte de l'impossibilité où nous sommes de tout connaître directement et personnellement ; aussi y a-t-il dans la nature humaine deux instincts corrélatifs l'un de l'autre, l'instinct de véracité et l'instinct de crédulité. Mais comme l'homme peut se tromper, être trompé et tromper les autres, il faut soumettre le témoignage à une critique attentive.

A. Les règles à observer pour la critique des témoignages concernent les faits, les témoins et le témoignage lui-même.

1° Les faits doivent être possibles, vraisemblables, c'est-à-dire n'être pas inconciliables avec les lois de la nature ; ainsi nous ne saurions ajouter foi aux miracles dont Tacite fait honneur à l'empereur Vespasien, qui rend la vue à un aveugle en lui frottant les yeux avec sa salive et qui rend à un autre l'usage d'un bras perclus en le lui foulant du pied.

2° Les témoins doivent être *capables*, ce qui veut dire qu'ils doivent, non seulement avoir une certaine intelligence et une certaine instruction, mais encore s'être trouvés dans les circonstances convenables pour avoir bien vu et bien entendu ce qu'ils rapportent ; ils doivent aussi être *véridiques*, ce qui implique la bonne foi, l'honnêteté, et l'absence de motifs qui les pousseraient à altérer la vérité. On doit aussi distinguer la valeur inégale des témoins oculaires et des témoins auriculaires, et, en général, il faut peser plutôt que compter les témoins. L'unanimité des hommes fait sans doute *loi* dans certains cas ; mais la foule se laisse facilement aveugler par la passion ou l'intérêt : « Turba est argumentum pessimi, » a dit Horace. Quand il s'agit de faits scientifiques, le suffrage universel n'a aucune compétence ; en astronomie par exemple, la seule opinion d'Arago vaut plus que l'opinion commune ; et, en dépit de cet adage de droit : « Testis unus, testis nullus, » le témoignage d'un seul homme produit en nous la certitude morale quand sa probité et sa capacité nous sont connues.

3° Le témoignage doit être exprimé sous une forme claire, et ne pas présenter de contradiction dans ses parties.

B. L'histoire est un témoignage qui nous fait connaître le passé, et la *critique historique* est l'application sévère des règles relatives au témoignage. Le passé nous est connu par trois transmissions, par la *tradition* ou le récit oral, par les *monuments* et les *relations écrites*. La tradition (fictions mythologiques, légendes, chants, récits héroïques) est ordinairement obscure et mêlée de fables ; c'est pour avoir écouté et rapporté avec complaisance les récits romanesques qui lui étaient faits qu'Hérodote a vu sa véracité contestée par des anciens et des modernes ; toutefois la tradition, habilement interprétée, sert à faire connaître l'esprit, les mœurs et la physionomie des populations anciennes ; c'est aux traditions populaires qu'Augustin Thierry a emprunté les traits et les couleurs dont il a peint si vivement la race anglo-saxonne dans son *Histoire de la conquête de l'Angleterre par les Normands*. Les monuments (édifices, objets d'art, colonnes, médailles, inscriptions) offrent des indications plus sûres et plus précises que la tradition orale, mais ces indications sont incomplètes. Les relations écrites sont la source la plus directe et la plus abondante pour la connaissance du passé.

On suit dans la critique historique les mêmes règles que dans l'appréciation du témoignage; ces règles sont donc relatives aux faits, aux témoins qui sont ici les historiens, et au témoignage, c'est-à-dire aux histoires.

1° Les faits doivent être possibles, vraisemblables et s'être passés publiquement.

2° Les historiens doivent être *capables*, ce qui veut dire que l'on doit rechercher quels ont été leurs moyens d'information; ils doivent aussi être *véridiques*, et, pour s'assurer de leur véracité, du degré de confiance qu'ils méritent, il faut rechercher les intérêts, les préjugés de nation, de parti, de secte, qui ont pu altérer leur impartialité et qui diminuent la valeur de leur témoignage; c'est ainsi que Tite Live, par intérêt patriotique, a dissimulé tant de faits qui pouvaient porter atteinte à la gloire du peuple romain; c'est ainsi que, pour donner une leçon de morale, Xénophon a défiguré l'histoire de Cyrus. Il faut aussi qu'il y ait entre les historiens un accord unanime ou tout au moins une majorité remarquable; si leurs assertions sont opposées, il faut prendre une moyenne entre les opinions extrêmes, adopter l'opinion la plus modérée quand les preuves décisives font défaut.

3° Les histoires doivent être authentiques; l'authenticité s'apprécie d'après le caractère connu de l'auteur, sa manière et son style, d'après le témoignage des contemporains qui le citent, d'après la conformité de l'ouvrage aux usages du pays et de l'époque; c'est ainsi qu'on a démontré le caractère apocryphe des poèmes d'Ossian attribués à Macpherson, des poésies mises sous le nom de Clotilde de Surville, que l'on a mis en doute l'authenticité de quelques dialogues de Platon du *Dialogue des orateurs* de Tacite, de la *Vie d'Homère* attribuée à Hérodote, etc.

121. — **Quelle différence existe-t-il entre convaincre et persuader ?**

DISSERTATION

Exorde et proposition. — Les esprits soumis à une culture scientifique et formés par elle ne veulent, comme dit Buffon, que « des choses, des pensées, des raisons » ; ils ne demandent pas, ils repoussent même en certaines matières les ornements parce que ces ornements pourraient nuire à l'exposition claire et précise de la vérité ; ils aiment surtout la marche rigoureuse et l'exposition méthodique, ils ne réclament que la *conviction*. Mais le nombre est peu considérable des intelligences que la vérité seule peut charmer, et en général les hommes sont plus portés à croire, non par la preuve, mais par la passion ; et cette nécessité de plaire s'impose surtout aux orateurs, qui s'adressent à des foules plus accessibles au plaisir qu'à la raison ; de là pour eux la nécessité de la *persuasion ;* il faut alors, dit Buffon, « agir sur l'âme et toucher le cœur en parlant à l'esprit. »

Première partie. — La conviction s'adresse exclusivement à l'esprit, et par des preuves elle l'oblige à reconnaître la vérité et à y adhérer. C'est ainsi que le géomètre fait entrer la conviction dans les intelligences par des raisonnements enchaînés avec rigueur, qui, partant d'un principe, en font sortir méthodiquement les conséquences qui y sont contenues ; c'est ainsi que le physicien et le physiologiste font aussi entrer la conviction dans l'esprit par des faits présentés avec clarté et simplicité. En effet, la conviction peut être le produit soit du simple raisonnement, comme dans les sciences exactes, où l'on s'enferme dans un monde tout idéal de conceptions abstraites, soit du raisonnement qui s'appuie sur des faits. L'orateur a recours à ces deux façons de procéder pour produire la conviction. En effet, il peut d'abord ne faire que raisonner sur des idées abstraites et dire, comme Démosthène, que juger une politique d'après les événements, d'après l'issue, c'est faire un sophisme, puisque les événements sont souvent le résultat du hasard, de circonstances fortuites qui échappent à toute prévision humaine, et c'est ainsi qu'il se justifie d'avoir conseillé la politique qui avait abouti à la défaite de Chéronée. En outre l'orateur emploie aussi les faits pour convaincre. Cicéron, afin de montrer la culpabilité de Verrès, énumère les crimes les plus révoltants commis par cet homme, ses malversations sur les blés de Sicile, ses vols d'objets d'art, de statues, de candélabres, de pièces d'orfèvrerie, ses actes de cruauté ; aussi les *Verrines* ne sont-elles qu'une suite de narrations, c'est-à-dire une énumération de faits.

Seconde partie. — Si la conviction tient à l'esprit, la persuasion tient plus au cœur. « Le philosophe ne fait que convaincre ; l'orateur, outre qu'il convainc, persuade. » A la démonstration simple, l'orateur ajoute tout ce qui peut nous faire aimer la vérité prouvée. La persuasion a donc au-dessus de la simple conviction que, non seulement elle fait voir la vérité, mais qu'elle la dépeint aimable et qu'elle émeut les hommes en sa faveur. Ainsi, quand Démosthène a prouvé par des faits et par des raisonnements que sa politique était bonne, quand il a ainsi fait entrer la conviction dans les esprits, il veut encore enflammer les âmes, les échauffer par des sentiments généreux ; il y fait entrer la persuasion en rappelant à ses auditeurs l'héroïsme de ces ancêtres dont ils sont si fiers, en leur rappelant les glorieuses victoires du passé, et en opposant à ces nobles souvenirs la servitude ignominieuse que leur aurait imposée l'homme de Macédoine. De même Cicéron, après avoir prouvé par des faits que

Milon n'a pas attaqué Clodius et qu'il n'a fait en le tuant qu'user du droit de légitime défense, émeut les âmes en faveur de son ami en rappelant que Milon a toujours mis son courage et son énergie au service des honnêtes gens. Ainsi l'orateur ajoute à la preuve solide les moyens d'intéresser l'auditeur en lui inspirant l'amour pour la vertu, la compassion pour l'infortune, l'horreur contre la cruauté, l'indignation contre l'ingratitude. Voilà ce que Platon appelle agir sur l'âme de l'auditeur et émouvoir ses entrailles. Des déductions exactes, des raisonnements bien suivis ne suffisent pas pour l'orateur, dit Fénelon; la science sans l'art de persuader n'est point capable de gagner les hommes et de faire entrer la vertu dans les cœurs.

Résumé. — L'œuvre de toute science est de convaincre l'esprit en faisant briller à ses yeux l'évidence; la conviction est donc partout et toujours la chose essentielle. Même dans l'éloquence où il faut s'étudier à toucher, on doit surtout instruire et convaincre les auditeurs. La persuasion sans la science est chose pernicieuse, a dit Platon dans le *Gorgias*, et les sophistes seuls ont osé dire qu'ils se proposaient seulement de persuader sans instruire. La persuasion doit donc être précédée de preuves; il faut parler à l'esprit avant de parler au cœur; le philosophe et le savant ne font que convaincre; l'orateur, outre qu'il convainc, persuade.

122. — A. En combien de classes peut-on diviser nos erreurs? — B. Quels sont les principaux moyens d'y remédier?

PROGRAMME

L'erreur est un faux jugement que l'esprit tient pour vrai, c'est l'état où nous nous trouvons quand nos jugements sont en contradiction avec les faits, avec la vérité. L'erreur a sa cause générale dans la faiblesse de notre esprit et ses causes particulières dans le mauvais emploi de nos facultés et dans l'ignorance des vraies méthodes.

A. On peut rapporter les causes de nos erreurs à nos principales facultés et les diviser en erreurs qui proviennent de la sensibilité, de l'intelligence et de la volonté.

1° **Sensibilité physique et morale.** — Les erreurs ou illusions des sens proviennent de l'altération d'un ou plusieurs de nos organes, de notre ignorance des lois de la nature, et surtout de la précipitation de nos jugements; — il y a aussi beaucoup d'erreurs causées par les passions et par l'intérêt; sous cette influence nous ne voyons plus les choses et les personnes telles qu'elles sont réellement.

2° **Intelligence.** — Les erreurs proviennent ici des comparaisons superficielles, des défaillances de la mémoire, des associations d'idées, des abus de la généralisation, des illusions de l'imagination, des jugements précipités, des mauvais raisonnements, des abus de l'analogie et de l'induction, du témoignage des hommes quand il est infidèle, inintelligent, mal contrôlé.

3° **Volonté**. — Les erreurs proviennent ici du défaut d'attention, de la faiblesse de la volonté, qui, au lieu de rester la faculté directrice de notre être moral, se laisse dominer et entraîner par les passions et les préjugés.

Ajoutons qu'à ces causes d'erreurs qui viennent de nous, s'ajoutent celles qui proviennent des choses qui nous sont extérieures, de leurs apparences trompeuses, d'un départ délicat à faire entre ce qu'elles ont de vrai, de solide et de ce qui n'est que spécieux, ainsi que celles provenant des autres hommes qui nous abusent par le prestige des mots ou une autorité usurpée.

Bacon avait fait de nos erreurs une classification ingénieuse et il les appelle des idoles ou fantômes qui assiègent l'esprit humain; il y en a quatre classes : 1° les erreurs de la race humaine, *idola tribus*, qui viennent de l'imperfection des sens, des préjugés, des passions; — 2° les erreurs individuelles, *idola specus*, qui proviennent du caractère de chaque homme, de ses préférences particulières; — 3° les erreurs de langage, *idola fori*, provenant du commerce avec les autres hommes, de l'ambiguïté des mots; — 4° les erreurs de systèmes, du théâtre, *idola theatri*, les systèmes philosophiques étant comme des pièces de théâtre que les philosophes viennent jouer chacun à leur tour.

B. La principale cause de nos erreurs étant l'imperfection fatale de notre esprit, l'erreur ne peut pas être complètement évitée; l'homme ne saurait être infaillible. Mais les erreurs qui proviennent du mauvais emploi de nos facultés peuvent être combattues avec succès : 1° par l'étude exacte de chaque faculté, de sa valeur et de ses ressources, ce qui nous empêche de demander à l'une d'elles des services qu'elle ne peut rendre, par exemple, de demander à l'imagination l'explication des choses, comme le faisaient les anciens, de ne pas voir dans l'autorité et le syllogisme les seuls moyens d'arriver à la vérité, comme on le croyait au moyen âge; — 2° par l'effort énergique de la volonté qui domine l'intelligence et la sensibilité, par des habitudes de réflexion, de circonspection dans nos jugements, de surveillance attentive pour ne rien admettre à la légère.

123. — Des diverses manières de mal raisonner que l'on nomme sophismes.

PROGRAMME

Les faux raisonnements s'appellent *paralogismes* quand l'erreur vient de l'ignorance et non de la mauvaise foi, *sophismes* quand il y a intention de tromper. Il y a trois classes de sophismes : les sophismes d'induction, les sophismes de déduction et les sophismes de mots ou de grammaire.

A. **Sophismes d'induction.** — 1° L'*ignorance de la cause* consiste à prendre pour cause ce qui n'est pas cause; exemple : Rousseau, ayant remarqué que les époques les plus brillantes par l'éclat des arts et des lettres avaient été immédiatement suivies de la corruption des mœurs, en a conclu que les arts et les lettres étaient une cause de dépravation morale; « post hoc, ergo propter hoc, » dit le vulgaire, qui voyant deux faits s'accompagner en conclut aussitôt que le premier est la cause et que le second est l'effet; de là est née la croyance que les comètes sont à la fois le signe avant-coureur et la cause des révolutions humaines.

2° L'*erreur de l'accident* consiste à juger *absolument* d'une chose par ce qui ne lui convient qu'*accidentellement*, à conclure légèrement du particulier au général : « ab uno disce omnes » ; un médecin se trompe une fois, donc ce médecin n'est qu'un ignorant.

3° Le *dénombrement imparfait* consiste à tirer de quelques faits peu nombreux une induction générale ; c'est l'arme favorite des partis qui attribuent à un corps entier les fautes de quelques-uns de ses membres.

B. **Sophismes de déduction.** — 1° L'*ignorance du sujet* consiste à disputer sur autre chose que ce qui est en question; l'argumentation de Rousseau contre Molière, dans sa *Lettre* *sur les spectacles*, repose sur un sophisme de ce genre; il trouve que le *Misanthrope* est une pièce immorale, parce qu'on y rit d'Alceste et que ce personnage, suivant lui, représente la vertu; or, Alceste ne représente qu'un côté de la vertu, la sincérité, mais il n'est pas le type de l'homme vertueux qui n'a de sévérité que pour lui-même.

2° La *pétition de principe* consiste à supposer vrai ce qui est encore en question; le *cercle vicieux* est une espèce de pétition de principe qui consiste à prouver la question par la question même : « Pourquoi l'opium fait-il dormir? — Parce qu'il a une vertu dormitive. » — « Je vous apprends que votre fille est muette. — Oui, mais je voudrais bien que vous me puissiez dire d'où cela vient? — Il n'est rien de plus aisé : cela vient de ce qu'elle a perdu la parole. — Fort bien, mais la cause, s'il vous plaît, qui fait qu'elle a perdu la parole? — Tous nos meilleurs auteurs vous diront que c'est l'empêchement de l'action de sa langue. »

Sophismes de mots. — 1° L'*erreur du relatif* consiste à passer de ce qui est vrai à quelques égards, en certains cas, à ce qui est vrai absolument; — exemple : les épicuriens prétendaient prouver l'anthropomorphisme par le raisonnement suivant qui est un sophisme : les dieux ont la forme humaine parce qu'il n'y en a pas de plus belle et que tout ce qui est beau doit se trouver dans la divinité.

2° L'*erreur du composé et du divisé* consiste à passer du sens divisé au sens composé et réciproquement : les aveugles voient, c'est-à-dire ceux qui ont été aveugles; le sens composé (ceux qui sont encore aveugles) ferait un sophisme.

3° L'abus de l'*ambiguïté des termes* se fait de beaucoup de manières, quand on se sert de termes vagues et équivoques : « Dieu justifie les impies. » — Socrate jouait sur les mots quand, avec une héroïque fierté, il répondait au tribunal qui lui demandait ce qu'il avait *mérité* : « J'ai *mérité* d'être nourri dans le Prytanée aux frais de la république. »

Pour réfuter les sophismes, il faut consulter le bon sens et la bonne foi, puis exiger qu'on définisse rigoureusement les termes, qu'on respecte la valeur qu'il est convenu de leur donner, et que dans la conclusion aucun des termes ne soit pris dans un sens plus étendu que dans les prémisses.

MORALE

124. — Déterminer les différences et les rapports de la conscience morale et du sentiment moral.

DISSERTATION

Exorde. — Quand nous sommes en présence d'un acte accompli par un être que nous savons intelligent et libre, nous déclarons cet acte juste ou injuste; dans le premier cas, nous éprouvons du plaisir et nous nous sentons entraînés vers l'auteur par une certaine sympathie; dans le second cas, nous éprouvons du malaise, ainsi qu'une certaine répulsion et un certain mépris qui nous éloignent de l'agent. Si l'auteur de l'acte n'est pas un étranger, si c'est nous-même qui sommes l'agent, nous portons sur cet acte le même jugement, c'est-à-dire que nous le déclarons bon ou mauvais; et nous éprouvons les mêmes sentiments, c'est-à-dire du plaisir dans le premier cas et dans le second une peine qui peut aller jusqu'aux remords.

Première partie. — Quand on examine de près les faits que nous venons d'exposer, on constate que les uns relèvent de la raison, que les autres relèvent de la sensibilité; ces deux ordres de faits constituent ce qu'on appelle la *conscience morale*. Ce n'est donc pas une faculté à part, c'est une faculté mixte. En effet, elle comprend des idées, des jugements, et, à ce titre, elle se confond avec la raison ou plutôt elle n'est que la raison. Elle comprend aussi des sentiments, et par là elle se rattache à la sensibilité. Dans la conscience morale, il y a donc un élément rationnel et un élément sensible ; ce dernier constitue le *sentiment moral*. Le jugement de la raison n'est possible que si nous savons distinguer le bien du mal ; or, la distinction du bien et du mal est une notion première, et c'est par là et à cause du caractère absolu propre à cette notion que la conscience morale n'est autre que la raison appliquée à la connaissance du bien. Il y a donc entre la conscience morale et le sentiment moral la différence qui distingue la raison de la sensibilité. Comme la raison est invariable et impérative, tandis que la sensibilité est variable et fatale, il est facile de voir les conséquences : le sentiment peut s'émousser par l'habitude, ne plus faire sentir au coupable l'aiguillon de la douleur, ni à l'homme de bien la satisfaction du devoir accompli ; la conscience au contraire, c'est-à-dire la raison, ne se tait jamais ; toujours elle reproche au coupable son crime et dit à l'honnête homme qu'il a bien agi. Ce caractère d'invariabilité et d'obligation que présente le jugement de la conscience morale permet d'en faire la loi qui doit régler nos actes ; au contraire, le double caractère de variabilité et de fatalité, qui est propre au sentiment moral comme à tout ce qui relève de la sensibilité, ne permet pas que nous puissions le prendre pour règle de conduite, c'est-à-dire pour loi morale.

Seconde partie. — Néanmoins les sentiments moraux ont une grande valeur ; ils soutiennent notre faiblesse par l'espérance et par la crainte, par le plaisir et par la peine ; ils nous aident et nous soutiennent dans la pratique de la vertu, qui réclame souvent de nous des sacrifices douloureux. Mais le sentiment moral ne fait que nous aider dans l'accomplissement du devoir, dans la pratique du bien, tandis que c'est la conscience, c'est-à-dire la raison, qui nous *ordonne* de faire le bien. Les idées, les jugements occupent donc le premier rang dans la conscience morale ; les sentiments ne s'expliquent que par les premiers et ne seraient rien sans eux. On peut taxer les stoïciens d'exagération quand ils voulaient que l'homme fît le bien sans aucune espèce de récompense et évitât le mal uniquement parce qu'il est tel, quand ils niaient la puissance et l'utilité du sentiment moral ; mais ils voyaient bien que c'est la raison qui joue le principal rôle dans la conscience morale, que c'est elle qui veut et doit être obéie.

Conclusion. — Ainsi, la conscience morale est à la fois raison et sensibilité; le sentiment moral n'est que de la sensibilité, il est seulement destiné à rendre plus facile l'obéissance aux jugements de la raison; il y a donc entre la conscience morale et le sentiment moral la différence et le rapport qu'il y a entre le tout et une de ses parties; on ne saurait les séparer, mais il faut les distinguer, et surtout mettre au premier rang la raison à cause de son caractère invariable et de son autorité souveraine.

En résumé, il y a deux ordres de faits dans la conscience morale : 1° les uns relèvent de la raison, ce sont les idées, les jugements; 2° les autres relèvent de la sensibilité, ce sont les sentiments, mobiles et variables.

125. — A. Quels sont les caractères essentiels de la loi morale? — B. Quels sont ceux de ces caractères qui manquent à la morale du plaisir, à la règle de l'intérêt personnel, à la morale du sentiment?

DISSERTATION

Exorde. — De toutes les questions traitées par la philosophie, les plus importantes sont sans contredit celles qui ont rapport à la loi morale, puisque de la solution donnée à cette question dépend non seulement la conduite de chacun de nous, mais encore l'avenir des sociétés. On l'a bien vu sous les empereurs romains lorsque l'épicuréisme contribua à corrompre les mœurs des Romains déjà bien dégénérés, tandis que la morale stoïcienne opposait une digue à l'universelle corruption et exerçait par les jurisconsultes une influence sociale puissante et salutaire. Pour résoudre cette question capitale et se reconnaître au milieu des systèmes des différentes écoles qui ont donné des solutions opposées, il faut trouver un critérium; nous le trouverons dans la détermination des caractères essentiels de la loi morale.

Première partie. — Le sens commun, c'est-à-dire la raison universelle, d'accord avec le bon sens individuel, déclare qu'une loi morale, c'est-à-dire la règle qui doit diriger notre conduite, doit d'abord être *invariable*, c'est-à-dire être la même dans tous les temps et dans toutes les circonstances, puisqu'elle doit être en rapport avec notre nature et que celle-ci reste au fond toujours la même et puisque ce qui se présente aujourd'hui avec un caractère d'obligation ne saurait demain en être dépourvu. Elle doit aussi être *uniforme*, c'est-à-dire la même pour tous les hommes; ceux-ci en effet ayant à peu près tous la même nature, étant tous, à des degrés divers, doués d'intelligence et de liberté, ne sauraient avoir une destinée différente ni être soumis à des obligations opposées. Il est naturel encore que cette loi morale soit *impérative*, c'est-à-dire s'impose à nous avec cette autorité qui soumet les volontés sans les contraindre; l'étymologie même du mot qui, selon toute apparence, vient de *ligare* (lier), implique l'idée d'un commandement, et que serait une loi qui permettrait la désobéissance? Il faut aussi qu'elle soit *claire*, facile à comprendre; puisqu'elle s'impose également à tous les hommes et que ceux-ci ont des intelligences inégales, il est nécessaire que ses prescriptions aient une clarté naturelle qui ne permette le doute à personne et ne laisse aucune excuse à la révolte. Enfin elle doit être toujours *praticable*; nous donner des ordres qu'il ne serait pas en notre pouvoir d'exécuter semblerait une chose ridicule et quelquefois odieuse.

Il est facile de voir quels sont ceux de ces caractères qui manquent complètement ou en partie aux différents systèmes que l'on a voulu substituer au principe du devoir.

Seconde partie. — Epicure a attaché son nom à la morale du plaisir, qui ne présente aucun des caractères essentiels d'une loi morale. En effet, le plaisir n'est pas *invariable*, puisque ce qui nous plaît aujourd'hui peut nous déplaire demain; il n'est pas *uniforme*, puisque ce qui est une jouissance pour l'un est une peine pour l'autre; il n'a pas de caractère *impératif*, nul ne se sentant obligé d'avoir du plaisir et d'être heureux; la *clarté* lui fait également défaut, car il n'est pas toujours facile de distinguer ce qui sera pour nous un plaisir; souvent nous nous y trompons, et là où nous croyons goûter la volupté nous trouvons la douleur; enfin, qui oserait dire que cette morale soit *praticable*? n'y aurait-il pas quelque ironie à proposer le plaisir comme le but de leur vie à tant d'hommes qui succombent sous toutes les misères et de qui l'on peut dire comme du bûcheron de La Fontaine :

Quel plaisir a-t-il eu depuis qu'il est au monde?

La morale d'Épicure est donc un système faux, et le plaisir ne peut être érigé en loi morale.

L'intérêt, soit l'intérêt personnel, soit l'intérêt d'autrui, de la patrie par exemple, est également dépourvu des caractères essentiels de la loi morale. En effet, l'intérêt est mobile et changeant; il n'est pas uniforme, puisque ce qui est utile à un homme peut être funeste à un autre; il n'a pas d'autorité, car nul ne se sent obligé d'être riche; il est souvent difficile de distinguer ce qui nous sera utile, et il nous est souvent impossible de nous le procurer.

Rousseau veut qu'on prenne pour règle de conduite le plaisir que l'on éprouve en faisant le bien, la satisfaction du devoir accompli. Cette morale, dite du *sentiment*, suppose l'idée du bien; car, pour éprouver la satisfaction d'avoir bien agi, je dois juger que j'ai bien agi. Cette morale érige en loi un fait sensible, c'est-à-dire variable selon les temps et selon les personnes, fatal, c'est-à-dire dénué de tout caractère impératif et placé hors de notre portée. C'est même une morale dangereuse par les conséquences qu'elle peut avoir; le méchant homme serait autorisé à faire le mal du moment que sa conscience ne lui reprocherait rien, et l'honnête homme n'aurait plus aucune raison de faire le bien quand la pratique habituelle de la vertu aurait affaibli en lui le plaisir qu'elle procure. — Adam Smith a pris pour base de la morale la sympathie, ce penchant qui nous attire vers nos semblables. Sans doute cette autre forme du sentiment est supérieure à celle de l'intérêt, à la doctrine utilitaire, en ce que l'homme qui se propose pour mobile de ses actions le bonheur d'autrui sort de lui-même et se trouve sur le chemin de la vertu par le dévouement et l'abnégation; tandis que la morale du sentiment nous donne pour règle l'*amour du prochain*, la morale égoïste prend pour règle l'*amour de soi*. Mais le sentiment est capricieux et variable comme tous les faits de sensibilité; la sympathie, à ce titre, varie d'homme à homme, et dans le même homme; elle est obscure, c'est-à-dire que nos sympathies sont souvent aveugles; et, comme elle a pour caractère la fatalité, nous ne pouvons lui trouver aucun caractère d'autorité. La morale du sentiment est donc incomplète.

Conclusion. — La justice seule, avec sa double formule « ne fais pas le mal, fais le bien, » est revêtue des caractères qui constituent une loi; en effet, ce principe du devoir s'appuie sur quelque chose d'invariable et d'universel; il a cette autorité qui s'impose à nous; on peut en général comprendre facilement ce qui est juste, et nous pouvons toujours y conformer notre conduite.

OBSERVATION. — *On trouvera dans la seconde partie de cette dissertation les idées nécessaires pour le développement des sujets suivants :*

Exposer et réfuter la doctrine qui fait reposer toute la morale sur le sentiment.

En quoi consiste la doctrine morale du sentiment? quels en sont les mérites et les défauts? en quoi diffère-t-elle de la doctrine utilitaire et de la doctrine du devoir?

126. — De l'utile et de l'honnête; en exposer les différences.

ESQUISSE

Le bien est une notion simple qui échappe à la définition; on peut dire cependant que le bien c'est l'ordre, que le mal c'est le désordre. Ces deux mots éveillent des idées contraires; la vue d'un acte honnête provoque l'estime et quelquefois l'admiration; le mal excite la haine et le mépris; la vue d'un acte qui a l'intérêt pour unique mobile nous laisse indifférents.

1° L'honnête est invariable et universel; il consistera toujours à « ne nuire à personne », à « ne pas faire à autrui ce qu'on ne voudrait pas qu'on nous fît », à « rendre à chacun ce qui lui est dû ». Dans ses prescriptions essentielles et constitutives, il est le même pour tous, en tout pays et en tout temps, pour les puissants et pour les faibles, pour un ami et pour un ennemi; il est aujourd'hui ce qu'il était au temps d'Homère. Au contraire, l'utile est mobile et changeant, il varie d'homme à homme, et dans le même homme il varie avec les temps et les lieux.

2° En présence de l'honnête, l'homme se sent soumis à une puissance supérieure, à laquelle sa volonté est tenue d'obéir sans être contrainte. On n'est point tenu d'obéir à son intérêt; l'homme, en face de son intérêt, est son propre but, et il trouve sa récompense dans le succès, il n'a rien de plus à espérer. Aussi l'honnêteté d'un acte s'apprécie avant l'acte, tandis que l'on ne peut se rendre compte de l'utilité qu'après l'événement.

3° L'honnête a pour lui la clarté; chacun sait qu'il faut honorer les parents, rendre un dépôt confié, se montrer reconnaissant, haïr l'ingratitude, le mensonge, etc. Au contraire, le calcul des intérêts est difficile, compliqué, et provoque des perplexités quelquefois d'autant plus grandes que l'agent est plus pénétrant, plus réfléchi et se rend un compte plus exact des difficultés.

4° L'honnête a encore pour lui la possibilité, au moins dans le sens psychologique; car ce n'est pas l'acte même qui fait l'homme vertueux, mais le motif, l'intention qui le fait agir; la loi morale régit les intentions plutôt que les actes. S'il est toujours en notre pouvoir d'être honnête, il n'en est pas de même quand il s'agit de servir nos intérêts.

Mais, si distincts que soient l'honnête et l'utile, ils se confondent quand on sait voir la vie telle qu'elle est; la morale antique avait même posé comme axiome l'identité de l'honnête et de l'utile, tout en prenant l'honnête comme la règle de l'utile; en cela elle se trompait; mais Cicéron a nettement établi que tout ce qui est honnête est en même temps utile, qu'il n'y a pas de conflit possible entre l'honnête et l'utile, mais seulement entre l'honnête et ce qui n'a qu'une apparence trompeuse d'utilité, posant ainsi le principe de l'union nécessaire de l'honnête et de l'utile.

127. — Exposer et discuter les principales objections des sceptiques contre l'universalité des principes de la morale.

ESQUISSE

A. — **Objections des sceptiques.** — Le scepticisme prétend que la vérité n'existe pas et, pour le prouver, il invoque la diversité des opinions humaines ; il conteste donc l'universalité des notions morales en cherchant à montrer que ces notions changent avec les temps et avec les lieux, disant que la moralité est nulle chez les peuples sauvages et qu'elle est contradictoire chez les peuples civilisés. Pascal a résumé ces arguments dans quelques phrases célèbres : « Vérité en deçà des Pyrénées, erreur au delà ; » — « Trois degrés d'élévation du pôle changent toute la jurisprudence ; un méridien décide de la vérité ; » — « Le larcin, l'inceste, le meurtre des enfants et des pères, tout a eu sa place entre les actions vertueuses. »

B. — **Réponse.** — 1° D'abord les contradictions alléguées par les sceptiques ne portent pas sur les *principes* qui sont universellement acceptés ; car partout la raison ordonne de ne pas faire à autrui ce qu'on ne voudrait pas qu'on nous fît ; en tout temps on a cru et en tout pays on croit que le bien mérite une récompense et que le mal mérite un châtiment ; tous les hommes ont cette idée que certaines choses sont bonnes et que certaines choses sont mauvaises ; cela prouve évidemment que la distinction du bien et du mal est une idée universelle, qui se trouve à l'état rudimentaire dans toutes les intelligences.

2° C'est seulement sur les *applications* que portent les contradictions relevées par les sceptiques ; c'est seulement sur la détermination précise des choses bonnes ou mauvaises que l'on constate de la diversité entre les opinions des hommes. Cependant, même quand il s'agit des applications, on voit que certaines choses ont été et sont partout et toujours reconnues comme belles et bonnes, que d'autres ont été et sont partout et toujours regardées comme laides et mauvaises ; en un mot, il y a des vérités morales qui n'ont jamais changé et qui se retrouvent les mêmes chez tous les peuples ; ainsi partout la raison impose la reconnaissance, la piété filiale, la sincérité, le respect de l'hospitalité et de la parole donnée ; toujours elle flétrit l'ingratitude, le mensonge, la violation des lois de l'hospitalité, le manque de foi. Les pratiques les plus révoltantes sont souvent une application erronée de principes moraux qui ont été mal compris ; le sauvage sait qu'il y a des choses qui sont permises et d'autres qui sont défendues ; mais comme il n'a pour les distinguer qu'une intelligence inculte et bornée, il se trompe sur le discernement des unes et des autres, et il tue son père par piété filiale pour le soustraire aux infirmités ou à la servitude, ou à une mort ignominieuse, comme Virginius tua sa fille Virginie pour la soustraire au déshonneur.

3° Enfin on constate ce fait significatif : à mesure que les peuples s'élèvent à un même degré de civilisation, on voit que les croyances en morale deviennent de plus en plus uniformes et que les divergences tendent à s'effacer ; ainsi chaque jour voit grandir le respect de la vie humaine, de la propriété, de la liberté individuelle, la pitié pour les malheureux, etc. Les contradictions en morale s'expliqueraient donc par l'ignorance, par l'inégalité des lumières.

128. — Peut-on expliquer par l'éducation et la coutume l'origine des idées morales dans l'humanité?

Réfuter l'opinion suivant laquelle la distinction du bien et du mal n'est qu'un résultat de la coutume et de l'éducation.

DISSERTATION

Exorde. — Le scepticisme détruit la morale en contestant l'universalité des principes qui lui servent de fondement; Montaigne et Pascal ont pris plaisir à relever les contradictions des idées morales qui, suivant eux, changent de peuple à peuple et de siècle à siècle. L'empirisme arrive au même résultat en voulant expliquer par l'expérience seule l'origine des principes de la morale et en disant qu'il faut chercher cette origine dans la coutume et l'éducation. Cette hypothèse et d'autres semblables ramènent donc à une convention arbitraire et changeante cette notion du bien qui se trouve à l'état rudimentaire dans toutes les intelligences, qui est vraiment première et non réfléchie; mais ces hypothèses ne tiennent pas contre la réalité des faits et supposent le jugement primitif de la raison morale.

Première partie. — L'éducation est très puissante pour développer, mais elle ne crée rien; et si la nature ne déposait pas en nous le germe des idées morales, l'éducation ne pourrait pas les faire naître. On ne saurait donner à un aveugle l'idée de la couleur ni à un sourd l'idée du son; de même on ne saurait donner l'idée du bien à un être dénué de sens moral. L'histoire et l'expérience montrent quelle est à cet égard l'impuissance de l'éducation ; on rencontre dans le monde des hommes qui ont été élevés par des parents et des maîtres d'une irréprochable honnêteté et dont la conduite est déplorable :

> Naturam expellas furca, tamen usque recurret.
> (Horace, *Épîtres*, I, 10, v. 24.)

Néron fut élevé par Sénèque et Burrhus ; on sait quel fut le résultat de cette éducation dirigée par un stoïcien et un soldat honnête homme, qui étaient, dit Tacite, « les chefs du parti de la vertu ». L'éducation donne une direction morale aux idées et aux sentiments, mais elle ne produit ni ces idées ni ces sentiments, qui ne se développeraient pas s'ils n'existaient pas en nous à l'état virtuel. Il en est de la moralité comme de l'intelligence qu'on ne peut développer que quand elle existe : Bossuet consacra tout son grand cœur et tout son grand génie à l'instruction du fils de Louis XIV ; le résultat de ses efforts fut que Saint-Simon put dire de ce prince : « Monseigneur était sans vice ni vertu, sans lumières ni connaissances quelconques, né pour être une boule roulante au hasard par l'impulsion d'autrui, absorbé dans sa graisse et ses ténèbres. » — En outre, il y a une bonne et une mauvaise éducation ; c'est une chose essentiellement variable, qui change avec les temps et avec les lieux. En Grèce, les jeunes gens n'étaient pas élevés à Sparte comme ils l'étaient à Athènes ; et les Romains avaient, pour élever leurs enfants, d'autres principes que les Grecs ; au moyen âge les écoliers consacraient leur temps à étudier ces figures et ces modes du syllogisme qui ne rencontrent que le dédain chez les nôtres. Par conséquent, si la morale devait son origine à l'éducation, elle serait, comme celle-ci, variable, changeante ; elle n'aurait pas ce caractère d'universalité qui lui est propre, malgré les diversités et les contradictions dues à l'ignorance et à l'inégalité des lumières. Enfin une éducation quelconque suppose des règles qui la dirigent et lui sont antérieures ; cette hypothèse que la loi morale doit son origine à l'éducation implique donc une pétition de principe et suppose, loin de le fonder, le jugement primitif de la conscience morale.

Seconde partie. — Quand l'empirisme essaye d'expliquer par la coutume l'origine des idées morales, il raisonne ainsi. Les premiers hommes ont recherché certaines actions comme utiles et en ont évité d'autres comme nuisibles; ils ont transmis le fruit de leur expérience à leurs descendants qui peu à peu ont érigé ces manières d'agir en maximes inviolables, leur donnant un caractère abstrait, impersonnel, de sorte que, par l'effet de l'hérédité, les générations suivantes ont regardé ces règles de conduite comme des vérités innées; ensuite les prêtres et les législateurs ont donné à ces règles contingentes la sanction de leur autorité religieuse et politique; il en est résulté que ce qui était seulement le produit d'une longue expérience a semblé être une loi nécessaire, obligatoire, l'expression même de la raison. — On répond que la coutume s'établit par un premier fait qui se perpétue; avant qu'un acte soit devenu habituel, il faut d'abord l'avoir fait d'une manière spontanée, sous la seule impulsion de la nature; cela suppose donc que nous avons en nous une règle antérieure et supérieure qui nous guide et nous pousse à telle action plutôt qu'à telle autre. Par conséquent, cette seconde hypothèse implique, comme la première, une pétition de principe et suppose aussi le jugement primitif de la raison morale. Ainsi les hommes ont pris l'habitude de considérer la reconnaissance comme belle et l'ingratitude comme laide, parce que l'une leur a semblé conforme et l'autre contraire à cette idée du bien que la nature a mise dans la conscience de tous les hommes. — En outre, si l'on admet que la loi morale est le résultat de l'expérience, elle n'a par suite qu'une valeur relative et elle est dépourvue de tout caractère obligatoire; la conscience ne saurait donc nous obliger vis-à-vis d'une loi contingente, qui sans doute existerait, mais qui pourrait ne pas exister, et nous pourrions sans aucun scrupule désobéir à ses prescriptions; c'est ainsi que Sparte s'est avec le temps soustraite à la législation de Lycurgue, que Rome a renoncé à la loi des Douze Tables, que la France a répudié le droit coutumier de l'ancien régime; or, chaque homme sent qu'il doit obéir à certaines lois qui sont les mêmes dans tous les temps et dans tous les lieux, tandis que les coutumes sont essentiellement variables. La loi morale n'aurait pas son caractère impératif et absolu, si elle avait une origine purement empirique; elle n'aurait, dans ce cas, qu'une valeur individuelle et relative.

Résumé. — Ainsi la distinction du bien et du mal est une notion qui se trouve à l'état rudimentaire dans l'âme de tous les hommes, qui est primitive et non acquise, qui tient au fond même de notre nature et ne saurait être le produit de l'éducation ou de la coutume. En effet, l'éducation développe et ne crée pas; elle varie avec les temps, avec les lieux, avec les familles, tandis que la loi morale, dans ses prescriptions essentielles, est la même pour tous et ne change pas avec les siècles, ni avec les pays, ni avec le milieu. La coutume ne s'établit que par un premier fait qui se perpétue et dont la légitimité s'explique par une loi antérieure et supérieure; en outre, une coutume n'a pas le caractère impératif de la loi morale; enfin, les coutumes sont variables et changeantes, tandis que l'honnête est aujourd'hui ce qu'il était hier, uniforme et invariable.

129. — Montrer que le vrai sentiment auquel on reconnaît la présence de la loi morale, c'est le respect; c'est un phénomène tout à fait distinct de l'inclination et de l'admiration.

DISSERTATION

Introduction. — Quand nous lisons les *Mémoires de Socrate* par Xénophon et les dialogues de Platon, nous éprouvons des sentiments divers pour Socrate, le principal personnage; ces conversations, pleines à la fois de finesse et de bonhomie, nous inspirent une vive *inclination* pour l'aimable et charmant causeur; quand nous voyons ses amis lui proposer de fuir pour échapper à une mort injuste, et quand il refuse, c'est de l'*admiration* que nous cause ce refus héroïque; puis, quand il donne les raisons qui le font agir ainsi, quand il dit qu'il mourra pour rester fidèle à lui-même et obéir au devoir, c'est du *respect* qui nous est inspiré pour cette immolation à la loi morale. Tous ces sentiments sont-ils provoqués en même temps par la présence de cette loi morale chez Socrate, ou bien est-ce seulement l'un d'eux? Pour répondre à la question, il faut recourir à l'analyse psychologique, et on verra que c'est le respect qui est provoqué en nous par la loi morale.

Première partie. — Observons d'abord que l'on ne peut constater la présence de la loi morale, c'est-à-dire l'accomplissement réfléchi du devoir, que chez un être à la fois intelligent et libre, par conséquent chez l'homme seul.

Or, nous ressentons souvent de l'inclination, non seulement pour les personnes, mais encore pour des animaux, c'est-à-dire pour des êtres qui, souvent doués d'une certaine intelligence, mais dépourvus de conscience, ne sont à aucun degré doués de liberté, pour lesquels par conséquent le devoir n'existe pas; ainsi nous aimons quelquefois des chevaux, des chiens, pour certaines qualités qui nous agréent; l'inclination n'est donc pas ici provoquée par la vue du devoir accompli. Sans doute nous éprouvons aussi de l'inclination pour les personnes; mais quelquefois cette inclination a pour objet des personnes que nous n'estimons pas, que nous méprisons même; ainsi, dans Molière, Elvire aime don Juan tout en le sentant indigne de son estime; ainsi Mme de Sévigné aimait un mari qu'elle ne pouvait guère estimer; ainsi Alcibiade plaisait aux Athéniens, même après sa trahison, par les grâces de son esprit et de sa personne. Puisque des animaux et des hommes que nous n'estimons pas peuvent exciter en nous de l'inclination, on voit bien que ce n'est pas là le sentiment inspiré par la présence de la loi morale.

Seconde partie. — Il en est de même pour l'admiration. Même les choses inanimées peuvent la produire en nous, des montagnes qui s'élèvent jusqu'au ciel, une mer en furie, un beau tableau, etc.; nous admirons aussi des animaux, la force redoutable du lion, la beauté d'un cheval, l'intelligence d'un éléphant, etc. Nous admirons certains hommes pour leur force, leur courage, leur génie, tout en leur refusant notre estime; César, par exemple, qui « n'avait pas un défaut, mais qui avait tous les vices, » était pour ses contemporains et est encore pour la postérité un objet d'admiration, à cause de ce génie universel qui faisait de lui un homme extraordinaire comme général, comme écrivain, comme orateur, etc. Il y a donc quelquefois admiration là où il n'y a pas vertu, là où la loi morale n'existe pas.

Troisième partie. — Le respect seul est le sentiment inspiré par la vue du bien accompli. Nous ne l'éprouvons ni devant les choses si belles qu'elles puissent être, ni devant les animaux si formidables qu'ils soient, ni devant les hommes les plus étonnants par leur puissance ou leur génie. « Je m'incline devant un grand, mais mon esprit ne s'incline pas, » disait Fontenelle. Au contraire, nous nous inclinons devant le plus humble artisan quand nous lui voyons pratiquer la loi morale; le respect est un tribut que nous ne pouvons refuser à la vertu; ainsi les hommes les plus scélérats se sentent gênés devant l'honnêteté : Néron respectait Burrhus en dépit de lui-même; et ce respect va jusqu'à la vénération quand l'accomplissement du devoir a présenté des difficultés exceptionnelles et exigé les plus grands sacrifices. Notons que ce respect s'adresse, non pas à la personne de celui qui obéit aux prescriptions de la loi morale, mais à la loi morale elle-même; en effet, tel homme qui a provoqué en nous le respect par sa fidélité au devoir peut ensuite être l'objet d'un sentiment contraire s'il vient à défaillir et à se donner un démenti à lui-même. C'est donc bien la loi morale qui provoque en nous le respect, et c'est bien là le vrai sentiment auquel on reconnaît la présence du devoir accompli. Nous pouvons même respecter un homme sans avoir pour lui ni inclination ni admiration; ainsi Alceste est pour nous un objet de respect, mais nous ne l'aimons ni ne l'admirons.

Conclusion. — Mais ce qui fait quelquefois confondre ces trois sentiments et croire qu'ils sont également provoqués par la vue du devoir accompli, c'est qu'en général ils se trouvent réunis, qu'en général on aime, on admire, on respecte à la fois l'homme de bien.

180. — **Est-il vrai, comme l'a pensé Aristote, que la vertu soit toujours un milieu entre deux extrêmes ? Signaler les faits moraux qui autorisent cette définition et ceux qui la contredisent.**

DISSERTATION

Exorde. — On a souvent essayé de renfermer dans des formules nettes et précises les idées importantes ; car l'esprit est plus vivement frappé quand la pensée est condensée en peu de mots ; ainsi la définition de Montesquieu : « La loi est un rapport nécessaire résultant de la nature des choses, » est une formule exacte et précise ; il en est à peu près de même de la définition de l'homme donnée par M. de Bonald : « L'homme est une intelligence servie par des organes. » Aristote a tenté la même expérience pour la vertu, et il a essayé d'en donner une définition en disant qu'elle est un milieu entre deux extrêmes. Certains faits contredisent cette définition, d'autres l'autorisent.

Première partie. — Une définition doit convenir à tout le défini (toti definito) et au seul défini (soli definito) ; or, cette règle essentielle ne s'applique pas à la définition donnée ici. En effet, il y a beaucoup de vertus, et ce sont les plus nobles, qui excluent l'idée de milieu et qui sont de généreux excès ; c'est le dévouement obscur du simple soldat qui, sans espérance de gloire, meurt à son poste pour la patrie, imitant ainsi l'exemple si justement célébré de Léonidas et de La

Tour d'Auvergne ; c'est le dévouement du magistrat à ses fonctions, comme celui de Rotrou, qui, lieutenant civil au bailliage de Dreux, part en toute hâte de Paris, où l'ont appelé ses succès poétiques, et vient dans sa ville natale affronter un fléau terrible dont il est une des nombreuses victimes ; c'est le courage d'un Eustache de Saint-Pierre, qui s'offre comme victime expiatoire à la colère d'un conquérant ; c'est le dévouement à de nobles infortunes d'un Malesherbes, qui n'hésite pas à quitter une retraite sûre pour apporter à son souverain, qui l'avait autrefois disgracié, le secours de sa parole et l'appui de son honnêteté, et paye de sa tête cette généreuse abnégation ; c'est le dévouement à la science, qui ne saurait plus compter ses martyrs, tellement le nombre en est considérable. Ces faits ne permettent donc pas d'accepter la définition d'Aristote. — En outre, le propre de la vertu est d'échapper au calcul ; or, la définition susdite suppose l'idée de calcul ; car, pour rester dans un juste milieu, il ne faut incliner ni à droite ni à gauche, il faut s'observer, se surveiller ; et tout ceci ne saurait répondre à l'idée que nous avons de la vertu, qui a pour adage : « Fais ce que dois, advienne que pourra. » Sans doute, et nous allons le démontrer, la pratique du bien exige impérieusement la prudence ; mais, quand le devoir nous apparaît, nous devons l'accomplir à nos risques et périls et ne pas faire la balance des profits et pertes. — Tels sont quelques-uns des faits moraux qui contredisent la pensée d'Aristote.

Seconde partie. — Mais si cette maxime ne peut être acceptée comme une définition exacte, comme une formule philosophique et scientifique, elle n'en exprime pas moins une condition essentielle de la vertu, qui ne saurait exister sans mesure et sans modération ; à ce titre, elle est une règle de sagesse pratique. En effet, la raison doit présider à tous nos actes et nous contenir dans de justes limites ; en tout il faut observer la mesure, éviter les excès ; l'économie est une vertu, parce qu'elle se tient à égale distance de l'avarice et de la prodigalité ; le courage doit être également éloigné d'une prudence exagérée qui craint tout et d'une folle témérité qui ose tout ; la fermeté, si nécessaire en toutes circonstances, tient le milieu entre une faiblesse ridicule et une sévérité farouche. Quelle surveillance il nous faut exercer sur nous-mêmes pour que dans nos paroles nous ne blessions jamais personne et pour que nos actes ne compromettent jamais notre réputation! Quel tact ne faut-il pas pour éviter également dans la tenue la négligence qui frise la grossièreté et la recherche qui dégénère en prétention! La mesure est donc une condition de toutes les vertus. Et cela est si vrai que les vertus de l'ordre le plus élevé, que l'héroïsme poussé jusqu'au mépris de la mort n'excitent notre admiration et notre sympathie que si la mesure préside aux actes qui en sont la manifestation; ainsi Léonidas, décidé pourtant à mourir, ne va pas comme un fou se jeter tête baissée au milieu des bataillons serrés des ennemis; il ne donne sa vie et ne sacrifie celle des siens qu'à la dernière extrémité, calculant avec soin tout ce qui peut servir la patrie, lui rendre profitable le sacrifice qu'il prépare, porter la terreur dans l'âme des Perses et la confiance dans celle des Grecs. Aussi, quand Cicéron met la modération ou tempérance au nombre des vertus cardinales, il a soin de dire que c'est moins une vertu particulière qu'un caractère général et une condition de toutes les vertus. Du reste, les moralistes et les penseurs qui passent pour avoir le mieux connu la vie ont été d'accord pour dire que la vertu était un milieu entre deux extrêmes. Ainsi Horace, dont personne ne saurait contester le bon sens et la connaissance de la vie, a pu dire :

> Insani sapiens nomen ferat, æquus iniqui,
> Ultra quam satis est virtutem si petat ipsam.

La Bruyère exprime une idée semblable quand il nous donne ces mots comme une règle de morale individuelle et sociale : « Le milieu est justice pour soi et pour les autres. » Pour La Fontaine, ce merveilleux observateur,

> Les plus accommodants, ce sont les plus habiles;

il s'attache à montrer le monde tel qu'il est, comme une société où le bonheur est attaché à la modération dans les désirs, à la suite des excès, plus qu'à la recherche des plaisirs ou même qu'à une vertu trop austère. Enfin Descartes s'exprime ainsi : « Entre plusieurs opinions également reçues, je ne choisissais que les opinions les plus modérées...., ce sont toujours les plus commodes pour la pratique et vraisemblablement les meilleures, tout excès ayant coutume d'être mauvais. »

Résumé. — Il y a donc des faits moraux qui contredisent la définition d'Aristote, parce que la vertu dans son essence exclut l'idée de milieu, implique souvent celle d'excès et répugne à tout calcul; mais d'un autre côté cette définition peut être acceptée comme une règle de sagesse pratique et une condition de la vertu; aussi se présente-t-elle à nous avec l'approbation des écrivains les plus distingués.

131. — **Expliquer et discuter cette maxime d'Aristote :** « La vertu est une habitude. »

DISSERTATION

Exorde. — De courtes formules, de brèves sentences ont l'avantage d'exprimer la pensée avec netteté, de frapper l'esprit et de se bien fixer dans la mémoire; mais la brièveté de l'expression a quelquefois l'inconvénient de laisser la pensée incomplète. Il en est ainsi pour cette maxime d'Aristote; elle exprime un fait d'une incontestable vérité, mais elle a besoin d'un correctif.

Première partie — La vertu est l'accomplissement réfléchi du devoir, et l'expérience journalière nous apprend à tous que l'accomplissement du devoir consiste dans la subordination des intérêts et des passions à la volonté morale; cela seul indique combien la vertu est pénible. En effet, nos intérêts représentent ce qui nous est utile et indispensable pour les besoins de la vie et même pour la dignité de notre personne; ils représentent donc quelque chose de légitime, même de respectable; or, il arrive parfois que le devoir exige le sacrifice de nos intérêts. Sans doute Cicéron a raison de dire qu'il y a identité entre le bien et l'utile, que l'honnêteté est la meilleure façon de servir nos intérêts; mais dans la vie les choses sont si complexes que souvent il ne nous semble pas qu'il en soit ainsi; et même l'honnêteté ne produit tous ses fruits qu'après un temps assez long, tandis que bien des fois un oubli momentané du devoir produit un profit immédiat ; or, la loi morale nous impose la nécessité de renoncer à tout ce qui est utile, quand nous ne pouvons servir nos intérêts qu'en négligeant le devoir ; il y a donc là un sacrifice pénible à faire. Il en est de même quand il s'agit de nos affections, de nos désirs, de nos passions. Sans doute l'homme comprend que, être raisonnable et moral, il doit pratiquer le bien ; mais il se sait aussi un être sensible, et cette sensibilité réclame satisfaction ; nous sommes d'autant plus disposés à l'écouter que tout ce qui est réclamé par la sensibilité nous plaît, nous agrée, et qu'au contraire la raison a toujours dans ses exigences quelque chose de rude et de sévère ; il faut pourtant écouter la voix de la raison, mais cela nous est douloureux. Or, si l'on réfléchit qu'à chaque moment de notre existence nous avons un devoir à remplir, on ne sera pas étonné que la vertu soit chose pénible : « C'est un état de guerre où l'on a toujours quelque combat à livrer, » a dit Rousseau ; elle implique un effort de tous les instants. Cet effort sans cesse renouvelé lasserait la volonté la plus énergique ; aucune force ne résisterait s'il fallait recommencer chaque jour la même lutte sans se trouver le lendemain plus fort que la veille. Heureusement la nature nous a donné l'habitude, dont le principal effet est de supprimer l'effort ; c'est une loi de notre constitution physique et morale que lorsqu'un mouvement, un acte physique ou moral a été répété un certain nombre de fois, il se développe en nous une tendance à le reproduire avec une facilité plus grande quand l'occasion s'en présente ; à mesure que l'acte se répète, nous ne sommes plus obligés à un effort de même intensité, la fatigue diminue en proportion de la répétition, et un moment arrive où l'effort n'est plus nécessaire et où toute peine disparaît. Il en est ainsi pour la vie morale comme pour les mouvements du corps et les opérations de la pensée ; c'est à ce titre que l'habitude est un auxiliaire puissant de la vertu. La lutte contre nos passions et le sacrifice de nos intérêts deviennent moins pénibles à mesure que nous répétons le sacrifice et que nous recommençons le combat ; après avoir voulu souvent avec effort, on veut ensuite sans peine, et la pratique de la vertu devient comme naturelle et même agréable.

Aristote a donc eu raison de dire que la vertu est une habitude, puisque, sans le secours de l'habitude, la vertu nous serait presque impossible, puisque, grâce à elle, nous arrivons à faire le bien d'une façon presque machinale, par un mouvement qui devient presque instinctif et spontané. L'habitude a donc ainsi dans notre vie morale une influence bienfaisante; il est vrai qu'elle peut aussi nous corrompre et que le vice est un ensemble de mauvaises habitudes, comme la vertu est un ensemble de bonnes habitudes.

Seconde partie. — Mais, si l'habitude est le pouvoir de reproduire sans réflexion et sans volonté des actes plusieurs fois répétés, elle réclame pour se former le concours de l'intelligence pour comprendre la nature de l'acte à exécuter et de la volonté pour répéter l'acte. Quelle est donc la force qui nous soutient jusqu'au moment où la vertu passe à l'état d'habitude? c'est l'idée du bien qui nous apparaît avec un caractère impératif; c'est elle qui nous fait sacrifier nos intérêts et vaincre nos passions. Il y a d'abord des défaillances; mais, soutenus par cette idée, nous rentrons dans le droit chemin, nous recommençons la lutte contre tous les mouvements qui nous entraînent loin du bien, et la victoire devient ainsi de plus en plus facile. L'habitude ne se développe donc qu'avec le double concours de la raison qui nous fait concevoir l'idée du bien, du devoir, et de la volonté qui met son énergie au service de cette idée. Et même quand l'habitude est prise, même quand nous faisons le bien par un mouvement presque machinal, il est encore nécessaire que l'idée du devoir soit présente à notre esprit et que la volonté veille contre les surprises de la sensibilité. En effet, il peut se faire que, si habitués que nous soyons à faire le bien, nous nous laissions entraîner par les ardeurs du tempérament et des passions, ou égarer par les séductions de l'intérêt; si l'idée du devoir n'était pas toujours présente, la force de l'habitude serait parfois impuissante à nous préserver de ces entraînements.

Conclusion. — Ainsi la vertu n'est d'abord chez aucun homme une habitude; elle ne le devient que par les efforts incessamment répétés que nous nous imposons à cause de l'idée toujours présente du devoir qui nous soutient et nous stimule; et, même quand l'habitude est une fois prise, il faut encore que cette loi impérative nous défende contre les écarts et les défaillances.

132. — **Déterminer la part de vérité et la part d'erreur qui se trouvent dans cette proposition socratique : « Nul n'est méchant volontairement. »**

DISSERTATION

Exorde. — L'étude de la psychologie doit précéder celle des autres parties de la philosophie qui la présupposent; ainsi, la place de la morale est naturellement après la psychologie, parce que, pour déterminer les devoirs de l'homme, il faut d'abord le connaître, la nature d'un être déterminant sa destinée; la morale a donc pour condition l'observation fidèle de la nature humaine. On voit par là quelle est pour cette science l'importance du Γνῶθι σεαυτόν. Aussi les maximes morales exposées par Socrate et transmises par lui à Platon et aux stoïciens sortent-elles, par une conséquence logique et naturelle, de ses doctrines psychologiques; il en est ainsi pour la proposition qui nous occupe. C'est par suite d'une analyse imparfaite de la volonté que Socrate a pu croire et dire qu'il suffit de connaître le bien pour le vouloir, faisant ainsi dépendre la vertu de la science et le vice de l'ignorance; cette identité de la science et de la vertu est un trait particulier de la morale socratique; cette erreur se comprend au début de la philosophie morale, et elle est d'autant plus excusable qu'elle renferme une part de vérité.

Première partie. — Il est certain que l'homme incline en général vers le bien plutôt que vers le mal; aussi les actes de vertu provoquent-ils toujours notre admiration et notre estime; nous nous sentons attirés vers ceux qui en sont les auteurs; au contraire, nous nous détournons avec dégoût et mépris de ceux qui font le mal. En outre, il faut reconnaître avec Cicéron (*de Officiis*, III) que « Tout ce qui est honnête est en même temps utile »; il n'y a pas de conflit possible entre l'honnête et l'utile, mais seulement entre l'honnête et ce qui n'a qu'une apparence trompeuse d'utilité; là où se trouve l'injustice, là ne peut exister l'utile; une action malhonnête n'est jamais utile parce qu'elle est toujours punie par la conscience, par l'infamie ou par les lois. Aussi pour engager à pratiquer la vertu, Socrate insistait-il beaucoup sur les avantages qu'elle procure; il poussait si loin cette préoccupation qu'il ramenait toujours la morale à l'utilité pratique et à l'intérêt bien entendu, faisant une autre confusion, celle de l'honnête et de l'utile; la vertu devenait ainsi intéressée. Il n'en est pas moins vrai qu'elle est à la fois belle et utile, qu'elle nous plaît et que en même temps elle sert nos intérêts; par conséquent, se refuser à la vertu, à ce qui est beau et utile, ne peut être que le fait d'un ignorant ou d'un esprit borné. Aussi les stoïciens ne voyaient que des sots, *stulti*, dans les méchants, et que de la sottise, *stultitia*, dans le vice, dans la méchanceté. Il est certain que les hommes commettent souvent des fautes par ignorance, par erreur, par bêtise; quand la conscience ne parle que d'une manière obscure, nous ne pouvons faire le bien que notre intelligence n'aperçoit pas ou ne fait qu'entrevoir; alors les instincts aveugles, l'appétit égoïste et brutal, les préjugés bêtes, les passions furieuses nous entraînent et nous égarent dans la voie du mal, et, quand nous y sommes une fois engagés, il nous est difficile d'en sortir. C'est pour cette raison que la justice humaine et la conscience publique accordent toujours le bénéfice des circonstances atténuantes aux criminels dont l'intelligence est obtuse et que l'instruction n'a pas éclairés. Car on ne peut vouloir qu'à la condition de savoir, de pouvoir choisir avec discernement entre les motifs qui nous sollicitent; la volonté dépend de l'intelligence, et la responsabilité augmente ou diminue selon le degré d'intelligence : elle est grande chez l'homme cultivé et doué d'un esprit vigoureux, elle est faible et même nulle chez l'enfant et l'homme illettré ou simple d'esprit. La pratique du bien est facile quand l'esprit est vif et développé par l'instruction, l'homme est plus ferme quand il se rend compte des principes qui le font agir.

Telle est la part de vérité que présente cette proposition socratique.

Seconde partie. — Mais la vertu ne dépend pas seulement des lumières de l'intelligence; elle dépend aussi et surtout de la volonté. Il ne suffit pas de connaître la loi morale, il faut aussi vouloir y conformer sa conduite. Sans doute la volonté a été donnée à l'homme pour préférer le bien comme l'entendement lui a été donné pour comprendre le vrai; mais elle peut se refuser à l'accomplissement du bien; c'est en cela même que gît le caractère propre de la liberté. La loi morale commande à la volonté; on doit se conformer à ses injonctions, mais on peut s'y soustraire; notre obéissance est libre bien qu'elle soit obligatoire. Les êtres physiques obéissent forcément à la loi fatale et immuable qui les domine et les gouverne à leur insu; l'homme sait au contraire qu'il peut, s'il le veut, désobéir à la loi; son obéissance est une nécessité morale, ce n'est pas une nécessité physique. Et même une bonne action n'est méritoire et ne nous donne droit à une récompense que si nous avons été libres de nous refuser à l'accomplir; une action imposée ne nous donne aucun droit; de même, il n'y a démérite et une peine ne nous est due que si nous avons eu la possibilité de ne pas faire le mal. On ne connaît le remords, on ne se reproche une faute que quand on a la conscience d'avoir pu, si on l'avait voulu, éviter cette faute. Du reste, ce qui prouve que la vertu n'est pas toujours la science et que le vice n'est pas toujours l'ignorance, c'est que l'on voit des hommes instruits ne pas être vertueux, et au contraire des gens simples et ignorants se conformer aux prescriptions essentielles de la loi morale. Enfin, cette confusion de la science et de la vertu présenterait un grand danger pour la société : l'homme ignorant aurait le droit de s'abriter derrière cette ignorance pour décliner la responsabilité de ses méfaits; le criminel endurci n'aurait plus droit qu'à une maison de santé où il devrait être l'objet de tous les soins que mérite la faiblesse.

Conclusion. — Ainsi, il est vrai que parfois nous faisons le mal sans le savoir et sans le vouloir; l'ignorance, l'absence de réflexion, le manque d'intelligence, suffisent parfois à expliquer ou à excuser des actes coupables; aussi l'instruction est-elle, à juste titre, considérée comme une garantie de moralité; l'homme est plus ferme quand il se rend un compte exact des principes et des motifs qui le font agir; ce n'est donc pas sans raison que Socrate regardait la vertu comme une science et disait : « Nul n'est méchant volontairement. » — Mais, d'un autre côté, la loi morale étant écrite dans la conscience de tous les hommes, leur inégalité intellectuelle, même l'ignorance, ne saurait empêcher qu'ils ne puissent, dans une certaine mesure, être considérés comme égaux devant cette loi morale. En outre, la pratique du bien, l'accomplissement du devoir dépend de la volonté plus que de l'intelligence; on peut connaître le bien et ne pas vouloir y conformer sa conduite; ce n'est pas la science toute seule qui peut rendre l'homme vertueux; il faut que la volonté mette son énergie au service de la raison.

Il y a donc une part de vérité et une part d'erreur dans cette doctrine de Socrate que Platon devait professer après lui, et qui fait dépendre la bonté de la science comme elle fait dépendre la méchanceté de l'ignorance.

133. — Qu'est-ce que le sentiment de l'honneur ? peut-il remplacer l'idée du devoir comme règle absolue et obligatoire de la conduite ?

DISSERTATION

Exorde. — La morale, qui a pour but la direction de la volonté, énumère les principaux motifs de nos actions et détermine leur importance relative afin d'ériger en principe celui qui présente le caractère d'une loi, d'une règle de conduite. Or, les motifs de nos actions se ramènent tous à l'honnête et à l'utile ; le premier présente seul les caractères qui constituent une loi et qui sont l'invariabilité, l'uniformité, l'obligation, la clarté et la possibilité dans la réalisation pratique ; l'utile où l'intérêt n'est revêtu d'aucun de ces caractères. Il en est de même pour les autres motifs sensibles de nos actions : la morale de la sympathie manque de fondements solides ; le sentiment de l'honneur ne saurait davantage être accepté comme règle de conduite, bien que ce sentiment puisse être pour l'âme un ressort puissant et utile, un principe d'action souvent légitime, parfois respectable.

Première partie. — Le sentiment de l'honneur fait que l'on veut conserver la considération de soi-même et des autres ; il suppose donc le respect de soi-même ; par conséquent, il nous fait repousser tout ce qui pourrait nous abaisser et concorde ainsi presque toujours avec la vertu ; il fait rechercher ce qui ennoblit, ce qui orne la vie, ce qui lui donne de la distinction. Grâce à ce respect de lui-même, l'homme ne voit dans le corps qu'un instrument de l'âme, il sait régler ses penchants et ses passions, cultiver son intelligence, augmenter l'énergie de sa volonté pour que tout son être se plie aux ordres de la raison. Le sentiment de l'honneur fait aussi que la convenance et la délicatesse président à nos rapports avec nos semblables : l'homme d'honneur se garde bien de blesser les regards par des actes malséants ni de choquer les oreilles par des propos contraires aux bienséances ; il observe surtout la plus grande réserve avec la jeunesse et il suit la règle donnée par le poète :

Maxima debetur puero reverentia.

En politique ou dans les questions religieuses, il ne froisse jamais les opinions honnêtes, il s'arrête avec respect devant la droiture et la sincérité. L'homme, inspiré par le sentiment de l'honneur, ne s'en tient pas, vis-à-vis de ses semblables, à ces actes pour ainsi dire négatifs ; il veut conquérir leur estime et leur admiration par de nobles et belles actions. Il s'expose, comme Cicéron, aux outrages et aux vengeances des mauvais citoyens pour que son nom grandisse aux yeux des contemporains et que sa mémoire vive éternellement dans le souvenir des hommes :

Romains, j'aime la gloire et ne veux point m'en taire ;
Des travaux des humains c'est le digne salaire.
(Voltaire, *Catilina.*)

« Nullam enim virtus aliam mercedem laborum periculorumque desiderat præter hanc laudis et gloriæ ; qua quidem detracta, quid est quod, in hoc tam exiguo vitæ curriculo et tam brevi, tantis nos in laboribus exerceamus ? » (Cicéron, *pro Archia.*) Napoléon enflammait le courage de ses soldats en leur parlant de la gloire qui les attendait, de l'admiration que leurs exploits exciteraient dans le monde entier, et un obscur tirailleur s'exposait intrépidement à la mort pour être loué par son empereur ou seulement regretté par son escouade. Les grandes actions, les dévouements héroïques à la science, à la patrie, à l'humanité, n'ont souvent pour mobile que le sentiment de l'honneur, qui s'accorde ainsi avec la vertu et rend plus facile l'accomplissement du devoir.

Seconde partie. — Le mot *honneur*[1] a deux sens : il désigne d'abord ce qui porte l'homme à conformer sa conduite à l'honnête, à faire ce qui est moralement beau ; mais ce mot désigne aussi la considération, la bonne réputation, la gloire, et ce dernier sens est le plus commun ; il en résulte que l'honneur dépend de l'opinion. Or, celle-ci est essentiellement variable et changeante ; elle varie de peuple à peuple et, chez le même peuple, elle varie d'homme à homme et dans le même homme. Le Peau-Rouge met son honneur à scalper son ennemi vivant, le Corse à tirer d'une offense une vengeance éclatante ; le Romain aurait cru se déshonorer en consacrant ses bras à un travail manuel autre que le travail agricole ; nos gentilshommes du XVIIe siècle auraient cru déroger en se livrant au commerce et à l'industrie ; nos ancêtres de la bourgeoisie mettaient leur honneur à se rapprocher de la noblesse, à se confondre avec elle ; aujourd'hui nous mettrions presque notre amour-propre à nous distinguer d'elle. Il faut donc dire avec Boileau :

> Mais l'honneur en effet qu'il faut que l'on admire,
> Quel est-il, Valincourt, pourras-tu me le dire ?
> L'ambitieux le met souvent à tout brûler ;
> L'avare à voir chez lui le Pactole couler ;
> Le faux brave à vanter sa prouesse frivole.
>
> (Satire, XI.)

Souvent il n'est que le *point d'honneur*, qui pousse quelquefois à des actes coupables, qui, par exemple, légitime le duel, c'est-à-dire un acte ayant le double caractère du suicide et de l'homicide. Alors cet honneur, comme dit Voltaire,

---

[1]. « Je distingue dans ce qu'on appelle *honneur* celui qui se tire de l'opinion publique et celui qui dérive de l'estime de soi-même. Le premier consiste en vains préjugés plus mobiles qu'une onde agitée ; le second a sa base dans les vérités éternelles de la morale ;... cet honneur n'est pas variable, il ne dépend ni des temps ni des lieux ni des préjugés ; il ne peut ni passer ni renaître. » (J.-J. Rousseau, *la Nouvelle Héloïse.*)

> N'est qu'un fantôme vain qu'on prend pour la vertu ;
> C'est l'amour de la gloire et non de la justice,
> La crainte du reproche et non celle du vice.
>
> (*Alzire*, IV, sc. 3.)

Le sentiment de l'honneur est capricieux et variable comme tous les faits de sensibilité. Quand l'homme est mûri par l'expérience, il ne met plus son honneur là où il le mettait quand il était jeune, et il sourit ou même rougit quand on lui parle de prouesses dont il tirait vanité quelques années auparavant. L'honneur ne nous oblige donc que d'après nous-mêmes, d'après l'idée que nous nous faisons de notre dignité ; il n'est que relatif à notre personne et laisse le champ libre à toutes les interprétations individuelles ; chacun peut l'entendre à sa guise et d'après les fantaisies de son imagination. Cette loi de l'honneur, qui n'est donc ni constante ni uniforme, ne peut devenir une règle de conduite ; c'est l'honnête, c'est le devoir qui seul peut être notre loi morale ; car il ne dépend pas de nous, il est hors de nous et au-dessus de nous, il impose les mêmes obligations à tous les hommes et dans tous les temps.

En outre, l'honneur vise surtout à la grandeur des actes ; il nous fait songer à l'éclat qui pourra en rejaillir sur nous et notre nom ; or, le devoir commande sans avoir souci de notre personne et de notre gloire. Epaminondas, après le triomphe retentissant de Leuctres, accepte les fonctions d'inspecteur de la voirie que l'envie lui impose, et il se met à remplir ces devoirs modestes avec le même scrupule qu'à commander des armées puissantes. Racine, marié et père de famille, consacre à l'éducation de ses enfants le génie qui aurait pu produire encore de glorieux chefs-d'œuvre. Et même dans certains cas, le devoir exige une humilité que l'honneur n'accepte pas volontiers ; ainsi, quand nous avons commis une faute, nous devons accepter l'humiliation comme une expiation nécessaire. On a eu souvent, au XVIIe siècle, le spectacle de ces pécheresses qui, après avoir violé les devoirs les plus saints, finissaient par obtenir le pardon et même l'estime du monde par l'éclat de la pénitence et la sincérité du repentir.

Racine, après avoir attaqué ses anciens maîtres dans des lettres qui faisaient briller son esprit aux dépens de son cœur, eut ensuite le noble et rare courage de reconnaître ses torts, et, comme expiation, il se fit l'historien de cette maison de Port-Royal qu'il avait outragée. Il expia aussi noblement une autre faute. Dans sa jeunesse et dans l'enivrement de sa gloire, il avait attaqué le vieux Corneille; plus tard il prononça, dans l'Académie, l'éloge le plus éloquent et le plus juste de son ancien rival de gloire.

Conclusion. — Ainsi le sentiment de l'honneur peut être quelquefois un principe d'action puissant et bienfaisant, lorsque « il est la force d'âme animée ou réveillée par le devoir »; mais on ne peut le prendre pour règle de conduite, parce que, comme tous les faits de sensibilité, il est variable, changeant et n'a pas d'autorité impérative; enfin trop souvent l'honneur n'est que ce *point d'honneur* qui pousse à des actions condamnables, et alors il n'est plus que le respect humain mal compris. On ne peut donner pour base à la morale que la notion première et rationnelle du devoir, qui se présente à notre esprit et s'impose à notre conduite avec un caractère immuable et impératif.

134. — Quelle différence y a-t-il entre le plaisir et l'intérêt?

DISSERTATION

Exorde. — Nous n'agissons jamais sans motifs, et, en dépit de certaine doctrine appelée la *liberté d'indifférence*, toutes nos résolutions s'expliquent par l'influence d'un motif ou mobile qui nous a poussés dans tel ou tel sens; et cette influence est même si puissante que le déterminisme en a conclu que la liberté n'était qu'une pure chimère. Or, tous les motifs qui agissent sur notre volonté et la déterminent peuvent se ramener à deux principaux, l'utile et l'honnête, l'intérêt et le devoir. Le mot *intérêt* représente et résume tous les motifs égoïstes, toutes les influences qui nous poussent à nous prendre nous-même pour but de nos actions; on peut y distinguer l'intérêt proprement dit et le plaisir. Relevant l'un et l'autre de la sensibilité, ils en ont les caractères, et par conséquent il n'y a pas entre eux de différence essentielle. Qu'un homme soigne ses intérêts ou poursuive le plaisir, il est toujours à lui-même sa propre fin; aussi je passe indifférent devant tous ceux qui ne me semblent pas avoir ici-bas un autre but que le plaisir ou l'intérêt, et je dis avec Dante :

> Non ragionar di loro, ma guarda e passa,

« Ne t'occupe pas d'eux, mais regarde et passe »; car je pense avec l'Écriture : « Ils ont reçu leur récompense, Receperunt mercedem suam. » Cependant le langage ne confond pas ces deux mobiles, et chacun sait en général distinguer ce qui lui est utile ou ce qui lui est simplement agréable; il y a donc certaines différences entre le plaisir et l'intérêt : essayons de les indiquer.

Première partie. — Le plaisir et l'intérêt sont tous les deux variables et individuels, c'est-à-dire qu'ils changent avec le temps et avec les personnes; ce qui est agréable et utile à un moment peut, après quelques années ou seulement à quelques jours d'intervalle, devenir déplaisant et nuisible; et de même ce qui charme ou enrichit un homme peut déplaire à son voisin ou le ruiner. Les Athéniens voulaient pour leurs plaisirs des représentations dramatiques, c'est-à-dire la poésie, la danse et la musique; les Romains étaient passionnés pour les jeux de l'amphithéâtre, ils aimaient à voir couler le sang, à savourer les cris et les gémissements des blessés; les Espagnols aiment encore les courses de taureaux, et pour un Anglais de race aucun plaisir n'est comparable à celui que procure un combat de coqs ou une lutte de boxeurs. Le plaisir est donc sujet à varier; il en est ainsi de l'intérêt. Il y a moins d'un quart de siècle, l'acquisition d'esclaves noirs était pour les planteurs de la libre Amérique le meilleur des placements, un placement de père de famille; quelques années après, la suppression de l'esclavage ruinait les possesseurs de ce bétail humain. Avant 1789, on n'épargnait en France aucun effort, voire même aucune supercherie, pour acquérir ces titres de noblesse qui valaient tant de faveurs et de privilèges; en 93, un noble, un ci-devant était tout naturellement marqué pour l'échafaud par le fait seul qu'il avait appartenu à une classe privilégiée, et les votes les plus révolutionnaires de Philippe-Égalité ne purent effacer pour lui cette tache originelle. — Toutefois, dans cette mobilité qui lui est commune avec le plaisir, l'intérêt présente une fixité relative: si le plaisir varie sans cesse d'homme à homme et dans le même homme, il n'en est pas toujours ainsi pour l'intérêt. Avoir de l'argent, n'est-ce pas le rêve de tous et dans tous les temps, et les poètes n'ont-ils pas souvent maudit cette soif de l'or, *auri sacra fames*, qui pour les hommes est à la fois un ressort puissant d'activité et une cause de tous les crimes? C'est que la possession de la richesse est sans contredit la chose la plus utile, celle qui peut le mieux nous procurer tout ce qui est nécessaire et agréable, comme la privation de tout bien est et a toujours été la source de toutes les misères physiques et morales. Ainsi, l'intérêt, quoique mobile et variable, a plus de fixité que le plaisir; par conséquent, il donne plus de suite et de régularité à notre conduite; on ne peut même bien servir ses intérêts qu'à la condition de persister dans la même ligne de conduite.

Deuxième partie. — En outre, le motif intéressé peut être bienfaisant pour les individus et pour l'humanité. En effet, quand un homme prend l'intérêt pour guide et cherche ainsi à se mettre à l'abri des coups de la fortune, il devient indépendant des autres, il n'est plus à la merci de leurs caprices; il peut donc faire respecter en lui sa dignité d'homme et il acquiert ainsi une sorte de noblesse qui le grandit aux yeux d'autrui et le relève à ses propres yeux. Dans une certaine mesure, il s'affranchit de la nature elle-même; il brave ses intempéries et ses fureurs; au lieu d'être son esclave et de lui obéir, il la domine, s'empare de ses forces et la fait servir à ses desseins : il contient et dirige les cours d'eau, brave la mer et ses tempêtes, fouille les entrailles de la terre et lui dérobe ses richesses. L'humanité tout entière voit son bien-être matériel et moral s'augmenter par les seuls efforts de l'intérêt. Le commerçant qui n'épargne aucune peine pour vendre à meilleur marché que ses concurrents ne songe évidemment qu'à lui-même, ainsi que l'industriel qui s'ingénie à trouver des procédés de fabrication plus rapides et moins coûteux; cependant cet industriel et ce commerçant font les affaires de tous en ne songeant qu'aux leurs et ces efforts égoïstes contribuent aux progrès de la civilisation. Il est peut-être même permis de prétendre que le commerce et l'industrie sont pour la civilisation des agents plus énergiques et plus puissants que la science et la philosophie. — Peut-on en dire autant du plaisir? Quels services le libertin, le viveur, l'homme sensuel a-t-il jamais rendus à l'humanité? quel profit durable retire-t-il lui-même de ses plaisirs? Ne doit-il même pas s'estimer heureux quand les maladies, les infirmités ne sont pas le résultat et le châtiment mérité de ses désordres?

Troisième partie. — Enfin le plaisir est aveugle; il peut s'allier à la médiocrité, presque à l'absence de l'intelligence; l'animalité suffit pour goûter le plaisir; et même un homme, livré tout entier à la vie des sens, y trouvera des jouissances plus vives que l'homme dont l'éducation aura développé l'esprit et ennobli les instincts. Au contraire, l'intérêt suppose le calcul, la réflexion, l'intelligence, à la fois pour discerner le but à atteindre et combiner les moyens qui peuvent y conduire. Quelle sagesse, quelles réflexions suppose, par exemple, le choix d'une carrière, si l'on ne veut pas se confier au hasard aveugle, se jeter tête baissée dans les aventures? Comparer entre elles les professions nombreuses et variées qui s'offrent à un jeune homme dans nos sociétés si compliquées, en peser les avantages et les inconvénients, examiner dans quelle mesure chacune d'elles peut convenir à nos aptitudes et à nos goûts, être à la portée de notre ambition et de nos moyens, tout cela suppose tellement la solidité d'un esprit net et judicieux que les parents éclairés et prévoyants se gardent bien de laisser un choix si important à l'inexpérience de leurs enfants; et la carrière choisie, que d'efforts d'intelligence pour se faire une place dans le monde et pour la conserver? Dans cette lutte pour l'existence, le succès n'est-il pas à celui qui a reçu de la nature les dons de l'esprit, à celui surtout qui cultive et développe ces qualités naturelles? Un homme obtus et borné n'arrive jamais à rien, même quand il est servi par les circonstances et dispose de tous les moyens qui, d'ordinaire, conduisent au succès, tandis qu'un homme intelligent et actif, même pauvre et obscur, est toujours assuré d'arriver à une situation honorable.

Conclusion. — On voit donc que, dans cette mobilité qui lui est commune avec le plaisir, l'intérêt présente une fixité relative; supérieur pour cette raison aux entraînements capricieux du motif purement sensible, le motif intéressé l'est encore par ce fait qu'il peut rendre et rend de réels services à la société comme aux individus : enfin le plaisir aveugle peut s'allier à la médiocrité intellectuelle, tandis que l'intérêt suppose le calcul et la réflexion, une intelligence plus ou moins développée. Mais le plaisir et l'intérêt, quoique distincts, ne sont pas séparés par des différences essentielles, comme nous l'avons déjà dit, et l'histoire de la philosophie présente un fait qui montre bien que le plaisir n'est qu'une forme de l'intérêt et en réalité se confond avec lui. L'école cyrénaïque avait proposé pour but à la vie humaine le plaisir sensuel, la jouissance immédiate, la *volupté dans le mouvement*; les conséquences grossières et funestes de ce système firent reculer Épicure, et, tout en disant que la sagesse consiste à rechercher le plaisir et à éviter la douleur, il voulut qu'on évitât les voluptés sensuelles, qu'on leur préférât les jouissances plus délicates et plus durables de l'esprit et du cœur; suivant lui, il y avait des plaisirs à éviter, des douleurs même à subir en vue du plus grand bonheur possible. Cette doctrine était donc une recherche *calculée* du bonheur, ce qui suppose la raison, la réflexion, tandis que le plaisir proprement dit est aveugle, sans règle et sans frein; c'est ainsi que l'épicurisme se rapproche de la morale de l'intérêt et n'est en somme qu'une doctrine d'intérêt bien entendu. Toutefois si l'intérêt est supérieur au plaisir, il n'a pas une valeur morale qui permette d'en faire notre règle de conduite, et il n'est légitime que quand il est subordonné au devoir, à l'honnêteté, qui seule peut servir de règle universelle et obligatoire à l'activité humaine.

135. — **De la responsabilité morale : son principe, ses conditions, ses conséquences.**

DISSERTATION

Exorde. — Rien ne nous est plus familier que l'idée de responsabilité ; ce mot se trouve sans cesse dans la bouche du moraliste et de l'homme d'État. Il est donc important d'en déterminer le principe, d'en indiquer les conditions et de montrer les conséquences qui en découlent.

Première partie. — La loi morale repose sur la distinction du bien et du mal, révélée par la raison ; c'est le principe même de la responsabilité morale. En effet, le bon sens déclare qu'on ne peut rendre responsable d'un acte que celui qui sait distinguer le juste de l'injuste. Le sens commun déclare en outre que, pour être responsables, nous devons être libres, qu'à cette condition seulement il y a responsabilité. Celui auquel manque la liberté, qui n'agit que par contrainte ou sous l'empire d'une loi fatale et irrésistible n'est soumis à aucune responsabilité ; il n'est qu'un instrument, et la responsabilité n'est encourue que par celui qui le fait agir ; par conséquent, tout ce qui fait disparaître la liberté fait en même temps disparaître la responsabilité. Un homme est-il en proie à une émotion violente, n'est-il plus en possession de lui-même, est-il sous l'influence de l'ivresse, d'un égarement des sens ? il échappe à toute responsabilité, au moins directe. Il résulte de là que tout système matérialiste, mystique, panthéiste, qui nie la liberté, doit nier aussi la responsabilité, s'il ne veut pas être en contradiction avec lui-même. Ainsi deux idées constituent la responsabilité : la loi morale ou le devoir et la liberté.

Deuxième partie. — Les conditions de la responsabilité morale sont les conditions de la liberté; or, la liberté doit être éclairée par l'intelligence, qui seule nous permet de prendre une détermination, c'est-à-dire de choisir avec discernement entre les motifs qui sollicitent notre volonté. Nous devons être capables de connaître le but vers lequel nous tendons et de combiner les moyens d'atteindre ce but. Si l'homme ne connaît pas la nature de ses actes, s'il ne peut en mesurer la portée, comment les lui imputer? Aussi plus notre intelligence est grande et développée par l'éducation, plus grande est notre responsabilité. Quand un homme est intelligent et qu'il connaît bien les prescriptions de la loi morale, il dépend de lui, et il ne dépend que de lui, de s'y conformer; est-il sourd à la voix du devoir? les hommes se montrent plus sévères pour lui que pour les autres. Ainsi Tacite montre combien sûre et ferme était l'intelligence de Tibère pour ajouter avec mélancolie que, quand ce prince faisait le mal, il connaissait mieux que personne ce qui était bien. Un homme n'a-t-il qu'une intelligence bornée, n'a-t-il reçu aucune éducation? l'opinion publique se montre pour lui indulgente; dans certains cas, elle le déclare même presque irresponsable. Aussi tout ce qui affaiblit l'intelligence ou nuit à sa lucidité, c'est-à-dire les passions, les habitudes, le tempérament, etc., diminue en même temps et la liberté et la responsabilité; mais l'énumération seule de ces conditions indique combien il est difficile d'apprécier d'une façon exacte le degré de responsabilité morale de chaque homme; c'est là ce qui explique pourquoi la justice humaine doit souvent se tromper, pourquoi l'opinion publique erre si souvent dans les jugements qu'elle porte sur les hommes et leurs actes. Cela explique aussi pourquoi nous essayons maintes fois de diminuer notre responsabilité aux yeux des autres en invoquant des circonstances atténuantes pour faire prendre le change, pour tromper autrui, espérant peut-être nous tromper aussi nous-mêmes. En outre, pour qu'il y ait responsabilité, il faut encore que la loi ait été connue, ait été comprise; il faut enfin qu'on ait pu y conformer sa conduite. Telles sont les conditions de la responsabilité morale.

Troisième partie. — Les conséquences sont les peines que nous subissons ou devons subir quand nous avons mal agi et les récompenses que nous recevons ou devons recevoir quand nous avons bien agi; ce sont les sanctions de la loi morale. D'abord, nous avons en nous un témoin auquel nous ne pouvons échapper : c'est la conscience, qui est le premier châtiment du coupable et la première récompense de l'homme de bien, quelquefois la seule qu'il ait à espérer ici-bas. La bonne conscience est un élément de bonheur dans la prospérité et un soulagement dans l'adversité; de même, les remords troublent la plus insolente fortune et atteignent les coupables les plus puissants, même ceux que la loi humaine ne peut atteindre; Oreste et Macbeth en sont l'expression la plus vive et la plus terrible. Puis, l'opinion publique et les lois humaines punissent aussi le crime par le mépris et le châtiment, comme elles essaient de récompenser la vertu. Malheureusement l'opinion publique et les lois humaines se trompent; souvent elles frappent quand elles devraient récompenser et absolvent quand elles devraient châtier; l'opinion publique a condamné Socrate et absous César. Mais l'équilibre est rétabli par la sanction religieuse; Dieu, juge infaillible, accorde à chacun les récompenses et les peines qui lui sont dues.

Résumé. — Ainsi la responsabilité a pour *principe* la loi morale s'imposant à un être libre; elle a pour *conditions* les conditions de la liberté, la connaissance de la loi et la possibilité de son accomplissement; enfin, elle a pour *conséquences* les récompenses auxquelles nous avons droit pour les actions conformes au bien et les peines qui nous sont dues pour la violation volontaire de la loi morale.

136. — Du suicide.

ESQUISSE

Le suicide est l'action d'un homme qui se donne la mort pour se soustraire aux misères de la vie ; on l'a combattu par des raisons souvent bien faibles.

A. Ainsi l'on a dit : la vie est un dépôt, un poste qui nous a été confié par la Providence ; il y aurait infidélité ou trahison à l'abandonner. — On répond qu'un dépôt doit être accepté par le dépositaire ; or, l'homme n'a pas été consulté quand il s'agissait pour lui de recevoir la vie. Il en est de même pour cette prétendue faction ; l'homme n'est placé en faction que par suite d'un consentement tacite de sa part.

L'homme, dit-on encore, se doit à ses semblables. — On répond qu'il y a des cas où l'homme est réduit à une telle misère, est dans une telle impuissance, que non seulement il ne peut pas être utile aux autres, mais qu'il leur est à charge.

Enfin on prétend que le suicide est une lâcheté ; car il y a plus de courage à supporter une vie malheureuse qu'à l'abandonner. — On répond qu'il y a des suicides glorifiés par l'histoire, comme ceux de Lucrèce, de Caton et de Brutus ; et on ajoute qu'il n'y a qu'un insensé pour souffrir volontairement les maux dont il peut s'exempter sans mal faire.

B. Il n'y a qu'un seul argument contre le suicide : la vie humaine est faite pour le devoir, et il y aurait contradiction à supposer que l'homme pût avoir le droit de se soustraire au devoir. Le suicide peut d'abord être considéré comme une transgression du devoir à l'égard des autres hommes; ayant reçu beaucoup de nos semblables, nous leur devons beaucoup, et on conçoit difficilement qu'un homme ne tienne absolument à rien dans ce monde, qu'il n'ait personne à aimer, à conseiller. En outre, le suicide est aussi une transgression du devoir envers nous-mêmes; si l'homme n'avait plus aucun devoir envers les autres, la loi morale lui imposerait encore l'obligation de purifier son âme, de cultiver sa raison, d'affermir sa volonté. Quand nous avons perdu, comme Caton et Brutus, toute espérance pour la liberté, la conscience nous rappelle que nous avons des devoirs envers nous-mêmes; et, quand la carrière du citoyen est fermée, il reste celle de l'homme. Quant à la honte à laquelle on veut se soustraire, on doit, si elle est méritée, la subir comme une expiation; si elle est imméritée, comme c'était le cas pour Lucrèce, on doit mettre sa conscience au-dessus de l'opinion. Ainsi, tant que l'homme vit, il a des devoirs et par conséquent il ne peut se défaire de sa personnalité. L'indulgence avec laquelle on juge le suicide vient de l'idée que cet acte exige du courage, de la pitié pour les souffrances qu'il suppose et du respect pour ceux que la mort a touchés.

C. Il y a des époques où le suicide se propage comme une contagion de l'âme, et l'on a vu ce fait se produire surtout sous les premiers empereurs romains, quand les excès du pouvoir impérial faisaient plus vivement regretter la liberté perdue. Les sectes philosophiques contribuaient à développer cette contagion, épicuriens et stoïciens aboutissant également à la glorification du suicide. Les épicuriens croyant que la vie est faite pour le plaisir et ne trouvant souvent que la peine, ils prenaient le parti de se réfugier dans la mort pour échapper à cette contradiction. Les stoïciens le regardaient comme innocent et même comme nécessaire; c'était, suivant eux, une prérogative du sage, qui avait le droit de sortir de la vie comme d'une chambre pleine de fumée ou de la déposer comme un vêtement incommode; s'il était beau pour eux de suivre la nécessité, il était plus beau de la devancer; du reste, cette tension continuelle et cet effort sans but qui constituaient la vie du stoïcien devaient produire à la longue la fatigue et le découragement.

En résumé, le suicide est coupable comme l'homicide ; si la vie de nos semblables nous est sacrée parce qu'ils ont des devoirs à remplir, la nôtre doit nous être sacrée au même titre.

137. — Expliquer et développer, en donnant quelques exemples, la maxime latine : *Summum jus, summa injuria.*

DISSERTATION

Exorde. — L'homme est fait par sa nature pour vivre en société ; il est donc nécessaire que les lois règlent les rapports qu'il doit avoir avec ses semblables. Recevant d'eux de nombreux services, il a des devoirs à leurs égard ; mais comme il a lui-même une destinée à remplir, une fin à atteindre, les autres hommes sont également tenus envers lui à certains devoirs, et ce sont ces devoirs d'autrui qui constituent ses droits. Il doit exiger le respect de ces droits. Il y a d'abord là pour lui une question de sécurité et de dignité : « Celui qui se fait ver, dit Kant, peut-il se plaindre d'être écrasé ? » Il y est en outre contraint par cette raison qu'il ne peut suffire à ses besoins et à ceux des siens que si l'on s'acquitte envers lui des obligations qu'imposent la loi humaine et la loi naturelle. Le bon sens dit que tout engagement pris donne à celui au profit duquel il a été contracté le droit d'exiger que l'on s'y conforme : *suum cuique*, dit le proverbe, qui est, non pas la formule de l'égoïsme, mais l'expression même de la justice.

Développement. — Nous avons donc le droit et le devoir d'exiger le respect des engagements pris, des conventions librement consenties ; mais en face de la justice, en face du droit, il y a la charité qui veut que, non seulement la modération, mais la bonté préside à tous nos rapports avec nos semblables ; nous devons donc mettre de l'indulgence dans la revendication de nos droits. Réclamer ce qui nous est dû avec une rigueur impitoyable est une manière d'agir que la loi humaine est impuissante à châtier, mais que la conscience condamne et flétrit. Cette exigence impitoyable peut même recevoir l'appui du droit positif, mais elle est contraire au devoir, parce qu'elle est contraire à la charité, à cette vertu qui, aussi impérieuse que la justice, veut que nous fassions à autrui tout le bien qu'il est en notre pouvoir de faire. Une dette a-t-elle été contractée envers nous ? le droit strict nous permet d'employer tous les moyens légaux pour contraindre le débiteur à s'acquitter, à tenir sa parole ; et si ce débiteur récalcitrant est de mauvaise foi, chacun nous approuvera si nous le poursuivons à outrance et le contraignons par la force à se respecter lui-même en respectant la justice. Mais si un malheur imprévu a frappé ce débiteur dans l'intervalle qui s'est écoulé entre le jour où l'engagement a été pris par lui et le moment où il est tenu de s'acquitter, si la maladie ou le chômage ou un incident de guerre l'a mis dans l'impossibilité de se libérer, nous ne devons user de notre droit qu'avec la plus grande modération ; il faut lui accorder des délais, des facilités, et même le tenir quitte, si notre fortune nous le permet. Autrefois la loi humaine était d'une sévérité barbare à l'égard des débiteurs : à Rome, la loi permettait aux créanciers, non seulement d'enchaîner l'homme qui ne pouvait payer ses dettes, mais encore de le mettre en pièces et de se partager ses membres comme ses biens ; elle pouvait aussi le condamner à l'esclavage, lui et les siens. La faculté de faire emprisonner le débiteur passa, sous le nom de contrainte par corps, de la législation romaine dans le droit français ; c'est notre époque seulement qui a vu disparaître cette loi absurde et barbare. La civilisation a fait aussi apporter des adoucissements aux lois qui règlent la saisie des biens du débiteur et qui déclarent insaisissables les objets indispensables et les instruments de travail. Ainsi, la loi humaine veut que, à côté du droit, se place la charité. — Dans le même ordre d'idées, un maître, un patron, un entrepreneur ne peut pas renvoyer brutalement un serviteur qui a vieilli à son service, il ne peut pas le jeter sans ressource sur le pavé par la seule raison que cet homme ne peut plus s'acquitter de ses fonctions avec la même vigueur et la même activité. Caton envoyait au marché ses esclaves malades ou devenus vieux : « Moi, dit Plutarque, je n'aurais pas le cœur de vendre mon vieux bœuf qui aurait usé ses forces à labourer mon champ. » Le bon Plutarque avait raison, et Caton était un homme étranger à tout sentiment de pitié.

— La guerre elle-même, qui est pourtant un retour à l'état sauvage, a notablement adouci ses rigueurs et ses terribles lois : jadis, elle mettait le vaincu à l'entière discrétion du vainqueur qui pouvait le dépouiller de tous ses biens et en faire un esclave; aujourd'hui elle respecte les blessés, elle échange les prisonniers, leur rend même la liberté lorsque les hostilités ont pris fin, et, sauf certains cas exceptionnels, elle ne porte pas atteinte à la propriété individuelle.

Conclusion. — Ainsi, nous ne devons pas aller jusqu'aux dernières limites du droit parce que, en face de la justice qui permet d'imposer le respect des engagements pris, des conventions librement consenties, il y a la charité qui nous fait un devoir de la bienveillance. Bossuet a eu raison de dire : « La justice n'est pas toujours inflexible et ne montre pas toujours un visage austère; elle devient inique et insupportable quand elle use de tous ses droits; la raison, qui est son guide, lui prescrit de se relâcher quelquefois; la bonté qui modère son extrême rigueur est une de ses parties principales. » Voltaire exprimait donc une pensée juste lorsqu'il disait avec les Latins : « Une extrême justice est une extrême injure. »

138. — Quelle est l'importance en morale du l'νῶθ σεαυτόν?

DISSERTATION

Exorde. — La philosophie grecque, à ses débuts, s'était perdue dans toute espèce de spéculations sur le monde matériel, de sorte qu'elle avait eu un caractère essentiellement cosmologique. Socrate lui donna un but précis, l'étude de l'âme humaine et s'appropria en quelque sorte l'inscription que l'on voyait sur le frontispice du temple de Delphes : « Connais-toi toi-même », disant que cette connaissance était fort utile dans la vie pratique ; il avait raison.

Proposition. — L'homme qui se connaît sait quelle est la portée de ses facultés et quelles sont leurs limites ; — c'est en se connaissant que l'homme prend une conscience nette de ses devoirs, puisque la nature d'un être détermine sa destinée ; — enfin la connaissance de nous-mêmes nous élève à la connaissance de Dieu.

Première partie. — Socrate voyait surtout des avantages pratiques dans cette connaissance de l'homme par lui-même ; car il disait que l'homme qui se connaît sait ce qu'il est capable de faire et ce qu'il est incapable d'exécuter. Ainsi, dans la vie intellectuelle, l'homme est exposé à un double danger : d'abord, il peut avoir plus d'ambition que de force, comme les premiers philosophes, qui, présumant trop de leur capacité, n'aboutirent à aucun résultat sérieux ; il peut ensuite pécher par excès de timidité et arriver à douter de tout, comme les sceptiques qui ont prétendu que l'homme est incapable d'arriver à la vérité. Or, malgré la différence qui existe entre ces deux inconvénients, la cause en est la même, l'ignorance de la portée et des limites de nos facultés. Boileau, dans son *Art poétique*, recommande aux poètes, non seulement de se connaître eux-mêmes, mais encore de bien distinguer quel génie ils ont reçu de la nature ; après avoir dit avec raison qu'il faut consulter longtemps son esprit et ses forces, il complète sa pensée en ajoutant aussitôt :

> La nature, fertile en esprits excellents,
> Sait entre les auteurs partager les talents.
> (Chant I, v. 13.)

Heureux s'il ne s'était pas égaré lui-même et s'il n'avait pas eu la faiblesse, dans un moment de vanité, de se croire un poète lyrique! Heureux aussi Chapelain, si, content d'être un grammairien autorisé et un critique de talent, il n'avait pas voulu être encore un poète épique! Horace, qui a souvent inspiré Boileau, a insisté de même sur la nécessité de bien connaître ses propres forces :

> Versate diu quid ferre recusent,
> Quid valeant humeri.
> (*Épître aux Pisons*, v. 39.)

Socrate voit dans cette connaissance l'avantage pratique de proportionner ses entreprises à ses forces, ce qui est absolument nécessaire pour réussir dans la vie ; car ceux qui ne savent pas ce qu'ils peuvent sont assurés d'échouer et « tombent dans le malheur ». Il ajoute que cette connaissance de soi-même est aussi nécessaire aux peuples qu'aux particuliers : « Tu peux voir, dit-il, que parmi les cités, qui, ne connaissant pas leurs forces, font la guerre à des États plus puissants, les unes sont renversées et les autres échangent leur liberté pour l'esclavage. » (*Mémorables*, livre IV, chap. II.) La folle et désastreuse expédition de Sicile avait montré aux Athéniens la vérité de cette observation, qui pourrait aussi provoquer de notre part un mélancolique retour sur une histoire douloureuse. Par deux exemples fort instructifs,

Socrate nous fait toucher du doigt l'avantage que l'on trouve à ne pas s'aveugler sur son propre compte. Il nous présente d'abord un jeune homme, nommé Glaucon, qui avait la manie de discourir en public sans rien savoir, et, par une suite de questions sur l'administration, sur les finances, sur la guerre, le philosophe arrive à lui prouver son incapacité. Dans un autre entretien, il nous montre un caractère tout opposé à celui de Glaucon : Charmide, homme instruit et versé dans les affaires de l'Etat, pèche par excès de modestie et n'ose pas se risquer à parler en public ; Socrate, par une suite de questions, l'amène à faire son examen de conscience et à reconnaître sa valeur, comme il a forcé Glaucon à reconnaître son incapacité. (*Mémorables*, livre III, chap. VI et VII.) Socrate nous montre ainsi combien, dans la vie, il importe de connaître sa nature et ses forces.

Deuxième partie. — En s'étudiant lui-même, l'homme reconnaît qu'il est soumis à une loi, qu'il peut et doit conformer sa conduite à cette loi ; aussi est-il fier de lui-même quand il lui obéit et honteux quand il la viole. Sa conscience lui révèle clairement qu'il dépend de lui, être intelligent et libre, de tendre et de marcher vers sa fin, qui est la pratique du bien. C'est à la lueur de cette idée du bien, saisie en lui-même, que l'homme détermine tous les devoirs qu'il a envers lui-même et envers ses semblables. S'ignorer soi-même, avoir de sa nature une idée fausse ou imparfaite, c'est courir le risque de n'être ni honnête ni heureux ; deux faits prouvent bien que le bonheur et la moralité dépendent de la manière dont l'homme envisage et comprend sa nature. Les épicuriens, mettant l'homme tout entier dans le corps, ne voyaient en lui qu'un être doué de sensibilité et lui assignaient le plaisir comme le but de tous ses actes ; il est clair que dans un pareil système il ne peut être question d'un devoir quelconque ni envers la famille ni envers la patrie ni envers l'humanité ; en outre, comme il ne dépend pas de nous d'arriver au plaisir, qui, pour l'épicurien, est la seule raison de vivre, il est clair que la glorification du suicide est une conséquence fatale de l'épicurisme ; tout sombre donc avec ce système. Les stoïciens, au contraire, ne voyant dans l'homme que la raison, excluent la sensibilité et prétendent que la vertu suffit au bonheur, qu'elle est à elle-même sa propre récompense ; les faits démentent encore cette théorie ; en outre, la tension continuelle, l'effort sans but, qui, pour le stoïcien, constitue la vie, aboutit fatalement à la fatigue, au découragement ; de là, cette apologie du suicide que l'on trouve chez beaucoup de stoïciens. Ainsi, par une connaissance imparfaite de la nature humaine, épicuriens et stoïciens aboutissent également à une abdication. Une étude complète de notre être montre que l'homme n'est pas tout entier dans la raison ; sans doute la raison est la faculté essentielle de l'homme et elle lui assigne la vertu comme le but de la vie humaine ; mais quand le devoir a été accompli, quand nous avons été vertueux, la sensibilité réclame et nous avons la conviction profonde que nous avons droit à une récompense, que la vertu doit être heureuse : aussi des peines et des récompenses sont-elles réservées au vice et à la vertu, et ces sanctions n'enlèvent à la vertu ni son désintéressement ni son mérite. De cette façon, toute notre nature est satisfaite, la raison d'abord, la sensibilité ensuite. Platon a donc eu raison de dire : « Se connaître soi-même, c'est la sagesse ».

Cette connaissance de soi-même peut encore avoir, dans la vie pratique, les résultats les plus heureux. En nous révélant nos infirmités et nos vices, elle nous permet d'en essayer la guérison, et elle nous dispose ensuite à l'indulgence envers autrui ; en nous révélant aussi notre grandeur, elle nous inspire le courage de résister à nos mauvais instincts et nous préserve des défaillances coupables. Pascal a résumé ces avantages dans une pensée pleine de justesse : « Il est dangereux de trop faire voir à l'homme combien il est égal aux bêtes, sans lui montrer sa grandeur. Il est encore dangereux de lui trop faire voir sa grandeur sans sa bassesse. Il est encore plus dangereux de lui laisser ignorer l'une et l'autre. Mais il est très avantageux de lui représenter l'une et l'autre. » Et à la suite de cette pensée, il ajoutait cette espèce de variante : « Il ne faut pas que l'homme croie qu'il est égal aux bêtes ni aux anges, ni qu'il ignore l'un et l'autre, mais qu'il sache l'un et l'autre. »

Troisième partie. — Enfin, la connaissance de l'âme humaine nous conduit à la connaissance de Dieu ; c'est une vérité que tous les philosophes ont proclamée depuis Socrate jusqu'à Descartes.

D'abord, nous trouvons en nous des idées nécessaires et éternelles, qui ne peuvent appartenir à l'homme éphémère et contingent, qui ne peuvent appartenir qu'à un être qui soit, comme elles, éternel et nécessaire ; c'est dire qu'elles viennent de Dieu et sont une preuve de son existence. Mais la connaissance de nous-mêmes ne nous permet pas seulement d'établir que Dieu existe ; elle nous aide aussi à nous faire une idée de sa nature, puisque l'homme est l'œuvre la plus parfaite de la divinité. En se saisissant comme une force intelligente, il sent que cette intelligence est bornée et ne porte pas en elle-même le principe de son existence ; il faut donc que, en dehors de lui, il admette une cause souverainement intelligente qui ait créé l'homme et lui ait donné comme un rayon de sa propre lumière. Car si tout effet a une cause, il est aussi évident que toutes les perfections qui se manifestent dans l'effet, doivent se trouver dans la cause ; il est contraire à toutes les règles de l'induction de supposer des êtres intelligents qui n'auraient point une cause intelligente. Il en est de même pour d'autres qualités, comme la liberté, la puissance et la bonté, que nous trouvons en nous-mêmes et que nous attribuons à Dieu en les portant à l'infini.

Conclusion. — On peut donc affirmer qu'aucune science n'est plus utile que la connaissance de soi-même. En effet, l'homme qui s'est bien étudié et observé, sait exactement de quoi il est capable et ce qu'il lui est impossible de faire ; il connaît ses facultés, leur portée et leurs limites ; il connaît aussi ses devoirs, sa destinée, le but vers lequel il peut et doit tendre, car notre conduite morale dépend de la solution des questions relatives à la nature humaine ; enfin, « la connaissance de nous-mêmes, a dit Bossuet, nous élève à la connaissance de Dieu ».

139. — **Distinguer les devoirs de justice et les devoirs de charité.**

DISSERTATION

Exorde. — La loi morale qui règle nos actions comporte différents devoirs qui se résument dans cette double formule : « Ne fais pas le mal ; — fais le bien. » La première formule se rapporte à la justice, la seconde à la charité ; réunies, elles constituent le devoir, qui, dans ses prescriptions essentielles, est le même pour tous, qu'il s'agisse d'un ami ou d'un ennemi, que l'on soit riche ou que l'on soit pauvre, jeune ou vieux, d'un pays ou d'un autre. Partout en effet la raison ordonne avec un caractère impératif de ne pas faire aux autres ce que nous ne voudrions pas qu'on nous fît à nous-mêmes et de faire aux autres ce que nous voudrions qu'on nous fît. Les devoirs de justice et de charité ont donc des caractères communs ; aussi nous sont-ils également imposés par la loi morale ; mais tandis que l'accomplissement des devoirs de justice peut être exigé par la contrainte, la bienfaisance doit rester libre.

Première partie. — La justice a son principe dans cette idée que l'homme, ayant des devoirs à remplir, doit être respecté dans l'accomplissement de ces devoirs ; venant donc de l'inviolabilité de la personne humaine, qui est chose sacrée, « homo res sacra, » elle a pour caractère d'imposer l'obligation de respecter le droit d'autrui et d'en exiger l'observation; on ne peut nuire impunément à autrui ni dans sa liberté, ni dans sa réputation, ni dans ses biens. Aussi les lois humaines chez tous les peuples civilisés frappent de peines graves tous ceux qui suspendent, même pour un temps court, notre droit à la liberté; seuls, les magistrats chargés de veiller à la sécurité publique peuvent, dans des cas déterminés par la loi et en remplissant certaines formalités, suspendre l'exercice de ce droit; de là cette loi fameuse que les Anglais ont désignée par cette expression *habeas corpus*. La propriété est protégée avec le même soin; la confiscation des biens a depuis longtemps disparu de nos codes, et l'expropriation ne peut plus avoir lieu qu'après une constatation formelle d'utilité publique et avec une indemnité. Quant à notre réputation, elle est aussi protégée par la loi contre les calomnies, et des peines plus ou moins sévères, peines corporelles et amendes, frappent le calomniateur, quand le délit est bien établi. Ainsi, l'accomplissement des devoirs de justice peut être exigé par la force.

Il n'en est pas de même, pour plusieurs raisons, quand il s'agit de la bienfaisance ou charité : 1° la limite est fixe pour la justice, tandis qu'elle semble fuir devant nous quand nous essayons d'en marquer une à la charité, au dévouement; en effet, ne pas porter atteinte à la fortune, à la réputation, à la vie de nos semblables, est un devoir qui peut être défini d'une façon exacte et nette; on ne doit pas plus dérober un grain de blé qu'un million; mais quand il s'agit d'assister les pauvres, de secourir les faibles, de défendre les opprimés, nous sommes là en présence de devoirs qui ne peuvent être déterminés avec la même rigueur; — 2° la bienfaisance imposée n'est plus la bienfaisance; l'essence en est la spontanéité, le bienfait doit être libre : « Beneficium nulli legi subjectum est; » si vous me l'imposez, vous m'en ôtez le mérite; — 3° imposer le bienfait ne porte pas seulement atteinte à la liberté du bienfaiteur, cela détruit aussi la liberté de l'obligé; car en nous constituant la providence des autres, en subvenant à leurs besoins et en dirigeant leur conduite, nous effaçons leur personnalité, nous les dispensons d'efforts, de cette initiative qui développe les qualités viriles; se substituer à une autre personne, même dans de bonnes intentions, est un acte presque criminel, et la charité ainsi comprise peut tout justifier, et elle a justifié même l'esclavage ; c'est à peu près ainsi qu'Aristote l'acceptait pour le bien même des victimes, et nous avons vu de nos jours reproduire ce sophisme.

Seconde partie. — Mais la justice et la charité sont également imposées par la loi morale et ne peuvent se séparer. La charité qui viole la justice est toujours une faute et quelquefois un crime ; c'est avec le mot de charité que l'on a voulu justifier les plus abominables persécutions religieuses ; d'un autre côté, la justice qui se dispense de la charité n'est pas une vertu. En effet, ne pas faire obstacle à la destinée de nos semblables n'est qu'une partie de nos devoirs et la moindre. « S'il suffisait de respecter autrui pour être juste, on devrait décerner ce titre aux pierres, aux arbres, à certains animaux. » Puisque la nature nous a organisés pour vivre dans la société, et que nous recevons d'elle maints bienfaits, nous devons à la société, c'est-à-dire aux autres hommes, une partie de nos facultés, de notre activité ; comme les hommes ne peuvent se développer isolément, ils doivent se prêter un mutuel secours ; et nous commettons une injustice quand nous ne sommes pas bienveillants. Les devoirs de charité sont donc aussi impérieux que les devoirs de justice ; ils nous ordonnent de donner quelque chose de notre cœur pour consoler les malheureux, quelque chose de notre intelligence pour éclairer les autres, quelque chose de notre activité et de notre argent pour aider les faibles. Sans doute il ne faut pas que la bienfaisance supprime la personnalité d'autrui, il faut que chacun travaille et essaie de se suffire ; mais on ne peut pas abandonner à eux-mêmes les vieillards, les infirmes, les enfants orphelins, les faibles d'esprit. En venant à leur aide, nous allons sans doute au delà du devoir strict ; alors commence le dévouement, qui quelquefois devient de l'héroïsme, mais n'en est pas moins obligatoire ; Decius et Léonidas, en se dévouant, donnaient leur vie pour assurer le salut de tous ; c'était sans doute un acte sublime, dont peu d'hommes sont capables, c'était pourtant un acte obligatoire, ordonné par la loi morale.

Conclusion. — Ainsi, bien que la charité ne puisse être imposée par la force comme la justice, ces deux vertus n'en sont pas moins également prescrites par la loi morale et ne peuvent se séparer; la justice qui ne serait pas unie à la charité dégénérerait en sécheresse, et la charité qui ne serait pas réglée par la justice pourrait nous entraîner à des actes répréhensibles. En outre, la charité complète la justice, parce qu'elle essaie d'atténuer les inévitables conséquences de cette inégalité des intelligences qui amène l'inégalité des conditions; il y a là une injustice dont la nature est seule responsable, que les hommes ne peuvent supprimer complètement; mais ils doivent essayer d'en adoucir les effets, et, à cet égard, il y a insuffisance manifeste des devoirs négatifs.

140. — Définir par des analyses et des exemples la justice, l'équité, la charité, la vertu et la probité.

DISSERTATION

Exorde. — On appelle synonymes des mots qui, différents par la forme, ont à peu près le même sens. Mais, la plupart du temps, des mots qui désignent une même *idée principale* ne sont pas véritablement synonymes, parce qu'ils se trouvent exprimer des *idées accessoires* différentes; et alors on s'exposerait à parler sans justesse et sans netteté si l'on employait les uns pour les autres des mots qui, considérés au point de vue de ces idées accessoires, cessent d'être synonymes. La synonymie n'est donc souvent qu'apparente, et dans les sciences il importe de bien saisir les nuances; aussi est-il intéressant, à ce titre, d'indiquer les différences réelles qui séparent les mots énumérés ci-dessus.

Première partie. — La justice consiste à rendre à chacun ce qui lui est dû, à traiter chacun selon son droit. Mais le droit peut être tacite ou écrit, reconnu par la conscience avant de l'être par une législation positive; de là naît la distinction entre la justice et l'équité. Le nom de *justice* s'applique ici au droit écrit, dont l'exécution peut être exigée par la contrainte; on entend par *équité* un droit qui n'emporte avec lui aucune contrainte, qui n'est reconnu que par la conscience. Cette distinction est indispensable au jurisconsulte, qui est souvent obligé d'éclairer avec le droit naturel les obscurités du droit positif. L'équité est donc la justice naturelle par opposition à la justice légale [1] ; et il arrive souvent que les juges doivent rendre leurs arrêts plutôt d'après l'équité que d'après les textes ; il arrive même quelquefois que l'équité est en contradiction avec le droit écrit ; dans ce cas, il faut prendre pour règle l'équité et se conformer à la prescription de Cicéron : « Pro æquitate contra jus dicere. » Mais, au fond, la justice et l'équité sont identiques dans leur essence, et, s'il y a quelquefois entre elles opposition, cela vient de la faiblesse inhérente à l'intelligence humaine, qui n'arrive que par degrés à bien comprendre les diverses applications de la justice, comme de nos autres idées fondamentales.

Deuxième partie. — La justice diffère essentiellement de la charité ou de l'amour en ce que la charité a des degrés, puisqu'elle relève de la sensibilité, et que la justice n'en a pas et ne peut en avoir. Cependant ces deux grands principes de nos actions ne peuvent pas se séparer l'un de l'autre. L'amour, la charité sans la justice peut donner lieu à des crimes ; c'est ainsi que, sous prétexte de sauver les hommes ou dans ce monde ou dans l'autre, on a quelquefois usé à leur égard des violences les plus atroces ; c'est ainsi qu'au nom de la charité on va quelquefois jusqu'à la spoliation. Mais ces deux devoirs sont également imposés par la loi morale et ne peuvent se séparer ; si la charité qui viole la justice est une faute, la justice qui se dispense de la charité n'est pas une vertu. Ne pas nuire à autrui est la moindre partie de nos obligations ; ayant reçu beaucoup des autres hommes, nous leur devons une portion de notre activité [2]. En outre, la charité a pour mission d'atténuer les inévitables conséquences de l'inégalité naturelle des intelligences et des conditions. Il est vrai que la limite est fixe pour la justice, tandis qu'elle semble fuir devant nous quand il s'agit de dévouement, d'amour, de charité. Ne pas nuire à nos semblables dans leurs biens, dans leur honneur, dans leur vie, est une obligation

---

1. Voyez plus loin le numéro 143.
2. Voyez plus haut le numéro 139.

nette et bien définie ; assister les pauvres, secourir et consoler les malheureux, ce sont des devoirs qui ont pour nous la même obligation, mais qui ne peuvent être déterminés avec la même rigueur. La justice et la charité ne doivent donc pas être séparées ; elles se tempèrent l'une l'autre, elles doivent s'unir et se compléter, et elles trouvent leur expression dans ces deux préceptes qui formulent la loi morale dans toute son étendue : « Ne fais pas à autrui ce que tu ne penses pas qu'un autre ait le droit de te faire : fais pour les autres ce que tu désirerais que les autres fissent pour toi. »

Troisième partie. — Le mot *vertu* ne signifiait à l'origine que le courage qui se montre surtout dans la guerre, c'est le sens propre du mot latin *virtus*. Puis, comme il faut aussi de la force et du courage pour résister à la passion, on l'a appliqué à tous les genres de courage, et on a désigné par ce nom la pratique habituelle du bien ; c'est en ce sens moral qu'on peut dire que la vertu est le sacrifice de la passion et de l'intérêt au devoir ; le mot de vertu emporte toujours l'idée d'une lutte ; par conséquent, les mots de vice et de vertu ne peuvent s'appliquer qu'à des êtres que le bien et le mal se disputent, c'est-à-dire à des êtres libres. — La vertu est nécessairement *une*, comme le bien ; cependant, comme l'idée du bien peut se présenter à notre esprit sous plusieurs aspects, on a aussi désigné plusieurs vertus ; la division la plus ancienne et la plus célèbre est celle des quatre vertus cardinales : la *force* ou grandeur d'âme, énergie morale, la *prudence* ou connaissance de la vérité, la *tempérance* et la *justice*. Le christianisme, par la nature de ses dogmes, a dû la trouver incomplète et y a ajouté les vertus théologales : la foi, l'espérance et la charité.

Quatrième partie. — La *probité* est relative aux devoirs envers autrui et surtout aux devoirs de la vie civile ; c'est une exacte régularité à remplir tous les devoirs de la vie civile ; elle implique la droiture du caractère, la loyauté des transactions et l'intégrité qui ne se laisse jamais entamer ni corrompre.

Résumé. — Ainsi la *justice*, quand on lui oppose l'équité, est le droit écrit, la justice légale, dont le respect peut être exigé par la force ; l'*équité* est alors la justice naturelle, indépendante de toute loi et de toute convention. La *charité* est cette vertu empressée qui nous pousse à secourir nos semblables et qui, relevant de la sensibilité, a des degrés, tandis que la justice n'en a pas. La *vertu* consiste dans l'accomplissement de nos devoirs ; la *probité* désigne tout particulièrement les devoirs envers autrui, surtout dans les transactions et les rapports de la vie civile.

141. — **La formule célèbre des stoïciens,** *abstine, sustine,* **contient-elle toute la loi morale?**

DISSERTATION

Exorde. — Aucune école de philosophie n'est plus populaire que l'école stoïcienne, à cause de son caractère pratique et de l'originalité de sa morale. Rien pourtant n'a été plus diversement jugé que la morale stoïcienne ; les uns, comme Horace, Epictète et Marc-Aurèle, en ont chanté ou admiré la grandeur et la pureté ; d'autres, comme les Pères de l'Eglise et les Jansénistes, n'y ont vu qu'un délire de l'orgueil humain. Cette diversité de jugements s'explique : en effet, rien de plus noble que cette morale qui inspire et soutient l'héroïsme de Thraséas, la patience d'Epictète et la sérénité de Marc-Aurèle ; mais rien de plus exagéré que cette doctrine qui veut supprimer les plus légitimes instincts de l'homme et lui imposer une vertu impraticable. C'est là ce qui résulte aussi de l'examen de cette formule célèbre : « abstine et sustine. » D'un côté, nous y voyons cette énergie qui a fait dire du stoïcisme que c'était la philosophie de l'effort, comme on pourrait dire de l'épicuréisme que c'est la philosophie du relâchement ; de l'autre, c'est l'orgueil d'une âme fière de sa force, qui s'éloigne des autres hommes, ne jette sur eux qu'un regard de dédain, s'absorbe en elle-même et aboutit à l'égoïsme.

Première partie. — Pour le stoïcien, il faut avant tout obéir à la raison et résister aux désirs des sens ; la vie est une lutte de la liberté humaine contre la fatalité extérieure, lutte où la liberté doit triompher ; le bien de l'homme n'est que dans la vertu et la liberté de l'âme. *Abstiens-toi*, dit le sage, c'est-à-dire ne commets aucune faute, conserve intacte ta dignité contre les passions ; ne nuis ni aux autres ni à toi-même ; ne nuis pas aux autres, c'est-à-dire ne porte atteinte ni à la fortune d'autrui, ni à sa réputation, ni à sa liberté, ni à sa vie, ne jette pas un regard envieux sur ses avantages ; ne nuis pas à toi-même, c'est-à-dire ne laisse entrer dans ton âme aucun désir mauvais, ne sois pas l'esclave de tes passions, qui doivent être non pas seulement affaiblies, mais extirpées ; et, pour mettre en pratique ces maximes, il faut que le sage vive dans la solitude : « Fugienda est turba, » a dit Sénèque ; car, au contact d'autrui, le sage peut sentir se réveiller en lui quelque trouble qu'il avait assoupi, quelque désir qu'il avait étouffé : « Avarior redeo, ambitiosior, luxuriosior, imo vero crudelior et inhumanior, quia inter homines fui. » Il faut donc que le sage se renferme en lui-même autant que possible pour développer en lui les bons instincts et comprimer les mauvais ; c'est pour lui seul que le sage se rend meilleur : « Introrsus bona tua spectent. » — *Soutiens*, c'est-à-dire sois patient et invincible contre tout ce qui peut atteindre ton corps ou ton âme. La faute, le péché seul est un mal ; par conséquent, la douleur physique qui nous frappe n'est pas en réalité un mal et doit nous trouver indifférents ; il faut donc la supporter sans une plainte, présenter à tous ses assauts un visage calme et souriant, lui dire comme Posidonius Molon, torturé par la goutte : « Douleur, tu n'es pas un mal. » Quant aux peines qui pourraient atteindre l'âme, il faut montrer la même fermeté, en se disant que la fortune, la réputation, les honneurs, la famille même, ne sont que des biens extérieurs auxquels le sage ne doit pas s'attacher et dont la perte ne saurait par conséquent le troubler ; rien ne doit inquiéter et bouleverser son âme. Dans ce mot *sustine* on trouve donc cette partie de la vertu, le courage, la force d'âme dont parle Horace à propos de l'homme de bien :

> Si fractus illabatur orbis,
> Impavidum ferient ruinæ.

Le sage ne saurait baisser la tête devant aucun maître :

> Omnia terrarum subacta
> Præter atrocem animum Catonis.

On voit que par cette formule, *abstine et sustine*, les stoïciens exprimaient les devoirs relatifs à la justice proprement dite et ce qui concerne la morale individuelle. Le mot *abstine* désigne surtout la répression de nos penchants, l'énergie qui protège notre liberté contre nos propres passions ; il nous impose aussi le respect de la liberté d'autrui ; par le mot *sustine*, ils désignaient le courage qui rend l'âme indépendante des coups du sort.

Seconde partie. — Mais les stoïciens ont le tort de ramener la morale entière à ces deux préceptes, d'où l'on ne peut faire sortir les obligations de l'homme à l'égard de ses semblables, surtout les devoirs de la charité et les obligations de l'homme à l'égard de Dieu. Le stoïcien regarde les autres hommes comme un troupeau d'esclaves ; il n'a pour eux ni amour ni pitié, il est indifférent au malheur d'autrui. Or, n'est-ce pas un fait que l'homme, né pour la société et ne pouvant vivre hors de son sein, reçoit d'elle tout ce qui lui permet de vivre et de se développer ? Recevant beaucoup des autres, nous leur devons beaucoup. Il ne suffit pas de respecter autrui pour être juste ; ne pas entraver la destinée de nos semblables est la moindre de nos obligations ; une portion de notre activité est due aux autres hommes ; nous sommes injustes quand nous ne sommes pas bienveillants. De là ces liens qui unissent l'homme à l'homme ; de là le beau vers de Térence :

> Homo sum, humani nihil a me alienum puto.

Notre communauté de nature nous impose des devoirs de bienveillance et d'amour à l'égard des autres. Aussi une secrète inclination nous porte à faire le bien, à aider autrui de nos biens, de nos conseils, de nos sympathies ; on est injuste quand on garde pour soi seul les vertus qu'on a développées dans son âme ; loin de fuir la multitude, il faut se mêler à elle pour essayer de la rendre meilleure, et il ne faut pas se renfermer dans un égoïsme farouche. L'homme vraiment juste ne doit donc pas être indifférent aux vices et aux malheurs d'autrui, et il doit, comme le recommande Cicéron, prendre part au gouvernement des sociétés quand ses capacités le lui permettent et que les circonstances l'exigent. — On ne trouve pas non plus dans cette formule les devoirs envers Dieu; cela n'a rien d'étonnant, puisque Dieu, suivant les stoïciens, se confond avec la nature et, se développant d'après une loi nécessaire et fatale, n'a pas une existence propre.

Conclusion. — Il faut donc admirer chez les stoïciens cette probité sévère qui inspire le respect d'autrui, cette pureté de l'âme que ne souille aucun vice (*abstine*); il faut admirer aussi cette force qui oppose au malheur un courage invincible (*sustine*) et faisait dire à Sénèque que la divinité ne peut pas avoir un plus beau spectacle que celui d'un homme de bien luttant contre l'adversité. Mais cette formule ne contient pas toute la loi morale, puisqu'elle laisse de côté cette charité qui se porte au secours de l'infortune et cette piété que nous imposent les bienfaits de la divinité.

L'école stoïcienne a donc pratiqué avec grandeur une forte maxime, montré qu'on peut dédaigner tous les biens qui charment les hommes et maintenu la dignité humaine à une époque d'universelle lâcheté; mais elle ne répondait pas à toutes les aspirations de notre nature et négligeait une partie des devoirs qui nous incombent.

142. — **Enumérer et classer les différentes vertus humaines en les faisant rentrer dans les divisions habituelles des devoirs en trois groupes, à savoir : les devoirs envers nous-même, envers nos semblables et envers Dieu.**

PLAN

Le mot *vertu* signifiait à l'origine le courage qui distingue l'homme de la femme et qui se montre surtout à la guerre ; mais, comme il faut aussi du courage pour résister à la passion et sacrifier ses intérêts en vue du bien, on a désigné par le même mot la pratique habituelle du bien, la force qui fait préférer le bien au mal ; la vertu est donc une force que l'habitude a fixée en nous. La vertu est *une* comme le bien ; mais, comme l'idée du bien peut se présenter à nous sous plusieurs aspects, il y a plusieurs espèces de devoirs, et on a distingué aussi plusieurs classes de vertus. Une division ancienne et célèbre est celle des quatre *vertus cardinales*, qui contiennent toutes les autres et qui sont : le courage ou force d'âme, la prudence, la tempérance et la justice. La philosophie moderne, laissant de côté la division des vertus, a recherché d'abord quelle est la loi absolue de nos actions, puis avec ce principe suprême elle a déterminé les devoirs particuliers qui nous incombent dans chacune des positions de la vie. On a donc substitué la classification des devoirs à la classification des vertus, et, d'après leurs objets, on a distingué les devoirs en trois classes, dans lesquelles on peut faire rentrer les différentes vertus humaines; ces trois classes sont : 1° les devoirs de l'homme envers lui-même ; — 2° les devoirs de l'homme envers ses semblables ; — 3° les devoirs de l'homme envers Dieu.

A. **Devoirs de l'homme envers lui-même.** — L'homme étant composé d'un corps et d'une âme, il en résulte deux sortes de devoirs, les uns regardant l'âme, les autres le corps. — Tous les devoirs de l'homme envers l'âme sont compris dans le perfectionnement de soi-même. Pour ce qui concerne la volonté, il faut chercher à en augmenter l'énergie pour rester maître de soi; la vertu qui exprime le mieux cette idée est le *courage* ou force et grandeur d'âme, fermeté du caractère; pour les stoïciens, il y avait un double devoir de *tempérance* (pour dédaigner ce qui est extérieur et indépendant de nous) et de *courage* (pour supporter les douleurs, les injures) ; — pour ce qui regarde l'intelligence, il faut la cultiver, chercher à connaître la vérité ; c'est l'amour de la science, de la connaissance, c'est la vertu qui s'appelle *prudence*, *sagesse;* — pour la sensibilité, il faut la contenir, subordonner à la raison les mouvements de la passion et de l'instinct; c'est l'empire sur soi-même, la *modération* ou *tempérance*, ce que les Anglais appelleraient self-government. — Pour le corps, qui est l'instrument de l'âme, mais qui n'en est que l'instrument, il faut éviter deux excès, un mépris exagéré et la recherche, « ne quid nimis; » c'est la *modération* et aussi le *respect de soi-même*.

D. **Devoirs de l'homme envers ses semblables.** — Tous ces devoirs se résument dans deux vertus, la *justice* et la *charité* [1]. — Dans la famille, les devoirs sont : 1° entre les époux, l'affection réciproque, l'*amour conjugal;* — 2° entre les époux et les enfants, c'est le dévouement des parents pour l'éducation physique, intellectuelle et morale de leurs enfants, l'*amour maternel*, l'*amour paternel;* — 3° pour les enfants, c'est la reconnaissance et l'affection respectueuse, c'est la *piété filiale*. — Nos devoirs envers l'État se résument

---

1. Voyez le numéro 189.

dans le *patriotisme*, qui fait que non seulement nous nous abstenons de tout ce qui peut nuire à notre nation, mais encore que nous essayons de lui venir en aide par tous les moyens en notre pouvoir, que nous allons jusqu'à lui sacrifier nos intérêts particuliers.

C. **Devoirs de l'homme envers Dieu.** — Tous nos devoirs envers Dieu, c'est-à-dire le respect pour sa puissance, la gratitude pour ses bienfaits et l'amour que mérite sa bonté, se résument dans une vertu, la *piété*, qui comprend aussi les pratiques du culte.

143. — **A. Du Droit.** — **B. Du Droit naturel.** — **C. Du Droit positif.**

PROGRAMME

A. 1° Le droit est la faculté reconnue, naturelle ou légale, d'accomplir ou de ne pas accomplir un acte. L'idée du droit est une idée de la raison absolument simple et qui par cela même échappe à toute définition logique. Le droit naît du devoir, c'est l'exercice même de la liberté. En effet, ce que la loi morale m'ordonne de faire, elle défend aux autres de l'empêcher, elle me déclare inviolable dans l'usage que je fais de mes facultés pour lui obéir, et cette inviolabilité dont je suis revêtu, cette défense de m'entraver dans l'accomplissement de mes devoirs, voilà ce qui constitue mon droit. Tout acte commandé par la loi morale est un acte qui doit être permis. Ce principe n'a pas besoin de démonstration, c'est un axiome de morale, et, comme tel, il brille de sa propre évidence. L'origine du droit est donc l'inviolabilité de la personne morale, qui, responsable de ses actes et chargée d'accomplir des devoirs, doit être respectée dans l'exercice de son activité; en ce sens, tout devoir confère un droit, celui de le remplir. Le droit ayant pour base l'observation de la loi morale, les animaux, privés de raison et de liberté et n'étant capables d'aucun devoir, n'ont pas de droit, et il en est de même pour les hommes qui se sont mis en guerre ouverte avec l'ordre moral. — **2°** Puisque le droit repose sur le devoir, il n'est pas d'invention humaine, comme l'ont avancé certains théoriciens; suivant eux, des législateurs, reconnaissant les dangers de l'anarchie sociale et du conflit des passions et des intérêts, ont imaginé, dans une intention louable, et fait accepter à la crédulité populaire, un prétendu droit supérieur, maintenu par la routine ou par la puissance publique; en fait, cette convention n'existe pas, et, si elle existait, elle n'obligerait que ceux qui l'ont acceptée, et les droits qui en résulteraient seraient à chaque instant suspendus ou plutôt n'existeraient pas. Et même l'idée de droit ou d'obligation réciproque est la base de tout contrat, puisqu'un contrat suppose l'obligation de respecter les engagements et que cette obligation suppose à son tour les droits de ceux avec qui nous contractons et qui observent les clauses du contrat. C'est l'idée du bien qui est le principe de l'obligation et du droit, idée innée et antérieure à toute convention. — 3° Il n'y a de droit que quand il y a des devoirs, mais il n'y a pas toujours des droits quand il y a des devoirs, c'est-à-dire que tous les devoirs n'ont pas de droits corrélatifs; les devoirs de justice entraînent seuls des droits correspondants; dans la bienfaisance, il n'y a pas de droit corrélatif au devoir; l'obligation où je suis de secourir mon semblable ne lui confère pas le droit d'exiger le secours, car l'exigibilité anéantit la charité.

B. 1° Le *droit naturel* est l'ensemble des droits que tous les hommes possèdent en raison de leur commune nature, abstraction faite de toute institution conventionnelle, de tout contrat social. Les droits naturels naissent avec nous, résultent du développement nécessaire et légitime de nos facultés; ils sont inviolables, indépendants des temps et des lieux, et servent de base à tout droit écrit : « Il y a, dit Socrate dans Xénophon, des lois non écrites qui sont les mêmes dans tous les pays et qui ont le même objet... ce sont les dieux qui les ont inspirées aux hommes. » Et Sophocle fait dire aussi à Antigone : « Les décrets d'un mortel ne peuvent prévaloir sur les lois non écrites, œuvre immuable des dieux; celles-ci ne sont ni d'aujourd'hui ni d'hier; toujours vivantes, nul ne sait leur origine. » Ces droits sont imprescriptibles et inaliénables, nul ne peut nous en dépouiller, et nous-mêmes nous n'avons pas le droit de renoncer à ces droits. — 2° Les principaux droits naturels sont : la *vie*, les hommes ne peuvent nous l'enlever parce que le devoir y est lié ; — la *liberté*, l'homme naît libre, puisqu'il est responsable de ses actions et qu'il n'est une personne qu'à cette condition ; sans la liberté, l'homme ne peut accomplir les devoirs que la nature lui impose ; il ne doit pas être gêné dans l'exercice de ses facultés (liberté de conscience, liberté de penser, liberté de parler, cette dernière résultant aussi de notre besoin de sociabilité, etc.) ; — la *propriété* ; ce droit est une extension de la liberté ; l'homme qui consacre son esprit et ses forces à une œuvre a droit aux résultats de son travail ; il se retrouve dans ce qui est sorti de son intelligence et de ses mains ; le droit de propriété est le droit de posséder une chose que nous avons acquise par l'emploi de notre activité, que nous avons faite *nôtre* par le travail (ce droit a donc pour fondements : 1° la liberté, c'est-à-dire la libre disposition de soi-même, de sa personne physique et morale ; 2° le travail, c'est-à-dire l'assimilation des choses à nous-mêmes par un effort personnel) ; — l'*égalité* ; tout homme a un droit égal au libre exercice de ses facultés, puisque tous sont égaux devant la loi morale (ne pas confondre cette égalité avec l'égalité chimérique que réclament certains niveleurs et qui n'est donnée ni par la loi naturelle ni par la loi positive). — 3° Les mêmes droits appartenant à tous les hommes, les droits de l'un ne sauraient aller jusqu'à offenser les droits des autres ; ce qui est sacré chez l'un est sacré chez l'autre ; l'exercice de notre liberté a pour limite le respect de la liberté d'autrui.

C. Le *droit positif* désigne les lois établies par le pouvoir social chez chaque peuple ; variable, il subit l'influence du temps et de la civilisation ; il prend différents noms : les *droits civils* existent de citoyens à citoyens ; les *droits politiques* sont ceux d'un membre de la société sur la société elle-même ; ils sont moins étendus que les précédents, car en les exerçant nous disposons dans une certaine mesure de la société tout entière en même temps que nous disposons de nous-mêmes ; les *droits internationaux* sont ceux que les peuples doivent prendre pour règles dans leurs rapports, en se réglant sur les lois éternelles de la bonne foi et de la justice.

OBSERVATION. — *On trouvera dans les développements qui précèdent les idées nécessaires pour traiter les sujets qui suivent :*

Qu'est-ce que le droit? Comment le droit dérive-t-il de la liberté?

De la différence du droit et du devoir; est-ce le droit qui repose sur le devoir ou le devoir qui repose sur le droit?

Est-il vrai, comme on l'a prétendu, que, dans la morale, tout devoir corresponde à un droit?

Du droit de propriété; réfuter les objections dont il a été l'objet.

144. — Relation des deux idées de droit et de devoir.

ESQUISSE

Le droit est la faculté d'accomplir un acte commandé par la loi; le droit est donc l'exigibilité du devoir. En effet, lorsque je me sens soumis à un devoir, je comprends aussitôt que j'ai le droit d'être respecté dans l'accomplissement de ce devoir. Chacun de nous conçoit d'une manière spontanée que tout acte ordonné est un acte permis, légitime, et que personne ne doit être entravé dans l'exécution de cet acte. Ordonner à un homme de marcher après lui avoir attaché les jambes constituerait une contradiction odieuse ou ridicule. Tout devoir confère donc un droit, celui de le remplir; en ce sens, il y a toujours corrélation entre l'idée du droit et celle du devoir; au devoir de travailler correspond la liberté, le droit de travailler; au devoir d'élever ses enfants correspond le droit de leur donner l'éducation qui semble la meilleure. La conscience dit à l'homme avec une autorité impérative qu'il a des devoirs à remplir envers lui-même et envers les autres hommes; ce devoir, qui est une *nécessité morale*, confère à l'agent le *pouvoir moral* d'agir conformément aux prescriptions de sa conscience, et il est inviolable, sacré, lorsqu'il obéit à la loi qui s'impose à lui. C'est en ce sens que les Anciens pouvaient dire : « Homo homini res sacra. » Sans doute, l'homme est trop souvent entravé dans cette action que la loi morale lui impose; alors la force prime le droit; mais, comme dit Bossuet, « la violation du droit ne prouve rien contre le droit ». Puisque le droit n'est que l'accomplissement du devoir, l'homme ne saurait avoir un sentiment exagéré de ses droits; il peut et il doit même imposer le respect de ses droits; sa dignité y est intéressée, et Kant a eu raison de dire : « Celui qui se fait ver peut-il se plaindre d'être écrasé? » Ainsi le droit naît et s'évanouit avec le devoir : « Le devoir et le droit sont frères, dit Cousin, ils naissent le même jour, ils se développent et ils périssent ensemble. » Le père est investi de certains droits à l'égard de ses enfants parce qu'il est tenu à des devoirs envers eux; ses devoirs sont le fondement de son autorité qui disparaît avec eux et n'existe que par eux. Aug. Comte a donc eu raison de dire : « On n'a d'autre droit que celui de faire son devoir. » Etre hors du droit, c'est être hors du devoir. Les animaux n'ont pas de droit parce qu'ils n'ont pas de devoir; les criminels voient prononcer contre eux la suspension totale ou partielle du droit, parce qu'ils ont voulu se soustraire au devoir. Le devoir et le droit sont donc conférés du même coup par la loi.

Est-ce le droit qui est le fondement du devoir ou le devoir qui est le fondement du droit? est-ce le droit qui repose sur le devoir ou le devoir qui repose sur le droit? En un sens, on peut dire que le devoir repose sur le droit; mais la réciproque sera vraie, et on peut dire aussi que c'est le droit qui repose sur le devoir. En réalité, aucun d'eux n'est le fondement de l'autre; le devoir et le droit ne font qu'un, c'est un même principe envisagé sous deux points de vue différents. Aussi ont-ils le même fondement, qui est la loi morale, la nécessité d'accomplir le bien propre à la nature humaine; c'est donc l'idée du bien qui est la source du droit, et par conséquent celui-ci a les mêmes caractères que l'idée du bien; c'est une de ces notions que la raison conçoit avant toute démonstration, qui sont universelles et nécessaires. Il en résulte que le droit n'est pas d'invention humaine, comme on l'a quelquefois prétendu; ce n'est pas le résultat d'une de ces conventions arbitraires établies par les législateurs, maintenues par la routine ou, comme le veut Hobbes, imposées par l'emploi rigoureux de la puissance publique. On a dit aussi quelquefois que le droit dérivait de la liberté; cette opinion ne peut pas être acceptée; la liberté n'est qu'une condition du droit, elle n'est pas le fondement du droit qui repose sur l'idée du bien, sur la loi morale.

Il y a toujours corrélation entre le devoir et le droit en ce sens que tout devoir implique la faculté, c'est-à-dire le droit d'accomplir le devoir. Mais en se plaçant à un autre point de vue, on voit qu'il y a des cas où cette corrélation n'existe pas. Ainsi, dans la morale individuelle, les devoirs n'ont pas de droits corrélatifs; le moi n'a pas de droit sur le moi. Il en est de même dans la morale religieuse : nous avons des devoirs à remplir envers Dieu, mais nous n'avons pas de droits à revendiquer à son égard. C'est seulement dans la morale sociale et pour les devoirs de justice que les devoirs ont des droits corrélatifs : l'obligation qui s'impose à moi de respecter autrui dans ses biens, dans son honneur, dans sa vie, me donne le droit d'être également respecté par autrui dans mes biens, dans mon honneur, dans ma vie. On peut dire aussi que mon devoir de respecter autrui est son droit à mon respect, et réciproquement son devoir envers moi est mon droit sur lui. Mais les devoirs de bienfaisance ou de charité n'ont pas de droits qui leur correspondent. J'ai le devoir d'assister mon semblable, mais ce devoir ne lui donne pas le droit d'être assisté : « L'Etat, dit Cousin, a le devoir de venir en aide aux ouvriers dans les temps de chômage involontaire, mais ce devoir ne crée pas le droit au travail. » Ainsi les devoirs de justice ont seuls des droits corrélatifs; mais il faut toujours se rappeler que, à un point de vue général, tout devoir d'accomplir un acte suppose le droit de l'accomplir et d'être respecté par autrui dans l'exécution de cet acte.

145. — De l'origine de la société; par quels arguments peut-on démontrer que l'origine de la société est un fait naturel et nécessaire, non un fait arbitraire et accidentel, comme on l'a quelquefois prétendu?

DISSERTATION

Exorde. — On ne trouve pas d'homme vivant à l'état sauvage, c'est-à-dire seul et séparé de ses semblables; les hommes que l'on appelle les sauvages ne vivent pas isolés, mais réunis en tribus. Cela seul suffirait à prouver que la société n'est pas un fait arbitraire et accidentel, mais bien un fait naturel et nécessaire; cela prouverait qu'Aristote a eu raison de dire : « Tout homme est ami de l'homme. » Cependant deux écrivains célèbres, Rousseau et Hobbes, ont prétendu le contraire. L'un, entraîné par une imagination ardente et par un esprit paradoxal, trouvait un plaisir singulier à rompre ainsi en visière à une société qui n'aimait que la vie de salon et dont les abus avaient infligé à son amour-propre de cruelles souffrances; il trouvait que la société était une invention malheureuse des législateurs, que l'homme, né bon, avait été corrompu par elle; en un mot, pour lui, « l'homme est un animal sauvage dépravé par la société. » L'autre, convaincu que la nature humaine ne doit pas avoir d'autre fin que le bien-être et d'autre règle que l'intérêt, aboutissait naturellement à cette conclusion que l'homme est un loup pour l'homme : « Homo homini lupus. » Mais, malgré l'opinion de ces écrivains, malgré les haines qui divisent quelquefois les hommes et malgré la dureté avec laquelle ils se traitent trop souvent, il est facile de démontrer que l'homme est né pour la société, et il suffit de l'examiner dans sa vie physique, intellectuelle et morale.

Première partie. — Un examen rapide de notre constitution physique suffit pour prouver que l'homme, livré à lui-même, ne peut vivre ni dans l'enfance ni dans la vieillesse. En effet, son enfance est plus longue et plus nécessiteuse que celle de tous les autres animaux, qui peuvent presque tous se passer de leurs parents au bout d'un court espace de temps ; le petit enfant, au contraire, a besoin, non pas pendant quelques jours ni même pendant quelques mois, de soins attentifs, empressés, que réclame sa délicate et frêle constitution. La vieillesse, cette autre enfance de l'homme, est aussi plus débile et plus infirme que celle des autres animaux. Et, même quand l'homme est arrivé à l'âge où il jouit de toute sa vigueur physique, il lui faut encore le concours des autres pour satisfaire à ses nombreux besoins ; il est organisé de telle façon que sa vie doit être une succession d'échanges avec ses semblables, il a besoin d'eux pour se procurer ce qui lui est nécessaire, pour résister aux intempéries des saisons, pour se défendre contre les animaux sauvages, et, il faut bien l'avouer, pour se garantir aussi contre les passions mauvaises de certains hommes qui déclarent la guerre à leurs semblables. Voyez du reste combien les sauvages sont misérables, à peine couverts de peaux de bêtes, mourant presque de faim, exposés à mille souffrances et à mille dangers. La société, au contraire, mettant sa force collective au service de chacun de ses membres, les efforts des hommes réunis, qui se partagent les différentes fonctions de la communauté, aboutissent à des résultats heureux dont chaque individu profite. On ne peut comparer l'isolement, même relatif, des sauvages qui vivent pauvres et misérables, avec nos sociétés puissantes qui protègent notre vie et nos biens contre tous les dangers.

Deuxième partie. — Non seulement la société est indispensable à l'homme pour ses besoins physiques, mais elle lui est également nécessaire pour la vie intellectuelle ; on constate chez tous les hommes un vif et impérieux désir de connaître, qui se manifeste par les questions réitérées des enfants, par les travaux opiniâtres des savants et qu'atteste aussi la satisfaction ressentie par nous quand nous découvrons une vérité longtemps cherchée ; or, il est facile de voir que la société seule permet à l'homme de satisfaire à ce besoin. Car, personnellement et directement, nous connaissons peu de choses, et, quand nous faisons l'inventaire de nos connaissances, nous trouvons qu'elles viennent presque toutes du dehors, c'est-à-dire de nos parents et de nos maîtres : l'homme ne connaît guère que grâce à la société. De plus, si nous vivions dans la solitude, tout ce que nous apprendrions par nous-mêmes disparaîtrait avec nous ; au contraire, dans la société, ce qui est trouvé par l'un profite à tous ; c'est ainsi que les efforts successifs des générations ont constitué un trésor de connaissances qui s'accroît sans cesse, dans lequel chacun puise et qui pourtant ne diminue jamais ; l'humanité devient ainsi, dit Pascal, « comme un homme qui subsiste toujours et qui apprend continuellement. » Enfin, si la société était un fait arbitraire, pourquoi l'homme aurait-il reçu de la nature la faculté de parler ? La parole, qui nous sert non seulement à former nos idées, mais à les communiquer à autrui, serait un présent inutile, et la nature nous l'aurait donnée en vain, ce qui est contraire à cette vérité de sens commun que « rien n'est en vain dans la nature ».

Troisième partie. — Quand Hobbes a dit que l'homme est un loup pour l'homme, il a bien vu qu'il n'obéit souvent qu'à l'égoïsme, qu'à ses intérêts ; mais, à côté de cet instinct de la conservation personnelle, il y a aussi un vif instinct de sociabilité, qui fait que l'homme aime à se trouver avec l'homme. C'est dans la société seulement qu'il peut développer les plus généreux instincts de sa nature, ce besoin de dévouement qui fait que souvent la mère, le médecin exposent leur santé, leur vie même pour le salut d'autrui, cet instinct de charité qui nous porte à soulager les misères des autres. Aussi l'homme aime-t-il et recherche-t-il la société, et on peut dire de lui ce qu'Horace a dit de l'enfant : « Gestit paribus colludere. » Et un fait qui prouve bien que la société est un besoin pour l'homme, ce sont les résultats auxquels aboutit, dans les prisons, le système cellulaire, qui a pour but de soustraire le condamné à des influences déplorables, et qui, appliqué avec rigueur, produit le suicide ou la folie. Enfin, les sentiments qui agitent le cœur de l'homme ont une vivacité plus grande quand il est avec ses semblables que quand il est seul ; sa gaieté est plus vive, sa douleur est plus grande s'il est en communication avec les autres.

Quatrième partie. — En fait, on ne trouve pas d'homme vivant à l'état sauvage. Les quelques individus qui ont vécu seuls n'avaient pas adopté par choix ce genre de vie ; ils y avaient été condamnés par des accidents ou par la volonté d'autrui, comme le matelot Selkirck que son capitaine eut la cruauté d'abandonner dans l'île déserte de Juan Fernandez, comme Philoctète abandonné aussi par ses compagnons d'armes. Ces individus délaissés montrèrent une joie vive quand ils se retrouvèrent avec des hommes, et Sophocle a exprimé ce sentiment par la bouche de Philoctète avec une touchante éloquence. De plus, ces infortunés se trouvaient dans un tel état de misère physique, de dégradation intellectuelle, que cela seul suffirait à prouver que l'homme n'a pas été organisé pour vivre isolé.

Résumé. — Ainsi tout démontre que l'homme est fait pour la société : les besoins de sa nature physique aussi bien que ceux de son intelligence et de son cœur font de lui un être sociable, comme l'a dit Aristote : ὁ ἄνθρωπός ἐστι ζῷον πολιτικόν, et chacun peut répéter le beau vers de Térence :

> Homo sum, humani nihil a me alienum puto.

146. — Quels sont les droits respectifs de l'État et des individus dans la morale sociale ?

DISSERTATION

Exorde. — L'homme se sent destiné à la pratique du bien ; libre et perfectible, il doit chercher à développer ses facultés d'après le type de l'ordre qu'il a en lui-même. Telle est sa destinée, et tout dans sa vie doit avoir pour but ce perfectionnement de soi-même, tout pour lui est subordonné à ce devoir ; c'est pour l'homme comme la raison de vivre. Or, il ne peut se développer que dans la société qui lui est indispensable à la fois pour sa vie physique, pour sa vie intellectuelle et pour sa vie morale. A la lumière de ces deux faits, il est facile de déterminer quels sont les droits respectifs de l'Etat et de l'individu dans la morale sociale.

Première partie. — La société est le plus impérieux besoin de l'homme pour le développement de ses facultés morales aussi bien que pour la préservation de son être physique ; il ne saurait vivre hors de son sein ; aussi la société est-elle un fait primitif antérieur à toute convention, quoi qu'en dise Rousseau ; c'est un fait naturel et nécessaire, non un fait arbitraire et accidentel, comme l'a aussi prétendu Rousseau. Elle n'est pas non plus le résultat d'une usurpation de la force, du despotisme, comme l'a dit Hobbes ; c'est un fait contemporain de la naissance même du genre humain. Puisque c'est à l'Etat que nous devons d'être ce que nous sommes, puisque sans lui nous ne pouvons ni vivre ni donner satisfaction aux besoins de notre intelligence et de notre nature morale, puisque, en un mot, nous ne pouvons sans lui atteindre le but de notre existence, il doit être le premier objet de notre dévouement; et par là on comprend que l'amour de la patrie n'est pas un de ces vains mots inventés par une creuse phraséologie, ni un de ces sentiments artificiels que la mode fait naître et qui disparaissent avec le caprice du jour. C'est là ce qui explique l'admiration sympathique que nous éprouvons pour ceux qui ont tout donné à la patrie. En effet, nous lui appartenons tout entiers avant d'être à la famille et à nous-mêmes; nous lui devons tous les sacrifices, même celui de la vie. On s'explique ainsi pourquoi Cicéron fixant, dans le *De officiis*, les degrés de l'honnête, a mis l'amour de la patrie, c'est-à-dire les devoirs qui se rattachent au maintien de la société, aussitôt après les devoirs de justice. Rien ne peut donc être absolument indépendant de l'Etat; tout ce qui est à l'abri de son toit, hommes et institutions, individus et corporations, est soumis aux conditions de sa sécurité.

Les devoirs envers l'Etat peuvent se resumer dans le respect des lois. En effet, les lois font régner l'ordre qui est le premier besoin des sociétés, qui est leur raison d'être; elles protègent la liberté de chacun en lui imposant les limites qu'indique le respect de la liberté d'autrui; cette soumission à la loi, loin d'abaisser l'homme, l'élève et l'ennoblit, et la postérité est quelquefois tentée de mettre au nombre des plus beaux actes de la vie de Socrate le refus de s'évader qu'il opposa aux prières de ses amis.

Seconde partie. — La société, instituée pour procurer à l'homme les moyens de remplir sa destinée, d'atteindre le but moral de son existence, est avant tout tenue de le protéger : c'est sa mission et sa raison d'être. Aussi toute manière de vivre et d'agir qui ne met pas en danger les droits et la sécurité de l'Etat doit échapper à toute ingérence de sa part; elle doit reconnaître, respecter et protéger les droits qui sont inhérents à la nature humaine. Ces droits sont : 1° les *droits civils*, qui existent de citoyen à citoyen, qui appartiennent à

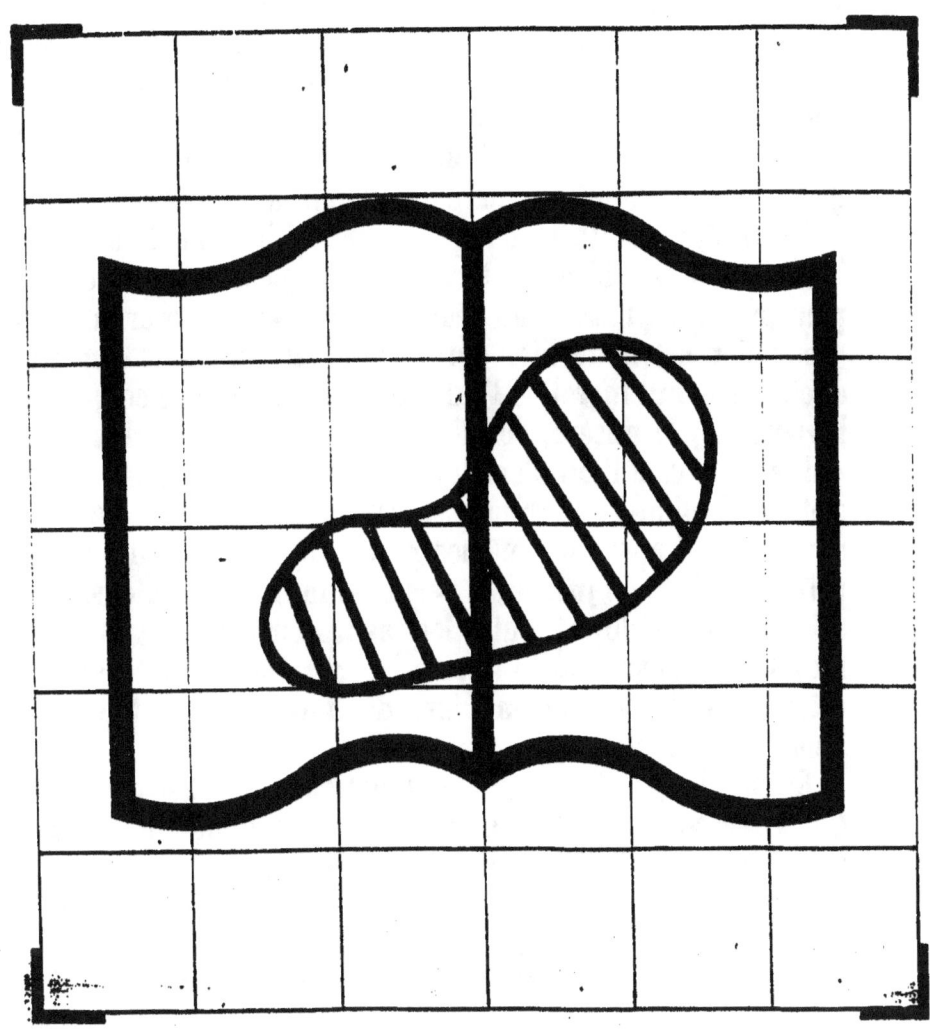

tous, qui sont inséparables de notre nature d'hommes, et sont soumis seulement à certaines conditions dont dépend l'existence même de la société (liberté de conscience, de pensée, d'acheter, de vendre, de se marier, de tester, etc.); — 2° les *droits politiques*, qui sont ceux d'un membre de la société sur la société elle-même, qui sont par conséquent moins étendus que les précédents; car, en exerçant nos droits politiques, nous disposons, dans une certaine mesure, de la société tout entière, en même temps que nous disposons de nous-même. La société n'étant instituée que pour protéger l'individu, elle ne doit pas porter atteinte à son libre arbitre, et elle doit lui laisser les devoirs qui sont la source de sa dignité et qui lui confèrent des droits; la législation de Lycurgue, qui enlevait l'enfant aux parents, violait la loi naturelle.

La société, instituée pour permettre à l'homme de se développer d'après l'idée du bien, ne doit pas avoir seulement pour but la répression du mal, elle doit se proposer aussi la production active du bien afin d'aider les individus à mieux atteindre le but moral de l'existence; elle doit donc combattre l'ignorance, la misère, développer l'instruction, le bien-être, qui est une condition d'amélioration morale. En effet, la société, collection de citoyens, est comme un homme et doit se développer d'après les mêmes règles, obéissant à un même principe, l'idée de justice; la vertu est la fin de la cité comme celle de l'individu, et toutes les institutions doivent être des moyens d'arriver à cette fin. Le but général de toute société est donc le développement libre des facultés humaines sous l'empire de la justice.

Enfin, il n'y a de pouvoir légitime dans un Etat que celui qui s'exerce au nom et dans l'intérêt de la nation, qui par conséquent tient d'elle tous ses droits; le pouvoir ne peut être détenu que par ceux auxquels les gouvernés l'ont confié.

Résumé. — Ainsi l'homme ne pouvant ni vivre ni se développer hors de la société, étant obligé d'attendre de l'Etat la protection de sa vie, de ses biens, de sa liberté, il lui doit l'obéissance à ses lois et le dévouement à ses intérêts; l'Etat a un droit d'intervention et d'immixtion partout où quelque chose peut menacer sa sécurité. Mais l'Etat n'étant institué qu'en vue de l'individu et du perfectionnement de la personnalité humaine, il ne doit pas s'ingérer dans les choses qui ne blessent pas ses droits; il doit en outre protéger les droits des citoyens et n'avoir pas d'autre but que leur bien-être matériel et moral.

147. — Définir chacune de ces expressions, *Société,* *Etat, Patrie, Gouvernement;* **en montrer les rapports et les différences.**

PROGRAMME

Ces quatre expressions, *Société, Etat, Patrie, Gouvernement,* indiquent les différents aspects sous lesquels on peut considérer l'état social et résument ainsi les principales relations que les hommes peuvent avoir entre eux.

1° *Société.* — Dans son acception la plus large, ce mot désigne la grande famille humaine, cet ensemble de tous les hommes, qu'unit leur communauté de nature. Notre constitution physique, intellectuelle et morale est telle que nous ne pouvons pas vivre sans nos semblables. Aussi Aristote a-t-il eu raison de dire : « Tout homme est ami de l'homme. » La société est un fait naturel et nécessaire, non un fait arbitraire et accidentel, comme on l'a quelquefois prétendu : « L'homme est un être sociable », comme dit encore Aristote, et non, suivant l'expression de Rousseau, « un animal sauvage dépravé par la société ; » celle-ci n'est pas une invention malheureuse des politiques, maintenue par l'habitude et le préjugé. L'homme ne peut vivre, se développer, penser et sentir qu'avec le concours de ses semblables.

> Nous naissons, nous vivons pour la société.
> (Boileau, sat. X.)

« Le désir de vivre en société est une loi naturelle ;... sitôt que les hommes sont en société, ils perdent le sentiment de leur faiblesse. » (Montesquieu.) Chacun peut et doit s'appliquer le vers fameux de Térence :

Homo sum, humani nihil a me alienum puto.

2° *État.* — La grande famille humaine se divise en sociétés particulières, en associations, qui s'appellent *États*. L'État est une réunion d'hommes qui sont soumis à une même autorité, qui obéissent aux mêmes lois. La raison d'être de l'État c'est la protection donnée aux individus, c'est la justice garantie au droit et l'assistance contre tout danger intérieur ou extérieur. Pour remplir cette mission, l'État édicte des lois auxquelles, dans leur propre intérêt, les citoyens doivent obéissance. Il doit se substituer à l'action privée toutes les fois que celle-ci serait impuissante et qu'il y a en jeu un intérêt social ; il se réserve donc la fabrication des monnaies, l'ouverture des grandes voies de communication, l'instruction de la jeunesse, l'administration de la justice, etc. Mais il ne doit pas intervenir dans les choses qui peuvent être laissées à l'initiative individuelle, comme dans la fixation du prix des denrées, dans les rapports du capital et du travail, etc. ; quand il commet un empiètement, il encourt une grave responsabilité. Pour ce qui regarde cette intervention de l'État, deux systèmes sont en présence : les uns veulent que l'État borne son action à l'indispensable, c'est l'opinion des Anglais qui aiment beaucoup le self-government ; les autres veulent que l'État fasse beaucoup et intervienne souvent, c'est le système qui a longtemps prévalu en France, où l'État a longtemps été regardé et est même encore regardé comme une Providence vers laquelle en toute occurrence chacun tourne les yeux.

3° *Gouvernement.* — « Une société ne saurait subsister sans un gouvernement. » (Montesquieu.) Le gouvernement est l'organe, la tête de l'État, l'autorité qui le régit. On confond souvent l'État et le gouvernement ; ainsi l'on dit que l'État est le gouvernement, l'administration supérieure d'un pays, et l'on entend par affaires d'État les affaires qui sont du ressort du gouvernement. On attribue donc à l'un et à l'autre les mêmes fonctions essentielles : ils doivent protéger contre l'étranger l'indépendance nationale, garantir ses droits à chaque citoyen, rendre à la communauté les services collectifs qui sont indispensables à son bien-être et pour lesquels l'initiative privée ne suffirait pas. Il y a pourtant une différence entre l'État et le gouvernement; cette différence réside surtout dans la nature du pouvoir qui régit une nation : « Il y a trois espèces de gouvernement, le républicain, le monarchique et le despotique. » (Montesquieu.) Ces trois formes de gouvernement sont légitimes pourvu qu'elles soient appropriées aux mœurs des peuples et qu'elles aient leur consentement.

4° Patrie. — La patrie est le lieu où l'on a vu le jour, où sont les propriétés, les affections, où se groupent des familles que réunit la communauté d'origine et de mœurs, et dont les membres ont les mêmes devoirs et les mêmes droits. « C'est par la petite patrie, qui est la famille, que le cœur s'attache à la grande. » (Rousseau.) « Une patrie est un composé de plusieurs familles. » (Voltaire.) Ce qui donne à la patrie son caractère moral, c'est « le consentement, le désir clairement exprimé de continuer la vie commune ». (Renan.) Il y a donc des éléments moraux dans cette idée de patrie : c'est le pays natal et c'est aussi la grande famille. L'amour de la patrie est un des sentiments les plus puissants du cœur humain, et cela est naturel : là nous sommes nés, là nous avons grandi, là nous avons aimé, là reposent dans le tombeau les vieux parents qui, à l'aurore de la vie, nous ont enveloppés de leur tendresse; là sont les temples et les autels qui ont entendu nos soupirs et nos prières. On ne saurait donc dire avec un ancien : « *Patria est ubicumque bene est!* [1] » Le patriotisme

---

1. Lorsque les Grecs, à la journée de Salamine, s'avançaient contre la flotte ennemie, ils faisaient entendre un chant de guerre dont le refrain était celui-ci : « Allez, fils de la Grèce, délivrez la patrie, délivrez vos enfants, vos femmes, et les temples de vos dieux et les tombeaux de vos aïeux. » (*Perses* d'Eschyle.) — Dans le *Criton*, Platon suppose que les lois disent à Socrate : « Tu nous dois ta naissance,

avait un caractère exclusif, farouche, dans les républiques de l'antiquité; il n'a pas sans doute ce caractère chez les peuples modernes; néanmoins il ne s'efface pas et ne doit pas s'effacer pour faire place à la philanthropie; il peut fort bien se concilier à la fois avec l'esprit de famille et avec l'amour de l'humanité, et il n'est pas contraire au sentiment religieux; Fichte a même dit à ce sujet : « La patrie est une image terrestre de la patrie idéale ou éternelle. »

Résumé. — Ainsi la *Société* se confond avec l'humanité qui se divise en un grand nombre de sociétés particulières qui s'appellent *États*; à la tête de chaque État se trouve un *Gouvernement*, qui parle et agit en son nom, qui fait les lois et en impose le respect; la *Patrie* est le lieu natal, et c'est un composé de plusieurs familles; aussi a-t-elle pour fondement une communauté de mœurs, de coutumes, de lois, de sentiments, de souvenirs et de traditions.

ta nourriture, ton éducation;... la patrie est chose de plus grand prix, plus auguste, plus sainte qu'un père, qu'une mère, que tous les aïeux... »

148. — **Du droit de punir et de son fondement.**

DISSERTATION

Exorde. — On a remarqué que nos idées s'unissent par des rapports tantôt nécessaires, tantôt accidentels; au premier rang des idées qu'unissent les relations essentielles figurent celles qui servent de base à la morale; ainsi, à la suite de l'idée du bien vient celle du devoir; et, quand nous avons accompli le devoir, nous sentons que nous avons mérité une récompense; c'est un droit que s'est acquis l'agent; quand au contraire nous avons fait le mal, nous sentons qu'il est juste que nous soyons punis; il y a un rapport naturel et nécessaire entre la vertu et le bonheur, comme entre le vice et la souffrance; l'un de ces termes implique l'autre. Or, le droit de punir est fondé sur cette double notion du devoir et du mérite, du vice et du démérite; c'est dans la justice, dans la loi morale qu'il faut chercher le fondement du droit de punir.

Première partie. — En effet, quand nous sommes témoins d'un acte accompli par un agent responsable, c'est-à-dire intelligent et libre, nous jugeons aussitôt que cet acte doit donner lieu à une récompense ou à une peine, suivant que l'acte a été juste ou injuste. Dans ce dernier cas, une somme de souffrance est *due* à l'agent pour cette violation volontaire de la loi morale; aussi Platon a-t-il eu raison de dire que pour le coupable l'expiation était à la fois nécessaire et salutaire:

1° *nécessaire*, parce que la loi du monde moral comme du monde physique étant l'ordre, l'harmonie, on détruit cet ordre quand on fait le mal; on s'en est écarté et on doit nécessairement y rentrer, et l'on ne peut le faire que par l'expiation; 2° *salutaire*, puisque la peine nous fait rentrer en nous-même, nous purifie, et qu'au contraire l'impunité ne saurait qu'entretenir le mal dans l'âme et nous encourager à rester dans la mauvaise voie. Le coupable qui est châtié n'a donc qu'à s'incliner et qu'à subir la peine qui lui est infligée au nom de la loi morale, laquelle ne change pas avec les lieux ni avec les temps et est la même pour tous les hommes. Le droit de punir a donc son fondement dans la loi morale que le coupable a méconnue.

Seconde partie. — On a voulu chercher le fondement du droit de punir dans l'utilité sociale. Sans doute, puisque la société est la loi de l'homme et que nous ne pouvons pas vivre en dehors de son sein, les lois qui maintiennent cet ordre doivent être respectées, et elles ne peuvent l'être que si des punitions frappent les infractions. Aussi, quand un homme fait du mal à l'un ou à l'autre de ses semblables, il rencontre devant lui la société tout entière qui a des forces organisées pour réprimer ces attentats; chacun trouve que cette répression est légitime, et personne n'y voit une violence opposée à une violence; car la société manquerait à sa mission si elle ne protégeait pas tous ses membres contre les entreprises criminelles. Mais l'intérêt même de la société n'est pas le vrai principe de la justice pénale; en effet, l'intérêt est un principe mobile, arbitraire, et il n'est pas toujours aisé de distinguer ce qui est conforme à l'intérêt et ce qui lui est contraire. Aussi chercher le fondement du droit de punir dans l'utilité sociale exposerait à de graves dangers; en effet, la justice pénale varierait alors de peuple à peuple, avec les circonstances, variabilité qui équivaut à la négation de la justice; on pourrait s'écrier avec Pascal : « Plaisante justice qu'une rivière borne!... Trois degrés d'élévation du pôle renversent toute la jurisprudence. » C'est en prenant pour principe l'intérêt social que la société a quelquefois frappé des hommes pour des actes que quelques années plus tard on qualifiait d'héroïques ; les gens frappés ainsi semblaient alors, non plus des coupables, mais des victimes et des martyrs. Non seulement ce système aboutit à des conséquences immorales, mais il conduit inévitablement à l'exagération des pénalités ; car un homme qui se serait rendu plusieurs fois coupable du même délit, et qui semblerait condamné au crime par la fatalité de ses instincts, devrait, si l'on ne consultait que l'intérêt social, être condamné à la peine de mort, qui délivrerait ainsi la société d'un ennemi irréconciliable ; or, la relation qu'il y a entre la faute commise et la peine méritée n'est pas un rapport arbitraire, elle est déterminée dans une équitable proportion par la nature de la faute, et la conscience dit avec énergie que toute peine doit être proportionnée au délit ; quand autrefois on tenait surtout compte de l'intérêt social dans la justice pénale, on a vu infliger aux criminels d'effroyables supplices, qui, dans la pensée des gouvernants, avaient moins pour but de châtier les coupables que de remplir la foule d'une terreur salutaire ; cette immoralité n'atteignait pas le but, car elle dépravait les spectateurs plus encore qu'elle ne les épouvantait. Aussi, quand la société frappe un de ses membres, elle doit d'abord consulter la justice et ne faire venir qu'au second rang l'utilité sociale. Appliquée ainsi, la peine a un double effet : elle punit et intimide le coupable et satisfait la conscience publique ; de plus, elle maintient l'ordre social et affermit l'idée de justice par le spectacle d'une expiation méritée. A ce point de vue, la peine est juste, sa justice peut être reconnue par l'homme même qu'elle frappe, et elle est en outre acceptée comme une nécessité sociale.

On a invoqué aussi contre les criminels le droit de légitime défense ; la société, dit-on, se défend contre ceux qui l'attaquent, et la loi naturelle proclame qu'il est permis de tuer celui qui menace notre existence. Mais la loi naturelle proclame aussi que nous n'avons ce droit que s'il nous est impossible de nous défendre autrement ; or, au moment où la société frappe le coupable, celui-ci a été mis dans l'impossibilité de nuire.

Conclusion. — Ainsi l'on ne peut chercher le fondement

du droit de punir ni dans le droit de légitime défense, ni dans l'utilité sociale, qui est un principe arbitraire et dangereux ; la justice seule est un fondement solide avec son caractère d'invariabilité et d'obligation ; grâce à elle, les peines peuvent être, comme le réclame la conscience publique, proportionnées aux fautes, exemplaires et réformatrices, c'est-à-dire morales.

149. — Du progrès; — quelle est sa loi?

DISSERTATION

Exorde. — Le mot progrès, qui a donné lieu à des discussions infinies, désigne, dans le sens le plus général, la marche de l'humanité vers un état meilleur. Le progrès des sociétés est un fait évident; cependant des esprits chagrins en ont nié l'existence; il est donc nécessaire d'établir par quelques faits que le progrès de l'humanité est un fait bien réel, et il est intéressant de chercher de quelle manière il s'accomplit, s'il est soumis à une loi physique et fatale, ou s'il se fait dans des conditions différentes.

Première partie. — Les progrès de l'humanité sont de toute évidence. En effet, si l'on compare les temps modernes avec la société gréco-romaine, on voit que, dans la religion, à des dieux qui réunissaient en eux toutes les passions et tous les vices de l'humanité on a substitué l'idée d'un Dieu vraiment moral. Dans les institutions politiques, l'antiquité nous montre toujours ce spectacle ou d'une classe qui vit aux dépens d'une autre ou d'un peuple qui impose ses lois à d'autres peuples par la force et la conquête; dans les temps modernes, surtout depuis la révolution de 1789, on ne voit plus ce spectacle immoral, et les seules conquêtes que la conscience publique absolve sont celles qui ont pour résultat un état meilleur pour les peuples conquis; c'est ce qu'il est permis de dire de la domination des Anglais dans l'Hindoustan, des Russes dans l'Asie centrale, des Français dans l'Afrique septentrionale. Dans la vie sociale, les sociétés antiques reposaient toutes sur l'esclavage qui semblait puiser dans sa nécessité une espèce de légitimité, si bien que la philosophie elle-même, par la bouche d'Aristote, entreprenait une justification de cette abominable violation des lois divines et humaines; dans les temps modernes, l'esclavage a été supprimé chez toutes les nations civilisées et ne subsiste plus chez quelques peuples que comme un reste de la barbarie, et l'esclavage apparaît à tous comme illégitime et funeste. Le même progrès apparaît dans la moralité publique; il semblait autrefois que la victoire donnât au vainqueur tous les droits et mît le vaincu à sa complète discrétion, corps et biens; le terrible *væ victis* est la base du droit international dans l'antiquité; de nos jours, le plus impitoyable vainqueur se voit obligé de respecter le vaincu comme personne privée dans son corps et dans ses biens, de respecter le prisonnier et le blessé. Enfin, peut-on sérieusement prétendre qu'il y ait une comparaison possible entre l'antiquité et les temps modernes quand il s'agit des sciences et des applications auxquelles elles donnent lieu, quand il s'agit de ces découvertes merveilleuses qui établissent entre les hommes et les peuples des communications aussi sûres que rapides, qui ont mis presque à la portée de tous les objets les plus nécessaires à la vie humaine? On peut donc dire que la doctrine du progrès ne saurait être contestée que par des esprits faux ou chagrins.

Seconde partie. — De quelle façon s'accomplit cette incontestable amélioration des choses humaines? Est-ce une de ces évolutions qui font passer tous les êtres d'un état à un autre par un développement fatal, pouvant être prévu et déterminé à l'avance, comme celui d'un grain de blé qui, confié à la terre, passe par différents états pour s'épanouir à un moment donné et se métamorphoser en une tige et en un épi? ou bien ce progrès se fait-il d'une autre façon, en suivant une marche tantôt plus lente, tantôt plus rapide, obéissant, non aux lois fatales de la nature inconsciente, mais à celles de la liberté? Pour répondre à cette question, il n'y a qu'à considérer les faits. On voit alors que le progrès ne présente pas dans sa marche quelque chose de constant et d'invariable; en effet, une époque n'est pas toujours supérieure en tout à celle qui l'a précédée; ainsi, à bien des égards, le moyen âge est inférieur à l'antiquité. De plus, à une même époque et dans une même société, il y a souvent progrès dans une direction et recul dans une autre; ainsi le développement moral ne va pas toujours aussi vite que le développement intellectuel et artistique; le siècle des Borgia et de Léon X en est un exemple; à certaines époques, l'industrie crée des prodiges et les mœurs peuvent être en décadence. Le progrès présente donc dans sa marche des variations et des inégalités qui ne permettent pas de dire qu'il obéit à une loi inflexible et invariable; l'humanité n'avance pas en ligne droite, mais en *spirale*, comme a dit Mme de Staël; l'humanité marche de conquête en conquête, mais avec des soubresauts et des mouvements irréguliers. Cela tient à ce que le progrès humain est le résultat de l'activité humaine, de l'emploi que l'homme fait de sa liberté; il en est alors du progrès comme de tous les phénomènes où la liberté a un rôle. On ne peut bien le comprendre qu'en se rappelant que, si la liberté peut le bien, elle n'est telle qu'à la condition de pouvoir le mal; elle n'est la liberté que parce qu'elle est susceptible d'égarements, d'erreurs; ni homme ni peuple n'est forcé de faire le bien, de se perfectionner; de même qu'un individu peut se refuser à l'accomplissement du devoir, de même une société tout entière peut se refuser au mieux, au progrès; les peuples et les individus peuvent dire, comme Médée :

> Video meliora proboque,
> Deteriora sequor.

C'est cet usage capricieux que nous pouvons faire de la liberté qui explique la marche irrégulière du progrès. Mais, si les individus et les peuples faisaient aussi souvent usage de leur liberté pour le mal que pour le bien, il n'y aurait qu'un mouvement sur place, qu'une agitation stérile; l'humanité piétinerait et n'avancerait pas, et pourtant elle avance;

il y a, nous l'avons démontré par les faits, une ascension, un mouvement en avant. C'est que, si l'homme est libre à ses risques et périls, s'il peut choisir avec pleine volonté entre le bien et le mal, la nature a pourtant déposé dans son cœur une aspiration généreuse vers le bien, qui le fait se décider plus souvent pour le bien que pour le mal; cela se traduit en somme par une amélioration, sinon continue, du moins réelle. C'est ce qui fait que l'ensemble des actes humains aboutit à un perfectionnement incontestable de la société.

Résumé. — On ne saurait donc nier que l'humanité ne soit à l'heure actuelle dans des conditions meilleures que les sociétés antérieures; les lumières sont plus répandues, le bien-être est plus général, la moralité est plus grande dans la vie publique et privée. Mais le progrès ne s'impose pas comme une force fatale comparable à celle qui fait tomber la pierre et pousser l'herbe; il obéit aux lois de la liberté, secondé par les dispositions vers le bien que la nature a déposées dans presque tous les cœurs.

150. — Constitution morale de la famille.

DISSERTATION

Exorde. — La famille est la première condition et la première forme de la société, sans laquelle l'homme, par sa nature physique, intellectuelle et morale, ne pourrait pas vivre. Elle donne naissance aux sentiments les plus naturels, les plus profonds et les plus désintéressés du cœur humain; elle est le mobile le plus puissant de l'activité humaine. La patrie n'est même qu'une famille plus vaste par les mêmes idées, les mêmes mœurs, les mêmes devoirs et les mêmes droits; c'est le sol qui renferme nos aïeux et tous ceux que nous avons aimés ou qui nous ont aimés dans la famille. Il est donc intéressant d'en étudier la constitution morale, qui comprend le mariage, l'éducation des enfants et l'acquisition ou la conservation d'un patrimoine.

Première partie. — L'homme et la femme ont au fond la même nature, la même intelligence, la même liberté, et par conséquent la même destinée; ils ont pourtant des attributs différents et qui se complètent; chez l'un, la force physique et l'énergie morale, le besoin d'action extérieure, chez l'autre, la douceur, la sensibilité aimante, les vertus paisibles de la vie intime; de là un besoin pour tous les deux de confondre leurs vies comme les deux moitiés d'un seul être; de là cet amour qui les rend nécessaires l'un à l'autre et qui consacre l'égalité des deux sexes; c'est dans cette réciprocité et cette égalité que consistent le caractère propre et la dignité du mariage. Mais l'amour, comme tout fait de sensibilité, est mobile, variable; or, la femme, qui a la faiblesse physique, ne serait souvent qu'une esclave comme dans l'antiquité, si le mariage n'avait pas d'autre fondement que l'amour; il faut donc l'intervention du principe du devoir, universel et invariable, qui ne permette ni à l'homme d'avilir une personne humaine ni à la femme d'accepter cet avilissement, la personne humaine ne devant être dégradée ni par autrui ni par elle-même. Il faut donc que le devoir et un contrat défendent la femme contre la force et le caprice et substituent l'égalité de droits et de devoirs à l'inégalité naturelle qui existe entre le mari et la femme ; la polygamie orientale, qui accorde au mari un pouvoir presque absolu sur la femme, crée pour celle-ci une sorte d'esclavage ; il en était de même de la répudiation chez les Romains. Le mariage a donc pour fondements l'amour et un contrat, ce dernier étant l'œuvre de la raison qui le rédige avec sa règle éternelle et de la liberté qui l'accepte.

Deuxième partie. — Les époux ont des devoirs communs envers les enfants qui naissent d'eux, et ces devoirs constituent la fin la plus élevée du mariage. Appeler à l'existence un être humain, c'est se charger de son éducation physique et morale; c'est l'œuvre commune du père et de la mère, parce que cette éducation est pour tous deux un devoir et un droit, et leurs qualités différentes sont également nécessaires au développement de l'enfant; la raison et la fermeté du père imposent le devoir, l'amour de la mère et sa douceur persuasive font accepter par le charme la sévérité du commandement. — A Sparte la substitution de l'Etat à la famille, à Rome le droit de vie et de mort que le père avait sur ses enfants, au moyen âge et sous l'ancien régime le droit d'aînesse étaient autant de violations de la justice et de la loi naturelle.

Troisième partie. — Le père, chargé de pourvoir aux besoins de la famille, ne le peut que s'il a le droit d'acquérir et de posséder une propriété applicable à cet usage et qui pour cette destination s'appelle patrimoine. Aussi attaquer la propriété, c'est porter atteinte non seulement à la liberté, mais aussi à la famille; c'est à ce double titre que l'on condamne la confiscation des biens, dont les empereurs romains ont fait un si étrange abus et qui s'est maintenue si longtemps dans notre législation. Le travail, qui est la meilleure garantie de l'ordre dans une société, n'a pas d'aiguillon plus puissant que le désir de constituer un patrimoine, c'est-à-dire d'assurer l'existence de ceux que nous aimons.

Conclusion. — On voit sur quels fondements inébranlables repose la famille et quelles lois la régissent. C'est par elle que l'homme fait ses premiers pas dans la vie morale, et l'histoire prouve que les progrès de la société tout entière sont liés aux progrès de la famille; si les sociétés musulmanes restent stationnaires ou semblent même reculer, cela tient surtout à la mauvaise constitution de la famille, la polygamie enlevant toute dignité à la femme, toute autorité à la mère et ne mettant que de mauvais exemples sous les yeux de l'enfant.

MÉTAPHYSIQUE

SCIENCE DE L'ÊTRE, SCIENCE DES PREMIERS PRINCIPES,
SCIENCE SUPÉRIEURE DE LA NATURE

THÉODICÉE

---

151. — Qu'est-ce que la métaphysique ?

DISSERTATION

Exorde. — La métaphysique, comme son nom l'indique, est la science qui vient après la science de la nature ; *philosophie première*, elle a pour objet l'essence même des choses et des êtres. Or, trois grands objets s'offrent à nos recherches : l'âme, la matière et Dieu. La philosophie, qui depuis Socrate est devenue une *science particulière*, étudie l'âme ; les sciences physiques et naturelles étudient la matière ; mais l'âme et la matière sont des substances contingentes et relatives, qui ne se suffisent pas à elles-mêmes, supposent au-dessus d'elles, causes secondes, une substance nécessaire et absolue qui se suffise à elle-même, une cause première qui soit la raison d'être des causes secondes. La philosophie, comme *science universelle*, détermine quelle est la nature de ces trois causes et substances, et quels sont leurs rapports ; elle est alors la science des *principes de l'existence* (principia essendi). En outre, lorsque nous examinons toutes les sciences, nous voyons qu'elles reposent sur certaines notions premières qui en sont la base et qui en

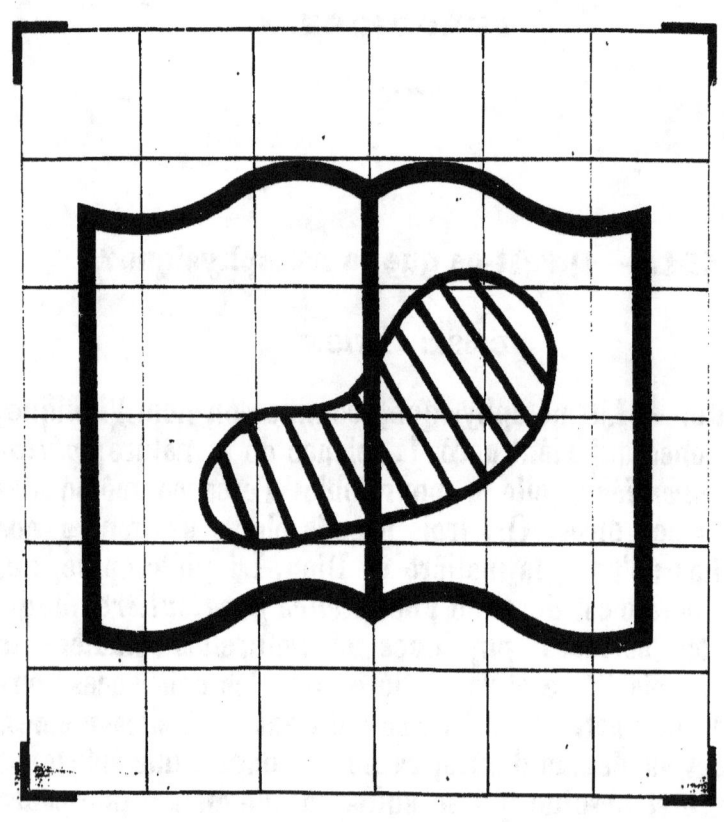

outre sont la raison de tous nos jugements contingents et relatifs; c'est encore la philosophie qui, comme science universelle, étudie, sous le nom de métaphysique, ces *principes de la connaissance* (principia cognoscendi). Ainsi la métaphysique étudie les principes de l'existence et les principes de la connaissance; elle est donc la science des premiers principes.

Principes de la connaissance. — Les notions premières, que Descartes appelait *idées innées*, sont la base de toutes les sciences; ainsi, l'idée de cause est indispensable pour la physique, celle du temps pour l'histoire; la jurisprudence a pour fondement l'idée du juste, les arts celle du beau, etc. Elles sont aussi la condition de tous nos jugements, même les plus vulgaires; quand je parle d'un acte accompli par un homme, je fais une application du principe de causalité; quand je rappelle une date de l'histoire, je ne puis le faire que parce que j'ai l'idée du temps; quand j'attribue telle qualité à tel corps, c'est en vertu de cette vérité première que toute qualité est inhérente à une substance. Ces principes sont donc la règle de notre conduite et font partie de la constitution même de l'esprit humain; aussi offrent-ils un caractère très réel et très positif. — CARACTÈRES : Les notions et vérités premières sont l'objet de l'*évidence immédiate;* elles ont pour premier caractère une irrésistible clarté; quand on dit : « Deux quantités égales à une troisième sont égales entre elles, » mon esprit se sent contraint de céder à l'évidence et adhère sur-le-champ. Il était naturel, nécessaire même que ces notions eussent un caractère tout particulier de clarté, puisqu'elles nous sont indispensables pour la direction de la vie; il fallait donc qu'elles fussent accessibles à toutes les intelligences et ne fussent pas livrées aux hasards de l'éducation. Elles ont encore pour caractère la *nécessité;* ainsi on pourrait admettre à la rigueur que les lois de la nature fussent autres, mais il y aurait contradiction à ce que tous les corps ne fussent pas dans l'espace. Elles ont aussi pour elles l'*universalité;* elles sont le fond commun de toutes les intelligences; il n'est pas un homme à qui l'on puisse persuader que le bien ne mérite pas une récompense.

De cette universalité découle l'*impersonnalité*, ce qui veut dire que si ces notions sont en moi elles ne sont pas à moi, elles sont indépendantes de ceux qui les conçoivent. — Origine : Elles ont pour origine, non les sens et la conscience, mais la raison; en effet, l'expérience ne nous révèle que *ce qui est*, non *ce qui doit être*, c'est-à-dire le nécessaire; il n'y a pas d'expérience au monde capable de nous faire connaître que nul corps ne saurait exister en dehors de l'espace. De plus, l'expérience, interne ou externe, ne pouvant nous faire sortir ni du lieu que nous occupons ni du moment actuel, ce n'est pas elle qui nous fournit l'universel; ce n'est pas elle qui, par exemple, nous a appris que tous les phénomènes ont une cause, puisque nous n'avons observé qu'un nombre restreint de phénomènes. C'est donc la raison qui nous fournit ces notions qui ont pour caractères la nécessité et l'universalité. — Formation : Si ces notions sont fournies par la raison, elles naissent pourtant dans l'esprit à l'*occasion* de l'expérience qui les fait jaillir de la raison; je vois tomber une pierre, je conclus aussitôt que cette chute a une cause; ce n'est pas cette chute qui me donne l'idée de cause, mais elle en provoque l'éveil en moi. L'expérience est donc la condition de leur apparition dans l'esprit. Elles nous apparaissent d'abord enveloppées dans le concret et le particulier; puis la réflexion s'y applique et dégage l'universel contenu dans le particulier et arrive peu à peu à des formules abstraites qui ne sont accessibles qu'aux esprits cultivés.

Ces notions qui sont universelles et nécessaires ne peuvent pas appartenir à notre intelligence finie et contingente; elles sont *en elle*, mais elles ne sont pas *à elle*, elles ne peuvent appartenir qu'à un être nécessaire, c'est donc en Dieu qu'il faut en chercher la source; à ce titre, la théorie de la *Vision en Dieu* de Malebranche contient une part de vérité.

Il y a donc dans la métaphysique une partie certaine et positive, l'analyse et la discussion des principes de la connaissance, c'est-à-dire des notions et vérités premières.

Principes de l'existence. — La métaphysique veut aussi, au delà des phénomènes, atteindre la substance, l'essence, le fond des êtres, c'est-à-dire l'âme humaine, la matière et

Dieu, ainsi que les rapports de ces diverses substances, c'est-à-dire de l'esprit humain avec la matière, et de tous deux avec Dieu. Ici, la métaphysique se trouve en présence de grandes difficultés et de problèmes jusqu'ici insolubles. En effet, les causes qui agissent dans la nature nous échappent, et les effets seuls nous apparaissent; on ne peut dire ce que sont en elles-mêmes les forces de la nature, le magnétisme, l'électricité, la vie, etc. En outre, comment expliquer le passage de l'esprit à la matière, du moi au non-moi, du subjectif à l'objectif? « Comment, dit d'Alembert, notre âme s'élance-t-elle hors d'elle-même pour s'assurer de l'existence d'une chose qui n'est pas elle? » Avons-nous le droit d'affirmer que les choses que nous croyons voir autour de nous existent réellement et qu'elles existent comme nous les concevons? Dieu lui-même ne se révèle à nous que par les effets qu'il produit, et nous ne savons guère quels sont les rapports de cet infini avec le fini, matière et âme. Ce sont ces problèmes insolubles qui ont fait déclarer par certains philosophes que la métaphysique était « une science vide et contentieuse, ne pouvant être que l'aliment des esprits téméraires ou des esprits faux. » Tel était, au dix-huitième siècle, le langage de d'Alembert. De nos jours, l'école positiviste est aussi sévère : suivant elle, la métaphysique, qui recherche les causes et l'essence des choses, doit être rejetée comme agitant des problèmes insolubles, Dieu, l'âme et la matière étant des objets que notre intelligence ne peut atteindre. Il est pourtant une cause que l'esprit humain connaît : c'est le moi, principe des actes humains, et c'est la révélation de cette cause comme principe pensant qui a arrêté Descartes dans son doute méthodique, quand cette existence s'est présentée à lui avec un caractère d'évidence irrésistible. En outre, pour bannir totalement la recherche des causes, il faudrait bannir de l'esprit la notion de cause; la raison ne peut s'interdire ces questions, et elle cherche à les résoudre, même quand la solution lui échappe.

Systèmes métaphysiques. — Il y a eu quatre principaux systèmes métaphysiques ; l'un, qui a disparu, le *dualisme*, met sur la même ligne l'esprit et la matière, les regardant tous deux comme des principes éternels et nécessaires. L'autre est le *matérialisme*, qui n'admet pas d'autre existence que celle de la matière et explique tout par le développement spontané d'une nature aveugle; le naturalisme et la doctrine atomistique sont des formes du matérialisme. Le troisième, se plaçant au point de vue opposé, l'*idéalisme*, qui se confond quelquefois avec le mysticisme, n'admet qu'un monde invisible, spirituel. Enfin, le plus grand de tous est le *panthéisme*, selon lequel l'esprit et la matière ne sont que des attributs d'un seul et même être, Dieu; il aboutit par conséquent à la négation de la liberté humaine et de la Providence divine. — Le *spiritualisme* essaie d'échapper à toutes ces exagérations et d'être, non pas un système particulier, mais la réunion de tous les principes que les systèmes se partagent entre eux et compromettent par ce partage; il admet donc l'existence distincte de la matière, de l'âme et de Dieu, en faisant de ce dernier la raison d'être des autres existences,

152. — Causes et substances.

PROGRAMME

A. De l'idée de cause en général. — La curiosité naturelle à l'esprit humain n'est jamais plus complètement satisfaite au sujet d'un fait que lorsqu'elle peut le rapporter à une cause, et beaucoup de sciences consistent à déterminer la véritable nature des causes; c'est là un des principaux objets de l'histoire. Aussitôt qu'un phénomène se produit, nous nous demandons quelle en est la cause; malheureusement nous ne pouvons pas toujours atteindre ces causes; la médecine cherche souvent en vain l'origine des maladies, la justice fait souvent de vains efforts pour découvrir les auteurs d'un crime. Mais, si grand que puisse être notre embarras à discerner la vraie cause d'un fait, nous ne doutons pas qu'il y en ait une; nous appliquons mal quelquefois le principe de causalité, mais nous le tenons pour certain. Quels que soient les changements dans les choses, nous sommes convaincus qu'éternellement tout fait aura sa cause; les mêmes causes pourront ne pas produire les mêmes effets; il n'y aurait pas contradiction à supposer que le jour ne succédera pas éternellement à la nuit; mais, en admettant qu'il y ait des changements aux lois actuelles qui régissent les faits et les êtres, nous croyons fermement qu'il n'y aura jamais de fait sans cause.

B. Des diverses acceptions du mot cause. — Le mot *cause* peut être pris dans deux sens différents, bien que l'on désigne toujours ainsi l'agent par lequel les phénomènes sont produits; mais tantôt nous attribuons à cet agent une existence substantielle, c'est Dieu, auteur du monde, c'est l'âme, auteur des phénomènes intérieurs; tantôt on considère cet agent simplement comme une propriété des êtres; ainsi nous disons que l'ordre qui règne dans l'univers a pour cause l'intelligence d'un Dieu tout-puissant; c'est ainsi que telle ou telle résolution prise par nous a pour cause cette liberté que nous considérons comme un attribut de l'âme; c'est ainsi que nous disons que l'attraction est la cause qui fait que les corps tombent quand ils ne sont pas soutenus. Toutes ces causes, même celles qui produisent les mouvements des corps et qui agissent dans la matière, c'est-à-dire les causes physiques, sont conçues par nous comme étant immatérielles.

C. **De l'idée de substance et de son identité avec l'idée de cause.** — La substance est une réalité que nous concevons dans les êtres. De même que l'esprit ne peut pas ne pas rechercher les causes qui produisent les phénomènes, de même nous ne pouvons pas ne pas rattacher une qualité à une substance; aussi concevons-nous fatalement que tout attribut suppose un sujet, et c'est un axiome de grammaire que tout adjectif suppose un substantif. — Dans la réalité, toute substance est une cause et toute cause est une substance. En effet, pour *causer* il faut *être;* et de même toute substance ne peut être conçue que comme revêtue de propriétés, ce qui amène par conséquent l'idée d'effets, de phénomènes produits, notre esprit ne pouvant concevoir une substance pure, c'est-à-dire dégagée de toute qualité. Il y a donc identité entre l'idée de cause et l'idée de substance; agir et être, c'est tout un. Aussi, considérer l'idée de cause en la séparant de l'idée de substance, comme nous le faisons, c'est faire une abstraction, et l'idée de substance séparée de l'idée de cause est une autre abstraction.

D. **De l'âme comme substance et comme cause.** — La première et la seule substance que nous connaissions immédiatement, c'est nous-même, et en même temps cette substance nous apparaît comme une cause; en nous comme en

Dieu, nous concevons l'identité de la cause et de la substance. Cette union de l'activité et de l'être se trouve dans le « Cogito, ergo sum » de Descartes, qui, dans son doute systématique, s'arrêtait devant cette révélation de la conscience, quand l'âme lui apparaissait comme une substance pensante, c'est-à-dire active, agissante. Après avoir ainsi saisi l'âme comme cause, *cogito*, et comme substance, *sum*, nous ne tardons pas, en voyant des phénomènes se produire autour de nous, à concevoir d'autres substances. Mais les faits prouvent que nous n'avons d'abord une conscience bien nette que de notre causalité propre, puisque nous commençons notre vie en attribuant aux autres êtres les caractères que nous saisissons en nous; ainsi le petit enfant frappe la pierre qui l'a fait tomber et l'injurie, lui attribuant par conséquent des sentiments qui ne sont qu'en lui; ainsi le sauvage, l'homme primitif, attribue à Dieu les caractères qu'il a saisis en lui-même et croit que la divinité possède, non pas seulement les vertus humaines, mais aussi les passions et les vices de l'homme. Ces faits prouvent bien que la seule cause dont nous ayons une idée claire et complète, c'est nous-même, et c'est dans le sentiment intime de nos actes volontaires que nous puisons cette idée.

E. **De la matière comme substance et comme cause.** — Avec l'observation et la réflexion, l'homme s'aperçoit bien vite que non seulement les phénomènes qui se passent autour de lui n'émanent pas de son activité, mais encore supposent des causes et des substances différentes. Les qualités des corps nous font *concevoir* une substance extérieure, et les phénomènes qui s'y passent nous font conclure à des causes, à des forces, que nous appelons attraction, affinité, etc. Mais, s'il nous est impossible de ne pas concevoir une réalité substantielle sous les propriétés que nous percevons, il nous est également impossible de la connaître elle-même; nous constatons que par la perception extérieure nous pouvons bien atteindre les phénomènes qui frappent nos sens; ainsi, une pomme tombe d'un arbre, j'entends un bruit; je prends ce fruit, je sens une résistance; je le regarde, sa couleur est vermeille, etc.; voilà ce que je *perçois*, et, aussitôt que j'ai perçu, je *conçois* une substance à laquelle appartiennent ces propriétés, mais je ne puis qu'en concevoir l'existence. De même les causes qui agissent dans le monde extérieur ne nous sont connues que par leurs effets, nous n'en connaissons pas la nature ; nous ne voyons pas la cause, nous ne la saisissons nulle part, sans douter un instant de son existence.

F. **De Dieu comme substance et comme cause.** — Au-dessus de l'âme et de la matière, qui ne nous apparaissent que comme des substances relatives, c'est-à-dire qui ne se suffisent pas elles-mêmes, nous devons admettre une substance nécessaire et absolue ; de même, au-dessus des causes secondes, âme et matière, causes finies et contingentes, nous nous formons l'idée de Dieu comme cause première, nécessaire et absolue, ayant en elle-même sa raison d'être et se suffisant à elle-même. Sans doute nous n'atteignons pas directement cette cause première et cette substance infinie ; elle ne se révèle à nous que par ses effets, par exemple, par l'ordre et l'harmonie de l'univers, par l'ordre et l'harmonie du monde psychologique ; Bossuet a eu raison de dire que la connaissance du moi conduisait à la connaissance de Dieu, et Fénelon, de son côté, trouvait que l'argument des causes finales était « la preuve la plus sensible de l'existence de Dieu ». Néanmoins la divinité ne nous apparaît encore qu'enveloppée de voiles, et l'on a pu dire avec raison : « L'homme bégaie toujours quand il parle de l'infini. »

G. **D'une définition de la substance.** — On a donné de la substance une définition aussi fameuse que dangereuse, « ce qui existe par soi-même. » Il n'y aurait donc qu'une substance, Dieu ; l'âme et la matière, n'existant pas par elles-mêmes, ne seraient plus que des propriétés, que des attributs de l'être nécessaire ; c'est le panthéisme. Nier la substance dans les êtres contingents, c'est aboutir à la négation de la personnalité et de la liberté ; c'est dire aussi que les sens nous abusent quand ils nous font croire à une existence réelle dans les êtres du monde matériel. Il faut donc admettre deux sortes de substances, les substances contingentes, âme et matière, et la substance absolue, de même qu'il faut admettre des causes secondes et une cause première. Il faut admettre aussi que les substances contingentes ont, quoique contingentes, une existence propre et distincte de la substance absolue; sans doute elles dépendent de Dieu, qui les a créées et qui les conserve, mais elles ne se confondent pas avec lui. En un mot, il faut dire que le fini dépend de Dieu comme l'effet dépend de la cause, mais qu'il en reste distinct.

153. — Comment acquérons-nous l'idée de cause? montrer sommairement les principales applications que nous faisons de cette idée, soit dans la science pure, soit dans la morale.

DISSERTATION

Exorde. — Les idées peuvent se classer de différentes manières; mais la classification la plus généralement adoptée est celle qui les partage en idées contingentes et en idées nécessaires. Une idée contingente est l'idée d'une chose qui existe, mais que l'esprit conçoit comme pouvant ne pas exister ou exister autrement; une idée nécessaire est l'idée d'une chose qui ne peut pas ne pas être ce qu'elle est, dont nous ne pouvons concevoir la non-existence; c'est une vérité qu'il est impossible à l'esprit de ne pas admettre. Parmi les idées nécessaires, la plus importante est l'idée de cause; quelle en est l'origine et comment nous apparaît-elle? quelles en sont les principales applications?

Première partie. — Dès que l'intelligence s'éveille, le premier objet qui s'offre à l'homme, c'est lui-même; quand il ne sait encore rien de Dieu ou du monde extérieur, il se connaît déjà, et par la conscience il se saisit comme une force agissante, comme le principe de certains faits qui se produisent dans son être intérieur. L'âme a conscience de son activité, et par là elle se connaît comme cause; car causalité et activité sont une seule et même chose; la cause est ce qui agit. C'est donc dans la conscience que nous trouvons l'origine de l'idée de cause; c'est de lui-même que le moi tire cette notion fondamentale. En effet, cette idée ne peut pas venir du monde extérieur puisque nos sens ne perçoivent autour de nous que des faits qui se suivent, qui viennent les uns après les autres, mais qui ne viennent pas les uns des autres. Aussi est-il naturel que le sensualisme, qui n'admet pas d'autre expérience que celle des sens, soutienne que dans l'univers tout se réduit à des faits qui se suivent; il ramène la cause à l'idée de succession, comme il ramène la substance à l'idée de collection; pour lui la cause n'est que l'antécédent invariable d'un phénomène subséquent. Cette doctrine laisse donc inexpliquée cette notion de cause qui se trouve au fond de toute intelligence humaine. C'est en nous seulement que nous saisissons la relation de cause à effet; c'est en lui-même que le moi trouve par la conscience le type de la cause.

Mais lorsque nous nous affirmons comme cause, nous ne prétendons pas être *la cause*, nous croyons seulement être *une cause*, et même une cause imparfaite, contingente, relative, bornée, seconde. C'est après cette intuition de la conscience qui porte sur *une cause* contingente que se produit l'affirmation de la cause nécessaire; l'expérience interne fournit à cette idée l'occasion de se produire, mais c'est la raison qui nous la fait concevoir avec son caractère de nécessité et d'universalité.

Ainsi la conscience nous donne la notion très claire et très nette d'une cause qui est le moi; puis la raison nous fait concevoir l'idée de la cause éternelle et nécessaire.

Seconde partie. — L'idée de cause a un rôle très important dans les sciences, puisque celles-ci s'appliquent à rechercher quelle est la nature des causes. Connaître les faits, les effets, ne constitue qu'une demi-science, ce n'est que l'empirisme; la véritable science est, dit Bacon, celle qui découvre les causes : « Vere scire per causas scire. »

Felix qui potuit rerum cognoscere causas.

Les sciences de la nature cherchent quelles causes agissent dans le monde extérieur; elles se demandent, par exemple, quelle force maintient en équilibre les corps suspendus dans l'espace, sous quelles influences pathologiques naissent et se développent les épidémies, quelles vertus rendent les plantes ou les minéraux propres à produire certains effets, pour quelles raisons certaines maladies sont contagieuses, etc. Les sciences morales essayent aussi de découvrir les causes, celles qui expliquent les révolutions humaines : l'histoire, par exemple, se demande par quelles vertus Rome a grandi et par quelles fautes ou par quels vices elle est ensuite tombée en décadence ; l'économie politique nous dit pourquoi les famines étaient fréquentes et terribles dans l'ancienne France ; la grammaire générale et la philosophie expliquent pourquoi il y a quelque chose d'invariable et de commun dans le langage de toutes les nations ; l'esthétique montre pourquoi l'art ne doit pas être exclusivement l'imitation de la nature, etc.

L'idée de cause a en morale une importance particulière. C'est parce qu'il est une cause libre que l'homme a la responsabilité de ses actes ; car seul de tous les êtres créés il a le privilège d'agir par lui-même, de résister à l'action des forces étrangères et même de leur imposer son action. La responsabilité devant la conscience, devant l'opinion publique ou devant la loi humaine varie suivant que nous avons eu l'initiative de tel acte ou que nous avons cédé à l'influence d'autrui ; l'homme qui arme le bras de l'assassin mérite un châtiment plus sévère que l'agent inconscient qui a frappé ; Iago est plus haïssable que Othello, parce qu'il est véritablement la cause de la mort de l'infortunée Desdemona ; c'est à Narcisse plus qu'à Néron qu'il faut reprocher l'empoisonnement de Britannicus. Aussi le magistrat et l'historien doivent-ils surtout rechercher à quels hommes appartient l'initiative et incombe la responsabilité des actes qu'il faut punir ou flétrir.

Conclusion. — C'est donc dans le sentiment intime de nos actes volontaires que nous puisons l'idée de cause ; à peine née en nous, cette idée est immédiatement généralisée par la raison qui l'étend à tous les phénomènes et à toutes les existences. Cette notion s'applique à toutes les parties des connaissances humaines, et c'est à déterminer la nature des causes que s'attachent la plupart des sciences. Les commandements impératifs de la loi morale n'ont de raison d'être que parce qu'ils s'adressent à une volonté libre, c'est-à-dire à une cause qui a l'initiative de ses propres actes. Ajoutons enfin que les causes secondes, contingentes et relatives, ne trouvent pas en elles-mêmes leur raison d'être et supposent une cause première, nécessaire et absolue qui est Dieu; cette cause première nous apparaît à la fois comme l'auteur des êtres créés et comme le principe de la loi morale.

154. — Quel est le sens de cet aphorisme de Bacon : « Vere scire per causas scire »?

ESQUISSE

La plupart des sciences, pour satisfaire la curiosité de l'esprit humain, s'appliquent à rechercher quelle est la nature des causes. Cette recherche présente des difficultés qui sont quelquefois insurmontables, surtout quand on prend le mot *cause* dans le sens métaphysique; elles sont grandes encore quand on prend ce mot dans son acception vulgaire.

1° En métaphysique, on ramène toutes les causes à trois, qui sont l'âme, la matière et Dieu. La première est la seule dont nous ayons une connaissance immédiate et directe; la matière et Dieu ne se révèlent à nous que par leurs qualités ou leurs effets. C'est pour cette raison que le positivisme attaque la métaphysique, qui étudie les causes, l'essence des choses, et déclare qu'elle doit être rejetée comme une science vaine, qui agite des problèmes insolubles. — On voit donc que si la véritable science doit, suivant Bacon, être celle des causes, cette science est assez bornée, puisque nous n'atteignons qu'une seule cause, l'âme.

2° Mais le mot *cause* est d'ordinaire pris dans une autre acception et désigne alors les propriétés des êtres ou des choses qui produisent certains effets. Dans ce cas la science atteint souvent les causes, et c'est à leur détermination qu'elle vise. Ainsi, l'histoire ne se contente pas de raconter les faits ; elle veut aussi les rattacher aux causes qui les ont produits, et c'est à cette étude que Thucydide, Polybe, Machiavel et Montesquieu doivent la gloire qu'ils ont acquise ; pour citer un exemple bien connu, on explique l'immobilité à laquelle sont condamnées les sociétés musulmanes par ce fait que la loi civile y est unie à la loi religieuse, et on explique leur impuissance à se régénérer par la polygamie, qui, en supprimant les vertus de famille, supprime les vertus publiques. En économie politique, on explique le peu de progrès que l'industrie fit autrefois en France par les entraves que les corporations industrielles opposaient à l'initiative individuelle, et on explique par les douanes intérieures le peu de développement des opérations commerciales. En physique, l'attraction universelle est la cause qui fait que tous les corps se maintiennent en équilibre et qu'un si bel ordre règne dans l'univers.

On peut donc derrière les phénomènes saisir les causes, et Bacon a eu raison de dire que la véritable science est celle qui les découvre ; connaître les faits, les effets ne constitue qu'une demi-science, ce n'est que l'empirisme.

155. — Préciser le sens scientifique du mot loi et montrer ce qu'est la loi : 1° dans le monde physique; — 2° dans le monde moral.

DISSERTATION

Introduction. — « Le mot *loi* ne signifiait dans l'origine qu'un commandement adressé par une autorité à un être libre; mais de l'ordre moral il a été transporté dans la sphère générale de la pensée. Quand nous voyons un fait se reproduire invariablement dans les mêmes circonstances, nous le comparons à un ordre qui aurait été imposé à la nature des choses par une puissance supérieure, et nous l'appelons aussi une loi. » Ainsi nous regardons comme une loi de la matière que les corps s'attirent en raison directe de leurs masses et en raison inverse de la distance; c'est une loi physique. Nous regardons comme une autre loi que l'homme doit être juste et bienfaisant; c'est une loi morale. Les lois sont donc l'ordre constant et général suivant lequel les faits s'accomplissent (lois physiques), ou devraient s'accomplir quand ils dépendent de la volonté (lois morales). Il faut donc reconnaître les *lois physiques* qui commandent à la nature, et les *lois morales* qui s'adressent à la conscience; et cela est naturel, puisqu'il y a deux espèces d'êtres : 1° les uns n'ont pas conscience de leur action et se dirigent fatalement vers une fin déterminée, ce sont les agents aveugles du monde physique; 2° les autres ont conscience d'eux-mêmes et agissent avec intention, pouvant choisir entre plusieurs fins ; ce sont les êtres intelligents et libres. Les lois physiques ne s'appliquent pas au monde moral, et les lois morales ne s'appliquent pas au monde matériel.

Première partie. — Une loi physique est un fait constant généralisé par l'induction, ou l'ensemble des caractères constants d'un fait, ou la manière fixe dont une cause produit son effet. Les lois physiques ne sont que des faits universellement observés ; c'est une loi pour les corps solides de tomber s'ils cessent d'être soutenus, et l'induction a étendu ce fait à tous les points de l'espace et de la durée ; c'est un fait universellement observé et généralisé par l'induction que les liquides placés dans des vases communiquant ensemble tendent à se mettre au même niveau, on en a fait une loi pour les liquides. Il n'y a pas au monde un seul fait qui n'ait sa loi, c'est-à-dire dont l'existence ne soit soumise à des conditions déterminées ; c'est à découvrir ces lois, ces faits universels que s'applique la science. Il ne faut pas confondre la loi avec la cause d'un fait ; les causes sont les forces auxquelles les phénomènes doivent être rapportés et dont la détermination est encore plus difficile que celle des lois ; ainsi nous savons quelle est la loi des marées, puisque nous pouvons en calculer à l'avance les mouvements ; mais nous ne faisons que supposer qu'elles ont pour cause la force attractive de la lune. L'école positiviste a même dit que la science doit se borner à la recherche des lois, que la science n'est qu'un catalogue de lois ayant pour préface une analyse des faits, et elle ajoute qu'il faut renoncer à la vaine recherche des causes. Newton lui-même, après avoir expliqué le système de l'univers par l'attraction, répondait à ceux qui lui demandaient la raison de l'attraction elle-même : « Dieu l'a voulu ainsi. » Une loi physique est donc bien un fait constant généralisé par l'induction qui nous permet d'étendre ainsi une croyance à tous les êtres ou à tous les faits semblables dans le passé et dans l'avenir ; car nous sommes convaincus que les mêmes phénomènes se reproduisent toujours et partout dans les mêmes circonstances.

La loi morale est une règle de conduite qui nous prescrit

ce que nous devons faire, ce que nous devons éviter ; elle est déterminée par la déduction. En effet, la morale est une science déductive ; elle a pour principe l'idée du bien qui se révèle à nous par intuition ; une fois que cette idée est conçue par un être qui se sent libre d'y conformer sa conduite, nous en déduisons l'idée du devoir que nous nous sentons obligés d'accomplir. Cette obligation qui s'impose à nous est la loi morale. C'est à la lueur de l'idée du bien que la raison, par une déduction logique, nous donne la connaissance de tous les devoirs que nous avons à remplir, soit envers nous-mêmes, soit envers les autres.

Ainsi une loi physique est le résultat de l'induction, tandis que c'est le procédé déductif qui nous indique les devoirs que nous avons à remplir dans les diverses situations de la vie.

Deuxième partie. — La loi physique régit des êtres inconscients et soumis à la fatalité ; aussi les corps obéissent-ils imperturbablement aux lois qui leur sont imposées et auxquelles ils ne peuvent se soustraire ; le soleil accomplit sa révolution sans le savoir et sans le vouloir. Au contraire, la loi morale s'adresse à des êtres intelligents et libres, qui peuvent lui désobéir. La loi physique est la *force*, la loi morale n'a que l'*autorité* ; la force contraint, l'autorité soumet les volontés sans les contraindre ; aussi la loi morale doit-elle apparaître à des êtres intelligents et libres comme l'expression de l'ordre, digne par elle-même d'être obéie ; elle demande une obéissance libre. L'être doué de liberté sait qu'il peut, s'il veut, violer la loi ; mais il sait qu'il doit la respecter ; la nécessité physique est ici remplacée par une nécessité morale. — Cette différence entre une loi physique et une loi morale donne lieu à des conséquences importantes : les prévisions dans le monde physique présentent, quand la loi est connue, un caractère de certitude, puisque nous sommes dans un monde soumis à la fatalité ; — dans le monde moral, les prévisions n'ont qu'un caractère de probabilité, à cause du libre arbitre ; ainsi, le législateur n'est jamais sûr de voir respecter ses prescriptions les plus sages ; le commerçant n'est jamais assuré de réussir dans ses entreprises les mieux combinées; le financier ne peut pas répondre de n'avoir pas de mécompte dans ses calculs les plus exacts et de ne pas voir bouleverser par l'imprévu toute l'économie d'un budget savamment établi; l'orateur comme Démosthène ne sait pas si l'on fera avec suite et avec vigueur contre le Macédonien la guerre qu'imposent le devoir et le patriotisme. Au contraire, nous sommes sûrs que, à un certain degré de chaleur, l'étain, l'or, l'argent entreront en fusion, que les corps s'attireront toujours, que la terre aura toujours son mouvement de rotation sur elle-même et autour du soleil, etc.

Troisième partie. — La loi physique et la loi morale diffèrent encore par un autre caractère : la loi physique est nécessaire, mais dans l'ordre de la contingence ; il est nécessaire que la chaleur dilate les corps, parce que la chaleur se trouve avoir cette propriété, mais il n'impliquerait pas contradiction qu'elle ne la possédât point ; — la loi morale est absolument nécessaire, son contraire implique contradiction; je puis concevoir que la chaleur ne dilate point les corps, mais je ne puis concevoir qu'il n'y ait pas responsabilité là où se trouvent à la fois intelligence et liberté. Les lois de la nature n'ont donc qu'une nécessité provisoire, qu'une perpétuité hypothétique; le nécessaire seul est éternel et immuable.

Quatrième partie. — Ces diverses considérations nous donnent à la fois l'explication et la preuve de la fameuse définition par laquelle commence l'*Esprit des lois* : « Les lois sont les rapports nécessaires qui dérivent de la nature des choses. » Cela est vrai pour la loi physique et pour la loi morale. Sommes-nous en présence d'un corps à l'état gazeux? il est évident que, si nous comprimons son volume, sa force élastique sera d'autant plus grande que ce volume sera plus petit si la température ne varie pas pendant l'expérience. Sommes-nous en présence de deux agents moraux, intelligents et libres, ayant chacun des droits? de l'existence des droits de l'un résulte pour l'autre le devoir de les respecter.

Résumé. — Une loi physique est donc un fait constant généralisé par l'induction, l'ensemble des caractères constants d'un fait; — la loi morale est une règle de conduite qui nous prescrit ce que nous devons faire et ce que nous devons éviter; elle est déterminée par la déduction, la morale étant une science déductive qui a pour principe l'idée du bien. La loi physique régit des êtres inconscients et soumis à la fatalité, tandis que la loi morale s'adresse à des êtres intelligents et libres; nul ne peut se soustraire à une loi physique, tandis qu'on peut désobéir à la loi morale. Enfin, la loi physique n'est nécessaire que dans l'ordre de la contingence, tandis que la loi morale est absolument nécessaire et que son contraire implique contradiction.

Observation. — Outre les lois physiques qui régissent la matière et les lois morales qui sont pour nous des règles de conduite, il y a encore les lois de l'esprit qui peuvent aussi être définies « l'ordre constant et général suivant lequel les faits s'accomplissent », ou « un rapport nécessaire résultant de la nature des choses. » C'est une loi de l'esprit que la mémoire, pour acquérir et conserver les connaissances, a besoin d'être aidée par l'attention et par l'association des idées; c'est une loi que l'habitude rend plus faciles et plus sûres les opérations de l'intelligence. Les lois de l'esprit sont, comme les lois physiques, le résultat de l'observation et de l'induction; elles présentent aussi un caractère de fatalité, vu la nature de l'intelligence; lorsque j'ai dit que tous les corps sont pesants et que l'air est un corps, je suis obligé d'admettre que l'air est pesant; mais cette fatalité n'est pas en tout semblable à celle qui règne dans le monde physique, puisque la volonté peut réagir et nous permet, dans une certaine mesure, de nous soustraire à la fatalité qui est dans l'essence de l'intelligence.

156. — **Définir le scepticisme; classer les arguments sur lesquels il s'appuie, et indiquer la méthode par laquelle on peut répondre à ces arguments.**

PROGRAMME

Le scepticisme conteste à l'esprit humain le pouvoir d'arriver à la vérité, soit parce que la vérité n'existe pas, soit parce que nos facultés sont impuissantes à nous la faire discerner. Le mot qui vient de σκέπτομαι (examiner) a perdu la signification étymologique; rien n'est plus légitime et plus fécond que l'examen, que le doute méthodique et provisoire, qui a pour but la découverte de la vérité; au contraire, rien n'est plus dangereux et plus stérile que le doute systématique et absolu, qui, pour le sceptique, est le but et le dernier mot.

Les arguments sur lesquels s'appuie le scepticisme sont au nombre de trois : le premier est destiné à prouver que la vérité n'existe pas pour l'homme; les deux autres ont pour but d'établir l'impuissance de nos facultés.

A. La mobilité et la diversité des opinions humaines prouvent que la vérité n'existe pas. — C'est l'argument que les sceptiques ont développé avec le plus de complaisance depuis Pyrrhon jusqu'à Montaigne et Pascal, montrant que les opinions varient dans le même individu avec l'âge, les intérêts et les passions, qu'elles varient d'homme à homme, de siècle à siècle, de peuple à peuple; « Vérité en deçà des Pyrénées, erreur au delà, » a dit Pascal, qui ajoute : « On ne voit presque rien de juste ou d'injuste qui ne change de qualité en changeant de climat; trois degrés d'élévation du pôle renversent toute la jurisprudence; un méridien décide de la vérité... plaisante justice qu'une rivière borne ! »

Les sophistes grecs avaient une formule fameuse pour cet argument : « L'esprit de l'homme, disait Protagoras, est la mesure de toute chose », c'est-à-dire que rien n'est absolument vrai ni absolument faux, que la neige est blanche pour qui la voit blanche, noire pour qui la voit noire ; cela revient à dire que la vérité n'existe pas.

On peut répondre : d'abord il y a des vérités universelles qui n'ont jamais changé, que tous les hommes acceptent et que, à leur insu, ils prennent comme règle de conduite ; ensuite, sous le flux et le reflux des phénomènes mobiles, la science a trouvé des lois stables, qu'elle a solidement démontrées par le raisonnement et par les merveilleuses applications qui ont valu à l'homme une incontestable amélioration dans sa vie physique et morale ; si la connaissance humaine varie, c'est que souvent elle progresse, la science ne pouvant s'accroître que par le changement, et l'esprit humain ne pouvant arriver à la vérité que par de longs et pénible tâtonnements.

B. 1º La raison étant l'instrument de la science, il faudrait au préalable démontrer qu'elle voit les choses telles qu'elles sont ; or, elle n'a qu'elle-même pour faire cette démonstration ; « nous voilà au rouet, » dit Montaigne ; elle est donc dans l'impossibilité d'établir sa propre légitimité. En admettant qu'il y ait une vérité, rien ne nous assure que ce soit elle qui est perçue par l'intelligence ; rien ne nous prouve que l'intelligence faite autrement n'aurait pas sur les choses des idées différentes et que toutes nos idées ne seraient pas changées, comme certaines personnes, par suite d'une disposition particulière de l'organe de la vision, éprouvent la sensation de vert là où d'autres éprouvent la sensation de rouge.

— Cet argument, qui est de Kant, est irréfutable, puisque la raison pour établir sa véracité n'a que son propre témoignage. Mais on répond que tout ne peut ni ne doit être démontré ; les vérités évidentes par elles-mêmes n'ont pas besoin de l'être ; car la démonstration n'a pour but que d'arriver à l'évidence, et quand l'évidence existe, il n'y a plus qu'à la subir ; il y a des certitudes antérieures et supérieures à toute démonstration ; or, la légitimité de nos moyens de connaître est une de ces vérités qui ne se démontrent pas, l'intelligence voit et sent sa véracité. Il faut donc placer un acte de foi au commencement de la connaissance ; mais cette foi n'est nullement aveugle, bien qu'elle ne repose pas sur une démonstration, elle est intuitive. Du reste cette véracité de l'intelligence peut se vérifier par l'expérience ; on peut constater l'accord de la pensée avec les choses, avec les faits.

2° Les erreurs, où nos facultés nous jettent, prouveraient, suivant Pyrrhon et Montaigne, qu'elles sont impuissantes à nous faire discerner le vrai du faux ; le scepticisme énumère ces erreurs avec complaisance, ce sont les illusions ou erreurs des sens, les erreurs de mémoire, les abstractions réalisées, les abus de la généralisation, les fausses associations d'idées, les mirages de l'imagination, les écarts du jugement ou préjugés, les mauvais raisonnements, les fluctuations et les revirements de l'opinion, etc. ; et après cette énumération, le sceptique demande comment on peut se fier à un instrument tant de fois pris en défaut. — On réfute cet argument en disant que nous pouvons reconnaître toutes ces erreurs et qu'à chaque instant nous les reconnaissons ; nous avons donc un critérium, c'est-à-dire un moyen de discerner le vrai du faux ; et si l'on vient à prétendre que nous substituons seulement une erreur à une autre erreur, nous répondons que nous avons des moyens de vérification qui nous permettent de nous assurer si nous sommes, ou non, en possession de la vérité. La faiblesse de son esprit fait que l'homme est accidentellement exposé à l'erreur, mais cette faiblesse ne va pas jusqu'à une complète impuissance, et même l'erreur ne provient souvent que de l'usage maladroit que nous faisons de nos facultés.

Enfin, la nature réfute le système, puisque le sceptique devrait cesser d'agir et de vivre s'il voulait être logique et conformer sa conduite à ses doctrines; les bizarres légendes qui couraient dans l'antiquité sur le compte de Pyrrhon, les étrangetés de conduite qu'on lui attribuait n'étaient sans doute qu'une vaine tentative qu'il faisait pour être conséquent avec lui-même et pour mettre ses actions en harmonie avec ses paroles. Du reste, si nous ne savions rien d'une manière certaine, si tout était incertain et douteux, que deviendrait la morale et que deviendrait la société?

OBSERVATION. — *Le programme développé ci-dessus servirait pour traiter le sujet suivant qui est au fond le même que le précédent :*

Exposer et réfuter les objections des sceptiques contre la certitude de la connaissance humaine.

OBSERVATION. — *Pour le sujet ci-dessous, on se reporterait au paragraphe A du même programme :*

Que peut-on répondre à l'argument sceptique tiré de la contradiction des opinions humaines ?

157. — Quelles sont les différentes formes du scepticisme? les énumérer, les classer, les réduire.

DISSERTATION

Exorde. — Le scepticisme prétend que la vérité n'est pas accessible à l'homme, soit parce qu'il n'y a rien de vrai en soi, soit parce que nos facultés sont essentiellement trompeuses ; il refuse donc à l'esprit humain le droit d'affirmer et il le condamne à un doute absolu. Le philosophe doute également et suspend son jugement, mais seulement jusqu'à ce qu'il ait trouvé la vérité ; pour lui, le doute n'est que le commencement de la science, tandis que, pour le sceptique, c'est le dernier mot de la science et de la sagesse. « La profession des Pyrrhoniens, dit Montaigne, est de bransler, doubter et s'enquérir, ne s'asseurer de rien, de ne rien se respondre. » Né de la lutte des systèmes dogmatiques entre eux, le scepticisme se transforme à chaque époque ; il a gagné en profondeur, mais il a perdu en étendue, et, reculant peu à peu, il s'est finalement, avec Kant, renfermé dans la métaphysique. Il est donc intéressant de suivre dans l'histoire ses évolutions les plus importantes et d'indiquer, chemin faisant, ses formes principales.

Première partie. — Dans l'antiquité, les tentatives ambitieuses des premiers philosophes qui voulaient du premier coup expliquer la nature et l'origine des choses, leurs systèmes opposés et contradictoires, qui représentaient les uns le sensualisme, les autres l'idéalisme, toutes ces vaines hypothèses aboutirent à la pire espèce de scepticisme, à la *sophistique*; c'était une opinion frivole et corruptrice, qui consistait à soutenir que rien n'est en soi ni vrai ni faux, ni juste, ni injuste, que la vertu est un mot, que l'intérêt est l'unique mobile de nos actions. — La sophistique est combattue avec acharnement et presque ruinée par Socrate; mais l'antagonisme des écoles socratiques, les affirmations contradictoires de l'Académie et du Lycée, des cyniques et des cyrénaïques, qui sont bientôt remplacés par les stoïciens et les épicuriens, toutes ces oppositions donnent naissance au *pyrrhonisme*, qui est un scepticisme sérieux. Venu après les grands systèmes et les solennelles discussions, après les conquêtes d'Alexandre qui ont montré dans toute leur diversité les mœurs et les croyances des différents peuples, Pyrrhon n'affirme pas et ne nie pas, il s'abstient de juger; avec une complète incertitude il professe une parfaite indifférence; « pas plus ceci que cela », telle est sa devise; comme la sagesse consiste à ne rien croire, elle consiste aussi à ne pas agir; ce sont les contradictions de la raison qui forcent le sage à s'abstenir, ἐπέχειν, elles sont pour lui des motifs d'*époque* (ἐποχή, abstention, suspension, état de l'esprit dans lequel on n'affirme et ne nie rien). — Le pyrrhonisme se dissimule sous le *probabilisme* de la nouvelle Académie avec Arcésilas et Carnéade. — Il s'accuse nettement avec Ænésidème, contemporain de Cicéron, et Sextus Empiricus (second siècle après J.-C.), qui renouvellent le scepticisme absolu de Pyrrhon; le premier surtout est célèbre par son argumentation contre le principe de causalité, et Hume n'a guère fait plus tard que reprendre ses arguments quand il a contesté la légitimité de la notion de cause. — Dans les temps modernes, Montaigne, original par le style, ne l'est pas pour les idées qu'il emprunte aux pyrrhoniens grecs et latins; il a le mérite de l'expression, il n'a pas celui de l'invention. — Au XVII° siècle, Pascal, dans les *Pensées*, s'est servi des arguments présentés par Montaigne sous une forme pittoresque, mais ils sont devenus entre ses mains une machine de guerre; c'est le *scepticisme théologique*, qui veut dégoûter l'homme de la raison par le spectacle de ses faiblesses, qui essaye de le précipiter de force dans la foi et de lui faire chercher dans la révélation un refuge contre les angoisses du doute; le doute n'est plus alors qu'un moyen, une tactique; dirigé contre la raison et la philosophie, il doit nous amener à la foi. — Au XVIII° siècle, Berkeley, niant la réalité objective de nos perceptions extérieures, ne voit dans les choses de la nature que de simples conceptions de l'esprit et refuse toute réalité au monde matériel; c'est le *scepticisme idéaliste*. — Le système de Locke engendre le *scepticisme sensualiste* ou *empirique* de Hume; n'admettant que les idées qui viennent des sens, il constate que l'expérience nous montre seulement un rapport de succession entre les phénomènes et nullement une liaison de dépendance, un rapport nécessaire de cause à effet. Pour lui, le principe de causalité n'est pas une intuition directe de la raison, c'est un acte discursif venant de l'habitude que nous avons de lier toujours un phénomène conséquent à un phénomène antécédent, sans que nous ayons le droit de conclure que le second soit le produit du premier; la faculté qui nous donne ce principe de causalité n'est que l'association des idées. Nous ne pouvons donc savoir si quelque réalité correspond à l'idée que nous nous faisons de Dieu, par exemple; l'argument tiré de l'ordre du monde est nul si l'idée de cause est une chimère. « Nos idées, dit Hume, étant l'effet d'impressions variables ou de pures habitudes, ne présentent rien d'universel, rien de nécessaire; la véritable science n'existe donc pas puisqu'elle ne mérite confiance que si tous ses éléments portent le cachet de l'universalité et de la nécessité. » Il n'admet pas d'autre existence que celle des phénomènes qui se succèdent en nous; et toutes les représentations n'étant que des copies du monde extérieur, on peut douter même, suivant lui, de la réalité de ce monde. « Si à nos liaisons d'idées, dit-il encore, ne correspond rien d'extérieur, nulle réalité, il n'y a point de science, notre savoir n'est que croyance et probabilité. » Mais le principe de causalité étant établi à la fois dans la nature des choses et dans celle de l'homme, il ne peut pas disparaître, et Hume a seulement démontré, sans le vouloir, que le sensualisme, qui conduit à la négation des causes, est erroné dans son principe. — Kant reconnaît aux idées rationnelles ce caractère d'universalité et de nécessité que Hume ne veut pas leur reconnaître et qui les distingue des perceptions sensibles, mais il leur refuse tout caractère objectif; pour lui les hautes conceptions de l'esprit n'ont qu'une valeur subjective, ce ne sont que des formes de l'intelligence. Supprimer, écarter l'*objectif*, êtres et choses, comme inaccessible, réduire la science à l'esprit humain, au *subjectif*, voilà le but de Kant; il met donc en doute la nature et Dieu, et réduit l'esprit humain à lui-même; telle est l'idée mère du *Criticisme* ou *Scepticisme transcendantal*, dont la conclusion est que nous ne pouvons affirmer la réalité objective de rien. Le procédé de Kant est *critique*, c'est-à-dire examinateur; sa doctrine est *transcendantale*, c'est-à-dire qu'elle est opposée à empirique ou à tout fait exclusivement emprunté aux sens, qu'elle admet des jugements *a priori* qui s'élèvent au-dessus de tel ou tel fait particulier, et qu'elle fait une étude particulière de ces concepts et jugements *a priori*.

Seconde partie. — On voit que, en laissant de côté le scepticisme théologique, qui « se moque de la philosophie » et ne proclame l'impuissance de la raison que pour nous acculer à la foi, on peut réduire à deux principales les différentes formes du scepticisme :

1° Le scepticisme ancien, scepticisme absolu qui se personnifie dans Pyrrhon, fait surtout ressortir les variations des opinions humaines et s'appuie sur une psychologie peu profonde;

2° Le *scepticisme moderne, scepticisme relatif*, partant d'une analyse de l'intelligence, conteste, avec Berkeley, Hume et Kant, la certitude d'une partie de nos connaissances.

Conclusion. — Cet exposé montre que le scepticisme a reculé devant les progrès de la science et s'est réduit lui-même à quelques points de subtile métaphysique. En effet, Kant, qui a porté le scepticisme à sa plus haute puissance, a rétabli, au nom de la *raison pratique*, les vérités morales auxquelles la *raison théorique* ne reconnaît, suivant lui, qu'une valeur subjective, et il affirme, comme des nécessités de la loi morale, la spiritualité et l'immortalité de l'âme, l'existence d'un Dieu juste et rémunérateur, la liberté et la responsabilité humaine. Même cantonné dans la métaphysique, le scepticisme ne parvient pas à convaincre la raison humaine qu'elle doit se donner à elle-même un inévitable démenti.

158. — En quoi le doute cartésien diffère-t-il de celui des sceptiques?

Marquer la différence entre le doute considéré comme un état de l'esprit et le scepticisme considéré comme un système.

ESQUISSE

A. — L'homme est chaque jour exposé à commettre de graves erreurs, qui proviennent, soit de la faiblesse de son esprit nécessairement imparfait et borné, soit de la nature des objets qu'il essaye de connaître ; il se heurte même souvent à des ignorances invincibles ; ainsi, comment le moi sort-il de lui-même pour atteindre le non-moi ? comment le corps agit-il sur l'âme et l'âme sur le corps ? quelle est la nature de la matière ? quelle est la nature de l'autre vie ? A toutes ces questions et à beaucoup d'autres on ne peut répondre que par des hypothèses. D'un autre côté, passer en revue nos facultés, c'est presque énumérer autant de sources d'erreurs : il faut parler des illusions des sens, des défaillances de la mémoire, des fausses associations d'idées, des faux raisonnements, etc. Ces problèmes insolubles et ces faiblesses de l'esprit font que certains philosophes se croient autorisés à conclure à une double négation : la vérité n'existe pas, disent-ils d'abord, et ils ajoutent : en admettant que la vérité existe, l'intelligence humaine est impuissante à la découvrir. Telle est l'opinion des sceptiques.

D'autres philosophes, d'un esprit moins absolu ou plus sensé, mieux équilibré, répondent que sans doute l'homme, en raison de sa nature imparfaite, est soumis à l'erreur, mais que cependant il n'est pas condamné à une irrémédiable et radicale impuissance et qu'il peut apercevoir au moins une partie de la vérité; ils croient donc et à l'existence de la vérité et à la possibilité pour l'homme de l'atteindre. Les erreurs dans lesquelles nos facultés nous jettent sont pour eux une raison, non de désespérer de ces facultés, mais d'apporter beaucoup de rigueur dans nos investigations et une grande prudence dans nos affirmations. C'est ainsi que Descartes, ne voyant partout que diversités et contradictions, voulut d'abord débarrasser son esprit de toutes ces opinions contradictoires qui lui venaient des leçons, des livres, des traditions, et il se mit à douter de tout; mais c'était pour reconstruire l'édifice de ses connaissances d'après un plan nouveau et sur des fondements solides.

On voit facilement et il est aisé de montrer quelle différence il y a entre le doute cartésien et celui des sceptiques, entre le doute considéré comme un état suspensif et le scepticisme considéré comme un système.

B. — Le sceptique, avons-nous dit, ne croit ni à l'existence de la vérité ni à la possibilité pour l'homme d'y arriver; or, Descartes croit que la vérité existe puisqu'il la cherche et qu'il consacre sa vie à cette noble tâche; il croit aussi qu'il peut la découvrir puisque de son doute il fait sortir une méthode « par laquelle, dit-il, il me semble que j'ai moyen d'augmenter par degrés ma connaissance ». Il n'y a donc que l'analogie du mot entre le doute de Descartes, qui a pour principe la foi dans la vérité et pour but la découverte de la vérité, et le doute des sceptiques qui concluent, autant que leur système permet de conclure, qu'il n'y a rien de vrai en soi et que nous ne pouvons arriver à aucune connaissance certaine.

En outre, le doute des sceptiques est absolument stérile; car il aboutit à une indifférence absolue qui consiste à ne pas agir comme elle consiste à ne rien croire. A une complète incertitude le sceptique unit une parfaite insouciance. « Pas plus ceci que cela », telle est sa devise. « La profession des Pyrrhoniens, dit Montaigne, est de bransler, doubter et s'enquérir, ne s'asseurer de rien, de ne rien se respondre. » Ainsi, pour le sceptique, l'*insensibilité*, l'indifférence est le dernier terme de la sagesse; que l'humanité avance ou recule, peu lui importe. Au contraire, la méthode cartésienne, qui a son origine dans le doute, a posé les fondements de la science moderne et a eu pour l'humanité les plus heureux résultats, que Descartes a prévus, annoncés, préparés. En effet, c'est avec le doute cartésien qu'a commencé cette grande révolution, qui a fait que les sciences ont enregistré plus de progrès en 250 ans que dans les 25 siècles historiques qui l'ont précédée, qui a changé la face du monde et valu à l'homme une si grande amélioration dans sa vie matérielle et morale. On voit que si le doute des sceptiques est absolument stérile, le doute cartésien est fécond en heureux résultats.

Le vrai philosophe doute donc et suspend son jugement jusqu'à ce que, à l'aide d'une méthode sévère, il ait trouvé la vérité. Ce doute s'explique par la faiblesse de l'intelligence humaine qui ne comprend qu'à demi et avec peine, et il est la condition de la science puisqu'il nous permet de n'admettre dans notre esprit que des choses solidement établies et d'en expulser les idées fausses ou obscures. Mais ce doute n'est légitime que s'il est provisoire, s'il sert de prélude à un examen attentif des choses et doit aboutir tôt ou tard à une affirmation; il implique à la fois l'amour, le respect de la vérité et la confiance dans nos moyens de connaître.

159. — A. Critérium de la certitude. — B. Quels sont les différents principes auxquels on attribue le rôle de critérium?

PROGRAMME

A. Le mot criterium (κρίνω, juger) désigne en général tout moyen propre à distinguer la vérité de l'erreur. Le critérium de la vérité est l'*évidence*, c'est-à-dire une idée claire et distincte; toutes les choses qui sont évidentes sont vraies, toutes celles qui présentent de l'obscurité sont douteuses. Cette règle cartésienne présente des difficultés dans l'application; mais nos erreurs prouvent seulement la faiblesse de notre esprit, elles ne prouvent rien contre le critérium de l'évidence. Pour les sceptiques, il n'y a pas de critérium, puisqu'ils nient la vérité ou refusent à l'homme tout moyen de l'apercevoir.

B. 1° Les Epicuriens et tous les sensualistes ont placé le critérium de la vérité dans le témoignage des sens; mais la sensation est variable, et la vérité ne saurait changer ni se contredire; de plus il y a des vérités qui ne peuvent venir des sens [1].

2° D'autres, comme Lamennais, n'admettent comme critérium que le consentement universel ou le témoignage de la majorité des hommes, disant que si un individu isolé est

---

[1]. Voyez plus haut le numéro 50.

exposé à se tromper, il ne saurait en être ainsi de l'humanité tout entière, que le critérium de la certitude est dans l'accord des opinions, et que la vérité est ce que tous les hommes croient, l'erreur est ce qu'ils rejettent. — On répond que si la raison humaine est impuissante dans chaque individu, on ne voit pas comment les hommes réunis seront plus capables de trouver la vérité.

3° Rousseau et Pascal ont voulu prendre le sentiment pour critérium. « Il faut, dit Pascal, mettre notre foi dans le sentiment, autrement elle sera toujours vacillante; c'est le cœur qui sent Dieu et non la raison. » Mais la sensibilité, mobile et variable, ne peut fournir le signe auquel on puisse reconnaître la vérité qui ne saurait changer ni avec le temps ni avec les individus.

4° L'école théologique n'admet pas d'autre autorité que celle de la révélation. Mais comme il y a eu plusieurs révélations, comment distinguera-t-on la vérité de l'imposture ? « Cette belle raison corrompue a tout corrompu, » a dit encore Pascal; c'est pourtant à elle qu'il faut s'adresser pour examiner les fondements de la vérité religieuse; si l'on aime « à voir cette superbe raison humiliée », si l'on en démontre l'impuissance, cette démonstration servira, non à la foi, mais au scepticisme.

5° Pour Leibnitz le critérium est dans la *raison suffisante*, « rien n'arrive sans raison suffisante; » il ne suffit pas qu'une idée soit claire, il faut encore qu'elle soit possible et intelligible. Ce critérium n'est guère que le principe de Descartes développé et complété.

Ainsi les autres principes auxquels on a voulu attribuer le rôle de critérium sont insuffisants ou supposent l'évidence intuitive; quelques-uns peuvent se concilier entre eux et ont de la valeur quand on les applique aux matières qui les comportent.

160. — **Qu'entend-on par ces différentes expressions : foi, doute, opinion, science, ignorance, erreur, certitude ?**

A. La *foi* est la créance que l'on accorde aux hommes et aux choses ; la croyance à la véracité de notre intelligence est un acte de foi, mais cette foi n'est pas aveugle, elle est intuitive, l'intelligence a la conscience de sa véracité. En religion, ce mot exprime la persuasion où nous sommes que certains dogmes ont été révélés et qu'ils sont vrais, même quand nous ne pouvons pas les comprendre. — Sans la foi, il n'y a pas d'éducation possible, il n'y a point d'unité morale entre les hommes ; du reste la foi est un besoin de notre nature intellectuelle et morale.

B. Le *doute* (duo) est l'état de l'esprit qui ne se sent pas assez éclairé pour porter un jugement et se prononcer entre deux choses ; l'homme doute parce qu'il a une intelligence bornée. Il y a deux manières de douter : 1° le doute *méthodique*, provisoire, est une suspension momentanée de notre jugement pour donner le temps à l'esprit de se rendre compte de toutes ses connaissances ; il est la condition même de la science et le premier acte par lequel nous montrons que nous voulons juger par nous-même et non plus par les autres ; il s'explique par la faiblesse de l'esprit humain qui ne pénètre qu'avec peine jusqu'au fond des choses; ce doute est fécond puisqu'il nous permet de n'admettre dans notre esprit que des choses solidement établies et d'en expulser toutes les idées obscures ou fausses; — 2° le doute des sceptiques, qui est définitif, est au contraire stérile et funeste; tandis que le doute méthodique et provisoire suppose la foi à la vérité et la possibilité d'y parvenir, le sceptique croit au contraire qu'il n'y a rien de vrai en soi et que nos facultés sont impuissantes à nous faire apercevoir la vérité.

C. L'*opinion* est un jugement que l'esprit porte en matière contingente, probable et douteuse; ce mot désigne donc des croyances variables, limitées à une époque et à une nation; les anciens croyaient que l'esclavage était nécessaire, et Aristote, en le justifiant par sa prétendue nécessité, déclarait qu'on le supprimerait quand la navette du tisserand marcherait toute seule; avant Copernic et Galilée, on croyait la terre immobile; on fut aussi longtemps persuadé que la nature a horreur du vide, et tout le XVII° siècle ajoutait foi aux tourbillons de Descartes.

La *science* est un ensemble de connaissances certaines et raisonnées; elle se distingue donc nettement de l'opinion, qui juge sans motif suffisant. Si l'homme pouvait s'élever jusqu'à une connaissance universelle et parfaite, la science embrasserait l'ensemble et les parties de l'univers dans leurs détails et dans leurs rapports; il aurait la science absolue, ce que lui interdit sa faiblesse. Cette faiblesse fait que la science humaine est nécessairement limitée et qu'elle est en outre partielle et divisible; sa divisibilité est la condition de ses progrès; c'est ainsi que les *sciences* coexistent dans la *science*, distinctes, mais non isolées. Il y a les sciences qui concernent les corps, c'est-à-dire les *sciences naturelles*; il y a les *sciences de raisonnement*, comprenant les mathématiques et la métaphysique; il y a enfin les sciences qui concernent les êtres intelligents, c'est-à-dire les *sciences morales*. A chaque science principale se rattache une application dans l'industrie ou dans l'art; ainsi, à l'arithmétique correspond le calcul, à la géométrie l'arpentage, à la zoologie la médecine, etc. En effet, si la curiosité naturelle à l'esprit humain fait que nous aimons à *connaître pour connaître*, ce qui a donné naissance à la science, à la théorie, l'homme veut aussi *connaître pour agir*, parce qu'il a des besoins à satisfaire; de là sont nées les applications, c'est-à-dire le côté pratique des sciences; la science nous dit donc *comment* les choses sont et *pourquoi* elles sont de telle façon, tandis que l'art nous apprend à en tirer parti. « Les sciences, sans bornes comme la nature, s'accroissent à l'infini par les travaux des générations successives. » (Laplace.)

L'*ignorance* est la privation de la science ; tous les hommes en naissant se trouvent dans la pure ignorance naturelle.

L'*erreur* est une ignorance qui ne se connaît pas et qui se prend pour la science; elle consiste donc à ne pas savoir et à croire qu'elle sait; l'ignorance est fâcheuse, l'erreur est dangereuse. « L'ignorance est moins éloignée de la vérité que le préjugé, » c'est-à-dire que l'erreur; en effet, l'ignorant peut se laisser docilement éclairer, tandis que l'homme qui est dans l'erreur résiste et se cabre.

D. La *certitude* est l'état de l'esprit croyant fermement à la vérité qui lui apparaît comme évidente, que cette évidence soit intuitive ou immédiate, qu'elle soit démonstrative ou médiate.

La *probabilité* est une apparence de vérité ; tandis que la certitude est absolue et ne comporte pas de degrés, la probabilité compte des degrés indéfinis et peut se rapprocher infiniment de la certitude sans jamais y atteindre; tandis que la certitude exclut toute évaluation numérique, la probabilité peut quelquefois être exprimée par un nombre. « L'expression mathématique de la probabilité est une fraction dont le numérateur est le nombre des cas favorables, et le dénominateur est le nombre de tous les cas possibles. » (Laplace.) C'est donc une quantité qui s'évalue; les tables de mortalité, les combinaisons des jeux, les assurances sur la vie, etc., reposent sur des calculs de probabilité. « Suivre les vraisemblances, telle doit être la devise de l'homme sage pour régler sa conduite, car la vie entière n'est qu'un calcul continuel de probabilités....; quant à n'agir qu'à coup sûr, il faudrait alors renoncer à vivre. » (De Maistre.)

En résumé, le doute s'oppose à la certitude et à la foi, l'ignorance à la science, l'erreur à la vérité, l'opinion est intermédiaire; enfin, la certitude donne lieu au dogmatisme, le doute au scepticisme, la probabilité au probabilisme.

OBSERVATION. — *On trouvera dans le paragraphe B de ce plan la réponse à la question suivante :*

Qu'appelle-t-on doute méthodique dans la philosophie de Descartes, et en quoi se distingue-t-il du doute des sceptiques ?

OBSERVATION. — *On trouvera dans le paragraphe C de ce plan, ainsi que dans l'esquisse suivante qui porte le numéro 161, la réponse à ce sujet :*

Quelle différence y a-t-il entre l'opinion et la science ?

161. — Quelle différence y a-t-il entre l'opinion et la science ?

ESQUISSE

L'opinion est un jugement que porte l'esprit en matière contingente, probable ou douteuse ; on l'oppose d'ordinaire à la science, et de tout temps on a admis cette distinction en philosophie, surtout dans l'antiquité. Ainsi Platon, dans la *République*, admet quatre formes de la connaissance, les deux premières se rapportant à l'*opinion* (δόξα), qui a pour objets les choses qui *deviennent*, les deux autres se rapportant à la *science* proprement dite (ἐπιστήμη), qui a pour objets les choses qui *sont*.

La science est toujours vraie ; l'opinion est tantôt vraie, tantôt fausse ; la science est donc *immuable* et *impersonnelle*, tandis que l'opinion est *variable* et *individuelle*.

En tout temps et pour tout homme, il est et il sera toujours vrai que 2 et 2 font 4, qu'il y a une cause première, que la même chose ne peut pas à la fois être et n'être pas, etc. ; mais la vérité ne se présente pas toujours à nous avec une irrésistible évidence, soit par voie immédiate et intuitive, soit par voie médiate et démonstrative. Quand les preuves font défaut ou que les assertions sont contradictoires, il y a d'abord doute dans notre esprit et lutte intérieure ; puis, comme le doute est un état contraire à notre nature, l'âme, impatiente de croire, adopte celle des deux croyances qui répond le mieux à ses instincts et aux habitudes intellectuelles et morales qu'elle a prises. Ainsi se forme l'opinion qui décide avant que l'esprit soit suffisamment éclairé, et qui prend quelquefois la place de la science. Nos opinions pénètrent peu à peu toute notre âme et deviennent une partie de nous-même, un trait de notre caractère. Et plus nous avons fait effort, soit pour conquérir ces croyances douteuses, soit pour les défendre contre autrui, plus nous y tenons et plus nous nous y attachons. Elles sont individuelles, et, comme tout ce qui est individuel, elles sont sujettes aux plus étranges variations. Cette variabilité se montre et dans le temps et dans les personnes. Autrefois on croyait que la terre était le centre du monde, que la nature a horreur du vide, que l'esclavage était chose nécessaire, et tout le monde acceptait le *væ victis* de Brennus; au XVIIe siècle, tous les Français trouvaient naturelle l'omnipotence royale et acceptaient sans protestation le mot de Louis XIV : «L'Etat, c'est moi. » Telle opinion qui est la nôtre aujourd'hui ne l'était pas hier et peut-être ne le sera pas demain; mais elle est *notre* opinion, et cela suffit; par amour-propre et par sincérité nous nous croyons obligés de la défendre, quelquefois de l'imposer aux autres; c'est ainsi que saint Louis, se croyant obligé de *venger Dieu*, infligeait aux blasphémateurs des châtiments qui font frémir; c'est ainsi que l'histoire enregistre les odieuses persécutions que les vainqueurs du jour imposent aux adversaires de leurs opinions politiques ou religieuses. Car, chose étonnante, ces opinions, qui n'éclairent l'esprit que d'une lueur douteuse, passionnent le cœur, deviennent une source continuelle de querelles et de persécutions; les vérités acquises et solidement démontrées auraient seules le droit d'être intolérantes, et c'est pourtant l'opinion seule qui persécute; elle est un préjugé souvent absurde, quelquefois barbare, mais elle n'en demeure pas moins la *reine du monde*, et le duel, par exemple, triomphe des plus éloquentes protestations de ceux qui condamnent cette misérable coutume.

162. — **Expliquer ces paroles de Pascal : « Nier, croire et douter bien sont à l'homme ce que le courir est au cheval ».**

ESQUISSE

Croire, *douter bien* et *nier* sont les trois états par lesquels passe l'esprit quand il juge, et ces trois états sont toute notre vie intellectuelle, la logique tout entière; ainsi pour Pascal, qui est avant tout un raisonneur, un géomètre, la logique est l'art essentiel de l'homme. Ces trois états sont, suivant les circonstances, également légitimes et imposés par la nature des choses et de l'esprit.

1° L'homme a l'esprit curieux : il aime la vérité et la cherche; il rougit de lui-même, il souffre quand elle lui échappe, et, quand il l'aperçoit, il y adhère aussitôt, il *croit*, et cet état produit dans son âme le calme et la sécurité. C'est que, quand il n'est pas égaré par des sophismes, il est persuadé que la vérité existe et que ses facultés peuvent lui permettre de l'atteindre; et dans une foule de circonstances il est convaincu qu'il l'atteint. Par exemple, il est convaincu que tout phénomène a une cause, que tout agent intelligent et libre est responsable, que deux et deux font quatre, que le soleil qui s'est levé ce matin se couchera ce soir, qu'il se lèvera et se couchera demain et les jours suivants. Il croit encore à beaucoup d'autres vérités, et ce même Pascal a dit avec raison : « Je mets en fait qu'il n'y a jamais eu de pyrrhonisme effectif, parfait...; la nature confond les pyrrhoniens...; nous avons une idée de la vérité invincible à tout le pyrrhonisme. »

2° Mais si l'esprit humain est capable d'arriver à la vérité, il n'en est pas moins faible et borné ; aussi se trompe-t-il souvent ; et le scepticisme a beau jeu lorsque, pour montrer notre infirmité intellectuelle, il énumère les erreurs où nos facultés nous jettent, lorsqu'il parle des défaillances de la mémoire, des fausses associations d'idées, des illusions de l'imagination, des faux jugements, des sophismes, etc. Il fait aussi naître le *doute* en nous lorsqu'il insiste sur les contradictions des opinions humaines, montrant qu'il n'y a rien dont on ne dispute, que ce qui est vrai pour l'un paraît faux à l'autre : « Vérité en deçà des Pyrénées, erreur au delà », a dit encore Pascal. Il est tout naturel que, devant des affirmations contradictoires, l'homme suspende son jugement, refuse son adhésion à des opinions contestables et contestées. Mais le doute est un état contraire à notre nature ; car il est presque toujours accompagné de trouble et d'inquiétude ; en général, les hommes ne sont pas de l'avis de Montaigne qui trouvait que c'est « un mol oreiller pour une tête bien faite ». Aussi ne doit-il être que provisoire ; il n'est qu'une halte dans la marche qui conduit à la vérité. C'est là ce que Pascal appelle *douter bien*. Le doute est une chose mortelle quand il n'est pas le commencement de la sagesse ; tel est celui des sceptiques, qui est stérile et funeste parce qu'il est systématique et absolu. Au contraire, le *doute d'examen* est légitime puisque, en nous mettant sur nos gardes, il nous préserve de l'erreur, et il est fécond parce qu'il est presque toujours la préface de la vérité. C'est de ce doute méthodique et provisoire que Descartes est parti pour accomplir la plus grande révolution philosophique des temps modernes. Aussi le doute n'est-il permis que s'il sert de prélude à un examen attentif des choses et s'il doit tôt ou tard aboutir à une affirmation ; dans ce cas, il suppose à la fois le respect de la vérité et la confiance dans nos moyens de connaître.

3° Mais si le doute conduit souvent l'homme à l'affirmation, il le conduit souvent aussi à de légitimes négations ; car il est l'examen, la critique utile ; et c'est par là que le scepticisme rend parfois des services. En ébranlant notre confiance dans nos croyances, il nous pousse à en vérifier la valeur, et par là il contribue indirectement à nous délivrer de l'erreur, ce qui est encore un acheminement vers la vérité. On est donc amené à *nier* quand on ne peut ni croire ni douter. Il y a en effet pour l'homme des ignorances invincibles qui appellent fatalement la négation ; par exemple, on peut donner de bonnes raisons pour faire croire qu'il y a une autre vie, mais on ne saurait dire *quelle* est cette autre vie ; l'homme est capable de découvrir les lois qui régissent les phénomènes du monde matériel, mais il ne sait pas de *quelle nature* sont les causes de ces phénomènes ; il sait que le corps agit sur l'âme et que l'âme agit sur le corps, mais il est contraint d'opposer une négation aux théoriciens qui veulent expliquer *comment* ces deux substances agissent l'une sur l'autre, etc.

Ainsi *croire* lorsque la vérité frappe nos regards, *douter* lorsque l'esprit n'est pas assez éclairé pour se prononcer entre deux choses, *nier* lorsque la vérité nous échappe ou que nous sommes en présence d'une erreur manifeste, tels sont les trois états par lesquels passe l'esprit humain et auxquels se ramène toute son activité ; Pascal a donc raison de dire que *nier, croire* et *douter bien* sont à l'homme ce que le courir est au cheval.

168. — De la certitude propre aux vérités de l'ordre moral.

ESQUISSE

La certitude morale a pour objet : les phénomènes intérieurs attestés par la conscience, les vérités morales, et les événements connus par le témoignage de nos semblables.

1° La certitude psychologique a mérité d'être donnée comme le modèle de toute certitude, parce que c'est seulement devant l'évidence des affirmations du sens intime que s'est arrêté le doute méthodique de Descartes; en effet, quand l'âme étudie l'âme, le doute est impossible puisque le sujet et l'objet se confondent. Aussi n'a-t-on jamais mis en doute le témoignage de la conscience, tandis que l'impossibilité où l'on est d'expliquer comment on passe du moi au non-moi, du subjectif à l'objectif (matière ou Dieu), a permis de mettre en doute la réalité des choses extérieures et même l'existence de Dieu.

2° Le même caractère d'évidence intuitive, immédiate, se retrouve dans ces vérités morales que nous révèlent la raison pratique et le sens intime, l'idée du bien, la notion du devoir qui, avec le sentiment profond de notre liberté, est la condition de notre responsabilité et le fondement de toute morale ainsi que de toute société.

3° La certitude morale, quand il s'agit d'événements connus par le témoignage, est égale à toute autre certitude.

Quand nous voyons le témoignage porter sur un fait important et public, comme le meurtre de César en plein sénat, sur un fait attesté par beaucoup de témoins, divisés de passion et d'intérêt, nous sommes convaincus que cette unanimité a sa cause dans la réalité du fait lui-même; autrement il faudrait supposer le mensonge universel, ce qui répugne à la raison et ce qui est démenti par l'expérience. Nous avons confiance dans le témoignage des autres hommes, et cette confiance nous vient d'une induction tirée de notre propre véracité; nous croyons qu'ils disent la vérité comme nous la dirions à leur place, et, sachant qu'ils ont les mêmes facultés que nous, nous croyons qu'ils n'ont pas vu les choses autrement que nous les aurions vues si nous avions été présents. Il y a donc là comme une substitution de leurs facultés aux nôtres, et cette substitution est légitimée par l'identité de la raison humaine, ainsi que par les deux instincts corrélatifs de véracité et de crédulité.

164. — Convient-il d'établir une différence entre la certitude dite métaphysique et la certitude morale ?

ESQUISSE

La certitude est la ferme adhésion de l'esprit à une vérité qu'il a reconnue comme évidente ; c'est une affirmation *absolue* de la vérité à laquelle notre intelligence acquiesce ; aussi la certitude ne comporte-t-elle pas de degrés ; elle est ou elle n'est pas. Je ne suis pas plus certain aujourd'hui de mon existence que je ne l'étais hier, et je n'y croirai pas plus fermement demain qu'à l'heure actuelle ; je suis sûr que 2 et 2 font 4, et ma certitude à cet égard n'a jamais été et ne sera jamais ni moindre ni plus ferme. Sans doute on distingue diverses espèces de certitudes ; mais cela vient seulement de ce que la certitude se produit dans notre esprit de différentes manières et suppose l'emploi de facultés différentes suivant la différence des objets auxquels elle s'applique. C'est à ce point de vue qu'il convient d'établir une différence entre la certitude métaphysique et la certitude morale.

1° La certitude *métaphysique* est celle des axiomes, des notions et vérités premières conçues par la raison ; elle est *immédiate*, intuitive, directe ; ainsi c'est d'un mouvement spontané, sans hésitation ni retard, que notre esprit adhère à des vérités comme celles-ci : « Le tout est plus grand que sa partie », ou, « la partie est plus petite que le tout »; — « La ligne droite est le plus court chemin d'un point à un autre »; — « Tout phénomène a une cause »; — « Tout corps est dans l'espace ». Le contraire de ces affirmations impliquerait contradiction.

2° La certitude *morale* a pour objets les événements connus par le témoignage de nos semblables; elle est donc *médiate*; néanmoins, elle est égale à toute autre certitude, bien que certains logiciens prétendent n'y voir qu'une probabilité infiniment grande. Sans doute les faits connus par le témoignage ne comportent pas toujours la certitude; mais quand le témoignage est unanime et qu'il porte sur un fait important et public, nous croyons fermement à la réalité du fait attesté; ainsi l'existence de César ou de Napoléon est pour nous l'objet d'une certitude qui ne le cède à aucune autre et qui est égale à celle que peut produire dans notre esprit l'énoncé de tel ou tel axiome de géométrie. — On donne quelquefois le nom de certitude morale à celle qui a pour objets notre propre existence et les états de notre âme; cette adhésion de l'esprit aux affirmations de la conscience, cette certitude *psychologique* offre cela de particulier qu'elle a pu être donnée comme le modèle de toute certitude, parce que c'est seulement devant l'évidence de ces affirmations que s'est arrêté le doute méthodique de Descartes. — Enfin, on a parfois fait aussi porter la certitude morale sur les croyances relatives à la morale, qui nous sont révélées par le sens commun, c'est-à-dire par la raison pratique, élémentaire, laquelle affirme, sans les expliquer, les vérités nécessaires à la vie. Ce genre de certitude rentrerait par conséquent dans la certitude métaphysique, qui est celle de la raison. Il vaut mieux réserver le mot de certitude morale pour les faits connus par le témoignage des hommes.

On voit que, s'il y a plusieurs espèces de certitudes et si par conséquent il convient d'établir une différence entre la certitude métaphysique et la certitude morale, il faut bien remarquer que toutes les certitudes sont égales entre elles; quand l'esprit se sent en présence de la vérité, il adhère aussi fermement dans un cas que dans l'autre. La certitude est une et indivisible, toujours semblable à elle-même partout où elle se trouve, et elle est due à l'opération du même esprit, de la même faculté de connaître placée dans des conditions différentes.

165. — **Quelle est la part de la mémoire, de l'imagination et de l'induction dans la connaissance que nous avons du monde extérieur?**

DISSERTATION

Exorde. — Quand on parle de connaissances relatives au monde matériel, il semble tout d'abord que nous les devons toutes et uniquement à la perception extérieure; il semble que seuls les sens nous révèlent les propriétés de la matière, et que, si l'on a le droit de résister au sensualisme quand il prétend que nous leur devons *toute* connaissance, il faille au moins leur reconnaître une compétence exclusive pour tout ce qui se rapporte aux phénomènes et aux êtres de l'ordre physique. Cependant il est facile de se convaincre que, si les données des sens sont le point de départ et la condition de toute connaissance relative au monde extérieur, ils ne nous font pourtant connaître que des individus éphémères et des phénomènes qui sont dans un perpétuel écoulement; or, la science ne saurait se borner à l'individuel et à ce qui passe, elle aspire au général et à l'immuable; « nulla est fluxorum scientia », disaient avec raison les scolastiques. Pour arriver à ce résultat, il faut que d'autres facultés, d'autres opérations viennent compléter le travail commencé par les sens et transformer les matériaux fournis par eux; c'est à la mémoire, à l'imagination et à l'induction qu'il appartient de donner aux perceptions sensibles le complément qui leur est nécessaire pour qu'elles puissent nous conduire à la science.

Première partie. — Sans la mémoire, la perception extérieure serait frappée de stérilité ; sans elle tout se bornerait à un ébranlement communiqué aux sens par l'action du monde matériel, il n'en subsisterait pas la moindre trace ; il en serait comme du sillon tracé par un navire dans l'Océan ou de la figure dessinée dans le sable mouvant du désert. Au contraire, grâce à la mémoire, rien n'est perdu des perceptions sensibles qui subsistent, toujours présentes et prêtes à reparaître au premier appel ; elles sont comme un trésor qui s'accroît sans cesse, et, quand elle est fidèle, comme un trésor où l'on peut puiser toujours et qui jamais ne diminue. La mémoire est donc le dépôt dans lequel se recueillent et s'accumulent les données des sens et qui les conserve intactes, sans rien ajouter et sans rien retrancher, en attendant le moment où nous aurons la possibilité ou la volonté d'utiliser les richesses acquises.

Deuxième partie. — L'imagination reproductrice vient encore rendre plus facile ce travail de la mémoire et plus féconds les résultats dont nous lui sommes redevables. En effet, cette faculté rend comme présentes les impressions autrefois ressenties et les perceptions antérieurement acquises. Grâce à elle, nous croyons encore voir les formes et les couleurs qui jadis ont frappé nos yeux, entendre les sons qui ont ébranlé nos oreilles ; les parfums dissipés, les saveurs évanouies semblent encore caresser ou offenser notre odorat et notre palais. Cette netteté et cette vivacité dans la reproduction des perceptions qui appartiennent au passé, nous permettent d'utiles et sûres comparaisons avec les perceptions actuelles. — L'imagination active nous est aussi d'un précieux et presque indispensable secours pour la connaissance du monde extérieur. Elle fournit au chimiste, au physicien, au physiologiste, l'idée d'ingénieuses expériences qui font parler la nature mieux et plus clairement que la seule observation, qui, en l'interrogeant et en la mettant à la torture, lui arrachent plus vite ses secrets. Quand l'expérimentation elle-même n'a pu trouver l'explication du phénomène étudié, l'imagination suggère au savant d'heureuses hypothèses qui souvent expliquent les faits dont le caractère n'avait pu être révélé par les observations les plus exactes et par des expériences multipliées. L'histoire prouve que les grandes découvertes scientifiques se sont d'abord présentées sous la forme d'hypothèses, et l'imagination appliquée à la science a, dans une foule de cas, fait preuve d'une puissance incalculable.

Troisième partie. — Mais les sens, même aidés par la mémoire et l'imagination, ne nous font connaître que des propriétés individuelles et des faits isolés ; nous n'atteignons avec eux que ce qui est fugitif et mobile, tandis que nous aspirons à la science, c'est-à-dire à la connaissance de ce qui est durable et permanent. Heureusement notre esprit possède une puissance merveilleuse qui lui permet de passer en toute sécurité du particulier au général, de conclure d'un certain nombre d'individus à leur espèce et de leur espèce à leur genre, d'étendre à tous les points de l'espace et de la durée, à une série indéfinie d'existences semblables ce que nous avons observé seulement dans un lieu déterminé, dans tel moment particulier et sur un nombre restreint d'individus. C'est l'induction qui nous fait ainsi conclure du connu à l'inconnu en s'appuyant sur cet axiome : « Ce qui est vrai d'un être ou d'un fait dans un point de l'espace et de la durée est vrai de tous les êtres ou de tous les faits semblables, dans les mêmes circonstances, et dans tous les points de l'espace et du temps. » L'induction suppose aussi la croyance primitive à la fixité des genres et des espèces, à l'uniformité et à la stabilité de l'action des forces naturelles ; car nous sommes convaincus que la nature est gouvernée par des lois invariables. Ainsi, un physicien a plusieurs fois observé aujourd'hui, hier, l'année passée, que tous les corps qu'il abandonnait à eux-mêmes tombaient avec une vitesse proportionnée à leur masse ; de ces observations particulières, limitées quant au nombre des faits, quant au temps et quant à l'espace, il a tiré cette conclusion générale que le même fait est vrai de tous les corps dans tous les lieux et dans tous les temps, et cette vérité générale est devenue une *loi* applicable à la chute de tous les corps. Ce que nous faisons pour les *faits*, nous le faisons pour les *êtres*. Quand nous avons reconnu une ressemblance particulière entre certains individus, nous affirmons que cette ressemblance existe entre tous les individus semblables à ceux que nous avons étudiés, sans exception de temps ni de lieux. Ainsi, nous sommes certains que partout et toujours tous les chevaux ont eu, ont et auront un seul sabot à chaque pied, qu'ils sont des solipèdes. De cette façon nous établissons des genres et des espèces, c'est-à-dire des classes entre lesquelles nous distribuons tous les êtres de la création. — Grâce à l'induction, nous pouvons donc conclure aux *lois* qui régissent les *faits* et déterminer les *classes* entre lesquelles les *êtres* se partagent ; par conséquent supprimer l'induction serait supprimer les sciences physiques qui sont comme un catalogue de lois et les sciences naturelles qui se réduisent à des classifications.

Résumé. — La mémoire, l'imagination et l'induction ont donc une part considérable dans les connaissances que nous pouvons acquérir sur le monde extérieur : la mémoire, qui recueille et conserve le souvenir des perceptions sensibles, est la condition de tout travail ultérieur auquel ces perceptions peuvent donner lieu ; l'imagination reproductrice remet pour ainsi dire sous nos yeux les faits et les êtres que nous avons autrefois considérés ; l'imagination active a une part considérable dans l'invention des expériences et des hypothèses ; enfin, l'induction, en étudiant les faits, nous permet de conclure à des lois, et, en étudiant les êtres et leurs caractères communs, elle nous aide à les partager en genres et en espèces ; c'est dire qu'elle nous conduit à la science ; car il n'y a de science que du général et de ce qui subsiste, « il n'y a pas de science du particulier et de ce qui passe », a dit Bacon après Aristote.

166. — Qu'appelle-t-on, dans les sciences philosophiques, la Théodicée ? Quelles questions contient-elle ? Dans quel ordre ces questions doivent-elles être traitées ?

DISSERTATION

Exorde. — La science désignée par le mot Théodicée devrait s'appeler religion naturelle ; ce mot est de la création de Leibniz, qui l'a pris pour titre d'un ouvrage dans lequel il voulait *plaider la cause* de Dieu contre ceux qui nient la Providence ; il voulait répondre aux objections qu'on peut tirer de l'existence du mal contre la bonté divine. Par conséquent, la Théodicée n'était pas dans sa pensée une science à part, mais uniquement le nom d'un ouvrage, et l'étymologie l'indique bien (Θεός, δίκη, justification de Dieu). De nos jours, ce mot désigne une partie de la philosophie, celle qui traite à la fois de l'existence et des attributs de Dieu, ainsi que de ses rapports avec l'homme ; il nous faut admettre cette acception, tout impropre qu'elle soit, parce que, en fait de langue, l'usage est le souverain maître. Cette observation faite, nous dirons dans quel esprit la théodicée examine toutes les questions qui se rapportent à Dieu, quelles sont ces questions principales, et dans quel ordre elle les traite.

Première partie. — La théodicée étant une science philosophique, elle n'emploie, comme toute science et comme la philosophie elle-même, que les forces dont dispose la raison humaine, abandonnée à ses propres ressources ; elle a pour méthode le libre examen et n'a recours ni à la foi, ni au principe d'autorité fondé sur la révélation ; elle ne veut d'autre lumière que l'évidence pour convaincre les âmes, elle est l'œuvre de la libre réflexion et laisse discuter les solutions qu'elle donne aux problèmes. Au contraire, toute religion repose sur ce fait qu'à un certain moment Dieu, par un acte incompréhensible, s'est montré à certains hommes et leur a révélé sa pensée, que ces révélations ont été recueillies par ces hommes favorisés et exposées dans des ouvrages qui servent de base à la religion ; cela veut dire que toute religion repose sur l'autorité ainsi que sur le surnaturel ; or, la science ignore le surnaturel et prétend ne tenir compte que de ce qui est conforme aux lois de la nature. En outre, toute religion fait appel à la foi, c'est-à-dire que dans certains cas elle nous demande notre adhésion à des dogmes que notre raison est impuissante à comprendre ; la philosophie au contraire et la théodicée qui en est une partie ne s'adressent qu'à la raison. Sans doute nous nous trouvons en présence de beaucoup de mystères et d'obscurités ; la raison ne peut expliquer comment a pu avoir lieu la création *de nihilo*, comment peuvent se concilier l'éternité de Dieu et son immutabilité, sa bonté et la présence du mal, sa prescience et la liberté humaine, etc. ; mais il ne faut pas s'étonner de ces difficultés ; car ici c'est l'homme, c'est-à-dire une intelligence finie, qui veut essayer de comprendre l'infini. Est-il donc bien étonnant que l'on rencontre en théodicée un grand nombre de problèmes insolubles ? On a dit avec raison : « L'homme bégaye toujours quand il parle de l'infini. » — La théodicée, qui ne fait appel ni à l'autorité ni à la foi, se défend avec une égale énergie contre l'imagination ; elle laisse les poètes nous faire des tableaux de la vie future tantôt charmants, tantôt effrayants, et ne glisse pas sur cette pente ; et cependant quel intérêt il y aurait pour nous à être renseignés sur cette autre vie, sur ce « grand peut-être », dont Rabelais parlait, dit-on, à ses derniers moments ! Du reste, pour être fidèle à sa méthode et à son esprit, la philosophie, quand elle parle de Dieu, n'a qu'à prendre modèle sur d'illustres théologiens, sur Bossuet, sur Fénelon, qui, en écrivant des ouvrages de philosophie, n'ont voulu faire appel qu'aux lumières de la raison.

Deuxième partie. — La théodicée ou théologie naturelle comprend quatre parties principales : 1° la démonstration de l'existence de Dieu ; — 2° l'énumération de ses attributs et principalement la démonstration de la Providence ; — 3° les rapports de Dieu et de l'homme, ou la question de la destinée humaine ; — 4° la détermination de nos devoirs envers Dieu.

Troisième partie. — Dans quel ordre ces questions doivent-elles être traitées ? elles doivent l'être dans l'ordre suivant lequel nous les avons énumérées. Etablissons que cette marche est régulière et logique.

Il faut d'abord démontrer que Dieu existe, parce que, si nous commencions par la détermination de ses attributs, un athée pourrait nous dire que nous prenons une peine inutile en cherchant à nous faire une idée d'un être qui n'existe pas ; nous devons donc pouvoir lui répondre par les preuves de l'existence de Dieu ; agir autrement serait illogique. De plus, si Dieu n'existait pas, nous n'aurions rien à attendre de lui dans une autre vie et nous ne serions tenus à aucun devoir envers lui.

L'énumération des attributs de Dieu doit venir avant la recherche de notre destinée et avant la morale religieuse. En effet, nous croyons surtout à une vie future parce que la justice ne trouve ici-bas que des sanctions imparfaites, puisque la conscience s'émousse, puisque l'homme peut échapper aux conséquences ordinaires de ses actes, puisque l'opinion des hommes se trompe, puisque les lois ont une action bornée. Or, si nous avons démontré que Dieu est à la fois intelligent, puissant et bon, nous pouvons espérer que dans l'autre vie l'honnête homme sera récompensé et que le méchant sera puni. Au contraire, si Dieu n'est qu'un moteur, comme le dit Aristote, s'il n'est qu'un être indifférent aux choses humaines, comme le prétendent les épicuriens, si ce n'est qu'un Dieu abstrait, mathématique, comme le veulent les éléates, ou un être se développant d'après des lois fatales, comme Spinosa essaie de le démontrer, il est clair que nous n'avons rien à attendre de lui ; nous ne pouvons espérer ou craindre un complément d'existence après cette vie terrestre que si Dieu est un être moral et providentiel.

L'énumération de nos devoirs envers Dieu ne doit venir que quand on a traité ces diverses questions, et en même temps elle est le complément naturel des autres parties de la théodicée. En effet, pour montrer que nous avons des devoirs envers Dieu, il faut préalablement établir, non seulement qu'il existe, mais encore qu'il a certains attributs moraux, que la Providence s'est intéressée à nous et veille sur nous. Ces attributs nous indiquent nos devoirs : la puissance divine nous inspire le respect, l'intelligence infinie de Dieu nous impose l'admiration, et sa bonté fait naître l'amour ; ces sentiments se tempèrent les uns par les autres : l'affection est tempérée par la crainte, par le respect et par l'admiration, comme la crainte est adoucie par l'amour.

Enfin, la recherche de notre destinée précède utilement la morale religieuse ; en effet, quand on a établi que nous avons une autre vie à craindre ou à espérer, cette crainte et cette espérance nous soutiennent dans l'accomplissement de nos devoirs.

Conclusion. — Ainsi la théodicée est l'œuvre du libre examen, elle fait appel seulement à la raison et laisse à la théologie le recours à la foi et à l'autorité. L'ordre dans lequel elle aborde les questions qui font l'objet de son étude n'est nullement arbitraire, il se justifie par la nature même de ces questions qui s'appellent et s'éclairent mutuellement.

167. — Des principaux rapports de la psychologie, de la logique et de la morale avec la théodicée.

DISSERTATION

Exorde. — Toutes les sciences ont entre elles d'étroits rapports puisqu'elles sont l'œuvre du même esprit; c'est ainsi que les sciences physiques et astronomiques empruntent des secours à la géométrie et au calcul algébrique. Il est tout naturel que les points de contact soient encore plus nombreux entre les sciences qui appartiennent au même groupe; il n'y a donc pas lieu de s'étonner que la théodicée, par exemple, soit étroitement unie à la psychologie, à la logique et à la morale. Pour l'établir, il importe de se rappeler que la théodicée présente quatre parties principales : 1° elle démontre que Dieu existe; — 2° elle énumère ses attributs; — 3° elle cherche quelle est la destinée de l'homme; — 4° elle détermine nos devoirs envers Dieu. Or, il est facile de faire voir que, pour chacune de ces parties, elle a besoin du concours de la psychologie, de la logique et de la morale.

Première partie. — Les preuves de l'existence de Dieu se divisent ordinairement en preuves métaphysiques, physiques et morales; mais il est à remarquer que toutes ces preuves reposent sur une idée nécessaire qui en est la base et qui en fait la force, l'idée de cause, et sur la vérité première qui dérive de cette idée, c'est-à-dire sur le principe de causalité; or, c'est la psychologie qui, en étudiant les

notions et vérités premières, nous révèle quels sont les caractères de ce principe, quelle en est la valeur et l'origine.
— Pour déterminer les attributs de Dieu, on décompose l'idée de l'infini, qui est l'idée même de Dieu, et on en considère les aspects comme autant d'attributs, qui sont l'unité, la simplicité, l'éternité, l'immutabilité et l'immensité; c'est donc encore dans l'intelligence humaine, et grâce à la psychologie, que nous trouvons cette idée. Quand il s'agit des attributs moraux, nous partons de nous-mêmes, de certaines qualités que nous trouvons dans notre nature morale et que nous transportons en Dieu; car il nous paraît impossible d'admettre que l'intelligence, la liberté, la puissance et la bonté qui sont en nous, n'y aient pas été déposées par un être intelligent, libre, puissant et bon. Sans doute nous n'avons pas en nous toutes les qualités que Dieu possède; mais le créateur, la cause première, n'aurait pas pu donner à sa créature, à son effet, ce qu'il n'aurait pas possédé lui-même. C'est donc encore la psychologie qui nous permet d'attribuer à Dieu certaines qualités morales que nous trouvons en nous et qui ne sont pas incompatibles avec sa nature. En outre, la meilleure preuve de la Providence se tire de ces attributs moraux révélés par la psychologie. Dieu, qui a créé le monde, est porté par sa bonté à vouloir le bien de ses créatures; son intelligence lui indique les moyens de l'effectuer, et par sa puissance il peut faire le bien que sa bonté lui inspire. — Enfin c'est la psychologie qui permet de répondre aux objections contre la Providence tirées du mal moral. Quand les adversaires de la Providence disent que les fautes de l'homme, qui font son malheur, sont le résultat de la liberté, et que Dieu, en le créant libre, a voulu le mal, on répond que, si la liberté fait quelquefois le malheur de l'homme, elle fait aussi sa dignité, puisque c'est la faculté qui le distingue essentiellement des autres êtres; on ajoute que l'exercice seul de la liberté peut engendrer la vertu et avec elle le mérite, qui nous donne le droit d'espérer une récompense.

On voit donc que la théodicée suppose l'étude préalable de la psychologie et ne se comprendrait pas sans elle.

Deuxième partie. — On peut en dire autant de la logique. On détermine les attributs métaphysiques de Dieu par la méthode déductive qui va du plus au moins. En effet, on décompose l'idée de l'infini, de la perfection, qui est la notion même de Dieu, et on en considère les divers aspects comme autant d'attributs de Dieu; ces attributs sont l'unité, la simplicité, l'éternité, l'immutabilité et l'immensité. Au contraire, on détermine les attributs moraux de Dieu par la méthode inductive : nous transportons en Dieu les vertus qui sont en nous, à un degré fini, mais nous les élevons à l'infini; ces attributs sont l'intelligence, la liberté, la puissance et la bonté. Cela suppose la connaissance préalable de la logique, qui montre comment on peut légitimement conclure du particulier au général et descendre du général au particulier. — En outre, la théodicée présente des difficultés inouïes, puisque c'est l'homme, être fini, qui veut se faire une idée de l'infini; il est donc tout naturel de n'aborder cette étude qu'après avoir muni l'intelligence de tous les moyens qui peuvent l'aider à découvrir la vérité. — Ajoutons que la connaissance scientifique du monde, en nous révélant l'ordre qui règne dans l'univers, nous démontre l'existence d'une cause sage et puissante; le progrès dans les sciences aboutit donc à une manifestation de la divinité; or, ce progrès dépend des méthodes; c'est par la publication d'un ouvrage de pure logique que Bacon a imprimé aux sciences de la nature une si vive impulsion qu'elles ont fait en 250 ans plus de progrès qu'il n'en avait été fait dans les vingt siècles antérieurs.

Troisième partie. — La théodicée a aussi des rapports étroits avec la morale. Celle-ci a pour base l'idée du bien qui, par ses caractères de nécessité et d'éternité, ne peut appartenir qu'à un être qui soit lui-même éternel et nécessaire; cette idée vient donc de Dieu, et, pour cette raison, la morale ne peut se passer de la théodicée, qui lui assure l'existence de son principe. C'est ainsi que Platon met au sommet du monde intelligible l'idée du bien, qui, principe commun de toutes les idées, est identique à Dieu lui-même. — De plus, les sanctions humaines de la loi morale sont insuffisantes, puisque la conscience s'émousse, puisque l'homme peut échapper aux conséquences de ses actes, puisque l'opinion publique se trompe, puisque enfin les lois humaines n'ont qu'une action bornée. Il est donc nécessaire qu'il y ait une autre sanction, ce qui nous force à admettre un Dieu intelligent et juste. La théodicée fournit donc à la loi morale la sanction de la vie future. — Enfin, la théodicée a besoin à son tour de la morale, qui la complète en nous disant quels devoirs nous impose le caractère de la divinité et de quelle façon nous devons accomplir ces devoirs, en nous démontrant la nécessité d'un culte à la fois intérieur et extérieur.

Conclusion. — On voit que les preuves de l'existence de Dieu s'appuient sur une de ces idées rationnelles qu'étudie la psychologie; on voit aussi que, pour concevoir quelques traits de la perfection divine, il faut partir d'idées et de vertus qui sont en nous; et c'est ainsi que la connaissance de l'homme conduit à la connaissance de Dieu; depuis Socrate jusqu'à Descartes, tous les philosophes ont adopté ce principe, et Bossuet a eu raison de dire : « La connaissance de nous-mêmes nous élève à la connaissance de Dieu. » La logique est également nécessaire à la théodicée, puisqu'elle éclaire l'esprit dans une étude aussi délicate, et puisque, en contribuant aux progrès des sciences, elle aide à démontrer l'existence de Dieu et à déterminer sa nature. Enfin, la morale trouve en Dieu seul le principe de la loi morale et une sanction qui supplée à l'insuffisance des sanctions humaines; de son côté, la théodicée emprunte ses lumières à la morale pour indiquer les devoirs que nous avons à remplir à l'égard de Dieu.

168. — **Des rapports de la morale et de la théodicée.**

DISSERTATION

Exorde. — Toutes les sciences ont entre elles des rapports étroits, puisqu'elles sont le produit de la même intelligence et qu'elles veulent être l'expression fidèle de la réalité dont toutes les parties se tiennent. Bien qu'il y ait entre elles une différence bien réelle, qui tient à la différence de leur objet et de leurs procédés, il n'y a jamais séparation absolue ; l'indépendance complète n'existe pour aucune d'elles ; dans les sciences comme dans le monde, tout se tient. Il est donc facile de comprendre pourquoi la morale et la théodicée, bien que distinctes, ont entre elles des rapports tellement étroits que l'une ne peut se passer de l'autre. La morale n'aurait pas de fondements solides sans la théodicée et ne peut donc se séparer d'elle ; mais d'un autre côté la morale complète la théodicée en nous indiquant nos devoirs à l'égard de Dieu.

Première partie. — La morale ou science des devoirs a pour fondement l'idée du bien ; or, quand on considère les caractères de cette idée, on voit qu'elle est nécessaire, c'est-à-dire que sans elle l'homme ne saurait vivre, et que la société serait impossible ; on voit de plus qu'elle est éternelle ; cette idée, qui a un caractère de nécessité et d'éternité, se trouvant dans une intelligence éphémère et contingente, on peut dire que, si elle est dans cette intelligence, elle ne lui appartient pas ; elle ne peut appartenir qu'à un être qui, comme elle, soit éternel et nécessaire, c'est-à-dire qu'elle ne peut appartenir qu'à Dieu lui-même. La morale, qui repose sur l'idée du bien, ne peut donc se passer de la théodicée ou science de ce Dieu qui est ainsi le principe de l'idée du bien, l'auteur de la loi morale.

A la suite de l'idée du bien vient celle du devoir, et, quand nous avons accompli le devoir, nous sentons que nous avons mérité une récompense, de même que, après avoir fait le mal, nous sentons que nous avons droit à un châtiment. Sans doute, ce n'est pas parce que telle ou telle sanction est attachée à une loi que cette loi doit être respectée, mais les motifs d'espérance et de crainte soutiennent notre faiblesse; c'est à ce titre que les peines et les récompenses sont nécessaires. Or, les sanctions humaines de la loi morale sont insuffisantes, puisque la conscience s'émousse, que l'opinion publique se trompe, que l'homme peut échapper aux conséquences naturelles de ses actes, puisque les lois humaines sont quelquefois impuissantes à atteindre le coupable inconnu ou puissant, et qu'elles ne peuvent pas toujours nous récompenser. Alors la conscience humaine fait entendre une énergique protestation et n'admet pas qu'il y ait dans le monde moral plus de violations constantes qu'il n'y en a dans le monde physique. Ici intervient la sanction religieuse des peines et des récompenses dans l'autre vie, sanction qui rétablit l'équilibre souvent rompu dans cette vie entre le bonheur et la vertu. Mais, pour appliquer cette sanction, il est nécessaire qu'il y ait un Dieu à la fois intelligent pour distinguer le bien du mal, et tout-puissant pour accorder à chacun les peines ou les récompenses qui lui sont dues; la morale ne peut donc trouver une sanction complète que si la théodicée, non seulement démontre l'existence de Dieu, mais encore établit que ce Dieu est revêtu d'attributs moraux qui nous permettent d'espérer en sa justice. Et cela est si nécessaire que Kant, après avoir nié l'objectivité des hautes conceptions de l'esprit, c'est-à-dire de l'espace, du temps, de l'infini, se croit obligé dans la pratique de rétablir Dieu et l'immortalité de l'âme comme des corollaires indispensables de la loi morale. Sans doute, la loi morale a une base très solide dans la conscience; mais elle n'est revêtue de sa véritable sanction que quand elle s'appuie sur la croyance à un Dieu moral. On peut, il est vrai, citer des athées qui sont de rigides observateurs de la loi morale et pour lesquels le culte du devoir a remplacé celui de la divinité; mais peut-on concevoir une société tout entière gouvernée par ces maximes *abstraites*, dans laquelle les lois n'auraient pas pour sanction l'idée d'un juge infaillible et inflexible, qui connaît tout et qui punit ou récompense tout?

Seconde partie. — La théodicée, de son côté, a besoin de la morale. En effet, quand elle a démontré que Dieu existe, que ce Dieu est revêtu de certains attributs moraux, bonté, intelligence, puissance, et que ces qualités se sont exercées à notre profit, nous sentons aussitôt que nous avons des devoirs à remplir envers Dieu. La théodicée réclame donc le concours de la morale, qui est la science des devoirs, qui pose les règles de conduite et contient l'application des principes. La morale complète ainsi la théodicée; la bonté de Dieu provoque en nous l'affection et la reconnaissance, mais d'autres qualités tempèrent ces sentiments affectueux et les empêchent de dégénérer en familiarité; c'est l'intelligence infinie de la divinité qui excite notre admiration, c'est la puissance infinie qui nous inspire la crainte, tempérée toutefois par la connaissance que nous avons de la bonté divine.

Résumé. — Ainsi la morale ne peut se passer de la théodicée, puisque Dieu est le principe de l'idée du bien et puisqu'il donne à la loi morale la suprême sanction de la vie future. La morale à son tour nous indique quels devoirs nous avons à l'égard de la divinité et de quelle façon nous devons nous en acquitter, démontrant la nécessité d'un culte à la fois intérieur et extérieur.

169. — Prouver qu'il n'y a qu'un Dieu et qu'il ne peut y en avoir plusieurs.

DISSERTATION

Exorde. — Après avoir démontré que Dieu existe, l'homme veut pousser plus loin et essayer de se faire une idée de sa nature, parce qu'il y a pour lui un grand intérêt à être fixé sur cette question pour mieux connaître, soit sa destinée actuelle, soit sa destinée future. Or, l'homme ne peut se faire une idée de la nature de Dieu que par deux procédés : 1° il peut décomposer l'idée même de la perfection et en considérer les divers aspects comme autant d'attributs de Dieu; 2° ou partir de l'homme lui-même pour attribuer à Dieu les qualités qui sont en nous et qui ne sont pas incompatibles avec l'idée que nous nous faisons de la divinité. C'est en partant de l'idée de perfection, d'infini, que nous déterminons les attributs métaphysiques de Dieu, et parmi eux se trouve l'unité; en effet, il n'y a qu'un seul Dieu, et il ne peut y en avoir plusieurs.

Première partie. — Il n'y a qu'un Dieu, parce que deux ou plusieurs infinis ne peuvent coexister; cela est *impossible*. En effet, si deux ou plusieurs infinis coexistaient, ils se limiteraient l'un l'autre, et cela impliquerait contradiction, la volonté et la puissance de l'un contrarieraient la puissance et la volonté de l'autre. Ainsi, dans l'antiquité, on voit les dieux entrer en lutte les uns contre les autres pendant la guerre de

Troie ; Junon et Minerve ont pris le parti des Grecs, Vénus et Mars soutiennent les Troyens, et, grâce à cette intervention de divinités à la fois ennemies et toutes-puissantes, la guerre menace de durer éternellement. Dans Euripide, Vénus, irritée contre Diane et ne pouvant rien contre elle, fait tomber sa colère sur un adorateur de sa rivale, et Diane est impuissante à entraver cette singulière façon de se venger, ne pouvant rien contre une déesse puissante comme elle. — En outre, il est *inutile* d'admettre deux infinis, ainsi que le démontre très bien Fénelon. La raison nous force à remonter des causes secondes et contingentes à une cause première et nécessaire ; elle nous force à accepter Dieu comme le créateur et l'architecte du monde ; en effet, il faut qu'il y ait un être existant par lui-même, qui ait tiré du néant tous les autres êtres qui n'existent pas par eux-mêmes ; mais « un seul être existant par soi-même suffit pour tirer du néant tout ce qui en a été tiré ; deux ne feraient pas plus qu'un. Par conséquent, rien n'est plus *inutile* et plus téméraire que d'en admettre plusieurs ; deux également parfaits seraient semblables en tout, et l'un ne serait qu'une répétition inutile de l'autre. »

Seconde partie. — Cependant deux doctrines fameuses ont admis, la première, deux infinis, la seconde, plusieurs infinis ; nous voulons parler du manichéisme et du polythéisme. Le manichéisme est une doctrine à la fois religieuse et philosophique, qui remonte à Zoroastre et qui fut renouvelée, au troisième siècle après Jésus-Christ, par l'hérésiarque Manès. Le manichéisme admet deux principes, le principe du bien, Ormuzd, et le principe du mal, Ahrimane ; il admet le dualisme éternel du bien et du mal, l'égalité de puissance de ces deux principes, tous deux éternels et tous deux absolus, ce qui, suivant les partisans de cette doctrine, expliquerait la lutte incessante qui agite ici-bas le monde physique et le monde moral. On peut réfuter le manichéisme par trois raisons. 1° Nous constatons à la vérité qu'il y a ici-bas une lutte entre le bien et le mal, entre le juste et l'injuste ; mais cette lutte ne se maintient pas toujours ; elle se résout en un résultat unique, qui est la prédominance toujours définitive du bien. Ainsi, dans le monde physique, le calme succède à la tempâte; le désordre ne dure jamais qu'un temps limité; de même, dans le monde moral, la lutte entre l'honnête et le mal aboutit au triomphe du bien, et cette lutte n'est pas éternelle. Comme Louis XIV, nous sentons deux hommes en nous; cela s'explique par la lutte entre la passion et le devoir; mais la passion doit succomber et succombe en effet, et, si par hasard elle l'emporte, sa victoire n'est que momentanée, et un châtiment vient toujours rétablir l'ordre violé, l'harmonie rompue; le bien reste donc toujours le maître. — 2° C'est qu'en effet le mal n'a pas d'existence réelle; ce n'est pas un principe en soi, comme le prétend le manichéisme. Le mal n'est qu'une négation, le vice n'est qu'une violation de la loi morale, comme la tempête est une violation momentanée de l'ordre qui règne dans la nature; le mal n'est que l'absence du bien ou un bien moindre; ainsi la maladie n'est que la suspension du fonctionnement régulier de notre être physique. Le mal est dans la nature de tout être fini, c'est un effet inévitable de la création; mais il n'a pas une existence propre, distincte; en faire une réalité, c'est réaliser une abstraction. — 3° Le monothéisme est tellement imposé par la raison que les doctrines mêmes qui en sont la négation y reviennent d'une façon indirecte; ainsi le manichéisme admet un principe supérieur, Zervane-Ackérène, qui domine les deux principes du bien et du mal. — On peut réfuter le polythéisme par les raisons ci-dessus développées, et aussi par les exagérations étranges dans lesquelles il est tombé, puisque le savant Varron a compté jusqu'à trente-neuf mille dieux. Deux infinis impliquent contradiction, avons-nous dit; que faut-il penser de ces milliers d'infinis? Quelle lutte continuelle, extravagante, entre toutes ces puissances rivales et jalouses! Aussi le polythéisme admet-il un principe supérieur; car au-dessus de tous les dieux il place Jupiter, et au-dessus de Jupiter lui-même s'élève le *Fatum*, qui gouverne le monde et impose à tous ses lois inévitables, que les dieux mêmes sont obligés de subir; car il avait écrit de toute éternité ses arrêts dans un livre où les dieux les pouvaient lire sans pouvoir les modifier. Le polythéisme revient ainsi à l'unité divine. La philosophie ancienne travailla dans ce sens et fit tous ses efforts pour ramener le polythéisme au monothéisme : elle disait que l'autorité suprême n'appartient qu'à un seul Dieu, mais que les fonctions divines sont réparties entre plusieurs ; suivant les stoïciens, le Dieu unique, qui anime le monde, reçoit des noms différents, suivant les divers éléments de la nature qu'il pénètre ; au delà de ces mille divinités, ils apercevaient ce Dieu suprême dont elles n'étaient que les attributs.

Conclusion. — Il n'y a donc qu'un seul Dieu ; il est à la fois impossible et inutile qu'il y en ait plusieurs, et les systèmes qui sont la négation de l'unité divine y reviennent forcément, l'unité étant au fond de tous les esprits comme à la source de toutes choses.

170. — Rapports et différences du panthéisme et de l'athéisme.

DISSERTATION

Exorde. — Ne voir Dieu nulle part, c'est l'athéisme; le voir partout, c'est le panthéisme. Il semble donc à première vue qu'il y ait entre ces deux doctrines des différences irréductibles et que l'on ne puisse saisir entre elles aucun rapport; certains panthéistes étaient tellement pleins de l'idée de l'Être infini que l'on a pu dire d'eux qu'ils étaient « ivres de Dieu ». Cependant on a souvent confondu ces deux doctrines, et Spinosa s'est vu l'objet d'une accusation d'athéisme. La raison en est que, si le panthéisme est distinct de l'athéisme en spéculation, il en est l'équivalent dans la pratique; de là naissent les rapports étroits qui les rapprochent malgré les différences considérables qui les séparent.

Première partie. — Le panthéisme n'admet qu'une substance, éternelle et infinie, ayant des attributs également infinis, l'étendue et la pensée, tout le reste n'est qu'une ombre ou un mode fugitif de cette existence absolue, les êtres visibles ne sont que des modes de la substance universelle. Or, s'il n'y a qu'une substance infinie qui, en vertu d'une loi fatale, passe successivement par tous les modes de l'existence, et si l'homme n'est qu'un mode de ce Dieu qui agit sans conscience et sans liberté, il n'y a plus ni devoir ni droit; si c'est Dieu qui agit en moi, si ce n'est pas moi qui agis, je ne suis ni libre ni responsable. Aussi, pour Spinosa, une volonté libre n'est qu'une chimère de l'imagination; l'homme se croit libre, mais il ne l'est pas; sa liberté consiste à se croire libre. Dès lors il n'a plus qu'à suivre la pente sur laquelle l'entraîne sa nature, ou à s'endormir dans l'indifférence et l'inertie. Ainsi, le panthéisme aboutit, non seulement à la négation de la personnalité divine, mais aussi à la négation de la liberté humaine; le fatalisme est son vice radical, et par conséquent la morale est sapée par la base.

L'athéisme, c'est-à-dire l'opinion de ceux qui nient l'existence de Dieu, n'est qu'une négation qui est la conséquence de certains systèmes. Ainsi, il est engendré par le matérialisme d'Épicure, puisque, tout en conservant le nom de Dieu par crainte de la multitude, ce philosophe soutient que la matière seule a tout produit; on le trouve également dans le système de Hobbes, qui ne croit aussi qu'à la matière et réduit les croyances religieuses à n'être pour le despotisme qu'un instrument de domination, puisqu'il donne au pouvoir politique le droit d'imposer ce qu'il faut penser sur Dieu et la vie future. Si la matière seule existe, Dieu n'est plus qu'un mot, un nom, une abstraction; l'athéisme sort donc du matérialisme, et il aboutit aux mêmes conséquences que le panthéisme à cause du système qui lui donne naissance. Le panthéisme supprime l'homme, l'athéisme supprime Dieu; mais tous deux ont pour vice radical le fatalisme avec les conséquences funestes qui en résultent pour la moralité humaine.

En outre, l'athéisme se confond souvent avec une certaine forme du panthéisme, le panthéisme matérialiste ou naturalisme, qui, n'admettant pas d'autre existence que celle du monde, ne regarde Dieu que comme un mot qui désigne la collection des êtres visibles et attribue tous les mouvements de la nature au hasard ou à une force propre; or, réduire toute chose à l'univers, au hasard, c'est l'athéisme. Et même quand le panthéisme idéaliste, celui de Spinosa et de Hegel, nous représente Dieu comme un être qui n'a ni volonté, ni liberté, ni providence, on peut dire que cette abstraction ressemble fort à la négation de Dieu ; on s'explique ainsi comment Spinosa a pu être accusé d'athéisme, et comment certains disciples de Hegel ont abouti à un audacieux et complet athéisme.

Seconde partie. — Mais les ressemblances que l'on peut noter entre le panthéisme et l'athéisme ne doivent pas faire perdre de vue les différences essentielles qu'ils présentent. Et d'abord l'athéisme n'est pas un système, il n'a pas d'existence propre, il n'est, avons-nous dit, que la conséquence de systèmes matérialistes qui excluent l'idée de Dieu. Il a été aussi la conséquence de cette hostilité ardente que le XVIIIe siècle professa pour toute religion positive et surtout pour le catholicisme ; ce fut alors qu'il s'étala avec audace dans les ouvrages du baron d'Holbach. Au contraire, le panthéisme est peut-être le système le plus fortement conçu que présente l'histoire de la philosophie ; il séduit à la fois par la grandeur et par la simplicité ; tandis que l'athée se renferme dans la sphère des existences finies et n'élève jamais ses regards vers quelque puissance antérieure et supérieure à la matière, le panthéisme nous élève au-dessus du monde contingent et fini, au-dessus de la matière et de ses phénomènes fugitifs, pour nous parler d'une substance éternelle et infinie. Pourtant, si l'on était condamné à choisir, il faudrait donner la préférence à l'athéisme. Car si l'on est obligé d'admettre avec lui que le monde seul existe, livré à une aveugle fatalité, on peut du moins se réfugier dans sa conscience qui proteste contre la réalité quand cette réalité est le mal et le crime ; on peut encore trouver dans son intérêt une règle pour la conduite et un contrepoids à ses passions. Mais si le monde, dans ses plus tristes réalités, est un mode, une manifestation de Dieu, si l'on divinise tout, alors on justifie tout et l'on doit tout absoudre ; l'homme n'est plus seulement incapable de faire le bien, il doit encore reconnaître le mal comme légitime.

Conclusion. — Le panthéisme et l'athéisme ne répondent donc ni aux exigences de la raison qui nous reconnaît comme êtres libres et responsables, ni aux besoins du cœur qui aime à se croire protégé par une divinité puissante et bienfaisante, qui veut espérer en une autre vie. « Nier Dieu, a dit Bacon, c'est détruire la noblesse du genre humain », puisque l'homme n'est plus alors que le produit du hasard ou des forces de la nature : « L'athée, a dit Victor Hugo, est un mauvais conducteur du genre humain », puisque l'homme n'a plus alors pour loi morale que la règle mobile et variable de l'intérêt. Le panthéisme, tout en ayant quelque chose qui impose et séduit, est plus redoutable encore, puisque, en imprimant à tout le cachet de la divinité, il mêle le nom de Dieu aux plus tristes réalités et les sanctifie ainsi, puisque, en transformant l'homme en un mode de Dieu, il supprime la personnalité et la morale.

171. — Comment se pose le problème du mal? présenter par ordre les points principaux du débat.

ESQUISSE

Quand on a démontré que Dieu existe, on essaye d'aller plus loin et de déterminer sa nature, c'est-à-dire ses attributs ; de cette détermination des attributs divins on conclut à la Providence de Dieu, disant qu'il conserve le monde et le gouverne, qu'à l'intelligence il unit la puissance et la bonté. Mais l'existence incontestable du mal fournit de graves objections aux adversaires de la Providence ; ils disent : ou Dieu n'a pu empêcher le mal, et alors il n'est pas tout-puissant ; ou l'ayant pu, il ne l'a pas voulu, et alors il n'est pas bon ; dans l'un et dans l'autre cas, ils concluent contre la Providence, niant tantôt sa puissance, tantôt sa bonté. Il faut bien reconnaître que « le mal est dans le monde », qu'il y a surtout « un profond désordre au fond de la nature humaine » ; l'homme cherche le bien et ne le trouve nulle part : « Il souffre, il gémit, il craint ; l'ennui, le dégoût, l'angoisse sont devenus le fond de sa vie et la plainte sa voix naturelle. » (Lamennais, *Esquisse d'une philosophie*.)

On distingue trois espèces de mal : 1° le mal *métaphysique* ou imperfection générale des êtres ; — 2° le mal *physique* ou la souffrance sous toutes les formes ; — 3° le mal *moral* ou la faute, le péché, le crime.

1° Le mal *métaphysique* est la conséquence naturelle, fatale de la limitation originelle des créatures ; le monde et l'homme ne sauraient être parfaits, puisque la perfection suprême et absolue ne saurait appartenir qu'à Dieu. Par cela seul qu'un être est créé, il est nécessairement borné, limité, imparfait, et par suite il est exposé au mal et susceptible d'y tomber. Pour que le mal n'existât pas, il aurait fallu que Dieu ne créât pas, ne produisît rien ; sa puissance aurait alors consisté à ne rien faire, ce qui est contradictoire. Du reste, si Dieu n'a pu donner la perfection à son œuvre, il lui a du moins concédé un perfectionnement indéfini ; car il y a dans le monde une somme toujours croissante de bien, et la science établit la progression sans fin de ces développements. Ainsi, les minéraux ont paru d'abord dans le monde ; puis sont venus les plantes et les animaux ; enfin l'homme, le plus parfait des êtres, a fait son apparition le dernier de tous. Dieu a donc déposé dans le monde le germe de progrès indéfinis ; or, un ouvrage qui va toujours en se perfectionnant ne peut pas être jugé à un instant de son mouvement, quand il est encore en voie de formation.

2° Le mal *physique* consiste dans les désordres qui troublent le monde matériel, dans les maladies, les pestes, les fléaux, les inondations, les tremblements de terre, etc. ; il consiste surtout dans la douleur qui torture notre corps. On répond d'abord que l'univers est régi par des lois constantes et universelles, que, si ces lois ont parfois des effets particuliers qui sont fâcheux pour les individus, elles sont bienfaisantes, salutaires, pour l'ensemble du monde et la généralité des êtres. On peut trouver cette réponse insuffisante et dire que ces lois générales n'en sont pas moins cruelles pour certains êtres en leur infligeant des douleurs absolument imméritées. Les partisans de la Providence ajoutent ensuite, et leur argumentation est ici meilleure, que la douleur est utile à la conservation de l'être, puisqu'elle nous avertit d'un grand nombre de dangers qui menacent notre vie ; ils disent que la personnalité humaine ne peut s'éveiller et se développer sans l'obstacle, sans la lutte et l'effort, que la vertu est possible seulement à la condition de la souffrance, qui grandit l'homme, trempe son caractère, le fortifie dans son corps et dans son âme, le rend à la fois plus robuste et plus vaillant, développe toutes les énergies de son être physique et moral.

3º Le mal *moral*, c'est-à-dire le péché, étant le résultat du mauvais emploi que nous faisons de notre liberté, on a dit que Dieu, en nous créant libres et faillibles, nous a condamnés au malheur. On fait à cette objection une réponse excellente : si l'homme n'était pas libre, il ne serait qu'une brute irresponsable, obéissant aux impulsions aveugles de l'instinct ; en admettant que dans cette condition il pût être plus heureux, où serait sa dignité? quel caractère le distinguerait des autres animaux? En outre, la possibilité de faire le mal est la condition du mérite; pour que l'homme ait un droit à l'approbation de sa conscience et à l'éloge de ses semblables, il faut qu'il ait pu librement faire ce que commande la loi morale.

Ce problème du mal a donné naissance à un système qu'on appelle le *pessimisme*. C'est l'opinion de ceux qui croient que le mal domine dans le monde : à l'aspect des désordres qui troublent l'ordre général, devant les misères et les crimes de ce monde, les pessimistes disent que tout est livré à une puissance aveugle, au hasard, que la vie est détestable et que le monde est aussi mauvais que possible; Schopenhauer est le principal représentant de ce système qui est le contraire de l'*optimisme*. Celui-ci, par la bouche de Leibniz, dit que, en vertu de son infinie sagesse et de sa toute-puissance, Dieu a choisi le meilleur monde possible; à ce principe l'optimisme ajoute l'idée de la perfectibilité indéfinie des choses et il embrasse ainsi, non seulement l'ensemble des êtres actuels, mais la série indéfinie de leurs futures évolutions; le monde le meilleur n'est pas le monde tel qu'il est, mais tel qu'il devient et deviendra dans la progression sans fin de ses développements.

172. — **Exposer la preuve métaphysique de l'immortalité de l'âme et montrer que cette preuve a besoin d'être complétée par la preuve morale.**

DISSERTATION

Exorde. — « Je ne sais qui m'a mis au monde ni ce que c'est que le monde ni que moi-même….; tout ce que je connais est que je dois bientôt mourir; mais ce que j'ignore le plus est cette mort même que je ne saurais éviter….; comme je ne sais d'où je viens, ainsi je ne sais où je vais, et je sais seulement qu'en sortant de ce monde, je tombe pour jamais ou dans le néant ou dans les mains d'un Dieu irrité. » Telles sont les paroles terribles, poignantes, que Pascal met dans la bouche d'un incrédule parce qu'il semble redouter de les prononcer pour son propre compte; moins affligé de mourir que d'ignorer la mort, il se sent humilié de consumer sa belle intelligence sur un problème aussi difficile. Car si l'homme peut arriver à connaître sa nature, s'il a une idée assez nette de ce que doit être sa destinée actuelle, il hésite, il balbutie, il tremble quand on lui pose cette autre question : « Que deviendras-tu lorsque la vie te manquera? y a-t-il quelque chose au delà de la tombe? pour croire à une vie future, te suffit-il de la désirer, de répugner à la destruction? cette croyance instinctive à la survivance de notre être n'est-elle qu'un rêve imaginé pour tromper ton effroi, ton horreur de la mort? » C'est cette croyance instinctive, ce sentiment inné de l'immortalité que les philosophes de l'école spiritualiste ont essayé de transformer en une croyance raisonnée. Les arguments sur lesquels ils s'appuient sont à la fois métaphysiques et moraux ou psychologiques.

Première partie. — On dit d'abord que, la mort étant une dissolution des organes, une décomposition des parties, l'âme, qui est une substance simple, ne peut pas périr comme le corps qui est composé de parties ; toute force simple et indécomposable est indestructible. On ajoute que, même dans l'hypothèse du matérialisme, l'âme ne périt pas ; car si les composés se dissolvent, ils ne sont pas anéantis : « Omnia mutantur, nihil interit » ; ces mots d'Ovide sont devenus un axiome de la science moderne, qui affirme et se croit capable de prouver que rien ne se perd. « De même qu'il ne se peut faire naturellement quelque chose de rien, il ne peut se faire aussi qu'une substance ou qu'un être devienne rien. Le passage de l'être au néant ou du néant à l'être est également impossible... Ce qui est rond peut devenir carré, ce qui est chair peut devenir terre, vapeur, et tout ce qu'il vous plaira ; mais la substance de ce qui est rond et de ce qui est chair ne peut périr... Les corps peuvent donc changer, mais ils ne peuvent pas périr. » (Malebranche.) Leibniz a fait un principe de la permanence des substances et il a dit : « Rien ne se crée, rien ne meurt. »

Telle est la preuve métaphysique de l'immortalité de l'âme.

On lui fait ce reproche qu'elle implique seulement la permanence de la substance, la survivance de l'âme et non celle du moi, de la personne ; or, que m'importe l'immortalité si ma personnalité s'évanouit, si, perdant la mémoire de mon activité passée, je ne puis pas y rattacher mon état présent? C'est cette vaine et vague immortalité que promet le panthéisme, qui regarde notre âme comme une parcelle de la divinité : sortie de l'être unique, elle serait, suivant ce système, destinée à rentrer dans son sein et à s'endormir pour toujours dans la substance universelle. Mais cette existence, qui n'implique ni individualité ni conscience, ne serait qu'une survivance dérisoire.

Ainsi la preuve métaphysique assure l'*immortalité de la substance*, mais ne garantit pas l'*immortalité de la personne*; elle a besoin d'être complétée par la preuve morale.

Seconde partie. — Nos facultés aspirent à un but qu'elles n'atteignent jamais dans cette vie : notre cœur voudrait aimer d'un amour infini, et ses affections sont toujours incomplètes, à peine ébauchées; notre intelligence a soif de vérité, et elle rencontre à chaque pas des problèmes insolubles; notre volonté a le désir d'une vertu parfaite, et les hommes les meilleurs n'arrivent jamais qu'à une vertu imparfaite. « Quoi qu'il fasse, dit Cousin, quoi qu'il pense, l'homme tend à l'infini », et cet infini qu'il poursuit échappe toujours à son étreinte, semblable à cette ombre de son père Anchise que le pieux Énée veut saisir et qui se dérobe :

> Ter frustra comprensa manus effugit imago,
> Par levibus ventis volucrique simillima somno.

En un mot, l'âme humaine ne trouve pas une satisfaction véritable dans la vie actuelle. Il y a donc disproportion entre nos facultés qui aspirent à l'infini et leur emploi qui, dans la réalité, est toujours borné; cette disproportion constituerait une contradiction choquante, si nos facultés ne devaient pas se développer et atteindre leur fin dans une existence ultérieure. La raison, dit Kant, admet en principe, pour les êtres vivants, qu'il n'y a pas un organe, pas une faculté, pas un penchant, rien enfin qui ne soit disposé pour un certain usage ou qui soit sans but; elle admet que tout, au contraire, est exactement proportionné à un but déterminé; suivant cette analogie, l'homme doit atteindre la fin pour laquelle il se sent organisé. Or, tandis que les autres animaux marchent tranquillement vers le but qui leur est assigné et l'atteignent sans effort et sans lutte, l'homme seul éprouve des désirs infinis auxquels il ne peut jamais donner qu'une satisfaction incomplète : il serait donc le plus mal organisé des êtres vivants, l'œuvre la plus imparfaite de l'univers; il serait à la fois la plus grande et la plus maltraitée des créatures, si l'existence actuelle ne devait pas avoir un complément dans une autre vie pour laquelle celle-ci n'est qu'une sorte de préparation. C'est cette idée que Lamartine a exprimée dans ces vers si connus :

> Borné dans sa nature, infini dans ses vœux,
> L'homme est un dieu tombé qui se souvient des cieux.

Le désir, l'espoir de l'immortalité est comme une anticipation de cette immortalité; l'homme ne reçoit cette idée « ni de l'expérience ni de la science; le monde extérieur ne la lui fournit pas, son esprit ne l'a point inventée; c'est du fond de son âme qu'elle surgit en lui : il se sent, il se voit, il se sait immortel. » (Guizot.)

En outre, la justice manque de sanction s'il n'y a pas une autre vie. La loi morale doit nécessairement avoir une sanction; or, celle de la vie actuelle est notoirement insuffisante. En effet, la conscience s'émousse; l'opinion des hommes se trompe, s'égare; les lois ont une action bornée puisqu'elles répriment seulement le mal dangereux pour la société et qu'elles ignorent le bien; enfin les prospérités du méchant et les malheurs du juste ne sont que trop réels. Il doit donc y avoir une autre vie dans laquelle chacun reçoit la récompense ou la punition qui lui est due pour les actions conformes ou contraires à la loi morale. Il y a entre la vertu et le bonheur un rapport nécessaire, conçu par la raison et attesté par la conscience; comme cet équilibre entre la vertu et le bonheur est souvent rompu en cette vie, nous en concluons que l'existence actuelle doit se continuer dans une autre vie, pour que la sanction religieuse réalise le règne de la justice absolue.

Conclusion. — Il y a donc trois preuves principales de l'immortalité de l'âme : la première est dite *métaphysique* et repose sur la simplicité qui rend le moi indestructible; la seconde, qui peut être appelée *psychologique*, est une application du principe des causes finales aux facultés de l'âme qui, ici-bas, n'atteignent pas leur but; enfin la preuve dite *morale* repose sur la loi du mérite et du démérite, sur la conception de la justice absolue qui ne trouve pas sur la terre une satisfaction complète. La preuve métaphysique n'a pas une grande influence sur le sens commun de l'humanité ; mais la preuve tirée des causes finales et celle qui est tirée de la loi morale frappent toutes les intelligences et leur paraissent avoir une grande valeur. Observons toutefois que tous ces arguments supposent l'existence d'un Dieu juste et bon et n'ont aucune force si ce principe leur fait défaut ; par conséquent la démonstration de l'immortalité de l'âme ne s'adresse qu'à ceux qui croient à la justice et à la bonté de Dieu ; elle ne saurait convaincre les athées et les déistes.

173. — **La croyance à l'immortalité de l'âme enlève-t-elle à la vertu son désintéressement et son mérite?**

ESQUISSE

Quand nous avons conformé notre conduite à la loi morale en faisant le bien, nous sentons que nous avons mérité une récompense; c'est un droit que nous avons acquis; il y a un rapport nécessaire, conçu par la raison, entre la vertu et le bonheur; celui qui a été vertueux a le droit d'être heureux, et, s'il est déçu dans son attente, il se croit, et chacun le croit, victime d'une injustice; pareil fait nous semble une violation de l'ordre qui préside au monde moral comme au monde physique. De même, quand nous avons fait le mal par une violation volontaire de la loi, nous sentons que nous devons être punis, qu'une expiation est nécessaire. Ainsi une récompense nous est *due* pour toute action conforme au devoir, et une souffrance nous est également *due* pour toute action contraire au devoir; il y a une relation rigoureuse et nécessaire entre la vertu et le bonheur, comme entre le vice et la souffrance. Or, il n'est pas difficile de montrer que ce monde n'a pas pour la vertu des récompenses suffisantes ni pour le vice des peines équivalentes: en effet, la conscience s'émousse pour le bien comme pour le mal, chez l'honnête homme et chez le méchant; avec une certaine habileté on peut échapper aux conséquences naturelles de ses actes; en outre, l'opinion publique se trompe, et enfin les lois n'ont qu'une action bornée. De cette insuffisance des sanctions humaines résulte la nécessité d'une autre vie, destinée à rétablir l'équilibre souvent rompu sur la terre entre la vertu et le bonheur.

Mais, dit-on, si nous faisons le bien en vue d'une récompense, nous ne sommes plus vertueux ; si la vertu repose sur un calcul, elle n'est plus la vertu ; croire que la loi morale a besoin, pour être obéie, de l'attrait d'une récompense, c'est détruire l'essence même de cette loi, qui doit être respectée pour elle-même, comme juste et conforme à l'ordre. Si l'espérance et la crainte prennent la place du motif moral, notre conduite devient intéressée ; or, le désintéressement est la condition essentielle de la moralité ; faire le bien pour le bien, tel est le devoir : « Fais ce que dois, advienne que pourra », tel est l'axiome qui doit servir de règle à toute notre vie. Si Polyeucte affronte le martyre après avoir fait un calcul par doit et avoir entre de courtes souffrances à subir et une béatitude éternelle à goûter, on peut se demander en quoi son action est méritoire et même s'il a un mérite quelconque.

On répond à cette objection que la moralité est, en effet, dans l'intention et qu'une vertu née du calcul n'est plus la vertu, que toute considération intéressée porte atteinte à la pureté de la loi morale. Mais si l'homme ne doit pas faire le bien en vue d'une récompense, il doit être récompensé parce que cela est juste, parce que telle doit être la conséquence des actions bonnes. Il serait étrange que l'homme fût obligé de conformer sa conduite à la justice et que la justice n'existât plus quand il s'agirait de lui accorder la récompense que la raison affirme être due pour toute action conforme à l'idée du bien. Croire à l'immortalité de l'âme, ce n'est donc pas enlever à la vertu son désintéressement et son mérite ; c'est seulement croire à la justice de Dieu, qui ne peut refuser à la vertu sa récompense sans manquer à sa propre nature, sans violer les lois qu'il a lui-même établies. Il a écrit ces mots dans la conscience de chacun de nous : « Sois honnête et tu seras heureux » ; comment pourrait-il donc permettre le divorce entre la vertu et le bonheur ? Il y aurait là une contradiction, une inconséquence. Quand nous avons fait le bien pour lui-même, quand nous avons été honnêtes par l'intention et dans les actes, la justice veut que nous soyons récompensés ; s'il n'en était pas ainsi, nous verrions dans ce fait la violation d'une loi naturelle, le bouleversement de l'harmonie, de l'ordre, qui doit régir le monde ; l'iniquité, le désordre devrait alors être considéré comme la loi de la nature.

Ainsi l'espoir d'une récompense ne corrompt pas la vertu ; et si nous croyons à notre immortalité, c'est que nous croyons à la justice absolue et à la justice de la cause première ; c'est que la vertu et le bonheur nous apparaissent comme inséparables en droit. La croyance à l'immortalité ne diminue pas le mérite de la vertu quand nous obéissons à la loi parce que cette loi est juste et conforme à l'ordre, quand nous n'attachons pas notre pensée à la considération du bonheur qui peut être la conséquence de notre conduite.

Du reste, il ne faut pas porter un excès de raffinement dans la recherche des conditions de la vertu, il ne faut pas, comme les stoïciens, la mettre en dehors de la nature. L'homme n'est pas seulement un être doué de raison, il est également doué de sensibilité ; forcé, pour accomplir le devoir, de résister à ses intérêts, à ses passions, aux penchants égoïstes et désordonnés, il a besoin d'être soutenu par des motifs d'espérance et de crainte qui l'encouragent sans lui enlever le mérite de ses bonnes actions. Quand les stoïciens disent que « la vertu suffit au bonheur », ils soutiennent un paradoxe démenti par la conscience et par les faits. Leur doctrine est élevée, mais elle demande trop à l'homme, et l'on sait quel danger peut résulter d'une sévérité excessive : « Ils veulent, dit Montaigne, se mettre hors d'eulx et échapper à l'homme, c'est folie ; au lieu de se transformer en anges, ils se transforment en bestes ; au lieu de se hausser, ils s'abattent. » Pascal a résumé cette pensée dans une phrase énergique et célèbre : « Qui veut faire l'ange fait la bête. »

LES SYSTÈMES

174. — **Définir le mot système. Qu'est-ce qu'un système en philosophie? Qu'appelle-t-on un esprit systématique? Montrer que la science, ayant pour objet de reproduire la nature, doit avoir des systèmes.**

DISSERTATION

Un système est, d'après l'étymologie (σύν, avec; στάω, être debout), la réunion de plusieurs choses en un seul tout; scientifiquement, c'est un composé de parties coordonnées entre elles, un ensemble d'idées et de raisonnements tellement unis entre eux qu'ils s'éclairent et se complètent les uns les autres et découlent tous de principes communs. Le besoin que nous éprouvons de mettre de l'ordre et de l'unité dans nos connaissances s'explique par la croyance où nous sommes que l'ordre, l'unité règne aussi dans la nature. Ainsi, en astronomie, on appelle système planétaire l'ensemble des planètes qui dépendent d'un astre central; en anatomie, le système osseux est l'ensemble des os qui entrent dans la composition du corps; le système nerveux est l'ensemble des nerfs et des centres nerveux avec lesquels ils communiquent. Ce mot s'applique donc à la fois à nos connaissances et aux objets de nos connaissances; dans les deux cas, il a le même sens; ainsi, l'on appelle système planétaire l'ensemble des planètes qui dépendent d'un astre central, et, d'un autre côté, on dit que Copernic est l'auteur du système planétaire tel qu'il est admis aujourd'hui. — On s'est beaucoup élevé contre l'esprit de système et Voltaire, voulant faire l'éloge de Newton, a dit de lui : « Il n'a jamais fait de système. » Mais bannir de la science l'esprit de système serait en bannir l'ordre et l'unité ; si la science ne présentait plus que des idées isolées et des jugements stériles, elle cesserait d'exister. Ainsi, les mathématiques doivent leur nom de sciences exactes à ce qu'elles présentent une chaîne continue de déductions, qui part d'un petit nombre d'axiomes et de définitions ; il en est de même des sciences d'observation, quoique pour une raison différente ; car il n'existe pas dans le monde un seul fait ni un seul être indépendant et isolé ; comme tous s'engendrent ou se modifient, on ne peut en connaître la vraie nature si nous ne les connaissons pas dans leurs rapports. Les systèmes sont donc utiles, nécessaires même ; les vérités qui ne sont pas classées sont des vérités mal connues.

La philosophie, qui recherche les éléments communs à toutes nos connaissances, est la plus haute expression de l'idée que nous nous faisons d'un système. Comme elle a longtemps été la science en général, ses premiers systèmes furent les premiers essais des différentes sciences particulières ; tels furent les systèmes des écoles d'Ionie, des Pythagoriciens, des Éléates, etc. Quand la philosophie fut devenue, avec Socrate, une science particulière, elle n'en continua pas moins à engendrer des systèmes aussi nombreux que variés. Ce mot désigne en philosophie, comme ailleurs, une réunion d'idées et de raisonnements, qui, étroitement enchaînés, s'éclairent et se complètent mutuellement, et qui découlent de principes communs, le but de tout système étant de lier à un fait général ou à un petit nombre de faits généraux tous les faits particuliers qui paraissent avoir de l'analogie avec lui ou avec eux ; ainsi le panthéisme est un système dans lequel Dieu est tout et tout est Dieu, et qui fait sortir de cette idée mère tous les développements qu'elle comporte.

Les systèmes étant le résultat d'une étude plus ou moins approfondie, ils sont l'expression plus ou moins fidèle de la vérité ; il y a donc deux espèces de systèmes, selon que l'étude a été plus ou moins complète : 1° les uns sont légitimes, parce qu'ils reposent sur une observation attentive, patiente, et ils aboutissent à une synthèse qui s'applique exactement aux faits et à leurs rapports ; tels sont, en astronomie, le système de Copernic, en philosophie, le spiritualisme, en histoire naturelle, le système de Jussieu pour les végétaux, celui de Cuvier pour les animaux ; — 2° les autres ne sont pas légitimes, parce qu'ils débutent par l'hypothèse et que, dans ce cas, l'esprit invente, tire de lui-même ce qu'il ne tire pas de la nature même des choses par une observation exacte ; de là une foule de systèmes dits scientifiques, qui, surtout dans l'antiquité, n'offrent guère que des conceptions de l'imagination, ingénieuses productions de l'esprit que la nature désavoue, que souvent un seul fait suffit à renverser et dont notre impatience s'accommode trop volontiers ; tels sont les systèmes hypothétiques des philosophes, comme l'atomisme, le mysticisme, des astronomes comme le système de Ptolémée, des médecins, des naturalistes, etc. Un système, en pareil cas, est un point de vue qui, tout en présentant une partie de la vérité, contient plus souvent l'erreur.

Ce sont ces derniers systèmes qui ont fait quelquefois prendre le mot en mauvaise part. Dans ce cas, l'*esprit de système* est la disposition à prendre des idées imaginées pour des notions prouvées, et alors on a raison de dire qu'il faut se défendre contre l'esprit de système pour n'être pas exposé à mettre ses imaginations, c'est-à-dire des hypothèses, à la place de la vérité ; l'esprit de système entendu ainsi est donc un défaut grave. Il n'en est pas ainsi de l'*esprit systématique*, qui est la disposition à concevoir des vues d'ensemble ; ce peut être une qualité, et l'on a dit de Descartes, pour le louer, qu'il avait l'esprit systématique. « Il faut bien se garder de prendre le véritable esprit systématique pour l'esprit de système avec lequel il ne se rencontre pas toujours. » (D'Alembert.) Toutefois, cette expression peut aussi être prise en mauvaise part, quand on parle de systèmes qui sont plutôt une conception de l'esprit qu'un résultat scientifique, et l'on a pu dire en ce sens que « l'esprit systématique est bien plus dangereux que les systèmes ».

175. — Énumérer et classer les principaux systèmes philosophiques.

Exorde. — La philosophie est née le jour où l'homme a fait usage de sa raison pour s'expliquer sa propre nature et celle des autres êtres; elle est donc bien ancienne, et l'on sait aujourd'hui que de grands systèmes philosophiques ont été conçus en Orient bien avant que la civilisation eût répandu ses lumières en Occident; aussi le nombre est considérable des systèmes que les philosophes ont proposés sur les grands problèmes que, de tout temps, la raison humaine a essayé de résoudre. Mais si divers et si nombreux que soient les systèmes philosophiques, on peut les ramener à deux classes : l'une ayant pour caractère dominant l'*empirisme* ou matérialisme, l'autre ayant pour caractère l'*idéalisme*.

Première partie. — L'empirique ne croit qu'à la réalité visible qui tombe sous les sens, et il veut tout faire sortir de la seule expérience, n'admettant la certitude que dans la limite des faits; cette doctrine rend toute science impossible, puisque l'expérience ne fait connaître que les phénomènes. Elle est représentée chez les Anciens par l'école d'Ionie, qui, s'attachant aux phénomènes sensibles, se préoccupe surtout du principe matériel de l'univers et n'en voit que le côté physique; la tendance empirique domine aussi dans la philosophie d'Aristote, mais contenue dans de sages limites. Chez les Modernes, Bacon est aussi de la famille des philosophes qui accordent plus aux sens qu'à l'esprit; il est le chef de l'école empirique à laquelle appartiennent après lui Hobbes et Gassendi. — L'empirisme prend le nom de *matérialisme* lorsque, ne croyant qu'à la matière, il se propose surtout la négation de l'âme; ce système rapporte donc tout au corps, les opérations de la pensée, les vérités premières ainsi que la loi morale, qui pourtant nous impose quelquefois le sacrifice des intérêts matériels; il donne ainsi un démenti à la conscience et au sens commun; il se fonde sur l'impossibilité d'expliquer comment deux subtances essentiellement différentes, l'âme et le corps, peuvent agir l'une sur l'autre, comme s'il fallait nier tout ce qui ne peut être expliqué. Ce système est représenté, chez les Anciens, par Leucippe et Démocrite qui regardent l'âme comme un agrégat d'atomes; pour expliquer comment les idées nous arrivent, Démocrite suppose que les corps émettent sans cesse des *images*, qui apportent à l'âme la connaissance des corps. Chez les Modernes, d'Holbach et Helvétius professent ouvertement le matérialisme, et, par la générosité de leur caractère, donnent un éclatant démenti à leurs doctrines; les médecins Lamottrie et Cabanis aboutissent aussi au plus complet matérialisme, faisant naître les facultés morales des facultés physiques. — L'empirisme conduit également à l'*athéisme*, qui est moins un système que la conséquence inévitable de certaines doctrines; le matérialisme d'Épicure y conduit nécessairement ainsi que la doctrine de Hobbes; c'est dans un livre du baron d'Holbach qu'il s'étale avec le plus d'audace. L'athéisme est obligé d'attribuer au hasard l'ordre qui règne dans la nature. — L'empirisme s'appelle *sensualisme*, quand il veut expliquer l'origine des connaissances, faisant dériver de la sensation toutes nos idées et la volonté elle-même; la maxime sensualiste par excellence est : « Nihil est in intellectu quod non prius fuerit in sensu »; faussement attribuée à Aristote, elle semble appartenir aux stoïciens. Le sensualisme est nettement marqué dans Aristote, mais il y est aussi mitigé que possible; au contraire, chez Condillac, il est absolu et n'admet pas d'autre élément que la sensation, entendue dans l'acception la plus étroite. — De nos jours l'empirisme a pris le nom de *positivisme*, qui tient pour chimérique le monde des substances et des causes, déclare finie à tout jamais l'ère des religions et des métaphysiques; cette opinion a été réduite en système et régulièrement exposée par Auguste Comte; M. Littré lui a prêté le secours de sa vaste érudition. — En morale, l'empirisme est représenté par l'*épicurisme*, qui regarde le plaisir comme le souverain bien et la douleur comme le souverain mal; c'est la forme la plus complète de l'égoïsme; après Épicure, les principaux représentants de l'école furent Lucrèce et Gassendi. — En politique l'empirisme aboutit, avec Hobbes, au *despotisme*: suivant ce philosophe, la loi morale ayant pour but l'utile, la guerre devient la conséquence immédiate de la loi de jouissance; il faut donc qu'un pouvoir coercitif s'établisse, par convention ou par violence, pour maintenir l'ordre sans lequel les sociétés ne peuvent pas vivre. — Dans l'art, il a pour conséquence la négation de l'idéal et devient le *réalisme*, qui croit que la réalité toute nue, quelle qu'elle soit, est seule digne d'imitation. — L'empirisme a quelquefois aussi pour conséquence le *panthéisme naturaliste*, c'est-à-dire l'absorption de Dieu dans le monde matériel; c'est ainsi que, pour les stoïciens, Dieu se développe nécessairement dans la nature, ou plutôt Dieu devient la nature; il n'y a plus de Dieu distinct de l'univers, il n'y a qu'un seul être qui s'appelle alternativement Nature et Dieu. — Enfin, comme l'empirisme ne s'élève pas jusqu'aux vrais principes de la connaissance, il entraîne à sa suite le *scepticisme*, qui refuse à l'esprit la faculté d'arriver au vrai; ainsi Hume part des données de Locke et de l'empirisme pour aboutir au scepticisme le plus complet. Le scepticisme se dissimule quelquefois sous le nom de *probabilisme*, demi-scepticisme, qui, refusant à l'homme le droit de ne rien affirmer comme évident, discute certaines opinions comme plus ou moins probables.

Seconde partie. — L'idéalisme dédaigne la réalité visible et n'admet que la réalité invisible, conçue par la raison comme le fondement de la réalité visible; il rejette le témoignage des sens et, absorbé dans ses méditations sur l'infini, il oublie la réalité du fini. Il lui arrive d'enlever quelquefois toute réalité aux créatures, et il verse alors dans le *panthéisme*; ainsi, les éléates n'admettent qu'un être, absolu, éternel, immuable; pour eux tout le reste est une vaine apparence, ils refusent toute certitude aux données des sens et nient la réalité sensible; pour Spinosa il n'existe aussi qu'une substance, Dieu, dont les principaux attributs sont l'étendue et la pensée; tout ce qui existe ici bas est un mode de l'étendue divine comme les objets matériels, ou un mode de la pensée divine, comme l'âme. — L'idéalisme, poussé à l'excès, donne aussi naissance au *mysticisme*, qui, trompé par une aspiration vers l'infini, dédaigne le contingent et le fini, admet une communication directe entre l'homme et la divinité, prétend s'élever jusqu'à Dieu et le voir en quelque sorte face à face; ainsi, l'école d'Alexandrie reconnaît une faculté intuitive supérieure à la raison, l'extase, qui peut nous élever jusqu'à Dieu; au moyen âge, Gerson ne trouve de refuge contre les contradictions de la philosophie que dans le mysticisme; cette doctrine se retrouve aussi plus ou moins prononcée chez Fénelon et Malebranche, et dans le *quiétisme* de Mme Guyon.

Conclusion. — L'empirisme a raison quand il admet la réalité des faits révélés par l'expérience; il se trompe quand il nie tout ce qui dépasse l'expérience. L'idéalisme a raison quand il admet une réalité absolue, condition de la réalité visible; il a tort quand il refuse à l'expérience la part qui lui appartient dans la science. Le *spiritualisme*, plus sage, se garde de cette double exagération : il admet deux mondes distincts, le monde physique et le monde spirituel; c'est donc une doctrine de conciliation inclinant pourtant vers l'idéalisme; c'est la doctrine de l'école française actuelle, qui se rattache à Descartes.

On peut aussi classer les systèmes philosophiques d'après les facultés : les sens nous donnent le matérialisme, le sensualisme, l'épicurisme, le scepticisme; le sentiment produit le mysticisme; la raison conduit à l'idéalisme et au panthéisme.

On peut adopter encore une autre classification. En métaphysique et en psychologie, on distingue le *matérialisme*, qui pour principe des choses ne reconnaît que la matière;

l'*idéalisme*, qui ne reconnaît que l'esprit ; le *panthéisme* qui regarde les corps et les âmes comme des modes d'un être unique, Dieu ; le *spiritualisme*, qui admet l'existence distincte de la matière, de l'âme et de Dieu, qui a créé la matière et l'âme. En logique, le *dogmatisme* croit à l'existence de la vérité et à la possibilité pour l'homme de la découvrir ; le *scepticisme* nie ces deux choses ; le *probabilisme* ne croit pas à la vérité, mais il admet la vraisemblance ; le *mysticisme* cherche la vérité dans une faculté supérieure à la raison. En morale, les *épicuriens* n'admettent que l'intérêt ou le plaisir, c'est-à-dire la voix des sens ; les *stoïciens* n'écoutent que la raison, le devoir ; le *mysticisme* cherche sa règle dans le sentiment, dans l'amour de Dieu.

176. — Qu'entend-on par matérialisme, idéalisme, spiritualisme?

DISSERTATION

Exorde. — Dans les temps primitifs, l'homme était forcé de consacrer tout son temps à se procurer ce qui lui était nécessaire, à défendre sa vie contre les intempéries des saisons et les attaques des bêtes féroces. Mais quand les progrès de la civilisation et de l'industrie lui eurent fait une vie plus facile et qu'il eut des loisirs, il se demanda aussitôt ce qu'était le monde, quelle était l'origine des choses, ce qu'il était lui-même, d'où il venait et où il allait; alors naquit la philosophie. On vit dès lors se manifester parmi les hommes deux tendances opposées : les uns, ne prêtant attention qu'à ce qui frappe les sens, ne voulurent pas admettre une autre existence que celle de la matière et ne reconnurent ni l'âme dans l'homme, ni Dieu, cause du monde; les autres, ne voyant autour d'eux que phénomènes fugitifs, êtres éphémères, admirent seulement un être absolu et des idées également absolues que la raison conçoit.

Proposition. — Ainsi on voit, dès le début, se constituer deux systèmes opposés : le matérialisme, qui ne croit qu'à la réalité visible, et l'idéalisme, qui ne croit qu'à la réalité invisible; plus tard, cette double exagération provoque, de la part du sens commun, une protestation qui trouve son expression dans le spiritualisme.

Première partie. — Les matérialistes ne voient dans le monde que la matière et les phénomènes perçus par les sens, c'est-à-dire ce que les mains touchent, ce que les yeux voient, ce que les oreilles entendent, etc. La réalité des ces faits étant incontestable et leur étude ayant conduit l'humanité à d'heureuses et bienfaisantes découvertes, les matérialistes ne sont pas nécessairement dans le faux; ils peuvent même accorder à ces faits une attention spéciale; mais ils ont nié tout ce qui dépasse l'expérience et ont voulu renfermer l'homme tout entier dans le corps. Or, des faits nombreux se passent en nous qui n'appartiennent pas au corps, certains plaisirs et certaines peines, les idées, les jugements, les raisonnements, les résolutions, etc.; car ce n'est pas le corps qui ressent le plaisir que nous cause une bonne nouvelle ou la douleur que nous vaut la perte d'un ami; ce n'est pas le corps qui pense et qui raisonne, qui prend certaines déterminations. En outre, quand nous jetons les yeux autour de nous, quand nous voyons le mouvement régulier des planètes et l'harmonie du monde, nous ne pouvons croire que cet ordre soit le résultat de l'aveugle hasard; nous concluons donc à l'existence d'un organisateur qui a tout réglé, et d'une Providence qui veille au maintien de cette harmonie. Par conséquent, le matérialisme se met en contradiction avec la conscience quand il nie l'âme, et avec le sens commun quand il nie Dieu.

Deuxième partie. — L'idéalisme, de son côté, a raison quand il croit à une réalité invisible, quand, au lieu de s'arrêter aux phénomènes visibles, il veut pénétrer dans le monde invisible des causes et des substances, quand il s'attache à ces idées absolues qui sont en nous, mais qui ne viennent pas de nous, et que, par elles, il s'élève jusqu'à Dieu, principe de toutes choses; cette tendance idéaliste consiste donc à consulter la raison plutôt que l'expérience, à rechercher *ce qui doit être* plutôt que *ce qui est*.

Il est certain, en effet, que la réalité visible suppose la réalité invisible. L'harmonie du monde ne peut avoir été produite que par une intelligence infinie qu'on ne trouve ni dans la matière ni dans l'homme. En outre, cette matière contingente et relative, qui ne se suffit pas à elle-même, qui ne trouve pas en elle-même sa raison d'être, ne s'explique dans son existence que par l'intervention d'un créateur. L'intelligence humaine, de son côté, repose sur des notions et vérités premières qui, ayant pour caractères l'éternité et la nécessité, ne peuvent appartenir qu'à un être éternel et nécessaire comme elles.

L'idéalisme a donc raison quand il dit que la réalité visible, âme et matière, ne s'explique que par la réalité invisible, Dieu. Mais il a tort quand il ne fait pas sa part à l'expérience, quand il nie la réalité du monde extérieur. Puisque nous voyons des corps, que nous les touchons, qu'ils agissent sur nous, c'est qu'ils existent; la réalité du monde matériel nous est attestée à chaque instant par l'action que ce monde exerce sur nous, et dont souvent nous souffrons. Nier cette réalité, c'est donc heurter le sens commun, c'est se refuser à l'évidence quand il s'agit du témoignage des sens; le scepticisme, auquel « on ne fait pas sa part », opposera la même négation quand il s'agira du témoignage de la raison.

Dans toutes les périodes de l'histoire de la philosophie, on retrouve la tendance matérialiste et la tendance idéaliste; on peut donc prédire qu'aucune n'absorbera jamais entièrement l'autre, qu'elles dureront autant que la nature humaine, que toujours il y aura deux grandes races d'esprits : chez les uns dominera la tendance matérialiste, chez les autres la tendance idéaliste.

Troisième partie. — Le spiritualisme est une doctrine de conciliation, qui observe les faits sans parti pris et les accepte quand ils sont bien établis.

Ainsi, avec le matérialisme, il croit à l'existence de la matière et avec lui il comprend combien la connaissance du monde matériel peut être utile à l'homme pour l'amélioration de sa condition matérielle et morale. Mais il se sépare de lui pour affirmer que l'âme existe, puisqu'il y a des faits en nous qui ne sauraient être attribués au corps. Il démontre que l'âme, une, identique et active, est distincte du corps qui est composé, changeant et inerte; que l'âme, qui aspire au bien, à la vertu, est supérieure au corps qui n'aspire qu'au plaisir, qu'elle le domine et lui impose des souffrances qui lui répugnent. Le spiritualisme démontre aussi l'existence de Dieu par l'ordre de l'univers, par la nature contingente et relative de la matière, ce qui suppose à la fois un organisateur et un créateur.

Avec l'idéalisme, il admet la réalité invisible; il croit que Dieu est le principe de toute existence, que les vérités premières, condition de la vie intellectuelle, ne peuvent appartenir qu'à un être éternel et nécessaire comme elles. Mais le spiritualisme trouve que la négation du monde extérieur est contraire au sens commun : il croit à la réalité de ce monde, et, loin de dédaigner les découvertes de la science, il les accueille avec reconnaissance et en fait son profit pour ses propres études.

Conclusion. — Ainsi le matérialisme ne croit qu'à la matière et à ses propriétés; il nie Dieu, repousse tout principe spirituel et regarde la pensée comme un mouvement du cerveau. L'idéalisme, par un excès opposé, nie toute réalité matérielle et ne reconnaît une existence véritable qu'aux idées conçues par la raison. Au contraire, le spiritualisme croit également au témoignage des sens et à celui de la conscience, à l'existence du corps et de l'âme, du monde et de Dieu; suivant lui, notre intelligence voit ce qui se passe au dehors, perçoit ce qui se passe au dedans, et conçoit par la raison ce qui dépasse les limites des sens et de la conscience; ainsi il accorde confiance à tous nos moyens de connaître et ne nie aucune réalité; il a donc pour caractère une absence de parti pris, le ferme dessein de s'en tenir aux faits bien établis, de s'accorder avec le sens commun, de se garder de toute exagération systématique.

177. — Qu'est-ce que le mysticisme ? — Passer rapidement en revue les principaux philosophes mystiques de l'antiquité, du moyen âge et des temps modernes.

Exorde et proposition. — Le mysticisme prétend connaître Dieu sans intermédiaire et le contempler face à face. Il séduit quelquefois des âmes d'élite aux époques de lassitude et d'affaissement, quand la raison n'a plus foi en elle-même et que l'âme a pourtant conservé l'amour et le besoin de Dieu ; il a donc pour cause la faiblesse, l'impuissance de l'humaine nature. C'est tantôt par le sentiment, tantôt par l'extase, que le mystique essaye d'apercevoir Dieu, de s'unir à lui, de se perdre en lui ; il y a eu en effet deux sortes de mysticisme : l'un a un caractère surtout religieux, l'autre a un caractère plus philosophique.

Première partie. — Il est dans la nature de l'homme d'éprouver du plaisir quand il a découvert la vérité et d'aimer cette vérité qui se révèle à lui après de longs efforts. Aussi quand la raison, après avoir conçu les vérités nécessaires et absolues, les rattache à l'être nécessaire et absolu qui en est le principe et qui seul les explique, le cœur s'émeut, et, devant cet être infini et doué de toutes les perfections, il ressent les joies de l'amour divin ; comme la raison, il poursuit l'infini, mais c'est pour l'aimer, tandis que la raison veut le comprendre ; le sentiment suit donc la raison, celle-ci précède. Mais la raison ne s'élève que lentement et par degrés jusqu'à Dieu, et devant l'infini il lui arrive souvent de ne pouvoir que bégayer. Le mystique s'irrite alors de ces lenteurs et de ces hésitations de la raison; dans son ardeur impatiente, il la subordonne et la sacrifie au sentiment; pour lui, le cœur seul peut mettre l'homme en rapport avec Dieu, lui révéler l'éternel : « C'est le cœur qui sent Dieu, a dit Pascal; voilà ce que c'est que la foi : Dieu sensible au cœur, non à la raison. » De ce que la raison hésite et s'égare quelquefois, on en conclut qu'elle s'égare toujours, qu'elle est impuissante à saisir la vérité; le mysticisme énumère avec complaisance les imperfections et les défaillances de la raison et emprunte pour la combattre tous les arguments du scepticisme; et il est pourtant un dogmatisme audacieux puisqu'il prétend mettre l'homme en communication avec Dieu. Mais en ôtant la raison à l'homme, il lui ôte précisément le seul pouvoir qui lui permette de connaître Dieu; car le sentiment n'est qu'une source d'émotions et ne peut être une source de connaissances; or, avant d'aimer la vérité et pour l'aimer, il faut au moins la connaître, et la seule faculté de connaître, c'est la raison. En outre, on ne peut ériger les mobiles inspirations du sentiment en une règle universelle et absolue; il n'en est pas ainsi pour la raison qui est toujours la même dans chaque homme et chez tous les hommes. — Enfin, le mysticisme ne se contente pas de proclamer l'impuissance de la raison pour apercevoir la vérité, il veut aussi proclamer l'impuissance de la volonté pour pratiquer le bien; pour lui l'idéal de la vertu, c'est un entier abandon de soi-même, de sa volonté, de tout son être; il endort ainsi l'activité de l'homme, substitue une oisive contemplation à la recherche patiente de la vérité et au viril accomplissement du devoir; l'inertie, l'oubli des devoirs, tels sont les fruits de cet amour de Dieu qui entraîne parfois de funestes égarements par le mépris du corps et de la personne humaine.

Le christianisme fournit beaucoup d'exemples de ce mysticisme du sentiment. Au xve siècle, la ruine de la France ravagée par la guerre et la désolation de l'Église déchirée par le Grand Schisme firent sortir du cloître l'*Imitation de Jésus-Christ*, attribuée à Gerson, qui proclame le renoncement et le détachement, qui veut sauver l'âme en l'absorbant en Dieu. Un siècle plus tard, les plus touchantes inspirations du sentiment religieux se personnifiaient dans sainte Thérèse, qui porta l'amour divin au plus haut degré dont le cœur humain soit capable. A la même époque, le cordonnier allemand Boehm jouait le prophète et l'illuminé, et écrivait les révélations divines qu'il disait lui être faites; les médecins Paracelse et Van Helmont unissaient dans un bizarre mélange la médecine et le mysticisme, la science et le sentiment religieux. Au xvii° siècle, le mysticisme se retrouve dans le quiétisme de Mme Guyon, dans certains passages des ouvrages de Malebranche et de Fénelon, et particulièrement dans les *Maximes des Saints* de ce dernier. Au xviii° siècle, le suédois Swedenborg unissait un mysticisme exalté et une sorte de magie.

Seconde partie. — La seconde sorte de mysticisme, d'un caractère plus philosophique, trouve sa réalisation la plus complète dans l'école d'Alexandrie. Suivant Platon, l'esprit peut s'élever par l'*opinion*, qui a pour objet les choses qui *deviennent*, et par la *dialectique*, qui a pour objet les choses qui *sont*, jusqu'à l'idée des idées, au bien, terme dernier où l'âme trouve enfin la raison de tout ce qui existe; et cette idée des idées est Dieu lui-même, doué de vie et de mouvement, père du monde et père de la vérité, beauté idéale et bien absolu. Platon s'était arrêté à cette idée, à ce Dieu intelligent et bon; Plotin voulut aller au delà de ce terme et tomba dans le mysticisme. Pour grandir son Dieu, pour le rendre plus parfait, il lui enleva toutes ses perfections, il voulut en faire un principe sans aucune détermination, sans aucun attribut, une essence pure; il exclut l'être et la pensée de son *innommable* qui est l'*unité* absolue. Pour atteindre un pareil Dieu, les facultés ordinaires ne suffisent pas; la raison ne peut comprendre cette unité vide; de son côté, l'amour ne peut se prendre qu'à un être réel ! « On n'aime pas la substance en général, dit M. Cousin, mais une substance qui possède tel ou tel caractère. » La raison et l'amour ne pouvant atteindre l'unité absolue du mysticisme alexandrin, il a fallu inventer une faculté particulière et mystérieuse, l'extase, par laquelle l'homme sort de lui-même (ἔκστασις) pour communiquer avec l'Être; comme l'extase échappe à la conscience, nul ne peut dire et comprendre ce qu'elle est; c'est un état surnaturel et incompréhensible. Ainsi les mystiques alexandrins se réfugiaient, comme par désespoir, dans l'union avec Dieu par l'extase après avoir épuisé toutes les forces de la raison pour résoudre le problème de la connaissance; leur procédé était donc scientifique, leur marche graduelle, et ce n'était qu'après avoir passé par l'*opinion* et la *dialectique* que l'âme s'élevait à Dieu sur les ailes de l'extase. Plotin, Porphyre, Jamblique, Proclus sont les plus illustres représentants de ce mysticisme profond et raffiné.

Résumé et conclusion. — Le mysticisme a donc la prétention de communiquer avec Dieu, d'apercevoir l'invisible; comme la raison se refuse à pareille chimère et répudie ce délire de l'imagination, il la déclare impuissante, et, pour réaliser ce songe, il s'adresse soit à l'amour soit à l'extase. Une droite et saine raison se contente de voir Dieu dans les merveilles que l'univers déploie devant nos yeux et dans ces vérités éternelles que notre esprit conçoit, mais qu'il n'a pas faites; elle se résigne à ne soulever qu'un coin du voile qui lui cache la divinité, parce qu'elle tient pour une vérité certaine que par l'amour et la pratique du bien nous nous conformons à la volonté divine. « L'homme, dit Pascal, n'est ni ange ni bête, et le malheur veut que qui veut faire l'ange fait la bête. » Ne pourrait-on pas appliquer cette pensée au mysticisme qui, pour vouloir élever l'homme au-dessus de lui-même, aboutit à un suicide moral par la destruction de toute vertu, qui a pu quelquefois se concilier avec les égarements des sens et les jongleries grossières de la magie, qui, après avoir contesté les preuves de l'existence de Dieu, s'est vanté de pouvoir le faire comparaître devant les hommes?

178. — Rapports et différences du scepticisme et du mysticisme.

DISSERTATION

Exorde. — En général les mêmes causes produisent les mêmes effets ; il y a pourtant quelquefois des exceptions à cette règle, et l'histoire de la philosophie en présente une qui est bien remarquable. Aux époques de lassitude et d'affaissement qui suivent les âges de luttes et de controverses, on voit naître et se développer, quelquefois côte à côte, deux systèmes bien différents, le scepticisme et le mysticisme, l'un qui pousse le doute jusqu'à nier l'évidence, jusqu'à repousser ces vérités de sens commun que tous les hommes acceptent puisqu'elles servent à tous, même aux sceptiques, de règle de conduite, l'autre qui pousse l'ardeur dans la croyance, dans la foi, jusqu'à tenir l'impossible pour réel, pour véritable. Cette coïncidence dans l'apparition de ces deux systèmes prouve qu'il y a quelque rapport entre eux malgré les différences radicales qui les séparent.

Première partie. — Le scepticisme conteste à l'esprit humain le pouvoir d'arriver à la vérité, soit que la vérité n'existe pas, soit que notre intelligence ne puisse nous la faire apercevoir. Le mysticisme a la prétention de s'élever jusqu'à Dieu, de le contempler en quelque sorte face à face, et, la raison étant impuissante à nous rendre pareil service, il proclame son impuissance radicale et prétend lui substituer une faculté supérieure. Le sceptique et le mystique s'accordent donc pour dire que la raison est incapable de nous faire découvrir la vérité; aussi le mysticisme prend son point de départ dans le scepticisme et emprunte à celui-ci tous ses arguments contre la raison. En outre, le mystique, en voulant s'absorber en Dieu, supprime la liberté, la conscience, la personnalité, et se perd dans une oisive contemplation de son objet; le sceptique aboutit au même résultat par l'indifférence absolue qu'il professe en toute chose.

Ces deux systèmes ont donc leur source dans la même erreur, dans la croyance à l'infirmité de la raison; aussi on les voit en général apparaître dans les mêmes circonstances, dans ces époques de critique et de lassitude qui viennent après les controverses et les longues discussions. Ainsi en Grèce, on avait vu, avant Pyrrhon, se produire les affirmations opposées des Ioniens qui ne croyaient qu'à la matière, à la réalité visible, et celles des Pythagoriciens continués par les Éléates qui ne croyaient qu'aux conceptions de la raison, qu'à une réalité invisible; Platon n'avait reconnu de réalité que dans le monde des intelligibles, et Aristote, regardant la théorie des idées comme une hypothèse non démontrée, s'était refusé à reconnaître ce monde absolu qui n'est pas du domaine de l'expérience et inclinait vers l'empirisme; Zénon dit que la vertu est le seul bien; pour Épicure le souverain bien c'est le plaisir, et, en donnant la préférence aux plaisirs intellectuels, Épicure se mettait lui-même en contradiction avec Aristippe qui plaçait les plaisirs corporels au-dessus de tous les autres; enfin les conquêtes d'Alexandre venaient de faire connaître à la Grèce une foule de peuples dont les mœurs, les croyances, les institutions étaient bien différentes des siennes. Devant ces affirmations contradictoires et ces oppositions, Pyrrhon conclut à l'incompréhensibilité des choses et fit profession de suspendre son jugement sur toutes les vérités. — Alexandrie fut, par sa position géographique, le centre des relations commerciales et aussi le centre du commerce intellectuel; sur cette extrême frontière du monde civilisé, il y eut un concours inouï de tous les peuples, de toutes les religions, de toutes les doctrines ; or, en même temps que les opinions, les croyances, les mœurs des divers peuples y apparaissent dans leur opposition, on voit se produire le fameux mysticisme de l'école d'Alexandrie. — Au xvi° siècle l'anarchie règne partout : en religion, catholiques et protestants défendent ou imposent leurs croyances à main armée ; en politique, les Guises veulent remplacer les Valois ; en philosophie l'autorité d'Aristote est ébranlée et l'on voit aux prises de nouveau platoniciens et péripatéticiens ; la résurrection de l'antiquité suggère des comparaisons peu favorables au présent, et la découverte de l'Amérique a révélé des coutumes et des mœurs étranges. Devant ce désordre d'idées et ces batailles, Montaigne se réfugie dans le scepticisme, et aux affirmations contradictoires des dogmatiques il répond par ce mot : « Que sais-je ! » Dans le même temps, et enfanté par les mêmes causes, on voit se produire le mysticisme de l'Allemand Boehm, du médecin suisse Paracelse, du médecin belge Van Helmont.

Seconde partie. — Néanmoins des différences radicales séparent ces deux systèmes. Pour le sceptique, le doute est le but, le dernier mot et le tout ; c'est l'idéal de la sagesse humaine ; il s'y arrête et s'y cantonne ; là il trouve la paix de l'âme et la sérénité. Pour le mystique le doute n'est qu'un moyen, un procédé, une tactique pour se convaincre et convaincre les autres que la raison est infirme et débile ; il ne fait que passer par le doute, il vise ailleurs et plus haut ; voyant que la raison est impuissante à lui donner ce qu'il désire, il a recours à d'autres facultés, et, pour nous conduire à la certitude, il appelle à son aide des moyens suprarationnels, la contemplation, l'extase. — En outre, le scepticisme, malgré les incontestables dangers qu'il présente, n'est pas sans quelque utilité ; il stimule la paresse naturelle à l'esprit humain qui se contente facilement de ce qu'il possède, il l'oblige à se rendre un compte plus exact de vérités qui lui paraissaient d'abord supérieures à toute contestation, et indirectement il donne ainsi à nos connaissances des fondements plus solides ; en outre, il inspire à l'homme une juste défiance de ses forces en lui présentant le tableau de ses erreurs et de ses défaillances, et il peut le préserver ainsi de chutes nouvelles ; enfin le scepticisme se confond quelquefois avec la critique qui épure les idées et les passe au crible. Le mysticisme, au contraire, est absolument stérile, et les dangers qu'il fait courir n'ont aucune compensation ; le mystique s'endort dans l'oisive contemplation de Dieu, heureux quand des désordres et des dérèglements ne naissent pas de cette passivité, de cette inertie, de cette abdication !

Conclusion. — Ces deux systèmes se ressemblent donc en ce que l'un et l'autre croient à l'impuissance de la raison et naissent dans des circonstances semblables ; ils diffèrent en ce que le doute est le but pour le sceptique et n'est qu'un moyen pour le mystique ; enfin le scepticisme peut quelquefois être utile, tandis que le mysticisme est d'une absolue stérilité. — Pour être juste et complet, il faut ajouter que l'on ne doit pas confondre le scepticisme qui est sérieux et profond avec la sophistique qui est un scepticisme frivole et léger, un pur charlatanisme ; en effet, le sophiste ne s'interdit pas l'action, loin de là, il vise à l'intérêt, au plaisir, tandis que le pyrrhonien vise à l'indifférence absolue. Le mysticisme peut également demander à n'être pas confondu avec les supercheries des visionnaires et les folies des convulsionnaires. Cependant ces deux systèmes sont, dans une certaine mesure, responsables des excès auxquels ils ont donné lieu, parce que l'on ne se met jamais impunément en révolte contre le bon sens et la droite raison. Nous n'irons pas jusqu'à nous approprier la brutale pensée d'un écrivain de nos jours : « Grattez le mystique, et vous trouverez le pourceau » ; cependant on a pu quelquefois voir la spiritualité du mystique favoriser et couvrir les écarts des sens et les appétits grossiers ; et certains prétendent que Paracelse aurait mené une vie crapuleuse et serait mort des suites de ses débauches.

HISTOIRE DE LA PHILOSOPHIE

179. — En quoi l'histoire de la philosophie peut-elle être utile à la philosophie elle-même?

Exorde. — L'histoire de toutes les sciences est indispensable pour ces sciences elles-mêmes; car c'est elle qui, en nous faisant connaître les découvertes antérieures, nous dispense de porter nos efforts sur des faits déjà connus et des problèmes déjà résolus; elle permet ainsi de marcher en avant et d'aborder des études nouvelles. L'homme n'est pas obligé de recommencer incessamment la science, que l'histoire lui livre toute faite ou du moins organisée, constituée par les siècles passés. Le mathématicien ne saurait s'imposer la tâche inutile et ingrate de refaire, avant de s'en servir, tous les calculs déjà faits par les mathématiciens qui ont vécu avant lui; l'astronomie resterait stationnaire si chaque astronome ne croyait qu'à ce qu'il a vu de ses yeux; l'histoire naturelle tournerait dans le même cercle si chaque naturaliste n'ajoutait foi qu'à ses propres observations. Chaque savant doit donc accepter la science telle que ses devanciers la lui ont transmise, tout en se réservant le droit de rectifier ou de compléter. Les choses ne se passent pas autrement en philosophie.

Proposition. — C'est grâce à l'histoire de cette science que nous pouvons profiter des travaux des siècles passés, — en outre, l'histoire de la philosophie donne à l'esprit, pour philosopher, de précieuses qualités; — enfin elle nous permet de juger à l'avance les systèmes qui reparaissent dans la science sous des noms nouveaux et qui ne sont souvent que la reproduction de systèmes déjà connus.

Première partie. — La philosophie, dans l'état actuel, offre un ensemble de doctrines solidement établies et rigoureusement enchaînées; mais ce n'est pas du premier coup que l'esprit humain, faible et borné, a pu arriver à ce résultat; il a fallu, comme dit Descartes, « joindre les travaux et les vies de plusieurs », accumuler successivement les découvertes, l'humanité étant, suivant la belle et fameuse expression de Pascal, « comme un même homme qui subsiste toujours et apprend continuellement ». C'est ainsi qu'on a vu s'accroître sans cesse le nombre des vérités acquises. Car si l'intelligence de l'homme est faible et faillible, elle n'est pourtant pas irrémédiablement condamnée à l'ignorance ni à l'erreur, et, tout en se trompant souvent, elle est capable d'atteindre la vérité. Ainsi, cette histoire de la philosophie montre que, si l'homme revient toujours aux mêmes questions, il arrive pourtant à répondre d'une façon plus nette et plus complète aux questions qu'il se pose sur lui-même, sur la nature et sur Dieu; elle montre que, depuis Socrate, la philosophie s'est enrichie de connaissances à la fois plus nombreuses et plus précises; Platon, en nous transmettant l'enseignement de Socrate, l'a sans doute complété; Aristote a su ajouter à Platon, les stoïciens à Aristote, et les Modernes ont ajouté au savoir des Anciens. C'est grâce à des efforts successifs, à des travaux accumulés, que la psychologie est devenue une science solide dans ses bases, sûre dans sa méthode, précise et positive dans ses résultats; si le mot qui la désigne est presque moderne, elle est aussi ancienne que la philosophie, Socrate l'a créée en appelant l'homme à la connaissance de lui-même et après lui les observations psychologiques n'ont pas cessé d'occuper une grande place dans la philosophie; Platon, Aristote, les stoïciens, les épicuriens, les sceptiques, les Alexandrins ont analysé et classé les facultés de l'âme; puis, quand Descartes, reprenant la maxime de Socrate, eut établi avec méthode et d'une manière scientifique l'existence distincte du principe pensant, la psychologie prit un essor auparavant inconnu avec Malebranche, Leibniz, Locke, surtout avec les Écossais et avec Kant. La logique, fondée par Aristote, a été perfectionnée par la scolastique et par Bacon; ce dernier eut le mérite d'appeler l'attention sur le procédé inductif, jusqu'alors trop négligé, et d'en faire sentir l'utilité. La morale n'est pas restée stationnaire depuis que Socrate en a jeté les bases et qu'Aristote l'a constituée en l'élevant au rang d'une véritable science, distincte et indépendante; elle fit un progrès considérable avec le stoïcisme et la législation romaine, qui transportèrent de la spéculation dans l'ordre civil le principe universel du droit, lequel n'est pas autre que celui du devoir; le christianisme donna une force nouvelle à la charité, puisqu'il se donne avant tout pour la religion de l'amour; enfin, la morale doit beaucoup à la rigueur de l'esprit moderne, surtout à Kant, qui a établi la loi morale sur une base inébranlable et déterminé ses caractères avec une précision scientifique. L'esthétique est une science presque moderne; pourtant les spéculations sur le beau ne sont pas inconnues à l'antiquité; mais c'est au XVIII° siècle seulement que l'esthétique se détache de l'ensemble des sciences philosophiques et avec un nom particulier reçoit une existence distincte; Kant porte sa puissante analyse dans la question du beau, déterminant les caractères propres à cette idée et la séparant des autres notions de l'esprit humain; enfin cette science prend un véritable essor avec les travaux de Schelling et de Hegel en Allemagne, de Cousin et de Jouffroy en France.

On voit donc que la philosophie actuelle s'est peu à peu constituée par les travaux des philosophes antérieurs, et c'est l'histoire de la philosophie qui met ces travaux sous nos yeux; grâce à elle, les labeurs des siècles passés servent aux générations suivantes.

Deuxième partie. — En outre, l'histoire de la philosophie nous montre que tous les systèmes ont contribué au progrès de l'esprit humain et à l'avancement des sciences philosophiques; car aucun n'est absolument faux, et Leibniz a dit avec raison : « Toute doctrine contient de la vérité. » Les systèmes les plus justement condamnés ont produit quelques résultats utiles : ainsi l'épicurisme a eu le mérite de montrer que la fuite des excès est une condition du bonheur; le scepticisme, dont le triomphe serait la ruine de l'humanité, est pourtant la *critique*, l'examen, qui épure les idées et les passe au crible; il nous force à nous rendre un compte plus exact de nos connaissances et nous conduit ainsi à les établir sur des bases plus solides. Cette révélation donne au caractère de précieuses qualités. Elle nous inspire la tolérance en nous montrant que des systèmes décriés ont produit d'heureux résultats et ont été souvent défendus par des hommes d'une incontestable honnêteté; elle nous préserve de l'orgueil, nous rend modestes en nous mettant sous les yeux les erreurs des plus grands hommes. Elle nous rend aussi circonspects en nous faisant voir que l'erreur provient souvent de ce que nous ne considérons qu'un côté des choses, qu'un point de vue, qui, considéré isolément, est d'une incontestable vérité; ainsi, l'idéalisme ne se trompe pas quand il dit que la réalité invisible est la condition de la réalité visible, mais il commet une grave erreur quand il nie cette réalité matérielle; de même, l'empirisme a raison quand il admet la réalité des faits révélés par l'expérience, mais il se trompe quand il nie tout ce qui dépasse l'expérience. Il y a donc un grand enseignement dans ce spectacle que nous offre l'histoire de la philosophie. — Enfin, en faisant passer sous nos yeux les systèmes les plus variés et les plus opposés, elle donne plus d'étendue à l'intelligence et plus d'ampleur dans les vues.

Troisième partie. — L'histoire de la philosophie nous rend encore un autre service. Elle nous préserve de l'erreur en déroulant devant nous la série des conséquences que renferme un principe et que, avec le temps, la logique fait éclore; grâce à elle, nous savons d'avance quels fruits peut produire une doctrine qui, après une éclipse plus ou moins longue, reparaît dans la science avec un nom nouveau. Ainsi, le positivisme contemporain n'est pas autre chose au fond que le matérialisme; or, l'histoire de la philosophie ne nous laisse pas ignorer quelles conséquences la doctrine matérialiste engendre fatalement : elle nous la montre aboutissant avec Épicure à la morale du plaisir, avec Hobbes à la théorie du despotisme, avec Helvétius et Saint-Lambert à l'égoïsme, avec d'Holbach au plus audacieux athéisme, avec tous à la morale de l'intérêt ; lorsque, au XVII° siècle, Gassendi essayait de réhabiliter Épicure et sa doctrine, il réussissait à prouver que le maître valait mieux que le système, mais il ne pouvait effacer de l'histoire romaine le souvenir des effets pernicieux que l'épicurisme avait produits. Nous voyons également par l'histoire de la philosophie que le sensualisme entraîne à sa suite le scepticisme, et pour preuve nous avons Hume qui fut le disciple de l'école sensualiste avant d'être la personnification du scepticisme moderne. Nous voyons aussi, d'un autre côté, que l'idéalisme qui croit seulement à la réalité invisible, peut conduire soit au mysticisme avec Malebranche, soit au panthéisme avec Spinosa, et par conséquent aboutir à la négation de la liberté humaine et à l'oubli de tous les devoirs.

Résumé. — Ainsi l'histoire de la philosophie présente une grande utilité pour la philosophie elle-même ; elle nous permet de profiter des résultats auxquels ont abouti les philosophes de toutes les écoles, et elle met à notre portée tous les travaux antérieurs ; ensuite elle fait que, dans nos propres études, nous avons pour nous-mêmes la circonspection et pour les autres l'indulgence qu'inspire le tableau des erreurs commises par les plus grands esprits ; enfin, en nous exposant tous les systèmes qui ont été conçus pour expliquer l'homme, la nature et Dieu, elle nous fait connaître d'avance toutes les conséquences que chaque doctrine nouvelle est amenée à produire tôt ou tard, en dépit du talent ou de l'honnêteté des individus qui essayent de rajeunir ou de transformer d'anciens systèmes.

180. — **Malgré des analogies apparentes qu'y a-t-il de profondément différent entre la sophistique et le pyrrhonisme ?**

DISSERTATION

Exorde. — La philosophie grecque à son origine présente deux écoles principales dans lesquelles on reconnaît cette double tendance empirique et idéaliste que l'on retrouve à toutes les époques de l'histoire de la philosophie : la tendance empirique domine dans les écoles ioniennes et la tendance idéaliste dans l'école italique. Ces deux écoles et celles qui en sont les héritières immédiates agitent le même problème, celui de l'origine et de la fin des choses ; mais elles le résolvent en des sens différents ; ces contradictions donnèrent naissance à la sophistique, qui fut la première forme du scepticisme. Il y a en effet une certaine analogie entre le scepticisme des sophistes et celui de Pyrrhon ; mais cette analogie est plus apparente que réelle ; des différences radicales séparent les deux doctrines.

Première partie. — Comme Pyrrhon, les sophistes disent que la vérité n'existe pas et que, si elle existait, l'homme serait incapable de l'atteindre ; ils soutiennent que rien n'est ni vrai ni faux, ni juste ni injuste, et Protagoras donnait une formule précise à ces doctrines en disant : « L'esprit de l'homme est la mesure de toutes choses », ce qui veut dire que la vérité change au regard de chaque individu, que la neige est blanche pour qui la voit blanche, noire pour qui la voit noire ; la conséquence logique de cette maxime fameuse c'est qu'il n'y a point de vérité. Les sophistes représentent donc cet esprit de négation qui mène au doute de Pyrrhon, ils le préparent en s'appuyant sur les contradictions des opinions humaines et en soutenant que tout est relatif dans nos connaissances. Pyrrhon part aussi des contradictions de la raison pour mettre tout en doute, pour dire que la connaissance est relative à l'être qui perçoit, qu'on ne peut rien savoir, que les choses sont incompréhensibles, que la science est impossible. Sophistique et pyrrhonisme aboutissent aux mêmes conséquences théoriques et pratiques, à la négation de la science et à la négation de la morale.

Seconde partie. — Mais le scepticisme de Pyrrhon est sérieux, tandis que celui des sophistes est frivole et inconséquent. Pyrrhon, devant les antinomies de la raison, se réfugie dans une indifférence complète qui conseille de ne pas agir comme elle consiste à ne rien croire ; il professe une complète indifférence avec une complète incertitude : « pas plus ceci que cela, οὐδὲν μᾶλλον », telle est sa devise. Le résultat est l'insensibilité, l'ἀπάθεια, dernier terme de la sagesse, l'abstention absolue. Il n'en est pas ainsi des sophistes. Ils soutiennent la vraisemblance des systèmes les plus opposés afin d'avoir la faculté de servir toutes les causes, de plaider indifféremment le pour et le contre, suivant les intérêts de leur fortune. Car ils sont affamés de richesses, ils veulent le pouvoir, la renommée. Leur scepticisme provoque donc à l'action, loin de l'exclure, et c'est une action pernicieuse puisqu'elle a pour but unique le gain et la satisfaction de toutes les passions. Charlatans de la science et de la parole, ils prétendaient tout savoir et offraient de tout enseigner ; rien n'égalait leur présomption et leur vanité ; s'ils étaient capables de nier même l'évidence, ils étaient capables d'affirmer même l'absurde. Leurs négations étaient en réalité des affirmations ; ils avaient la parole hardie, le ton tranchant. Pyrrhon au contraire n'affirmait ni ne niait, il s'abstenait de juger, se renfermant dans une réserve absolue, dans une inébranlable abstention. La sophistisque était donc encore plus dangereuse que le pyrrhonisme; car elle réduisait la philosophie à un immoral et vil trafic. Pour mieux servir leurs intérêts, les sophistes étaient à la fois rhéteurs et philosophes, unissant la fausse rhétorique à la fausse dialectique, trompant les esprits par des raisonnements captieux et séduisant les imaginations par une éloquence artificieuse. On comprend quel danger ces hommes faisaient courir à la morale dans une ville comme Athènes, où « tout dépendait du peuple et où le peuple dépendait de la parole ». Pour eux, la rhétorique n'était que l'art de fortifier les mauvaises causes et d'affaiblir les bonnes. Socrate et Platon ont donc eu raison de s'acharner après eux; le *Gorgias* est un pamphlet dirigé contre cette faconde sans pudeur et sans principes.

Disons aussi que le scepticisme de Pyrrhon trouve une excuse dans les circonstances qui l'ont vu naître. Après Platon, qui ne croyait qu'au monde des intelligibles, était venu Aristote qui ne croyait qu'à l'expérience et qui regardait la théorie des idées comme une vaine hypothèse, comme le produit d'une imagination de poète; Aristippe et Épicure étaient bien d'accord pour assigner le bonheur comme but à la vie humaine; mais le premier faisait consister le souverain bien dans les plaisirs corporels, tandis que le second mettait les plaisirs intellectuels au-dessus des autres. Zénon affirmait de son côté que l'honnête était le seul bien et que le vice était le seul mal. Enfin, les conquêtes d'Alexandre venaient de révéler des mœurs, des opinions, des croyances bien différentes de celles de la Grèce. On comprend que ces discussions solennelles et ces contradictions aient porté le trouble dans les esprits et que, par lassitude, on se soit alors réfugié dans le doute et l'indifférence. Ce fut dans des circonstances semblables que Montaigne en arriva à croire que « le doute est un mol oreiller pour une tête bien faite », et à prendre pour devise le mot fameux : « Que sais-je! » Les sophistes n'ont pas cette excuse : car leurs négations n'ont été provoquées que par les vaines hypothèses et les spéculations ambitieuses des écoles de l'époque précédente qui ne justifient pas une telle révolte contre la raison et la morale.

Conclusion. — Il y a donc une grande différence entre le scepticisme sérieux de Pyrrhon et le scepticisme frivole des sophistes. La même différence se trouve dans les caractères : Pyrrhon est un homme grave et respecté, tandis que les sophistes sont des rhéteurs impudents et décriés qui ont pour but, non la vérité, mais le succès et leur propre intérêt; aussi le nom de *sophiste*, qui primitivement voulait dire *maître de sagesse* ou *d'éloquence*, est-il devenu une injure réservée à quiconque se joue de la vérité, n'a pas foi dans ses propres discours et fait de la parole un usage immoral. Enfin, on peut dire que le scepticisme, tout dangereux qu'il est, peut rendre des services à l'esprit humain : par ses doutes, il stimule la paresse qui lui est naturelle, il l'empêche de se reposer dans les vérités acquises, l'oblige à se rendre un compte plus exact des vérités et il les raffermit ainsi, en forçant l'esprit à sonder sans cesse les fondements de ses connaissances; il inspire à l'homme une juste défiance de ses forces en lui mettant sous les yeux le tableau de ses erreurs; enfin le scepticisme est aussi la *critique* qui épure les idées. La sophistique n'a rendu aucun de ces services, c'était un mal sans compensation, et c'est en vain que Hegel a essayé une réhabilitation paradoxale de Gorgias, qui fut le plus célèbre des sophistes.

181. — **Du rôle de Socrate dans l'histoire de la philosophie.**

ESQUISSE

A. Primitivement, la philosophie embrassait l'ensemble des êtres, elle était la science universelle; s'expliquer l'univers, tel était le but que se proposèrent d'abord les philosophes, qui, au sens propre du mot, n'étaient que des amis de la science. Socrate détourna la philosophie de ces recherches téméraires pour la ramener à l'observation de la nature humaine. Notre esprit n'ayant qu'une capacité limitée, l'homme, par une ardeur imprudente, courait le risque d'ignorer les vérités qui sont à sa portée et qui lui sont nécessaires; il y eut donc démembrement, et la philosophie devint une simple division de la connaissance humaine, quand elle se chargea d'étudier l'homme pensant. C'est à Socrate qu'elle doit d'avoir ainsi un objet bien déterminé; c'est à ce titre qu'il en est le créateur, le père; c'est à ce titre, plus encore que par ses doctrines, qu'il occupe une si grande place dans l'histoire de la philosophie. Toutes les écoles qui vinrent après Socrate héritèrent de son esprit, même quand elles furent infidèles à ses doctrines; elles furent surtout occupées, comme lui, de la nature humaine; Aristippe lui-même a pu être appelé socratique.

B. Socrate a pour ainsi dire créé la psychologie en recommandant l'observation de soi-même, γνῶθι σεαυτόν; — il insiste sur la distinction de l'âme et du corps, sur la supériorité de l'âme à l'égard du corps qui n'est que l'instrument; il a un perpétuel souci de cette supériorité de notre nature raisonnable et libre sur notre nature animale et sensuelle. — En logique, il a substitué à l'hypothèse, à la méthode de divination, un procédé qui, par voie d'induction et de généralisation, dégage ce qu'il y a de commun entre les choses individuelles, et surtout cette féconde méthode d'observation, qui, appliquée aux sciences physiques par Bacon, leur a fait faire tant de progrès. Socrate toutefois n'a pas donné de préceptes de logique, et sa méthode d'interrogation supposait la croyance à la préexistence des âmes qui n'est pas admissible. — Socrate fut surtout un moraliste, c'est sa plus grande gloire; il donne des préceptes pour toutes les situations de la vie; il met la vertu dans l'action, et, après Solon, il réhabilite le travail manuel proscrit à Sparte et que Rome devait aussi frapper de déshonneur. Il met la loi naturelle au-dessus de la loi écrite. — En théodicée, il expose le premier la fameuse preuve des causes finales, démontrant par l'harmonie du monde l'existence d'un Dieu providentiel; il proscrit comme impies tous les récits où l'on attribuait aux dieux des actes répréhensibles. Enfin, il donne l'immortalité de l'âme pour sanction à la morale.

182. — Comparer le stoïcisme et l'épicurisme.

Sur quoi portait le débat entre les épicuriens et les stoïciens?

Comparer la doctrine des épicuriens et celle des stoïciens sur le souverain bien.

DISSERTATION

Exorde. — Dès l'origine de la philosophie grecque on voit se dessiner la double tendance empirique et spiritualiste que l'on retrouve à toutes les périodes de l'histoire de la philosophie. En morale, la tendance empirique est, chez les Grecs, représentée par l'école épicurienne et la tendance spiritualiste est représentée par les stoïciens. Aussi l'opposition est-elle complète entre le stoïcisme et l'épicurisme, qui ont produit des fruits bien différents, puisque l'un a inspiré de grandes vertus et que l'autre a contribué beaucoup à corrompre les mœurs. La naissance du stoïcisme doit même être attribuée à une protestation de la conscience contre l'épicurisme. Il ne faut donc pas s'étonner si les analogies que présentent ces deux écoles sont purement extérieures, tandis que les différences qui les séparent sont essentielles et irréductibles.

Première partie. — Les stoïciens, à l'exemple d'Épicure, divisaient la philosophie en trois parties, la logique, la physique et la morale. La logique des deux écoles était sensualiste : Épicure, pour expliquer de quelle manière se forme la connaissance, empruntait à Démocrite sa théorie des *idées-images*, admettant ainsi la sensation comme point de départ; les stoïciens croyaient aussi que la sensation est le fondement de la connaissance et on leur attribue la formule du sensualisme : *Nihil est in intellectu quod non prius fuerit in sensu.* En physique, Épicure s'appropriait le système matérialiste de Leucippe et de Démocrite, qui voulaient expliquer la formation du monde par la rencontre des atomes; la physique des stoïciens était également matérialiste, puisqu'ils croyaient que Dieu se développe dans la nature ou que Dieu devient la nature; cette doctrine était donc un panthéisme matérialiste, un naturalisme qui n'admettait qu'une existence, celle du monde, et qui réduisait Dieu à n'être plus qu'un nom donné à la collection des êtres visibles; elle matérialisait Dieu en divinisant la nature. Ajoutons enfin que la morale, l'éthique, est, pour les épicuriens comme pour les stoïciens, le principal objet de la philosophie, que les uns et les autres adoptent pour règle de conduite cette maxime si connue : *Sequere naturam, suis la nature.*

Là s'arrêtent les rapports que l'on peut signaler entre les deux écoles et qui ne portent pas sur les points essentiels de leurs doctrines.

Seconde partie. — En effet, l'homme pour Épicure n'est qu'un être purement sensible; aussi le souverain bien est-il à ses yeux dans le bonheur qui a le plaisir pour élément. Cicéron a résumé en quelques mots cette doctrine épicurienne : « Omne animal, simul atque natum sit, voluptatem appetere eaque gaudere ut summo bono; dolorem autem aspernari ut summum malum. » (*De Finibus*, I.) Épicure ajoute, il est vrai, qu'il faut choisir entre les plaisirs, qu'on doit préférer les plaisirs moraux, c'est-à-dire ces jouissances de l'esprit et du cœur, qui ne laissent après eux ni trouble ni agitation; on doit même subir des douleurs, si cela est nécessaire, pour s'assurer le plus grand bonheur possible. Ainsi, les épicuriens ne voyaient dans l'homme que la sensibilité. Par une exagération opposée, les stoïciens n'y voyaient que la raison servie par la volonté; pour eux *suivre la nature,* c'était vivre conformément à la droite raison; s'ils avaient tort d'exclure la sensibilité, ils étaient dans la vérité quand ils disaient que la raison est l'essence même de l'homme, qu'elle seule possède une règle universelle et immuable, qu'elle seule peut nous conduire au but assigné par la nature. Il en résulte que les stoïciens plaçaient le souverain bien dans la vertu, qui est le bien de l'âme comme l'injustice est le mal de l'âme. Ils se trompaient quand ils voulaient que l'homme anéantît en lui toute passion, qu'il se rendît insensible au plaisir et à la douleur; ils mutilaient ainsi la nature humaine et méconnaissaient le rôle bienfaisant de la sensibilité qui, par le plaisir, nous pousse et nous intéresse à la pratique du bien; ils se trompaient également quand ils disaient que la vertu suffit au bonheur, qu'elle est à elle-même sa propre récompense, *ipsa est pretium sui* (Sénèque). Sans doute l'homme est surtout dans la raison, mais il n'y est pas tout entier; il a d'autres facultés qui réclament satisfaction; en outre, les faits et le bon sens prouvent que la vertu ne suffit pas toujours pour le bonheur, que l'on peut être à la fois très vertueux et très malheureux; car on ne peut pas goûter le bonheur lorsqu'on est atteint dans sa santé ou frappé dans ses affections; il faut dire seulement avec Aristote : « La vertu est le premier des biens et la condition des autres biens, mais elle n'est pas le bien unique. » Les stoïciens tombaient donc ici dans un excès, mais cet excès n'avait pas les dangers que présentait celui des épicuriens : car le stoïcisme n'exagérait que dans les choses où il y a de la grandeur; le stoïcien avait le tort de vouloir *faire l'ange*, mais l'épicurien avait le tort plus grave de vouloir *faire la bête*. Épicure recommandait aussi, comme les stoïciens, la pratique de la vertu; mais s'il la regardait comme désirable, ce n'était pas pour elle-même, c'était pour les jouissances qu'elle procure; de même, le vice n'était haïssable à ses yeux qu'à cause des souffrances qu'il entraîne. La volupté était pour lui la fin, la vertu n'était qu'un moyen, l'honnête était subordonné au plaisir. Pour Zénon au contraire, la vertu était le but, la fin, et il disait avec raison que l'honnête est louable en soi et doit être recherché pour lui-même.

Conclusion. — Ainsi les analogies que l'on peut signaler entre l'épicurisme et le stoïcisme sont des analogies purement extérieures, tandis que les différences qui les séparent sont essentielles et irréductibles. Le débat entre les deux écoles portait principalement sur la question du souverain bien : Epicure le faisait consister dans le bonheur, tandis que Zénon le mettait dans la vertu; le premier accordait sans doute dans son système une place à la vertu, mais il ne voyait en elle qu'un moyen d'arriver au bonheur, non un but vers lequel on doit tendre. Il n'y a pas une moindre différence entre les conséquences que le temps et la logique devaient naturellement faire sortir de ces systèmes opposés : l'histoire nous apprend que la philosophie d'Épicure contribua beaucoup à corrompre les Romains dégénérés et à précipiter la dissolution de cette société; elle nous montre au contraire le stoïcisme attirant à lui les nobles caractères et soutenant la dignité humaine à une époque où elle semblait avoir disparu; le souvenir de Caton et de Thraséas, de Marc-Aurèle et d'Épictète, plaidera toujours en faveur de l'école stoïcienne, tandis que les épicuriens, malgré les vertus du maître, seront à jamais désignés par ces mots d'Horace : *Epicuri de grege porcos.*

183. — Qu'est-ce que les stoïciens entendaient par les choses qui dépendent de nous et celles qui n'en dépendent pas?

ESQUISSE

En passant du monde grec dans le monde romain, la philosophie prend un caractère tout pratique : elle évite les recherches purement spéculatives et les discussions stériles de l'école, s'efforçant d'être moins une science qu'une école de sagesse. Aussi les stoïciens romains sont-ils moins des philosophes que des moralistes ; cette sagesse pratique du stoïcisme se trouve résumée dans le *Manuel* d'Épictète que nous devons à son disciple Arrien.

Le *Manuel* débute par une distinction fondamentale sur laquelle Épictète revient sans cesse. Il veut qu'on distingue les choses qui dépendent de nous, c'est-à-dire les biens intérieurs, et les choses qui ne dépendent pas de nous, c'est-à-dire les biens extérieurs. Les choses qui dépendent de nous sont nos pensées et nos résolutions ; celles qui ne dépendent pas de nous sont les richesses, la puissance, la santé, l'opinion d'autrui. Le sage, pour être heureux, doit uniquement s'attacher à ce qui dépend de lui, et il ne doit désirer aucune des choses qui sont hors de lui ; or, la seule chose qui nous appartienne, c'est la liberté, qui est, suivant Épictète, la faculté de régler nos opinions et de les conformer à la nature, à la réalité. Comme il ne dépend pas de nous d'acquérir des richesses, d'arriver au pouvoir, d'éviter la douleur, de nous soustraire à la mort, il faut regarder ces choses comme indifférentes; perdre la fortune ou l'estime des autres n'est pas un mal; le seul mal est dans l'opinion qu'on a des choses; une injure n'est rien si on ne la regarde pas comme une injure; « la mort n'est pas un mal; elle n'a point paru telle à Socrate; mais l'idée que nous nous faisons que la mort est un mal, voilà le mal véritable. » Le sage doit donc dédaigner les honneurs, mépriser les jugements irréfléchis de la foule, résister aux passions qui nous attirent hors de nous-mêmes en nous faisant désirer des choses qui ne dépendent pas de nous; quand on sait ne désirer que les biens intérieurs, on n'est esclave ni des hommes ni des circonstances. Mais il faut savoir se soumettre à tout ce qui est fatal, accepter avec résignation tout ce qui ne peut être évité; car, suivant le stoïcisme, l'homme est placé dans un monde régi par des lois d'une inexorable fatalité. Par conséquent, le sage doit se borner à la possession de lui-même; il doit attendre les événements avec le calme de l'indifférence; le secret d'être heureux, le secret d'être homme consiste donc à s'attacher, non à ce qui est fatal, mais à ce qui est dans notre main. C'est dans cette soumission absolue que le sage trouve sa liberté; être libre, c'est surtout comprendre les choses, c'est se résigner plutôt qu'agir; c'est accepter les hommes comme ils sont et les choses comme elles arrivent. *Supporte*, c'est-à-dire raidis ton âme contre la douleur, contre la passion; *abstiens-toi*, c'est-à-dire ne te répands pas au dehors, vis en toi-même et avec toi-même.

Il y a une grande force dans ce mépris des choses extérieures et des plaisirs physiques, dans ces préceptes sur l'indépendance de la raison et la dignité de la vie. Malheureusement Épictète met la famille et ses affections au rang des choses extérieures qu'il faut éviter, parce qu'elles ne dépendent pas de nous; la femme et les enfants ne sont, dans le voyage de la vie, que des jouets qui peuvent amuser, mais qu'il faut toujours être prêt à quitter. Sans doute, si les circonstances imposent au sage une famille ou le pouvoir, il doit remplir tous les devoirs qui résultent de cette situation ; mais il ne doit pas aller au-devant de ces charges, parce qu'elles peuvent le rendre esclave et troubler sa tranquillité. Il doit aussi demeurer indifférent à la conduite des autres : « Il vaut mieux, dit-il, laisser les autres vicieux que de nous rendre nous-mêmes misérables en troublant le calme de notre âme. » Enfin, comme la nécessité gouverne tout, le sage doit assister impassible à tous les triomphes et à toutes les victoires.

On voit que, s'il faut reconnaître au stoïcisme une incontestable grandeur, on peut lui reprocher aussi un regrettable égoïsme.

184. — Pourquoi les Romains ont-ils eu peu de goût pour la philosophie ?

DISSERTATION

Exorde. — On a souvent constaté l'indigence littéraire qui a marqué les premiers siècles de l'existence de Rome ; ce peuple de soldats n'eut pas même ces chants de guerre que les Spartiates entonnaient en marchant au combat ; ce fut seulement au contact du génie grec que le génie latin s'éveilla ; mais, une fois initiés à la littérature grecque, on vit les Romains produire des œuvres remarquables, et leurs poètes, leurs historiens, leurs orateurs ont pu être comparés à ceux de la Grèce. En philosophie seulement, ils sont restés tout à fait au-dessous de leurs maîtres grecs, ou plutôt on peut dire qu'ils n'ont pas eu de philosophie.

Proposition. — Il faut attribuer ce fait au génie pratique des Romains et à leur respect pour la tradition, pour la sagesse des ancêtres, ainsi qu'à leur mépris pour les Grecs.

Première partie. — La science en général essaie de nous découvrir le pourquoi et le comment des choses, c'est la théorie, la spéculation ; et, sans dédaigner les applications, la science recherche avant tout la vérité pour elle-même. Ceci est surtout vrai de la philosophie, qui sans doute, comme la plupart des sciences, a un côté pratique, mais qui est surtout spéculative. Savoir quelle est la nature de l'âme, en quoi elle se distingue du corps, comment le fini et l'infini coexistent l'un à côté de l'autre, de pareilles recherches ne peuvent guère que satisfaire la curiosité naturelle à l'esprit humain et ne sauraient présenter dans la pratique des applications bien utiles. Aussi l'esprit philosophique a pour caractère l'amour désintéressé de la vérité qu'il recherche avant tout et partout, ainsi que le prouve la noble vie des hommes qui personnifient cet esprit, Socrate, Descartes, Spinosa, etc. Or, s'il est un fait bien établi et constaté par les Romains eux-mêmes, c'est que ce peuple de laboureurs, de soldats, de légistes, de politiques, n'avait de goût et d'aptitude que pour l'action, pour ce qui se rapporte à l'utilité immédiate : « Quisque facere quam dicere malebat, » a dit Salluste ; conquérir et gouverner le monde, augmenter sa fortune et ses jouissances, voilà ce qui intéresse tous les Romains :

Rem strenuus auge.

Ce mot d'Horace semble être la règle de conduite de chaque citoyen. Ils ont écrit l'histoire avec succès, parce que l'historien, après avoir raconté les faits, en explique les causes, et que cette connaissance raisonnée du passé permet de mieux connaître le présent et presque de deviner l'avenir ; leurs orateurs ont rivalisé avec ceux d'Athènes, parce que l'éloquence est un instrument puissant pour les luttes politiques et judiciaires ; ils ont cultivé le droit et en ont pour ainsi dire créé la science, parce que le droit permet à chacun de défendre ce qui lui appartient, « suum cuique » ; cette connaissance devait convenir au peuple qui honorait le dieu Terme d'un culte particulier.

Seconde partie. — Le respect proverbial des Romains pour la tradition et la sagesse des ancêtres ne permettait guère un développement considérable à une science qui a pour caractère éminent l'esprit de libre examen, la foi en la raison de chaque homme, le dégagement des opinions préconçues. Enfin, la philosophie est la production particulière du génie grec qui poussait jusqu'à la subtilité et au raffinement le goût des recherches spéculatives et l'amour des discussions ; or, l'on sait de quel mépris ces Romains si rudes poursuivaient les fils dégénérés de la Grèce, et philosopher pour eux c'était presque vivre à la grecque, c'est-à-dire d'une manière indigne d'un homme.

Conclusion. — Ainsi, le génie pratique des Romains, leur respect pour la tradition et leur mépris pour les Grecs, telles sont les raisons qui n'ont pas permis à la philosophie de se développer à Rome. On s'explique dès lors pourquoi dans cette science les Romains n'ont guère abordé que les questions qui s'accordent avec le but pratique de la vie et se sont surtout attachés pour cette raison au stoïcisme et à l'épicuréisme; Cicéron, dans le *De officiis*, ne se donne que comme l'interprète des stoïciens; Sénèque et Marc-Aurèle ramènent toutes leurs pensées vers la morale.

185. — Pourquoi les jurisconsultes romains ont-ils été stoïciens?

ESQUISSE

L'influence de la doctrine stoïcienne sur le droit romain est un fait incontestable. En effet, tous les principes généraux des jurisconsultes romains sont des maximes stoïciennes fondées sur l'idée que les stoïciens se faisaient de la raison et de l'universalité de ses lois; aussi le droit romain a-t-il été défini la *raison écrite, ratio scripta*. Dès le premier contact avec la philosophie grecque, nous voyons Mucius Scævola, élève de Panætius, fonder une école de jeunes jurisconsultes auxquels il enseigne les principes du stoïcisme et qui compte des contemporains de Cicéron; cette école se continue jusqu'à Ulpien et à Papinien. Il en résulta que le stoïcisme n'agit pas seulement sur les sentiments et les mœurs des Romains, mais qu'il pénétra aussi dans leur législation et régénéra leur jurisprudence. Si le vieux et ignoble monde romain se soutint et fit quelque bien, c'est parce que le stoïcisme avait pénétré dans son administration et dans sa jurisprudence. Pourquoi en a-t-il été ainsi?

Le droit est la faculté d'accomplir ou de ne pas accomplir un acte; l'origine du droit est l'inviolabilité d'une personne morale qui, chargée d'accomplir des devoirs, doit être respectée dans l'accomplissement de ces devoirs; la base du droit est donc l'observation de la loi morale, sans devoir il n'y pas de droit [1]. Ceci posé, il est clair que la morale stoïcienne pouvait seule avoir une influence décisive sur le droit. En effet, la morale péripatéticienne est fondée sur l'idée de bonheur et incline vers la morale de l'intérêt; or peut-on fonder le droit sur l'intérêt qui est mobile, variable, qui n'a pas de caractère impératif? La philosophie de Platon a sans doute une morale sévère; mais cette philosophie idéaliste, qui refuse tout réalité à ce monde, qui traite les êtres et les choses d'ombres, d'apparences, pouvait-elle servir de base à la science du droit, qui règle les rapports des êtres de ce monde, qui s'enferme surtout dans l'ordre des choses pratiques et réelles? Comment le mysticisme pourrait-il s'approprier aux réalités prosaïques de la vie humaine? La philosophie d'Epicure, n'entraînant aucune obligation, est le contraire de la loi qui, même fausse, implique l'obligation. Le scepticisme pouvait moins encore inspirer les jurisconsultes avec ses négations et son indifférence. Seule la morale stoïcienne, qui repose tout entière sur l'idée du devoir, présentait des principes solides qui peuvent s'accorder avec le but pratique de la vie.

Voilà pourquoi les stoïciens romains ont eu tant d'influence sur le droit; aussi ont-ils fait pénétrer dans la législation des principes de justice et d'égalité inconnus aux anciens Romains de la république.

1. Voyez le numéro 143, paragraphe A.

186. — Que signifie cette maxime de Bacon : « Veritas filia temporis, non auctoritatis ? »

ESQUISSE

Bacon, frappé de l'état dans lequel se trouvaient les sciences physiques et naturelles, proposa une nouvelle méthode, la méthode expérimentale, et s'éleva avec force contre les procédés employés au moyen âge et qui se résumaient à peu près dans un recours continuel à l'autorité et dans l'emploi abusif du syllogisme. Il partagea son ouvrage en aphorismes, pour que les préceptes se gravassent mieux dans la mémoire. Nous avons à nous occuper ici de l'un de ces aphorismes, de celui qui semble résumer le mieux sa pensée.

A. Les êtres créés sont nécessairement imparfaits; aussi l'intelligence bornée de l'homme n'aperçoit-elle la vérité qu'au prix d'efforts lents et successifs; pour que la science avance, il faut que les hommes ajoutent les efforts aux efforts, les vies aux vies, comme dit Descartes. C'est ainsi que s'explique le progrès continu des connaissances humaines; c'est ainsi que le monde, en vieillissant, a peu à peu augmenté ses lumières. Combien nous sommes loin du temps où, en astronomie, Platon, Aristote, toute l'école d'Ionie soutenaient l'immobilité de la terre; où, en physique, on croyait que la nature a horreur du vide; où, en géographie, on ne connaissait ni les limites ni la nature des diverses parties de la terre; où, en morale, on admettait la légitimité de l'esclavage, et, en théodicée, l'anthropomorphisme ! Le moyen âge est plus rapproché de nous, et pourtant l'astronomie s'y confondait encore avec l'astrologie, la chimie avec l'alchimie; et le moine Roger Bacon passait une partie de sa vie dans les cachots pour une accusation de sorcellerie. Les progrès accomplis avec le temps ont fait justice de toutes ces ignorances, chaque jour qui s'écoule accroît d'une nouvelle découverte ou d'une idée nouvelle le trésor déjà si considérable de nos connaissances. « La suite des hommes, dit Pascal, doit être considérée comme un même homme qui subsiste toujours et apprend continuellement. »

B. Mais la faiblesse même de l'esprit humain et la brièveté de la vie font que, pour la plupart des connaissances, nous sommes obligés de recourir au témoignage d'autrui, étant incapables de tout connaître personnellement et directement; aussi la nature a-t-elle mis en nous l'instinct de crédulité. Rien n'est donc plus légitime que le recours à l'autorité, surtout quand il s'agit d'histoire, de géographie, de langues; mais au moyen âge on abusait de l'autorité; on se bornait à discuter en opposant des textes à des textes, des auteurs à des auteurs, Aristote à Platon. Il y eut alors réaction sous les auspices de Bacon et de Descartes, et, comme dans toute réaction, il y eut une certaine exagération dans la proscription de l'autorité. Il faut dire, il est vrai, que Bacon, en proscrivant l'autorité, ne songeait qu'aux sciences physiques et naturelles; mais, dans ces sciences elles-mêmes, les progrès ne se font qu'en tenant compte des résultats acquis, qu'en rattachant les découvertes nouvelles aux anciennes.

187. — Comparer le *Connais-toi toi-même* de Socrate et le *Je pense, donc je suis*, de Descartes.

ESQUISSE

Socrate et Descartes sont les deux plus grands noms de l'histoire de la philosophie : l'un a créé pour ainsi dire cette science lorsqu'il lui a assigné son objet, l'âme humaine, en la détournant de la vaine recherche de l'origine des choses pour la ramener à l'observation de l'homme pensant ; l'autre ne lui a pas rendu un moindre service lorsqu'il a indiqué dans quel esprit doivent se faire les études philosophiques, lorsque, en proclamant le libre examen, il a délivré la science du joug de l'autorité et lui a rendu l'indépendance. La révolution socratique est donc une réaction contre la philosophie cosmogonique des écoles précédentes et contre la dialectique nihiliste des sophistes ; de même, la révolution cartésienne est une réaction contre l'autorité et contre le scepticisme.

Il y a encore une autre ressemblance entre Socrate et Descartes. Cherchant tous deux un point d'appui solide pour la science, ils le trouvent dans la pensée. « Connais-toi toi-même », telle la devise de Socrate ; pour lui cette connaissance est la grande et unique affaire de l'homme ici-bas ; Descartes prend aussi l'étude de la pensée pour base à la philosophie, et son *Je pense, donc je suis*, est le pendant du γνῶθι σεαυτόν, c'est sur cette vérité qu'il a voulu fonder tout l'édifice de la science.

Mais ces deux philosophes ne font pas sortir les mêmes conséquences de leur principe. Socrate est avant tout un moraliste, qui, principalement dans Xénophon, ramène tout à la pratique ; selon lui, la vie humaine a pour but de bien faire ; aussi donne-t-il des préceptes pour toutes les situations de la vie. Descartes est avant tout un métaphysicien ; il ne s'est occupé de morale qu'en passant et les yeux tournés ailleurs ; dans aucun de ses ouvrages il n'a traité systématiquement de la morale ni exposé sur ce sujet un système définitif ; les quelques règles qu'il a données dans la troisième partie du *Discours de la méthode* ne constituent qu'une morale provisoire. Pendant que Socrate ne fait guère sortir de son principe que des règles de morale, Descartes fait sortir du sien toute une métaphysique : la démonstration de l'existence et de la spiritualité de l'âme, la démonstration de l'existence de Dieu et de son principal attribut, la perfection ; il en fait sortir aussi la solution d'un problème qui avait été à peine entrevu par Socrate, nous parlons du problème de la certitude et du critérium de la vérité ; assurément Descartes n'a pas inventé le critérium de l'évidence ; mais nul ne l'avait encore si nettement dégagé ; aussi après lui on n'invoquera plus en philosophie que l'évidence et la raison.

Ainsi, la maxime de Socrate a une valeur surtout morale et pratique, tandis que Descartes envisage son principe au point de vue du métaphysicien. Il y a chez Socrate plus de clarté apparente ; mais Descartes a plus de profondeur, et il a tiré de son principe des conséquences que l'on n'avait pas encore aperçues et qui ont été, pour la philosophie, fécondes en heureux résultats. Ces deux philosophes se ressemblent en ce qu'ils cherchent le point de départ de la philosophie dans l'observation du moi par lui-même.

RÉSUMÉ

188. — Faire voir que la science humaine est nécessairement un mélange de connaissances solidement démontrées et d'ignorances reconnues invincibles [1].

DISSERTATION

Exorde. — Le mélange de grandeur et de faiblesse qui caractérise l'homme a toujours frappé les moralistes. Bossuet a trouvé dans cette antithèse le sujet de beaux mouvements oratoires; elle a fourni à Pascal quelques-uns de ses mots les plus célèbres : « L'homme n'est qu'un roseau, le plus faible de la nature, mais c'est un roseau pensant. » Parlant des misères de l'homme, il dit avec éloquence : « Toutes ces misères mêmes prouvent sa grandeur, ce sont misères de grand seigneur, misères d'un roi dépossédé. » Lamartine a exprimé la même idée dans ces beaux vers :

> Borné dans sa nature, infini dans ses vœux,
> L'homme est un dieu tombé qui se souvient des cieux

Notre intelligence est, comme toute notre nature, imparfaite et bornée; elle est pourtant capable, dans une certaine mesure, de nous faire apercevoir une partie de la vérité;

---

[1]. Cette dissertation, donnée autrefois au concours général, est comme un résumé du cours de philosophie; c'est pour cette raison que nous en donnons ici le développement.

c'est ce qui explique pourquoi, en parcourant les différentes sciences humaines, on trouve, à côté de connaissances solidement établies, des ignorances invincibles et des problèmes insolubles. C'est ce que nous verrons en considérant successivement les sciences qui s'occupent du monde, de l'âme et de Dieu; nous pourrons toutefois constater aussi que, s'il est des choses inaccessibles à notre intelligence, nous connaissons du moins ou pouvons connaître tout ce qu'il nous importe réellement de savoir pour les nécessités de la vie.

Première partie. — Quand nous examinons le monde matériel, nous voyons se produire autour de nous des phénomènes que nous pouvons étudier, et dont l'étude est quelquefois relativement facile; notre esprit cherche naturellement de quelle façon ces phénomènes se produisent, c'est-à-dire quelles sont leurs lois. Dans certains cas nous pouvons déterminer ces lois; ainsi, nous connaissons la loi de la chute des corps, celle de la gravitation universelle, la loi du volume des gaz à laquelle Mariotte a donné son nom, la loi des attractions et des répulsions électriques, les lois de combinaison des corps, etc. Nous connaissons donc beaucoup de lois, soit en physique, soit en chimie, soit en cosmographie, etc., et l'école positiviste a pu dire : « La science n'est qu'un catalogue de lois. » Même quand nous ne pouvons pas les déterminer, nous ne laissons pas de croire à leur existence, et nous regardons seulement comme provisoire notre ignorance à cet égard. Outre les phénomènes, nous voyons encore autour de nous des êtres et les propriétés dont ils sont revêtus; grâce à la connaissance que nous en pouvons prendre, nous mettons ainsi de l'ordre dans le nombre infini des êtres qui occupent notre monde.

Là s'arrêtent les connaissances solidement démontrées auxquelles la raison humaine peut atteindre quand elle étudie le monde matériel. Ainsi nous voudrions bien connaître quelles sont les causes des phénomènes dont nous déterminons les lois; car la loi n'est que la série des faits qui doivent nécessairement se reproduire pour qu'un phénomène ait lieu, ce n'est que la manière fixe dont une cause produit son effet, tandis que la cause est la force à laquelle le phénomène doit être rapporté; mais nous ne pouvons atteindre les causes qui agissent dans le monde ni en connaître la nature; nous sommes réduits à les désigner par des mots, comme attraction, pesanteur, électricité, etc. — Il en est de même pour les substances, qui se dérobent également à nous; l'essence de la matière n'est pour notre esprit qu'un objet de conception; il nous est impossible de ne pas concevoir une réalité substantielle sous les propriétés que nous percevons, mais il nous est également impossible de la connaître elle-même.

Deuxième partie. — Quand il s'agit de l'âme, nous pouvons aussi connaître les phénomènes dont elle est le théâtre ou la cause, bien qu'ils soient rapides, simultanés et multiples, bien que les passions nous aveuglent souvent et que les faits extérieurs exercent sur nous une fâcheuse influence; l'homme peut prendre connaissance des phénomènes intérieurs, parce que l'instrument et les objets à étudier sont toujours à notre portée, parce qu'il n'y a pas d'intermédiaire entre le sujet qui étudie et l'objet étudié, parce que les facultés et les opérations ne subissent aucune altération pour être observées. On peut donc étudier les phénomènes intérieurs, et c'est ce que démontre à chacun de nous une expérience journalière, sans parler des travaux de grands philosophes, qui ont tenté avec succès l'analyse de la pensée. C'est ainsi qu'on a déterminé les lois de la mémoire, de l'association des idées, de la perception extérieure, de l'habitude, etc. Nous pouvons même dans l'étude de l'âme pousser plus loin nos investigations que dans l'étude du monde. Là, en effet, nous atteignons la cause et la substance, qui ne sont que l'âme elle-même; c'est même la seule substance que nous connaissions immédiatement, et c'est devant la révélation de cette cause et de cette substance que Descartes s'est arrêté dans son doute universel.

Mais nous rencontrons aussi des ignorances invincibles dans la science de l'âme. Si, par exemple, nous pouvons connaître les faits extérieurs, analyser la perception et en décrire les différentes phases, nous ne pouvons expliquer de quelle manière les corps ou leurs propriétés agissent sur l'esprit, comment un phénomène physique détermine un phénomène intellectuel; nous sommes là en présence d'un problème insoluble. La question des rapports du physique et du moral est aussi mystérieuse. Sans doute, nous savons que l'âme et le corps sont unis, qu'ils sont dans une dépendance étroite l'un de l'autre; ce que nous ne savons pas, ce qui nous échappe, c'est la loi du rapport. Nous savons aussi qu'une autre destinée est réservée à notre âme, douée d'intelligence et de liberté, et par conséquent responsable de ses actes; les sanctions humaines de la loi morale étant insuffisantes, nous sommes forcés d'admettre une autre vie qui voie, par le règne de la justice absolue, rétablir l'équilibre souvent rompu dans la vie actuelle entre la vertu et le bonheur; mais de quelle nature est cette autre existence? C'est ce que l'on ne saurait dire, et chacun de nous peut répéter après Pascal : « Où vais-je ? » Les religions, qui s'adressent à la foi, et les poètes, qui parlent à l'imagination, répondent à cette question; mais la philosophie, qui s'adresse à la seule raison et ne se rend qu'à l'évidence, avoue que son ignorance est complète sur ce sujet.

Troisième partie. — Dans la science qui s'occupe de Dieu nous trouvons également des choses solidement démontrées et des problèmes insolubles. Ainsi l'existence de Dieu peut être l'objet d'une excellente démonstration, soit par les preuves physiques, c'est-à-dire par la contingence de la matière, par le mouvement de la matière et l'ordre qui règne dans l'univers, soit par les preuves métaphysiques, c'est-à-dire par l'imperfection de l'être humain, par l'idée que nous avons de l'infini et d'un être parfait, soit par les preuves morales, c'est-à-dire par le consentement général des peuples, par le besoin qu'éprouve l'homme d'invoquer un être tout-puissant, et par la conscience morale qui nous fait concevoir une justice suprême, réparatrice des désordres du monde actuel. En outre, l'examen attentif du monde matériel et du monde psychologique nous fait voir dans Dieu un être providentiel et revêtu d'attributs moraux. Voltaire disait avec raison : « Toute la nature nous crie que Dieu existe, qu'il y a une intelligence suprême, un pouvoir immense, un ordre admirable, et tout nous instruit de notre dépendance. » (Lettre à Frédéric-Guillaume, 28 novembre 1770.) Il exprime une idée analogue dans les vers suivants :

> Si les cieux, dépouillés de son empreinte auguste,
> Pouvaient cesser jamais de le manifester,
> Si Dieu n'existait pas, il faudrait l'inventer.

Là s'arrête, quand il s'agit de Dieu, ce que nous pouvons savoir de science certaine. Ainsi, il nous est impossible de concilier entre eux ses attributs métaphysiques ; nous ne pouvons, par exemple, nous expliquer comment il peut être à la fois éternel et immuable, car pour l'homme durer c'est changer : or, Dieu dure toujours et ne change jamais ; il ne nous est pas davantage permis de comprendre comment il peut, à la fois, être partout et n'être nulle part, c'est-à-dire que nous ne pouvons faire accorder l'immensité de Dieu avec la simplicité qui est l'absence de parties. Nous retrouvons partout ici des antinomies, c'est-à-dire des contradictions apparentes ou réelles entre deux vérités ; car les attributs moraux donnent lieu à des difficultés analogues à celles que présentent les attributs métaphysiques. Ainsi, nous ne comprenons pas comment la prescience divine peut s'accorder avec notre liberté et ne pas l'anéantir ; comment Dieu a pu tirer le monde du néant, c'est-à-dire faire quelque chose avec rien ; comment le fini peut exister à côté de l'infini sans être absorbé par lui : comment l'existence du mal peut se concilier avec la Providence, etc.

Quatrième partie. — On voit donc que, si l'homme peut arriver souvent à lever un coin du voile qui lui cache la vérité, il se heurte à chaque instant contre d'insurmontables difficultés. Toutefois, il est facile de voir que nous pouvons connaître, et connaissons en effet, les choses essentielles et nécessaires à la vie. Ainsi, dans la science du monde, connaissant les faits et les lois, nous pouvons faire servir à notre usage les forces de la nature et lui imposer l'esclavage qui autrefois pesait si durement sur l'homme ; on a donc fait ainsi une révolution qu'Aristote déclarait impossible quand il disait : « L'esclavage sera aboli le jour où la navette du tisserand marchera toute seule ». Connaissant aussi les êtres et leurs propriétés, nous avons pu mettre la main sur les espèces utiles, les acclimater, les dompter, les domestiquer, et les faire servir à nos besoins. Sans doute, les causes nous échappent et nous ne pouvons savoir quelle est la substance des êtres; mais la solution de ces problèmes métaphysiques, d'un ordre purement spéculatif, n'intéresserait que notre curiosité et ne nous vaudrait dans la vie aucune amélioration matérielle ou morale. Il nous est également impossible d'expliquer comment l'esprit peut aller du moi au non-moi, comment se fait le passage du subjectif à l'objectif; mais cette connaissance ne nous est pas indispensable, puisque nous recueillons tous les bénéfices de cette opération sans en apercevoir les intimes ressorts. — La connaissance de l'âme, de ses phénomènes et de ses lois n'est pas moins féconde pour nous en précieux avantages. Car l'homme connaît ainsi ses facultés, leur portée, leurs limites; il sait ce qu'il peut faire, et cette science double pour lui la puissance de ses facultés; elle l'ennoblit à ses propres yeux en lui révélant à la fois ses devoirs et sa dignité; elle lui montre vers quel but il doit tendre et quelle route il doit suivre pour y atteindre. — En outre, si nous voyons trop souvent ici-bas le vice triompher de la vertu, nous ne devons pas nous laisser envahir par le découragement puisque, dans l'autre vie, un juge suprême réparera les désordres du monde actuel; et si nous ignorons de quelle nature est cette autre vie, nous ne devons pas nous en étonner puisque, si la vérité nous apparaissait sans obscurité sur cette question, la vertu deviendrait un calcul, elle disparaîtrait pour faire place à l'intérêt bien entendu. Enfin, si nous parvenions à concilier entre eux tous les attributs de la divinité, nous ne trouverions encore dans cette connaissance qu'une satisfaction donnée à notre curiosité, elle ne nous serait probablement d'aucun secours pour la pratique de la vie.

Conclusion. — La science humaine est donc bien un mélange de connaissances solidement démontrées et d'ignorances reconnues invincibles; mais dans la science du monde, comme dans celle de l'âme et de Dieu, nous connaissons tout ce qu'il nous importe de connaître. La science universelle est pour l'homme un objet non de possession, mais de recherche et d'amour; c'est un milieu entre tout et rien; il est des choses qu'il faut se résoudre à ignorer, des problèmes qui peuvent être agités plutôt que résolus; connaissant ou du moins pouvant connaître ce qui est nécessaire, on peut se consoler de ne pas connaître ce qui est superflu, et on fait preuve de sagesse en s'y résignant; un ancien l'a dit avec raison : « Nescire quædam magna pars sapientiæ » [1]; et nous pouvons conclure par cette judicieuse réflexion de Voltaire : « Il y a une chose peut-être consolante, c'est que la nature nous a donné à peu près tout ce qu'il nous fallait; et si nous ne comprenons pas certaines choses un peu délicates, c'est apparemment qu'il n'était pas nécessaire que nous les comprissions. »

1. Publius Syrus.

FIN

TABLE DES MATIÈRES

Introduction.

1. Objet de la philosophie, ce qu'elle est, ce qu'elle était.. 1
2. Importance et utilité de la philosophie................. 5
3. Analyser les rapports de la philosophie avec les autres sciences... 11

Psychologie.

4. En quoi la psychologie est-elle nécessaire à la logique, à la morale et à la théodicée?............................ 19
5. Établir la légitimité de la distinction entre la psychologie et la physiologie; — en quoi cependant ces deux sciences peuvent-elles se rendre de mutuels services?............ 23
6. Comment la psychologie est-elle, à certains égards, plus facile que les sciences physiques et naturelles, et comment, par d'autres côtés, est-elle plus difficile................... 28
7. De l'observation psychologique. Difficultés de cette observation; — comment peut-on remédier à ces difficultés?... 36
8. De l'observation psychologique; — difficultés de cette observation; — discussion des objections qui se sont élevées contre cette méthode; — comment peut-on remédier aux difficultés de l'observation psychologique?...................... 42
9. De l'expérimentation psychologique.................... 45
10. Que pensez-vous de cette proposition de la *Logique de Port-Royal*, que « les choses que l'on connaît par l'esprit sont plus certaines que ce que l'on connaît par les sens »?........ 47
11. De la conscience et de l'inconscience; — des degrés de la conscience... 49
12. La psychologie est-elle une science d'observation ou une science de raisonnement?............................. 53

13. Comment l'histoire peut-elle être une source d'information pour la psychologie?..................................... 55
14. Que peut-on tirer de l'étude du langage pour la psychologie?... 60
15. Classer les faits psychologiques. Sur quoi se fonde cette classification?... 65
16. Comment détermine-t-on les facultés de l'âme?........ 70
17. Qu'est-ce qu'une faculté? — La psychologie est-elle possible sans l'étude des facultés de l'âme?...................... 74
18. Après avoir distingué les trois facultés principales de l'âme, montrer comment elles s'unissent dans tous les phénomènes psychologiques... 77
19. De l'ordre dans lequel se développent les facultés de l'âme dans le cours de la vie humaine........................... 81
20, 21, 22, 23. — Analyse des sensations; distinguer les sensations externes des sensations internes; — distinguer les sensations des sentiments; — définir, classer et caractériser les sentiments, les inclinations, les penchants, les passions, les appétits... 84
24. Analyse de la passion................................. 90
25. Des passions : les définir, les classer; montrer comment elles se forment; dire si l'on est responsable de ce que l'on fait sous le coup de la passion............................... 94
26. Rapports et différences entre l'inclination et la passion. 98
27. Faire voir comment toutes les passions dérivent de l'amour et de la haine.. 101
28. Tous les sentiments du cœur humain se ramènent-ils à l'amour-propre, comme l'a pensé La Rochefoucauld?.... 104
29. L'amour de soi est-il l'unique principe de tous nos sentiments et de toutes nos affections?....................... 108
30. Exposer la doctrine de l'épreuve; — montrer combien la vie morale de l'homme serait incomplète sans la douleur et le travail.. 111
31. Comment la sensibilité intervient-elle dans tous les phénomènes de notre vie physique, intellectuelle et morale?.. 115
32. En quoi consistent les principales différences entre la sensibilité et l'intelligence?................................. 119
33. Classer et caractériser les facultés intellectuelles auxquelles nous devons toute connaissance élémentaire, les éléments ou les principes de toutes nos idées. — 34. Quelles sont les principales opérations de l'intelligence? En exposer la théorie élémentaire... 121
35. Des cinq sens; des notions que nous devons à chacun d'eux en particulier; — des notions que nous devons à deux ou à plusieurs sens. — 36. Classer les sens sous le double rapport de l'utilité pratique et de la dignité morale............. 124
37. En quoi consiste la différence des perceptions naturelles et

TABLE DES MATIÈRES

ces perceptions acquises? — De l'éducation des sens par l'esprit. Comment se forment les perceptions de la vue?... 127

38. Les perceptions externes ne sont-elles que des rêves bien liés, suivant l'expression de Leibniz?.................. 130
39. Montrer que, parmi tous les corps de la nature, nous ne percevons directement que notre propre corps............ 132
40. Quelles sont les théories principales que vous connaissez sur la perception extérieure? les classer et les apprécier..... 134
41. Caractériser par une analyse psychologique la différence entre les sensations et les perceptions................ 137
42. Par quelle faculté l'âme se connait-elle elle-même, et quelles sont les idées qu'elle doit à cette faculté?................ 141
43. Y a-t-il dans l'esprit humain des perceptions sans conscience?... 144
44. Comparaison de l'observation interne et de l'observation externe ou sensible.................................. 146
45. De la mémoire : lois de la mémoire; — qualités d'une bonne mémoire; des divers genres de mémoire; — de la mnémotechnie; — 46. Des conditions psychologiques de la mémoire; — analyse du souvenir............................. 149
47. Montrer l'influence de la volonté sur la mémoire....... 154
48. Des différents rapports par lesquels s'enchaînent nos idées. 158
49. De l'association des idées et de son influence sur nos habitudes intellectuelles et morales....................... 161
50. Peut-on expliquer par l'association des idées toutes les opérations de l'intelligence?................................ 166
51. De l'imagination et de la mémoire; leurs rapports et leurs différences... 169
52. Peut-on dire que l'imagination crée quelque chose? en quoi consiste le travail créateur de l'art?.................... 173
53. Quelle différence y a-t-il, dans la poésie et les beaux-arts, entre la fiction et l'idéal?.............................. 177
54. Distinguer l'imagination de l'entendement............. 181
55. Du rôle de l'imagination dans la vie humaine........... 183
56. Comparer les phénomènes psychologiques du rêve, de la rêverie, de l'hallucination; — qu'y a-t-il de commun ou de différent entre eux?................................. 186
57. Analyse de l'attention. — 58. Distinguer l'attention de la réflexion; — indiquer les modifications subies par les organes pendant ces deux opérations....................... 188
59. De l'attention; la distinguer de la sensation, en décrire les différentes formes et en montrer l'importance dans l'acquisition et la conservation des connaissances; — définir l'attention et la réflexion; — signaler les différences entre la connaissance instinctive et la connaissance réfléchie............ 191
60. Quels sont les effets de l'attention sur la sensibilité et l'intelligence?.. 195

61. De l'abstraction : ses avantages, ses dangers, exemples d'idées abstraites dans les différentes sciences.......... 200
62. Comment se forment les idées générales ? — Qu'appelle-t-on la compréhension et l'extension des idées générales ?... 203
63. « Tout le monde, dit un moraliste, se plaint de sa mémoire et personne de son jugement »; sur quoi se fonde cette préférence donnée au jugement ?............................ 205
64. Du raisonnement, de ses principales espèces, de son utilité... 207
65. Distinguer les idées générales des idées universelles... 210
66. Discuter la théorie de la *table rase*; quelle est l'exception proposée par Leibniz ? — Discuter le système de la *sensation transformée* et la théorie des *idées innées*.............. 214
67. Qu'entend-on par la théorie des *idées innées* et par celle de la *table rase* ?.................................... 218
68. Comment la théorie de l'innéité de Descartes diffère-t-elle de la théorie de la réminiscence de Platon ? en quoi ces deux théories sont-elles d'accord ?........................ 222
69. Avons-nous quelque faculté naturelle de connaître autre que les sens et la conscience ?.............................. 225
70. De ce qu'on entend par le sens commun ; — quel est le rôle attribué à cette faculté par la philosophie contemporaine ? — Montrer que, s'il est des choses parfaitement démontrées qui sont au-dessus du sens commun, rien ne saurait lui être contraire ? — Qu'appelait-on, dans la philosophie du xvii° siècle, le *sensorium commune* ?............................... 228
71. Notions premières : leurs caractères, leur origine, leur rôle dans l'entendement humain............................. 231
72. Quels sont les idées et les principes irréductibles à l'expérience ? — Quelle en est la portée ? — Ces idées et ces principes ne représentent-ils que des lois formelles de la pensée ?... 234
73. Les idées universelles peuvent-elles s'expliquer par l'association des idées ?............................... 237
74. Des principes de la raison ; que pensez-vous de la manière dont l'empirisme contemporain en rend compte ?....... 241
75. De l'influence des passions sur l'entendement......... 246
76. Quels sont les phénomènes psychologiques que comprend le mot *cœur* ?... 250
77. Commenter cette pensée de Vauvenargues : « Les grandes pensées viennent du cœur. »............................ 252
78. Qu'appelle-t-on instinct dans l'animal et dans l'homme ? — Rapports et différences de l'instinct, de l'habitude et de la liberté... 254
79. Distinction du désir et de la volonté................. 258
80. Examiner le phénomène de la résolution volontaire.... 262
81. Exposer le fait psychologique de la délibération...... 264

82. Faire la part de la pensée, du sentiment et de la volonté dans le fait psychologique de la délibération 266
83. Apprécier la théorie de Bossuet qui classe la volonté parmi les opérations intellectuelles........................ 271
84. Qu'appelle-t-on la liberté d'indifférence? — L'influence des motifs sur la volonté est-elle une objection valable contre la liberté?.. 275
85. Examen des principales objections du fatalisme........ 279
86. Des phénomènes moraux par lesquels se manifeste la croyance universelle des hommes à l'existence du libre arbitre.... 284
87. Énumérer et expliquer les différents sens du mot liberté. 286
88. De l'influence des passions, des habitudes, du tempérament et des circonstances extérieures sur l'activité humaine; — montrer que cette influence ne détruit pas la liberté.... 288
89. Y a-t-il des degrés dans la liberté morale? s'il y en a, donner l'explication 294
90. Qu'est-ce que l'habitude? — Quelles en sont les principales lois?... 299
91. Distinguer les différentes sortes d'habitudes : les habitudes instinctives, organiques, intellectuelles et morales....... 304
92. Influence de la pensée sur le langage et du langage sur la pensée; — montrer comment cette influence a été exagérée par Condillac et son école......................... 310
93. Les langues sont synthétiques avant de devenir analytiques; voilà une des lois du langage; l'expliquer et le démontrer. 315
94. Objet de la grammaire générale; — quels rapports a-t-elle avec le langage?................................ 321
95. Caractériser et comparer les idées du vrai, du beau, du bien; les rattacher à leur premier principe............. 324
96. Montrer comment la culture esthétique de l'homme par la littérature et les beaux-arts peut contribuer à son perfectionnement moral....................................... 329
97. Du goût et de la conscience morale; — rapports et différences.. 333
98. Quelle différence y a-t-il entre les personnes et les choses? 339
99. De la notion du moi; — caractères distinctifs de cette notion; — son importance en psychologie et en morale. 341
100. Analyser la notion de l'identité personnelle; montrer comment elle se forme en nous, et quelles conséquences elle comporte. — Prouver par l'analyse des conditions de la pensée et de la responsabilité que le principe des faits psychologiques doit être un, simple et identique............ 347
101. Distinguer par leurs caractères essentiels l'âme et le corps... 351
102. Exposer les principaux faits par lesquels se manifeste l'influence du physique sur le moral, et, réciproquement, l'empire du moral sur le physique........................ 345

103. Développer cette définition de Bonald : « L'homme est une intelligence servie par des organes. » 330
104. Commenter cette parole de Pascal : « Je puis bien concevoir un homme sans mains, pieds, tête, mais non sans pensée. » 364
105. L'homme et l'animal............................. 369
106. Développer cette pensée de Bossuet : « Les animaux n'inventent rien ; la première cause des inventions et de la variété de la vie humaine est la réflexion ; la deuxième cause est la liberté. » 376

Logique.

107. Donner une définition de la logique ; — énumérer les questions principales qu'elle se charge de résoudre ; — montrer pourquoi la logique doit être précédée de la psychologie 381
108. Expliquer cette maxime de Descartes : « Ce n'est pas assez d'avoir l'esprit bon, le principal est de l'appliquer bien. » 384
109. Distinguer l'induction et la déduction ; — l'induction est-elle réductible à l'expérience ?....................... 388
110. Des modes et des figures du syllogisme............. 391
111. Qu'entend-on par dilemme, sorite, enthymème, épichérème, prosyllogisme ? Qu'est-ce qu'un argument *ad hominem*, un argument *a fortiori*, une réduction à l'absurde ?..... 394
112. Les vérités mathématiques sont-elles des vérités d'expérience ?... 397
113. Expliquer par des exemples et des analyses la différence de ces deux termes, *a priori* et *a posteriori*............. 399
114. Définir, caractériser et classer les axiomes.......... 401
115. Quels sont les différents sens des mots si souvent employés d'analyse et de synthèse ?............................ 403
116. La méthode la plus parfaite serait celle où l'on définirait tous les termes et où l'on prouverait toutes les propositions 409
117. Définir la méthode expérimentale dans les sciences positives ; — distinguer l'observation et l'expérimentation.. 412
118. Des hypothèses et de leur emploi dans les sciences positives... 415
119. Rapports et différences de l'analogie et de l'induction. 418
120. Règles de la critique des témoignages et de la critique historique.. 422
121. Quelle différence existe-t-il entre convaincre et persuader ?.. 425
122. Comment peut-on classer nos erreurs ; — quels sont les moyens d'y remédier ?................................ 428
123. Des sophismes..................................... 430

Morale.

124. Déterminer les différences et les rapports de la conscience morale et du sentiment moral........................... 432
125. Quels sont les caractères essentiels de la loi morale? — Quels sont ceux de ces caractères qui manquent à la morale du plaisir, à la règle de l'intérêt personnel, à la morale du sentiment?... 435
126. De l'utile et de l'honnête; en exposer les différences.. 439
127. Discuter les objections des sceptiques contre l'universalité des principes de la morale................................. 441
128. Peut-on expliquer par l'éducation et la coutume l'origine des idées morales dans l'humanité?........................ 443
129. Montrer que le sentiment auquel on reconnaît la présence de la loi morale, c'est le respect; c'est un phénomène distinct de l'inclination et de l'admiration........................... 447
130. La vertu est-elle toujours un milieu entre deux extrêmes?.. 450
131. Discuter cette maxime d'Aristote : « La vertu est une habitude. ».. 454
132. Déterminer la part de vérité et la part d'erreur qui se trouvent dans cette proposition socratique : « Nul n'est méchant volontairement. ».. 458
133. Qu'est-ce que le sentiment de l'honneur?................. 462
134. Quelle différence y a-t-il entre le plaisir et l'intérêt.. 467
135. De la responsabilité morale : son principe, ses conditions, ses conséquences.. 472
136. Du suicide.. 475
137. Expliquer la maxime latine : *summum jus, summa injuria*... 478
138. Quelle est l'importance en morale du Γνῶθι σεαυτόν?.. 481
139. Distinguez les devoirs de justice et les devoirs de charité... 486
140. Définir la justice, l'équité, la charité, la vertu et la probité.. 490
141. La formule stoïcienne, *abstine, sustine*, contient-elle toute la loi morale?... 494
142. Énumérer les différentes vertus en les faisant rentrer dans les divisions des devoirs en trois groupes, à savoir : les devoirs envers nous-mêmes, envers nos semblables et envers Dieu.. 498
143. Du droit; — du droit naturel; — du droit positif.... 501
144. Relation des deux idées de droit et de devoir.......... 505
145. De l'origine de la société................................. 508
146. Quels sont les droits respectifs de l'État et des individus dans la morale sociale?....................................... 512

147. Définir ces expressions, *Société, État, Patrie, Gouvernement*; en montrer les rapports et les différences.............. 516
148. Du droit de punir et de son fondement.............. 520
149. Du progrès; — quelle est sa loi?.............. 524
150. Constitution morale de la famille.............. 528

Métaphysique.

151. Qu'est-ce que la métaphysique?.............. 531
152. Causes et substances.............. 536
153. Comment acquérons-nous l'idée de cause? montrer les principales applications que nous faisons de cette idée. 541
154. Quel est le sens de cet aphorisme de Bacon : *Vere scire per causas scire*?.............. 545
155. Préciser le sens du mot loi et montrer ce qu'est la loi dans le monde physique et dans le monde moral.............. 547
156. Du scepticisme.............. 552
157. Quelles sont les différentes formes du scepticisme?... 556
158. En quoi le doute cartésien diffère-t-il de celui des sceptiques?.............. 561
159. Critérium de la certitude.............. 564
160. Qu'entend-on par ces expressions : foi, doute, opinion, science, ignorance, erreur, certitude?.............. 566
161. Quelle différence y a-t-il entre l'opinion et la science? 570
162. Expliquer ces paroles de Pascal : « Nier, croire et douter bien sont à l'homme ce que le courir est au cheval. »... 572
163. De la certitude propre aux vérités de l'ordre moral.. 575
164. Y a-t-il une différence entre la certitude métaphysique et la certitude morale?.............. 577
165. Quelle est la part de la mémoire, de l'imagination et de l'induction dans la connaissance que nous avons du monde extérieur?.............. 580
166. De la théodicée.............. 584
167. Des rapports de la psychologie, de la logique et de la morale avec la théodicée.............. 588
168. Rapports de la morale et de la théodicée.............. 592
169. Prouver qu'il n'y a qu'un Dieu.............. 595
170. Rapports et différences du panthéisme et de l'athéisme. 599
171. Comment se pose le problème du mal?.............. 603
172. Exposer la preuve métaphysique de l'immortalité de l'âme et montrer que cette preuve a besoin d'être complétée par la preuve morale.............. 606
173. La croyance à l'immortalité de l'âme enlève-t-elle à la vertu son désintéressement?.............. 611

Les systèmes.

174. Définir le mot système.................................... 614
175. Énumérer les principaux systèmes philosophiques... 617
176. Qu'entend-on par matérialisme, idéalisme, spiritualisme ?... 622
177. Qu'est-ce que le mysticisme ?............................... 626
178. Rapports et différences du scepticisme et du mysticisme.. 630

Histoire de la philosophie.

179. En quoi l'histoire de la philosophie peut-elle être utile à la philosophie elle-même ?................................. 634
180. Quelle différence y a-t-il entre la sophistique et le pyrrhonisme ?... 639
181. Du rôle de Socrate dans l'histoire de la philosophie.. 643
182. Comparer le stoïcisme et l'épicurisme.................... 645
183. Qu'est-ce que les stoïciens entendaient par les choses qui dépendent de nous et celles qui n'en dépendent pas ?... 649
184. Pourquoi les Romains ont-ils eu peu de goût pour la philosophie ?... 652
185. Pourquoi les jurisconsultes romains ont-ils été stoïciens ?.. 655
186. Que signifie cette maxime de Bacon : *Veritas filia temporis, non auctoritatis* ?....................................... 657
187. Comparer le *Connais-toi toi-même* de Socrate et le *Je pense, donc je suis*, de Descartes................................. 659

Résumé.

188. Faire voir que la science humaine est nécessairement un mélange de connaissances solidement démontrées et d'ignorances reconnues invincibles.................................. 661

MÉMENTO
DU
BACCALAURÉAT ÈS LETTRES

NOUVELLE ÉDITION
Entièrement refondue conformément aux programmes de 1885.

PREMIER EXAMEN

PARTIE LITTÉRAIRE	PARTIE HISTORIQUE
COMPRENANT	COMPRENANT
Conseils sur les épreuves écrites. — Notices sur les auteurs et les ouvrages grecs, latins, français, allemands et anglais, indiqués pour l'explication orale. — Notions de rhétorique et de littérature classique, par ALBERT LE ROY.	*Histoire de l'Europe et particulièrement de la France du ve siècle jusqu'à 1789. — Géographie de l'Europe. — Géographie de l'Afrique, de l'Asie et de l'Océanie. — Géographie de la France,* par DUCOUDRAY et CORTAMBERT.
1 vol. petit in-16, cartonné...... 5 fr.	1 vol. petit in-16, cartonné...... 5 fr.

DEUXIÈME EXAMEN

PARTIE LITTÉRAIRE	PARTIE SCIENTIFIQUE
COMPRENANT	COMPRENANT
Conseils sur la composition de philosophie. — Philosophie. — Histoire de France et histoire contemporaine depuis 1789 jusqu'à la constitution de 1875, par R. THAMIN et DUCOUDRAY.	*Arithmétique. — Algèbre. — Géométrie. — Physique. — Chimie. — Anatomie et physiologie animales et végétales,* par BOS, PICHOT, SCHUTZENBERGER, PERRIER et BAILLON.
1 vol. petit in-16, cartonné...... 5 fr.	1 vol. petit in-16, cartonné...... 5 fr.

DEUXIÈME EXAMEN
PHILOSOPHIE

Leçons de philosophie : Nouveau cours, contenant les matières indiquées par les programmes de 1885, par M. E. Rabier, professeur de philosophie au lycée Charlemagne, membre du Conseil supérieur de l'instruction publique. 3 vol. in-8, brochés :
    Tome I, *Psychologie.* 1 vol.   7 fr. 50
        Ouvrage couronné par l'Institut.
    Tome II. *Logique.* 1 vol.   5 fr.
    Tome III. *Morale et métaphysique.* (Sous presse.)

Notions de philosophie comprenant des notions d'*économie politique*, par M. Jourdain, membre de l'Institut; 17e édition, refondue conformément aux programmes de 1880. 1 vol. in-16, broché.   5 fr.

Sujets et développements de compositions françaises (dissertations philosophiques) données à la Sorbonne depuis 1866 jusqu'en 1883, ou proposées comme exercices préparatoires pour les examens du baccalauréat ès lettres, recueillies par M. Albert Le Roy. 1 vol. in-8, broché.   5 fr.

www.ingramcontent.com/pod-product-compliance
Lightning Source LLC
Chambersburg PA
CBHW050053230426
43664CB00010B/1304